史學年報

(四)

史學年報

第二卷第三期

江安傅增湘

內政部登記證警字第[illegible]號　中華郵政特准掛號認為新聞紙類

史學年報一二三四期目錄

第一期

第二期

第三期

✿ 以上三期均絕版 ✿

第四期

✿ 本期定價大洋七角 ✿

史學年報第二卷第三期（總數八期）總目

陳君彥文紀念

史學年報第二卷第一期（即第六期）目錄

本期定價道林紙本大洋一元　報紙本七角

（以上歸北平景山書社及來薰閣書店代售）

史學年報第二卷第二期（即第七期）目錄

本期定價道林紙本九角報紙本七角

（本期歸全國各開明書店代售）

陳君彥文遺像

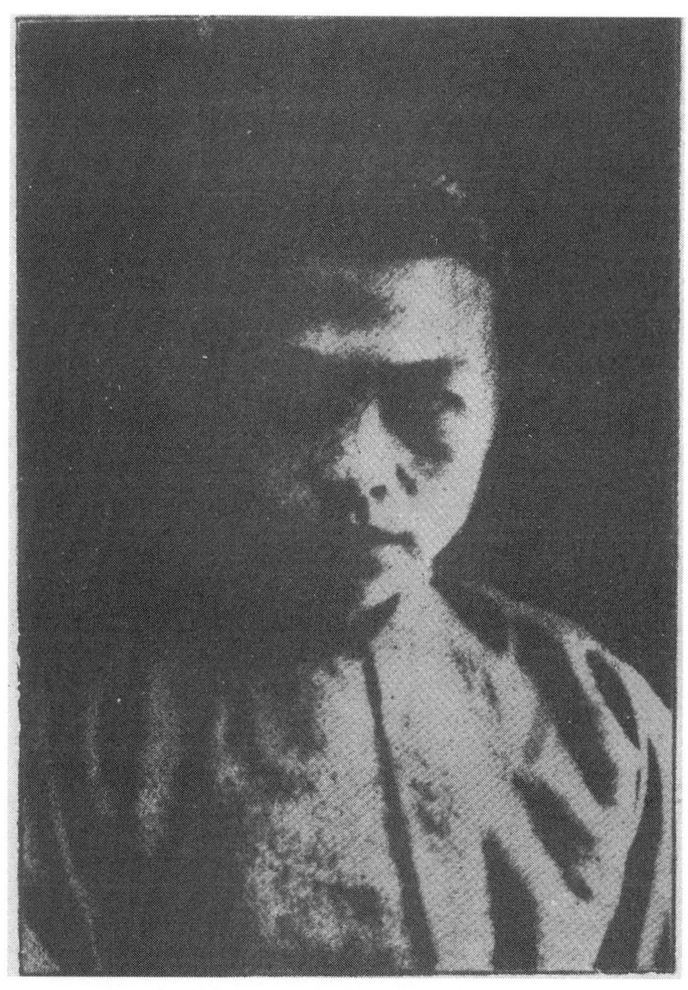

陳生彥文誄并序

鄧之誠

陳生名統字彥文民國二十五年四月三日以瘵歿卒春秋二十有六生淑姿通敏拜悅介特家世熙隆安于淡定勤年力學多所撰造既畢業中國大學銳意讀史乃就業燕京大學研究院來從予游其稱異之處世待人恢尙且慎道中衰職位無敘史冊之指歸于瑞表憫其繁博習究終始徵驗表作言海外術命譜索申己意人生發憤潛研頗異于是方術源書刊定亂失匯集衆家期得開解窮年矻矻幾忘食寢煤燭燎麻手鈔目驗更欲次第通知作史準鑒博綜然後有作才高命短良殊見校高門懸諸秀而不育嗚呼哀哉病篤之際獨戀殘編將冊之心浸而猶眠是聞聞者垂欷思之永歎者久之乃有誄始于乘丘涉難不倖得哀則一乃為之誄曰

維我陳生南州之秀出自榮宗一經世守幼而岐嶷長而好學其諸自甘無譽有擇愚入玄幽文勝則史進業無疆宗見其止學人耳目由今知古探賾通微孰解散凝如何斯人竟命不遂有志未申騰世永閟斷指出翠柯隕其葩唯予頹老朝隙足喟前淵門群祖父后倉日月不展淚痕沾臆嗚呼哀哉藏我良士含輔哀哭表之表帛哀動路人嗚呼哀哉

陳統傳略

朱士嘉

妻兄陳統，字彥文，別號今人，又號法護。原籍福建閩侯縣。外舅徵宇先生(豐珊)之仲子。宣統元年生於故都北平。我和他相識是在民國廿一年十月廿九日，那時他還是在中國大學讀書。廿三年秋季，畢業後又考入母校研究院的歷史學系。平日寡言笑，不善交際，因此他的朋友不很多；不過凡是知道他的人，卻沒有不稱許他脾氣剛直而性情柔和的。尤其待人接物方面，那種誠摯的態度，大約永遠不會使人忘記而對他表示十二分的敬愛的。他除了書本以外，可以說是一些別的嗜好沒有。最喜歡去的地方，就是北平的琉璃廠，和隆福寺，以及各處的佛經流通處——因為他對於佛學饒有興趣——此外還有目錄學。所以每到了那些地方，他總要抱幾本書回來。尤其是目錄，無論殘缺破舊，在他都極視為珍貴。

對於讀書，他也頗有見地。我從他筆記裏，曾發見這樣的一段：

凡讀一書，必先考其撰述人之時代，事跡，撰述之由進及其書之傳流。或有後人校注者亦兼考之，如簡繁記之。及讀畢全書，撮其要領，標其旨義，識其成書年月，並採歷來關於其書之評語，合為一提要。

只此寥寥幾句話，倘若不是胸有成竹，識見過人，而用功至深且切的人，怕不容易說得出。他依照這種計劃，先後編了不少提要，分散在各處一時不能整理起來。他對於經史子集無所不窺，但是次序卻有先後，並非全無條理的。他說：

先哲遺書，駁純互見，讀不勝讀。欲讀之書，可分為二類：一重要者；一不重要者；先粗閱一遍辨之，重要者精讀，不重要者再閱，自可矣。精讀則不厭勤細，一讀一字務期實得。不重要者，則欲其速。披沙揀金，鍥而不捨，是在讀者裁之。(以上兩條均見民國十七年愛今日廬讀書點校鈔序例)

關於札記他也擬了好幾條凡例：

一有可爲史料之文字另紙鈔。

一有關攷証處另紙做識。

一有嘉言之雋永者及辭藻典故之新穎者另紙鈔。

一有爲其人學術主張之要點或立論獨到處鈔之。

一有讀之不能解處或有疑問者鈔之。

一有引徵諸家語及人地書名記之。

一有關訓詁音韻文法之文字鈔之。

這的確可以說是他的治學方法。他自到母校以後，不時得到諸位師長的指導和同學們的切磋砥礪，在思想上，在行爲上，都顯現着長足的進步。他生平不邀名，不貪利，脚踏實地向學術的道上走去，無形中做了學術的信徒。大家對他的希望很大，他自己也格外努力，先後做了幾篇文章，如慧遠大師年譜，漢代著述未入藝文志攷，唐人著述攷，都是精心之作。現在整理出來的只有慧遠大師年譜，其餘的容待陸續整理。可惜他因爲用功過度竟染下失眠咯血諸症，不意竟在今年的四月三日與世長辭了！享年只有二十八歲。唉！這不僅是他家庭的大不幸，也是我們母校歷史學系以及將來學術界的大損失！歷史學系的師長和同學們爲要紀念他，鵬我把他的遺稿揀出登在這一期的史學年報裏，同時還要我寫一篇傳略附在他遺像的後面。

彥文和我誼屬郎舅，朝夕過從。當他病倒在醫院的時候，還曾屬我代鈔一部遂初堂書目以備病愈參考。雖在病劇的幾天，他仍然不斷冥索將來讀書的計劃。他忘記痛苦，他不知道死神就要來臨，他坦白的內心祇充滿了求知的慾望。啊！這種一貫的精神，可以說是至死不渝。但同時給與了生者，不僅是痛心，而且更加一層慚愧！彥文死了，彥文雖死但他努力的精神我相信永遠是活躍着的。

慧遠大師年譜

陳統遺稿

大師釋道安弟子，姓釋名慧遠，其師承授受如左：

- 竺佛圖澄
  - 竺，釋道安
    - 釋曇翼
    - 釋曇徽
    - 釋曇戒
    - （釋曇邕）
    - 釋慧永
    - 釋慧遠大師
      - 釋僧濟
      - 釋僧徹
      - 僧遷
      - 道流
      - 道恆
      - 道授
      - 釋道祖
      - 釋道溫
      - 釋道汪
      - 釋道敬
      - 釋道昺
      - 慧寶
      - 慧要
      - 釋法莊
      - 法淨
      - 支法領
      - 法安
      - 法幽
      - 釋曇邕
      - 釋曇翼
      - 釋曇順
        - 釋僧慧
      - 釋曇詵
    - 釋慧持
    - 釋法遇
    - 釋道立
  - 竺法汰
    - 竺道壹
    - 竺道生
    - 曇壹
    - 曇貳
  - 釋法和

上表悉據梁釋慧皎高僧傳及佚名氏十八賢傳。（宋陳舜俞廬山記三所載）道安佛圖澄據高僧傳卷五，頁一下，卷六，頁一下，卷十，頁一上，頁十三上。法和見卷五，頁九下。法汰據頁十一上。曇翼據頁十四下。法遇據頁十六下。曇戒道立據頁十八上。曇徽據頁十七上。慧寶據卷六，頁五下。法淨法領據頁六下。道壹曇壹曇貳據卷五，頁二十上，頁十二下。慧永據卷六，頁十五下。慧持據頁十三下。僧濟法安據頁十七上下。曇邕據頁十八上。道祖僧遷道流慧要曇順曇詵據頁十九上下。道恆道授法幽據頁二十上。道生據卷七，頁八上。道汪據卷八，頁四上。道溫據頁七下。僧徹據卷九，頁六上。道昺道敬據十八賢傳。（廬山記卷三，頁四十二下。）

大師俗姓賈，世爲冠族，以後趙帝石弘延熙元年（東晉成帝司馬衍咸和九年）生於幷州雁門郡樓煩縣。（今山西崞縣東）晉張野遠法師銘曰，沙門釋慧遠雁門樓煩人，本姓賈氏，世爲冠族。（梁劉孝標世說新語四註所引）（世說新語卷二頁十二上。）晉謝靈運廬山法師碑曰，法師諱慧遠，本姓賈，雁門樓煩人。（宋釋志磐佛祖統紀二十六所載。）（頁三十四下。）元優曇普度蓮宗寶鑑四曰，慧遠…生於石趙延熙甲午歲，爲晉成帝咸和九年。（大藏經卷四十七、頁三二〇下。）○曇詵亮吉十六國疆域志（卷二，頁十五下。）

後趙帝石弘延熙元年（東晉成帝司馬衍咸和九年）甲午　一歲

釋道安二十三歲，在冀州（？）據梁釋僧祐出三藏記集十五，道安傳。（大藏經卷五十五，頁一〇九上。）道安釋婆沙序（出三藏記集十所載。）（大藏經卷五十五，頁七三上。）高僧傳道安傳（卷五，頁一下。）

釋曇徽年十二投道安出家。據高僧傳曇徽傳（卷五，頁十七上。）

居攝天王石虎建武元年（東晉咸康元年）乙未　二歲

國都自襄國徙鄴。宋司馬光資治通鑑（卷九十五，頁八上。）

大和尚竺佛圖澄自襄國至鄴中寺。據高僧傳佛圖澄傳（卷十，頁一上。）（唐房喬等晉書佛圖澄傳（卷九十五，頁十九上。）通鑑（卷九十五，頁八上。）

道安自冀州入鄴，師事佛圖澄。（？）據出三藏記集道安傳。傳云，安…至鄴，入中寺，遇佛圖澄，則其事澄，必在澄至鄴後頃。

建武二年（咸康二年）丙申　三歲

建武三年（咸康三年）丁酉　四歲

弟（釋慧持）生。據高僧傳，慧持傳。（卷六，頁十三下。）

建武四年（咸康四年）戊戌　五歲

建武五年（咸康五年）己亥　六歲

范寧生。據晉書范寧傳（卷七十五）

建武六年（咸康六年）庚子　七歲

晉中書監錄尚書事庾冰欲令沙門拜敬王者，以尚書令何充等議不應敬，遂寢。據晉何充等奏，沙門不應盡敬表序。（釋僧祐弘明集十二所載。）（頁十一上。）參清萬斯同東晉將相大臣年表（歷代史表卷十五，頁四下。）

建武七年（咸康七年）辛丑　八歲

建武八年（咸康八年）壬寅　九歲

建武九年（晉康帝司馬岳建元元年）癸卯　十歲

好學。（？）廬山法師碑曰，幼而好學。出三藏記十五本傳曰，弱而好書，珪璋秀發。（大藏經卷五十五，頁一〇九上。）按碑傳俱敘此事於十三歲前頃。

釋慧永年十二，投竺曇現出家。據高僧傳慧永傳。（卷六，頁十五下。）

建武十年（建元二年）甲辰　十一歲

鳩摩羅什（童壽）生。據秦釋僧肇鳩摩羅什法師誄（唐釋道宣廣弘明集二十六所載。）（頁六上。）

建武十一年（東晉穆帝司馬聃永和元年）乙巳　十二歲

建武十二年（穆帝司馬聃永和二年）丙午　十三歲

離家與弟（？）隨舅令狐氏南適豫州潁川之許昌，（今河南許昌西南。）洛州河南之洛陽，（今河南洛陽東北。）求學，爲書生。（張野遠法師銘曰，年十三隨舅令狐氏遊學許洛。（劉孝標世說新語四注所引。）廬山法師碑曰，十三隨舅令狐氏遊學許洛，故少爲書生。參洪亮吉十六國疆域志）

釋曇順生。據十八賢傳（陳舜俞廬山記三所載。）

建武十三年（永和三年）丁未　十四歲

天王徙近郡男女十六萬人於鄴北，繕華林園。（通鑑卷九十七）釋道祖釋道流生。（據高僧傳六道祖傳及十八賢傳。）

建武十四年（永和四年）戊申　十五歲

十二月大和尚竺佛圖澄卒於鄴。（高僧傳十，晉書九十五本傳。）道安避冀州。（高僧傳五本傳云，至年四十五，復還冀部，……石虎死，彭城王遵立，遣中使……請安入華林園。按石虎死及彭城王立，俱在明年，安還冀當是本年事。若謂安年四十五時還冀，而石虎死，則時次先後顚倒不可通，蓋此所云安歲數，本諸寶唱名僧傳之說，以晉太元十年安七十二推數所得，若是則安四十五，乃晉升平二年，其時石虎死已踰十年，且安之南徙，實因避慕容燕。升平二年冀州已陷於燕，謂其年安復還冀，於理亦不合。本年安年三十七，就晉太元十年安七十二之說推之，適年三十五，知慧皎本謂安三十五還冀，而誤衍十年也。）

太寧元年（永和五年）己酉　十六歲

四月帝石虎崩，太子石世即位，彭城王石遵弑之自立。（通鑑九十八。）遣中使請道安入華林園（高僧傳五道安傳。）

十一月涼王石鑒弑帝石遵自立，國中大亂。（通鑑九十八。）

後趙帝石鑒青龍元年魏帝冉閔永興元年（永和六年）庚戌　十七歲

閏正月大將軍冉閔殺帝石鑒，篡位，改國號魏。（通鑑九十八。）

是年張野生。（據十八賢傳。）

魏永興二年（東晉永和七年）辛亥　十八歲

正月苻健稱天王於長安，國號秦。八月洛州及豫州許昌降晉。燕王慕容儁遣慕容恪慕容評攻拔中山冀南安諸郡。

是歲趙所徙青雍幽荊諸州民，及氐羌胡蠻數百萬，欲各還本土，道路交錯，互相殺掠，中原大亂，因致饑疫，人相食。（俱見通鑑九十九。）

魏永興三年秦天王苻健皇始二年（東晉永和八年）壬子　十九歲

二月豫州許昌降秦。四月燕軍執魏帝攻鄴。五月燕人斬魏帝冉閔，大旱蝗，鄴中大饑，人相食。七月秦徙許昌洛陽等地之民五萬餘戶於關中。八月燕軍拔鄴。十月晉軍克復許昌。（俱見通鑑九十九。）

秦皇始三年（東晉永和九年）癸丑　二十歲

道安至太行恆山，建寺塔。（高僧傳五本傳。按本傳不云在何年，據同書六慧遠傳知在大師二十一歲前頃，姑見是年。）

秦皇始四年（東晉永和十年）甲寅　二十一歲

與弟適幷州太行恆山，詣道安出家。大師『博綜六經，尤善老莊，性度弘偉，風鑒朗拔，雖宿儒才彥，莫不服其深致』。至是欲適許豫章，就范宣共契，以道阻不果。時釋道安在太行恆山，弘法甚著，乃與弟往歸之，以為眞己之師。聽聞道安講般若經，豁然有悟，歎曰，儒道九流，皆糠粃耳。遂與弟從道安受業，落髮為僧。易姓名為釋慧遠。（遠法師銘曰：『年二十一欲南渡就范宣子學，道阻不通，遇釋道安以爲師，抽簪落髮，研求法藏』。廬山法師碑曰：『二十一欲渡江就范宣子，於時王路阻艱，有志不遂，於關左（原作右，據出三藏記集十五本傳及廬山記事所載此碑，及明正統八年重鐫碑改。）遇釋道安，一面盡敬，以爲眞吾師也，遂抽簪落髮，求直道場』。出三藏記集十五本傳曰：『博綜六經，尤善老莊，性度弘偉，風鑒朗拔，雖宿儒才彥，莫不服其深致。年二十一……乃於關左遇見安公』。高僧傳六本傳曰，年二十一欲渡江東就范宣子共契，値石虎已死，中原寇亂，南路阻塞，志不獲從。時沙門釋道安立寺於太行恆山弘讚像法，聲甚著聞，遂往歸之。……後聞安講般若經，豁然而悟，乃歎曰，儒道九流，皆糠粃耳。便與弟慧持投簪落髮，委命受業。）

是年正月故魏將自宛襲據洛陽（通鑑九十九）

秦天王苻生壽光二年（東晉永和十二年）丙辰　二十三歲

大師既從道安受業，厲然不羣，常欲總攝綱維，以佛法為己任。精思諷持，以夜續晝，雖貧旅無資，縕纊常闕，而昆弟恪恭，終始不懈，以故為道安所重。嘗以道流晉國，屬之大師。同學釋曇翼亦時給大師以燈燭之費。（遠法師銘曰：『釋曇翼每資以燈燭之費，誦鑒淹遠，高悟冥賾。安常歎曰、道流東國，其在遠乎。』高僧傳六本傳曰：『旣入乎道，厲然不羣，常欲總攝綱維，以大法爲己任。精思諷持，以夜續晝。貧旅無資，縕纊常闕，而昆弟恪恭，終始不懈。有沙門曇翼每給以燈燭之費。安公聞而喜曰，道士誠知人矣。』按高僧傳本傳敘此諸事於二十四歲之前，姑見是年。）

是年八月晉太尉桓溫擊姚襄至伊水。姚襄至幷州平陽。幷州刺史降姚襄。（通鑑一百）

劉程之生。（據廣弘明集三十二大師與劉遺民書注及十八賢傳。）

秦天王苻堅永興元年（東晉升平元年）丁巳　二十四歲

就講說，嘗有客聽講難實相義，往復移時，彌增疑昧。大師乃引莊子義爲連類解釋，惑者曉然。自是道安特聽大師不廢俗書，同學釋法遇釋曇徽亦皆推服焉。（高僧傳六本傳曰：「年二十四便就講說，嘗有客聽講難實相義，往復移時，彌增疑昧。遠乃引莊子義爲連類，於是惑者曉然。是後安公特聽慧遠不廢俗書。安有弟子法遇曇徽皆風才照灼，志業清敏，並推服焉。」）

竺法汰與其弟子曇壹曇貳等四十餘人去適晉建康。(?)以法汰至晉荊州，遇疾，停江陵。大師奉道安命往晉荊州江陵，視其疾。時有道恆執心無義，大行荊土。法汰曰，此是邪說，應須破之，乃大集名僧，令曇壹難之，不能屈。次日大師乃就席與道恆攻難，關責鋒起。道恆自覺義途差異，神色爲動，麈尾扣案，不能遽答。大師曰，不疾而速，杼柚何爲？坐者皆笑，自是心無之義遂息。（高僧傳五法汰傳曰，法汰……與弟子曇壹曇貳等沿江東下遇疾。……時桓溫鎮荊州遣使要過，供事湯藥。安公又遣弟子慧遠下荊問疾，……時沙門道恆頗有才力，常執心無義，大行荊土。汰曰，此是邪說，應須破之。乃大集名僧，令弟子曇壹難之。據經引理，析駁紛紜。恆仗其口辯，不肯受屈。日色既暮，明日更集。慧遠就席攻難數番，關責鋒起。恆自覺義途差異，神色微動，麈尾扣案，未即有答。遠曰，不疾而速，杼柚何爲？坐者皆笑。心無之義，於此而息。」按桓溫遣使要過，當是要過江陵，東晉荊州刺史向治江陵，溫時亦鎮江陵。又按法汰適晉，車頻秦書（世說新語八注所引）出三藏記集十五，高僧傳五道安傳及此傳，俱謂在道安至新野時。然法汰適晉至荊州，猶及見桓溫。考溫爲荊州刺史，在永和元年。興寧二年被詔至赭圻，至次年即解職，鎮姑孰（據通鑑）而道安至新野在其後四年。知謂法汰於安至新野時適晉，蓋本傳說，實不免紕繆。然則法汰適晉在何年，考宋劉義慶世說新語八曰：「初法汰北來，未知名，王領軍供養之，每與周旋行，……因此名遂重。」王領軍謂王洽，晉書六十五王導傳曰：「洽……徵拜領軍，……升平二年卒於官，年三十六。」法汰至建康遇王洽爲領軍時，據萬斯同東晉將相大臣年表，洽之爲領軍，在升平元年，則法汰適晉即在升平元年二年之間矣。惟不詳洽卒於升平二年何月，故姑見本年，而以大師下荊問疾事附之。

按大師自二十一歲以後行止，皆依道安，其隨道安居太行恆山歷如許時，以及自何處適江陵，何時復自江陵還，俱不能明，故今並闕之。又高僧傳五道安傳云：「道安……後避難至濩澤。」濩澤在今山西陽城縣西，去恆山甚近。據道安陰持入經等經序，知其注經多在濩澤，似於其地亦嘗歷年所。其道地經序云：「皇綱紐絕，玁狁猾夏，山左蕩沒，避難濩澤，師殞友折。」（出三藏記集七所載。）所云「山左」謂冀州，所謂「玁狁」，蓋以安和尚傳所云，「爲慕容俊所逼，」（世說新語六注所引。）知指慕容燕。所云「友」，似謂竺法汰，以道安生平道友可知者，惟與竺法汰最莫逆。若然，則道安於燕陷冀州，法汰入晉之後頃，已在濩澤，惟不能確指其在濩澤在適恆山之前，抑在其後。就地勢由北趨南論之，蓋適恆山在先，[illegible]

濩澤在後，然俱無佐証，故今亦不具。

秦甘露元年（東晉升平三年）己未　二十六歲

佛馱跋陀羅生。（據出三藏記集第十四本傳）。

秦甘露二年（東晉升平四年）庚申　二十七歲

張詮生。（據十八賢傳）。

釋曇詵王謐生。

秦甘露三年（東晉升平五年）辛酉　二十八歲

以旱蝗，寇賊縱橫，隨道安等五百餘人入王屋女机山（？）

（出三藏記集十五，道安傳曰，受業弟子……慧遠等五百餘人，……及石氏之亂，乃謂其衆曰，今天災旱蝗，寇賊縱橫，聚則不立，散則不可，遂率衆入王屋女機山（王屋山在山西陽城西南，女机一本作女机，高僧傳作女林，不詳爲何山，既與王屋通稱，或即王屋支脈。）頃之復渡河，依陸渾山栖木食修學。俄而慕容俊逼陸渾，遂南投新野。』按燕軍至河南在興寧二年，所謂逼陸渾必即其年事。是則道安至陸渾，當在其年以前。其至王屋當在升平前，惟俱不詳年月，故姑依序列之以備考。

東晉哀帝司馬丕興寧元年癸亥　三十歲

隨道安等五百餘人去王屋女机山，渡河至晉司州河南陸渾山。（今河南嵩縣東北。）（？）參洪亮吉東晉疆域志

東晉興寧二年甲子　三十一歲

二月燕軍略地至河南。四月燕軍攻拔許昌及汝南陳諸郡。俱見通鑑一〇一。

以燕軍逼陸渾，隨道安等去陸渾山，南投荊州南陽。（今河南鄧縣東南。）出三藏記集十五道安傳曰：『俄而慕容俊逼陸渾，遂南投新野。』按此於道安所歷之地，有省略。道安至新野在後三年。後一年之四月，習鑿齒與道安書有云：『久聞三千弟子，俱見南陽。』南陽在新野之北。知道安於未至新野之前，固停南陽，蓋由陸渾南征，先次南陽，由南陽始投新野也。參東晉疆域志。

興寧三年乙丑　三十二歲

正月桓豁爲荊州刺史。（通鑑卷一百一）四月五日習鑿齒與道安書，勸道安東徂。（書載弘明集十二）

東晉帝司馬奕太和二年丙寅　三十四歲

隨道安等五百餘人去南陽南征，歷新野，（今河南新野縣南）至梁州襄陽。（安和尚傳曰：『於陸渾山木食修學，爲慕容俊所逼，乃住襄陽』。出三藏記集十五道安傳曰：『南投新野。復議曰，今遭凶年，不依國主，則法事難立。又教化之體，宜令廣布，咸曰隨法師教，乃令……法和入蜀。……安與弟子慧遠等渡河夜行，值雷雨，乘電光而進前，得人家，見門裏有一雙馬柳，（原衍柳作柳，柳據高僧傳刪。）間懸一馬兜，可容一斛。安便呼林伯升，主人驚出，果姓林，名伯升，謂是神人，厚相禮接。既而弟子問何以知其姓字，安曰兩木爲林，兜容伯升也。遂住襄陽。』同書慧遠傳曰：後隨安公南遊樊沔。』十八賢傳亦曰：『後隨師南遊至襄陽。』

按道安摩訶鉢羅若波羅蜜經抄序云：『昔在漢陰十有五載。』（出三藏記集八所載。）又出三藏記集十五本傳亦云：『安在樊沔十五載。』考安於太元七年始自襄陽入秦，自其年逆溯十五載，知其自新野投襄陽在是年。）

釋法和自新野入蜀。釋慧永去，欲適羅浮山，至江州潯陽，被陶範所留，於廬山爲建西林寺。（高僧傳六慧永傳曰，『釋慧永姓潘，河內人，……事沙門竺曇現爲師。後又伏膺道安。……素與慧遠共期欲結宇羅浮之岫，遠既爲道安所留，永乃欲先踰五嶺，行經潯陽，郡人陶範苦相要留，於是且停廬山之西林寺』。歐陽修集古錄載歐陽詢西林道場碑曰，『有晉北丘俗姓潘氏，（？）本爲趙將。……負錫來儀，樹宇山間。……有息潘慧永河內繁氏高足，稱首……紹修宗業，安禪結宇。晉光祿卿潯陽陶範嘉彼清槃，遊茲勝地。……與建佛寺，……命曰西林。是歲太和之二年』。歐陽修跋亦云：『晉太和二年……陶範始爲慧永造寺，而號西林。』按十八賢傳謂慧永至潯陽，在太元之初，未知所據，疑太元乃太和之誤。）

道安講放光般若波羅蜜經。自是歲以爲常。（據摩訶鉢羅若波羅蜜經抄序出三藏記集十五本傳，參智昇開元釋教錄。）長沙太守滕畯捨宅於荊州江陵，告道安，求一僧爲總領。道安命釋曇翼往，曇翼遂去，以其宅建長沙寺。（？）（高僧傳五曇翼傳曰：『釋曇翼姓姚，羌人……或云冀州人，……事安公爲師。少以律行見稱。……隨道安在檀溪寺，（？）。晉長沙太守滕含之於江陵，捨宅爲寺。告安求一僧爲總領。安謂翼曰，荊楚士庶始欲師宗，成其化者非爾而誰？翼遂杖錫南征，締構寺宇，即長沙寺是也。』唐道世法苑珠林二十一曰：『長沙太守滕畯以永和二年捨宅爲寺。……承道安法師襄州（？）諫領，請一監護。安謂弟子曇翼曰：……爾其行矣。』按此曇翼隨道安居襄陽時事，永和二年道安在鄴事，佛圖澄尚未入晉，其「永和」必爲太和之誤。又按滕畯滕含之僞即一人，名畯，字含之。

太和四年己巳　三十六歲

桓玄生。

太和五年（秦建元六年）庚午　三十七歲

大司馬桓溫廢帝司馬奕，立會稽王司馬昱。

孝武帝司馬曜寧康元年（秦建元九年）癸酉　四十歲

七月荊州刺史桓豁加征西將軍鎮江陵。

以桓豁要道安，隨道安赴江陵。（今湖北江陵）（？）高僧傳五道安傳曰：『征西將軍桓朗子（豁）鎮江陵，要安暫往』同書六慧遠傳曰：『後隨安公南遊樊沔』。

按高僧傳五釋僧光傳曰，光乃與安汰（？）等南遊晉平（晉平晉書地理志屬廣州鬱林郡，其地當在今廣西境內。）講道，弘化後還襄陽』。據此知道安居襄陽時，尚一度與僧光赴晉平。其事同書道安本傳不載，不詳何時。就情推求，似在本年江陵行中。以江陵去其地爲近，然別無旁證可據，且更不知大師曾否從行，故皆不具。

寧康二年（秦建元十年）甲戌　四十一歲

隨道安自江陵還襄陽。道安以白馬寺狹，別以張殷宅建檀溪寺。自是居檀溪寺。（？）高僧傳五道安傳曰：『桓朗子鎮江陵，要安暫往。朱序西鎮，復請還襄陽。安以白馬寺狹，乃更立寺，名曰檀溪，即清河張殷宅也。大富長者並加贊助，建塔五層，起房四百。』按傳敘此節於道安鑄佛像前。道安於襄陽檀溪寺鑄佛像事在寧康三年。明此還襄陽建寺事在其年以前。考本年道安撰經錄有「大明燭耀，…而猶有燈火於宵夜，抱覺於淡陰者，時有所不足也」云云。所謂「淡陰」實雙關語，即謂襄陽也。若江陵則不得稱淡陰。是知道安本年中已身還襄陽，故有是語。其發江陵雖未必在本年，然去年七月後始適江陵，餘時甚促，置於本年，恐者不爲過遠。又按朱序鎮襄陽在後三年。傳既敘道安還襄陽在建寺之先、復謂朱序西鎮，始請還，是不免牴牾。尋其用意，蓋欲爲下文朱序失守張本，復不明朱序鎮襄在何年，（同書六慧遠傳以苻丕寇襄陽爲建元九年事已誤）。故當分別觀之，不可拘泥其說。

道安撰經錄。高僧傳五道安傳曰：『既達襄陽，復宣佛法，…漢魏迄晉，經來稍多，而傳經之人，名字弗說，後人追尋，莫測年代。安乃總集名目，表其時人，詮品新舊，撰爲經錄。衆經有據，實由其功。』經錄曰，『此土衆經，出不一時，自孝靈光和以來，迄今晉康寧二年近二百載，值殘出殘，遇全出全，非是一人，卒難綜理，爲之錄一卷。』（出三藏記集五所載。）（大藏經卷五十五）。按晉無「康寧」年號，「康寧」當作寧康，蓋傳寫誤倒。自後漢靈帝光和元年至本年凡一百九十六年，故謂近二百載也。

寧康三年（建元十一年）乙亥　四十二歲

二月八日與道安等鑄丈六釋迦佛像。（高僧傳道安傳曰涼州刺史楊弘忠送銅萬斤，擬爲承露盤。安曰，露盤已託汰公營造，欲迴此銅鑄像，事可然乎？忠欣而敬諾。於是衆共抽捨，助成佛像光相丈六，神好明著。（卷五，頁三上）釋道宣釋迦方志曰：『寧康三年二月八日：道安於襄陽郭西鑄丈六無量壽佛像。（？）明年季冬，嚴飾成就』。（卷四，頁十一上）大師晉襄陽丈六金像頌曰：『遠生善致末，…徒欣大化，而邁乖其會，…沙門釋道安…發明淵極，思睹神影，每希想光晷，髣髴容儀，……魂交寢夢，而情憤於中，遂命門人鑄而像焉。…于時四衆悅情，道俗齊趣。…操務者不以昏疲告勞。』（弘明集十六所載）（頁十一下）。按大師頌又云：『佛像釋迦，輿化推移』。知所鑄決是釋迦佛像。釋迦方志謂爲無量佛像，蓋傳聞之誤。

秦王苻堅遣使送道安外國佛像，彌勒佛像。（？）（據釋寶唱名僧傳曰：苻堅遣使送外國金箔倚像，高七尺一。又金坐像一，結珠彌勒像金縷繡像織成像各一張。（名僧傳抄所抄）（續藏經貳編第七套。）按高僧傳亦載此事，敘於鑄像後，當有依據。）

宗炳生。據梁沈約宋書宗炳傳（卷九十三）

太元元年（建元十二年）　　四十三歲

十二月所鑄丈六佛像成。大師隨爲作晉襄陽丈六金像頌。

是年四月，釋慧常自涼寄與道安之竺法護等所譯首楞嚴經須賴經至。五月光讚般若波羅蜜經續至。道安撰合放光光讚隨略解。十月漸備經至。俱據失名氏漸備十住序。（出三藏記集卷九所載。）（大藏經卷五十五，頁六十二下）。道安合放光光讚略解序（出三藏記所載），（大藏經卷五十五，頁四七上。）

太元二年（建元十三年）丁丑　　四十四歲

朱序爲州刺史。荊州刺史桓豁卒，桓沖繼任，移鎮上明。（今湖北松滋縣西）。俱見通鑑。（卷一百四）

周續之生。據宋書周續之傳。（卷九十三）

太元三年（建元十四年）戊寅　　四十五歲

二月秦將苻丕來寇城。據通鑑（卷一百四）

以秦軍臨城，道安命衆分散，乃與弟慧持，同學曇徽，及弟子數十人去襄陽南避，至荊州上明上明寺。據高僧傳本傳，慧持傳（卷六，頁十三下）曇徽傳。（卷五，頁十七下）本傳曰：『秦將苻丕寇並襄陽，道安爲朱序所拘，不能得去，乃分張徒衆，各隨所之。臨路諸長德皆被誨約，遠不蒙一言。遠乃跪曰，獨無訓勗，懼非人例。安曰，如汝者豈復相憂。遠於是與弟子數十人南適荊州，住上明寺』。（卷六，頁二上）

太元四年（建元十五年）己卯　　四十六歲

二月秦軍陷襄陽。道安等被擄。據出三藏記道安傳通鑑（卷一百四）

太元五年（建元十六年）庚辰　　四十七歲

釋曇翼生。據高僧傳曇翼傳（卷十四，頁十六上）

釋法莊生（？）據高僧傳法莊傳（卷十四，頁四下）云『宋大明初七十有六』。

太元六年（建元十七年）辛巳　　四十八歲

太元七年（建元十八年）壬午　　四十九歲

道安赴秦長安。據出三藏記道安傳，道安比丘大戒序。（出三藏記集十一所載。）（大藏經卷五五）。序云：『歲在鶉火，自襄陽至關右。』

太元八年（建元十九年）癸未　　五十歲

大師素與同學慧永共約，結宇於羅浮山，至是欲踐舊約，乃與弟慧持等去上明寺。及屆江州潯陽，見廬山清淨，足以息心，而同學慧永亦在山，遂即止於廬山龍泉精舍。據高僧傳本傳（卷六，頁二上）慧永傳（卷六，頁二五下）按佛祖統紀載大師遺誡曰，吾昔以知命之年，託業此山。（卷二十六，頁八下）又圖書集成百三十七引慧遠年譜曰、太元八年癸未遠始來廬山。』

是年正月秦將呂光討西域龜茲諸國。據通鑑（卷一百五）

僧伽提婆（衆天）至秦長安　據道安阿毘曇序（出三藏記集十所載）（大藏經卷五十五，頁七二下）

釋慧邕從道安出家。據高僧傳慧邕傳（卷六，頁十八上）參通鑑（卷一百五）

太元九年（建元廿年）甲申　五十一歲

釋僧徹生。據高僧傳徹傳（卷七，頁二十四下）

二月桓伊爲州刺史。

州刺史桓伊因慧永言爲大師於山東建東林寺（？）據高僧傳本傳。傳曰：『慧永居在西林，與師同門舊好，遂要遠共止。永謂刺史桓伊曰，遠公方當弘道，今徒屬已廣，而來者方多，貧道所棲，褊狹不足相處，如何。桓乃爲遠復於山東更立房殿即東林是也。』（卷六，頁二下）按寺成於後年。創寺當在伊爲刺史之後，而太元十一年之前。

太元十年（秦建元二十一年）乙酉　五十二歲

二月八日道安寂於秦長安五級寺。據出三藏記集十五道安傳。（大藏經卷五五，頁一〇九上）收弟子釋慧邕。（？）據高僧傳慧邕傳。傳云，從安公出家。安公既往，乃南投廬山事遠公爲師。』（卷六，頁十八下）謝靈運生。據宋書靈運傳。（卷六十七，頁一上）

太元十一年（後秦帝姚萇建初元年）丙戌　五十三歲

東林寺成。大師自是居東林寺。（據十八賢傳本傳）（廬山記卷三，頁三十六下）

雷次宗生。

僧伽提婆與法和自秦至洛陽譯經。（？）據出三藏記集十三提婆傳。（大藏經卷五十五，頁九九上）

太元十二年（建初二年）丁亥　五十四歲

竺法汰寂於京師瓦官寺。據太元起居注（世說新語八注所引）。（卷四，頁六下）高僧傳汰傳。（卷五，頁十二下）

太元十三年（建初三年）戊子　五十五歲

太元十四年（建初四年）己丑　五十六歲

收弟子釋法莊（？）（高僧傳法莊傳（卷十四，頁四下）

太元十五年（秦建初五年）庚寅　五十七歲

范甯爲豫章太守。

太元十六年（建初六年）辛卯　五十八歲

僧伽提婆自洛陽來。

請僧伽提婆譯法勝阿毗曇心論山賢僧伽先三法度論。初道安在秦長安命外國沙門譯此諸論，以譯人不習晉語，致所譯多未善。至是僧伽提婆來，大師以其善此二論，因勸令重譯，由道慈筆受，遂成阿毗心論四卷，三法度論三卷，大師並爲之序。（據出三藏記集十所載，大師阿毗曇心序，（大藏經卷五五，頁七二下）三法度序，（頁七三上）佚名氏阿毗曇心序（頁七二下）及同書僧伽提婆傳。（大藏經卷五五，頁九九上）高僧傳本傳，並唐道宣唐內典錄九（大藏經卷五五，頁三二五上）

是年收弟子釋道敬。（據十八賢傳道敬傳）。

太元十七年（後秦建初七年）壬辰　五十九歲

冬十一月，殷仲堪由黃門郎出為荊州刺史，來山詣大師談易。問大師易以何為體。大師曰，以感為體。仲堪曰，銅山西崩，靈鐘東應，便是易耶？大師笑而不答。（據宋劉義慶世說新語四）（卷二，頁十一上）高僧傳本傳，通鑑（卷一百八）

是年大師以禪經律藏多未備，命弟子支法領法淨等赴大竺尋經典。據高僧傳本傳，（卷六，頁六下）參四分律序，唐智昇開元釋教錄四）。（大藏經卷五五，頁五一七上）

太元十八年（建初八年）癸巳　六十歲

大師自是不復出山。廬山法師碑曰，自以年至耳順，足不越山。

秋戴逵來書，寄所作釋疑論，與大師謂『脩短窮達，自有定分，積善積惡之談，……是勸教之言』。周續之見論為作難釋疑論（？）據唐道宣廣弘明集，（卷二十，頁二上至四下）參晉書戴逵傳，（卷九四）宋書周續之傳。（卷九三）見次年注。

太元十九年（後秦姚興皇初元年）甲午　六十一歲

大師覆戴逵書，示以周續之難逵覆書，復重申前義。大師因作三報論以明善惡，有現報，生報，後報，以覆戴逵。（？）據弘明集（卷五，頁二六上）廣弘明集（卷二十，頁十上）按大師周續之與戴逵論難業報事，自在周續之來山之後，而戴逵未卒之前。逵卒於太元二十年，續之是年方十八歲，宋書謂其十三，（原作二誤）詣范寧居學數年入廬山，則其來山當在太元十七年左右，故知其事必在此二三年間。又檢大師書云，去秋與諸人共讀君論，知逵寄論與大師覆隔年事。

太元二十年（皇初二年）乙未　六十二歲

同學釋曇徽寂於荊州上明寺。據高僧傳曇徽傳（卷五，頁十七上）

戴逵卒。據晉書戴逵傳（卷九十四）

太元二十一年（皇初三年）丙申　六十三歲

弟慧持送姑道儀尼適京師。據梁釋寶唱比丘尼傳（卷一，頁十一下、高僧傳慧持傳（卷六，頁十三下）

劉程之來山。據廣弘明集卷三十二，頁一上注

東晉安帝司馬德宗隆安元年（皇初四年）丁酉　六十四歲

僧伽提婆與道慈去適京師，與慧持竺道祖等重譯增一阿含經中阿含經。據道慈中阿含經序，（出三藏記九所載）（大藏經卷五五，頁六四上）開元釋教錄三，（大藏經卷五五，頁五〇五上）出三藏記十三提婆傳（大藏經卷五五，頁九九中）。

雷次宗來山（？）據宋書次宗傳（卷九十三）

竺道生來山。據出三藏集記十五道生傳（大藏經卷五五，頁一一〇）

釋道溫生。據高僧傳道溫傳（卷八，頁七下）

隆安二年（皇初五年）戊戌　六十五歲

『桓玄征殷仲堪，軍經廬山，要〔大師〕出虎溪，〔大師〕

稱疾不堪，玄自入山。左右謂玄曰，昔殷仲堪入山禮遠，願公勿敬之。玄答何有此理，仲堪本死人耳。及見〔大師〕，不覺致敬。玄問不敢毀傷，何以剃削。〔大師〕答云，立身行道。玄稱善，所懷問難，不敢復言，乃說征討之意。〔大師〕不答。玄又問何以見願。〔大師〕云，願檀越安隱，使彼亦復無他。玄出山謂左右曰，實乃生所未見』。高僧傳本傳(卷六，頁九下)參通鑑(卷一一〇，頁八上)

是年大師收弟子釋僧徹 據高僧傳僧徹傳(卷七，頁二四上)

桓玄爲州刺史 據通鑑(卷一一〇，頁七下)

豫章太守范寧請慧持講法華經(?) 據高僧傳慧持傳(卷六，頁一四上)

陶淵明至京口爲鎮軍將軍劉牢之參軍。據宋書陶潛傳(卷九十四)參通鑑(卷一一〇)

隆安三年(後秦弘始元年)己亥 六十六歲

州刺史桓玄有書延致大師，來書勸大師罷道，略謂『佛理幽深，豈是悠悠常徒所能習求。……先聖有言，未知生，焉知死，而令一生之中，困苦形神，方求冥冥黃泉下福。……迷而知反，去道不遠，忽焉將老，可復追哉。聊贈至言，幸能納之』。大師覆書拒之曰，人生天地之間，如白駒之過隙，以此而尋，孰得久停，豈可不為將來作資。……一世之榮劇，若電光聚則致離，何足貪哉。……貧道形不出人，才不應世，是故毀其形貌，被其割截之服理。未能心冥玄化，遠存大聖之制，豈捨其本懷而酬高誨』(?) 據弘明集載桓玄與遠法師書，(卷一一，頁二二上)(大師答桓南郡書)，(同卷二二下)出三藏記十五本傳，(大藏經卷五，頁一一〇)高僧傳本傳。(卷六，頁一〇上)按高僧傳本傳敘此事於大師會玄之後，推當時情形，似屬本年玄在潯陽時事，蓋本年十二月以後，玄即適江陵，無暇及此矣。

是年十二月桓玄發兵襲江陵，殷仲堪被害。據通鑑(卷一一一，頁六下)

弟慧持辭適成都。據高僧傳慧持傳(卷六，頁一四上)

謝靈運始自錢塘還京師。據宋劉敬叔異苑(卷七，頁三七上)

隆安四年(弘始二年)庚子 六十七歲

夏五月與交徒三十餘人遊石門，爲五言遊廬山詩，自劉遺之王喬之張野皆爲和詩，或更爲序，以記其事。詩載宋陳舜俞廬山記。(卷四，頁六上)據佚名氏廬山諸道人遊石門詩序(載廬山古今遊記叢鈔卷上，頁六上)

是年五月陶淵明自京師還柴桑。據靖節先生集庚子歲五月中從都還阻風于規林詩。(卷三，頁二下)

隆安五年(弘始三年)辛丑 六十八歲

十二月二十日鳩摩羅什（童壽）自涼州至秦長安。據出三藏記集所載僧叡大品經序（大藏經卷五五，頁五二一）大智論記（大藏經卷五五，頁七五）同書十四羅什傳。（大藏經卷五五，頁一〇〇）

陶淵明適江陵　據靖節先生集辛丑歲七月赴假還江陵詩。（卷三，頁一二上）謝靈運襲康樂縣公　據宋書謝靈運傳（卷六十七）

元興元年（弘始四年）壬寅　六十九歲

二月鳩摩羅什譯阿彌陀經　據唐內典錄三，（大藏經卷五五，頁二五三）開元釋教錄四，（大藏經卷五五，頁五一二）桓玄發兵入京師。三月改元大亨。桓玄爲太尉。據通鑑（卷一一二，頁九上下）

太尉桓玄欲沙汰僧衆，衆情惶惑，大師作書爲論料簡得失。

玄與僚屬教曰『佛所貴無爲……絕慾……比者陵遲，遂失斯道。京師競其奢淫，……名器爲之穢黷，避役鍾於百里，逋逃盈於寺廟。……傷治害政，塵滓佛教。……可嚴下在此諸沙門，有能伸述經誥，暢說義理者，或禁行修整，……恆爲阿練若者，或山居養志，不營流俗者，皆足以宣寄大化。……其有違於此者，皆悉罷道，所在領其戶籍，嚴爲之制。……唯廬山道德所居，不在搜簡之例』。大師與玄書曰，『佛教陵遲，穢雜日久，每一尋思，憤慨盈懷。……見檀越澄清諸道人教，實應其本心。夫涇以渭分，則清濁殊流，枉以直正，則不仁自遠。……符命既行，必二理斯得，然後令飾僞取容者自絕於假通之路，信道懷眞者無復負俗之嫌』。『經教所開，凡有三科：一者禪思入微，二者諷味遺典，三者興建福業。三科誠異，皆以律行爲本。檀越近制，似大同於此，是所不疑，或有興福之人，內不毀禁，而迹非阿練若者，或多誦經，諷詠不絕，而不能暢說義理者，或年已宿長，雖無三科可記，而體性貞正，不犯大非者，凡如此輩，皆是所疑。今尋檀越所遣之例，不應問此，而外物惶惑，莫敢自寧。……夫形迹易察，而眞僞難辨，自非遠見，得之信難。……都邑沙門經檀越視聽者，固無所疑；若邊局遠司，識不及遠，則未達教旨，或因符命，濫及善人，此最其深憂。若所在執法之官，意所未詳，又時無宿望，沙門可以求中得令送至大府，以經高鑒者，則於理爲弘』。玄遂從大師所議。據弘明集十二所載桓玄與僚屬沙汰僧衆教，大師與桓太尉論料簡沙門書，（頁三十二上，三十一下）高僧傳本傳。（卷六，頁十七）按佛祖統紀繫玄汰僧衆於隆安二年。（卷三六，頁一三上）然高僧傳本傳敘此事在玄勸大師罷道之後，令沙門敬王者之前，則非隆安二年事。今尋玄敎及大師書，明是玄至京師，爲太尉時事。玄本年二月至京師，三月爲丞相，改太尉，四月輒出屯姑孰，知此即本年二月閒事宏。

四月太尉桓玄出屯姑孰，欲令沙門敬王者與八座書，謂『佈諸沙門皆不敬王者，何庾雖已論之，而並率所見未是以理屈也。……佛之爲化，……以敬爲本。……老子同王侯於三大。……原其所重，皆在於資生通運，……將以天地之大德曰生。通生理物，存乎王者。故尊其神器，而禮實爲隆。……沙門之所以生生資存，亦日用於理命，豈有受其德而遺其理，沾其惠而廢其敬哉』。時尙書令桓謙領軍將軍王謐並不謂然，皆與玄往復論難。玄乃以其與八座書示大師云，『沙門不敬王者，旣是情所不了，於理又是所未諭。一代大事，不可令其體不允近，與八座書今示君，君可述所以不敬意。……此便當行之於事，一二令詳遣。……王領軍大有任此意。……所據理殊未釋所疑。……令郭江州取君答可旨付之』。大師答書曰，『佛經所明，凡有二科：一者處俗弘教，二者出家修道。……出家則是方外之賓，……達患累緣於有身，不存身以息患，知生由於稟化，不順化以求宗。……故不重運通之資，……不貴厚生之益，……隱居以求其志，變俗以達其道，變俗服章，不得與世典同禮，隱居則宜高尙其迹。……是故內乖天屬之重，而不違其孝，外闕奉主之恭，而不失其敬。……如令一夫全德，則道洽六親，澤流天下，雖不處王侯之位，固已協契皇極，大庇生民矣。如此豈坐受其德，虛沾其惠。……袈沙非朝宗之服，鉢盂非廊廟之器，剃髮毀形之人，忽廁諸夏之禮，……竊所未安』。據弘明集卷十二所載桓玄與八座書，(頁十四下)與遠法師書，(頁二五下)大師答桓太尉書，(頁二六上)高僧傳本傳，(卷六，頁一〇下)通鑑。(卷一一二，頁十上)

七月二十八日大師結念佛社，延命修往生淨土同志劉程之雷次宗周續之畢穎之宗炳張野張詮王喬之慧永竺道生及弟子慧叡慧嚴慧觀道恆道敬曇恆曇詵曇翼曇邕僧濟僧徹法安慧恭慧寶慧要等百二十三人，集於山陰般若雲臺精舍阿彌陀佛像前，共期往生淨土。劉程之撰誓文，文曰：『推交臂之潛淪，悟無常之期切，審三報之相催，知險趣之難拔，此其同志諸賢，所以夕惕宵勤，仰思攸濟者也。蓋神者可以感涉而不可以迹求，……今幸不謀而感心西境，……等施一心，……誓茲同人，俱絕遊域。其有驚出絕倫，首登神界，則無獨善於雲嶠。……先進之與後升，勉思彙征之道』，(據出三藏記集十五本傳，(大藏經卷五五，頁一〇九)高僧傳本傳，(卷六，頁四上)十八賢傳(廬山記卷三六上至四三下)蓮社高賢傳，(頁一下，頁六下)佛祖統紀(卷二六，頁四下，一七上)蓮宗寶鑑四。(大藏經卷四七，頁三二〇)按諸傳俱不言結社之年，據劉程之誓文云，『維歲在攝攝格七月戊辰朔二十八日乙未」知其年爲寅年，且七月朔爲戊辰。元李公煥撰陶淵明集箋註謂爲義熙十年甲寅。（見清陶澍靖節年譜考異卷下，頁六下）。近人游國恩蓮社年月考復定爲太元十五年，庚寅。（見國學月報彙刊第一集頁二六五）然游氏之說亦謂在義熙十年前。太元十五年當次宗方五歲，周續之亦僅十四歲，是與入社之說不合。考大師居廬山所歷三寅年，惟本年之七月朔甲子與碑之誓文合，知結社實本年事。又按同時預社者，蓮社高賢傳有二十三人。傳所載尚有闕公則及陸修靜二人。考唐道世法苑珠林載闕公則事，與蓮社高賢傳所敘略同。然尚未及其入廬山事，且謂其「晉武之世，死於洛陽」。（卷五九，頁一九上）則其人尚不及見東晉。又考唐李渤宋廬山簡寂陸先生傳敘陸修靜事頗詳，亦不言其預蓮社，並謂其宋元嘉末始入廬山。元徽五年卒，年七十二，則其人迄（參廬山記卷一，頁十三下）。大師之卒年，彼不過十二齡耳。知此、謂二人預社，決爲附會。又佛祖統紀載有二十三人，尚有法淨、法領，道泓，曇順、法業，慧義，慧嚴，慧觀，孟懷玉諸人。考法淨，法領，是年尚未歸國；道泓，曇順，據高僧傳慧持傳乃持弟子，是時自隨持在蜀；法業，慧義，慧嚴，慧觀俱見高僧傳佛陀跋陀羅傳（卷二，頁十六下），似亦隨從佛陀跋陀羅者。考慧持於前三年已離山入蜀。道生，佛陀跋俱于義熙七年始來山，曇順即初依羅什，後始來山，預社不在是年。孟懷玉以下諸人，皆義熙八年以後始來廬山（參廬山記卷一，頁十三下）今皆不取。

編者按、慧遠卒于義熙十二年八月，年八十三，自元興以後十四年事，著者原稿，且缺本末，惜芝蘭既折，遺蹟凋零，未爲補苴，聊示悼慎云爾。

夏史三論

——夏史考——五，六，七章——

顧頡剛
童書業

十三年前，我們在努力週報附刊的讀書雜誌上討論古史，文中的中心問題爲禹的是人是神？禹和夏有沒有關係？討論的結果固然對於這兩個問題仍不能得到結論，但對於商以前的歷史從此知道其中傳說的成分極多，史實的成分極少，這便是我們工作的相當收穫。這數年來，人家還只記得我在那一篇文字中所說的禹爲蟲，我屢次聲明，這是我早已放棄了的假設；至于所以放棄的理由，乃爲材料的不足，我們不該用了戰國以下的記載來決定商周以前的史實。至于用了戰國以下的記載來決定戰國以下的某種傳說的演變，這依然是該做的工作，我們決不該放棄這時代的責任。

民國十八年，燕京大學國文學會爲編輯睿湖期刊向我徵文，我答應做的文字是『啓和太康』，因爲我久覺得啓這個人，除了儒家的經典以外都是說他不好的，自從孟子說了『啓賢，能敬承繼禹之道』，又造出朝覲訟獄謳歌的人不到益那邊去而到啓這邊來的故事，啓纔變作一個好人，而他的不好的行爲全送給太康收受了。至于太康，是本來沒有這個人的，乃是啓的分化。這文寫了數千字，別的事忙，擱了下來；哪知一擱便是五個年頭。去年童丕繩先生來平，我檢出這稿給他看，他很以爲不錯，且說他也早有這樣的感覺。我說『這好極了，就請你替我完了結罷！』不料他一動筆就是數萬言，我說，『這更好了。夏代史本來只是傳說的堆積，是我們的力量足以整理的材料，不如索性做一部夏史考罷！』他爲了這件事情，到今足足忙了半年，尚未完工。今值史學年報徵文，便將脫稿略定的三章——啓和五觀與三康，羿的故事，少康中興辨——鈔出付刊。其中少康中興一項，康長素先生說是劉歆所造，固然不對，但總是後人竄入左傳及史記的。今經童先生詳加考證，使我們可以確實承認這是光武中興的倒影，多年蓄疑，一旦大明。豈非極痛快的一件事！

近來曾有人對我說，『你們再不要考古史了，給你們一考什麼都沒有了！』好料想這文發表，又要使他們離過一回。我們除了抱歉之外，再有什麼話說！好在夏代都邑在傳說中不在少數，奉勸諸君，還是到這些遺址中做發掘的工作，檢出真實的證據給我們瞧罷！若是你們所有的也是書本上的材料，而且是戰國以下書本上的材料，那麼除了用這樣方法整理之外是沒有更適當的方法了。除非你們說歷史的目的不在求真而在求美，纔可保留着這些有趣味的故事給人們欣賞去。慚愧我們不是藝術家，我們不屑着這項任務，只得請諸君原諒了！

夏史考凡分十章，目錄如下：

四、禹鯀的傳說
五、啓和五觀與三康
六、羿的故事
七、少康中興辨
八、僞古文尚書裏的夏史（汲冢古文附辨）
九、路史裏的夏史
十、今本竹書紀年裏的夏史
附錄一、夏都邑考
附錄二、夏時考
附錄三、湯誓考
附錄四、史記杞世家疏證

大約在這一年之內可以寫畢。

本篇從第五章寫起，對於讀者似乎覺得突兀，所以現在就把第四章禹鯀的傳說與下聯接的一部分的大意略述如下：

尚書裏說『陟禹之迹』（立政），詩經裏說『設都于禹之績』（殷武），逸周書商誓篇裏說『登禹之績』，秦公敦裏說『鼏宅禹賡』，齊侯鎛裏說『處禹之堵』，這些話都與詩經的『在帝左右』（文王），秦公敦的『在帝之坏』等語意相同，可見帝是天神而禹是地神。地神就是社神，亦稱后土，所以淮南子和史記中都有禹爲社神的記載。尚書中說到商能舉出它的先祖（如無逸，君奭）和亡國之君，說到夏則只能舉出一個亡國之君桀，對於夏的開國帝王，他們彷彿不知道似的。尤其是立政，說『古之人迪惟有夏，乃有室大競，籲俊尊上帝，……』對于夏的先世敘述得何等渺茫；然而底下又說『陟禹之迹』，足見禹與夏是毫無關係的。直到墨子，才把禹與夏正式發生了關係。

墨子說上帝罰親而不善的人，舉鯀爲例，因爲他說鯀是上帝的元子，有最親密的關係。墨子又說上帝賞賢能的人，舉禹爲例（均尚賢篇）。然而墨子是反對殺其父而賞其子的辦法的（見魯問篇），即此可證到墨子時尚不以鯀與禹爲父子。又戰國以前的書說到禹的很多，但從沒有聯帶說鯀的（洪範是戰國末年的作品），也可作爲鯀非禹父的旁證。後來爲鯀與禹的上帝變成了堯舜，那時人對於堯舜的要求是大公無私，所以國語和左傳等書中就有了鯀爲禹父的說法。（孟子恐尚無鯀爲禹父的觀念。）

所以，我們可以說：禹與夏發生關係在前，鯀與夏發生關係在後。自禹和夏發生關係之後，禹纔與啓發生了父子的關係。再合上原有的幾個夏代之王，夏代史算有頭有尾了。（桀是在古書中最早出現的夏代之王。相大約是商祖相土的分化，他原是個「四征不庭」的賢君。杼的來源雖不可確知，但似與越民族有相當的關係；在國語裏看，杼是夏的一個中興之主，同商民族的上甲微，周民族的高圉太王差不多。孔甲大約是商王祖甲的分化，關於他的故事，大部分是西漢人所造。至於皋，不降等，我們差不多只知道一個名字而已，他們是不是真正的夏王，已不可知了。）

二十五年六月四日，顧頡剛記。

（五）啟和五觀與三康

自從禹鯀同夏先後發生了關係，夏代史的首頁已經粲然可稽了，但是光有了腦袋和尾巴而缺乏中間一段，這一部夏史仍舊是寫不成的；於是勇於作僞的戰國秦漢間的歷史家就繼起完成他們的工作。從戰國到西漢末出來的重要的夏代史說，現在大略敘述如下：

墨子非樂篇說：

於武觀曰，『啟乃淫溢康樂，野于飲食，將將銘莧磬以力，湛濁于酒，渝食于野，萬舞翼翼，章聞于大（天），天用弗式』。故上者天鬼弗戒（式），下者萬民弗利。

這一段話是墨家的尚書，武觀是尚書的篇名。在這篇書裏，禹的兒子啟是一個淫溢康樂的壞人，他既好樂又好酒，簡直是夏初的桀紂；他爲天所弗式，當然沒有什麼好結果。墨家拿啟來做一個『非樂』的箭垛，他們是有些根據的。查山海經海外西經說：

大樂之野，夏后啟于此儛九代，乘兩龍，雲蓋三層，左手操翳，右手操環，佩玉璜，在大運山北。一曰大遺之野。

大荒西經說，

有人珥兩青蛇，乘兩龍，名曰夏后開：開上三嬪（賓）于天，得九辯與九歌以下，此天穆之野高二千仞，開焉（焉猶於此也）得始歌九招。

郭注引開筮道，『昔彼九冥，是與帝辯，同宮之序，是謂九歌』。又道，『不得竊辯與九歌以國于下』。這些都是比較近於原始的神話。海外西經的『九代』就是大荒西經的『九招』的異文（郝懿行云，『淮南齊俗訓云，「夏后氏其樂夏籥九成」。疑「九代」本作「九成」，今本傳寫形近而譌也。』案皋陶謨有『簫韶九成』的話），『九招』也就是『九韶』。路史注引古本竹書紀年云，『啟登后九年，舞九韶』。九韶就是九辯九歌的後身，本是天帝的樂，是啟上天竊下來的，並不是舜所作（參看本考附錄關樂考）。郭注又引歸藏鄭母經道，『夏后啟筮御飛龍登于天，吉！』啟會乘龍上天，自然是個神性的人物；他的傳說特別與音樂有關，或許原來是個樂神。墨家借了這個樂神來做『非樂』的箭垛，并替他添上了一件酗酒的罪名，好在酒與樂本來是聯帶的（墨家所謂『樂』是廣義的，酒也是『樂』的一種）。

楚辭天問說：

啟棘賓商，九辯九歌，何勤子屠母而死分竟地？

『棘』，郝懿行讀爲『亟』。『商』，朱子讀爲『帝』。『啟亟賓帝，九辯九歌』，就是說他三度賓于天帝，得到九辯九歌的事。『勦子』的意義不可詳。『居母』而直是說他殺了母親。『隨巢子說啟母塗山氏化爲石，石破北方而生啟（繹史引），『居母』之說恐怕即從這個神話變出來的。『竟』，張惠言讀爲『境』。『死分境地』是說啟死後，境地便分裂了。這是墨子『天用弗式』一語的注脚。

離騷說：

啟九辯與九歌兮，夏康娛以自縱，不顧難以圖後兮，五子用失乎家巷。

舊解都以太康釋『夏康』，戴震以爲『康娛』是一辭，王引之讀『夏』爲下，解前兩句爲啟竊九辯九歌於天，因以康娛自縱於下。案戴王之說近是：離騷下文還有『日康娛而自忘』，『日康娛以淫遊』的話，可見『康娛』確是一辭；『康娛自縱』就是墨子所謂『淫溢康樂』，是說啟的事。但是我們覺得『夏』字似不必破字讀，離騷下文還有『湯禹儼而祗敬兮，周論道而莫差』的話，『周』指周家的文武，則『夏』字解爲夏家指啟就得；王氏過於求通，反失去周秦以及漢人的語法了。『五子失乎家巷』，似乎就是天問所說『死分境地』的事。揚雄宗正卿箴說：

巍巍帝堯，欽親九族，經哲宗伯，禮有攸訓，周有攸籍，各有育子，世以不錯。昔在夏時，少康不恭，有仍二女，五子家降；晉獻悖統，宋宣亂序，齊桓不胤，而忘其宗緒；周譏戎女，魯喜子同，高作秦崇，而扶蘇被凶；宗廟荒墟，魂氣靡附：伯臣司宗，敢告執主！（據南關叢書覆宋淳熙本古文苑）

『少康』，初學記文同。章樵注本古文苑作『太康』，章本前人譏其『移易篇第，增竄文句，殊非舊觀』（據南關叢書本古文苑顧廣圻序）；太康無誤少康之理，且有仍二女與有虞二姚分明是一傳說的分化，大約宗正卿箴原文確作『少康』；『太康』之文是章樵所妄改。少康實在就是啟的分化，『啟』『開』古音同，『開』『康』雙聲；少康原名當作康，少康是與啟分開後的名字（太康也是啟的化身，參看後記）。『不恭』就是『康娛自縱』與『淫溢康樂』，『五子家降』就是『五子用失乎家巷』之變；宗正卿箴的話從離騷來。王引之說：

『五子用失乎家巷』，『失』字因王注而衍；注內『失國，失尊位』，乃釋『家巷』二字之義，非以文中有『失』字而解之也。『五子用乎家巷』者，『用乎』之文與『用夫』『用之』同，……若云『五子用失乎家巷』，則是所失者家巷矣，注何得云『兄弟五人家居閭巷失尊位』乎？……揚雄宗正箴曰『……五子家降』，『降』與『巷』古同聲而通用，亦足証『家巷』之文爲實義，而『用乎』之文爲語詞也。『巷』讀孟子『鄒與魯鬨』之『鬨』，劉熙曰，『鬨，構也，構兵以鬭也』；五子作亂，故云『家鬨』；家猶內也，若詩云『蟊賊內訌』矣。『鬨』字亦作『閧』，呂氏春秋愼行篇，『崔杼之子相與私閧』，高誘曰，『閧，鬭也』：『私閧』猶言『家鬨』。『鬨』之爲『閧』，猶『鬨』之爲『巷』也(自注：『鬨』之通作『巷』，猶『巷』之通作『鬨』；法言學行篇，『一鬨之市』，『鬨』卽『巷』字)。宗正篋作『五子家降』，『降』亦『鬨』也；呂氏春秋察微篇，『楚卑梁公舉兵攻吳之邊邑，吳王怒，使人舉兵侵楚之邊邑，吳楚以此大隆』。『大隆』謂大鬭也，『隆』與『降』通(自注：書大傳『隆谷』，鄭注曰，『「隆」讀如「厖降」之降』。荀子天論篇『隆禮尊賢而王』，韓詩外傳『隆』作『降』。齊策『歲八月降雨下』，風俗通義祀典篇『降』作『隆』。是『隆』與『降』通也。……)。(讀書雜志餘編下)

王氏讀離騷『五子用失乎家巷』爲『五子用乎家鬨』，雖未必是(古注不可膠執)，但解宗正篋『五子家降』之義則頗正確。左傳僖公十七年載：

齊侯(桓公)之夫人三：王姬，徐嬴，蔡姬，皆無子。齊侯好內，多內寵，內嬖如夫人者六人：長衛姬生武孟，少衛姬生惠公，鄭姬生孝公，葛嬴生昭公，密姬生懿公，宋華子生公子雍。公與管仲屬孝公於宋襄公，以爲大子。雍巫有寵於衛共姬，因寺人貂以薦羞於公，亦有寵，公許之立武孟。管仲卒，五公子皆求立。冬，十月，乙亥，齊桓公卒；易牙(雍巫)與寺人貂因內寵以殺羣吏，而立公子無虧(武孟)。孝公奔宋。……

在這件故事裏：齊桓公小白就是少康的前身，長衛姬少衛姬們就是有仍二女的前身(有仍二女疑又從晉獻公的驪戎二女來，左傳夏桀爲仍之會，韓非子作爲戎之會。張超誚青衣賦云，『晉獲驪戎，斃懷殺子：有夏取仍，覆宗絕祀』亦以此二事並言。僞古文尚書五子之歌襲此文末一句)，武孟們就是五子的前身，『五公子爭立』也就是『五子家降』傳說的前身(後漢書后紀云，『齊桓有如夫人者六人……終於五子作亂』)。本篋明明拿晉獻齊桓來比少康，這很是把少康故事固有的材質啓示我們，知道他也沒有好結果的。五子家鬨的事又見於逸周書，嘗麥篇說：

其在啟(原作『殷』，朱右曾等俱謂其誤，當作『啓』)之五子，忘伯禹之命，假(假，因也)國無正，用胥興作亂，遂凶厥國。皇天哀禹，賜以彭壽，思正夏略。

『胥興作亂』豈不就是『家鬨』，五子倒底是啟的兒子，這証明了離騷的夏和宗正篋的少康或太康就是啟了。五子家鬨的結果是因了厥國的，帝嘉其大哀念禹的功勞，賜給夏朝一個撥亂反正的人物彭壽，才把這場禍事補救轉來。在這裏，中興夏朝的人是彭壽（逸周書這段話是周王對宗揜大正說的，也是一篇宗正箴，彭壽大概是夏朝的宗正）。

五子在儒家的傳說裏也叫做『五觀』，國語楚語說：

堯有丹朱，舜有商均，啟有五觀，湯有太甲，文王有管蔡：是五王者皆有元德也，而有姦子。

五觀就是墨子裏的『武觀』，『武』『五』音近通假。五子是啟的兒子，五觀也是啟的兒子；五子是作亂之徒，五觀也是姦子：五觀自然就是五子的異名了。在這裏，啟有五觀與堯有丹朱，舜有商均一樣，啟是有元德的賢王，五觀是要不得的姦子。韓非子說疑篇也說：

其在記曰，『堯有丹朱而舜有商均，啟有五觀，商有太甲，武王有管蔡』，五王之所誅者皆父子兄弟之親也。

可見五觀是被啟誅了的。左傳昭公元年記：

虞有三苗，夏有觀扈，商有姚邳，周有徐奄。

『扈』『五』音近，『五觀』常就是『觀扈』的倒文（楚語『啟有五觀』，韋注云，『傳曰，「夏有觀扈」』）。觀扈與三苗姚邳徐奄同舉，本是夏的兩個敵國。漢書地理志東郡有畔觀縣，應劭曰，『夏有觀扈，世祖更名衛國』。後漢書郡國志說：

衛……本觀故國，姚姓。

逸周書史記解說：

弱小在強大之間，存亡將由之，則無天命矣；不知命者死：有夏之方興也，扈氏弱而不恭，身死國亡。

觀是姚姓的國，扈是有夏方興時的一個不恭的國，與夏都無親族的關係。古本竹書紀年說：

啟征西河。（北堂書鈔引）

西河是衛地（參看錢賓四先生子夏居西河考，禹貢半月刊第三卷第二期，又先秦諸子繫年考辨卷二三九），所謂『征西河』當即指征觀國。

呂氏春秋先己篇說：

夏后伯啟（原作『夏后相』，據注及御覽引文改）與有扈戰於甘澤而不勝，六卿請復之，夏后伯啟曰，『不可！吾地不淺，吾民不寡，戰而不勝，是吾德薄而教不善也』。於是乎處不重席，食不貳味，琴瑟不張，鐘鼓不修，子女不飭，親親長長，尊賢使能，期年而有扈氏服。

史記夏本紀錄甘誓也說：

有扈氏不服，啟伐之，大戰于甘。將戰，〔作甘誓〕（三字後人竄入），乃召六卿申之。啟（今書作『王』）曰，『嗟，六事之人，予誓告汝：有扈氏威侮五行，怠棄三正，天用勦絕其命，今予維共行天之罰。左不攻于左，右不攻于右，女不共命；御非其馬之政，女不共命。用命賞于祖，不用命僇于社，予則帑僇汝』。遂滅有扈氏，天下咸朝。

書甘誓序也說：

啟與有扈戰于甘之野，作甘誓。

啟有伐觀伐扈的事，又有誅五觀的事，可見這兩種傳說必有關係，但不知其孰先孰後？漢代又有有扈為夏的同姓，啟的庶兄的說法；世本說：

有扈與夏同姓。（書正義引）

史記夏本紀也以有扈氏為禹後。淮南子齊俗訓說：

昔有扈氏為義而亡，知義而不知宜也。

注：

有扈，夏啟之庶兄也；以堯舜舉賢，禹獨與子，故伐啟。啟亡之。

馮衍顯志賦說，『訊夏啟於甘澤兮，悼帝典之始傾』。於是『威侮五行，怠棄三正』的有扈氏變成了『為義而亡』的有扈氏；啟伐敵國也變成了啟殺庶兄了。但在墨子裏伐有扈的是禹，明鬼篇引甘誓作禹誓；莊子人間世篇也說，『禹攻有扈』；呂氏春秋召類篇並說，『禹攻曹魏屈驁有扈，以行其教』；說苑政理篇更說，『昔禹與有扈氏戰，三陳而不服，禹於是修教，一年而有扈氏請服』（這分明就是呂氏春秋所記略的事）。究竟伐有扈的是禹是啟，可惜我們不能起古人於地下而問之了。

啟在儒家以外的傳說裏，不但是個淫昏之主，就是他的得位也是不正當的。天問說：

啟代益作后，卒然離蠥，何啟惟憂而能拘是達，皆歸䠶鞫而無害厥躬？

王逸云，『離，遭也；蠥，憂也』。朱子云，『王逸以益失位為離蠥，固非文義，補（案指洪興祖補注）以有扈不服為離蠥，文義粗通，然亦未安。或恐當時傳聞別有事實也。史記燕人說禹崩益行天子事，而啟率其徒攻益奪之；汲冢書至云益為啟所殺；是則豈不敢謂益既失位而復有陰謀，為啟之蠥，啟能憂之而遂殺益為能達其拘乎？』（楚辭辨證）案朱說近是！戰國策燕策說：

禹授益而以啟為吏，及老而以啟為不足任天下，傳之益也。啟與支黨攻益而奪之天下（韓非子外儲說右，史記燕世家文略同）。

漢書律曆志載張壽王的話也道：

化益為天子，代禹。

這是說益已受禹的天下，而又被啟所奪；便是天問『啟代益作后』一語的注腳。古本竹書紀年說：

益干啟位，啟殺之。（晉書束皙傳）

這是說啟已做了天子，益還想把這個位搶歸自己，於是為啟所殺；便是天問『啟……卒然離蠥，何啟惟憂而能拘是達』諸語的注脚。王夫之云，『拘，囚禁也；達，逸出興師也』。劉盼遂先生讀『惟』為『罹』。說並近是！

啟是被禹認為不足任天下的，他與益又都有篡位自立的嫌疑，他做了天子以後又有『淫溢康樂』的昏德，他是一個怎樣不賢的人物！他是禹的一個怎樣不肖的兒子！

但是禹的這個不肖子到了儒家的學說裏却變成了一個克家的令子了：戰國的儒家大師孟軻有一個善疑而好問的學生叫做萬章，他有一次問他的老師道，『有人說，從堯舜傳到禹道德便衰落了，所以他不把天下傳給賢人而傳給自己的兒子了，是有這件事嗎？』孟軻答他說：『不對，話不是這樣說的！要知道傳賢與傳子都要聽老天爺的意思，天如要把天下給賢人，做天子的也只能把這位子傳給賢人；反過來說：天如要把天下給予這位天子的兒子，做天子的也只能把這位子傳給兒子了。堯舜的傳賢和禹的傳子並不關于道德的高下，只是天意的變遷而已』。何以見得是天意的變遷呢？他接說道：

昔者舜薦禹於天，十有七年，舜崩，三年之喪畢，禹避舜之子於陽城，天下之民從之若堯崩之後不從堯之子而從舜也。禹薦益於天，七年，禹崩，三年之喪畢，益避禹之子於箕山之陰，朝覲訟獄者不之益而之啟，曰，『吾君之子也！』謳歌者不謳歌益而謳歌啟，曰，『吾君之子也！』

禹相舜有十七年之久，同舜相堯的年歲差不多；舜崩之後，天下的臣民都歸附禹而不歸附舜子，也同堯崩之後不歸附堯子而歸附舜一樣；這可見天意是要『與賢』了。益相禹只有七年；禹崩之後，天下的臣民都歸附禹子啟而不歸附益；這可見天意是要『與子』了。與賢和與子都不是堯舜禹的私意，只是天意能了。所以他老先生終於說：

丹朱之不肖，舜之子亦不肖。舜之相堯，禹之相舜也，歷年多，施澤於民久；啟賢，能敬承繼禹之道。益之相禹也，歷年少，施澤於民未久。舜禹益相去久遠，其子之賢不肖，皆天也，非人之所能為也。莫之為而為者，天也；莫之致而至者，命也。

因為堯子丹朱同舜子都是壞人，舜相堯和禹相舜又都長久，對于人民的關係也深，所以堯舜崩後天下之民歸附舜禹而不歸附堯舜之子。禹子啟乃是好人，益相禹的時間又短，和人民的關係也淺，所以禹死之後天下之民便歸附禹子而不歸附益了。這舜禹益爲相年歲的長短，和丹朱舜子與啟的好壞滿是天意，不是人力所能改變的。所以並不是堯舜因德盛而傳賢，到禹因德衰便傳子了。

在這段話裏，我們可以看出儒家因爲要維持堯舜禹道德均等的原則，只得把益啟都說成了賢人。啟並非『不足任天下』，他是『能敬承繼禹之道』的；他也沒有奪益的位，他的爲天子是由於臣民的擁戴，同舜禹一樣的。益也並沒有『干啟位』的事，他在禹崩之後肯避到箕山之陰去，讓啟安安穩穩的繼承了天子之位。啟固然是禹的肖子，益也不失其大賢的資格。一場征誅的慘劇變成了揖讓，我們眞不能不佩服儒家改造古史的聰明的手段！

到了漢代，儒家的古史說統一了人們的信仰，於是史記上就記着道：

帝禹立，而舉皋陶薦之，且授政焉。而皋陶卒，封皋陶之後於英六，或在許；而后舉益任之政。十年，帝禹東巡狩，至于會稽而崩，以天下授益。三年之喪畢，益讓帝禹之子啟而辟居箕山之陽。禹子啟賢，天下屬意焉。及禹崩，雖授益，益之佐禹日淺，天下未洽，故諸侯皆去益而朝啟，曰，『吾君帝禹之子也！』於是啟遂即天子之位，是爲夏后帝啟。（夏本紀）

這段話自然全是鈔的孟子，不過添出了禹薦皋陶的一件事，這件事是到漢代才發生的，說見本考上章。此外十年禹崩與孟子七年之數不合，箕山之陽與箕山之陰不同；『以天下授益』的話也是孟子所沒有的，當是本於他家之說（如戰國策所言）。其餘便沒有和孟子不同的了。自此以後，益讓啟，天下歸啟的說法便成爲世人所公認的夏代史，大家看見了反儒家的益干啟位，啟殺益等話，就無不認爲異端邪說了。

啟的兒子我們在先秦的書上只看見五觀，在史記裏我們才知道又有太康中康（仲康）。夏本紀記啟以後杼（予）以前的世系是：

夏后帝啟崩，子帝太康立。……

太康崩，弟中康立，是爲帝中康。……

中康崩，子帝相立。

帝相崩，子帝少康立。

帝少康崩，子帝予立。

太康，中康，少康，我們叫他作『三康』。這三康的名字和世系是有疑問的，首先提出這個疑問的人是崔述，他道：

禹之後嗣見於傳記者，曰啓，曰相，曰杼，曰皐，皆其名也。上古質樸，故皆以名著，無可異者。惟太康少康則不似名而似號，不知二后何故獨以號顯？且太康失國，少康中興，賢否不同，世代亦隔，又不知何以同稱爲『康』也？仲康見於史記，當亦不誣，何故亦沿『康』號，而以『仲』別之？（夏考信錄卷二）

要解答這個疑問，我們首先應該知道『康』字的意義。『康』這一個字在古書裏有好壞兩面的意思，好的『康』字如：書盤庚『惟喜康共』，洪範『平康正直』，康誥『用康乃心』，詩周頌『文王康之』等都是。這個『康』字是安穩平正的意思。壞的『康』字如：書盤庚『無傲從康』，康誥『無康好逸豫』，詩唐風『無已太康』，周頌『成王不敢康』，和墨子『啓乃淫溢康樂』，楚辭『夏康娛以自縱』，『日康娛而自忘』，『日康娛以淫遊』等都是。這個『康』字是淫樂的意思。周康王致治謚『康』，是好的『康』字；齊康公好樂謚『康』，宋康王傲慢謚『康』，便屬於壞的『康』字了。太康仲康少康在名字上是連接的，要好便全好，要壞也便全壞，他們都是啟的後人，他們的號『康』恐怕是紹述祖德能？大概三康本都是『淫溢康樂』的脚色，所以都以『康』號顯，如象的號『傲』（見帝繫）一般。書序說：

太康失邦，昆弟五人須于洛汭，作五子之歌。

這五子就是啟的五子——五觀，太康兄弟五人（注意這個『兄』字）就是五子，王符潛夫論說：

啟子太康仲康更立，兄弟五人皆有昏德，不堪帝事，降須洛汭，是謂五觀。（五德志）

仲康也是五觀之一。太康仲康兄弟五人皆有昏德，自然都是『淫溢康樂』的脚色了。他們不堪帝事，降須洛汭，因爲洛汭是觀地（國語韋注：『觀，洛汭之地』；這大概是漢僞古文家的說法。但水經：『淇水屈逕頓邱縣故城西』，注：『古文尙書以爲觀地矣；蓋太康弟五君之號曰五觀者也』。這條注很是可疑，恐是晉僞古文一派的話），所以他們叫做五觀，同周汾王晉鄂侯等的例相類。王逸楚辭章句說：

太康不遵禹啟之樂而更作淫聲，放縱情慾以自娛樂，不顧患難，不謀後世，卒以失國，兄弟五人家居閭巷失尊位也。尙書序曰，『太康失國，昆弟五人須于洛汭，作五子之歌』，此佚篇也。

漢書古今人表下中等有太康，自注：

啟子，昆弟五人，號五觀。

中下等有中康，自注：

太康弟。

國語韋注也說：

五觀，啟子，太康昆弟也。

這些都是漢僞古文尙書以太康仲康爲五觀之二的證據。自從魏晉的偽古文尚書五子之歌改了書序的『昆弟五人』爲『厥弟五人』，千餘年來對於這個較早的偽古義便都不明白了。

太康仲康既是五觀之二，那末少康便也有做五觀的可能。宗正箴說『少康不恭』，『不恭』就是『昏德』。北堂書鈔，初學記，太平御覽引世本說『少康作秫酒』，書正義引世本說『杜康造酒』，杜康實在應作夏康，也就是少康（說文云，『少康即杜康也』）。荀子解蔽篇云『乘杜作乘馬』，呂氏春秋勿躬篇作『乘雅作駕』，則『杜』『雅』本通假；荀子榮辱篇說，『越人安越，楚人安楚，君子安雅』，儒效篇作，『居楚而楚，居越而越，居夏而夏』，則『夏』『雅』同字；這一可以證明少康原名夏康（夏開——夏啓），二可以證明少康也有好酒的傳說。又路史據古本竹書紀年說『少康時方夷來賓，獻其樂舞』，這條文字如果不誤的話（後漢書東夷傳說自少康以後夷人世服王化，諸賓於王門，獻其樂舞，注引竹書紀年只說，『后發即位元年，諸夷賓于王門，諸夷入舞』，疑其『方夷來賓獻其樂舞』本后發時事，路史作者誤讀後漢書文而訛），則少康似又曾有好樂的傳說。少康既好色（宗正箴云『少康不恭，有仍二女』。太平御覽廣韻引世本云，『少康作箕帚』，箕帚是女人所用的物事），又好酒，或許又好樂，都是所謂『昏德』，說少康有一時曾與太康仲康們作伴，曾列入五觀之中，這似乎是可以相信的一個假定。

在這裏我們應把書序的著作時代說一說：書序從前人都說是孔子作的，自從朱子疑爲『周秦間低手人作』，『恐只是經師所作，……決非夫子之言』，他的弟子蔡沈作書集傳便在本經提出序文，彙爲一卷，附于全書之末而駁辨之；以後如金履祥，梅鷟，郝敬，閻若璩，孫喬年，程廷祚等都對此篇表示懷疑。魏源作書古微開始疑古文書序出於衞宏，到康有爲著新學偽經考則斷定書序是劉歆所偽作，廖平著古學考，崔適著史記探源又考出史記中所引的書序也是劉歆之徒所竄入。今案魏廖崔諸家的說法近是！今本百篇書序大概是東漢人所作而插入史記的（關於這點言之甚長，當另爲一文論之）。五子之歌是西漢末古文家所造逸尚書十六篇之一，序當是根據逸書作的。『太康失邦，昆弟五人須于洛汭』的故事是從離騷『夏康娛以自縱，……五子用失乎家巷』的話變來；他們把離騷『夏康』二字誤讀爲一名，因而造出了『太康失邦』的事。在戰國時有一篇書叫做武（五）觀（見上），到了漢時『觀』字解轉爲『歌』，他們因此而又造出了一篇五子之歌的書。至潛夫論『兄弟五人降須洛汭』的『降』字則從宗正箴來，他們又誤把『五子家降』的『降』讀作本字了。崔適史記探源說：

『作五子之歌』，此東晉古文尚書書序語也。……漢時書序『須于洛汭』下當有『作五觀』句。晉時『觀』字始以聲轉爲『歌』，……晚出古文尚書讀『歌』如字，增作五子之歌而作歌五章以當之；復改漢時書序『作五觀』爲『作五子之歌』。後人又依既改之書序竄入史記，乃成太史公錄東晉人語矣，可笑孰甚焉！

我們以爲五子之歌從五觀來，這個假定是可以成立的。但崔氏以爲『作五子之歌』是東晉古文尚書書序語，漢時書序作『作五觀』，晉時『觀』字始以聲轉爲『歌』，這個說法我們便不能同意了！王逸楚辭章句引書序已作『作五子之歌』，不作『作五觀』。又蔡邕述行賦也說，『悼太康之失位兮，愍五子之歌聲』（歐陽靜本蔡中郎集）。可證漢本書序已作『作五子之歌』，『歌』字讀如字。

太康仲康這兩個人是不見於先秦書的（臣瓚所引汲冢古文『太康居斟鄩，羿亦居之，桀又居之』的話不可信，辨見本考第八章）。少康却見於楚辭。天問說：

惟澆在戶，何求於嫂？何少康逐犬而顛隕厥首？

在這裏有少康逐犬顛隕澆的腦袋的故事。王逸天問注說：

有扈，澆國名也。……少康……攻殺澆，滅有扈氏。

這個說法必是有所本的（少康就是啓的分化，啓有滅有扈的傳說）。天問下文說：

湯謀易旅，何以厚之？覆舟斟尋，何道取之？

朱子云，『湯與上句過澆下句斟尋事不相涉，疑本「康」字之誤，謂少康也』。案朱說甚是！『易』亦卽『扈』字，王靜安先生云，『山海經竹書之有易，天問作有扈，乃字之誤』（殷卜辭中所見先公先王考）。吳其昌先生云，『易與扈乃一字，非誤字也。「易」與「鄖」同。古文之例，諸凡地名加邑（阝）旁與沿「邑」旁（阝）皆無別，而加邑旁者常較後。……「易」古文皆作「[illegible]」（金文凡六七見），或作「[illegible]」（金文凡三十餘見），其右旁之數小點增減無定；……故「易」字可作「鄖」，在古文齊之，則「[illegible]」字可作「[illegible]」；適或其無足輕重之二點偶然脫去，則其字必作「[illegible]」，與小篆「扈」字作「[illegible]」者又何以異乎？……其後不從邑旁者仍作有易，從邑旁者寖化爲有扈，皆職此由耳』（卜辭所見殷先公先王三續考，燕京學報第十四期）。據此，易就是扈，據王逸說扈又就是澆，則『康謀易旅』就是說少康謀澆的事。澆又就是象，『惟澆在戶，何求於嫂』，就是孟子所說的『二嫂使治朕棲，象往入舜宮』的事。澆或作奡，論語說，『羿善射，奡盪舟』，羿奡並舉。臯陶謨『無若丹朱傲』，孔廣森云，『丹朱與傲是二人，傲卽象也。帝繫曰，「瞽叟產重華及產象傲」，象爲人傲很，因以爲號，若共工稱康同，鯀稱檮杌之比。管子曰，「若傲之在堯」。劉景昇與袁譚書曰，「昆弟相嫌，未若重華之於象傲」。隸古文作奡，見說文解字。論語「奡盪舟」，即所謂「罔水行舟」也』（漢學卮言）（顧頡剛案：論語『不得其死』亦即皋陶謨『用殄厥世』）。據此，澆即是奡，奡即是傲（又案離騷云，『澆身被服強圉兮，縱欲而不忍；日康娛而自忘兮，厥首用夫顛隕』。澆的『被服強圉』就是傲的『傲虐是作』，『罔水行舟』；澆的『縱欲不忍』就是傲的『惟慢遊是好』，『朋淫于家』；澆的『康娛自忘』就是傲的『罔晝夜頟頟』；澆的『顛隕厥首』就是傲的『用殄厥世』），傲又即是象也。離騷說：

及少康之未家兮，留有虞之二姚。

舜有娶堯二女的傳說，少康娶有虞二姚的事似即從堯妻舜以二女的事變化出來；則少康與舜的傳說又相混和。舜有放象（孟子等書），殺象（韓非子等書）的傳說，所以少康也有殺澆的事。天問下文於敘有扈事後又說：

眩弟並淫，危害厥兄，何變化以作詐後嗣而逢長？

這是說的象事，有扈是象的後人（郭沫若先生說），而澆也就是有扈。天問上文敘澆事時說，『女歧縫裳而館同爰止』，王逸注，『女歧，澆嫂也；言女歧與澆淫泆，……於是共舍而宿止也』。這就是『眩弟並淫』的注脚。則澆與象更有一傳說分化的可能了。天問又說：

舜服厥弟，終然爲害，何肆犬體（體一作豕）而厥身不危敗？

這似乎就是『少康逐犬而顛隕厥首』傳說的本源。天問下文又說：

兄有噬犬弟何欲？

這也疑是說的少康與澆或舜與象的故事。這樣看來，天問所說『康謀易旅，何以厚之』的話就是從舜先厚待象而後放殺之的傳說變化出來。『覆舟斟尋，何道取之』，王逸注說：

少康滅斟尋氏。

這斟尋恐怕也就指澆，『覆舟』就是『盪舟』之變。天問在敘澆事上說道：

釋舟陵行，何以遷之？

王逸云，『釋，置也』。毛奇齡云，『「釋舟陵行」，解舟而陸是行也；遷，移也，即行也：書曰，「罔水行舟」，論語曰，「奡盪舟」，皆是也』。俞樾云，『此二句當屬下篇義，……即謂「盪舟」』。這更可證明澆即是奡——傲——象了。

合以上所考，把這數人的傳說的演變繪製一表於下：

古人	傳說發生的時代／傳說的種類	戰國	西漢初年	西漢末年
	神話家的傳說	乘龍登天竊九辯九歌以國於下		

啓		五觀		三康		
墨家一派的傳說	儒家的傳說	國名的傳說	人名的傳說	太康	仲康	少康
淫佚康樂，好酒樂，奪位自立，勤子居世，死分境地	賢能繼禹之道，被臣民擁立，伐有扈	夏有觀扈，都啓所征（一說扈爲禹所征）	啓子，失乎家巷，曾與作亂，爲啓所誅	未見	未見	殺澆，謀后滅斟尋，娶有虞二姚
		扈爲夏的同姓，啓的庶兄，爲義而亡		啓子，嗣啓位	太康弟，嗣太康位	仲康孫，相子，嗣相位。封庶子於越。作秫酒箕帚
			宋闕與三康發生關係，變成夏的嗣君，降須洛汭	有昏德，失邦，降須洛汭	與太康更立，有昏德，降須洛汭	不恭，娶有仍二女（或曾一度列入五觀中）

附論：

啟還有享神鈞台的事，左傳昭公四年說：

夏啟有鈞台之享。

這鈞台之享，左傳的作者是把它說成享諸侯的。但我們看了左傳『禹合諸侯於塗山』（哀公七年），國語作『禹致羣神於會稽之山』（魯語下）。會稽之山就是塗山，前人多有考證，國語的文字傳說多比左傳古，則『禹致羣神』是原始的神話，而『禹合諸侯』是晚出的人話。以此類推，啟本是有神性的人物，其享諸侯怕也是享羣神傳說的演變。所以歸藏啟筮篇就說：

昔夏后啟享神于大陵而上鈞臺，枚占皋陶，曰，不吉！（太平御覽八十二引）

歸藏雖是晉以後人的僞作（漢代已有歸藏，見桓譚新論，後來的歸藏當是附益漢本之文而成），但多錄有古傳說，可證夏啟有享神的事。歸藏又說：

昔者夏后享神于晉之墟，作爲璿臺於水之陽。（全上引）

『璿臺』當就是『鈞臺』，而『鈞臺』實就是『天臺』（天曰『大鈞』），史記趙世家記趙簡子之帝所，與百神遊於鈞天，廣樂九奏萬舞；則啟享鈞臺與啟賓天竊九辨九歌的傳說很有關係。這『爲璿臺』的事是也可以說成啟的罪狀的，淮南子說，『紂爲璿臺』（呂氏春秋也說『紂爲璇宮』，璇即璿），『爲璿臺』既是紂的罪狀，則『爲璿臺』豈不可以說成啟的罪狀。墨家的書亡佚已多，或許他們所說啟的惡德中還有築璿臺的事哩！此外啟又有作九鼎的傳說，墨子耕柱篇說：

昔者夏后開使蜚廉折金於山川，而陶鑄之於昆吾，是使翁難雉乙卜於白若之龜，曰，『鼎成三足而方，不炊而自烹，不舉而自臧，不遷而自行』，以祭於昆吾之虛，上鄉（尚饗）。乙又言兆之由，曰，『饗矣，逢逢白雲，一南一北，一西一東；九鼎既成，遷於三國』。

歸藏也云，『昔夏啟筮徙九鼎，啟果徙之』（博物志引），歸藏的話大約就是根據墨子（墨子的卜辭也大類歸藏之文）。這鑄九鼎也未必是啟的好事（墨家在傳說中本是個壞人），因為墨家是主張『諸加費而不利於民者聖王弗為』的，九鼎便是『加費而不利於民』的物事。左傳上說，『昔夏之方有德也，遠方圖物，貢金九牧，鑄鼎象物，百物而為之備，使民知神姦，故民入川澤山林，不逢不若，螭魅罔兩莫能逢之，用能協於上下，以承天休』（宣公三年），九鼎至此乃有『使民知神姦』的功用。這件鑄九鼎的事又被儒家說成有德了（以九鼎為禹鑄始於漢人，說見本考上卷）。

（六）羿的故事

從先秦到西漢中年所傳述的羿的故事可以分作三組：第一組是神話家所傳說的，第二組是詩歌家所傳說的，第三組是儒墨等學派所傳說的。現在先說神話的羿的故事。

山海經海外南經說：

昆侖虛……虛四方。——一曰，……為虛四方。——羿與鑿齒戰於壽華之野，羿射殺之；在昆侖虛東。羿持弓矢，鑿齒持盾。——一曰戈。

海內西經說：

海內昆侖之虛……，帝之下都，……百神之所在。在八隅之巖，赤水之際；非仁羿莫能上岡之巖。

大荒南經說：

大荒之中有山名曰融天，海水南入焉；有人曰鑿齒，羿殺之。

海內經說：

帝俊賜羿彤弓素矰以扶下國，羿是始去恤下地之百艱。

在山海經裏的羿是上帝派下來的神人（山海經裏的帝俊就是上帝，郭沫若先生說），他有去恤下地百艱的大功，殺鑿齒就是他去百艱的大功之一。他與崑崙山很有關係，崑崙山乃是上帝在下方的都邑，是百神所在的地方，不是羿就莫要想上岡頂去。即此可以見出他的地位的高超。

山海經敘述羿的故事太簡單了。要詳細知道神話的羿的故事，應參看淮南子。本經訓說：

堯之時十日竝出，焦禾稼，殺艸木，而民無所食；猰貐，鑿齒，九嬰，大風，封豨，修蛇皆為民害。堯乃使羿誅鑿齒于疇華之野，殺九嬰於凶水之上，繳大風于青邱之澤，上射十日而下殺猰貐，斷脩蛇於洞庭，禽封豨於桑林；萬民皆喜，置堯以爲天子。于是天下廣狹險易遠近始有道里。

它說羿是堯時的人，他替堯誅鑿齒，殺九嬰，繳大風（心），射十日，殺猰貐，斷脩蛇，禽封豨（豕），去了百姓的大害，這就是所謂『去恤下地之百艱』。山海經裏的帝俊到淮南子裏變成了堯；羿也人化了，變成堯的功臣了。它說堯之所以爲天子是由於能任羿，羿之於堯猶禹之於舜（下文即叙舜使禹治洪水之事）；禹的努力的結果是『鴻水漏，九州乾』，羿的努力的結果是『天下廣狹險易遠近始有道里』。在這裏，羿頗有做堯典裏人物的資格。我們以爲羿去百艱是原始的神話，而堯任羿是晚出的人話。淮南子氾論訓又說：

炎帝於（作）火，死而爲竈；禹勞（力）天下，死而爲社；后稷作稼穡，死而爲稷；羿除天下之害，死而爲宗布。

可見羿與炎帝，禹，稷本是同類的人物：炎帝是竈神，禹是社神，后稷是稷神，羿是個宗布神（注，『祭田爲宗布』。孫詒讓云，『宗布，疑即周禮黨正之祭禜，族師之祭酺。鄭注云，「禜謂雩禜水旱之神，酺者爲人物災害之神也」。禜酺並禳除災害之祭』）。

以上是神話家的說法。至于詩歌家所說的羿的故事則以楚辭爲代表，天問說：

帝降夷羿，革孽夏民，胡䠶夫河伯而妻彼雒嬪？馮珧利決，封豨是䠶，何獻蒸肉之膏而后帝不若？浞娶純狐，眩妻爰謀，何羿之䠶革而交吞揆之？阻窮西征，巖何越焉？……安得夫良藥不能固臧？

上帝降下夷羿來爲的是替下民革除憂患的（『夏』字當案海內經讀爲『下』，左傳僖公二年虞師晉師滅下陽，公羊穀梁皆作『夏陽』，可證『夏』『下』本通）。他却去射河伯，把雒嬪占作妻子；他又射了封豨，拿它的肉做成了膏供獻給上帝，反招了上帝的不喜，於是被一個叫做浞的人同妻子純狐合謀弄死了。至『阻窮西征』三句舊解多說爲鯀和王子僑的事，實在也是說的羿：『窮』就是窮石，淮南子地形訓說，『弱水出自窮石』，窮石本是西方的地名。『阻』讀爲『徂』，詩周頌『彼徂矣岐』，沈括朱熹據後漢書西南夷傳朱輔疏，和韓愈岐山操，讀『徂』作『彼岨矣岐』，『岨』就是『阻』，可見『徂』『阻』本通。『徂窮西征』，就是說羿西征往窮石。史記大宛列傳說，『安息長老傳聞條枝有弱水，西王母』，山海經大荒西經說崑崙山下有弱水之淵，西王母穴處，可見弱水與西王母有關，而窮石爲弱水所出，那末羿西征往窮石就是去見西王母。『巖何越焉』，也是說羿越過崑崙山的巖，所謂『崑崙之命，非仁羿莫能上岡之巖』是也。『安得夫良藥不能固臧』，『臧』『藏』古同字，就是說羿從西王母處得到了不死之藥，不能深固收藏而爲人所竊。淮南子覽冥訓說：

羿請不死之藥於西王母，姮娥竊以奔月，悵然有喪，無以續之。

這就是天問的話的注脚。

離騷說：

羿淫遊以佚畋兮，又好射夫封狐；固亂流其鮮終兮，浞又貪夫厥家。

到這裏，我們纔知道羿是一個淫遊佚畋的人物，他的結果是被浞貪了家去。離騷敘羿事於五子失家事之後，羿事之末又說『浞又貪夫厥家』，這個『又』字很可注意，作離騷時或許有五子失家被羿所奪，而羿的家後來又被浞所奪的傳說。天問也敘羿事於啟死分墳地的事之後，大概在楚辭系統的傳說中，啟，五子，羿是相承接的人物。天問說羿『封豨是射』，離騷說羿『好射夫封狐』，『封狐』似乎就是『封豨』，因爲協韻的關係，所以改『豨』字爲『狐』字。

山海經系統與楚辭系統的羿的故事有同有不同：同的是羿爲上帝所降及射封豨等事；不同的是山海經一派傳說中的羿是個能除天下之害的好人，而射封豨是他的功；楚辭一派傳說中的羿是個淫遊佚畋的壞人，而射封豨是他的罪；又山海經一派傳說中的羿是夏以前的人（山海經淮南子並敘羿事於禹之前），而楚辭一派傳說中的羿是夏啟以後的人。綜合看來，不同之點比同點多，所以我們不能不把它們分作兩派。

儒墨等學派所傳述的人話的羿的故事又和山海經楚辭不同了。論語憲問篇記：

南宮适問於孔子曰，『羿善射，奡盪舟，俱不得其死然；禹稷躬稼而有天下』。夫子不答。南宮适出，子曰，『君子哉若人，尚德哉若人！』

在這裏羿奡對舉，羿有善射之技，奡有盪舟之力，但結果都不得善終，可見君子是只應尚德，不應尚巧力的。鹽鐵論說：

羿敖（奡）以巧（巧，今本作功，誤）力不得其死。（論儒）

便是論語這章的注脚。

但是羿怎樣不得其死呢？孟子離婁篇說：

逢蒙學射於羿，盡羿之道，思天下惟羿爲愈己，於是殺羿。孟子曰，『是亦羿有罪焉』。公明儀曰，『宜若無罪焉？』曰，『薄乎云爾，惡得無罪！……』

原來羿是被他的學生逢蒙因妒忌而害死的。孟子以爲這件事羿也有些罪，因爲君子取友必端，先生如好，徒弟一定不會不端；羿不謹慎擇友，把技藝傳給匪人，所以說羿也有罪。我們應注意：在這裏的羿只是個專門職業家，他只有取友不端的罪狀。

荀子君道篇說：

> 羿之法非亡也，而羿不世中；禹之法猶存，而夏不世王。

這裏的羿是個世職的名稱，和夏王一樣。爲什麼戰國末年會起這一個的說法呢？我們應該看呂氏春秋。勿躬篇載：

> 大撓作甲子，黔如作虜首，容成作厤，羲和作占日，尚儀作占月，后益作占歲，胡曹作衣，夷羿作弓，祝融作市，儀狄作酒，高元作室，虞姁作舟，伯益作井，赤冀作臼，乘雅作駕，寒哀作御，王冰作服牛，史皇作圖，巫彭作醫，巫咸作筮：此二十官者，聖人之所以治天下也。

羿是『聖人所以治天下』的二十官中的一個，當時有了這種傳說，所以會把羿看作一個世職的名稱。羿作弓的話又見於墨子。非儒篇說：

> 儒者曰，『……君子循而不作』。應之曰，『古者羿作弓，伃作甲，奚仲作車，巧垂作舟，然則今之鮑函車匠皆君子也，而羿伃奚仲巧垂皆小人邪？』

伃就是少康的兒子杼，奚仲據舊說也是夏時人，則這個羿當也是夏人了。弓是他所創作，他當然是最早的羿（官名的羿）。可見羿在古代傳說中本只有一個（官名的羿的說法是晚起的），並沒有太康時羿，堯時羿兩個；因爲傳說紛歧的緣故，才被後人說成了兩人。荀子解蔽篇又記：

> 倕作弓，浮游作矢，而羿精於射。

到這裏，使我們又知道弓並不是羿所作的，羿不過能利用他人的發明罷了。

左傳是儒家一派人所作的一部史書，比較可信的部分也記着一件羿的事蹟：

> 昔有仍氏生女黰黑而甚美，光可以鑑，名曰玄妻。樂正后夔取之，生伯封，實有豕心，貪惏無饜，忿纇無期，謂之封豕。有窮后羿滅之，夔是以不祀。（昭公二十八年）

這『玄妻』當然是天問的『眩妻』。天問說『浞娶純狐，眩妻爰謀』，『純』與『緇』同，緇，黑色也，『純狐』就是『黑色的狐狸』，也就是『玄妻』（後世稱妖婦爲「狐狸精」，恐即由此來）。原來有窮后羿滅了伯封，浞便把伯封的母親占作妻子，眩妻與浞合謀害羿，也算報了殺子的仇恨。左傳的『封豕』也就是天問的『封豨』，『封豨』原來是個人，因爲懷着像豕一樣的心，所以叫作封豕：這分明又是神話化為人話的一個例子。

儒家一派與神話家詩歌家所傳說的羿的故事雖有許多不同之點，但是對於羿傳說的中心點——善射一事，却是三派一致的。又先秦漢初的文籍裏平常提到羿總是注意他的善射，如：

羿之教人射必志於彀，學者亦必志於彀。（孟子告子）

大匠不為拙工改廢繩墨，羿不為拙射變其彀率。（同上盡心）

羿者天下之善射者也，無弓矢則無所見其巧。……弓調矢直矣，而不能以射遠中微，則非羿也。（荀子儒效）

羿蠭門（逢蒙）者，善服射者也，……故人主欲得善射射遠中微，則莫若羿蠭門矣。（仝上王霸）

羿蠭門者，天下之善射者也，不能以撥弓曲矢中。（仝上正論）

遊於羿之彀中。（莊子德充符）

王獨不見夫騰猿乎？其得柟梓豫章也，攬蔓其枝而王長其間，雖羿蓬蒙不能眄睨也。（仝上山木）

羿工乎中微而拙乎使人無己譽。（仝上庚桑楚）

一雀適羿，羿必得之，威也。（仝上）

射者非前期而中，謂之善射；天下皆羿也，可乎？（仝上徐無鬼）

寄千金於羿之矢，則伯夷不得亡，而盜跖不敢取。……羿巧於不失發，故千金不亡。（韓非子守道）

發矢中的，賞罰當符，故堯復生，羿復立。（仝上用人）

不以儀的為關，則射者皆如羿也。（仝上外儲說左上）

設五寸之的，引十步之遠，非羿逢蒙不能必全者，有常儀的也。……有常儀的，則羿逢蒙以五寸為巧。（仝上。問辯篇文略同）

宋人語曰，『一雀過羿，必得之』，則羿誣矣。（仝上難三）

今有羿蠭蒙繁弱於此而無弦，則必不能中也。（呂氏春秋具備）

一人曰，『吾弓良，無所用矢』。一人曰，『吾矢善，無所用弓』。羿聞之曰，『非弓何以往矢，非矢何以中的』，令合弓矢而教之射。（太平御覽三百四十七引胡非子）

羿，古之善射者也，調和其弓矢而堅守之；其操弓也，審其高下，有必中之道，故能多發而多中。……道者，羿之所以必中也；……射者，弓弦發矢也；故曰，羿之道非射也。（管子形勢）

射者扞烏號之弓，彎棊衛之箭，重之羿逢蒙之巧，以要

飛鳥，猶不能與羅者競多。（淮南子原道訓）

羿以之（道）射。（仝上齊俗訓）

弓矢不調，羿不能以必中。（仝上兵略訓）

百發之中必有羿逢蒙之巧。（仝上說林訓）

羿之所以射遠中微者，非弓矢也。（仝上）

羿名善射，不如雄渠蠭門。（史記龜策列傳）

此外在韓非子裏又有這樣一條記載：

惠子曰，『羿執鞅持扞，操弓關機，越人爭爲持的；弱子扞弓，慈母入室閉戶。故曰，「可必，則越人不疑羿；不可必，則慈母逃弱子」』。（說林下）

楊拱辰先生（向奎）說，『「越人不疑羿」與「慈母逃弱子」對舉者，越人是羿的仇敵，慈母是弱子的親屬：可必，則仇敵不相疑；不可必，則親屬不相信。越與羿有仇者，越爲夏後，羿曾滅夏也』（夏民族考，未刊）。案這條記載似乎不能這樣解釋，淮南子說山訓說：

越人學遠射，參天而發，適（近）在五步之內，不易儀也。世已變矣，而守其故，譬猶越人之射也。

注云：

越人習水便舟而不知射，射遠反直仰向天而發，矢勢盡而還，故近在五步之內。參，猶望也。儀，射法。言不曉射，故不知易去參天之法也。

可見韓非子的原意是說善射的羿操弓關機，雖是不知射的越人也敢爭爲持的而不疑；並不是說羿與越人有仇。這段話仍是說羿的善射。漢書嚴助傳載淮南王安上書云：

越人綿力薄材，不能陸戰，又無車騎弓弩之用。

可證高誘的注並沒有錯。又淮南子俶眞訓說：

雖有羿之知而無所用之。

這也是說羿的有巧知。

其他古書上還記着幾件羿的故事，隨巢子說：

幽厲之時，奚祿山壞，天賜玉玦於羿，遂以殘其身，以此爲福而禍。（太平御覽八百五引）

這個傳說似乎就是天問『馮珧利決』一語之所本（王逸云，『馮，挾也；珧，弓名也；決，射韝也』）。山海經說帝俊賜羿彤弓素矰，這裏說天賜玉玦於羿，兩個故事差不多，但是所致的禍福不同。這是因爲山海經系統與楚辭系統的羿的傳說不同的緣故。又在這裏羿是幽厲時的人，這是一個特殊的說法。

淮南子詮言訓說：

羿死於桃棓。

說山訓說：

羿死桃部不給射。

『桃部』就是『桃棓』，詮言訓注，『棓，大杖，以桃木爲之，以擊殺羿，由是以來鬼畏桃也』（案這是淮南子許注，說山訓注以『桃部』爲地名，這是高誘的說法。高說非是）。據它說，羿被桃木做的大杖打死，從此以後鬼便怕桃木了。案山海經西山經說：

恒山四成，有窮鬼居之。

這有窮鬼似乎就是指羿，羿大概還有爲鬼雄的傳說。據氾論訓『羿除天下之害而死爲宗布』，注又列一說道，『今人室中所祀之宗布是也』。羿許是較早的鍾馗神吧？

漢書藝文志道家載辛甲二十九篇，原注，『紂臣，七十五諫而去，周封之』（案志本劉向別錄）。揚雄傳贊說，揚雄以爲『箴莫善於虞箴，作州箴』；後漢書胡廣傳說，『揚雄依虞箴作十二州，二十五官箴』。大約虞箴（虞人之箴）本是辛甲書裏的一篇，乃揚雄以前的作品。這篇箴現在還保存在左傳裏，襄公四年載：

昔周辛甲之爲大史也，命百官官箴王闕，於虞人之箴曰，『芒芒禹迹，畫爲九州，經啟九道；民有寢廟，獸有茂草，各有攸處，德用不擾。在帝夷羿，冒于原獸，忘其國恤，而思其麀牡。武不可重，用不恢于夏家。獸臣司原，敢告僕夫！』

在這篇箴裏，羿稱爲『帝夷羿』，這個名詞是以前所沒有見的。這篇箴的作者實在是以羿爲夏代的帝。我們先看揚雄少府箴說：

實實少府，奉養是供，紀經九品，臣子攸同；……民以不擾，國以不煩。昔在帝季，癸辛之世，酒池糟隄，而象箸以噬；……共寮不御，不恢夏殷。……府臣司共，敢告執觚！（古文苑）

將作大匠箴說：

侃侃將作，經構宮室，……王有宮殿，民有宅居。……春秋譏刺，書彼泉臺，兩觀雉門，而魯以不恢。……作臣司匠，敢告執猷！（仝上）

這兩篇箴的語句多與虞人之箴相合，但是少府箴的『不恢夏殷』是說桀紂，桀紂是夏殷的王；將作大匠箴的『魯以不恢』是說魯定公（春秋經定二年夏五月壬辰，雉門及兩觀災。……冬十月，新作雉門及兩觀），定公是魯國的君。依此例推測，則虞人之箴說羿『不恢夏家』，不是以羿爲夏代的帝嗎？這種說法在先秦漢初的書上是看不到的，所以虞人之箴最早也是西漢初年以後的作品。

到了西漢末年，揚雄的太僕箴上說道：

昔有淫羿，馳騁忘歸。（仝上）

『淫羿』的名詞是從離騷『羿淫遊以佚畋』的話來的。上林苑令箴說道：

昔在帝羿，共田徑游，弧矢是尙，而射夫封豬；不顧於愆，卒有後夔。（仝上）

『帝羿』的名詞是從虞人之箴來的。『射夫封豬』，『卒有後夔』等話也是從楚辭上來的。後漢書崔駰傳載駰祖父篆被王莽迫為建新大尹，他嘆道：

吾生無妄之世，值澆羿之君（案，這是用離騷和虞人之箴的殺念，所同說離騷『下殺桀紂羿澆之敗』），上有老母，下有兄弟，安得獨潔己而危所生哉！

光武中興，篆不仕客居滎陽，臨終作賦自悼，名慰志，中有何道：

嗟余生之不造兮，丁漢世之中微；……黎共奮以跋扈兮，羿浞狂以恣睢，睹嫚臧而乘釁兮，竊神器之萬機。

他拿澆羿浞來比王莽，已與今本左傳所載魏絳伍員的話（見下章）相合，足徵相近的時代才有相近的觀念。但是崔氏還把九黎共工來配羿浞，可見在他的觀念中羿浞是與九黎共工差不多的人物。

綜合上面的敘述，我們可以說：在西漢中年以前，羿的時代還沒有固定，有的書說他是堯時人，有的書說他是夏時人，又有書說他是周幽厲時人。羿的品格也沒有固定，有的書說他是有功的好人，有的書說他是有罪的壞人，又有書把他當作世職的名稱否。最通行的是他的善射的傳說。到了西漢初年以後，才有羿為夏帝的說法。西漢末年以來，楚辭一派的傳說占得勝利，羿才固定為夏時淫遊佚畋的君主了。直到東漢初年，然後羿才被否成一個篡位之君。

（七）少康中興辨

我們考夏史考到這裏，有一個極大的困難問題臨頭了，那便是少康中興傳說的出現時代問題。這件傳說的根據地是左傳，似乎可認為秦漢以前的說法；然而我們倘能小心些去讀左傳記載這件史迹的兩段文字，便會發生很大的疑問。我們先看襄公四年的左傳：

無終子嘉父使孟樂如晉，因魏莊子納虎豹之皮以請和諸戎。晉侯（悼公）曰，『戎狄無親而貪，不如伐之！』魏絳曰，『諸侯新服，陳新來和，將觀於我，我德則睦，否則攜貳。勞師於戎而楚伐陳，必弗能救，是棄陳也，諸華必叛。戎禽獸也，獲戎失華，無乃不可乎！「夏訓有之曰，「有窮后羿……」」，公曰，『后羿何如？』對曰，『昔有夏之方衰也，后羿自鉏遷于窮石，因夏民以代夏政。恃其射也，不修民事而淫于原獸。棄武羅，伯困（因），熊髡，尨圉，而用寒浞。寒浞，伯明氏之讒子弟也，伯明后寒棄之，夷羿收之，信而使之，以爲己相。浞行媚于內，而施賂于外，愚弄其民，而虞羿于田，樹之詐慝以取其國家，外內咸服。羿猶不悛，將歸自田，家衆殺而亨之，以食其子；其子不忍食諸，死于窮門。靡奔有鬲氏。浞因羿室生澆及豷，恃其讒慝詐僞而不德于民，使澆用師滅斟灌及斟尋氏，處澆于過，處豷于戈。靡自有鬲氏收二國之燼，以滅浞而立少康。少康滅澆于過，后杼滅豷于戈，有窮由是遂亡，失人故也。昔周辛甲之爲太史也，命百官官箴王闕，於虞人之箴曰，「芒芒禹迹，畫爲九州，經啟九道；民有寢廟，獸有茂草，各有攸處，德用不擾。在帝夷羿，冒于原獸，忘其國恤，而思其麀牡。武不可重，用不恢于夏家。獸臣司原，敢告僕夫！」虞箴如是，可不懲乎？』於是晉侯好田，故魏絳及之。」公曰，『然則莫如和戎乎？』對曰，『和戎有〔五〕（三）利焉：戎狄荐居，貴貨易土，土可賈焉，一也；邊鄙不聳，民狎其野，穡人成功，二也；戎狄事晉，四鄰振動，諸侯威懷，三也；〔以德綏戎，師徒不勤，甲兵不頓，四也；鑒于后羿而用德度，遠至邇安，五也。〕君其圖之！』公說，使魏絳盟諸戎，〔脩民事，田以時〕。

再看哀公元年的左傳：

吳王夫差敗越于夫椒，報檇李也；遂入越。越子以甲楯五千保于會稽，使大夫種因吳太宰嚭以行成。吳子將許之，伍員曰，『不可！臣聞之：樹德莫如滋，去疾莫如盡。〔昔有過澆殺斟灌以伐斟鄩，滅夏后相，后緡方娠，逃出自竇，歸于有仍，生少康焉；爲仍牧正，惎澆能戒之。澆使椒求之，逃奔有虞，爲之庖正，以除其害。虞思於是妻之以二姚而邑諸綸；有田一成，有衆一旅，能布其德而兆其謀，以收夏衆，撫其官職。使女艾諜澆，使季杼誘豷，遂滅過戈，復禹之績；祀夏配天，不失舊物。今吳不如過，而越大於少康，或將豐之，不亦難乎！〕句踐能親而務施，施不失人，親不棄勞，與我同壤而世爲仇讎，於是乎克而弗取，將又存之，違天而長寇讎，後雖悔之，不可食已！姬之衰也，日可俟也。介在蠻夷而長寇讎，以是求伯，必不行矣！』弗聽。退而告人曰，『越十年生聚，而十年教訓，二十年之外，吳其爲沼乎！』

（註）【　】中的文字是我們假定的後人插入的話。

先說第一段：魏絳的話本是勸晉悼公和戎的，正說到得勁的當兒，突然轉到有窮后羿不脩民事，淫于原獸而致亡國的故事上去，上下語氣絕不連貫，當中又夾着什麼失人的問題，這是不是語無倫次？魏絳的話說完，接着悼公仍只是問他的和戎，好像沒有聽見魏絳勸諫他好田的話似的，這是不是首尾橫決？底下魏絳所舉的和戎五利中竟有什麼懲於后羿而用德度，這與和戎又有什麼相干，這是不是雜湊？況且晉悼公是中興的伯主，豈有不脩民事的道理？難道未聽魏絳的話以前，他便不脩民事了嗎？如果如此，晉國又何以能強盛而使諸戎畏服請和！這是不是不近情理？這段文字不通到這步田地，是不是該令人駭異？我們且參看一下國語：

無終子嘉父使孟樂因魏莊子納虎豹之皮以和諸戎。公曰，『戎翟無親而好得，不若伐之！』魏絳曰，『勞師於戎而失諸華，雖有功，猶得獸而失人也，安用之？且夫戎翟荐處，貴貨而易土，與之貨而獲其土，其利一也；邊鄙耕農不儆，其利二也；戎狄事晉，四鄰莫不震動，其利三也。君其圖之！』公說，故使魏絳撫諸戎，於是乎遂伯。（晉語七）

原來魏絳只有勸晉悼公和戎的話，並沒有諫他好田的話；魏絳所舉和戎之利也只有三項，並沒有五項；晉悼公聽了魏絳的話以後，也只有撫諸戎一事，並沒有脩民事，田以時的兩項悔過舉動。在左傳裏不可通之點，到國語裏都沒有了！於此可見國語所載是原文，而左傳所載是經過後人竄改的文字。

再說第二段：伍員是吳國的臣，他竟敢當着吳王的面把過澆來比吳，拿少康來比越，這是不是舉例不倫？上面已經說了『或將豐之，不亦難乎』，下面又說『將又存之，……不可食已』，這是不是語句重複？伍員的話中去了那一大段說過澆少康故事的部分語氣仍很連貫，這是不是後人僞竄的證據？查史記吳世家也曾錄了左傳這段文字：

吳王悉精兵以伐越，敗之夫椒，報姑蘇也。越王句踐乃以甲兵五千人棲於會稽，使大夫種因吳太宰嚭而行成，請委國爲臣妾。吳王將許之，伍子胥諫曰，『【昔有過氏殺斟灌以伐斟尋，滅夏后帝相；帝相之妃后緡方娠，逃於有仍而生少康。少康爲有仍牧正。有過又欲殺少康，少康奔有虞。有虞思夏德，於是妻之以二女，而邑之於綸；有田一成，有衆一旅，後遂收夏衆，撫其官職。使人誘之，遂滅有過氏，復禹之績，祀夏配天，不失舊物。今吳不如有過之強，而句踐大於少康，今不因此而滅之，又將寬之，不亦難乎！且「句踐爲人能辛苦，今不滅，後必悔之！」吳王不聽。

吳世家與左傳的文字中間一大段差不多完全相同，惟首尾有不同處：左傳說吳敗越是報檇李之役，史記則說是報姑蘇之役，姑蘇與檇李的地名不同；左傳說句踐能親而務施，史記則說句踐爲人能辛苦，句踐的長處也不同。又史記裏所載請委國爲臣妾的話左傳裏並沒有，而左傳裏「姬之衰也，日可俟也」等語與子胥退而告人的話，史記裏也都不載，史記獨載左傳裏一些不相干的話，這是什麼道理？還有史記裏上面已說了「今不因此而滅之」，下面緊接着又說「今不滅」，語句更顯得重複了，這不也是僞竄的証據嗎？我們再看史記子胥列傳裏的記載：

夫差……伐越，敗越於夫湫（集解：駰案，音椒）。越王句踐乃以餘兵五千人棲於會稽之上，使大夫種厚幣遺吳太宰嚭以請和，求委國爲臣妾。吳王將許之，伍子胥諫曰，「越王爲人能辛苦，今王不滅，後必悔之！」吳王不聽。

子胥列傳的話都與吳世家相同，獨獨沒有「昔有過氏殺斟灌以伐斟尋」那一大段話，這不更足以証明吳世家曾經後人的僞竄嗎（吳世家中後人竄亂處最多，參看本考附錄史記吳世家疏証）？我們試再尋吳世家「報姑蘇也」一語的來源。案吳世家上文說：

吳伐越，越王句踐迎擊之檇李。越使死士挑戰，三行造吳師呼自剄。吳師觀之，越因伐吳，敗之姑蘇。

子胥列傳也說：

吳……伐越，越王句踐迎擊，敗吳於姑蘇。

檇李，賈逵云，「越地」。杜預云，「吳郡嘉興縣南有檇李城」。姑蘇爲吳地。索隱云，「姑蘇，臺名，在吳縣西三十里」。二地非一甚明。大約在太史公時有越敗吳於姑蘇的異說，史公取之入子胥列傳與吳世家（越世家作「吳師敗於檇李」，或後人以左傳校改），這是史記與左傳記載的不同，並不是太史公記憶有誤。越世家說：

吳王……悉發精兵擊越，敗之夫椒。越王乃以餘兵五千人保棲於會稽，……乃令大夫種行成於吳，膝行頓首曰，「……句踐請爲臣，妻爲妾」。吳王將許之，子胥言於吳王曰，「天以越賜吳，勿許也！……」於是句踐乃以美女寶器令種閒獻吳太宰嚭；嚭受，乃見大夫種於吳王。種頓首言曰，「願大王赦句踐之罪，盡入其寶器。……」吳王將許之，子胥進諫曰，「今不滅越，後必悔之！句踐賢君，種蠡良臣，若反國，將爲亂」。吳王弗聽。

越世家子胥的話也與子胥列傳相應，不過越多出一次令人行成，子胥多出一次進諫的事罷了；這是因爲越世家應該記越事較詳的緣故。

此外，還有一點可疑：左傳中敘述少康中興事都夾在敵國請和臣子進諫的話中，一段是君不許和，臣子請許而君聽之；一段是君將許和，臣子請弗許而君不聽；這未免太巧了，似乎也是後人有意增竄的痕迹！

我們既指出了左傳裏關於少康中興傳說兩段記載的僞竄痕迹，我們再要進一步問這兩段記載是什麼時候的著作？我們查出東漢以前確實沒有少康中興夏室的說法。先看左傳本書。成公八年說：

三代之令王皆數百年保天之祿，夫豈無辟王，賴前哲以免也。

作左傳時如真已有少康中興的傳說，則羿代夏政，寒浞殺羿，因羿室而生澆，澆長大滅夏后相，相妃后緡逃歸有仍而生少康，少康長大既娶然後收夏衆以中興夏室，其間非數十年不可，夏朝既曾滅亡了數十年，左傳中何得有如上的說話？這証明了作左傳者的頭腦裏並沒有少康中興的故事。

再看國語。周語記叔向云：

一姓不再興。

少康中興夏室不是一姓再興嗎？這証明了作國語者的頭腦裏也沒有少康中興的故事。又魯語說：

夏后氏禘黃帝而祖顓頊，郊鯀而宗禹；……杼能帥禹者也，夏后氏報焉。……凡禘，郊，祖，宗，報，此五者，國之典祀也。

原來能帥禹的是杼，並不是少康。如果少康有中興夏室的大功，則夏人爲什麼不報他而報杼呢？這是最難辨護的一點！

再看大戴禮記，少閒篇說：

禹卒受命。……禹崩，十有七世，乃有末孫桀即位。……成湯卒受天命。……成湯卒崩，殷德小破，二十有二世，乃有武丁即位。……武丁卒崩，殷德大破，九世，乃有末孫紂即位。

說起殷來，這位作者會得舉出它的始受命之君，與中興之君，及亡國之君；但說起夏來，則只有舉它的始受命之君與亡國之君，而不舉它的中興之君：這是什麼道理？少康的中興之功，照後人所說實遠駕武丁之上，因爲武丁不過是繼前業，而少康則是續絕緒；武丁不過是漢宣帝之流，而少康則是漢光武之儔。我們敘漢史，能只舉宣帝而不舉光武嗎？就這一點看來，已可証明西漢初年（少閒篇是西漢初年的作品）還沒有少康中興夏室的傳說。

再看史記，夏本紀也只記：

帝相崩，子帝少康立。

在夏本紀裏少康直繼帝相的世，其間也並沒有后羿代夏，寒浞代羿，澆滅帝相，少康中興的事。這是何等重要的夏代史迹，太史公竟會忘記，夏本紀裏竟會失載，豈非大奇事！難道太史公眞會荒謬到這步田地嗎？

以上的証據已足証明西漢中年以前並沒有少康中興的傳說。我們試再看西漢末年或東漢初年人所造的書序。書序中所載的夏代史是這樣：

禹別九州，隨山濬川，任土作貢。

啟與有扈戰于甘之野，作甘誓。

太康失邦，昆弟五人須于洛汭，作五子之歌。

羲和湎淫，廢時亂日，胤往征之，作胤征。

……

伊尹相湯伐桀，升自陑，遂與桀戰于鳴條之野，作湯誓。

這裏面已有太康失邦的事，而仍沒有后羿代夏，后相被滅，少康中興等記載，這很可証明一直到了西漢末年或東漢初年少康中興的傳說還沒有成立。又揚雄的宗正卿箴也說：

昔在夏時，少康不恭。

少康既不恭，那裏還會成中興的偉績？

根據上面的論証，少康中興故事的出現時代就不能不移到東漢。我們且先看看東漢建國的事實。

當王莽自以爲受了漢高帝的禪，實際上篡了漢平帝和孺子嬰的位以後，託古改制，更張了一切的國是，只顧目的，不擇手段，胡幹了十多年，把天下弄得一團糟。到他的末年，盜賊四起，漢室的宗親劉縯劉秀們便乘機聯合了羣盜希圖恢復漢室的江山。他們奉了劉玄爲主，改元更始，豎起了復漢的旗幟，居然把王莽的兵打敗，一直攻進洛陽長安，將王莽生生的砍死，漢室的江山居然奪回來了。本來中興的事業至此已可告一結束，不幸劉玄這人也不是個脚色，他不能制服臣下以安定基業，於是劉秀就又代他在鄗南即了帝位，是爲東漢光武帝。光武先打平了詐稱成帝子輿的王郎和銅馬等賊兵，又破降了攻入長安殺死更始帝的赤眉賊兵，又先後吞滅了割據各處的軍閥，遂得統一天下，建立了東漢二百年的基業，這就是所謂光武中興；老實說來，這也就是少康中興傳說所憑藉的背景。

當光武帝將要成事的時候，現在的四川給一個人叫做公孫述的佔據着。他自稱爲皇帝，國號成，色尚白，建元龍興。他承當時的風氣，也好爲符命鬼神瑞應之事；他以爲讖書裏說的『孔子作春秋，爲赤制作，斷十二公』，赤是漢，從高帝到平帝是十二代（連呂后數在內），可見漢的歷數已經完了；一姓不得再受命。他又引錄運法說，『廢昌帝，立公孫』，括地象說，『帝軒轅受命，公孫氏握』，援神契說，『西太守，乙卯金』，以爲他姓公孫應當受命；他又以西方的太守起家，應當去乙（軋）絕卯金（劉）。他又以爲五德之運黃承赤而白繼黃，漢是赤德，王莽是黃德，他據西方爲白德，確是得到了帝王的正序。他又說自己手掌中有奇文，並得到了龍興之瑞。於是屢次發出檄文，把這些意思宣傳到中原來，要使大衆相信漢運已絕，他確是真命天子了。光武帝很怕他的宣傳，就寫封信給他，說道：

圖讖言『公孫』，即宣帝也。『代漢者當塗高』，君豈高之身邪？乃復以掌文爲瑞，王莽何足效乎？君非吾亂臣賊子，倉卒時人皆欲爲君事耳，何足數也！君日月已逝，妻子弱小，當早爲定計，可以無憂；天下神器，不可力爭。宜留三思！（後漢書公孫述傳）

這封信裏把『公孫氏受命』等話輕輕駁了，又把年齡已大，妻子弱小，天下神器不可力爭的話去恐嚇他，但是公孫述所提出的最厲害的一項惑人的證據——一姓不得再受命。他却對它沒有辦法。華陽國志引光武與公孫述書道：

吾自繼祖而興，不稱受命。

這是一種『遁辭知其所窮』的反駁。請問漢室已絕，光武帝起於黎庶，怎叫做『繼祖而興』？明明是創業，怎說『不稱受命』？這樣強辭奪理的話，難怪范曄要把它刪去了。當光武稱帝時，羣臣上奏道，『天命不可以謙讓』，『受命之符，人應爲大』，光武即位的祝文也說，『皇天上帝眷顧降命，敢不敬承』。在即皇帝的位時明明自以爲是『受命』，到了與人辨難時便說『不稱受命』，這是那位中興聖皇的無賴行爲。然而我們却要問光武爲什麼要這樣轉灣抹角的說話呢？他爲什麼不順手提出少康中興的史實來，作爲『一姓得再受命』的實例，一下子就把公孫述駁倒了呢？

當公孫述據蜀稱帝的時候，隴西的地方也被一個叫做隗囂的軍閥佔據着；他依違於光武與公孫述之間，忽而向漢，忽而向蜀，忽而又圖自立。他有一次曾遣辨士張玄遊說割據河西的軍閥竇融，使他背漢，道：

更始事業已成，尋復亡滅，此一姓不再興之效。今即有所主，便相係屬，一旦拘制，自令失柄，後有危殆，雖悔無及。今豪傑競逐，雌雄未決；當各據其土宇，與隴蜀合從，高可爲六國，下不失尉陀。（後漢書竇融傳）

這裏又提出了『一姓不再興』的話，以爲更始亡滅就是徵驗。這可見『一姓不再興』確是那時的一種普遍的迷信。竇融聽了這番話，便召集手下的豪傑及諸太守計議，其中智者都道：

漢承堯運，歷數延長。今皇帝姓號見於圖書。自前世博物道術之士谷子雲，夏賀良等建明漢有再受命之符，言之久矣。故劉子駿改易名字，冀應其占；及莽末，道士西門君惠言，劉秀當爲天子，遂謀立子駿，事覺被殺，出謂百姓觀者曰，『劉秀眞汝主也！』皆近事暴著，智者所共見也。除言天命，且以人事論之：今稱帝者數人，而洛陽土地最廣，甲兵最強，號令最明，觀符命而察人事，它姓殆未能當也！（仝上）

這班智者反駁張玄的理由共有四點：第一是漢承堯運，歷數延長，不會只有二百年的天下。第二是今皇帝姓號見於圖書，確是眞命天子。第三是自前世博物道術之士建明漢有再受命之符，漢室應該再興。第四是洛陽（光武的根據地）的土地最廣，甲兵最強，號令最明，有完成帝業的希望。上三點是天命，下一點是人事。在這段話裏，我們知道漢承堯運是王莽們所鼓吹起來的說法，不想反倒變成了漢室歷數應該延長的証據。今皇帝姓號見於圖書是指河圖赤伏符裏有『劉秀發兵捕不道，四七之際火爲主』的話；這河圖赤伏符是光武在長安時的同舍生彊華從關中得來的。前世博物道術之士建明漢有再受命之符是指甘忠可造出天官歷，包元太平經，言漢家逢天地之大終，當更受命於天；夏賀良陳說漢歷中衰，當更受命的事（谷子雲並沒有建明漢再受命之說）。但是甘忠可是被劉向奏爲假鬼神罔上惑衆而下獄治死的，夏賀良是被哀帝斥爲反道惑衆而下獄伏誅的；到了此時他們却又變爲博物道術之士了。然而在這裏最可奇怪的，還是這班智者也不提出少康中興的証據來駁倒張玄所提『一姓不再興』的話這一點。

公孫述隗囂以外，在先光武帝的大敵還有一個王昌。王昌一名郎，本是個賣卜的術士，他詐稱自己是漢成帝的兒子，本名子輿，說他母親本是成帝所幸的歌姬，懷孕生下他來；那時的皇后趙飛燕要想加害於他，幸虧他母親與別人換了兒子，他才得免。王昌造出了這番謠言四處宣傳，居然感動了當時的漢室宗親趙繆王子林，就奉他做了天子，發出檄書，號召州郡道：

朕孝成皇帝子子輿者也。昔遭趙氏之禍，因以王莽篡殺；賴知命者將護朕躬，解形河濱，削迹趙魏。王莽竊位，獲罪於天，天命佑漢，故使東郡太守翟義，嚴鄉侯劉信擁兵征討，出入胡漢。普天率土知朕隱在人間，南嶽諸劉爲其先驅。朕仰觀天文，乃興于斯，以今月壬辰即位鄗宮，休氣熏蒸，應時獲雨。蓋聞為國，子之襲父，古今不易；劉聖公未知朕故，且持帝號，諸與義兵成以助朕，皆當裂土享祚子孫。已詔聖公及翟太守亟與功臣詣行在所。疑刺史二千石皆聖公所置，未睹朕之沈滯，或不識去就，強者負力，弱者惶惑。今元元創痍，已過半矣，朕甚悼焉！故遣使者班下詔書。（後漢書王昌傳）

據這道檄書裏所說，漢室中絕，皇子隱形民間，播遷各處，大臣起兵恢復，試問這種情形與少康中興的故事是何等相像？但是檄書裏也始終沒有漏出少康兩個字來，豈不可怪！

王昌的『成帝子子輿』，與公孫述隗囂的『一姓不再興』的口號倒底敵不住光武的赤伏符，和『土地最廣，甲兵最強，號令最明』，他們都給光武滅掉，光武居然完成了帝業，於是『一姓不得再受命』的迷信才根本打破，少康中興故事產生的背景才完全成立。然而光武帝似乎始終不曾知道有少康中興的事：他既定天下，在建武三十二年的當兒，一夜裏讀了河圖會昌符有感，詔臣下案索河雒讖文言九世封禪事者列奏，乃下詔封禪。上至泰山，博士充等議道：

殷統未絕，黎庶繼命，高宗久勞，猶為中興。武王因父受命之列，據三代郊天，因孔子甚美其功，後世謂之聖王。漢統中絕，王莽盜位，一民莫非其臣，尺土靡不其有，宗廟不祀，十有八年。陛下無十室之資，奮振於匹夫，除殘去賊，興復祖宗，集就天下，海內治平，夷狄慕義，功德盛於高宗武王，宜封禪為百姓祈福。（續漢書祭祀志注引東觀書）

在這篇奏文裏只拿高宗武王來比光武，少康反落了選，這是什麼道理？光武至奉高，遣侍御史與蘭臺令史將工先上山刻石，文道：

昔在帝堯，聰明密微，讓與虞舜，後裔握機。王莽以舅后之家，三司鼎足冢宰之權勢，依託周公霍光輔幼歸政之義，遂以篡叛，僭號自立。宗廟墮壞，社稷喪亡，不得血食，十有八年。楊徐青三州首亂，兵革橫行；延及荊州，豪傑并兼，百里屯聚，往往僭號；北夷作寇，千里無煙，無雞鳴犬吠之聲。皇天睠顧，皇帝以匹庶受命中興，年二十八載興兵起，是以中次誅討十有餘年，罪人則斯得。……吏各修職，復于舊典。（續漢書祭祀志）

這篇刻石文裏說起『皇帝以匹庶受命中興，罪人則斯得，吏各修職，復于舊典』，也沒有提到少康中興的典故，這又是什麼道理（祭祀志論便道，『夏康周宣由廢復興，不聞改封』）？還有光武即位時諸將的奏書和光武即位告天的祝文，以及當時人的其他文字和說話裏統統不曾提到少康中興的事。更可怪的，赤眉奉高皇帝璽綬投降，光武下詔道：

羣盜縱橫，賊害元元，盆子竊尊號亂惑天下，朕奮兵討擊，應時崩解，十餘萬衆束手降服；先帝璽綬歸之王府。斯皆祖宗之靈，士人之力，朕曷足以享斯哉！其擇吉日祠高廟，賜天下長子當爲父後者爵人一級。（後漢書光武帝紀）

『先帝璽綬歸之王府』，『擇吉日祠高廟』，這不就是『祀夏配天，不失舊物』嗎？爲什麼這篇詔書裏也不順便一引少康的典故？到了後來蔡邕作光武濟陽宮碑文，便說：

祀漢配天，不失舊物。

這分明是襲用了左傳的文字。爲什麼光武帝同他的羣臣都忘記了左傳，而蔡邕偏能記得呢？

因爲有了以上種種疑點，所以我們敢假定今本左傳裏關於少康中興故事的記載是光武以後的人影射了光武的中興故事而杜造的。我們知道在西漢末年劉歆對於左傳已曾『引傳文以解經』，而東漢人對於左傳更有刪改的明証：

奇（孔奇）博通經典，作春秋左氏刪。（後漢書孔僖傳）

衆（鄭衆）……從父（鄭興）受左氏春秋，……其後受詔作春秋刪十九篇。（全上鄭衆傳）

東漢人除了刪左傳以外，還有人曾：

著春秋外傳十二篇。（全上楊終傳）

這當是一種國語的刪本。即此可見當時人對於左氏春秋有些改動並不算一會事。不但左氏春秋曾被刪改，就是史記也有：

（楊終）受詔刪太史公書爲十餘萬言（全上）

的事，可見東漢人也很可能改動史記。還有後漢書儒林傳敘說：

昔王莽更始之際，天下散亂，禮樂分崩，典文殘落；及光武中興，愛好經術，未及下車而先訪儒雅，採求闕文，補綴漏逸。

東漢儒者在皇帝『採求闕文，補綴漏逸』的提倡之下，杜造些文字來增益經典，是極可能的事。此外東漢儒者又有私行金貨改定蘭臺漆書經字的成案，這都足以昭示我們東漢人可以有竄改經典的事。

說到這裏，我們再來替左傳那兩段文字做一番疏證的功夫，尋出它的淵源來：

昔有夏之方衰也。　案離騷云，『夏康娛以自縱，……五子用失乎家巷』；逸周書嘗麥解云，『其在啟之五子忘伯禹之命，假國無正，用胥興作亂，遂凶厥國』；書序云，『

太康失邦，昆弟五人須于洛汭，作五子之歌』。這都是夏室中衰說的先聲（但是這些書裏的事實與左傳的事實是完全不同的）。

后羿自鉏遷于窮石。案天問云，『阻窮西征』，淮南子地形訓云，『弱水出自窮石』；『阻窮西征』解見上章。僞竄左傳的人不違天問這話之義，因造爲此語。

因夏民以代夏政。案天問云，『帝降夷羿，革孽夏民』，解見上章。僞竄左傳的人讀『夏』如字，解『革』爲『代』，因造爲此語。

恃其射也。案論語憲問篇云，『羿善射』；荀子解蔽篇云，『羿精於射』；儒效篇云，『羿者，天下之善射者也』；管子形勢篇云，『羿，古之善射者也』；史記龜策列傳云，『羿名善射』；揚雄上林苑令箴云，『昔在帝羿，……弧矢是尚』。這些話都是左傳所本。

不修民事而淫于原獸。案離騷云，『羿淫遊以佚畋兮』；揚雄太僕箴云，『昔有淫羿，馳騁忘歸』；上林苑令箴云，『昔在帝羿，共田徑游』。都爲左傳所本。

棄武羅……。案山海經中山經云，『青要之山，實惟帝之密都，……䰠武羅司之，其狀人面而豹文，小要而白齒，而穿耳以鐻，其鳴如鳴玉』。世本云，『武氏，夏時有武羅國，其後氏焉』（唐韻引）。一個神同一個國，都變成羿的賢臣了。

寒浞。案世本云，『韓哀作御』（文選注引。漢書王褒傳云，『韓哀附輿』），呂氏春秋勿躬篇作『寒哀作御』，寒哀所作的御與羿所精的射相對，寒氏與羿的發生關係或因此故。楚辭中有浞之名，而無『寒浞』之稱。

浞行媚於內，……樹之詐慝以取其國家。案天問云，『浞娶純狐，眩妻爰謀』；離騷云，『浞又貪夫厥家』。爲左傳所本。

羿猶不悛，將歸自田，家衆殺而亨之，以食其子；其子不忍食諸，死于窮門。案天問云，『馮珧利決，封豨是射，何獻蒸肉之膏而后帝不若？』解見上章。左傳附會天問之文，把封豨的肉改成了羿的肉，把后帝也改成了羿的兒子。又羿本來是給他的學生逢蒙殺掉的，到了左傳裏也變成了被他的家衆所殺；於是楚辭王注便說，『使家臣逢蒙射而殺之』，逢蒙是羿的家臣這個新說法就這樣成立了。

靡奔有鬲氏。案光武的佐命功臣竇融的上世本是漢室的外戚，他曾做過王莽的臣子，王莽死後，關中大亂，他往河西撫結雄傑，懷輯羌虜，後來以舉足輕重的權勢歸附光武，佐成中興；靡的身分最與竇融相像（左傳杜注，『靡，夏遺臣事羿者』）。或作『靡奔有鬲氏』一句就是影射竇融往河西的事，也未可知。

浞因羿室生澆及豷。案離騷在『浞又貪夫厥家』語後接敘澆事，為左傳這話所本；但在作離騷時是否已有澆為浞子的說法，尚屬疑問。

使澆用師滅斟灌及斟尋氏，處澆于過，處豷于戈。案天問云，『康謀易旅，何以厚之？覆舟斟尋，何道取之？』解見第五章。為左傳所本。又案灌即是戈，亦即是過，又即是鬲。段玉裁據史記以為『灌』『戈』通假。徐中舒先生云，『鬲，過，戈，古同是見母字，故得相通』（說見再論小屯與仰韶，安陽發掘報告第三期）。左傳把一國分為四國了（後人亂說古史往往如此）！

靡自有鬲氏收二國之燼，以滅浞而立少康。影射寶融之事，說見前條（二國顯似影射隗囂，劉信等）。

少康滅澆于過。案天問云，『惟澆在戶，……何少康逐犬而顛隕厥首？』為左傳所本。

后杼滅豷于戈。案國語魯語云，『杼能帥禹者也，夏后氏報焉』；杼是夏的中興之主（參看第三章），所以左傳的作者也不能不分些功給他。

於虞人之箴曰，……案虞人之箴大約是取之辛甲者，說見上章。

昔有過澆殺斟灌以伐斟鄩，滅夏后相。案襄公四年左傳不載澆滅夏后相，本節左傳只言澆伐斟鄩而不言滅斟鄩，大約左傳這兩段文字的作者以夏后相為居斟鄩，澆滅夏后相就是滅斟鄩。但攷左傳本書僖公三十一年載：『衛遷於帝丘，……衛成公夢康叔曰，「相奪予享」』；則相當死於帝丘。帝丘與斟鄩不是一地，是左傳自相矛盾。

后緡方娠，逃出自竇，歸于有仍。案左傳本書昭公四年云，『夏桀為仍之會，有緡叛之』；十一年云，『桀克有緡以喪其身』。仍與緡都是國名，而此處以緡為有仍之姓，是左傳又自相矛盾（本條請參看顧頡剛所作有仍國考，文載禹貢半月刊第五卷第十期）。

生少康焉，為仍牧正。案天問云，『該秉季德，厥父是臧，胡終弊于有扈，牧夫牛羊？』王逸注云，『有扈，澆國名也；澆滅夏后相，相之遺腹子曰少康，後為有仍牧正，典主牛羊，遂攻殺澆，滅有扈，復禹舊績，祀夏配天也』。天問的話本是說商祖王亥的（說見王靜安先生殷卜辭中所見先公先王考），偽竄左傳的人拿來加在少康的身上，王逸也同他一樣的誤解，東漢人對於較早的古史傳說實在已不明白了。

惎澆能戒之；澆使椒求之，逃奔有虞，為之庖正。案天問云，『有扈（澆椒）牧豎（少康），云何而逢？擊牀先出(逃奔)，其命何從？恆秉季德，焉得夫朴牛，何往營班祿(偽之庖正)不但還來？』這話本也是說王亥同王恆的，偽竄左傳的人又拿來加在少康的身上了。

虞思於是妻之以二姚。　案離騷云，『及少康之未家兮，留有虞之二姚』，爲左傳所本。史記吳世家解『虞思』爲『有虞思夏德』，後人妄說，大非！

有田一成，有衆一旅，能布其德而兆其謀。　案天問云，『康謀易旅，何以厚之？』解見第五章。朱子注云，『少康爲虞庖正，有田一成，有衆一旅，遂滅過澆，祀夏配天，不失舊物也。旅，謂一旅五百人也』。把『易旅』改成『一旅』，這怎樣講得通？又『兆其謀』的謀也就是『康謀易旅』的『謀』。漢書揚雄傳用雄自序世系語云，『有田一壥，有宅一區』，就是左傳『有田一成，有衆一旅』語法之所本。

使女艾諜澆。　案天問云，『惟澆在戶，何求於嫂？何少康逐犬而顛隕厥首？女歧縫裳而館同爰止，何顛易厥首而親以逢殆？』王逸注云，『女歧，澆嫂也；……言女歧與澆淫佚，……於是共舍而宿止也』。女歧女艾當是一人之變，澆的嫂嫂竟變成了少康的間諜了(當時或有女歧諜澆的傳說，左傳改爲女艾諜澆)。

祀夏配天，不失舊物。　案大戴禮記少閒篇云，『禹卒受命，……作物配天』。爲左傳所本。

據上面的疏證，左傳這兩段文字大半有所本而往往失了古書的原義，它的時代之晚是很明顯的了。

在現在留得的記載中看來，最早看見左傳中關於少康中興的兩段記載的大約是班固賈逵們。賈逵有左傳這兩段文字的注解，但是尚有可疑之點：因爲賈氏注昭公四年左傳云，『仍，緡，國名也』(史記楚世家集解引)；而註哀公元年左傳則云，『緡，有仍之姓也』(史記吳世家集解引)，二說不同。所以李貽德云，『或繕寫有誤』(春秋左氏傳賈服注輯述)。這是李氏不知左傳曾經偽竄的緣故；不然，他也要說其中一注不是賈氏的原文了。然而只有這一個證據，我們也不敢斷定賈逵必沒有看到左傳中這兩段記載(或許賈逵初見的左傳本子沒有關於少康中興的兩段文字，後來看見了新本，又添入新注而忘改舊注，所以互相衝突，也未可知)。

班固著漢書，卻確曾看見左傳這兩段文字。漢書何武王嘉師丹傳贊說：

當王莽之作，外內咸服。

這分明是用的左傳的文字。又漢書人表(或云非班固作)中有雒，女艾，有扔(仍)君，武羅，栢因，熊髡，庬圉，虞后氏，后緡，豷，韓（寒）浞，斟灌氏，斟尋氏等名字，與少康，二姚，杼，相，羿，逢（逄）等並列；可見那時左傳中的故事必已出現了。王符作潛夫論，在五德志裏也大段的把左傳這兩段文字抄了進去（稍有些抄錯的地方）。應劭作風俗通義，甚至於異想天開的替竇氏尋出了他們受姓的根源來：

竇氏：夏后相遭有窮之難，其妃方娠，逃出自竇而生少康，其後氏焉。（廣韻引）

這種荒謬絕倫的說法，也一定要待少康中興故事風行後才會有的。

然而特別表章少康中興的却要推曹魏的高貴鄉公。高貴鄉公在魏氏衰微之際嗣了帝位，他頗有中興祖業的弘願，在即位之初，他就下詔道：

昔三祖神武聖德，應天受祚；齊王嗣位，肆行非度，顛覆厥德；皇太后深惟社稷之重，延納宰輔之謀，用替厥位，集大命于余一人。以眇眇之身託于王公之上，夙夜祗畏，懼不能嗣守祖宗之大訓，恢中興之弘業。……（魏志卷四）

他有了『恢中興之弘業』的志願，所以他很羨慕夏少康。有一次他宴羣臣於太極東堂，與侍中荀顗，尚書崔贊，袁亮，鍾毓，給事中中書令虞松等言帝王優劣之差，因問顗等道：

有夏既衰，后相殆滅，少康收集夏衆，復禹之績；（漢）高祖拔起隴畝，驅帥豪儁，芟夷秦項，包舉寓內：斯二主可謂殊才異略，命世大賢者也。考其功德，誰宜為先？

顗等對道：

夫天下重器，王者天授，聖德應期，然後能受命創業。至於階緣前緒，興復舊績，造之與因，難易不同。少康功德雖美，猶為中興之君，與世祖（光武）同流可也；至如高祖，臣等以為優。

他們以為少康是與漢光武同等的人物，比不上高祖。這個對答大不合高貴鄉公的意思，於是他就說道：

自古帝王功德言行互有高下，未必創業者皆優，紹繼者咸劣也。湯武高祖雖俱受命，賢聖之分，所覺懸殊。少康殷宗，中興之美；夏啟周成，守文之盛：論德較實，方諸漢祖，吾見其優，未聞其劣。顧所遇之時殊，故所名之功異耳。少康生於滅亡之餘，……非至德弘仁豈濟斯勳？漢祖因土崩之勢，……若與少康易時而處，或未能復大禹之績也。推此言之，宜高夏康而下漢祖矣。

高貴鄉公一味的偏祖少康，實在就是偏祖他自己。『未必創業者皆優，紹繼者咸劣』兩語簡直道出了他的心事來。羣臣既提出了高貴鄉公的意思，於是在翌日再議的時候，就有一部分人順着他的話頭，議道：

> ……少康布德，仁者之英也；高祖任力，智者之儁也：仁智不同，二帝殊矣。詩書述殷中宗高宗皆列大雅；少康功美過於二宗，其爲大雅明矣。少康爲優，宜如詔旨。

原來少康的功美是過於殷中宗和高宗的。但仍有一部分人堅持着他們的前見，議道：

> 少康雖積德累仁，然上承大禹遺澤餘慶，內有虞仍之授，外有靡艾之助；寒浞讒慝，不德於民；澆豷無親，外內棄之：以此有國，蓋有所因。至於漢祖，起自布衣，率烏合之士，以成帝者之業。論德則少康優，課功則高祖多；語資則少康易，校時則高祖難。

他們以爲少康到底不如高祖。高貴鄉公聽了兩面的話，斷說：

> 諸卿論少康因資，高祖創造，誠有之矣。然未知三代之世，任德濟勳，如彼之難；秦項之際，任力成功，如此之易。且太上立德，其次立功，高祖功高，未若少康盛德之茂也。且夫仁者必有勇，誅暴必用武，少康武烈之威豈必降於高祖哉？但夏書淪亡，舊文殘缺，故勳美闕而罔載；唯有伍員粗述大略，其言『復禹之績，不失舊物』，祖述聖業，舊章不愆，自非大雅兼才，孰能與於此？向令墳典具存，行事詳備，亦豈有異同之論哉！

他的話說得這樣斬截，於是羣臣只得表示悅服了。中書令虞松進道：

> 少康之事，去世久遠，其文昧如，是以自古及今議論之士莫有言者；德美隱而不宣。陛下既垂心遠鑒，考詳古昔，又發德音，贊明少康之美，使顯於千載之上；宜錄以成篇，永垂于後。（魏志卷四注引魏氏春秋）

少康之事本是『其文昧如』的，是『自古及今議論之士莫有言者』的，自從高貴鄉公垂心遠鑒，考詳古昔，發出德音，贊明了少康之美，於是少康之事才顯豁於千載之上，後來遂爲晉元帝，宋高宗，明福王們所熟知的了。

後記

童書業

本文的目的在叙明啓和三康——太康，仲康，少康——的故事的演變。啓和三康的問題是複雜極了的，要說明他們傳說的整個演變，便不能不聯帶叙述五觀和羿，澆等問題。因種種關係，本文的範圍便以三康問題爲中心，而以啓，五觀，羿，澆等問題做襯托。本文所得的結論雖多半是些假定，——這因夏代中世史的材料實在太少的緣故，——然而其中確有幾點是不可磨滅的事實。我們以爲讀過本文的人至少得承認：

（一）太康少康的傳說與啓的傳說有關係。

（二）啓在先秦人口中是毀多於譽的。

（三）太康仲康的傳說在先秦時不顯明。

（四）太康仲康曾有一時期被列爲五觀中的二人。

（五）五觀的傳說與惡觀有關係。

（六）羿的傳說在先秦西漢時是非常紛歧的，到西漢中年以後才漸漸的統一；我們在未發現確實的史料以前，對於羿的事迹不能獨認左傳所載的爲信史。

（七）浞的傳說與澆的傳說有關。

（八）夏竇中滅中與說是東漢以前人所不詳的，到東漢初年以後才漸漸的盛行起來，我們不能就信這種傳說是古代的史實。

以上八點，可以說是本文最低限度的收穫。

本文提出了兩個中心問題：（一）三康的傳說從啓分化而出，（二）少康中興的故事是東漢人造出的。關於第一個問題的一部分，是三個人在三年內同樣發現的：顧頡剛師在六年前已做了一篇啓與太康，主張太康是啓的化身；友人張治中先生（新寧人）在四年前做了一篇太康失邦考，也主張太康就是啓；我在同時做儒家的古史說研究，也看出太康是啓的分化。三年前在上海偶與張先生談起太康的問題，彼此交換論文閱讀，很覺得兩人的意見不謀而合；去年來平與頡師討論夏史，才知道他比我們更早兩年已發現了這個問題。三個人分居三處，一在北平，一在湖南，一在上海，隔這萬里之外，研究一個問題，竟會得到同樣的結論，這可證明考據學確是有客觀性的。關於啓與太康是一人分化的證據，除本文所論外，還有很重要的一則材料，我們放在夏史考第八章（僞古文尚書裏的夏史）裏討論；現在也附錄於此，以供讀者的參證：

僞古文尚書五子之歌說：

太康尸位以逸豫，滅厥德；黎民咸貳。乃盤遊無度，畋于有洛之表，十旬弗反；有窮后羿因民弗忍，距于河。厥弟五人御其母以從，徯於洛之汭；五子咸怨，述大禹之戒以作歌。

太康的『逸豫』不就是啓的『淫佚康樂』（墨子非樂），『康娛自縱』（楚辭離騷）嗎？太康的『盤遊無度』不就是啓的『野於飲食』，『將食於野』（墨子）嗎？又『厥弟五人御其母以從』也似乎即從啓的『勤子屠母』（楚辭天問）變來的。然而『五子』却變成了『五弟』，『忘伯禹之命』的『五子』（逸周書嘗麥解）也變成了『述大禹之戒』的『五子』了！

五子所作的歌，其第二章道：

內作色荒，外作禽荒，甘酒嗜音，峻宇雕牆：有一于此，未或不亡。

『內作色荒』四句是暗指太康的罪狀，然而讀墨子等書，這原都是啓的罪狀（啓作璿臺就是『峻宇雕牆』）。又啓行惡德的結果是五子失家（離騷），死分境地（天問），太康行惡德的結果是五弟須于洛汭和失邦，兩人的收場也頗相類。

畢沅墨子注說：

海外西經云，『大樂之野，夏后啓于此儛九代』。大荒西經云，『夏后開上三嬪於天，得九辨與九歌以下』。據此，則指啓盤於遊田。書序『太康尸位』（案此語非書序文）及楚辭『夏康娛』云云，疑『太康』『夏康』即此云『淫溢康樂』。『淫』之訓『大』，然則『太康』疑非人名，而孔傳以爲啓子，不可奪也。

事況只書序『太康』第辭『夏康』即『淫（大）遊康娛』之調而作人名，這個怪見解也頗有相當的價值的。太康的名字或許確是『淫遊康娛』之變，詩唐風云『無已太康』，『太康』即指淫樂。

關於第二個問題，最早却是顧頡剛師提出的。前年我在杭州，顧師也到杭州，我去看他，座間談起了后羿代夏，少康中興的問題，我覺得這兩件史迹為先秦他家所不言，而史記夏本紀裏也未記載，很是可疑，但劉歆又不像是造過這件史迹的人；當時就把這個意思請問顧師，顧師便說這或許是東漢人影射光武中興的事而造出的。我被他一言提醒，回寓又考查了一遍，覺得他的話確是不錯；因做了一篇少康中興辨的札記。來平以後，顧師命我替他修改羿與太康一文，我因把這個問題加入，不料節外生枝，竟寫成了一篇四萬字的論文。後來又打算把它擴充成夏史考，這又把少康中興的問題單獨寫了一章，就是本文的第三篇。

最早懷疑少康中興說的人，現在想起來大約是齊召南（在齊氏以前，如孔穎達、司馬貞，雖守前事難只說司馬遷的疏略，而對羿浞代夏，少康中興之說則未加懷疑。惟孔疏云『魏絳本意主勸和戎，繼云有窮后羿以開公間，……乃與初言不相照會』，似有懷疑的傾向）。齊氏尚書注疏考證卷一說：

> 史記夏本紀於后相見滅，少康中興，略不言及；誠如司馬遷所譏。但據左傳國語魏絳伍員俱能詳言羿浞干紀之事（案國語中並無羿浞干紀之事），伍員述少康本末尤詳；夏統中絕者四十年，賴有一成一旅，遂能滅澆過戈，復禹之績，祀夏配天，不失舊物。自古中興之君，未有功業輝盛如少康后杼，中興之臣，未有忠勤並懋如靡，有鬲，虞思，女艾者也。書序百篇並無其事，抑獨何歟？

齊氏以為史記夏本紀不載后相見滅，少康中興的事，固然可以說是太史公的疏略，但書序百篇是孔子所手定，何以也沒有這件事的記載？這是很可疑的一個問題。就我們現在看來，夏本紀不載少康中興等事一點可以證明西漢初年並沒有這種傳說；書序不載少康中興等事一點則可以證明西漢末年或東漢初年也還沒有這種傳說。齊氏的懷疑很可以做我們的先導。

懷疑少康中興說最猛烈的人要推康長素先生。康先生在新學僞經考卷二裏說：

> 夏本紀無夏中亡而少康中興事。此何事也，而史公於述本紀者不知，而於吳世家乃叙之邪？其謬不待言。然此事亦非全無來歷，離騷，『夏康娛以自縱，不顧難以圖後兮，五子用失乎家巷。羿淫遊以佚田兮，又好射夫封狐；固亂流其鮮終兮，浞又貪夫厥家。澆身被服強圉兮，縱欲而不忍；日康娛而自忘兮，厥首用夫顛隕。……及少康之未家兮，留有虞之二姚』。蓋戰國多雜說，史遷所謂『言不雅馴』者，歆入之於左傳，並竄之於史記耳。夏本紀稱禹後有斟尋氏，亦所自出也。但恐歆校詩賦，並離騷亦歆所竄入；不然，何此一事敍至十二句耶？

康先生這段話說的太嫌武斷些了。劉歆既會把斟尋氏語竄入夏本紀，為什麼不在夏本紀中敘帝系處也竄入后相見滅，少康中興等事呢？離騷即使也被劉歆竄改，但天問裏也有羿好出獵，寒浞殺羿，少康滅澆，覆舟斟尋等事，又將何辭以解說？難道這也是劉歆所竄入的嗎？如果也是的話，那末天問的傳說又何以與左傳不同呢？況且劉歆又為什麼要杜造出夏室中滅中興的記載來？這實在是沒法解說的。因為康先生的話說得太不能使人起信，所以後來崔觶甫先生在史記探源卷二裏便說：

案羿浞代夏之事，太史公錄其文於吳世家，而此紀（案指夏本紀）無之；稱韓非傳載鄭武公伐胡事，而鄭世家亦無之：此寓言，非實事故也。太史公寧取有特意，小司馬輒譏其疏略；所謂鷦鵬已翔乎寥廓，羅者猶視乎藪澤也。

崔先生以爲羿浞代夏之事太史公是知道的，不過因爲這是寓言而非實事，所以他在夏本紀中删除不錄了。案太史公的採錄古事向來只知道分別神話與人話，雅馴與不雅馴，人話便採，神話便棄去，雅馴的便採，不雅馴的便棄去，他那裏知道分別什麼寓言不寓言，實事非實事？他要有了這類見解，那末老子列傳裏也不會大段的把萬不可信的孔子見老子，老子教訓孔子的寓言採了進去，孔子世家裏也不會大段的把萬不可信的楚狂接輿，長沮桀溺等的故事採進去了（長沮桀溺等故事的不可信，說詳趙貞信先生河南葉縣之長沮桀溺古蹟辨，禹貢半月刊第五卷第七期）。羿浞代夏，少康中興的事既不是神話，又不是不雅馴，史公若知道了，斷無不信的道理，就斷無不採的道理。這是夏代史裏最重要的事蹟，夏本紀裏如何可以删去不錄？至鄭武公伐胡的事與少康中興的事，其重要與不重要，眞是不可同日而語。所以鄭世家裏儘可漏去鄭武公伐胡，而夏本紀裏决無漏去少康中興等事的理由。

我們現在根據許，康，楊諸先生的意見，再進一步而主張少康中興的史迹是東漢人所造，或許還有人會對我們發生疑問。因爲推翻一件重要的古代史迹，總是爲大多數人所不贊成的，他們會從沒有理由的地方找出理由來駁我們，所以我們不能不周密些，把容易發生誤會之點先解釋明白。我們現在先解釋四點如下：

（一）東漢初年人不引少康中興的事。關於這點，或許有人會說東漢初年左傳尚未大行，而兵戈擾攘之時士不知學，所以無人引述少康中興的事。

我們的解釋是：光武帝和他的開國功臣多半是儒者，且有喜讀左傳的人，對於這樣重要的古代史迹，决沒有不知的道理，也沒有不說的道理！趙翼廿二史劄記卷四東漢功臣多近儒條說：

西漢開國功臣多出於亡命無賴，至東漢中興，則諸將帥皆有儒者氣象，亦一時風會不同也。光武少時往長安受尚書，通大義；及爲帝，每朝罷，數引公卿郎將講論經理。故樊準謂帝雖東征西戰，猶投戈講藝，息馬論道。是帝本好學問，非同漢高之儒冠溲溺也。而諸將之應運而興者，亦皆多近於儒。如鄧禹年十三能誦詩，受業長安，早與光武同遊學，相親附；其後佐定天下，有子十三人，使各守一藝，修整閨門，教養子孫，皆可爲後世法（原注：禹傳）。寇恂性好學，守潁川時，修學校，教生徒，聘能爲左氏春秋者，親受學焉（原注：恂傳）。馮異好讀書，通左氏春秋，孫子兵法（原注：異傳）。賈復少好學，習尚書，事舞陰李生，生奇之曰：『賈君容貌志氣如此而勤于學，將相之器也』；後佐定天下，知帝欲偃武修文，不欲武臣擁兵，乃與鄧禹去甲兵，敦儒學，帝遂罷左右將軍，使以列侯就第，復闔門養威重（原注：復傳）。耿弇父況以明經爲郎，學老子于安邱先生；弇亦少好學，習父業（原注：弇傳）。祭遵少好經書，及爲將，取士必用儒術，對酒設樂，常雅歌投壺（原注：遵傳）。李忠少爲郎，獨以好禮修整稱；後爲丹陽太守，起學校，習禮容，春秋鄉飲，選用明經，郡中嚮慕之（原注：忠傳）。朱祐初學長安，光武往候之，祐不時見，先升舍，講畢乃見；後以功臣封鬲侯，帝幸其第，笑曰：『主人得無舍我講乎？』（原注：祐傳）郭涼雖武將，然通經書，多智略（原注：涼傳）。竇融疏首，『臣子年十五，教以經藝，不得觀天文讖記』（原注：融傳）。他如王霸，耿弇，劉隆，景丹，皆少時遊學長安，見各本傳。是光武諸功臣大半多習儒術，與光武意氣相孚合。蓋一時之興，其君與臣本皆一氣相鐘，故性情嗜好之相近有不期然而然者；所謂有是君卽有是臣也。

看了這段考證，實難的人還有什麼話說？

（二）史記吳世家裏的少康中興故事是後人所加入。關於這點，或許有人會說後人爲什麼不同時把少康中興等事也加入夏本紀和越世家及子胥列傳呢？

我們的解釋是：改史記的人未必是有意作僞。他們已讀了改竄過的左傳，再讀吳世家，看見所錄子胥諫吳王的話太不完全，因替它增補了一下，於是少康中興的故事便被插入了（這種情形在古書上的例子舉不勝舉）。但是上下文他們又忘記拿左傳來校改，因此弄得史記之文在一人一段話裏既有從左傳的，又有背左傳的。這一點矛盾，使我們得發見它被增竄的痕迹，眞是不幸中的大幸！至越世家同子胥列傳則列在吳世家之後，改史記的人改了前面，便顧不得再改後面了，這是古人編書的通病（就是現在的人也何獨不然）。況且子胥的話在吳世家裏既已完全，則越世家和子胥列傳裏便簡略些也不甚要緊了。總之，史記之文若不是後人所改竄，則子胥的話應該全同左傳，吳世家詳些，越世家和子胥列傳略些才對；爲什麼除了少康中興那段故事以外的伍員的話，吳世家越世家和子胥列傳都大略相同而皆與左傳相異呢？至於夏本紀所以也不插入羿浞代夏，少康中興的事者，則因西漢以後史記流傳漸廣，讀本紀的人自然比較多，夏本紀裏沒有少康中興等等已成學界周知的事，所以不必也不能爲之增補。這並沒有什麼難解釋之處。

（三）少康中興的故事到曹魏的高貴鄉公才被特別表章。關於這點，或許有人會說少康中興的故事既是東漢初人所造，那末東漢人爲什麼不特別表章它呢？

我們的解釋是：東漢人在左傳裏插入少康中興故事的時候，光武中興的事業早已完成，需要這件故事做護符的時代已過去了。東漢人僞竄左傳的用意，也只是爲左傳增加些作料以求適合于東漢人的胃口而已。他們彷彿說：『夏代有同本朝同樣的一件大事，而大家都不知道，不是左傳記載着，這件頂要的史迹便失傳了！可見左傳價值之高；大家還不應該用心誦讀嗎？』他們也或有些表章少康中興故事的話，不過古書殘缺，我們不能看到罷了。

（四）少康中興就是光武中興的倒影。關於這點，或許有人會說少康中興既然是光武中興的倒影，那末爲什麼少康中興的傳說又不全與光武中興的事實相合呢？

我們的解釋是：少康中興的傳說如果造得與光武中興的事實完全相合，那末西洋鏡馬上便會被拆穿了。漢代人雖蠢，他們造僞古書的方法似乎還不至於呆笨如此（然而兩件中興的事蹟已有好多相同的地方了）。況且左傳裏那兩段記載的事蹟語句大半是有所本的，他們鈔了天問離騷等書的話，一切事情自不能完全隨意的亂造。其實東漢人所特別杜撰的，也只不過是夏室中滅數十年又中興起來這個觀念罷了。

以上四點是人家最容易質問我們的，我們不能不先事辨明。此外可以招大家懷疑的地方必定還有，我們只好將來隨時作答了。

二十五年六月三日，童書業記於北平小紅羅廠禹貢學會。

附錄　錢賓四先生來函

頡剛
書業先生：

夏史考稿諸篇，均已拜讀，惟恨為他事所牽，未能悉心探究，以答雅意。姑就一時感想所及，聊述兩點，不足云往復也。

來札有云『觀扈之扈，自是有扈氏，但扈觀變成五觀之假設仍能成立』。私意若如尊論五觀乃扈觀傳說衍化，則根本上夏代並無所謂五觀，更不須考五觀究是如何五個矣。今尊論又坐實少康亦五觀之一，則不與前說相衝突乎？此一點也。

又尊論謂自揚子雲迄光武中興，其時左傳中均尚無少康中興事。惟班固古今人表明明與左氏記少康中興事合，故其離騷序謂『及至羿澆少康，二姚有娀佚女，皆各以所識有所增損，然猶未得其正也』。是則少康故事之羼入左傳，應在光武後，班氏為漢書前。其間年代太促；班氏亦博雅多識，何至為其迷惑？且左傳在當時傳本匪一，何竟不聞有發其覆者？此又一點也。

竊謂第一點只不必謂五觀係扈觀衍化即得，第二點疏說却牽強；將來夏史考成書，對此應注意也。（此層若說不破，則離騷天問雖與左氏不同，只是古代傳說兩歧，不必即是左傳乃東漢後僞羼。揚子雲只說了與左氏異的，亦不能逕據為揚氏以前決無少康中興傳說。至漢書地理志梁國虞下無少康等事，更不足為少康傳說自後始生之證明矣。）

匆匆，即頌

撰祺！

弟穆頓首。

書業案：五觀從扈觀衍化而出乃是戰國時事，夏代固根本上無所謂五觀。五觀中有少康當是漢代之事。此乃傳說之演變，前後兩說並未衝突。班固自曾見左傳中關於少康中興之記載，考班固漢書成於建初中（今本漢書之成恐尚在其後，因後漢書又云『固著漢書，其八表及天文志未及竟而卒』也。南史劉之遴傳之班固漢書真本稱『永平十六年五月二十一日己酉郎班固上』者，後人僞作，不可信，邵晉涵輩已辨之矣），其時離光武中興已遠矣。至『班氏博雅多識』，不至為僞本左傳迷惑一節，考古人『信而好古』，往往無歷史之觀念；新撰初出之史說，常確然信之而不疑：如僞古文尚書出於魏晉之間，而同時之皇甫謐作帝王世紀即錄之（或謂古文尚書即皇甫氏僞撰，非）。『固也侗而愚』（顏之推語），其『博雅多識』亦未見有進於皇甫氏也。至『左傳在當時傳本匪一，何竟不聞有發其覆者』，則古文尚書在當時傳本亦匪一（東晉李顒曾引漢古文太誓孔安國傳），亦何竟不聞有發其覆者乎？古人之學固未能以今人例之。且所謂『採求闕文，補綴漏逸』（後漢書儒林傳語），固當時在上者所提倡而儒者所自引以為任者也。至漢書地理志梁國虞下無少康等事，然續漢書郡國志則有之，此因班固時少康中興等傳說初出，一般人容易遺忘（且地理志或與藝文志等同，大部分據舊文而成，故無少康等事），而司馬彪時少康中興故事已經高貴鄉公之提倡而風行一世，故作史者亦不得不收錄之矣。

又案：論語偽孔安國注云，『羿，有窮之君也；篡夏后相之位。其臣寒浞殺之，因其室而生奡。奡多力，能陸地行舟，為夏后少康所殺也』（憑用論語集解。據皇侃義疏本）。沈濤云，『「陸地行舟」，於傳無徵。太平御覽皇王部引帝王世紀有「陸地盪舟」之語，此正魏晉間人偽撰異說，西京時烏得有此不根之談乎？』（論語孔注辨偽下卷）案偽古文尚書伊訓，『古有夏先后方懋厥德』，偽孔安國傳亦云，『先君，謂禹以下少康以上賢王』。少康中興之觀念，論語偽孔注有之，尚書偽孔傳亦有之，何以此觀念但見於偽書乎？此亦足徵每一時代有一時代之古史觀念已！

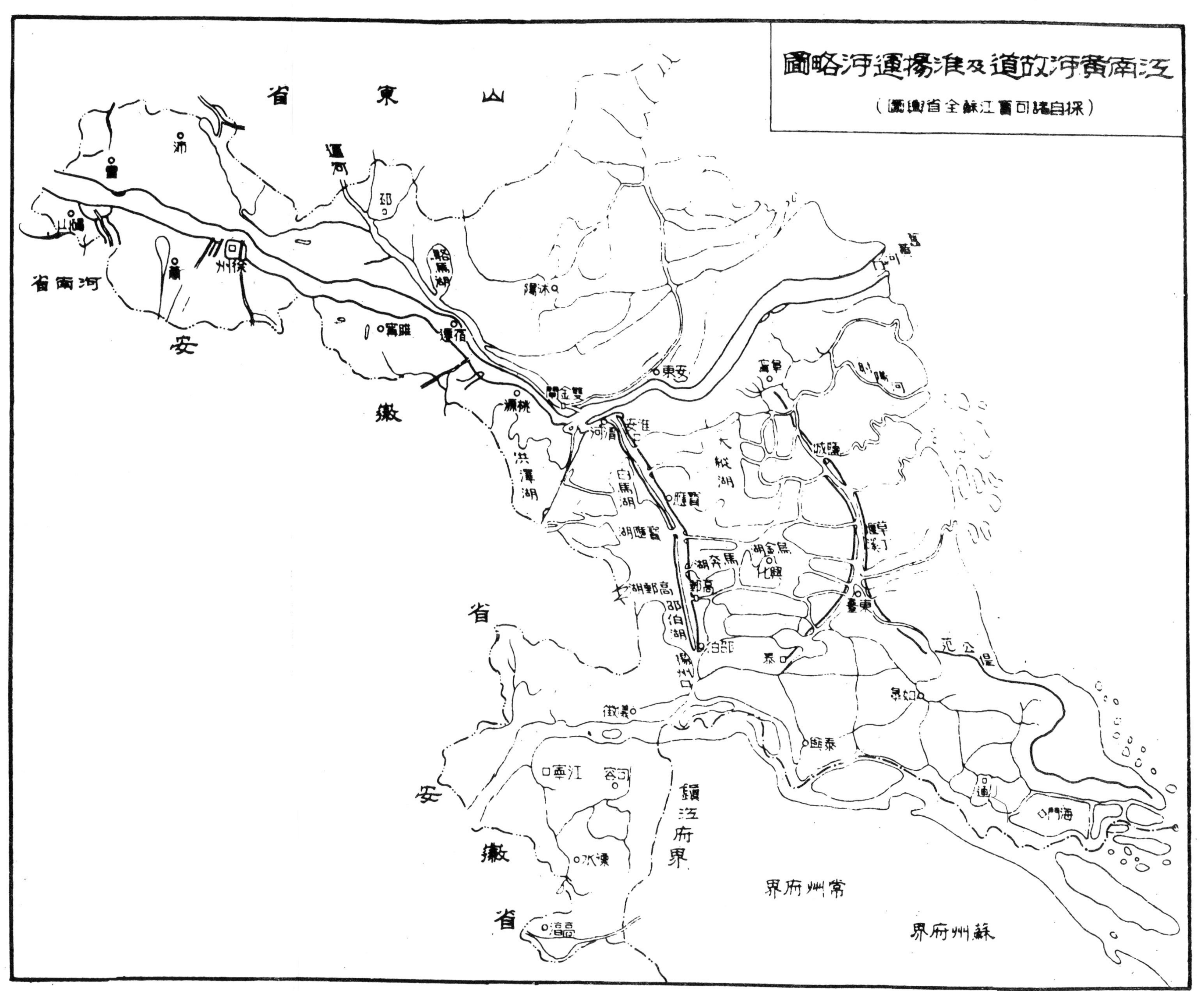

江南黃河故道及淮揚運河略圖
（採自諸可寶江蘇全省輿圖）
山東省
河南省
安徽省
安徽省
沛
豐
碭山
蕭
徐州
睢寧
運河
邳
駱馬湖
沭陽
宿遷
桃源
雙金閘
安東
清河
淮安
洪澤湖
白馬湖
寶應
寶應湖
大縱湖
阜寧
射陽河
鹽城
興化
高郵湖
高郵
邵伯湖
邵伯
揚州
東臺
泰州
范公堤
如皋
儀徵
泰興
通州
海門
江寧
句容
溧水
高淳
鎮江府界
常州府界
蘇州府界

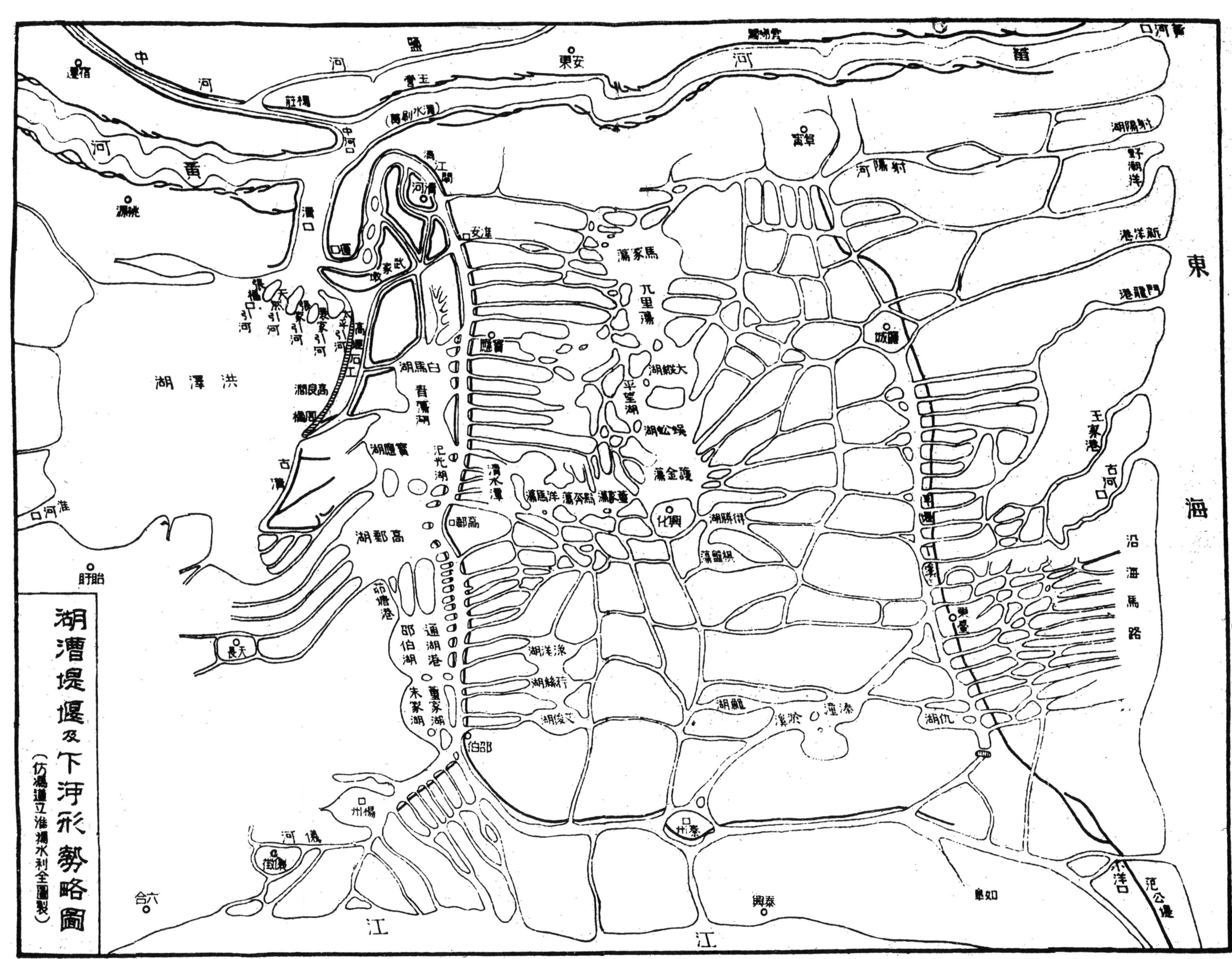

湖漕堤堰及下河形勢略圖
（仿馮道立淮揚水利全圖製）
東
海
中河
鹽河
黃河
安東
宿遷
桃源
楊莊
王營
中河口
清口
淮安
馬家蕩
九里蕩
射陽湖
射陽河
新洋港
鬥龍港
阜寧
鹽城
寶應
白馬湖
寶應湖
洪澤湖
高良澗
周橋
古溝
武家墩
淮河口
盱眙
高郵
高郵湖
氾光湖
清水潭
大縱湖
平望湖
蜈蚣湖
護金蕩
得勝湖
興化
東臺
王家港
沿海馬路
邵伯
邵伯湖
天長
揚州
泰州
仇湖
溱潼
泰興
如皋
范公堤
六合
江

靳輔治河始末

侯仁之

目錄

第一章　緒論

第一節　歷代黃河之南徙及其影響

胡渭曰「川瀆異同：曰淮水清而流疾，恆無潰決之患，患自河合淮始也[1]」。故約言之，淸初江南之水患，當自黃河故道之南徙始。考禹貢故道，本自砥柱東過洛汭，至於大伾。又北過降水至於大陸，而後播爲九河，同爲逆河，入於海，爲自有河道以來之最北路線。降至宋初，河道三徙，而始終未嘗入江南境。旣至金章宗明昌五年，即南宋紹熙五年，（一一九四）河再四徙自陽武而東，歷延津、封邱、長垣、蘭陽、東明、曹州、鄆城、范縣諸州界，中至壽張，注梁山濼，分爲二派，北派由北淸河入海，南派由南淸河入淮，此爲河道半徙江南之始[2]。其後元世祖至元二十六年（一二八九）會通河成，乃罷海運而行淸河，始以一淮受全河之水。元末河復北徙，自東明、曹濮下至濟寧，運道又爲之中阻。明孝宗弘治七八年間（一四九四一九五），議者爲漕運計，遂築斷黃陵岡支渠，黃河之北流於是永絕[3]，而後之司河者遂專治奪汴入泗合淮入海之河以爲爺由之故道矣。及至淸初，五徙之河道日益固定，其行逕江南之地，據通志所記，其次如下[4]：

「黃河自河南之夏邑，山東之單縣東行入江南境，過：

碭山縣北

河舊在碭山縣治南三十里。明嘉靖三十七年（一五五八）河徙始出縣北。

又東逕豐縣南

河去縣三十里

又東逕沛縣南，其南岸則蕭縣

河舊在蕭縣治北五十里，去沛縣近。萬歷三十四年（一六〇六），河復決而南，自是蕭去河纔十五里，而沛則去河五十餘里。

又東逕徐州府治北

河去府治北二里

又東逕靈璧縣北

河去縣治一百二十里

又東逕睢寧縣北，其北岸則邳州

河在邳州南門外，去睢寧縣治五十里。

又東逕宿遷縣南

河去縣治四里

又東逕淸河縣南與淮水合

河去縣治一里，入淮處謂之淸口，本名泗口，自徐州東北至此皆古泗水、爲河所奪也。縣西三十里有三汊口，泗水至此分爲大小二淸河，大淸河經縣東北入淮，俗稱老黃河、今湮。其小淸河于縣治西南入淮，即今之清口也。

又東逕淮安府治北

河去府治三十里

又東逕安東縣，歷雲梯關而東北入於海

河去縣二里。自清口至此，皆古淮水，爲河所奪也。海自鹽城縣東北逕山陽縣東，折而西北，爲淮黃入海之口，其北岸則安東也。雲梯關在縣東北一百里，又東北一百八十里爲大海」。（參看卷首附圖一）

此道直至清文宗咸豐五年（一八五五）始再決於蘭陽銅瓦廂北奪大清河至利津入海，即黃河之今路也。

由此觀之，河道之南徙，始於宋金之際。金元而後，黃淮合一，於是江南不免沈溺之患矣，是以顧炎武論曰：

「降及金元，其勢日趨於南而不可挽，故今之河非古之河矣。自中牟以下奪汴，徐州以下奪泗，清口以下奪淮，凡三奪而後注於海。今歲久河身日高，淮泗又不能容矣。……

「自宋以前，河自入海，尚能爲該河州郡之害，況今河淮合一，而清口又合汴泗沂三水，以同歸於淮也哉？曩時河水猶有所瀦，如鉅野梁山等處；猶有所分，如屯氏赤河之類。雖以元人排河入淮，而東北之道猶微有存焉者，今則以一淮而受衆水之歸，而無涓滴之滲漏矣。……

「自宏治六年[5]築黃陵岡以絕其北來之道，而河流總於曹單之間，乃猶於蘭陽儀封各開一口而洩之於南，今復塞之。故河之在今日，欲北不得，欲南不得，唯以一道入淮。淮狹而不能容，又高而不利下，則頻歲決於邳宿以下，以病民而妨運。而邳宿以下左右皆有湖陂，必徙而入之。吾見劉貢父所云別穿一梁山濼者，將在今淮泗之間，而生民魚鼈之憂，殆未已也[6]」。

湖渭以黃河之奪淮爲古今水道之極變[7]，良有以也。

總其大勢：自宋金河道之南徙以迄清咸豐中之六百六十年間，江南北部迨成爲歷代河工之重心。既至元初，因罷海運而闢濟河[8]，則黃之爲害，不但止於漂沒民田，甚且阻滯漕運，黃淮運道之必須兼治，當自此始。是以河工之事，倍重於前，而治河專官亦由此而設焉[7]。

註一　禹貢錐指：附論歷代徙流，（石印縮本皇清經解卷十二，頁六十一上）

註二　按宋史卷九十二，河渠志第四十五曰：「熙寧十年……七月河復溢衛州……乙丑，遂大決於澶州曹村埽，北流斷絕，河道南徙，東匯於梁山張澤濼，分爲二派，一合南清河入於淮，一合北清河入於海」。（按日知錄卷十二河渠條作「宋史熙寧八年七月，」誤）。明邱濬定爲黃河入淮之始。于愼行穀山筆塵，亦同其說（卷十二，頁六下）。但胡渭獨不以爲然，曰：「河一過大伾而東，不決則已，決則東南注於淮，其勢甚易。邵文莊以宋熙寧十年河決爲入淮之始，非也。先是天聖三年河決滑州，歷澶、濮、曹、鄆注梁山濼；合清水古汴渠東入於淮矣。又先是咸平三年河決鄆州，泛濫曹濟東南流至彭城入於淮矣。溯而上之，則漢元光三年，河決濮陽瓠子，東南注鉅野，通於淮泗矣，但曾未幾即塞。其歷久而不變，至今五百餘歲，河淮併爲一瀆，則自金明昌五年始耳」。（全註一）茲從胡渭說。

註三　按日知錄卷十二河渠條作「宏治六年築黃陵岡以絕其北來之道」。又江南通志卷四十九河渠志作「至明弘治七年築斷黃陵岡，北流永塞」。（頁十二上—十三下）但按之明史卷八十三河渠志第一曰：「…弘治六年二月以劉大夏爲副都御史，治張秋決河…七年五月命大監李興、平江伯陳銳，往同大夏共治張秋。十二月築塞張秋決口工成…改張秋名爲安平鎮。大夏等言：安平鎮決口已塞，河下流北入東昌、臨清至天津入海，運道以通。然必築斷黃陵岡河口，導河上流，南下徐淮，庶可爲運道久安之計。廷議如其言，乃以八年正月築塞黃陵岡及荊隆等口七處，旬有五日而畢…諸口既塞，於是上流河勢，復歸蘭陽考城分流，逕徐州歸德宿遷，南入運河，會淮水東注于海，南流故道以復」。故築斷黃陵岡之議始於弘治七年而工成於八年。日知錄誤，江南通志亦欠精確。

註四　江南通志卷四十九、頁二十上—下。

註五　參看註二。

註六　日知錄卷十二河渠條。

註七　參看俞正燮「總河近事考」（癸巳類稿卷十二頁二十五上）其畧謂元晉帝（即泰定帝）泰定二年（一三二五）立行都水監於汴梁，順帝至正六年（一三四六）又立行都水監於鄆城，爲總治河防使，是爲總治專官之始。明初以漕運。憲宗成化七年（一四七一）有總理河道官，八年裁。武帝正德三年（一五〇八）設總理河道侍郎，四年僉都御史，駐濟寧。世宗嘉靖四十四年（一五六五）設總理河道濟運官，旋裁。穆宗隆慶四年（一五七〇）總理河道官加提督軍務，兩直隸山東河南有河地方兵備道俱屬焉。及至神宗萬曆六年（一五七八），裁總理河道總督漕運而設總理河漕官。十六年復設總理河道官，駐濟寧。二十六年又并總理河漕官，三十年分河漕。三十三年（一六〇五）以後稱總理河道，亦稱總督河道。降之清初，歷順治康熙兩朝，恆用河道總督之稱。或駐山東濟寧或移江南清江浦，俱因勢而制宜，（如順治時駐濟寧，康熙十七年移清江浦，二十七年復寧，三十一年再移清江浦），以總理南河事務。

第二節　清初江南河道敝壞之一般

顧炎武謂河之所以爲害於江南，其主要原因不外由於淮道之過狹以及分水湖河之缺乏，已見上節。不過除此而外，黃水含沙量之獨大，亦當係一重要原因，故治水名臣潘季馴曰：

「黃河經行之地，惟河南之土最鬆…流日久，土日鬆，土愈鬆，水愈濁。故平時之水，以斗計之，沙居其六，一入伏秋，則居其八矣。以二升之水，載八升之沙，非極湍急，即至停滯。故水分則流緩，流緩則沙停」[1]。自潘季馴以至靳輔，相去又將百年，其間河道之淤墊，日復一日；河患之嚴重，年甚一年。降至清初，其勢日非，河之不治，遂成定論矣。顧炎武嘆曰：

「河水南遷之勢已極，而一代之臣，不過補苴罅漏以塞目前之責而已，安望其爲斯民計百世之長利哉？至於今日而決溢之告無歲不告。嗚呼，其信非人力之所能治矣」[2]！

所幸其言未驗，而靳輔已至。輔獨能處河工積弊之餘，值軍需浩繁之際，採幕客陳潢徹底修治之策[3]，排駁衆議，掃蕩積習，籌劃工費，力請大修。一日而八疏併上，其有言曰：

「臣目見河沙無日不加積，河身無日不加高，若此時不及早大爲修治，則不特洪澤湖漸成陸地，將見南而運河，東而清江浦以下，淤沙日甚，必致三面壅遏，而黃流無去路矣。夫以萬里遠來浩浩滔天之水，竟至無路可去，則勢必衝突內潰，而河南山東二省，恐俱有淪胥及溺之憂。彼時雖費千萬金錢，亦難剋期補救。臣是謂今日敝壞已極，修治刻不可緩也」[4]。

自是而後，輔之匍匐河干者，前後十餘年，竭其死力，與水天爭命，與人事爭勝負，而後河乃次第以治，漕運無阻，民廬更生。其間雖遭讒言以致革職者再，而於河工未嘗稍懈，於運道民生刻未忘懷。任勞任怨，卒以身殉。彭紹升讚曰：

「隻手障狂瀾，萬非安樹藝；平生已溺心，豈恤道旁議」[5]。

殆非過譽。是以如非靳輔之人，恐河道終將不治，如非當時河道敝壞之極與河務積弊之深；亦將不見靳輔修治之功。故其治河之事有足述者。不過此於敘述之前，請先將清初河道敝壞之實況及其原委相關之處，略爲論列如左：

按河自入清以來，易道已久，潰決因之日甚。起順治元年（一六四四）以至康熙十五年，（一六七六）其間不過三十三年，而下流得無河決之患者，不過十年，歷代河決無復過於此者。茲特將此三十餘年間黃河下流之潰決，据行水金鑑錄列如下[6]：

順治

元年　秋，溫縣河北塌三十里時村落盡沒。（河南通志【按原書無「時」字】）

二年　河決考城之流通口。（淮安府志。【按江南通志作「劉通口」】）

四年　九月河溢，餘流自單入豐，注太行堤，深丈餘。（豐縣志）

五年　河決蘭陽。（河南通志）

八月大水淹城堤下。（蘭縣志）

七年　河決封邱朱源寨。（河南通志）

七月淋潦，黃河溢。八月九月雨，大水，秋禾皆沒。（蘭縣志）

九年　河決封邱大王廟口，冲毀封邱縣城。（河南通志）

河決邳州。（江南通志）

是年河口潰決，城垣傾圮，士民房屋什器，淪於洪波者十居六七，幸三日後水盡退。（邳州志）

是年河決白鯉魚山南，下灌武官營口，還淹民田三十餘里，衝斷遙月等堤一十八道。（睢寧縣志）

是年河決祥符之朱源寨，全河北徙，浚支河以分之，越五載始復舊。（日遊四海記）

十四年　河決祥符之槐疙疸。（淮安府志）

是年黃河南徙陳留孟家埠，潰決於堤南，築縷月堤五百丈，復築堤一千二百丈，陸續坍盡，水衝舊隄。（日遊四海記）

十五年　河決山陽之丁家廟。（淮安府志）

是年河復決陽武縣城南慕家樓。（日遊四海記）

是年九月河溢，大水。（蘭縣志）

是年冬十月大雷雨，河淮交漲，流沒沿南北田舍甚衆。（清河縣志）

十七年　河決陳州郭家埠。（河南通志）

是年又決虞城之羅家口。（淮安府志）

康熙

元年　六月開封黃練口河決，祥符中牟陽武杞縣通許尉氏扶溝七縣田禾，盡被淹沒。（河南通志）

是年五月河決曹縣之石香爐口，十一月歸漕。（山東通志）

是年河決曹縣之石香爐又決武陟之大村，中牟之黃練集。（淮安府志）

是年河決孟家灣口。（睢寧縣志）

二年　河決武官營口。（仝上）

三年　河決杞縣。（河南通志）

是年河決朱官營口。（睢寧縣志）

四年　四月河決虞城永城夏邑三縣，廬舍田禾多被淹沒。（河南通志）

是年河決安東茆良口。（淮安府志）

六年　河決桃源之烟墩。（淮安府志）

是年縣西北長堤決石將軍廟。（蘭縣志）

七年　七月彰德府屬大雨，河水漲溢，平地水深五尺，官民房倒塌無算。（河南通志）

是年河決桃源之黃家嘴，塞之復決。（淮安府志）

是年河決，屋宇蕩然無餘。（邳州志）

是年四月河決，衝沒西北居民田廬數十里，邑治幾殷。（清河縣志）

八年　河決三汊口。（仝上）

九年　八月河決曹縣之牛市屯。（山東通志）

縣遭河決者五年，是年五月再入治，五家營二堡盛家渡文華寺皆先後而決，邑內百里皆水。…是年河水大漲，三決隄流截道，…及入臘，河冰水溢，劃截村居廬舍及樹木無數。（清河縣志）

是年決單縣之蕭家寺，淹沒民舍。（目遊四海記）

是年秋河溢，大水。（蕭縣志）

十年　河決桃源之陳家樓，即塞之，又決七里溝。（淮安府志）

是年六月河又決五堡堤，八月決桃源七里溝。（清河縣志）

是年三月河溢。八月河又大溢，高下淹沒。（蕭縣志）

十一年　虞城黃河水溢。（河南通志）

是年水決蔣池蕩城，居民烏棲堤上兩夜，啼號聲聞數里。（邳州志）

是年七八月，黃河四溢，兩河口隄決山西坡大水，各處村屋倒塌。（蕭縣志）

十二年　三月河決桃源新莊口并王家營。又自新河郭家口北決，堤內外皆水，田無立苗。（清河縣志）

十四年　河決徐州之潘家堂及宿遷之蔡家樓。（淮安府志）

是年河決花山壩口辛安黃山白山劉家莊黃家莊苛羊木社等處，當其下衝，淹沒民田七百餘頃。（睢寧縣志）

是年六月河決入泊，田禾淹盡，民多流徙。（清河縣志）

十五年　河決宿遷之白洋河及于家岡二處，又決清河之張家莊王家營、安東之邢家口二鋪口、山陽之羅家口及家口呂家口洪家口寶家口。（淮安府志）

總觀上表，三事極爲顯明：

其一，河決次數，逐年而增：順治十八年中，河決僅居其半，而康熙十五年中，其得免於河患者不過二年。

其二，河決地點，愈決愈下：其先尤多潰決於河南山東以及江南豐、沛、蕭、徐之境，其後則連年氾濫於徐、淮兩府以下、睢寧、宿遷、桃源、清河以至安東諸縣。

其三，沿河災情之日趨嚴重：如康熙四年、七年、九年、十一年、十四年等，非但民田淹沒，即村莊生民，亦一併付之洪流。

然則以上所見，尚只是黃河一水之爲害耳，其影響所及，則往往淮湖并決，結果非但運道中阻，即淮揚七州縣生民亦將并罹巨災，如揚州府志記康熙九年黃淮水災曰：

「五月暴風雨，淮黃大漲，浪撞卸高堰石工六十餘段，衝決五丈有餘。又將烏沙河西岸衝倒，黃淮之水直注於高寶湖。當是時，高堰幾崩，淮揚二郡殆矣哉。水之合淮黃從諸決口以注於湖也，江都高寶諸有司無歲不防隄，晝夜巡警，增隄與水俱高。然以數十里奔悍之水，攻一線孤高之堤，值西風鼓浪堤，奔聲如雷，一瀉萬頃。其決愈遲，爲害愈劇，而江南高寶泰通東無田地，興化以北無城郭室廬矣[6]」。

按此所謂高堰者，亦稱高家堰，在淮安城西南四十里，仿洪澤湖之東北岸，其南北一帶險工，自武家墩西南起至秦家高嶺止，計長八十七里有奇，高家堰者其主要地段也。堰本漢獻帝建安五年（二〇〇）廣陵太守陳登所築，原以資灌溉，非以悍水患也。金元而後，黃淮合流，二瀆幷高，於是淮泗諸湖，滙而爲一，洪水乃直抵堰下。至明成祖永樂八年，（一四一〇）平江伯陳瑄脩湖濟工，因而增之。其後總河潘季馴又加築之，遂漸爲捍禦淮水東潰之唯一保障，同時並可束淮北出清口，以敵黃而濟運。故其地位，於運道民生，所關至鉅，直可視爲黃淮運道治潰之關鍵[7]。如高堰堅閉，則可束淮流以出清口，助黃刷沙，而後漕渠水利，民可久安；設不幸而高堰崩潰，再繼以迤南周橋翟壩一帶之沖決，則洪水之東潰，將必勢如建瓴，不但運道遭其阻滯，即淮揚二府數州縣之地，將一併淪爲下澤矣。蓋淮揚二府，地本低下，北起清河，中經寶應高郵，南至江都，又東及阜寧、興化、泰州諸地，湖泊比連，有如貫珠；藪澤迴環，勢同結網。其較著者，在淮安府有白馬湖（在府治西南）射陽湖（在阜寧縣縣城北，周三百里，界寶應山陽鹽城三邑之界）大縱湖（在鹽城縣西南百里，南北徑三十里，東南橫十五里，與興化界。）馬鞍湖（在鹽城縣西三十里）富陵湖（在清河縣南）等十餘湖。在揚州府者，即以湖名見載於江南通志者，已三倍於此數，如邵伯湖（在府西北四十五里與艾陵白茆新城甓社諸湖相接。）綠洋湖（在府東北六十五里）五湖（在高郵州西六十里）高郵湖（在高郵州西北三里，天水以東諸水盡瀦此湖而達於淮。）氾光湖（在寶應縣西南十五里，南會津湖通獲火湖。）等大小三十有奇，俗有「高郵三十六湖」之稱。故合淮揚二府觀之，周圍數百里間，湖澤縱橫，有如澤國。且諸湖或各自互相連接，或分別直通河淮，是以每逢黃淮併漲高堰潰決之時，凡此一帶，必然淪爲巨浸，高堰一堤之險要如此。

此外，其地位之險要足與高堰相埒者，厥爲清口。蓋清口爲運河入黃之口，亦即淮水首注洪澤而後北出敵黃之口。淮揚運道下天妃閘，過清江浦，經淮安，歷高寶以達揚州，然後出瓜儀通江濟運，咸於高堰清口是賴。而清口高堰之間，猶有原委相關之處：即如高堰永固，則可分束淮水，以三分旁洩濟運，以七分出清口助黃刷沙。於是流急沙行，黃無內灌之憂，河無淤墊之患。假如高堰偶有潰決，則淮水大部東注，不復北出清口敵黃，黃流反而乘虛內灌。結果則清口必致淤墊，運道必致中阻。清口既淤，淮水更不得出，高堰之潰決又必日甚，黃河之淤墊又必日急矣。故歷代治河者，無不以調整清口黃淮相敵之勢爲急務，吾人如以高堰爲兩河整治之關鍵，則清口實爲全部河工之鎖鑰。但事實上不幸自康熙十年安東茆良諸決口堵塞之後，黃河故道乃日益淤塞，正東雲梯關海口積沙成灘，亘二十餘里，黃河迂迴從東北入海，同時清口又爲黃水灌入，裴家場（按在清口之內）悉起油沙，天妃閘底淤墊，是年回空漕船，即清口亦不得入[8]。蓋十五年，黃流又復倒灌，高堰潰決三十餘處，黃淮合併東下，淮揚大困，靳輔記曰：

「迨至康熙十五年間，各處又復大水，黃淮又復並漲。淸口以下之河身旣高，不能奔趨歸海，而睢湖諸水又合淮水幷力東激，以故古溝翟家壩等原冲九處之外，又將高良澗板工冲決大小二十六處，高堰石工大小七處。諸水盡由各決口直注入運河，加冲淸水潭三淺等處各決口，下渰七州縣之田，而淮淸不出淸口。黃水又乘高四潰，冲決于家崗等處，又復灌人爛泥淺〔按亦在淸口之內〕將武家墩板工冲開五十丈，入故明所開之廢河，歷楊家廟會合淮水直奔淸水潭。其武家墩上流刷成大河，寬一二百丈不等；又分一股入洪澤湖，由高家堰石工決口會淮，幷歸淸水潭，而於各舊決口之處，則又浸淫四溢，較之以前，勢愈分洩，以致下流更淤，而河身高墊更不可言矣[1]」。

故截至康熙十五年爲止，河道之敝壞已達極點。誠如靳輔所言，修治刻不容緩也。總河王光裕（康熙十年到任）旣以十五年之河決情形報聞，上遂遣工部尙書冀如錫，禮部侍郎伊桑阿等，親行相視，刻期奏報。翌年春二月，光裕即以治河無功，解任勘問。遂改命安徽巡撫靳輔，總督河道。

註一　「兩河經略疏」（崔應階重編本治河方略卷八，頁十八上。按靳輔治河方略一書通行有乾隆三十二年崔應階重編本，與嘉慶四年靳文鈞重印本，後者錯落甚多，不如前者，詳見本書第七章第一節第二註。本書引用頁數，俱用前者。）

註二　日知錄卷十二河渠條。

註三　按靳輔之治河理論及其大修計劃，泰半出自陳潢，詳見張靄生重編陳潢河防述言。通行有治河方略本（卷九）及靑照堂叢書本。

註四　「河道敝壞已極疏」靳文襄公奏疏——後簡稱「奏疏」——卷一，頁七上。

註五　彭紹升測海集卷四，頁十二下。

註六　參見傅澤洪行水金鑑卷四十六，頁一上至卷四十七，頁九下。

註七　同上卷四十七頁七下至八上，引揚州府志。

註八　參看淮關統志卷四頁三下。俞正燮癸巳存稿卷五頁六上——下（高家堰記）。張靄生重編張鵬翮河防志卷三頁四十一上，又二十上。河防述言，因革第九，靑照堂本，頁二十八下。又黃過淮河紀略，治河方略卷十。

註九　見同上頁十上引揚州府志。

註一〇　「河道敝壞已極疏」（奏疏卷一頁五下——六上。）

第二章　靳輔治河計劃

第一節　靳輔履略及其調任河道總督

靳輔（紫垣）漢軍鑲黃旗人，其先出山東歷城，遷居遼陽。父應選仕至通政使司右參議。輔生明崇禎七年即清太宗天聰七年（一六三三）。順治九年（一六五二）以官學生授國史院編修。十五年改內閣中書，尋遷兵部員外郎。康熙元年（一六六二）遷郎中，七年遷通政使司右通政，明年擢國史院學士，充纂修世祖實錄副總裁官。九年十月改內閣學士。十年六月授安徽巡撫。

當其安徽巡撫任內，於農田水利，刻意講求。先是於十一年四月奏臨淮靈璧等縣水衝沙壓田地四千六百餘頃，應請旨豁免田糧，給民資本開墾荒地，限令六年升科，於是流民復歸者數十萬戶。旋又以鳳陽府多蕪田，請行溝田之法，使田無曠土，歲無凶年[1]，同時水有所歸，下流高寶諸湖，不憂驟漲，其利甚溥。惜疏方下部議舉行，而滇閩變作，其事遂寢。其後，軍戎迭興，部議省驛遞之費以佐軍餉，事下直省巡撫條議。輔請省費應先省事；請敕督撫提鎮諸臣：惟事關軍機，始得專騎馳奏，餘悉彙奏，以三事爲率，費可省十之四。議上，著爲令。自是歲省驛遞金錢百餘萬兩。加兵部尚書[2]。其經世之心及其治事之方，於此可見一般。

康熙十六年（一六七七）二月總河王光裕以治河無功解任。靳輔以「才毀簡用」[3]遂於同年三月以原官遷任河道總督[4]。是時河道之敗壞既已如上章所述，河務之積弊，亦復出乎吾人意料之外。如河工冗員之推脫推諉紛雜掣肘，與夫河官夫役之幸災樂事乘機中飽[5]等等，輔俱痛切指摘，力求刷新。於是有裁併河官，選調賢員，以及創設河兵申明懲勸之議。凡此皆足見其實心任事與大修之決心。但其最足爲大修阻障者，尤不在此。蓋時值三藩之亂，軍需孔急，兵戎之費，尚難籌措，大修工款又將何出？於是輔於計劃大修工程，整飭河務積弊之外，尤須苦心孤詣，籌劃錢糧，觀其用心之繁，顧慮之周，又何啻三倍於河工之一事哉？故請於下節，首述其整治計劃之一般。

註一　靳輔溝田之法，王士禎撰墓誌銘引其原疏曰：「溝田者，古井田遺意也。然井田自畝至澮淺深廣狹，法制繁重。溝田但鑿一溝，修渡甚易。其法以十畝爲畛，二十畛爲一溝，以地三畝有奇爲二十畛。中之經外，二十畛之外圍以深溝，溝道廣丈八尺，溝唇一丈二尺；深七尺五寸。開溝之土，使即累溝道之上，使溝道高於田五尺，溝低於田七尺五寸，視溝道深一丈二尺五寸。潦則以田內之水車放溝中，旱則以濟中之水車灌田內。濟田一行，其利有四：水旱不虞，利一。溝渠既通，水有所洩，利二。財賦有所出，利三。經界既正，無隱占包賠之弊，利四。（鐵尾集卷四，頁一下—三上。又碑傳集卷七十五，頁一下—二上。國朝耆獻類徵初編—後稱國耆初編—卷一五五，頁二十上—下）

註二　以上參看國史館本傳（見國耆初編卷一五五頁一上。又中華書局清史列傳卷八頁三十一下），國史賢良小傳（仝上一，頁十七上）萬承蒼作傳（仝上頁二十五下）及王士禛撰墓誌銘。又「減差節省驛站錢糧疏」。（奏疏卷八頁四十五上）

註三　「以才望簡用」，用原勅語。原勅論見山東通志一百二十一，頁十三上，又行水金鑑卷四十七頁十下。

註四　國史館本傳作「十六年八月授河道總督」。俞正燮總河近事考作「六月」，（癸巳類稿卷十二，頁二十七上）孫鼎臣河防記畧作「十五年以安徽巡撫靳輔爲河道總督」，（卷一，頁七上）俱誤。按調任總河上論在十六年三月（見上註），又靳輔本人「奏報到任疏」（奏疏卷一，頁一上—二下）亦稱「於康熙十六年三月初十日准吏部咨令臣將安徽巡撫勅印關防交與江南總督臣阿席熙署理：…臣於三月二十八日已將與督臣交代過緣由，題明在案，隨於本日行至清口地方，准前任河臣王光裕咨將伊銜名勅書一道、總河道提督軍務關防一顆，王命旗牌十面副，并書吏員役文冊等項…送到臣，臣隨接收領，隨星速兼程於四月初五日前抵宿遷縣地方。臣於初六日即在宿遷到任」。

註五　輔論堤岸之衝決，官民夫役均有罪。其議官之罪有二：「一在備員闒茸不知河道爲何物，其於運道民生不啻秦越人之視肥瘠，雖有以未雨綢繆之策告之者，而茫然不能用也。一在利於多事，希圖乘機侵蝕，故薄者不塡而缺者不補，以致潰決廢壞不可收拾」。又議夫役之罪曰：「若夫夫役之罪，則總在利於動而不利於靜，樂於有事而苦於無事，是以百計陰壞之耳。…又聞向來有等壞事惡人役，當大埽方下龍門未合之時，暗藏刀斧，乘夜割斷纜頭繩，以致所下之埽，隨即衝淌。諸如此類，欲保全河道者不過一二人，而壞之者，徧地皆是」。（經理河工第八疏—奏疏卷一，頁四十三上—四十四上）其言下沈痛如是。

第二節　大修計劃（一）—經理河工八疏

靳輔既已拜受水土之命，隨於四月初五日趨赴宿遷，到任之後，即「會同欽差侍郎折爾肯等察審河務，會勘[illegible]山等事，一面即偏歷河干，廣諮博詢，求賢才之俯賞，訪諳練之老成。毋論紳士兵民，以及工匠夫役人等，凡有一言可取，一事可行者，莫不虛心採擇，以期得當。歷時兩月有餘，竭盡耳目心思，思備稽當日所以敝壞之緣由，力求今日所應補救之次第[1]」。於是籌審全局，一反前此頭疼醫頭，腳疼醫腳之流弊，矯正既往重運輕黃之積習，而倡言將黃河運道視爲一體，徹首徹尾大事修治。蓋當時政府之所以焦心河務，不外爲保護運道，因自清初以來，歲漕東南四百餘萬石以維國計。故以政府及歷任河臣視之，治運是爲首要，治河尙在其次。殊不知運道之阻，患源於黃，黃之爲害，固不以漂沒民田已也。其欲捨黃而治運，正同緣木以求魚。故靳輔闢之曰：

「蓋運道之阻塞，率由河道之變遷；而河道之變遷，總緣向來之議治河者，多致力於漕艘經行之地，若於其他決口則以爲無關運道而緩視之。殊不知黃河治否，攸繫數省之安危，即或無關運道，亦斷無聽其冲決而不爲修治之理。矧決口既多，而運道因之日梗。是以原委相關之處，斷不容歧視也[2]」。

故以靳輔觀之，治運必先治河，治河亦即治運。聖祖皆以三藩、河務、漕運，爲三大政，而河漕並居其二。無怪乎其日後尤能於軍用疲憊之餘，准撥正項錢糧，供輔以事大修也。

靳輔大修之意既決，遂將全部黃淮運道之一切興利禁弊疏濬堤防事宜，分列爲經理河工八疏一奏。按此八疏中之第一、二、三、四、五五疏，均關大修工程，前後次序首尾相接，請先擇其要點，分列如下：

第一疏：挑清江浦以下歷雲梯關至海口一帶河身之土以築兩岸之堤，是先治下流以導黃淮歸海。

第二疏：下流既治，再挑濬高堰以西以至清口二十里間之淤墊地帶，使清水可直行會黃刷沙。

第三疏：清水既出清口，然後於運河之西臨湖高堰一帶堤工，一律幫築坦坡，如此水來可平漫而上，水退則順流而下，可免湖水乘風怒激之勢。

第四疏：第一、二、三三疏工程，既議治理疏通，則築古溝翟壩一帶之堤，並堵塞黃淮諸決口，使河復故道，可次第而施工。

第五疏：以上築防塞決疏引黃淮，使復故道，合流入海事宜，如果一一興行，則當閉通濟閘壩，深挑運河，盡堵清水潭等各決口，以通漕運，而達最後治河目的。

此五疏所議諸工，由下而上，依次而進，條理井然。茲再節略其內容如下：

第一疏工程，係據以水力刷沙之原則，於現存河身兩旁離水三丈之處，各挑引水河一道，深寬各有度，以待黃淮下注之時，將兩旁所餘之土，順流冲洗，不久即可刷去，於是舊有及新鑿之河，自然合而爲一。如此日洗日刷，日深日寬，自可免意外之患，而漸復當時之舊。至河心所起之土，以「寓濬於築」之原則，按照土方計算，分築兩岸堤工。南岸自白洋河，北岸自清河縣，並東至雲梯關，合計約五百三十里。由雲梯關至海口一段，亦百餘里。其近海二十里，潮大土濕，不得施工。餘八十里，亦應照關內辦法，挑濬河身，築堤束水，免其潰決致淤而影響上流。合計全程兩岸共長六百九十里，應用夫二千四百七十四萬四千九百六十工，共需銀九十八萬九千七百九十八兩四錢，應限二百日完工，計每日需夫十二萬三千七百餘名。（按本疏更議及徵募人工，監督工程，賞罰條列等，此不備錄）

第二疏所議施工地帶，原係巨浸，為全淮會黃之所。唯自淮流東決黃水倒灌之後，幾已全淤，今只餘小河一道，寬止十餘丈，至深處亦僅六尺。故議於河身兩旁離水二十丈之處，亦照前疏辦法，挑挖引河各一道，以待淮水之下注，冲刷會黃之路。兩岸共計七千二百丈，用夫四十三萬二千工，需銀一萬七千二百八十兩。

第三疏所議於臨湖高堰一帶，南起七里墩，北至周橋閘之堤工，係修坦坡。其法於堤外近湖之處，每堤高一尺，應挑土築坦坡五尺，以此類推。然後一律夯杵堅實，種草其上，全程共長一萬三千八百丈，內三千八百餘丈可竟築坦坡，餘九千丈，水浸堤根，須分外加工後再築坦坡。合計共需銀十九萬三千八百兩。

第四疏內計劃堵塞之決口，其在臨湖一帶者，南起周橋閘，北至翟家霸，共計三十二里，須築堤埂，并堵塞此內成河九道之處。又周橋閘以北至武家墩，共大小決口三十四處，亦一併堵塞。其在黃河沿岸應行堵塞者，有桃源清河安東三縣之新舊各處決口。堵塞之法，求「束土禦水」之原則，密下排樁，多加板纜，用蒲包裹土，麻繩綑紮，以代舊日用埽堵決，費省而耐久。

第五疏所議自清口沿運河南至清水潭之二百三十里間，因黃水一向內灌，河底淤墊甚高，民患沈溺，漕運阻梗，應暫閉通濟閘壩，深為挑濬。其土傾於東西兩堤之外，將西堤築成坦坡，東堤加倍堅厚，計共用夫一千四十三萬二千八百工，限三百日完工，每日用夫三萬四千七百七十六名。此外又須將高江二州縣之清水潭大澗灣等決口六處，一同堵塞，并於西堤之外，照築坦坡，兩項共需銀五十六萬七千三百一十二兩。

其全部大修工程，約略如此。但其所議用費，合計不下銀二百一十四萬八千餘兩，又以下第八疏議造濬淺船二百九十六隻，約估銀一萬兩，共計需銀至少二百一十五萬八千餘兩。輔以軍興旁午，國計艱難，遂於第六疏中，議請籌劃錢糧辦法三項：（一）令淮揚被淹田畝，於水治可耕之後，分別補納相當比例之修河費，三年為期，計可得銀一百六十七萬。（二）於運河深通之後，令過往商貨，按官定細則，量納剝淺之資，一年爲期計可得銀一二十萬兩。（三）開廣武生改途納監之例，所得約略如上。三項仍有不足，統請於河庫內通融動用。但此皆後話，爲濟目前之用，則請令直隸江南浙江山東山西河南湖北各直省州縣實行預徵康熙二十年分一切起存正雜錢糧十分之一，約可得銀二百萬兩，不敷者，再由河庫動支。工成後，將前議三項所得，抵還實行預徵之各直省。如此一轉移間，不費公帑，而大工即時可舉。

工款既定，又於第七疏中，議請裁併南河、中河、北河、通惠四分司，職務改由道臣兼理，又裁併淮安府管河八同知中之山清、安海、宿桃山清北岸三同知，並重新劃分宿桃四主簿職權，使職掌俱各劃一。此外又奏調賢員赴工督理。最後又爲日後河工守成計，於末疏中，議請盡裁夫役，改設河兵，專事疏浚、修築、看守、防護事宜，其分駐地帶：黃河兩岸，上起徐州下至海口；又自清口分二途，一則沿湖東岸以至翟家壩南，一則沿運河以至邵伯鎮南，俱依道理遠近與情形緩急，分別建墩駐守，計全部共設河兵六營，五千八百六十名，俱係步兵，內以一分爲百總營隊，准支步戰兵糧餉。（按原疏外附調築之法，選敘與賠繳之典，此不多贅。）

以上八疏同於十六年七月初六日入奏[3]。

註一　「河道敝壞已極疏」（奏疏卷一，頁三下）

註二　仝上，頁四上。

註三　「再陳一應未盡事宜疏」曰：「竊臣於康熙十六年七月初六日，將江南敝壞河道，分列八疏，題請大爲修治。」（奏疏卷二，頁四十七上）

第三節　大修計劃（二）——敬陳經理河工八疏

經理河工八疏奏入之後，廷議以大修用夫過多，應俟三藩亂平之後，再照議動工，目前應儘先將緊要之工，酌量修築。得旨以應否緩修，再著輔確議具奏[1]。

同年十二月輔遵旨議覆，比於上節八疏，列爲敬陳經理河工八疏，仍主大修[2]。其中第二、三、四、五四疏工程大體俱無更變，唯第一疏所議工程，有可注意之改變兩點，其一：即前第一疏施工範圍，止於清江浦以下雲梯關以至海口。今則議請南岸自白洋河、北岸自清河縣一併西上擴展至徐州。前者沿岸堤工長約二百八十里，後者約四百里，共需增銀三十五萬九千四百二十四兩。其二：即前第一疏所議起河身之土以築兩岸之堤者，只限遙堤而言，今則請將前疏估築遙堤之土，再分築縷格二堤，縷堤所以束水，使流急沙行，不致緩淤，格堤所以爲重門之障，用防冲決。新增至徐州之堤工，一併仿此。其他第六、七、八三疏，除細小節目俱詳原疏外，亦無重大改變，茲不多贅。

疏入，復下廷議。

十七年正月，廷議允行。聖祖更以治河大事，應動正項錢糧，廣開捐納等事例，候旨再行[3]。至是靳輔大修工程計劃，幾經周折，始得盡如所請。而聖祖於軍用浩繁之際，猶能不廢河工，且有極積整治之決心，亦屬難得。

議既定，輔遂於二月間正式請得大修工費銀二百五十餘萬兩，即時動工。同時所轄豫省河工，恐難兼顧，遂將該省歲修工程，責成河南撫臣，就近料理，以便專心大修，上允其請[5]。

不過於此應有附帶說明者，即輔於到任之後，已將一部工程，剋期興舉。又於此後八疏入奏前，更迫於河工現狀題為「急工併舉」等事一疏，將前八疏所議諸工之必須立即興舉者，亦呈報動工[6]。故此後八疏上奏之日，已有一部工程，或已告竣，或正興修，散見各疏中，爰摘列如下：

1. 洪澤湖下流以至清口，正河淺阻，原議挑引河二道，既至八月間完全淤斷，遂於八月二十一日將淤斷之河身動工挑濬，十一月初二日工竣，應作引河一道科算。第二疏
2. 五月初二日興工修築武家墩決口攔河大壩一道，七月二十三日閉合龍門，九月初九日工竣。
3. 截至十一月中旬，已將黃運兩河沿岸王家營、張家口、邢家口、二鋪口，并一切無名小口，盡行堵塞。
4. 九月初三日起挑濬黃運兩河淤淺之處，以免回空漕船阻滯。
5. 高家堰三官廟大決口築堤一百八十餘丈，十一月初一日閉合龍門。又高家堰六安溝決口，築堤六十八丈五尺，管家西決口，築堤十二丈八尺，俱於十二月初一日閉合龍門，現在加幫寬厚。
6. 臨湖一帶決口三十四處，尚有三十處未有堵塞。其中高家堰未堵次決口數處，已加工修築，歲內可以斷流。——以上俱見第四疏
7. 八月黃河內灌，運河淤塞，水停不流。故自九月初七日開工，閉壩挑濬。因漕船回空在即，最深只挑四尺，已於十月初一日完工，開壩放船。第五疏

靳輔一面計議大修，一面補救臨時險工，其勞心任事，於此可見一般。

註一　東華錄康熙十六年七月甲午（十九日）條。

註二　敬陳經理第八疏【原疏誤作「七」】曰：「臣自到任以來，迄今八月」（奏疏卷二、頁二十七上）。按輔於簡遷到任在四月初六日（見

本章第一節註四），故此敬陳經理河工八疏上奏之日，當在十二月內。

又此八疏中之第六疏，不見靳文襄公奏疏八卷之中，奏疏八卷，誤以第七作第六，第八作第七，故祇得敬陳經理第一至第五，第七至第八之七疏而已。又李祖陶撰「治河事狀」（國書初編卷一五五，頁二十九下）有「今觀文襄公前所上之八疏，……後所上之七疏」等語，亦誤以敬陳經理河工八疏爲七疏，想必只據奏疏八卷，而遺「敬陳經理第六疏」也。本文所據，見治河方略本（卷七頁十五上——二十三上）

註三 東華錄康熙十七年正月乙酉（十三日）條。

註四 仝上十月己巳（初二）工部議覆安徽巡撫徐國相奏黃水泛漲條。又奏疏「再陳、疏未盡事宜疏」有句曰「隨蒙廷議覆允，於康熙十七年二月十一日，奉有依議之旨」。（卷二，頁四八下）

註五 「江南大修疏」（奏疏卷二，頁三十三上）。又據燕京大學圖書館藏鈔本治河書謂「三月命豫行議修工程，責成河南撫臣」。（無卷頁數）

註六 按「急工併舉等事」一疏，不見奏疏八卷之中，他處亦未見記載，只敬陳經理第二、四、五、六、四疏中存其疏目，並有節文。

第三章 大修計劃之修正

第一節 第一次修正案——以「湖流揭沙」代「寓築於濬」

大修動工後四月，於原定大修計劃中其臨時發現應行修正各點，又奏爲「經理三疏未盡事宜」及「題明經理第一疏未盡事宜」二疏入奏。[1] 前者只就原「經理河工第三疏」與「敬陳經理第三疏」所議修築臨湖堤岸坦坡之一部，議請改築戧堤，又於高良澗一帶亦覆修戧堤外，並無其他重大變更，玆不詳論。其後一疏中則提出重大改變兩點：

一、「經理河工第一疏」原議於離堤三十丈內不許取土，今因宿、桃、山、淸、安五州縣人力弱而工程多，改令二十丈以外隨便取土。

一、原議河身兩旁，離水三尺，各挑引河一道。今因工費浩繁，除淸河北岸等處，必須照議挑挖外，其餘俱用鐵埽帚，濬深河底。

前者改議原疏之遠取土方以深挑河身者，爲附近取土，而置河身於不顧，是其失策之一。但其最關重要者，尤在於後者之放棄挑挖引河以待黃淮下注并力刷沙之基本治策。其原疏曰：

「臣往來相度，如淸河北岸等處，必須挑挖引河者相機挑挖外，其餘俱用鐵埽帚揭沙，乘流浚深河底之法，似乎有濟，且較挑河之費，所省實多，前此重運過宿桃之時，已獲小效[2]」。

此種因節省工費，而斷然放棄原來「寓築於濬」之根本計劃，而代以「㴑流揭沙」者，實是捨本逐末之下策。故李祖陶「治河事狀」譏之曰：

「此法行之功成之後，使不停沙則有餘；行之方治之初，責以深濬則不足。……愚意清口以下之河身，長至二三百里，河道變遷，自金元以至今日，已閱五六百年，純淤閣土之淺工，必尙不止楊家莊數處。賈讓所謂饑饉之歲，非斤即斧者，而欲恃區區之箒帚濬河至二三四尺之深，操約望奢，其事必不能就[3]」。

故後日沿河楊家莊以下至淸河縣境一帶之茶壇城、古城、劉眞君廟莊、將溝、腰舖等處淺工，每至隆冬，即使淺澁，大修工程往往受其影響，雖然迭經疏濬，迄無效果，遂仍不得不去濬用挑[4]。此中弊害，靳輔非不知之。但其初之必欲節省工費以濬代挑者，一因軍事未靖，工費難籌，雖已請得正項錢糧，而原第七疏所議籌款權宜之策，迄未進行。再則爲新請各工用費，已溢出原估錢糧額數。爲欲在「原題各疏內通融節省應用，不復更請錢糧」計，遂得省且省，處處撙節，此一事遷就而事事遷就。原題前後八疏大修計劃，至此已經一番重大變更。

兩疏入，七月十七日，部議幷覆，均如所請[5]。

註一　「題明經理第一疏未盡事宜疏」（奏疏卷三，頁一上）曰「河道殘壞已極……命臣大爲修治……自奉旨之後，歷今四月有奇」。考「經理三疏未盡事宜疏」（奏疏卷二，頁三十九上）上奏確期雖不可考，但議覆之期與上疏同（參看下第五註）故兩疏上奏日期，亦必相去無幾。

註二　奏疏卷三，頁五下——六上。

註三　圖書初編卷一五五，頁四十一下——四十二上。

註四　「築埽挑河疏」（奏疏卷三，頁六十四下）

註五　東華錄康熙十七年七月乙卯（十七日）條。

第二節　第二次修正案——建設減水壩

下流一部地帶之「寓築於濬」治策雖已放棄，而河湖沿岸之堵決工程，則迄在進行中。十六年年底以前所成諸工，已見上章第三節，此不多贅。本年入春以來，以至七月中旬大水暴漲時爲止，又堵塞有武家墩決口一處，高家堰石工決口十處，高良澗板工十六處[1]，皆在臨湖沿岸，其在黃河沿岸者，則有蕭縣石將軍廟、吉門兩河口等處潰堤一百二十餘丈[2]。是以上流河湖沿岸諸決口雖已逐漸堵塞，而下流河身則以改挑爲濬故，仍未深通。故至本年（康熙十七年）七月中旬而後，大水暴漲之結果，上流大水洶湧而至，下流阻滯不勝宣洩，於是七月二十一日，上流碭山之石將軍廟與蕭縣之九里溝二處一併衝決[3]。同時蕭縣長堤又潰缺九處，共長三百八十九丈一尺，又河南虞城縣亦潰三口[4]。全部河工至此受一嚴重打擊，乃不得不另謀補救之策。於是一面檄行各地方官，勸諭居民，將徐州以上南岸蕭縣碭山以至河南虞城縣境，北岸豐縣碭山以至山東單縣境，其間各長一百餘里之殘破堤工，合力陸續修築，以期各保田廬，不必動用錢糧[5]。一面更請設立減水壩，爲補敝救敗之策。前者所議，已能逐漸注意於徐州以上堤工，是爲工程範圍之第二次擴展（第一次擴展，由清河上至徐州，見上章第三節）。後者之設立減水壩，則爲原定大修計劃中自改挑爲濬以來之第二項重大變更。

減水壩之設，實爲保護沿河堤工萬不得已之一步驟。蓋大水泛濫之時，一經漲與堤平，隨即漫堤而過。結果則水過之處堤工遭遇冲刷，立成決口，大水奔騰而下，遂成一片汪洋。於其聽之自由泛濫，勿如導之作有方向之宣洩。減水壩之設，即在宣洩堤內過剩之水，使有去路以保堤工。輔意既決，遂以「再陳一二未盡事宜疏」於同年十月奏入[6]，請於碭山縣南岸，蕭縣南岸，徐州北岸大谷山去處，州城對岸子房山去處，以及花山去處，連建減水壩五座，減水去路，原疏言之最詳，茲錄如下：

「碭，蕭，徐三州縣地方所建五壩內　南岸二壩所減之水，導歸睢河，徙姬村永澗等湖而下，使沙停湖內，聽清水由白洋河復入黃河。北岸州城遙上二壩所減之水，排入微山呂孟湖而下，亦使沙停湖內，聽清水由韓莊閘歸運河，出駱馬湖復入黃河。花山一壩所減之水，引令從新決口內而下，亦使沙停口內，聽清水由貓兒窩歸運河，亦出駱馬湖復入黃河[7]」。

此等設計不爲不周，但各湖所停之沙，究作如何處理，則未論及。再者以上所減之水，至駱馬湖以下既然又復歸黃河，則黃河本身下至宿遷桃源一帶，又必怒漲異常，於是更議於宿、桃、清、安四縣境內，再建減水壩八座，其次序與排水去路依原疏所議如下：

「於宿遷北岸攔馬湖朱家堂溫州廟，連設三壩，以減黃河與駱馬湖會合之水。又於桃源北岸之古城黃家嘴二處，亦建二壩以減黃河與白洋河會合之水。更於清河北岸西王家營張家莊二處，安東北岸邢家莊一處，連建三壩，以減黃河與睢河會合之水。以上所建八壩，俱在北岸，其所減之水由宿遷三壩與古城一壩，俱引入錫家莊大決口內，黃家嘴壩引令歸黃家嘴舊衝口內。西王家營張家莊二壩，俱令歸張家莊大決口內，邢家莊一壩引令歸邢家莊舊決口內，各各排入倉基等湖，使之東北由沭陽河、海州之漣、潮二河入海」[8]。

以上所議，前後共建壩一十三座，並量挑引河以引水入舊口轉歸各湖。如此則不但無衝河阻運之虞，亦可使沿堤田畝永免水災。至所計工費二十六萬餘兩，統請於原題第一疏工費內，酌撥挪用。

同年十一月，上准議如所請[9]。

註一　「經理三疏未盡事宜疏」

註二　「再陳一疏未盡事宜疏」。（奏疏卷二，頁四十七上）

註三　東華錄康熙十七年十月己巳（初二日）條。

註四　仝註二

註五　「經理七疏未盡事宜疏」。（奏疏卷二，頁四十二上）

註六　東華錄康熙十七年十月辛卯（二十四日）條。

註七　奏疏卷二，頁五十二上——下。

註八　仝上，頁五十二下——五十三上。

註九　抄本治河書，又行水金鑑卷四十九頁三下——四上。

第四章　初期重要河工之一般

第一節　臨時增工——改運口挑皂河及大修歸仁堤

靳輔原定大修計劃，本已十分周密。動工之後，又歷加修正，或爲補敝救敗之計，或爲積極興建之策。就中改運口與挑皂河二工，於清河運道關係尤大。此外歸仁一堤，雖未列在大修計劃之內，却亦早有修築之議，其工程併誌於此。

一　改運口

治河方略記運口修治之沿革曰：

「大江以南各省漕運自瓜儀而北凡四百五十餘里，至清江浦天妃閘以入黃河，此明臣平江伯陳瑄之所開也。萬歷年間河臣潘季馴以天妃閘直接黃河，故不免內灌，因移運口於新莊閘，以納清而避黃。後亦以天妃名之，非其故矣。然其口距黃淮交會之處不過二百丈，黃水仍復內灌，運河墊高，年年挑浚無已。……于是建閘設壩，申啟閉之條，嚴旨刻石，除重運回空及貢鮮船隻放行外，即閉壩攔黃。凡官民商船，俱令盤壩往來[1]」。

既至清初，仍沿舊制。輔以此種辦法，不特不便於商民關榷，而空重往來之時，仍不能禁黃流之不進。於是於十七年十月題爲「酌改運口」一疏奏入，議將現在運口完全閉諸，然後另從文華寺（按在運口東北三里）迤南挑七里至七里閘，再以七里閘爲新運口。自新運口再折而西南挑七八里至武家墩，又折而西北挑三里許至爛泥淺第一道引河（按爲上年九、十月間所挑）之上流，然後可通舟濟運。如此則新運口去黃淮交行之處已十有餘里，而且河身曲折，再併開其他爛泥淺小支河以引水敵黃，故此後運河庶幾可免黃水內灌之虞。所有用費，即請由原題經理河工第五疏內，酌撥挪用。

疏入，上從其請。遂於十八年正月，破土動工，至四月初，全工告竣。前後需時不過兩月有半，而新運口乃得開壩放水。自是淮揚運道始免黃水內灌之憂。靳輔復記之曰：

「邇年以來，重運過淮，揚帆直上，如履坦途，運河永無淤墊之虞，淮民歲省挑浚之苦矣。雖然旱澇不常，湖水消有時而淺涸，諸引河勢不能暢注而俱出，則氣使裴家場之水斷流，而爛泥淺一道，務須挑浚深寬以佐運，毋或稍此而顧彼，此則意外之虞，亦不得不預為之籌者也。」[5]

二、挑皂河

運口既改，輔又上疏請挑皂河。[6] 蓋運船出清口後即入黃河，然後溯河西北行一百七十餘里，乃抵宿遷境。又十餘里，進駱馬湖。湖行四十餘里始得溝河。又三十餘里至窰灣口，接泇河北上入邳州境。此康熙八年董口淤斷後，漕運遄行之路也。[7]

按駱馬湖本明季黃河漫溢停積而成，夏秋水發，不礙舟行，冬春水涸，漕運併為阻滯，「且水面遼闊，縴纜無所施，每重運入口，即役兵夫數萬于湖中，撈淺浮送北上。而所挑之渠，不旋踵而汨沒于風浪之中。年年春歸，宿邑騷然苦之[8]」。輔因查於宿邑西北四十里之皂河集地方，有舊淤河形一道，若挑新浚舊，因而通之，可以上接泇河之委，而下達於黃。遂議開起皂河口，北達溫家溝水深之處。挑水旱工共二千四百丈。挑起之土分築兩岸堤四千八百丈。以防外水之來浸。凡邳宿境內舊河一切漫流旁洩之決口三十餘處，盡行堵塞。又自溫家溝歷窰灣口以至邳境之貓兒窩計程四十里，應築兩岸堤二萬七千丈[9]。又貓兒窩一帶為徐兗諸水所注，如水過盛，則堤必傷，亦須建減水大壩以洩之。如是則皂河以上，無不治矣。

疏入，下廷議。十八年十月，議覆應如所請[10]。

十九年春，挑浚皂河動工。不意入夏而後，疊遭大雨，截至閏八月，山陽清河等五縣隄岸，俱有衝決，輔堵決不暇，皂河工程，因而中止。既待九月水退之後，復集人民，旋又為雨所阻。如此一再展延，直至二十年正月下旬，再行閉壩動工，三月初旬工成開壩，放水濟運[11]。

此工甫成，七月間黃河又遭異漲，竟將皂河口淤墊一千餘丈。輔即馳赴皂河，親駐工所，力督各工。一面築壩挑深，一面堵塞旁流，終於八月十五日完工，開壩通舟[12]。皂河之工，自興議時起，歷時兩載，歷蒙阻折，至此乃告成功。

淮關統志記皂河曰：

「去宿遷縣西北四十里，源本縣港頭社下流入泗水，以土色黑，故名。自康熙十九年總河靳公挑濬茲河，接泇河口，達黃河以通運，至今商民頌其遂焉[13]」。

三、大修歸仁堤

歸仁一堤，在黃河南岸宿虹兩縣境，原以障睢湖諸水，使由白洋河入黃刷沙；同時并為高堰長堤之外藩，以免睢湖諸水，東注洪澤。明朝一代以祖陵在泗州，歸仁堤適為其屏障，故修之甚力。入清以來，以其與運道無關，率皆輕視之。以致湖水東注，盡入洪澤，黃河反踞其後，將白洋河淤成平陸。結果非但淮揚水患迄無寧日，即運道亦遭其波及而時患阻滯。至前任河臣羅多王光裕等，先見及此，已與大修之議。唯彼等議建滾水壩之說，則為靳輔所不取。輔曾於十七年四月上「指陳河道」一疏[11]，闢之甚詳。輔意以為該堤原為束水歸河，助黃刷沙，若添建滾壩，則上流之水，仍必東注洪澤，必不可行。若只加修堤岸，所費甚多。且工成之後，亦止可蓄睢湖之水於堤內，不能挽入黃河刷沙。况河身日墊，南岸如果再遇潰決，黃流勢必挾湖水併力下注，歸仁一堤，必不可擋。故於黃河故道未能深通之前，該堤工程，除必須即時補修者外，仍以緩修為是。

十八年初春，因改用「湖流揭沙」之法，黃河下流故道，逐漸浚深，於是輔始上疏特請大修歸仁堤[15]。

歸仁堤原有石工自一堡至十一堡長五千七百餘丈，合石工之西至虹縣界原有殘缺土堤四百八十五丈，石工之東二千餘丈，共長八千二百丈，分以下三部工程進行：

一、自石工西至虹縣界之一段土堤，除加高培厚外，更築戧堤一道。又石工一堡至七堡一段，約四千五百餘丈，亦於舊堤之外，加築戧堤。其他石工土工，可以不必一概修築。

二、除以上舊工外，應另自七堡石工起，橫挑引河一道，並以掘起之土，創築大橫堤一道，直接白洋河上三教堂格堤迤為止，約長一千八百丈。更將遙堤挖開，另建七洞滾水大壩一座，黃漲則下板攔黃，不使內灌；湖漲則啟板洩水，俾其刷沙。

三、堵塞七堡舊石工及西石工頭迤西土堤決口各一處。

疏入，部議准行，隨即動工。至十九年秋，亦為黃河大水所阻，延至二十年三月，始告成功。

註一　卷二，頁六十上—下。

註二　奏疏卷二，頁五十五上。奏入日期見東華錄康熙十七年十月辛卯（二十四日）條。

註三　該疏中原議永閉新莊閘，令糧船由七里閘出東水磡。但其後又多挑支河一道，使新莊七里二閘俱可通船出東水磡。其後又將東水磡改爲有底雙金門大石閘一座，並帮作大橫壩一道，隔斷湖濱。（「撫運未竣工程疏」奏疏卷三，頁六十一）

註四　「播報完工疏改運口」（奏疏卷三，頁十九上）

註五　治河方略卷二上頁八上。

註六　「請修運河疏」（奏疏卷三，頁三十八上），上奏確期不可考。

註七　康熙八年前之運道，據治河方略所記如下：「明萬歷三十一年總河李化龍開泇河行運，自夏鎭達於直河口，不由徐呂二洪，避黃河之險者三百里，漕運利之。後直河口塞，改行董口。及董口復淤，遂取道於駱馬湖」。（卷二，頁八下）

註八　仝上

註九　按原疏尺丈數目與此略有出入。

註一〇　東華錄康熙十八年十月己丑（二十八日）條。

註一一　「題明放水日期疏」（奏疏卷四，頁四上）

註一二　「報明挑完皂河日期疏」（仝上，頁九上）

註一三　卷三，頁十一下。

註一四　奏疏卷二，頁三十五上又卷三頁十上，「特請大修疏」曰：「臣是以於康熙十七年四月二十日，具爲指陳河道危切等事一疏……」

註一五　見上註。又本疏曰：「凡十八年應徵一切錢糧，俱令停徵」。又「臣擬於本年桃汛之後，復行大浚。」故此疏上奏日期當在十八年正二月間。

第二節　堵決大工

一、修清水潭

清水潭一工，修築最難。靳輔之先，羅楊茂勳羅多王光裕三河臣先後十餘年之經營堵塞，費帑金五十餘萬，迄無成效。淮揚七州縣田畝，盡沉水底，室廬漂蕩，生民流離。既至靳輔到任之時，新舊決口相連，南北寬三百餘丈，東西則一片汪洋，茫無涯際。十餘年來，此帶地方每歲既捐額課數十萬，而發賑淸蠲之費，更難悉數。康熙十五年，尙書冀如錫等勘閱河工，於堵塞清水潭一項工程，估帑達五十七萬，而猶未敢必其成功。故輔於初議大修之日，既將修築清水潭一工，列在經理河工第五疏內，輔之重視此工可見也。

治河方略記清水潭脩治之難有三曰：

「高寶諸湖西南受泗盱天六諸山溪澗之水，西北又値高堰大潰，黃淮東注，南北交匯，洶湧滔天，方以下河爲壑，而清水潭尤屬卑窪，其勢莫禦，一難也。屢塞屢決，其勢愈猛，寬至三百餘丈，深至七八丈，旋瀾飛沫，如雷如電。一遇風飈乍起，輒怒濤山湧，漕艘商船至此者，皆徘徊而不敢進，雖有檣杙，人力無所施，二難也。捲埽、築堤，全藉真正老土，然後工程堅固，可以永久。而決口地方前後左右數百里非一望汪洋，即蘆洲沮洳之區，無從取土，三難也[1]」。

輔見及此，于是先將高堰三十四決口堵塞，以殺上流水勢，然後專力以闢清水潭。結果相度形勢，作棄深就淺之計，先於十七年九月初八日興工，至十八年三月十六日成西堤一道，長九百二十一丈五尺，二十日又成東堤一道，長六百零五丈，此外更挑繞西越河一道，長八百四十丈。先後凡一百八十五日而大工告竣，而所費錢糧不過九萬有奇。遂奏請改清水潭舊名為「永安河[2]」。後輔復記其工曰：

「至今十餘年，屹然鞏固，運艘民船，永絕漂溺之苦焉[3]」。

二、堵翟壩成河九道

與清水潭工程同時並舉者，尚有堵塞翟壩成河九道之一工，同為初期堵決之大工，并見大修計劃中。

沿淮河東岸，上自盱眙縣之翟家壩，下至山陽縣之周橋閘，計程二十五里。自黃河奪淮之後，淮水不得暢注，於是壅遏四潰，此二十五里每被淹沒，山陽、寶應、高郵、江都四州縣遂永為洪水排洩之所。明萬曆間河臣潘季馴，築堤堵決，束水歸漕，事工卓著。獨於此二十五里間地帶，未曾修治，以便洩水，而免泗州明朝祖陵之浸沒也。歷年既久，遂致成河九道，遺害淮揚，無以復加。此次輔決意堵塞，於十七年十一月內，全部動工，歷時半載，次第完結，茲將九河堵塞先後，列表如下：

成河九道地點	河寬與水深	閉合龍門日期
周橋閘南徐家口	寬一百十五丈 深七八尺丈餘不等	十八年正月二十日
古溝東	寬三十四丈 深七八九尺不等	十八年二月初四日
古溝西	寬十九丈 深六七八丈不等	十八年二月初十日
茆家園（淺灘）	寬二百四十六丈 深二三四尺不等	十八年二月二十九日
夏家橋（淺灘）	寬三百三十丈七尺 深二三四尺不等	（仝上）
唐埂南	寬二十八丈 深六七八尺不等	十八年三月初九日
谷家橋南（淺灘）	寬三百九十五丈五尺 深二三四尺不等	十八年三月二十四日
唐埂北（淺灘）	寬一百丈 深二三四尺不等	（仝上）
翟家壩	寬五十五丈 深六至九尺不等	十八年五月初一日

九處合計共寬一千三百二十三丈二尺，為從來未舉之工。

堵決工程既告結束，前此山、寶、高、江、四州縣河西瀦水諸湖，逐日漸涸出，盡復地利。於是輔於恭報翟家壩九河合龍疏中更興屯田之議，所謂「廣爲招墾，俾積荒積困之區，漸成樂土，庶幾增賦足民，上下均利」是也。[5]此議既起，是非滋多，下文當一併論及之。此外又有堵築楊家莊大決口一工，以敍述方便起見，幷見下章。

註一 卷二，頁四十一下。

註二 「恭報合龍疏—清水潭」（奏疏卷三，頁十六上）

註三 治河方略卷二，頁五下。

註四 「恭報合龍疏—翟家壩九河」（奏疏卷三，頁二十二上）。又此工清史稿本傳列在十九年中，誤。（清史稿卷六十六，頁五下」。

註五 東華錄康熙十八年七月甲午（初二日）條。

第五章　康熙十九年後之河工與欽差閱河

第一節　十九年之大水與楊家莊堵決工程

康熙十九年秋，黃水異漲，皂河與歸仁堤二工，盡爲所阻，已見上章第一節。但此次大水之爲害，尙不止此，其河湖沿岸潰決泄灘之處尤予全部河工以極大之打擊。茲就同年十月十八日靳輔所上「恭報水漲疏」所列主要成災之處，摘錄如下，以見一般[1]。

黃河沿岸情形：八月十六日，河溢馬家廟柳園西等十九處衝缺口，分流南下。二十八、九日，蕭縣大水泛漲，全縣田畝，盡被淹沒。九月十三四日間，宿遷縣境內，水勢猛漲，全縣田畝亦盡淹沒，此外徐州、宿州、靈璧、虹縣、泗州等處亦俱報河水陡漲，處處泄淹。二十七日，清河縣境內河灘低處河水出漕，至二十九日，南岸盡行泄漲。山陽南岸馬邏廠鋪一帶與侍家墈堤工亦岌岌可危。

運河沿岸情形：河決板閘河西戚家橋老堤舊決口，開口數十丈，大水由舊河奔注淮安西湖，幷直下寶應、氾水、界首、高郵等湖而去。

臨湖堤岸情形：因黃河南岸之漫溢，大水盡注洪澤湖，以致九月二十五日後，四日之間，湖水陡漲七尺，直與高堰石工上新增之土堤相接。卒賴所修坦坡，雖有連日西風助虐未釀巨災。其後直待十月十日啟高良澗閘以洩過漲之水，始得稍安。

唯自該疏上奏後不旬日間，湖水又漲二尺，加以西北颶風大作，大浪竟從堤頂之上，潑漫而過。六安溝與高堰大壩二處，大溜直注，經死力搶救，始得轉危爲安。其後乃求權宜之策，將江都縣鰍魚口東堤於十二月初，掘開二十丈洩水，順當地舊河形一道入潠洋湖逶廟灣入海。待高寶諸湖水盡復原位之後，始又堵塞，湖之爲患以是乃免。[2]

自經此次大水，靳輔所興各工，實不曾經過一次強而有力之自然甄驗。先是輔鑒於上年（十八年）秋間黃水暴漲之勢，以爲非有三百餘丈宣洩入海之途，不能免於漫潰，而前此議建之減水壩，通計不過一百餘丈。於是命令各官，逐一增添，以洩黃漲。此外又於沿湖堤岸，將高良澗周橋二閘改爲各寬一丈之減水壩二座，並武家墩閘亦改減水壩，共同分洩湖漲。寶應、高郵、江都、三州縣亦各建減水壩一座，以洩上流減來之水。殊不料諸壩方在催砌，偏遇本年大水，新舊各工平漫過水者五十餘處。於是輔又計議於河湖之間，再分別添建減水壩數百丈，並加挑㵎泥淺引河，多引淮注黃，以暢其流。至於新成各決口，一俟水消土現，即可興工。[3]

同於此時，楊家莊大決口亦在加緊堵築中。按該決口成於康熙十六年七月，寬二百餘丈，當時河流不過一線，故道多淤。[4] 輔於大修計劃中雖有挑浚之議，然自十七年夏改挑用濬以來，楊家莊以下至清河縣境諸淺工，即遇本年大水之冲刷，亦未能深通。但以靳輔所見，塞決必先疏下，故於楊家莊大決口合龍之前，下流淺工必先挑浚無阻，使河水暢注，以免再釀巨災。於是輔遂於「築壩挑河」疏中，奏請於十一月末，就楊家莊引河上口，築壩斷流，然後限期一月將該決口以下諸淺工，依次挑深。[5] 其後又於「挑河避險疏」中請將桃源境內九里崗、上渡口、雞嘴壩、烟墩、龍窩等五大險工，一併設法挑濬。[6] 是皆十九年冬末事也。

至於楊家莊大決口堵築工程，靳輔極爲注重，視爲「大修結末至要之工」[7]，故有於此時爲敘述之必要。按該工於十九年十一月「築壩挑河疏」上奏時爲止，決口中泓尚有四十餘丈在加緊進埽，期於二十年二月可以閉合龍門。[8] 不料屆期桃汛大漲，卒於二月二十五日忽又走埽一十二路，[9] 大工爲之中阻。三月輔乃疏言大修已逾三年，黃河未得盡治，自請議處。四月旨令革職留任，戴罪督修。[10] 結果，楊家莊堵決一工，直至同年（二十年）十二月二十八日，方始閉合龍門。於是黃淮二瀆，盡歸故道。[11]

註一　奏疏卷三，頁四十八上。上奏日期見「再報湖漲情形疏」（奏疏卷四，頁十上）

註二　「再報湖漲情形疏。」

註三　「經理未竣工程疏。」（奏疏卷三，頁五十五上）

註四　行水金鑑卷四十七，頁十一下，引淮安府志條。

註五　參看「築壩挑河疏」。（奏疏三，頁六十四上）又本書第三章第一節。

註六　奏疏卷三，頁六十七上。

註七　仝上卷四，頁十三下。

註八　「[illegible]挑河疏」

註九　「恭報大工水勢疏。」（奏疏卷四，頁九上）

註一〇　自請議處事件見清史稿本傳與國史館本傳，但俱未敘明革職月份。唯東華錄康熙二十一年十一月庚申（十七日）所引尚書伊桑阿奏疏曰：「但康熙二十年四月內，已將靳輔革職，戴罪督修。」

註一一　「恭報楊家莊合龍疏」（奏疏卷四，頁十三上）

第二節　楊家莊再決與欽差閱河

楊家莊大決口堵築期中，輔以下流尚多淺阻，如一時合龍，恐生他變，遂議築壩斷流，將決口以下諸淺工，設法挑濬深通，已見上節。不過自十七年大修動工以來，已歷四載，初兩年所築堤工，屢遭大水沖刷，殘損甚多，必須逐一修補。同時大修期限已過，又急於完工，以便奏請欽差閱河。故於楊家莊大決口合龍之時，下流雖已動工挑濬，但未深通。又上節議建之各減水壩，本定二十年秋季完工，亦因其他補修工程，竟又順展半年[1]。凡此種種，卒乃促成二十一年正月楊家莊大決口之再度潰決。

二十一年正月初二日「恭報楊家莊合龍疏」方始入奏，初五日龍門一帶黃流又突然從埽底透過翻花大溜，洶湧異常，埽台爲之陡折甚深[3]。其後又三日，大水較之上年冬末閉合龍門時又續漲五尺二寸，以致上自宿遷縣，中經楊家莊，下至清河縣，其間一百六十里，盡皆漫灘出漕。十四日又復大風，更加地震，南岸小河口一帶，拍堤過水，徐家灣堤工亦漫決一百餘丈。既待正月望後，楊家莊埽台本工，又繼續大陷。至二十五日，北壩埽台竟自陡折二十餘丈，深一丈五尺，過水甚急，經死力搶救，始得轉危爲安。如此直至二月杪，除額兵外，每日仍須用募夫五六千名不等，協力補修，爲期一月，埽台始獲堅固[3]，而輔之心力，竭於斯矣，故嘗嘆曰：

「埽台務期於平隱，而愈益折深；河身自望寬深，而偏不刷動。言念及此，不禁槌心泣血。向來以能盡人力，自可回天，而不知治河之難，每出意料之外如此也[4]。」

同時更不惜以「蹈於輕忽」之詞，自請自責。事雖如此，仍能振奮餘勇，不甘自餒。一面督夫將徐家灣漫缺之處，興工堵築，限期斷流。一面又於「謹陳歲修」一疏內，本於切實經驗，詳爲修防善後之策[5]。至三月中旬，大勢略定。輔乃又一方自行遍勘各工，一方奏請欽差臨工勘閱[6]。上從其請，遂於本年五月遣派戶部尚書伊桑阿，刑部侍郎宋文運，給事中王曰溫，御史伊喇喀一同前往[7]。初不料一次軒然大波，却又因此而起也。

緣時有候補布政使崔維雅其人者，以所輯「河防芻議」與「兩河治略」二書進呈聖祖，於靳輔大修工程，頗多異議。帝遂令與勘閱河工大臣，一同前往，會同靳輔確議具奏[8]。同年八月二十七日，伊桑阿等勘工完畢，與崔維雅同來徐州。嗣後靳崔二人，於九月初三日、初九日及十二日[9]，三次會同欽差大臣，當面會議。二人爭辯，至為劇烈。靳輔痛駁崔維雅，幾至體無完膚，茲就「詳陳牘說疏」所載姑舉一例如下[10]：

【九月初九日第二次會議】：

「臣隨又問云：『你所著河防芻議第六卷內說：自李化龍開泇河之後，徐州運道已廢，故明崇禎八年【一六三五】東河水淺運復由徐叅議徐標於徐洪上流，創開月河，與運河相連，運得無滯，國朝漕運因之等語。查國朝漕運俱由董口遶泇河，並未走徐州月河，你這話是那裏來的？』

維雅云：『這是河防一書上有的。』

臣又云：『河防一書是故明萬曆年間總河潘季馴的書，徐州月河係故明崇禎八年徐標開的，彼時雖說潘季馴又轉活來麼？』

維雅隨云：『不是河防一書，想必是淮安誌書』。」

【十二日第三次會議】

「臣隨問曰：『你前日取淮安誌書查徐州月河怎麼說？』

維雅云：『我說的徐洪上流就是泇河。』

臣隨云：『這話愈說愈錯了，泇河在山東，離徐甚遠，你不曉得就著書麼？』」

崔以兩任河官之臣，且曾著有防河治河之書，理應對於全部河工，諳嫻通達，乃不意其不學無術有如此者，此亦無怪於靳輔之破口痛斥也。此外靳輔又歷陳其他錯誤，此不多贅。

至於崔維雅之正面治河主張，原書作者未見[11]，只可於靳輔及其他記載中略見其片斷而已。其所議工費達五六百萬兩[12]，超過靳輔一倍有餘。所議用夫每日約四十萬[13]，且在靳輔原疏三倍之上。築堤率以十二丈為率[14]，並議盡去靳輔所建減水諸壩[15]。凡此種種，皆係蹈空之論，斷難見諸實際，故日後其議終罷。

然當時河工情形，亦實不利於輔。蓋輔之「恭請欽差閱工疏」甫於三月中旬奏入，而黃水又即時大漲，宿遷縣蕭家渡民堤，卒致坐陷，決口達九十餘丈[16]。故伊桑阿等於十月公畢覆奏勘工情形時，除將靳輔諸工之未盡完善者，註明呈報，聽由工部查覈外，並於河決之事，表示不滿，遂有將靳輔及監修各官提交工部從重治罪之議。其未盡完善諸工，亦一併責令賠修[17]。至靳崔之爭，伊桑阿等亦無以為斷，只於覆奏中曰：

「靳輔係專管治河之人，限期已滿，迄無成效，其言難以再信。若照崔維雅所議另行修築，亦難保必能成功。河道關係重大，兩人所議懸絕，臣等難以定議。[18]」

上亦不決，遂由伊桑阿之議召令靳輔進京面奏。[19]輔奉命之後，即於十月二十二日起程，[20]十一月初七日到京，十三日傳同九卿詹事科道進見。首議蕭家渡決口事，上有不滿之辭。輔因奏致災之故曰：

「蕭家渡原係歲久民工，尚可支吾，擬大工畢後，再行續估請修。不意決口全塞，各處洩流，盡歸正河，其勢驟加猛急，而河身尚未冲刷寬深，以致漲決。」

上復詢以有無堵修把握，輔答以翌年春分節前，務期可以竣工。[21]雖然如此，而於靳輔仍不惜以「胸無成算，僅以口辯，取給執一已之見，所見甚小，其何能底績」之辭加之，[22]於是乃有海運之議。

同月十七日大學士等會同伊桑阿等覆奏海運以造船開濬諸事，所費不貲，不可行。又議靳輔本已於十九年四月革職，戴罪督修，此次應暫行停止處分，只將監修各官，俱行革職，一併戴罪督修。如再踐前轍，上下一概加倍治罪。堵塞限令半年完工，不得濫派民間。上從其請。又前議責令靳輔賠修河工事，上亦以非私人財力所及，至此仍准動用正項錢糧，以免悞工擾民。至於崔維雅所議之工，需費甚巨，且又難保必成，毋庸再議。[23]於是數月以來擾攘未息之爭端，至是乃告一結束。

此後，上復於十九日詔諭靳輔曰：

「河道關係重大，事本極難，朕時代爾擔憂，爾反看得容易，從今當小心謹慎，凡源流緩急之間，務要細心採訪，時時看作難治之事，方可奏績，戒之戒之。[24]」

敦規慰勉之意，溢於言表，而輔亦即於翌日離京返回江南工所。[25]

註一　「奏報楊家莊合龍疏」

註二　「恭請欽差閱工疏」（奏疏卷四，頁二十五上）

註三　「恭報大工水勢疏」（奏疏卷四，頁十九上）

註四　奏疏卷四，頁二十四上。

註五　仝上，頁十五上。

註六　仝註二

註七　派員勘工日期據清史稿本傳（卷二百八十五頁六上）與東華錄俱作五月，抄本治河書則作四月。

註八　東華錄康熙二十一年五月乙丑（十八日）條，又奏疏卷四，頁三十三上。

註九　參見「詳陳險汛疏」（奏疏卷四，頁二十八上）

註一〇　奏疏卷四，頁三十上—下，又三十一上。

註一一　中國河渠水利工程書目著錄崔維雅「河防芻議六卷」，作者家見。

註一二　奏疏卷四，頁三十八下。

註一三　東華錄康熙二十一年十一月丙辰（十三日）條。

註一四　仝上

註一五　按清史稿本傳以盡毀減水壩之說始於「河防芻議」「兩河治畧」二書，文曰：「……傾補布政使崔維雅奏上所著書，議盡罷輔所行減水壩諸法。」（卷二百八十五頁六上）但靳輔於其「詳陳隄說疏」中則作如下之記載：「夫維雅於進呈書覽疏內，業將黃運兩河減水壩，概改深改闊添建多建等因，諄諄申說，不啻至再至三矣。及至工所目擊臣已然多壩，無可指摘，於是另作二十四款，抹煞進呈之書，將臣已建多壩，盡議折毀。」（奏疏卷四，頁三十七下—三十八上）是以盡毀減水壩之議，實始於二十四款條議，而不始於「河防芻議」與「兩河治略」二書也，清史稿本傳誤。

註一六　「請帑修蕭家渡工疏」（奏疏卷四，頁四十二上）

註一七　東華錄康熙二十一年十月乙酉（十二日）條，又十一月庚申（十七日）條。

註一八　仝上

註一九　仝上十月庚寅（十七日）條。

註二〇　「藉報進京疏」（奏疏卷四，頁四十上）

註二一　以上俱見抄本治河書。按該書所記只限於蕭家渡決口一工，未及所議崔維雅條奏之事，但同日（丙辰十三日）東華錄恰又略於前而詳於後。

註二二　同註十三

註二三　東華錄康熙二十一年十一月庚申（十七日）條。

註二四　抄本治河書。

註二五　奏疏卷四，頁四十五上。

第六章　大修善後工程

截至康熙二十一年欽差閱河爲止，初議大修工程已告一段落，唯各項善後之工，仍待繼續。先是輔於離京之前，曾於「請帑修蕭家渡工疏」[1]中將全部善後工程，以緩急之別，列爲三等如下：

第一等最急之工：挑濬宿遷縣楊家莊、桃源縣白洋河以及清河縣曹家窰三處引河，共二千五百丈，加築攔馬河減水壩內外閘七十餘方，並堵蕭家渡決口。此最後一工，務期於二十二年春分以前閉合龍門。

第二等次急之工：將黃河及邳宿運河一切官修民修各堤其僅高出二十一年之大漲水跡二尺內外之六萬餘丈堤工，一律再加四尺。此外並添築黃河各減水壩尾三合土五十餘方。凡此亦須及早興工，以待二十二年伏秋。

第三等可緩之工：計凡高出二十一年大漲水跡三四五尺不等之一切官修民修堤工，共十四萬餘丈，亦須一律加至高出大溜水跡六尺爲度；並將高堰至山盱一帶堤工，加幫戗堤；又添建智壩及南北運河減水壩三座；加挑清河縣大王廟、安東縣蓮花庵二處引河共千餘丈，以及加築黃運諸堤二萬餘丈之幫培諸工。

以上三項合計共需銀一百二十萬兩。

其後部議結果，止准撥銀九十六萬兩，其餘三十四萬兩分別扣留抵償二十年所借江蘇藩庫銀十萬兩，二十一年所借漕項銀三萬八千餘兩，以及大修案內所動河庫銀十萬餘兩。靳輔於此甚爲不滿，乃更上「加修善後工程」一疏[2]，歷陳已往河工，未嘗糜費絲毫。三項借款，無庸扣除，仍須照前疏所題，如數撥給。果如前兩項借款必須補還，亦止可陸續於河庫內逐年節省扣解，斷無截留工款使善後工程一誤再誤之理。但其結果，亦只由工部撥發山東省地丁銀十五萬兩，恰足第一等最急各工之用而已。

二十二年初春，輔再上「議請加修」一疏[3]，再論第二等次急與第三等稍急之工[4]，仍請再撥山東河南省地丁銀一百零五萬兩，俾可及早興工，其補還辦法，請做江南賑濟之例，聽各處官民捐納，以濟其事。至於所借江蘇藩庫及漕項銀共十三萬八千餘兩，亦俟用事例銀補還[5]。

同年三月初一日，蕭家渡決口閉合龍門[6]。其後大溜直下七里溝，險汛日增。輔遂於同月底續上「全河歸故」一疏[7]，請爲未雨綢繆之計，所議有五：(一)加築高堰，以禦漫溢。(二)多用椿埽，以抵風浪。(三)巡查罅隙，以杜潰決。(四)堅修減壩，以資宣洩。(五)緊守防汛，以防奪河。以上前四項，業已相度形勢，分別施工，勿容過慮。唯是最後一項，最費斟酌。緣自蕭家渡合龍以來，舊險之外，又增新險。合計應行防守之工，大小近四十處，列表如下：

新舊險工	所在地點	酌撥各該州縣識修人夫	備註
黃家堂（舊） 五工頭（仝） 塘池大壩（近年） 鯉魚山（仝） 羊山寺（新）	邳州	一千二百名	兼管運河零星險汛
韓家莊（近年） 戴家樓（仝） 孟家灣（新）	睢寧縣	一千二百名	俱係極大工程
蔡家樓（舊） 彭家堡（仝） 白洋河（新） 烟墩（舊）	宿遷縣	八百名	並有縣內其他零星險汛

險工	縣	夫數	備註
上渡口（舊）、鷄嘴壩（仝）、李家口（仝）、龍窩（仝）、七里溝（新）、古城、三汊	桃源縣	一千三百名	此間七里溝為大險，古城三汊預計將來亦有大險。
廿羅城（舊）、運口（仝）、惠濟祠（近年）、玉泉閘（新）	清河縣	八百名	
湯蕆莊（近年）、潘家莊（仝）、高家莊（仝）、上坂莊（仝）、真武廟（仝）、周家渡（仝）、許家缺（仝）、小茭陵（仝）、何家莊（仝）、大茭陵（仝）、沈家閘（仝）、石家口（新）	山陽縣	一千四百名	
蓮花街（近年）、南門外（仝）、二鋪（新）、鄭良口（仝）	安東縣	八百名	（餘尚未定）

此外運河沿岸寶應縣堤工，亦甚多單薄，應酌撥該縣歲修夫三百名，協助河兵，加帮力作。

以上各險人夫，俱循往例酌撥，陸續上工，並無何等問題。惟是徐淮兩府本年應估歲修工程四十餘處，外加黃河大姒壩王公堤與運河之一切閘座甎石等工料，約需銀十五六萬兩，尚餘十八萬餘兩。內又除直隸河南山東三省之夫食歲修等項，止存八萬餘兩，不敷甚巨。請將五直省原額蠲除荒災之款，照驛站錢糧之例，逐一撥補足額。其後五直省河道錢糧，凡每年應徵並應蠲除荒災之數，俱令各該州縣，全照原額務於每年三月內盡行解足[8]。四月，上令所需工費銀兩，著其將就近錢糧先行動用，後以河銀補項[9]。

至於蕭家渡決口閉合龍門以來至同年九月間，黃河又復漫漲。其實在情形，歷見「請添河員」與「購辦柳束」二疏中[10]。大致於三四月間，宿桃二縣，黃水漫漲。嗣經一方疏濬，一方防守，始於五月逐漸歸漕。於是又上「請加堤岸」一疏[11]，言及河南開封歸德兩府堤工，一千餘里，近年失修，設或一有疏失，則江南河道必受波及。現以加修江南善後工程，勢難兼顧，仍請將該兩府堤工歸由河南巡撫勘查修築，以免意外，上從其請[12]。

六月而後，霪雨連綿，河水復漲，一切工程，畚鍤難施，桃源、山陽、宿遷等縣境內堤工相繼塌陷者甚多，益以山東諸泉，大水橫發，自七月二十一日起，河流暴漲逾十有二日。碭、蕭、徐、靈、睢、邳、宿諸州縣堤工，其堤頂高出水面二三五寸或七八寸不等者，約有一二萬丈。所幸八月初三，河水陡落尺餘，得以無虞。然水勢雖落，而河流愈急。一切險汛搜刷堤根，處處危急，隨又督催人夫，飛運物料，見機下埽，以事抵禦。直至九月初間，方得保定。

此次大水之未致成災，除工程堅固外，亦實賴當日加修大工之諸該監理分管等官，協同河員官弁努力防守之功。然此等官員一俟大工告竣，應即他補，不能恃為久常。於是輔更請於已設立之七河廳七河營外，其汛長工遠之處，應再酌量增添[13]。

十月上從其請，遂增設江南營河兵六百名，並添設河員[14]。截至此時為止，淮、揚、徐三府州分管黃運二河並沿湖各官，計共同知七人，通判一人，州同三人，州判四人，縣丞十八人，主簿二十人，巡檢十八人，典史一人，大使一人。所駐地點以及修防地帶，各有規劃[15]。

又同月所上「購辦柳束疏」，於來年保固所用柳枝，請倣大工協購之例，令鄰省暫為協購一次，使足以保過來年（二十三年）伏秋即可。此後，則歷年河兵所栽堤柳與官屬捐栽園柳，即可酌量採用，不必再煩鄰省[16]。

凡此俱見靳輔用心周到，不苟不且，宜其治河之有成效也。於是於同年十二月遂特命復靳輔總河原職。

註一　奏疏卷四，頁四十二上。

註二　仝上，頁四十七上。

註三　仝上，頁七十一上。此疏上奏確期不可考，但原疏有句曰：「其餘各工雖尙屬可緩，然蕭家渡堵塞之後，黃淮二瀆若止照康熙十七、十八、二十、二十一等四年之水，足以深固無虞」。按蕭家渡決口合龍在二十二年三月，以此推測，則此疏上奏最晚當在二十二年初春也。

註四　按此疏於「請將修蕭渡工疏」中所議第三等可緩之工，微有更異：（一）停挑安東縣蓮花蕩引河，改將南岸緊要堤工幫寬丈餘，待水至堤根時，下埽護攩。（二）於大逕溜東起，直接馬邏，添築大遙堤約三十丈，以爲重門之障。

註五　查「善後事宜疏」（奏疏卷五，頁四十一上）曰：「此所借之銀，請照從前借江藩潛項銀十三萬八千兩之例，容臣於遞年歲修工料之內，百計設法節省。」則此處十三萬八千兩借款，似非由事例銀補還。

註六　「恭報蕭渡合龍疏」（奏疏卷五，頁一上）

註七　奏疏卷五，頁三上。其上奏日期據「購辦柳束疏」（奏疏卷五，頁二一上）曰：「臣於本年三月內，具『全河歸故』等事一疏。」又本疏曰：「但自合龍【蕭家渡】以來，已歷兩旬。」（頁四下）故上奏當在三月底。

註八　以上俱見「全河歸故疏」。

註九　東華錄康熙二十二年四月丁丑（初五日）條。

註一〇　「請濬河員疏」（奏疏卷四，頁五十二上）。「酌撥柳束疏」見註七。

註一一　奏疏卷五，頁十上。原疏曰：「今自蕭家渡合龍之後，已歷兩月有餘」。故上奏期當在五月。

註一二　東華錄康熙二十二年六月丁丑（初六日）條。

註一三　「請濬河員疏」（奏疏卷四，頁五十二上），與「減糧增兵疏」（仝上，卷五，頁十六上）

註一四　抄本治河書。

註一五　「酌議關河險工官員疏」。（奏疏卷四，頁六十三上）

註一六　治河方略治紀上曰：「自康熙二十年勸令各官種柳，已得若干株，自二十六年以來，所用之柳中取諸此」。（卷一，頁十三下）

第七章　聖祖首次南巡與下河問題

第一節　康熙二十三年聖祖之首次南巡

康熙二十三年七月，奉差福建廣東展界內閣學士席柱，返朝覆命。上詢以沿途所見地方情形，問及靳輔，據東華錄所記，其略如下。

「…又問：『總河靳輔爾曾見否？河道近日如何』？「席柱奏曰：『曾見靳輔，顏色憔悴；河道順好，漕運無阻。臣來時見宿遷地方將水分排築堤，共計五堤，其二堤已完，三堤正在修築。水盛時開閘以殺其勢，令其循堤四散分流，無衝決之患』。「上曰：『河道關係漕運，甚爲緊要。前召靳輔來京時，衆議皆以爲宜更換。朕思若另用一人，則舊官離任，新官推諉，必致壞事。所以嚴飭靳輔，令其留任，限期修築。今河工已成水歸故道，有裨漕運商民。使輕易他人，必致貽誤矣』」。

同年秋[1]，聖祖又乘南巡之便，親縣河干。其南下途中於十月十七日至郯城，靳輔前往迎駕，遂駐蹕紅花埠，召輔諮詢河工者久之。十八日，遣學士孫在豐齎御製祭河文致祭河神，並親臨黃河北岸攔馬河閱視，遂至宿遷縣。十九日發自宿遷，勘閱黃河北岸諸險工，並諭靳輔於諸處堤防，還宜增培卑薄，以防未然。晚至桃源縣。翌日巡察清口，臨視天妃閘，見水勢湍急，命改爲草壩，設太平七里二閘，以分水勢。乃登舟過清河縣至淮安南幸。歸途於十一月初九日再抵淮安，臨閱王公堤老壩口。次早登舟，閱視清河運河並高家堰武家墩諸堤工。以高堰形勢險要，諭輔宜歲歲修防不可輕視。是晚駐蹕桃源縣。十二日發自桃源，並囑輔著治河之齊，[1]爲後日法[2]。晚駐宿遷。次日召輔至行宮，慰勉有嘉，並賜御乘船隻等物及五言律詩一首云：

「防河紓旰食，六御出深宮。緩轡求民隱，臨流嘆俗窮。何時樂稼穡，此日是疏通。已著勤勞意，安瀾早奏功」。

於是自沂州取道東光返京[3]。

故此次聖祖南巡，往返途中，兩次閱河，於靳輔所修諸工，印象良好。唯是南去時，於十月二十二日舟過下河高郵湖等處，見湖水汎濫，未歸故道，居人草屋臨流，牀灶半在水中，不禁惻然憫之。登岸步行十餘里，召問耆老秀才，訪問致災之由，並賦詩以記其事曰：

「淮揚罹水災，流波常浩浩，龍艦偶經過，一望類洲島。田畝盡沈淪，舍廬半傾倒，煢煢赤子民，棲棲臥深潦；對之心惕然，無策施襁褓。夾岸羅黔黎，跽陳進者老；諮諏不厭頻，利弊細探討，飢寒或有由，良慚奉蒼顥。古人念一夫，何況視枯槁？凜凜夜不寐，憂勤懋如擣。亟圖濬治功，拯濟須及早。會當復故業，咸令樂懷保[4]。」

聖祖整治下河之決心，於此已隱然可見。同時並遣尚書伊桑阿薩穆哈等即赴海口視察，是否可以疏洩。迨十一月九日，駕歸淮安，遂以可否兼任下河工程事，詢問靳輔。輔以大修善後工程未竣，不能兼顧，辭之。既返京師，(十一月二十九日)伊桑阿等亦公畢回奏，謂車路串場等河並白駒草堰諸口，俱可疏濬，以洩下河之水入海。於是命安徽按察使于成龍往董其事，唯仍受靳輔節制，奏事亦輔疏報[5]。自是而後，下河整治問題，遂成爲全部河工爭執之焦點，數年不決，而靳輔終且以此去職。其爭執始末，請於下節再爲補述。

不過當下河問題醞釀期間，復有一事不得不敘及之，即本年黃河之大水與其善後工程是。

據行水金鑑引同年九月二十七日靳輔疏報黃淮情形疏曰：

「今歲黃漲，數倍去年。徐州迤上自七月二十二日即與去年大漲水跡相平……隨啟減水石壩，暫爲分流。而南岸十八里屯、北岸李道華樓高地無堤之處，亦復漫灘過水。又將碭山北岸王家堂堤工漫缺三十餘丈……直至九月初六日方始消落……至徐州以下三山頭房村并靈璧縣張寒來等各堡，原屬窪區，水漫堤根八九尺、丈餘不等。……至八月二十日夜大雨颶風將來字堡漫缺堤工四十餘丈，而徐州北岸長樊堤歲修險工，又因水溜至急，衝去埽工兩段……至宿、桃、山、清、安五縣黃河，賴攔馬河減水壩分洩，南岸堤工，俱無漫缺。唯安東北岸二舖，原非修防之處，塌卸堤工六十餘丈……若山、清、高、寶、一帶運河，先因淮水微弱，黃河倒灌，臣將歸仁堤官路河岔閘放水，歸湖助淮。嗣此淮流亦漲，運河尚保清水，高堰湖水，九月方長，今較去年，更高尺餘，亦賴減水壩宜洩，不致漫缺[6]」。

此疏所陳巡閱工以前事也。待返京師而後，輔更上「善後事宜」一疏[7]，為預防將來黃水異漲起見又議增減水閘壩十五座，其分配如下表：

	添設地點	工程	理由	功用
徐州城以上	碭山縣毛城舖舊有減水壩之上	添建減水深底石閘一座		此六座如遇異漲則啓閘分洩可殺徐州城上大河水勢六尺，堤岸俱可保固。
	徐州王家山及十八里屯二處	就山根鑿減水深底石閘三座		
	徐州北岸大谷山等處	添鑿減水深底石閘二座		
徐州城以下	睢寧縣南岸峯山與龍虎山之旁	開鑿天然減水深底石閘四座	因此處河道居兩岸鯉魚山與峰山龍虎山之中，河面寬僅百丈，多建以防異漲。	以上南岸諸閘壩，不時可以殺黃河怒漲之勢，而淮流微弱之時，又可籍以分洩黃河之水，由歸仁堤下注洪澤湖，然後北出清口轉入黃河，助黃刷沙。
	睢寧縣南岸歸仁堤一帶之五堡附近地方	添建深底石閘一座減水大石壩一座，將原有便民閘一座再改深五六尺。	因南岸各閘壩減下之水，必由歸仁堤經過，而目今只有五堡減壩一座，并便民閘一座，不足分洩。	
	爛馬河	添建深底石閘一座	前已建減水壩六座，今再建石閘一座，使河流由閘先進減水，以護壩尾，俾免傷堤。	
	清河縣西	建雙金門大石閘一座，并於閘下挑引河一萬餘丈。		如遇黃河十分暴漲當啓之以分洩入海，如此清口一帶可減黃水一二尺。
	清河縣運口	添建石閘一座		保運濟漕之要工

二十四年正月，上以此等減水閘壩之設，唯恐有害民田，遂介郎中杭嵩前往工所與靳輔詳議，四月回報，當如所議，遂從其請[8]。

註一　東華錄康熙二十三年七月乙亥（十一日）條。

註二　按目後輔果著「治河方略」一書。該書原名「治河書」，依雍正五年上諭更今名。據王士禛所撰靳輔墓誌銘，原書共十二卷。今之流行本，據作者所見，有乾隆三十二年崔應階重編本（[illegible]泉齋藏本）與嘉慶四年靳文鈞（輔五世孫）重印本（安瀾堂藏板）兩種各十卷。後者遠不如前者之精審。前者崔氏序中自叙重編經過曰：「購得文襄原本，……遂以暇日，博求副本，互相參伍，刪其繁冗，揭其精要，或有今昔異勢因時變遷者，闕採圖志，以附於篇」。靳本內容次序悉同崔本，且多遺漏　其重大者如（一）卷三頁二十八下有缺文，合崔本凡九頁。又同卷頁三十末缺四行。（二）卷四頁十二下缺「泉考」一章，合崔氏本凡十六頁。又同卷頁三十上缺「河決考」一章，合崔氏本凡二十七頁。靳本自序曰，「因錄本年久字跡漫漶，方今購是書者，且踵相接也。爰復詳加校閱，付之梓人」。則此所謂「錄本」，當係崔本無疑。至其缺誤者，或所據原錄本已缺，或係手民之誤，俱有可能。不過即此書原稿，亦非完全成自靳輔個人之手，蓋其「遺奏」（奏疏卷八頁四十一上）嘗叙及是書曰：「至臣閱歷河干，十有餘載。[illegible]歲甲子【按指康熙二十三年】聖駕南巡，蒙恩面賜宸章之頃，論臣須著河防一書。於時跪聆天語，不勝踴躍。祗以大工未竣，不遑著述。茲臣復拜水土之命【按指康熙三十年事，見下文】已經一載，業經通稿草後，草成大略，須俟數月之後，方得成帙進呈御覽，已囑臣子治豫至期恭報矣」。今燕京大學圖書館藏有抄本「治河書」四冊，不註卷頁，或即係原本之轉抄本。其不敢即以原抄本斷之者，蓋其闕錯字甚多故也，唯亦有數處爲通行本「治河方略」所無者，其間關係尚待考究。

註三　以上參看行水金鑑卷四十九頁十一下——十七上。又東華錄，抄本治河書及「恭謝天恩疏」。（奏疏卷五，頁三十五上）

註四　江南通志卷首二之二，頁十二上「高郵湖見居民田廬多在水中，問知其故，惻然念之」詩。

註五　按淸史列傳于成龍本傳作：「遇事得自陳奏」（卷八，頁四十四上）又末段叙事參看東華錄康熙二十三年十二月庚子（初九日）與戊申（十七日）兩條。

註六　行水金鑑卷四十九頁十上——十一上。又按此疏不見奏疏八卷之中。

註七　奏疏卷五頁四十一上。本疏曰：「又本月十二日，臣於宿遷縣叩皇上欽賜御製詩句」，則此疏之上奏，當在二十三年十一月無疑。抄本治河書作十二月，誤。

註八　東華錄康熙二十四年正月戊子（二十八日），二月丙子（初六日）又四月辛卯（初二日）二條。

第二節　所謂下河問題與靳于之爭

康熙二十三年大水善後事工既已如上所述，請再續論下河問題。

按此所謂「下河」，自廣義言之，係泛指淮揚運河以東以至東海之間所有淮屬之山陽鹽城以及揚屬之高郵寶應江都泰州及興化等七州縣積水低地而言，向無確定界線。輔於「欽奉上諭條陳下河疏[1]」中，曾記其大略範圍與致災之由如下：

「自淸江浦南行至江都縣之茱萸灣，共三百餘里，又折而往東行一百餘里至泰州，又一百餘里至海安鎮。過海安則折而往北，即范公堤也。沿范公堤而行，歷安豐東台何垜丁溪白駒劉莊等塲，共計二百餘里而抵鹽城縣。又北行一百餘里而至廟灣塲，復折而往西行一百餘里至蘇家嘴，又一百餘里至淸江浦。總而計之，自淸江浦起行，沿下河週圍走遍，仍回淸江浦，計程千里有奇，而共有廟灣天妃石䃮二口向係下河洩水入海之處……惟是下河之地，闊二百餘里，長二百餘里，乃卑處於週圍馬路之中，雖有廟灣等口之洩，而存蓄積水，仍然一望汪洋，其釜底之形如此。是以高堰洩下之水，下河不得不爲承受之壑也」。

河淮並漲之時，則下河被害情形尤甚於此。蓋淮揚運河本依於湖岸，即運河堤頂亦且在高堰堤頂以下一丈有餘。故如高堰偶遇大漲而潰決或漫越，則溢出之水必以建瓴之勢東奔運河。運河不能容，遂又四溢漫淹，下河水患，至是爲極。既至靳輔，遂就過漲之水，作量入爲出之計，於臨湖堰堤及運河漕堤之上，各建減水壩。且後者之減水多於前者之進水，湖漕堤工，至是永固。但自另一面觀之，湖漕各壩減下之水，仍歸下河，別無去路。堤堰雖救，而下河終未得治也。直待聖祖南巡，始作整治下河之議。

聖祖初意以爲可疏濬海口以洩下河之水，而輔不以爲然。輔意以下河地勢卑於海潮者不下五尺，苟先挑海口，非但無以洩下河之水，反將引潮內灌，不如築堤束水以注海。遂議先將高郵城北各小閘壩一概閉塞，另於高郵城南以及邵伯鎮南分別重建深底大石閘二座，以集中下洩之水。然後自車邏堤鎮起築大橫堤一道，直抵高郵。再自高郵城東起，築大堤二道，東行歷興化縣白駒塲，東所有下洩之水，併注於海[2]。

但當時奉旨董理下河之安徽按察使于成龍，始終主濬海口，兩人抵觸甚深，事不得行。遂同於康熙二十四年十一月奉詔入京，與九卿詹事科道，共議下河工程。

會議結果，大學士九卿俱從靳輔議；通政使參議成其範、給事中王又旦、御史錢鈺、則從于成龍議。訴之聖祖，亦莫能決。遂又宣問直隸現任京官，以廣諮詢。侍讀喬萊奏謂靳輔之議，工事難成，且百姓田廬墳墓傷損必多。加之築堤束水，其勢甚險，偶有潰決，爲害更大，不如從成龍議。上頗以爲是，唯不知民情如何，遂遣工部尚書薩穆哈、學士穆稱額等前往淮安高郵地方，會同漕督徐旭齡、江寧巡撫湯斌，詳問地方父老，期於兩旬內回奏。

二十五年正月，薩穆哈等以地方人民皆言疏濬海口無益回奏，事又中阻。韓于成龍以事授直隸巡撫，於是擾嚷數月之下河疏濬問題，至是乃不得不告一段落[3]。

註一　奏疏卷六，頁三下——四上。

註二　「欽奉上諭疏——海口」（奏疏卷六，頁三十九上）

註三　參看清史稿本傳，及國史館本傳。

第八章　下河問題之再起與靳輔去職

第一節　下河問題之再起與靳孫之爭

康熙二十五年正月，靳于下河之爭方始告一段落，而同年四月，江寧巡撫湯斌忽又擢升禮部尚書。按湯斌曾於上年冬會同薩穆哈穆稱額等勘查海口，故於其到京陛見之日（四月二十日）聖祖偶又問及下河人民對於疏濬海口之意見。斌奏適與薩穆哈等相反。又謂下河工程暫停則可，若竟中輟，殊非得當。並主張先開下河高處，導洩積水。謂「開一丈則有一丈之益，開一尺則有一尺之益」。至其興工辦法，則主張「以本地民力、本地錢糧，開本地海口……不作大舉，不多設官」。且稱此意已與薩穆哈等言之。聖祖即於翌日召見穆稱額，質其何以不將湯斌開濬下河計劃奏聞。穆以未嘗知其計劃對。於是更傳問薩穆哈，薩雖不否認，然亦只認爲「閒談時誠有之，並非公同商榷之語」。事爭執不能下，遂付廷議。結果以湯斌原任江寧巡撫，所見必確，應如所議。並請將薩穆哈穆稱額一併奪官。上從其議，遂於五月間再令工部侍郎孫在豐前往監修，並發內帑二十萬兩，如工有可成，當再酌量動支正項錢糧。於是間歇將近半年之下河問題，至是又一觸而發。

孫在豐受命之後，即於同年七月偕同郎中鄂素鄭都等九人陛辭赴任。到任之後，周行勘視，將整治下河計劃，給圖列說以奏，大意謂開濬不如循舊，築高不如就低。因議逐節疏導，先自閩門鎮起至北宋莊東潘劉莊止。次白駒場工自串場河口起，至戚家園東止。次丁溪場工自雙門石閘起至沈家溢迤東撈魚港止；又自漁子溢西首起至馮家壩止。次草堰工自閘子河起至蒲河口止。各築攔水擱溜諸壩，然後挑土深游。疏入，下所司覈議。十月議覆，均如所請。

此外，爲下河挑濬工程起見，又疏請改靳輔所建運河諸減水壩爲閘工，上命與輔確議。輔以減水壩之設，係量水勢以定寬廣，若竟改爲窄小閘座，則水必壅積，下河災害將更甚於前；且改閘之後，則底深於壩，恐洩水過多，有礙糧艘，難以議改。任豐因又疏言改壩爲閘，或尚可待諸黃河刷深之日，然後再議，唯高郵州大小壩，須即立行堵塞，非遇大澇，不可開放，以便開濬下河。疏入，上頗以爲是。唯恐若即閉塞，日後運河果有潰決，靳輔又必藉以爲辭，以卸責任。因令大學士等會同審查靳輔論疏海口蓄水，有無塞壩之議。十二月中，同奏謂原議只將高郵州北小閘小壩俱行閉塞，但同時於州南以及邵伯鎮南二處，則另造大石閘二座，只是集中洩水地點，以便築堤束水注海，並與所洩水量無關。因請即詔靳孫來京，共同面議。上以下河決宜開濬，因之減水壩亦不得不酌量閉塞，孫在豐可勿令來京，只詔靳輔入見。

康熙二十六年正月，輔已奉命到京，連日與大學士等會商閘壩問題。幾經周折，始將高郵及運河沿岸諸減水壩，分別議定暫閉期限，以便開濬下河。並令孫在豐速備工料人夫，即自本年十二月起始興工。

註：本節多參考康熙二十五年四月至二十六年正月東華錄，又國史館本傳及清史稿本傳。

第二節　羣議蜂起與靳輔去職

疏導下河之議雖決，而其工程計劃則始終爲靳輔所不取。閉塞減壩，尤背輔意。奈彼人羣勢衆，輔亦徒喚奈何而已。個中情形，以聖祖之明睿，自然知之最詳，故於輔亦頗念念。因於同年（二十六年）七月十五日遣令輔子治豫前至淮安清江浦寓署，口傳上諭。其嚮治豫曰：

「寶應一帶之下河，朕自閱工時目擊水勢情形之後，無刻不念此昏墊災黎。爾父主築堤之議固是，但凡事須順人情，且恐水中築堤工程不易，如得除水患三四分，使斯民受三四分之益，朕心亦稍慰。今作何設法修治，有何意見，爾可問明爾父來奏[1]」

靳輔得機再申己見，自不能失之交臂。遂於奉到上諭之後，立即會同幕僚陳潢，曲加籌劃。大體既定，更就近與漕臣慕天顏親臨高堰清口，詳細論辯，卒獲同意，遂將全部新定整治下河計劃，彙爲「欽奉上諭條陳下河」一疏，交由治豫，回京覆旨[2]。

原疏略謂「杜患於流，不若杜患於源」，於是毅然放棄前此築堤束水之策，而改議由翁家墩起歷唐埂古溝周橋閘高良澗以至高家堰，於堰堤內東首離堤一百二十丈去處，築大重堤一道，約高一丈七八尺至二丈不等，共長一萬六千丈，以束堰堤減下之水，使北出清口。又天長盱眙山澗之水，則俟重堤竣工之日，由人字河河灣頭閘二處分洩，一由芒稻河入江，一由串場河入海。如此則洪澤湖之水可以消減不致下河，下河可不治而安也。至於清口所受之水，亦分別作宜洩之計，導之入海。如此則大工一成，其利有四：（一）下河十萬餘頃田畝，盡可變為沃產。（二）高寶諸湖亦可涸出田畝數千頃，如招人屯墾，則可以裕河庫而保堰堤。（三）高堰險工得有重門之障。（四）前此行經洪澤湖來往之商船，可由此堤內之河出入以避湖險。

疏入，上遣學士禪布以疏示于成龍。成龍以閘門鎮已開，白駒場諸工將竣，不宜改弦更張，仍主直濬下河[3]。事既不決，遂於同年十月選命戶部尚書佛倫，吏部侍郎熊一瀟，給事中達奇納趙吉士會同江南總督董訥、漕總慕天顏等前往會勘議奏。

十二月佛倫等公畢還奏，皆欲用靳輔議，並請將白駒丁溪草堰三口各工，盡行停止。唯孫在豐慕天顏與輔議左，遂下廷議。會太皇太后崩（十二月二十五日）議未上[4]。既至二十七年正月，江南御史郭琇忽以治河無功參奏靳輔，並斥其聽信慕客陳潢阻撓下河開濬，且妄興屯田之議，擾奪民田[5]。請即斥革，敕部嚴加處分。二月初，漕總慕天顏，御史陸祖修又交章疏言屯田累民；祖修力詆靳輔，至以帝舜殛鯀為比。給事中劉楷亦疏言靳輔久擅用人之權，而任事迄無寸功，請褫其權。同時郭琇又奏參大學士明珠，背公結黨，納賄營私，語復及輔，謂與明珠余國柱交相固結，每年糜費金錢，大半分肥云云[6]。故至此時羣情洶洶，議論蜂起，內外各官鮮復論及下河，反以靳輔個人為衆矢之的矣。輔至此時，如不及早聲辯，必至百口莫爭。幸特得請入覲，遂繕疏密奏，備陳于成龍慕天顏孫在豐朋謀陷害之跡；又自辯治河經過，歷駁被參各點，並議再度南巡，視閱河工，以明是非[7]。疏入，上諭大學士以輔為總河，挑河築堤，漕運無阻，不可謂無功；但屯田下河二事，亦難逃罪。近者衆議紛紛，理應令其陳辯，並將輔疏下九卿察議。

時于成龍董訥俱已受詔來京，上遂於三月八九兩日，先後親詔大學士、學士、九卿詹事科道與董訥、靳輔、于成龍以及原任尚書佛倫、熊一瀟、原任給事中達奇納、趙吉士等入奏，所爭仍不外疏河、築堤、屯田三事。靳輔自認屯田原議不外於水涸之後，將民間原納租稅之額田，給與本主，其餘丈出之田，作爲屯田，藉資抵補河工所用錢糧。其後只以胥吏奉行不善，民怨是實，無可置辯，唯候處分。其他俱下九卿詳酌確議。旋經議覆，謂下河海口宜開，高堰重堤不宜築。此康熙二十七年三月十二日事。同日，上復諭吏部謂總河靳輔、總漕慕天顏、侍郎孫在豐等互相訐參，靳、慕不便留任，孫亦不便修河，伊等員缺，應速行更換差遣。二十四日遂明令將靳輔以及慕天顏、熊一瀟、趙吉士等人，俱行革職。其他原議一併革職之佛倫、董訥、孫在豐、達奇納等，因故從寬處罰。至於陳潢原於二十六年由靳輔奏請受賜僉事道銜，今亦一併革去，並令解京監候。河工、屯田二事，由佛倫奏請永行停止；總河坐名題補河員之權，亦即廢除[8]。至是下河糾紛雖終告結束，而靳輔竟且以此去職，其志固未得伸也。且自康熙十六年三月輔就任河道總督以來，先後十一年間，追隨輔之左右，事事代爲籌劃，甘苦與共，誼比手足之陳潢，亦竟以「國之蠹而民之仇」「一介小人冒濫名器[9]」等罪，而潢已含冤與世長辭矣[10]！見斥，終且坐罪。其後無幾，又一病不起；事後雖經查明免

註一　抄本治河書「覲奉上諭，飭下河疏」有類似記載：「臣所議請之堤東水……俱慮與工程將而所費錢糧浩繁、正在躊躇未定，今蒙我皇上面諭臣子，問臣作何設法修治，有何意見，俱不妨心[illegible]誠」。（奏疏卷六頁六上）

註二　奏疏卷六頁一上。

註三　孫在豐傳（國書初編卷五十六，頁三下）

註四　清史稿靳輔本傳

註五　參看本書第四章第二節

註六　「麋費河銀，大半分肥」，容有其事。李光地曾曰：「鴻印川乃一不愉錢銀的靳輔耳」。（榕村語錄續集卷十八，頁二十九上）

註七　原疏不見奏疏八卷之中，唯清史列傳本傳有節錄。（卷八頁三十六下—三十七下）

註八　以上參看康熙二十六年十月至二十七年三月東華錄。

註九　郭琇參輔疏。（清史列傳卷八頁三十六上）

註一〇　「義友竭忠疏」。（奏疏卷八頁二十二上）

第三節　中河告竣與靳輔功過

靳輔十一年來之治河歷史，竟作如此結束，實有令人未能已於言者。所幸方是靳輔交章被劾之日，亦正是濟運中河告成之時。此中河之成在靳輔濟運工程中，實是一大功業。

按中河之議始於二十六年所上「挑築未盡」一疏[1]，請自宿遷起，歷桃、清、山、安等處黃河北岸一帶遙縷二堤之中，循舊開順水小河，挑爲中河一道，俾將來重運糧船一出清口，即於黃河截流，經渡北岸，由仲家莊閘進入中河，歷爛馬河直進張莊運口而達北運河[2]。先是輕重漕船，概自清口出淮，

溯黃而上，行程至爲險阻。治河方略記曰：

「自清口以達張莊運口，河道尙長二百里，重運泝黃而上，僱覓縴夫，艘不下二三十輩，蟻行蚊負，日不過數里，每艘費至四五十金，遲或至兩月有奇，方能進口，而漂失沉溺往往不免，蓋風濤激駛，固非力所能勝[3]也。」

議挑中河，卽爲避此段險程，冀使漕運，永無阻滯。

康熙二十七年正月，中河告竣[4]。三月奏報到京，會靳輔諸案未決，不暇及此。及至四月初，靳輔業已革職，新任總河王新命尙未到任，遂令內閣學士凱音布、侍衛馬齊武前往閱視中河，是否可永通漕運。月中，凱音布等以中河商賈舟行不絕，漕運可通迅奏，並繪圖進呈。同時更謂前總漕慕天顏初曾勸令漕艘退出中河，又阻撓閉塞支河之口，使駱馬湖水不得匯流中河以濟漕運。時上適奉太皇太后梓宮詣山陵，聞報大怒，遂即召九卿詹事科道入行宮，令即回京將慕天顏提拿夾訊，並痛斥于成龍不宜懷挾私讐，阻撓河務[5]。且更爲靳輔辯曰：

「今數年以來，河道未嘗衝決，漕艘亦未至有誤，若謂靳輔治河全無裨益，微獨靳輔不服，朕亦不愜於心矣，……今九卿已將靳輔議罪，皆言其治河無益，若王新命聞之亦順從于成龍之說，以靳輔所治不善，大壞河道，將原修之處盡行更改，是伊等各懷私忿，遂致貽誤河工乎[6]」？

至是乃更遣尙書張玉書、圖納、左都御史馬齊、侍郎成其範、徐廷璽等第二次往閱河工，囑其務將毛城舖高家堰等地方徧閱，然後將靳輔所修諸工，詳細勘查回奏。五月張玉書等以奉差看河請訓，聖祖語復及靳輔曰：

「人皆云河道壞於靳輔，放水淹沒民田，朕意不然。靳輔果能收放河水，則其人已非平常，必能成功，何云河道自彼而壞？卽宿遷高堰等處運河，朕所深知；他處未經親歷，未能明晰[7]」。

聖祖之不能忘懷於靳輔，於此隱然可見也。

同年八月張玉書等還奏，其略曰：

「臣等勘閱黃河水勢，兩岸出水頗高，河身漸次刷深，數年來雖遇大水，未經出岸，河身淤墊之說，甚屬虛妄。其海口兩岸二三里，黃水汎溜入海，並無阻滯[8]……」

以上所議修防各點，俱下九卿詹事科道會議，一併交出新任河臣接理，而於靳輔治河大計，固未嘗更動絲毫也。故直至此時，靳輔十一年來之治河歷史，方可謂眞正告一段落，其孰能謂輔以治河無功得罪而去耶？

註一　奏疏卷六，頁五十七上「中河告竣疏」曰：「竊照康熙二十六年，臣於題明挑築未盡事宜等事疏內請：加挑中河一道」（奏疏卷七，頁一上）故該疏上奏在二十六年，確期不可考，以事理推測，當在春夏之間。

註二　據萬承蒼作傳曰：「二十三年復疏請開中河三百里」（國史初編卷一五五，頁二十七下）誤。又李鳳南治河事狀以請挑中河緊繼酌改運口一事，（同上，頁四十三上）查酌改運口之議始於康熙十七年十月，工成於十八年四月，相去甚遠，大誤。不過本疏有文曰：「查臣前疏自宿遷縣起歷桃清山安等處縷堤之內，加挑新河一道【按即此處本文所謂「寄開顯水小河」是】……今臣復加籌酌，此河一成，則下自清河縣起，竟可溯流而上，直達宿遷之駱馬河矣」。（頁五十七下）是則「中河」之名，雖自康熙二十六年本疏上奏之時始確定，但其工程實自「前疏」奏請「加挑新河一道」之後，便已開始。此處所謂「前疏」，係指「聖心愛民已極疏」而言，該疏不見奏疏八卷之中，行水金鑑有引文（卷五十，頁八上——十下）並註上奏日期為康熙二十四年九月十八日。而治河方略則別作「二十五年」（卷二、頁十二上）不知何據。

註三　卷二、頁十二上。

註四　同上、頁十二下。

註五　其後刑部等衙門会議將萬天顏杖一百，徒三年不准折贖，並削去于成龍宮保銜，降三級調用。得旨：于成龍從寬免降調，萬天顏亦從寬免罪。（東華錄康熙二十七年十月辛丑條）

註六　東華錄康熙二十七年四月庚申（十三日）條。又抄本治河書有相似記載。

註七　同上，五月壬申（初一日）條。

註八　同上，八月乙卯（初九日）條。

第九章　聖祖二次南巡與靳輔再度起用

康熙二十七年三月靳輔雖已革職，但此後四年間始終未得與河務工程完全脫離關係。先是於二十七年十一月奉命與工部尚書蘇赫等往閱通州運河，有所建議。次於二十九年四月與凱音布受詔經理北運河下游束水工程以濟漕運。最後更於三十年十月會同戶部侍郎博際、兵部侍郎李光地、工部侍郎徐廷璽等前往查閱黃河險工等等[1]。但其中最為重要者尤在於扈隨聖祖之二次南巡閱河。

聖祖二次南巡在二十八年正月，啟鑾之前，諭吏、戶、兵、工、四部曰：

「朕撫莅寰宇，二十八年於茲，早作夜思，勤求治理，務恤黎庶，永圖乂安。如黃運兩河，運道民生有繫，朕日切心勞。比年工役雖漸有緒，而應修應塞，議論紛紜。曩歲巡幸，曾允淮揚士民所請，疏濬下河，前已興工，尚稽底績。屢經廷議，請朕親行閱視。今特諏吉南巡，躬歷河道，兼欲觀覽民情，周知吏治[2]」。

是此行目的，可概見於此。

正月初八日南巡啟鑾。同月二十二日駐蹕郯城縣。二十三日率扈從諸臣閱視中河，次日由中河舟行閱視河道，遂由清河縣渡黃河，經揚州、鎮江、蘇州等地，以二月初九日幸杭州。十七日自杭州回鑾，三月初五日返抵淮安府。初七日復率扈從諸臣自七里閘、太平閘閱視高家堰一帶堤堰閘壩。旋即北上，以十九日返抵京都。

聖祖此行，除於下河中河諸工各有指示外，並於靳輔個人以往治績，獲得一極爲良好之印象。返京之後，遂諭大學士等曰：

「朕巡行南省，閱視河道，江南淮安諸地方，自民人、船夫，皆稱譽前任河道總督靳輔，思念不忘。且見靳輔濬治河道，上河堤岸，修築堅固。其於河務既克有濟，實心任事，勞績昭然，著復其原品[3]」。

靳輔往日治河功過，自是不辯而自白矣。

既至康熙三十一年二月，總河王新命以勒取庫銀爲運河同知陳良謨訐糾。遂復起用靳輔，再任河道總督[4]。時上諭大學士等曰：

「朕聽政以來，以三藩及河務漕運爲三大事，夙夜廑念，曾書而懸之宮中柱上，至今尚存。儻河務不得其人，一時漕運有誤，關係非輕。董訥爲人性刻，恐其僨事。靳輔熟練河務，及其未甚老邁，用之經營，亦得紓數載之慮[5]」。

噫，輔以風燭殘年，又於此等奴使心理下而被起用，不亦至可悲乎？況此時陳潢已故，左右乏人，雖曾力以病辭，終未得允。三月赴任之前，曾受詔至內廷，聖祖審知其奏對情狀，大非昔比，念其衰病，遂令順天府丞徐廷璽前往協理，而輔亦即於三月十五日先至濟寧到任[6]。

時值陝西西安鳳翔二府大饑，上命留江北漕糧二十萬石由黃河轉運至山西蒲州等處，備貯賑濟。輔到任之時，江北糧船多自清河縣仲家莊閘入中河北上已七百餘里，若驅而南返，轉費時日。且其船隻半多滿號，不宜黃行。遂又移咨漕臣，即於江南糧船中，擇其輕便之「䑸」，於清河截留西運[7]。後以江北糧船較爲堅固，遂又改撥江淮等衛船三百八十四隻，並每船借銀六十兩，令其自僱剝船縴夫[8]。其間輔先自濟寧趕赴清江浦寓署，料理轉運事宜。旋又溯河西上，親勘沿河諸險工。五月馳抵開封，督飭催儹，添僱民船，以便隨淺隨剝，以利速行，上頗嘉其實心任事。殊不料六月初旬而後，黃河伏水漲發，自三門而下，勢如建瓴。運船剝船，俱有漂沒。截至七月中旬爲止，據豫省經收委員等所報，過運糧米亦止七萬三千七百餘石而已。且滎澤而上以至孟津二百餘里，急溜尤甚，其不能再行之船，俱令歸併妥當，隨時遄發，同容修艌，以濟新運[9]。是以前後數月之間，輔雖力疾馳驅，以求速運，其奈天命何。

時輔以操勞過度，卒至病臥滎澤。自知生限無幾，因上疏請遣子治豫前來，俾少叙父子之情，並兼及個人病狀曰：

「乃陛辭之後，力疾馳驅。半載之中，諸病畢集，如頭痛若劈，耳痛若摘，與夫痰嗽無休，間且咳血盈碗，寒熱交作，痔痛並發，以及胃脹脾泄等症，非此即彼，旋止旋發。然更番為祟，猶可勉強支持於職事，毫無所關。不意自七月二十六日起，以迄於今，晝夜發熱不止。頭項胸背俱痛，嗽則引動痔痛等症，兼而受之，非昔之旋發即止，彼此更番之說矣。[10]」

疏入，上可其請，特命治豫馳驛省親，並喻返歸淮上調理。

其後，輔雖病在床褟，然尤不忘河工，曾於十月間先後以「兩河再造」「河工守成」二疏入奏[11]。於全部河工應加修防各點，仍力疾披陳，不稍倦怠。尋以病重不能支，上疏求罷，上猶不許，只命治豫再往視疾。治豫未至，而二次求罷之疏到京。十一月十九日，上卒允其請[12]。而輔亦竟於同日病終官舍，時年六十[13]。「遺奏」上[14]，猶念念以河事為懷。同年十二月，命禮部祭葬，賜謚「文襄」。「鞠躬盡瘁，死而後已」，輔可以當之無愧矣。

康熙三十五年（一六九六）河道總督董安國以江南士民顧請捐資建祠河干，下部議行。四十六年（一七〇七）聖祖六次南巡，深念輔治績，並以沿淮居民之感頌，衆口如一，久而不衰，特予褒榮，乃加賜太子太保，予騎都尉世職。雍正五年（一七二七）更命追贈工部尚書。七年命江蘇巡撫尹繼善，擇地建祠祀輔及河道總督齊蘇勒，有司春秋致祭，八年詔建賢良祠於京師，輔亦入祀焉[15]。

註一　分見東華錄二十七年十一月丙子（初七日），二十九年三月丁巳（二十五日），又三十年十月甲戌（三十三日）等條。

註二　同上，二十八年正月庚午（初二日）條。

註三　同上，三月戊子（二十一日）條。

註四　「恭謝天恩復任疏」（奏疏卷八，頁一上）按清史稿本傳作「三十年王新命坐事罷」，（列傳六十六頁，八下）誤。

註五　東華錄康熙三十一年二月辛巳（初一日）條。

註六　「運米求速疏」曰：「至臣於十五日到任」。（奏疏卷八頁四上）

註七　同上

註八　「恭報開運疏」（奏疏卷八頁九上）

註九　「恭報河空疏」（全上頁十二上）

註一〇　奏疏卷八，頁三十九上——下。

註一一 「兩河善後疏」(奏疏卷八，頁二十九上)
「河工守成疏」(仝上，頁三十五上)

註一二 東華錄康熙三十一年十一月甲子(十九日)條。

註一三 王士禛撰靳輔墓誌銘。

註一四 奏疏卷八，頁四十一上。

註一五 國史館本傳。

靳輔治河始末參考書目

靳輔 靳文襄公奏疏八卷 康熙間刊本 八冊

靳輔 治河方略十卷附圖 乾隆三十二年臨泉寶刊本 十二冊

靳輔 治河書(不分卷) 燕京大學圖書館藏抄本 四冊

王先謙 康熙朝東華錄(東華全錄)一一〇卷 光緒十三年京都善本堂重刊本

趙弘恩 江南通志二百卷卷首四卷 乾隆元年刻經閣藏版 一六〇冊

孫灝 河南通志八十卷 雍正九年修道光六年補刊本 四十冊

岳濬 山東通志三十六卷卷首一卷 乾隆元年自序刊本 四十二冊

王峻 徐州府志三十卷 乾隆七年刊本 十二冊

吳昆田 淮安府志四十卷卷首一卷 光緒十年刊本 十六冊

張世浣 揚州府志七十二卷卷首一卷 嘉慶十五年刊本 四十八冊

元成 淮關統志十四卷 光緒二十年文耕增補本 六冊

脫脫 宋史河渠志(第四十五) 民國二十四年開明書店鑄版本

張廷玉 明史河渠志(第一) 仝上

趙爾巽 清史稿五三六卷 民國十六年鉛印本 七十冊

中華書局清史列傳八十卷 民國十七年鉛印本 八十冊

李桓 國朝耆獻類徵初編七二〇卷 光緒十年至十六年湘陰李氏刊本 三〇〇冊

錢儀吉 碑傳集一六〇卷末二卷 光緒十九年 江蘇書局刊本 六十冊

傅澤洪 行水金鑑一五六卷卷首一卷 道光十二年河庫道署刊本 八十冊

胡渭 禹貢錐指 光緒十一年上海點石齋石印縮本皇清經解本

潘季馴 河防一覽十四卷 乾隆十三年刻本 八冊

張希良 河防志十二卷 雍正三年刊本 十二冊

孫鼎臣 河防紀略四卷 咸豐九年序刊本 二冊

陳潢 河防述言一卷 青照堂叢書本又治河方略本

俞正燮 癸巳類稿十五卷 光緒五年會稽章氏刊本 十二冊

俞正燮 癸巳存稿十五卷 刊本 六冊

李光地 榕村語錄續集二十卷 光緒二十年序刊本 六冊

王士禛 蠶尾集十卷(漁洋山人著述) 康熙年間吳郡沂詠堂刊本 四冊

王士禛 帶經堂集九十二卷(王漁洋先生詩文集) 乾隆十二年帶經堂刊本 二十四冊

彭紹升 測海集 嘉慶二十四年彭氏刊本 二冊

于慎行 穀山筆塵十八卷 萬曆四十一年序刊本 八冊

顧炎武 日知錄三十二卷 中華書局四部備要本 十二冊

馮道立 淮揚水利圖說一卷(附淮揚治水論，東台水利議) 道光十九年西園刊本 一冊

許可寶 江蘇全省輿圖八十五圖 光緒二十一年刊本 三冊

元魏的階級制度

蒙思明

目錄

I 緒言

在中國社會史中爭論的焦點，是社會史分期的問題，是社會發展階段的問題，是某種社會制度存在與否的問題。而這些問題的正當解決，必需求助于經過批評工夫證明確鑿無誤的史料所構成的史實，尤需借助于掌握這些問題的關鍵的幾個重要時代的社會制度的探討。元魏以夷族入主中土，創立了百多年的一個朝代，一方面繼承着五胡十六國所破碎了的社會，他方面啟發着煥然一新的隋唐歷史，牠無疑的是佔了中國社會發展重要關鍵的一席。作者這篇文章，企圖用純客觀的態度，根據這有限的史料，盡量把元魏的社會形態描畫出來，作為一切與此有關的論斷的根據。

II 國人

A 國人是甚麼？

元魏是鮮卑族的一支，原是北方的遊牧民族。在他未入中原以前，『統國三十六，大姓九十九[1]』。後來趁了五胡騷亂，中原板蕩的時會，領着他那弓馬閑熟的部落，狼奔豕突，佔據了北方，成了中原的新統治者。其他散佈在北方的一切種族，都被強迫着做了他們的公私奴隸。為要表示他們的與眾不同，于是自稱為『國人』。這是這新興統治階級的共同尊號。魏收的書為要泯滅一切種族對立的痕跡，盡量避免這一名辭的使用；但這名辭也間一出現于他的書中。至于司馬光的通鑑裏面，這個名辭的應用就特別普遍了。魏書序紀裏說：『石虎遣將李穆率騎五千納烈帝于大甯，「國人」六千餘落叛煬帝[2]』。通鑑宋紀裏則有下面的兩項記載：『嗣悅曰：「唯二人與朕同意」，乃簡「國人」尤貧者，詣山東三州就食[3]』。又『魏主遺質書曰：「吾今所遣門兵，盡非我「國人」，南是丁零與胡，北是氐羌[4]」』。胡三省為他加上註解說：『「國人」，謂與拓跋氏同出北方之子孫也[5]』。又說：『拓跋氏起于漠北，統國三十六，大姓九十九。道武既并中原，徙其豪傑于雲代，與北人雜居，以其北來部落為「國人[6]」』。這已很鮮明的指出這一階級的存在及其名稱的意義了。以下再從各方面來考察這一階級的地位與其特點。

B 國人的地位

1. 國人是居住在畿甸以內的

拓跋氏未入中原以前，控弦之士不過四十餘萬[7]。為了鞏便與遷徙的便利，群聚不分，乃意中事。我們怎樣知道拓跋氏既入中土以後，族人一定是聚居在畿內的呢？魏書序紀（以後簡稱某志某傳某紀）裏說：『晉懷帝進帝【穆帝】大單于，封代公，帝以封邑去國懸遠，民不相接，乃從【劉】琨求句注陘北之地。琨自以附託，聞之大喜。乃徙馬邑，陰館，樓煩，繁畤，崞五縣之民於陘南，更立城邑，盡獻其地：東接代郡，南連西河，朔方，方數百里。帝乃徙十萬衆以充之[8]』。這就是後來畿內之地的雛形。食貨志說：『天興初，制定京邑，東至代郡，西及善無，南極陰館，北盡參合，爲畿內之田[9]』。通鑑載：『魏主珪命有司正封畿[10]』，而胡三省引宋白的話爲注說：『魏道武都平城，東至上谷軍都關，西至河，南至中山隘門塞，北至五原，地方千里，以爲甸服[11]』。胡氏在別處又說：『近畿，謂環平城千里之地[12]』。按通鑑所記，在晉安帝隆安二年，即是魏道武帝天興元年，兩書所載，乃是一事。胡注與食貨所記雖不盡同，然大體無異，都是環繞平城之地，也就是從前『徙十萬衆以充之』之地。這個地帶，全都是住的國人，這就是所以要『制定京邑』要『正封畿』而使之與畿外之地不同的原因了。胡氏在另一處更明確的說：『魏先有八部大人，既得中原，建平城爲代都，分佈八部于畿內[13]』。這更明確的指出這項事實。不過國人住在畿內之地，與其說是建都平城以後的事，勿寧說是建都以前的事。而且魏之所以建都平城，也許原因之一就是因爲平城周圍全是住的國人吧？

因爲畿內是一個特殊地帶，所以設官置吏也與外方州郡不同。官氏志說：『置八部大人……于皇城四方四維，面置一人，以擬八座，謂之八國[14]』。又說：『以八國族姓難分，故國立大師小師，令辯其宗黨，品舉人才；自八國以外，郡各自立師，職分如八國，比今之中正也；宗室立宗師，亦如州郡八國之儀[15]』。這裏所謂的八國，就是指的畿內之地。怎樣知道呢？八國的官吏是與州郡的官吏對立的，當然八國不會是州郡了。又說：『八國族姓難分』；因爲拓跋之族，原無姓氏[16]，族姓難分，乃是拓跋之族的特有現象。這不是證明八國就是畿內而都是住的所謂國人嗎？

此外還有一個證據，足以證明畿內是住國人的。魏明元帝神瑞二年，『京師民飢，聽出山東就食[17]』。通鑑記同一事件，則作：『乃簡「國人」尤貧者，詣山東三州就食[18]』（事在晉安帝義熙十一年，即魏明元帝神瑞二年）。魏收所謂的京師民，司馬光所據的史料則指明其爲國人；京師民既等于國人，不更可證明近畿都是國人了嗎？

這些在畿內居住的國人，假使國都遷徙，他們必得又遷到新都的近畿去。所以太和十八年南遷以後，就下詔，『遷洛之民，死葬河南，不得還北。於是代人南遷者，悉爲河南洛陽人[19]』。代人就是拓跋之族，就是國人的異名。此項記載，就證明了住在舊都畿內的國人，在遷都以後，都做了新都畿內的住戶了。通鑑梁天監十六年。（即魏熙平二年），『魏詔北京士民未遷者，悉聽留居爲永業[20]』。胡注說：『魏以代都爲北京[21]』。這又證明平城畿內之民，在原則上是必須遷到洛陽畿內去的，這通命令，不過是特別寬容未遷者，讓他們留居爲永業而已。到了魏分東西，東魏遷鄴的時候，又在鄴另闢皇畿，徙去鄴的舊人，以居新遷之人[22]；而西魏入關，六坊之衆，也一部隨帝內徙[23]，是國人居近畿的原則，乃與元魏相終始了。

但是這裏須得說明一點，就是畿內不一定全是國人，人不一定全在畿內。因爲南北徵戍，國人的一部份已分到各鎮[24]。而魏齊移民於平城的記載，也多至十餘條。不過這些移民，全是來爲國人作公奴隸的（參看編民節）；而鎮戍之家的戚屬，仍大部份留在平城[25]。所以從原則上說，國人是定居畿內，畿內是爲國人特闢的地區。

爲甚麼國人一定要住在畿內呢？這理由是很明顯的。除了不欲其強勇善戰的民族染了華人文弱之風的理由而外；大概以少數民族統治多數民族，必需集中武力，以保衞皇室，鎮壓反叛，乃是主要原因吧？看通鑑的一段記載，就可以明白的：魏明元帝神瑞二年，雲代之民多飢死，王亮蘇坦主張遷都于鄴，崔浩周澹反對說：『山東之人，以國家居廣漠（北史崔浩傳作漠）之地，謂其民畜無涯，號曰牛毛之衆。今留兵守舊都，分家南徙，不能滿諸州之地；參居郡縣，情見事露，恐四方皆有輕侮之心。……又舊都守兵既少，屈丐柔然，將有窺窬之心，舉國而來，雲中平城必危。……今居北方，假令山東有變，我輕騎南下，佈濩林薄之間，孰能知其多少，百姓望塵懾服，此國家所以威制諸夏也[26]』。這就是國人必需聚居畿內的說明書。崔浩雖漢人，其爲拓跋計，可謂『思之詳而慮之審也』。

2. 國人是以服兵役爲專業的

在歷史上有一條公例，凡是文化落后的遊牧民族，在遊征服了文化較高的農業民族以后，往往是兵農分工。最顯著的例，是日爾曼民族征服羅馬以后的中古歐洲，社會上截然分成兩個階級；一個是以戰爭爲職業的騎士，一個是以耕稼爲職業的農奴。前者是征服者，是文化落后的。后者是被征服者，是文化較高的。此乃是當時情勢所產生的必然結果。

所以元魏之統治中原，也不能例外。最明顯的記載，沒過于通鑑梁紀中的一段，『〔高〕歡每號令軍士，常令丞相屬代郡張華原宣旨。其語鮮卑則曰：「漢民是汝奴，夫為汝耕，婦為汝織，輸汝粟帛，令汝溫飽，汝何為陵之」。其語華人則曰：「鮮卑是汝作客，得汝一斛粟，一匹絹，為汝擊賊，令汝安寧，汝何為疾之[27]」』。這不是很明白的指出鮮卑與華人就等于中古歐洲的騎士與農奴了嗎？通考馬端臨的按語說：『拓跋氏起自雲朔，據有中原，兵戎乃其所以為國也。羽林虎賁，則宿衛之兵，六鎮將卒，則禦侮之兵；往往皆代北部落之苗裔，其初藉之以橫行中國者[28]』。又通鑑載魏太武帝與宋文帝的信上說：『彼年已五十，未嘗出戶，雖自力而來，如三歲嬰兒，與我鮮卑生長馬上者果如何哉[29]』。這又證明魏兵大都是鮮卑人了。就在那對種族界限『諱莫如深』的魏書裏面，也能找出幾條證明：如太和二十年，『以代遷之士，皆為羽林虎賁[30]』。又廣陽王深上書說：『昔皇始以來，移防為重，盛簡親貴，擁麾作鎮，配以高門子弟，以死防遏[31]』。而正光五年，又下詔說：『顯祖獻文皇帝，自北被南，淮南思乂，便差割強族，分衛方鎮。高祖孝文皇帝，…選良家酋帥，增戍朔垂，戎捍所寄，實惟斯等[32]』。北齊書魏蘭根傳也說：『緣邊諸鎮，控攝長遠，昔時初置，地廣人稀，或徵發中原強宗子弟，或國之肺腑，寄以爪牙[33]』（魏蘭根時仕魏，因李崇以上書，在廣陽王深上書以前）。這裏所謂的『親貴』，『強族』，『高門子弟』，『良家酋帥』，以及『強宗子弟』，『國之肺腑』等，怕不成問題都是指的鮮卑之族吧？以上數段，不是證明了做宿衛的羽林虎賁和禦侮的六鎮將卒都是國人嗎？

此外還可以找出幾條間接的證據：魏書山偉傳說：『時天下無事，仕進路難，代遷之人，多不霑預[34]』。所謂無事，當然是說無戰爭之事，因為無戰爭之事，于是代人就找不到仕宦的途徑，這不是說代人都在當兵，專要策立功勳，才能升官發財嗎？明文帝紀又載：『五年春正月乙巳，大閱，畿內男子，十二以上悉集[35]』。前面已經說明，畿內作戶，都是國人，大閱而只限于畿內，這不是說只要國人才能當兵嗎？當孝文帝想遷都洛陽的時候，怕國人反對，不肯南赴，他就變更策略，聲言南伐，率步騎百餘萬，走到洛陽，而遷都的事，就輕輕的辦妥[36]。這是甚麼原故呢？這不是因為國人都是兵士，兵士南伐，就是國人南下，兵士留洛陽，就是國人留洛陽，南伐實際上就是變象的南遷嗎？同時我們翻開魏書的列傳一看，凡是身為武人而種族可確考者，十之七八，都是代人。這不是兵為國人專業的另一證明嗎？就是國人中的宗親，也是普遍的要服兵役，所以魏兵中有宗子羽林[37]，宗子隊[38]等名稱，實際他們的職務，是與其他魏兵一樣，宿衛宮室與鄉侮鎮捍兩者都得作的。

這裏還得申明一點：雖然當兵是國人的專業，却不是說異族的人就絕對不讓他當兵。在元魏末年，異族兵已實際不少。不過都是爲權變之用：或是就地任命，以爲本鄉的守卒[39]；或是臨時招募，以救一時的眉急[40]；或是赦免的罪犯，令作先鋒[41]；或者驅過到前線，以供犧牲[42]。而兵之主幹，自始至終，都是國人。北齊書高歡對高昂說：『高都督純將漢兒，恐不濟事，今當割鮮卑兵千餘人，共相參雜，於意如何[43]』？這是表明就到元魏末年，鮮卑兵仍在魏兵中佔着領導的地位。高歡不曾以『數千鮮卑破爾朱百萬之衆[44]』嗎？同樣，國人也不是就絕對不耕種。如太祖『使東平公元儀屯田于河北五原，至于棝楊塞外[45]』。世祖詔：『緣淮南北所在鎮戍，皆令及秋播麥，春種粟稻，隨其土宜，水陸兼用，必使地無遺利，兵無餘力[46]』。楊椿傳：『〔定〕州有宗子稻田屯兵八百戶[47]』。而世宗一朝，曾兩次以苑牧之地賜代遷民無田者[48]。這都是國人亦從事耕種之證。但是或是在邊鎮戶少之地，或是領有土地而讓奴隸耕種。國人以耕耘爲專業，却是沒有的事。

另外有一件事，可以在這裏附帶提及的：就是征服者自任兵役而強被征服者從事稼穡，雖然是五胡侵入北方以來的普遍現象，可是能將他定爲國策而善于利用之者，似乎只有鮮卑拓跋氏這一族，前有南涼，後有元魏而已。關于魏，上面已談得很清楚了。南涼的情形呢？十六國春秋輯補南涼錄中有這樣一段記載：『隆安五年，僭稱河西王，其將鍮勿崙進曰：「昔我先君，雖自幽朔，被髮左衽，無冠冕之儀，遷徙不常，無城邑之制，用能中分天下，威震殊境。今建大號，誠順天心。然寧安樂土，非貽厥之規；倉府粟帛，生敵人之志；……宜置晉人于諸城，勸課農桑，以供軍國之用，我則習戰法以誅未賓。若東西有變，長策以濟之，如其敵強于我，徙而以避其鋒，不亦善乎」？利鹿孤然其言[49]』。是南涼可謂元魏的先聲了。我們怎樣知道南涼同元魏是一族呢？他們在種別上說，都是鮮卑族的支派，而『拓跋』與『禿髮』音又相近，已經可以使人向那方面推想了。翻開十六國春秋輯補的南涼錄一看，開頭就是：『禿髮烏孤，河西鮮卑人也。其先與後魏同出，八世祖匹孤率其族自塞北遷于河西[50]』。同時魏書源賀傳也說：『源賀，自署河西王禿髮傉檀之子也。傉檀爲乞伏熾盤所滅，賀自樂都來奔。……〔世祖〕謂賀曰：「卿與朕源同，因事分姓。今可爲源氏[51]」』。從兩方的記載。可以確証其同是一族。爲甚麼拓跋一族最知利用兵農分工的政策呢？現在還沒有史料可以構成這項答覆。

3. 國人是以作官吏爲專利的

國人既是當時的統治階級，那麼，代表統治階級來實行統治任務的官吏，當然不成問題，都是要由統治階級內部的人來包辦的。雖然在元魏朝中，也有不少的異族官吏，但是他們或者是用來統治他們的本族的；或者都是文臣，用來幫助這些『不解書計』[52]的武夫辦理文墨粉飾太平的；同時也是用來籠絡被征服者中的高門大族，收買他們，分裂被征服者反抗運動的統一戰線；而對一般的被征服者，也含有幾分引誘和欺騙的作用的。然而就是這批被買而做了達官顯宦的人們，他們的處境，也是怪可憐的。常常是被國人們鄙視，排擠，而鬧出許多風潮來。現在讓我依次的提出供證吧。

首先我們看中央的官吏，是由國人壟斷了的。官氏志說：『建國二年，初置左右近侍之職，無常員，或至百數，侍直禁中，傳宣詔命。皆取諸部大人及豪族良家子弟，儀貌端嚴，機辨才幹者應選』[53]。又說：『〔天賜〕四年五月，增置侍官，侍直左右，出納詔命，取八國良家，代郡，上谷，廣甯，雁門四郡民中年長有器望者充之』[54]。八國就是畿內；諸部大人就是八部大人，就是畿內的首帥。那麼，這些有權利可以充當中央官吏的『八國良家』和『豪族良家』，當然就是國人中的高門了。又看仇洛齊傳說：『是時東方罕有仕者，廣紘皆不樂入平城，洛齊獨請行曰：「我養子，兼人道不全，當為兄弟試禍福也」，乃乘驢赴京』[55]。東方是指當時山東之地，是漢人薈聚之鄉。東方的人，是『罕有仕者』；就是奉詔入京，也是一樁冒險的事，何況說仕進呢。

同時地方官吏，也是不讓被征服者染指的。韓麒麟傳說：『麒麟以新附之人，未階台宦，士流沉抑，乃表曰：「齊土自屬僞方，歷載久遠，舊州府寮，動有數百。自皇威南被，并職從省，守宰闕任，不聽土人監督。竊惟新人，未階朝宦，州郡局任甚少，沉塞者多怨言，冠冕輕爲去就。愚謂守宰有闕，宜推用豪望，增置吏員，廣延賢哲；則華族蒙榮，良才獲叙，懷德安土，庶或在茲」』。朝議從之[56]。從這段話看來，則是『守宰闕任，不聽士人監督』，方是元魏定例，不過韓麒麟所供獻的這個籠絡華族以削減反抗勢力的巧妙方法，終于得了拓跋皇帝的欣賞而被採納了。

因爲滿朝大都是國人，于是鮮卑語自然而然的就成了『朝堂語』而與普通民間的華語對立了。就等于諾爾曼征服了英格蘭以後，諾爾曼語就與民間通用的昂格魯薩克森語對立而成了『朝堂語』一樣。雖然太和十九年，有『不得以北俗之語言于朝廷』[57]的皇皇明詔，而事實並不如此。且看晁崇傳說：『崇弟懿，辯，而才不及崇也，以善北人語，內侍左右，爲黃門侍郎，兄弟並顯』[58]。北齊書高昂傳說：『高祖每申令三軍，常鮮卑語，昂若在側，則爲華言』[59]。又顏氏家訓說：『齊朝有一大夫，嘗謂吾曰：「我有一兒，年已十七，頗曉書疏，教其鮮卑語及彈琵琶，稍欲通解，以此伏事公卿，無不寵愛，亦要事也[60]」』。有的是『善北人語』，遂『兄弟並顯』；有的是『教其鮮卑語』，以『伏事公卿』：有的是本能華言，却偏要說鮮卑語以擺其官派。這是因爲朝內都是國人，他們又自認爲是優越階級；若要他們放棄習用的語言，來學那被征服者的話語，那且是一紙公文所能奏效的。既然朝堂習用旹鮮卑語而始終不能廢，這不是證明官吏是國人包辦了嗎？顏之推的話，雖是北齊的事，但是齊是魏的後身，到北齊尙且如此，則元魏是不成問題的了。

這項專利，如果是被別人侵犯了的話，國人是要起來抗議的：所以當孝文帝遷洛以後，想要『用夏變夷』，逐漸用了一批漢族文人，國人就立刻吃起醋來，鬧出風潮來了。陸凱傳說：『初高祖將議革變舊風，大臣並有難色。又每引劉芳郭祚等密與規謨，共論時政，而國戚謂遂疏己，怏怏有不平之色。乃令凱私喩之曰：「至尊但欲廣知前事，直當問其古式耳，終無親彼而相疏也」。國戚舊人意乃稍解[61]』。通鑑說：『顯祖平靑徐，悉徙其望族于代，其人多允之婚媾。……〔允〕隨其才行，薦之于朝，議者多以初附間之[62]』。又說：『初魏文明太后欲廢魏主，穆泰切諫而止，由是有寵。及帝南遷洛陽，所親任者多中州儒士，宗室及代人往往不樂，泰自尙書右僕射出爲定州刺史，自陳久病，土溫則甚，乞爲恒州，帝爲之徙恒州刺史陸叡于定州，以泰代之。泰至，叡未發，遂相與謀作亂[63]』；而『代鄕舊族，多與泰等連謀[64]』。通鑑又說：『魏任城王澄以王肅羈旅，位加己上（〔原註〕王肅本江南人而奔魏。故以爲羈旅），意頗不平。會齊人降者嚴叔懋告肅謀逃還江南，澄輒禁止肅（〔原註〕禁止不令入宮省），表稱謀叛，案驗無實[65]』。國人們對於漢人之被任用，有的稱謀叛以陷之，和平的僅『怏怏有不平之色』，而激烈的『遂相與謀作亂』，這不是因爲漢人入朝破壞了他們的做官專利而生的反動嗎？我們看崔浩因『書魏之先世，事皆詳實』而得罪時，於是『執浩置檻內送城南，衛士數十人溲其上，呼聲嗷嗷，聞於行路[66]』。這固然是因爲崔浩太不客氣，『暴揚國惡』，所以這些作衛士的國人才陵辱他。恐怕也有幾分因爲他作了顯官，侵犯了他們的專利，而借此聊以報復吧？無怪那位不識時務的張仲瑀，因爲『上封事，求銓別選格，排抑武人，不使預淸品』，遂至『羽林虎賁，幾將千人，相率至尙書省詬罵。……以瓦石擊打公門。〔又〕直造其第，曳彝〔仲瑀父〕堂下，捶辱極意，唱呼嗷嗷，焚其屋宇』。乃至『生投之〔始均，仲瑀兄〕於煙火之中。……仲瑀僞重走免，彝僅有餘命[67]』。政府不惟不能依法懲凶，而靈太后到反下令『武官得依資入選[68]』了。這一方面是說明國人之豪橫；他方面是說明國人享有做官特權的定例，是何等根深蒂固，不易搖撼了。

後來六鎮叛變，也大半是因爲國人之鎮戍北邊者，『爲清途所隔』，而『其往世房分居京者，得上品通官[69]』，遂生不滿。孝明帝亦深知『怨叛之興，頗由於此』，於是『悉免爲民，改鎮爲州[70]』。可惜禍亂既作，無可挽回了。

C　國人內部的等級

但是就在這同一階級中的人們，也不是絕對平等的。有一部份因了歷史關係，在國人階級中爬上了最上層，作了整個社會的最高統治者。另一部份，則因了情勢演變，而降落到本階級的最下層，甚至比下一階級的人的地位還要低。這也是須得提及的。

因了種種關係而爬到最上層的一級，當然是勳貴與宗族了。拓跋氏的前人，或者是因爲勇力超羣，或者是因爲智慧出衆，在部落裏充當了酋帥，世襲下去。時間愈久，傳說愈多，他就逐漸變成最優秀的一族，因此他的宗親，也連帶的升高了自己的地位。王的稱號，是宗親所獨享的[71]。即享有同一尊號的人們，在敘爵時，同姓與異姓，也有等第的差異[72]。至于充當官吏，當然是宗親佔有優先權了。勳貴的地位呢？則是因了前代効命疆埸，立功戰陣，用頭顱和鮮血換來的。元魏的勳貴共有八族：『太和十九年詔曰：「代人諸胄，先無族姓，雖功賢之胤，混然未分，故官達者位極公卿，其功衰之親，仍居猥任。……其穆，陸，賀，劉，樓，于，嵇，尉八姓，皆太祖以降，勳著當世，位盡王公，灼然可知者。且下司州吏部，勿充猥官[73]』。劉昶傳又說：『高祖曰：「或言惟能是寄，不必拘門，朕以爲不爾。何者？當今之世，仰祖質朴，清濁同流，混齊一等，君子小人，名品無別，此殊爲不可。我今八族以上士人，品第有九，九品之外，小人之官復有七等[74]』。是八族也追踪宗親，佔在國人中的頂上層了。

因了種種關係而降低了地位的國人，就是『府戶』同『鎮戶』。『府戶』的來源，就是那被派到州鎮做戍兵的戶口。因爲久在邊地，與畿內國人隔絕，又常與罪犯謫戍者同列，地位遂低落到平民以下了。且看魏蘭根說李崇的話，就可以概見。他說這些戍守邊鎮的『強宗子弟』或『國之肺腑』的國人們，到『中年以來，有司乖實，號爲「府戶」，役同厮養，官婚班齒，致失清流。……宜凡是「府戶」，悉免爲民，入仕次敘，一准其舊[75]』。馬端臨也說：『自孝文定鼎伊洛，務欲以夏變夷，遂至矯枉過正，宗文鄙武，六鎮兵卒，多擯抑之，有同奴隸[76]』。這些『府戶』，要『免』然後可以爲

『民』，他們的地位，當然是降落到平民以下。『有同奴隸』，『役同斯養』，不會是過甚其辭。不過他們究竟只是國人階級中的低落層，隨時隨地都可以恢復他們固有的地位，不能與那失了獨立地位，同于貨物牛馬的普通奴隸等量齊觀的。至于『鎮戶』呢？胡三省曾用這一名辭。通鑑記高歡對六鎮人說：『與爾俱爲失鄉客，義同一家[77]』。胡氏在下面注裏說：『高歡亦鎮戶，故云然[78]』。『鎮戶』就是指的失鄉的六鎮人，與『府戶』的含義相同，想來『鎮戶』只是『府戶』的異名而已。

註一　魏書卷一葉一上。
註二　仝上卷一葉八下。
註三　通鑑卷一一七葉六上。
註四　仝上卷一二六葉二下。
註五　仝註四，見胡三省注。
註六　仝註三，見胡注。
註七　魏書卷一葉四下。
註八　仝上卷一葉五下。
註九　仝上卷一一〇葉一下。
註一〇　通鑑卷一一〇葉一一上。
註一一　仝註一〇，見胡注內。
註一二　通鑑卷一二六葉四下注內。
註一三　仝上卷一一四葉九下注內。
註一四　魏書卷一一三葉一下至二上。
註一五　仝上卷一一三葉三上。
註一六　仝上卷一一三葉三二下，『詔曰，「代人諸胄，先無族姓」』。
註一七　仝上卷三葉五下。
註一八　仝註三。
註一九　魏書卷七下葉一三上。
註二〇　通鑑卷一四八葉一五上。
註二一　仝註二〇，見胡注。
註二二　魏書卷一二葉一下記，『徙鄴舊人西徑百里，以居新遷之人，分鄴置臨漳縣，以魏郡，林慮，廣平，陽丘，汲郡，黎陽，東濮陽，清河，廣宗等郡爲皇畿』。
註二三　通鑑卷一五六葉二〇上載，『是時六坊之衆從孝武帝西行者不及萬人，餘皆北徙』。
註二四　參看本文『國人以服兵役爲專業』節。
註二五　魏書卷一八葉九下，『然其往世勝分，留居京者，得上品通官，在鎮者便爲清途所隔』，是鎮民之宗屬仍居平城之證。
註二六　通鑑卷一一七葉五下至六上。
註二七　仝上卷一五七葉一四下。
註二八　文獻通考卷一五一葉七下至八上。
註二九　通鑑卷一二五葉一一上。
註三〇　魏書卷七下葉一五上。
註三一　仝上卷一八葉九下。

註三二　魏書卷九葉一二上。

註三三　北齊書頁三二魏蘭根傳。

註三四　魏書卷八一葉二上。

註三五　仝上卷三葉三上。

註三六　仝上卷七下葉九上。

註三七　仝上卷一一三葉一六上。

註三八　仝上卷七三葉一上。

註三九　仝上卷四二葉一上至下載，『薛辯字允白，其先自蜀徙于河東之汾陰，因家焉，……辯來歸國，仍立功于河際，太宗授平西將軍』。

註四〇　通鑑卷一五四葉一一上，『帝即出庫物，置城西門外，募敢死之士以討世隆，一日即得萬人』。

註四一　魏書卷七下葉一七上，『詔流徙之內，皆勿決遣，有登城之際，令其先鋒自效』。

註四二　通鑑卷一二五葉一五下，『虜驅民使戰，後出者滅族，以騎蹙步，未戰先死』。

註四三　北齊書頁二八高昂傳。

註四四　通鑑卷一五五葉一八下。

註四五　魏書卷二葉五上。

註四六　仝上卷八葉五下。

註四七　仝上卷五八葉七上。

註四八　仝上卷八葉六上，『以為牧公田，分賜代遷之戶』，又同卷葉一六下，『以牧苑之地賜代遷民無田者』。

註四九　十六國春秋輯補卷八九葉四下。

註五〇　仝上卷八九葉一上。

註五一　魏書卷四一葉一上。

註五二　仝上卷六六葉一二下，『今勳人甚多，又羽林入選，武夫崛起，不解書計，惟可彌縫前闕，指蹤捕噬而已』。

註五三　仝上卷一一三葉一上。

註五四　仝上卷一一三葉三下。

註五五　仝上卷九四葉三上。

註五六　仝上卷六〇葉一下。

註五七　仝上卷七下葉一三上。

註五八　仝上卷九一葉一下。

註五九　北齊書頁二九高昂傳。

註六〇　顏氏家訓卷一葉四下。

註六一　魏書卷四零葉四下。

註六二　通鑑卷一三六葉一一下。

註六三　仝上卷一四〇葉一九上。

註六四　仝上卷一四一葉四上。

註六五　仝上卷一四二葉七上至七下。

註六六　仝上卷一二五葉九上至九下。

註六七　魏書卷六四葉九上至葉十上。

註六八　仝上卷六六葉一一下。

註六九　仝注三一。

註七〇　魏書卷九葉一二下。

註七一　仝上卷七下葉六下，『制諸遠屬非太祖子孫及異姓爲王皆降爲公，公爲侯，侯爲伯，子男仍舊，皆除將軍之號』。

註七二　仝上卷八葉一三下，『詔曰：「五等諸侯，比無選式，其同姓出身：公正六下，侯從六上，伯從六下，子正七上，男正七下。異族出身：公從七上，侯從七下，伯正八上，子正八下，男從八上」』。

註七三　仝上卷一一三葉三二下。

註七四　仝上卷五九葉三下。

註七五　仝注三三。

註七六　文獻通考卷一五一葉八上。

註七七　通鑑卷一五五葉九下。

註七八　仝注七七；見胡注內。

III　編民

A　甚麼是編民

簡單的說，編民就是編戶之民。編戶的目的，是用以作收納賦稅或徵發力役的根據的。編戶之家，是元魏社會的中心支持者，他們是農夫，是供國人溫飽的勞動者。他們雖與國人分工合作，可不是佔在平等地位的分工合作。他們不是自由民，卻也不是完全喪失了獨立主權的奴隸。他們是在國人之下奴隸之上的一個階級。爲甚麼我們要把他們叫做編民呢？因爲這是他們最顯著的特點，在元魏的社會中，百雜之戶是不編戶的[1]；僮僕奴隸是附屬于良人的[2]；國人雖也編戶，卻只能算是『編兵』，不能叫做編民。而且除了這一名辭外，是找不出更適當的來。『百姓』好像有點與國人相混，因爲這名辭是從前用來指貴族的。『平民』又是指的自由民，不能代表元魏這半自由的編民。『人民』的含義，又嫌太廣汎了。所以只有這一名辭較爲治當。何況在元魏時已往往用編民來做這一階級的公名呢？高宗紀說：『故編戶之家，困于凍餒，豪富之門，日有兼積[3]』。又敬宗詔：『胡人親屬受封於朝者，黜附編民[4]』。李孝伯傳：『同富約之不均，一齊民于編戶[5]』。而釋老志則說：『正光以後，天下多虞，工役尤甚，于是所在編民，相與入道[6]』。可見『編戶』或『編民』是早已用來代表這一個農耕階級的了。

至于編民的種族成份，則都是當時被征服的民族：漢人，氐，羌，胡，蠻，及拓跋之族以外的鮮卑都在內。但是是以漢人作主幹的。因爲當時北方民族，仍以漢人佔最大多數，而且他們是最長于耕種的民族。所以在前舉高歡號令軍士時的話語中，只是將華人與鮮卑相對並舉呢。

B　編民的來源

編民的基本份子，然當是北魏佔據中原以後的那些無法遷徙又無力反抗的被征服者。但是除了這一部份原住的居民而外，還有種種的來源：一種是收容的降戶，一種是強迫的移民。元魏為甚麼要用盡種種方法來取得編民呢？我們得先知道當日北方的殘破狀況。高閭傳說：『自中原崩否，天下幅裂，海內未一，民戶耗減[7]』。游明根傳說：『山東關右，殘傷未復，頻年水旱，百姓空虛[8]』。像這一類非常空汎的敘述，在魏書中所載的奏議裏觸目皆是。下面再舉兩項具體的事實來說明他。

太祖紀說：『〔天賜元年〕初限縣戶不滿百，罷之[9]』。又尉文傳說：『淮南郡上黨〔縣〕，……舊民南叛，全無一人[10]』。又『請公念祖為睢陵令。……若能招集離叛，成立一縣[11]』。有全無一人的縣，有戶不滿百的縣，又有須招集離叛才能成立的縣，這是人口耗減的第一個證明。

食貨志說：『世祖之平統萬，定秦隴，以河西水草善，乃以為牧地，畜產滋息，馬至二百餘萬匹，橐駝將半之，牛馬則無數，高祖即位之後，復以河陽為牧場。……每歲自河西徙牧于幷州，以漸南轉[12]』。又宇文福傳說：『遷洛時，敕福檢行牧馬之所，福規石濟以西，河內以東，拒黃河北千里為牧地，事尋施行，今之馬場是也[13]』。耕種之地，不能同時作為牧場；至少，在牧場以內，總不能有大量的農業生產的。幷州河西，都不是荒蕪之地，而『石濟以西，河內以東，拒黃河北千里』之地，更是前代人口繁息的地帶；當時都能任意闢為馬場，畜牧大量牛馬，這是中原荒蕪的第二個具體證明。

拓跋之族，來到這樣一個『村井空荒』的北國，雖然自己是能征善戰的民族，却不長于耕稼。然而『經略之先，以食為本』，『兵馬足食，而後可用』，這是魏人所素知的。所以他不能不運用各種方法，以取得多數編民，來為他們作耕稼的事了。以下請分別說明編民的兩種來源。

1. 降附的人民

編民的第一個來源，就是降附之民。降附之民雖不定是『心悅誠服』，至少表面上是『慕義來歸』，是『覺今是而昨非』的。何以知道降附之民，都是給以編民的待遇呢？我們看高車傳：『未幾，〔薛干部帥太悉伏〕亡歸嶺北。……天賜五年，屈丐盡劫掠，總服之。及平統萬，薛干種類，皆得為編戶矣[14]』。又世祖紀：『詔山胡為白龍所逼及歸降者，聽爲平民[15]』。歸降者，則黜爲平民。旣征服之地的人民，則『皆得爲編戶』。這是被收服的降民皆爲編民的證據。

至于自動內屬的降民，當然是更不成問題的了。太祖紀說：『陳郡河南流民萬餘家內徙，遣使者存勞之[16]』。而李孝伯傳又說：『淮北之民，詣軍降者七千餘戶，遷之于兗豫之南，置淮陽郡以撫之，拜祥爲太守，加綏遠將軍，流民歸之者萬餘家，勸課農桑，百姓安業[17]』。旣然遣使者存勞，那是何等的優待。又置郡拜太守以勸課農桑，更明白的是治理編民的辦法。

世祖紀說：『車駕至自南伐，飲至策勳，告于宗廟，以降民五萬餘家分置近畿，賜留臺文武所獲軍資生口各有差[18]』。這裏把降民分置近畿，把生口賜留臺文武，對降民與俘虜的處置，截然兩樣，則降民當然不會被壓爲奴隸了。這個道理是非常明顯的，如果降民都不能爲編民，誰還肯降呢？元魏是極力想招致降人的，他不是有『南來降民給復十五年[19]』的廣告嗎？

在魏書裏，有一部份降民是記明置之何地的，有一部份是未曾記明置之何地的。大概置于一定的地方乃是常法，不言置于何地，只是魏書的遺漏。在這些記明置之何地的降民中；北方之族，多處之五原雲中；南方降民，多置之河南淮北；胡人多在幷州；遼東之人，多在幽州。皆就近安置，未嘗遠徙。

根據魏書關于降民數目的記載；以戶計的約十九萬，以口計的有一萬餘，以落計的有二十餘萬，不詳的有六條。我們可以大概的估計，北魏所得降民，至少當不下六十萬戶。

2. 強遷的戶口

編民的第二個來源，就是強遷之戶。這種強迫的移民，粗看來，好像是『驅還北國作奴婢[20]』的。其實不然。元魏對強遷之戶與俘虜之口的待遇，顯然是有差別的。魏書所記俘獲生口之數往往與虜獲馬牛羊之數合舉不分（常見不備舉）；而徙戶之數絕未與馬牛羊之數合舉過，這也可看出這兩種人有差別了。鐵弗劉虎傳說：『世祖聞屈子死，于是西伐。……殺獲數萬，生口牛馬十數萬，徙萬餘家而還[21]』。口生之數與遷徙之戶是分別對舉的，這更可看出這兩種人的不同了。而慕容白曜傳說：『乃徙二城〔升城、歷城〕民望於下館〔通鑑與魏書崔玄伯傳都作桑乾〕，朝廷置平齊郡懷寧歸德二縣以居之。自餘悉爲奴婢，分賜百官[22]』。這裏把遷徙的人，置郡縣以居之。其餘則悉爲奴婢，分賜百官。『其餘』旣不是遷徙之戶，想來是指的俘虜的生口了。這更確切的證明遷徙之戶都成編民，而不能同于俘虜的生口了。

魏人爲甚麼不把強遷之戶當作奴隸而列之于編民呢？一方面，自然是因爲土地荒蕪，需人耕種。果都爲奴隸，則同于牛馬，在四方州郡，誰去督監他們耕種呢？不如保存他們的獨立自主權，給與私產，只收賦稅，他們爲自身利益計，必努力務農；這不是最巧妙的辦法嗎？在他方面，生口與遷戶在被虜掠時的情形，也是兩樣的。被遷之戶，是戰地毫無抵抗力的人民，他們也未曾企圖抵抗，因此全家全戶的遷徙同來，所以總是用戶計的。生口呢，情形便大不同了。宋書索虜傳說：『強者爲轉屍，弱者爲繫虜[23]』。又說：『虜又破邵陵縣，殘害二千餘家，盡殺其男丁，驅略婦女一萬二千口[24]』。是生口乃是在戰場上捕獲的戰士，或者是戰地曾從事反抗的住戶被屠殺後的殘餘。所以他們是用口計的。這當然不能與遷戶同其待遇了。

元魏不單是趁着戰爭勝利的時候，順便強徙當地人民於內地；有時甚至派兵出動，專以徙民爲目的。太平眞君六年：『遣六州勇猛者二萬人，令永昌王仁高涼王那分領，爲二道，各一萬騎，南略淮泗以北，徙青徐之民以實河北[25]』。第二年跟着就有一條記載說：『永昌王仁至高平，擒劉義隆將王章略，金鄉，方與，遷其民五千家于河北。高涼王那至濟南東平陵，遷其民六千餘家于河北[26]』。既然說『以實河北』，我們從這句話裏，一方面可看出遷徙人民的目的；他方面也可看出對遷戶的待遇了。同時更可看見元魏需要農民的迫切了。

此外有一件事值得注意的，就是在元魏數十次的移民當中，前後有十二次都是移到平城的[27]。其原因也不難知道，第一，畿內都是國人，他們是不從事耕種的，必得多徙些戶口來耕畿內之田。是畿內的編民的地位，就類似畿內國人的公共農奴了。第二，被遷到京師的戶口，往往加上『豪傑』『寮屬[28]』等稱呼，大概是些社會地位較高有號召能力的人。因爲怕他們反叛，所以置之畿內與國人共處，才容易監視。與秦始皇徙天下豪傑于咸陽是同一用心吧？

根據魏書所記遷徙到平城及遷徙到各州郡的戶口來合併計算：以戶計者約五十八萬，以口計者六千，不明者十條。所以我們可以大概的估計；元魏強迫遷徙的人民，當不下六十三萬餘戶。

C　編民的處境

1.　編民是不能自由遷徙的

元魏因內地空虛，所以才廣收降戶，強遷遠民以充實之，皆從之于一定的地帶，不讓他們自由遷徙。編民與土地因此遂結合在一塊，不能隨意脫離關係。這當然是必要的。因爲他要這些編民，是來從事耕種，爲他們繳納租賦的。如果讓他們自由移動，不是失掉本意了嗎？利少賦重的土地，誰還肯耕種呢？賀訥傳說：『納從太祖平中原，拜安遠將軍，其後離散諸部，分土定居，不聽遷徙，其君長大人，皆同編戶[29]』。這是編民有定居的正面證明。此外又有幾項記載，可從反面證明：太和七年，『以冀定二州民飢，詔郡縣爲粥于路以食之；又弛關津之禁，任其去來[30]』。又太和十一年，『詔曰：「今年穀不登，聽民出關就食，遣使者造籍，分遣去留，所在開倉賑恤」[31]』。既然要下詔然后才能『聽民出關就食』，然后才『弛關津之禁，任其去來』；那在平時，當然是不能任意出關，不能自由通過關津了。而聽其出關就食的飢民，也必需『遣使者造籍，分遣去留』。可見就在這放任令下，也不是由各個人自由遷移的。既遷已後，立刻又下詔說：『舊籍雜亂，難可分簡，故依局割民，閱戶造籍，欲令去留得實，賑貸平均[32]』。則是既遷之家，立刻又變成新遷之處的定居之戶了。至于那些迫於飢寒而私自逃走的戶口，却是要治罪的。世祖紀說：『自今以后，亡匿避難，羈旅他鄉，皆當還歸舊居，不問前罪[33]』。既說『不問前罪』，則『亡匿避難』當然是有罪的。而延興二年又下詔：『流進之民，皆令還本，違者配徙邊鎮[34]』，則更明白指出『流進之民』應治何罪了。不過只要你能『還本』，能『還歸舊居』，還是可以『不問前罪』的。這更足以表明此項律例的本意了。有時國家不惜用那最笨的方法來防止逃亡；如太平眞君九年，『徙西河離石民五千餘家於京師，詔於壺關東北大王山累石爲三封，又斬其北鳳皇山南足以斷之[35]』。可見政府用心之苦了。最後我再擧食貨志的一段來作說明。太和九年的均田令中，在剛說了『業遷者聽，逐空荒不限異州他郡[36]』的話以后，立刻就加上條件說：『唯不聽避勞就逸，其地足之處，不得無故而移[37]』。這不是他『無令人有餘力，地有遺利』的方法嗎？這不是他不讓編民自由遷徙的原因嗎？

2. 編民是要被強迫從事耕種的

前段已經附帶的提及，編民之所以要定居，因爲是要使他們在一定的地方耕種。現在再要說政府如何強迫編民耕種的情形了。在前已經說過：降附之民與遷徙之家都是要作編戶之民的。國家既把這些編民放在一定的地方以後，第一件事是甚麼呢？就是計口授田。魏書中關於計口授田的記載，首見於太祖紀中：『天興元年，……車駕發自中山，至於望都堯山，徙山東六州民吏及徙何〔河〕高麗雜夷三十六萬〔北史作署〕，百工技巧十萬餘口〔食貨志作家〕，以充京師。……車駕自中山幸繁峙宮，更選屯衛，詔給內徙新民耕牛，計口授田[38]』。在太宗紀中也有兩次授田的事，都在永興五年：『〔七月〕奚斤等破越勤倍尼部落于跋那山西，獲馬五萬匹，牛二十萬頭，徙二萬餘家于大甯，計口授田[39]』。又『〔八月〕帝臨白登，觀降民，數軍實，曹龍降，執送張外斬之。辛未，賜征還將士牛馬奴婢各有差。徙新民于大甯川，給農器，計口授田[40]』。而高祖紀中亦有，『高麗民奴久等相率來降，各賜田宅[41]』的記載。在魏書中，雖然計口授田的記載，只有這幾條，其他的降民與遷徙之戶，想來也是一例看待的。

編民既受了田土以後，假使他不努力耕種，又怎麼辦呢？於是又設置官吏，以為監督，定出賞罰，以為懲勸。食貨志說：『天興初，制定京邑，東至代郡，西及善無，南極陰館，北盡參合，為畿內之田，其外四方四維，置八部帥以監之，勸課農耕，量校收入，以為殿最[42]』，這八部帥是置在皇畿以外的四方四維，是專門來監督編民耕種的官吏。與那設于皇城四方四維以管理畿內國人的八部大人，恰好遙遙相對了。至于那勸農懲惰的詔令奏議，則是觸目皆是。孝文帝在太和元年曾下詔說：『民有不從長教，惰于農桑者，加以罪刑[43]』。在太和十六年又下詔說：『京師之民，遊食者衆，不加督勸，或芸耨失時，可遣明使，檢察勤惰以聞[44]』。而韓麒麟又奏請：『天下男女，計口授田，宰司四時巡行，臺使歲一按檢，勤相勸課，嚴加賞罰[45]』。杜纂則『督勸農商，親自檢視，勤者賞以物帛，惰者加以罪譴[46]』。恭宗監國時，甚至下詔『禁飲酒雜戲，棄本估販者[47]』。是編民在官府督察，嚴刑重罰之下，只准終日置身隴畝，連些小的娛樂，都是不能享有的。他們的地位是與奴隸相差無幾了。

此外政府還從各方面設法，以增進耕種的效能；如除良田之禁，『悉以授民[48]』。詔『修水田，通渠溉灌[49]』。而孝文一代，曾三次下詔，『輕繫之囚，宜速決了』，『以赴耕耘之業[50]』。政府可以把封禁的良田，授與編民；可以把留獄的罪犯，從輕發落；都為的要使地無餘利，民無餘力。把編民當作一部機械，總要盡情的使用，不讓他的能力浪費。

劉潔說：『郡縣之民，雖不征討，服勤農桑，以供軍國，實經世之大本，府庫之所資[51]』。這是編民用途的說明。元魏政府，早看清了這一點，所以才用盡方法，把煩重的責任，都強加在編民肩上了。

政府還可以特立農場，徵發一部份編民來耕種。李彪傳，『〔彪請〕別立農官，取州郡戶十分之一，以為屯人〔食貨志作屯民】。相水陸之宜，料頃畝之數，以賦贈雜物餘財，市牛科給，令其肆力。一夫之田，歲責六十斛，蠲其正課，并征戍雜役。……高祖覽而善之。尋皆施行[52]』。編民原是私營農田，向官府納租粟的。現在在官府直接經營的農田効力，收入幾全歸官府。他們的來歷，雖是從編民中徵取。可是現在的地位，是差不多同于官奴隸了。至于屯人制施行的程度如何，成績如何，在魏書中找不出更多的材料。

3. 編民是要負担各種煩重徵取的

租庸調三稅的名稱與內容的確定，本是唐代的事。但是這種事實是早就存在。孟子不早就說過：『有布帛之徵，粟米之徵，力役之徵』嗎？在元魏，力役是沒有定例的。租與調常混在一塊，也是時常改變的。現在且根據魏書的材料，作個大略的考察。

食貨志說：『太和八年，始準古班百官之祿，以品第各有差。先是天下戶以九品混通，戶調帛二匹，絮二斤，絲一斤，粟二十石。又入【通考作人】帛一匹二丈，委之州庫，以充調外之費。至是戶增帛三匹，粟二石九斗，以為官司之祿。復增調外帛滿二匹，所調各隨其土所出[53]』。這裏說明了太和八年以前的舊制，及太和八年所新增的稅率。這似乎是元魏稅收的定率。但是在太和九年，均給天下民田以后，在稅制方面，當然會引起一種改變。所以太和十年，依李沖的意思，制定『調一夫一婦，帛一匹，粟二石【通考作一石】。民年十五【通考作十三】以上未娶者，四人出一夫一婦之調；奴任耕婢任績者，八口當未娶者四；耕牛二十頭【通考作十頭】當奴婢八；其麻布之鄉，一夫一婦，布一匹，下至牛，以此為降。大率十匹為工調【通考作十匹中五匹為公調】，二匹為調外費，三匹為內外百官俸[54]』。十年以前的調，是以戶為單位；十年的新制，是以人為單位。究竟是由戶為單位變成人為單位呢？還是人調戶調並存呢？却不得而知了。總之，無論是改變或是並存，這總是元魏的定制。是通常徵調的標準。

同時，政府又可以由一通命令，徵收額外的租調，如高祖延興三年，『詔河南六州之民，戶收絹一匹，綿一斤，租三十石[55]』。同年十月，又因太上皇親將南討，詔『州郡之民，十丁取一以充行，戶收租五十石，以備軍糧[56]』。孝昌二年，又『稅京師田租畝五升，借賃公田者畝一升[57]【食貨志作斗】』。這是任舉數例，以表明額外徵取的情形。而且又有預徵的漏習；長孫道生傳說：『今王公素餐，百官尸祿，租徵六年之粟，調折來歲之貲，此皆出人私財，奪人膂力[58]』。就是證明。

額外征取，還不限于粟帛，牛馬也在調取之列。明元帝永興五年，『詔諸州六十戶出戎馬一匹[59]』。泰常六年，又『調民二十戶，輸戎馬一匹，大牛一頭。……制六部民羊滿百口，輸戎馬一匹[60]』。太武帝始光二年，又『詔天下十家，發大牛一頭，運粟塞上[61]』。這是徵調及于牛馬的例。

至于力役之徵呢，因爲沒有定例，就隨便的徵取了。于是運輸須用人民：如延和元年，『發幽州民及密雲丁零萬餘人，運攻具出南道，俱會和龍[62]』；『太和七年，『詔青齊光東徐四州之民戶，運倉粟二十萬石，送瑕丘琅琊[63]』。築路須用人民：如太延二年，『發定州七郡一萬二千人通莎泉道[64]』；又太和六年，『發州郡五萬人治靈邱道[65]』。開渠須用人民：如李冲傳，『朕欲從此【洪池】通渠于洛，南伐之日，何容不從此入洛，從洛入河，從河入汴，從汴入淸，以至于淮。……今溝渠若須二萬人以下，六十日有成者，宜以漸修之[66]』。甚至築苑囿宮坊，也須用人民：如泰常六年，『發京師六千餘人築苑[67]』，又景明二年，『發畿內夫五萬人築京師三百二十三坊[68]』。以上是各舉數例，證明當時力役之濫。

以上是只就布帛粟米力役三方面來說。此外編戶在某種時期，是要充任兵役的。如太和十九年，『選天下武勇之士十五萬人爲羽林虎賁，以充宿衛[69]』。又如盧玄傳說：『汝潁之地，率戶從戎，河冀之境，連丁轉運[70]』，這當然是徵的編民了。同時還有其他的苛捐雜稅，如孝昌二年，『稅入市者人一錢，其店舍又爲五等稅收有差[71]』，就是一例。除了這些直接負担而外，編民還有其他間接的負擔；若鹽業榷酤等徵稅，當然大部份還是這佔消費者中大多數的編民在擔任。元魏末年徵取之濫，隋書食貨志中有一段最足說明。他說：『魏自永安以後，政道陵夷，寇亂實繁，農商失業。官有征代，皆權調于人，猶不足以相資奉，乃令所在迭相糾發，百姓愁怨，無復聊生[72]』。這就是重稅壓迫下編民的境況。

在這重重壓迫下的編民，遂想出種種逃避的方法；第一種方法；就是附託于豪強之家，以求蔭庇，來逃免官役。但是在三長制實行以後，及檢括大使搜索之下，這種方法是失其效能了（參看蔭附節）。第二種方法：就是出家爲僧道。釋老志說：『正光以後，天下多虞，工役尤甚，於是所在編民，相與入道，假慕沙門，實避調役[73]』。這種情形，當然是在正光以前就早有了。但是在『無籍僧尼，罷遣還俗[74]』，及『凡蠱者，有籍無籍，悉能歸齊民[75]』的命令之下，能夠永居寺院的人，又有好多呢？第三種辦法；就是實力反抗。如泰常初，『白澗行唐民數千家，負險不供租稅[76]』。而興安元年，又有『南來降民五千餘家于中山謀叛[77]』的事。魏對降人，都付編民。既來降，又反叛，當然是苦于租稅了。此外如『高陽易縣民，不從官命』[78]，『夏州徙民郭遷據有州反』[79]等類的事件極多。于是政府又用強徵豪右于京師[80]，禁止河南育牝馬[81]等類的方法，以爲預防。編民的各種逃避方法，政府都有對策，編民是始終被壓抑的了。

另有一事，亦須在這裡說明的：就是在編民之中，也有少數的家族，會爬上很高的地位。通鑑說：『魏主雅重門族，以范陽盧敏，淸河崔宗伯，榮陽鄭羲，太原王瓊四姓，衣冠所推，咸納其女以充後宮，隴西李沖，以才識見任，帝亦以其女爲夫人』[82]。他們原來就是望族，又加上做了皇室的姻親，所以備極榮顯。魏令代人八姓，『勿充猥官，一同四姓』[83]。可見他們的地位，已與國人中的勳貴同儕了。不過他們的地位，究竟是不鞏固的。他們之被國人輕視，在國人節已經提過了。而崔浩犯罪以後，崔盧兩氏及其姻家都遭遇滅族[84]。所以他們的榮顯，亦只是曇花一現而已。至於一般的編民呢，始終是處在半自由的奴隸地位，絕沒有飛皇騰達的希望的。

註一　魏書卷一一零葉三上說，『天興中，詔採諸漏戶，令輸綸綿，自后諸逃戶占爲細繭羅穀者甚衆，于是雜營戶率遍于天下，不隸守宰，賦役不同』。

註二　參看魏書卷一一零葉四上至五上均田令。

註三　魏書卷五葉六上。

註四　仝上卷十葉八上。

註五　仝上卷五三葉七下。

註六　仝上卷一一四葉一七下。

註七　仝上卷五四葉三下。

註八　仝上卷五五葉四上。

註九　仝上卷二葉一五下。

註一〇　仝上卷五零葉四上。

註一一　仝註一〇。

註一二　魏書卷一一零葉六下。

註一三　仝上卷四四葉一一上。

註一四　仝上卷一零三葉一九下。

註一五　仝上卷四上葉一一上至一一下。

註一六　仝上卷二葉一一下。

註一七　仝上卷五三葉六下。

註一八　仝上卷四下葉九上。

註一九　仝上卷。

註二〇　通鑑卷一二五葉二零上。

註二一　魏書卷九五葉一三上。

註二二　仝上卷五零葉八下。

二三　宋書頁二三三六。

註二四　宋書頁二三三三。

註二五　魏書卷四下葉五下。

註二六　仝上卷四下葉五下至六上。

註二七　均見魏書。(一)，卷二葉九上，『徙山東六州民吏及徒何高麗雜夷三十六萬，百工伎巧十萬餘口，以充京師』(天興元年正月)。(二)，卷二葉十下，『徙六州二十二郡守宰豪傑吏民二千家于代都』(天興元年十二月)。(三)，卷二葉十四下，『木易于率數千騎，與衞辰屈丐棄國遁走…徙其民于京師』(天興五年)。(四)，卷三葉七下，『徙冀定幽三州徒河于京師』(泰常三年)。(五)，卷四上葉一一下，『詔長安及平涼民徙在京師』(太延元年)。(六)，卷四上葉一五上，『徙涼州民三萬餘家于京師』(太延五年)。(七)，卷四下葉六上，『徙長安城工巧二千家于京師』(太平真君七年)。(八)，卷四下葉六下，『徙定州丁零三千家于京師』(太平真君八年)。(九)，卷四下葉七上，『徙西河離石民五千餘家于京師』(太平真君九年)。(十)，卷二三葉四下，『徙亢泥部落于京師』(道武帝時)。(十一)，卷三零葉一一上，『乾溢等率戶五百餘家來奔，伊洛送之京師』(延和中)。(十二)，卷五零葉八下，『送道固休賓及其寮屬于京師』(皇興二年)。

註二八　魏書卷二葉一〇下，又同書卷五〇葉八下。

註二九　仝上卷八三上葉二上。

註三十　仝上卷七上葉一二下。

註三一　魏書卷七下葉一下。

註三二　仝上卷七下葉一下至二上。

註三三　仝上卷四上葉一二下。

註三四　仝上卷七上葉二下。

註三五　仝上卷四下葉七上。

註三六　仝上卷一一零葉四下。

註三七　仝註三六。

註三八　魏書卷二葉九上。

註三九　仝上卷三葉三下。

註四十　仝上卷三葉四上。

註四一　仝上卷七上葉一上。

註四二　仝上卷一一零葉一下。

註四三　仝上卷七上葉七上。

註四四　仝上卷七下葉七上。

註四五　仝上卷六零葉二下。

註四六　仝上卷八八葉六上。

註四七　仝上卷四下葉一一下。

註四八　仝上卷四八葉二下。

註四九　仝上卷七下葉二下。又同卷葉三下，『詔諸州鎮有水田之處，各通灌溉，遣匠者所在指授』。

註五十　(一)、魏書卷七上葉一〇下，『今農時要月，百姓肆力之秋，而愚民陷罪者甚衆，宜隨輕重決遣，以赴耕耘之業』。(二)、仝書仝書卷葉一二上，『農時要月，民須肆力，其救天下，勿使有留獄久囚』。（三）仝書卷七下葉二上，『歲既不登，民多飢詐，輕繫之囚，宜速决了，無令薄罪久留獄犴』。

註五一　魏書卷二八葉六上。

註五二　仝上卷六二葉四下。

註五三　仝上卷一一零葉三下。

註五四　仝上卷一一零葉五上至五下。

註五五　仝上卷七上葉四上。

註五六　仝註五五。

註五七　魏書卷九葉一八上。

註五八　仝上卷二五葉四下。

註五九　仝上卷三葉三上。

註六〇　仝上卷三葉八下。

註六一　仝上卷四上葉二上。

註六二　仝上卷四上葉八下。

註六三　仝上卷七上葉一三下。

註六四　仝上卷四上葉一三上。

註六五　仝上卷七上葉一三上。

註六六　仝上卷五三葉一四下。

註六七　仝上卷三葉八下。

註六八　仝上卷八葉二下。

註六九　仝上卷七下葉一三上。

註七〇　魏書卷四七葉九上。

註七一　仝上卷一一零葉九下。

註七二　隋書頁七七。

註七三　仝註六。

註七四　魏書卷一一四葉一一下。

註七五　仝註七四。

註七六　魏書卷三零葉一三下。

註七七　仝上卷四下葉九下。

註七八　仝上卷四下葉六下。

註七九　仝上卷一一葉九下。

註八〇　仝上卷二四葉一零上，『太宗以郡國豪右，大爲民蠹，乃優詔徵之，民多戀本，而長吏逼遣，…問曰，「前以凶俠亂民，故徵之京師，而守宰失于綏撫，令有逃竄，…」』。

註八一　仝上卷八葉一零下，『徙河南畜牧馬』。

註八二　通鑑卷一四零葉一三下。

註八三　仝上卷一四零葉一四上。

註八四　上仝卷一二五葉九下，『詔誅清河崔氏，與浩同宗者無遠近，及浩姻家范陽盧氏，太原郭氏，河東柳氏，並夷其族』。

IV　奴隸

奴隸在中國史上是有悠久的歷程的，他是一種失了獨立地位與自由權利而同於牛馬貨財的階級。奴隸是甚麽，是無需乎解釋的了。現在只就元魏奴隸的來源，使用，及身份三方面來加以說明。

A　奴隸的來源

在元魏未入中原以前，北方早已存在着多量的奴隸。這些奴隸的子孫，當然也繼續做奴隸。當元魏向各方擴張領士，俘虜生口的時候，這些領士以內和所俘生口當中，當然也有一部份早就是奴隸，這些奴隸的如何造成，不是這裏所要討論的。這裏所要討論的，是在元魏時代新由良民變成的奴隸，并要考察這些新造成的奴隸，是在那幾種情况下面造成的。

1. 戰爭中的俘虜

把俘虜當作奴隸看待，這是一樁無待證明的事，古今中外，都是一例的。尤其是文化落後的民族，他們之從事戰爭，往往就是以俘獲生口爲目的，他們是以俘虜作爲製造奴隸的手段的。在魏書中，以所獲生口班賜將士或班賜羣臣的記載，是非常之多。賞賜以後的生口，就變作臣僚們的私有奴隸了。我們怎樣知道元魏一定是以俘虜作奴隸呢？通考引容齋洪氏隨筆說：『元魏破江陵，盡以所俘士民爲奴，無問貴賤，蓋北方夷俗皆然也[1]』。這就是元魏以俘虜爲奴隸的確證。

第一種由俘虜而造成的奴隸，就是戰場上俘獲的戰士。太和十九年，『軍士擒蕭鸞三千卒，帝曰，「在君爲君，其民何罪」，于是免歸[2]』。永平元年，又『俘蕭衍卒三千餘人，分賜王公已下[3]』。定武六年，『齊文襄王來朝，請以寒山獲士賜百官及督將等各有差[4]』。所謂『士』，所謂『卒』，當然是戰士，這是以俘虜的戰士作爲奴隸的例。

俘虜不限于戰士，連戰地的人民也在內。所以第二種由俘獲而造成的奴隸，就是戰地俘虜的平民。宋書索虜傳說：『虜又破邵陵縣，殘殺二千餘家，盡殺其男丁，驅略婦女一萬二千口[5]』。而史臣又形容當時的情形說：『旣而虜縱歸師，殲累邦邑，剪我淮州，俘我江縣，喋喋黔首，跼高天，蹐厚地，而無所控告。強者爲轉屍，弱者爲繫虜，自江淮至于清濟，戶口數十萬，自免湖澤者，百不一焉。村井空荒，無復鳴雞吠犬[5]』。通鑑亦有同類的記載：『〔沈璞曰〕虜之殘害，古今未有，屠剝之苦，衆所共見，其中幸者，不過驅還北國作奴婢耳[7]』。又說，『〔蕭〕寶寅破苑川，俘其民以爲奴婢，以美女十人，賞岐州刺史魏蘭根[8]』。這是俘戰地平民爲奴的例證。

另有一種宮廷奴隸的閹官，也往往是由戰地略取來的。如段霸傳：『太祖初，遣騎略地至雁門，霸年幼見執，因被宮刑』。又趙黑傳：『趙黑字文靜，初名海，本涼州隸戶。……海生而涼州平，沒入爲閹人[10]』。有的是戰地的無辜幼年，有的是戰地隸戶的子孫，都因爲年幼的關係，被刑爲閹官。這是由俘虜而來的宮廷奴隸。

根據魏書中所有俘擄生口若干的記載，以及數條與牛馬羊合計而未細分的記載，我們可以大約的估計：元魏由俘虜而造成的奴隸，當不下四十八萬餘口。這是元魏奴隸的主要來源。

2. 官吏與強人的抑掠

俘虜是對國外的人民行使的，而抑掠却大半是對國內的人民行使的。抑掠就是以強力『壓良爲賤』的意思。因爲抑掠是對國內的無辜良民行使，是不合理的，所以才有『掠人，掠賣人，和賣人爲奴婢者死[11]』的刑律，也才有『淮北之民，不得侵掠，犯者以大辟論[12]』的禁令。然而元魏社會中壓良爲賤的事實，雖在禁令和刑律之下，還是大量的存在。官吏抑掠人民的例，如京兆王黎傳所記：『〔繼〕在青州之日，民飢餒，爲家僮取民女爲婦妾，又以良人爲婢，爲御史所彈，坐免官爵[13]』。又如邢巒傳所記：『〔巒〕頗因百姓去就，誅滅齊民，籍爲奴婢者，二百餘口。……〔崔〕亮于是奏劾巒在漢中，掠良人爲奴婢[14]』。通鑑梁紀也說：『侍御史遼東高道穆，奉使相州，前刺史李世哲，奢縱不法，道穆案之。世哲弟神軌用事，道穆兄謙之，家奴訴良（〔原註〕律禁壓良爲賤，翻本是良民，壓爲奴婢），神軌收謙之繫廷尉[15]』。這是官吏抑掠人民的事實。至于強人抑掠人的例呢？如索敵傳：『〔陰〕世隆至京師，被罪徙和龍，屆上谷，困不前達，土人徐能，抑掠爲奴[15]』。強人究竟是在法律管理之下的，所以強人抑掠良民的例，並不多見。然而強人是可以在國外掠人或掠賣人的：如前舉『淮北之人，不得侵掠』的命令，胡三省爲他加上註語說：『淮北時已屬魏，故詔不得侵掠其人[17]』。那麼，在淮北未曾屬魏以前，當然是任人民去侵掠的了。又如蕭寶寅傳說：『〔寶寅〕時年十六，徒步憔悴，見者以爲掠賣生口也[18]』。時寶寅正由國外逃奔入境，任城王澄以車馬侍衛去迎接他。見者因爲他徒步憔悴，由人自境外携帶入國，遂以爲他是被掠賣的生口。可見當時自國外掠賣生口，一定是很常見的事，因爲強人在境外的抑掠和政府的俘虜是同一性質，所以是不在禁止之列的。

3. 罪人及其家屬的籍沒

籍沒罪人的家屬爲奴婢，這在中國史上也是早就存在的事實，元魏也有配罪人家屬爲奴的條例。刑罰志說：『神麍中，詔司徒崔浩定律令，除五歲四歲刑，增一年刑。大逆不道腰斬，誅其同籍，年十四以下腐刑，女子投〔沒〕縣官。……畿內民富者，燒炭于山，貧者役于圊溷，女子入舂槁，其因疾不隸于人，守苑囿[19]』。至于籍沒罪人家屬爲奴的實例呢？如閭毗傳說：『高祖文明太后以昭太后故，悉出其〔閭氏〕家前后沒入婦女[20]』。這些婦女都是因爲閭毗犯罪才被籍沒爲奴的。又如馮熙傳說：『熙爲州，因事取人子女爲奴婢，有姿容者，幸之爲妾，有子女數十人[21]』。所謂因事，當然就是因罪。魏有女子沒縣官的刑律，所以馮熙可以取人子女爲奴婢了。閹官中有一部份，也是被沒入的罪人家屬：如張宗之傳說：『初，侯氏宗文邕，聚黨于伊闕謀反，逼脅孟舒〔宗之父〕等，文邕敗，孟舒走免，宗之被執入宮充腐刑[22]』。又如張祐傳：『張祐字安福，安定石唐人，父成，扶風太守，世祖末，坐事誅，祐充腐刑[23]』。他們倆人之所以被沒入宮爲閹人，都是因爲自己的父親犯了罪的原故。他們雖是做的特別的奴隸，但是他們與普通奴隸的身份是一樣的。

至于將犯罪者本身配爲斷役的例，在元魏也是常見的。如宗高紀說：『誅河間鄚民爲盜賊者，男年十五以下爲生口，班賜從臣各有差[24]』。又如李訢傳說：『以料李敷兄弟，故得降免，百鞭髡刑，配爲斷役[25]』。這是本人犯罪被配爲奴的例。

另有一種因罪被配的奴隸，就是營戶。如太平眞君五年，『北部民殺立義將軍衡陽公莫孤，率五千餘落北走，追擊于漠南，殺其渠帥，餘徙居冀定相三州爲營戶[26]』。又延興元年，『沃野統萬二鎭敕勒叛，詔太尉隴西王源賀追擊至枹罕，滅之，斬首三萬餘級，徙其遺迸于冀定相三州爲營戶[27]』。二年，『連州敕勒謀叛，徙配靑徐齊兗四州爲營戶[28]』。他們既是因罪被徙，又說是『徙配』某處爲營戶，而景明二年，又有『免壽春營戶爲揚州民[29]』的命令。所以我們可以斷言，營戶決不是編民，而是一種奴隸。不過營戶是不是耕營田的戶口呢？是不是各有私田按畝納稅而類似屯人呢？却不可得而知了。

4. 因貧困而爲父母所售賣

在漢高祖的時候，就有『民得賣子[30]』的命令。而鼂錯也說：『于是有賣田宅，鬻子孫，以償債者也[31]』。可見出賣子女爲奴的事，至遲在西漢就是通行的了。元魏承喪亂之后，內政又極腐壞，人民因迫于衣食而出賣妻子爲奴的事，當然極普遍了。我們看和平四年的詔說：『前以民遭飢寒，不自存濟，有賣鬻男女者，盡仰還其家。或因緣勢力，或私行請託，共相通容，不時檢校，令良家子息，仍爲奴婢，令仰精究，不聽取贖，有犯加罪。若仍不檢還，聽其父兄上訴，以掠人論[32]』。太和九年，又下詔說：『數川災水，飢饉薦臻，致有賣鬻男女者。…今自太和六年以來，買定冀幽相四州飢民良口者，盡還所親，雖娉爲妻妾，遇之非理，情不安者，亦離之[33]』。延昌四年，也有類似的詔書說：『若因飢失業，天屬流離，或賣鬻男女，以爲僕隸者，各聽還歸[34]』。而薛野賭的傳中也說：『居邊之民，蒙化日淺，戎馬之所，資計素微，小戶者一丁而已。計其徵調之費，終歲乃有七縑；去年徵責不備，或有貨易田宅，質妻賣子，呻吟道路，不可忍聞[35]』。由這連續數次的命令和臣下的奏議看來，可見當時賣妻鬻子的數量，一定不小。雖然屢次下令免歸原家，而繼續着有新的售賣。可知製造奴隸的社會環境假使沒有改變，豈是幾道赦免的命令所能救濟的。

有的人在討論奴隸問題時，把賞賜也作爲奴隸來源之一。在魏書裏，賜奴婢若干口，賜僮隸若干戶的記載，總不下四五十條。不過這種賜與，却不能稱做奴隸的來源。若果你以家庭爲對象的話，賞賜可以算是某家或某人的奴隸的來源；如果以整個國家而論，以賞賜爲來源就是錯誤的。因爲被賜以前的奴隸，早已是奴隸，賞賜不過是奴隸改易主人，由國家的官奴隸，變成將吏的私奴隸而已。賞賜要如何才能變成來源呢？必須賞賜可變良人爲奴隸。換句話說；就是帝王可以把良人賞與臣吏，使爲奴隸。可是這類的事實，在歷史上却未曾看見過。至少，在關于元魏的史籍中，不見有這類事實。不過在元魏，官奴不經賜與，是不能變做私奴的。若私自以官奴爲私奴，是要犯法的。如周觀傳說：『眞君初，詔觀統五軍西討禿髮保周于張掖，徙其民數百家，將置于京師。至武威，輒與諸將私分之。世祖大怒，黜觀爲金城侯[36]』。又崔暹傳說：『〔暹〕廣占田宅，藏匿官奴，障吝陂葦，侵盜公私，…爲賊所敗，單騎潛還，禁于廷尉，以女妓園田貨元義，得免[37]』。但是這算另一問題，而賞賜與否，決不能涉及來源。未賞賜以前的奴隸總量，與賞賜以后的奴隸總量，不是完全一樣嗎？所以我擧奴隸的來源，只採取上述四種。

B　奴隸的使用

奴隸主蓄養了大量的奴隸，其目的當然是要使他們爲自已工作。奴隸是失了全部自由的人，自然會被主人強迫着去做各色各樣的工作了。這裏要說明元魏的奴隸，究竟作了些甚麼工作。

第一，是宮廷勞働者。閹宦不用說是做宮廷勞働的特種奴隸。元魏把罪人的家屬中十五以下的男子，往往都受以腐刑，沒入宮廷，做一切宮廷的勞作。而魏書又有『齊献武王請于幷州置晉陽宮，以處配沒之口[38]』的記載。配沒之口要處在宮裏，想來他們也是和閹宦一樣，要用來作宮廷勞働的了。

第二，是寺院勞働者。元魏佛教興盛，寺廟遍于各地，寺院以內，也需要一些做苦工的奴隸，于是就請求政府，以罪人及官奴充當。釋老志說：『曇曜奏……人民犯重罪及官奴，以爲佛圖戶，以供諸寺掃洒，歲兼營田輸粟。高宗幷許之，于是……寺戶遍于州鎮矣[39]』。寺廟算是奴隸的第二種工作場所了。

第三，是遣赴兵役的。高謙之傳說：『諸守宰或非其才，多遣親者，妄稱入募，別倩他人引弓格，虛受征官，身不赴陣，惟遣奴客充數而已[40]』。在六鎮叛變的前夕，鎮戍官吏的腐化，已達極點，這種被遣充兵的奴隸，想來不少吧！

第四，是從事工業生產的。咸陽王禧傳說：『由是昧求貨賂，奴婢千數，田業鹽鐵，徧于遠近，臣吏僮隸，相繼經營[41]』。不過魏晉以來，北方的較進步的經濟結構，和生產方法，在元魏時代，已經整個的被破壞，而代以較落後的生產方法。經濟地方化，沒有商業，不用貨幣。想來從事鹽鐵生產的奴隸，不會很多吧！

第五，是農場勞働者。這是最重要的一種，元魏奴隸的最大多數，都是從事這種工作的。因爲農耕究竟是最主要的生產事業，尤其元魏當時的社會，更是如此。所以政府有『營戶』『屯人』等官奴隸或準官奴隸從事農業。而私人的奴隸也是要按口分取公田，按口繳納租調的。太和九年的均田令裏說：『諸男夫十五以上，受露田四十畝，婦人二十畝，奴婢依良，丁牛一頭，受田三十畝。……諸民年及課則受田，老免及身沒則還田，奴婢牛隨有無以還受。……諸初受田者，男夫一人，給田二十畝，……奴各依良，限三年種畢。……諸麻布之土，男夫及課，別給麻田十畝，婦人五畝，奴婢依良。……諸還受民田，恒以正月，若始受田而身亡，及買賣奴婢牛者，皆至明年正月，乃得還受[42]』。在這道均田令中，無論是露田，桑田，或麻田，奴婢都是要按口領取的。既領了公田，當然也要向政府納租調。所以太和十年關于租調的規定說：『調一夫一婦，帛一匹，粟二石；民年十五以上未娶者，四人出一夫一婦之調；奴任耕婢任績者，八口當未娶者四；耕牛二十頭當奴婢八；其麻布之鄉，一夫一婦布一匹，下至牛，以此為降[43]』。于是不論是普通租調的粟帛，或麻布之鄉的布，奴婢也得按口繳納的。在這兩通命令之下，元魏所有的私奴婢都要強迫驅上農場，直接為主人出力，間接為國家効勞了。這顯明的證實，耕種才是奴隸主要的工作。我們又看元魏賞賜羣臣的時候，常常是奴婢田宅，同時賜與(常見不備舉)。足證奴婢不能與田宅分離，賜與奴婢，也就要賜與奴婢工作場所的田，才不致失去賜與奴婢的意義。而且『耕當問奴，織當問婢[44]』兩句話，不是南北朝時兩句普遍的成語嗎？

C 奴隸的身份

奴隸的身份，不消說是極卑賤的了，因為他是元魏社會階級中最下的一級，是不儕于人類的。所以俘獲的生口，有時是與俘獲的馬牛羊合計的：如建國三十年，『帝征衛辰，……收其部落而還，俘獲生口及馬牛羊數十萬頭[45]』。又如登國五年，『帝西征至鹿渾海，襲高車袁紇部，大破之，虜獲生口馬牛羊二十餘萬[46]』。則是俘獲的生口與俘獲的雜畜，是處在同等地位的了。而賜與奴婢或隸戶時，也是常與賜與的牛馬并舉的：如安同傳，『太祖班賜功臣，同以使功居多，賜以妻妾，及隸戶三十，馬二匹，羊五十口[47]』。又如張濟傳，『濟謀功居多，賞賜奴婢百口，馬牛數百，羊二十餘口[48]』。則是賞賜的奴隸與賞賜的牛馬，也是同一性質的了。至于記述一個人的財產，奴隸也佔着主要成份；如高崇傳說：『崇少聰敏，以端謹見稱，徵為中散，稍遷尚書三公郎，家資富厚，僮僕千餘[49]』。又如王椿傳說：『椿僮僕千餘，園宅華廣，聲妓自適，無乏于時[50]』。這是把奴隸當作財產了。我們知道，遊牧民族估量財產時，是以牲畜若干口為準標的；假使元魏的奴隸主估量他們自己財產的時候，我們可以相信，他們一定是以奴隸若干口為標準的了。

以上不過是一種概括的說明，表示奴隸地位之低賤。如果我們具體的考究，奴隸的社會地位，究竟是被甚麼樣的法律或習慣規定着的呢？我們可以發現，奴隸與他以上的各階級之間的關係，是被各種律例隔離着束縛着的：第一，奴隸是不能與貴族或士民婚偶的。如咸陽王禧傳說：『時王國舍人，應取八族及清修之門。禧取任城王隸戶為之，深為高祖所責[51]』。太和十七年的詔書，更明白規定的說：『厮養之戶，不得與士民婚[52]』。這是婚姻方面的限制。第二，奴隸是不能衣錦繡，飾金銀的。高陽王雍傳說：『雍表請王公以下賤妾，悉不聽用織成錦繡，金玉珠璣，違者以違旨論。奴婢悉不得衣綾綺纈，止于縵繒而已。奴則布服，並不得以金銀爲釵帶，犯者鞭一百。太后從之[53]』。這是服飾方面的限制。第三，奴婢是不能出家爲僧尼的。如釋老志說：『自今奴婢悉不聽出家，……其僧尼輒度他人奴婢者，亦移五百里外爲僧。僧尼多養親識及他人奴婢子，年大私度爲弟子，自今斷之。有犯還俗，被養者歸本等[54]』。這是信仰方面的限制。

但是奴隸也還有相當的權利：如通鑑所說：『道穆兄謙之家奴訴良（〔原注〕律禁壓良爲賤，謂本是良民，壓爲奴婢），神軌收謙之繫廷尉[55]』。這表明奴隸也有控訴主人的權利。又如溫子昇傳所載：『〔子昇〕爲廣陽王淵賤客，在馬坊教諸奴子書[56]』。這又證明奴隸也有受教育的權利。不過兩者恐怕都不是普遍現象。太祖紀又說：『於俘虜之中，擢其才識者賈彝賈閏晁崇等，與參謀議，憲章故實[57]』。則奴隸尙有做官吏的可能了。但是這是因爲奴隸的文化程度超過主人，所以主人也得求敎他。這在希臘羅馬史中的實例很不少。然而這要算奴隸中最少見的事了。

在這種種束縛與重重壓迫下的奴隸，還有解放的機會沒有呢？間或也是有的。他們解放的途徑，不外兩種：一種是由政府或奴隸主的赦免，另一種是由奴隸有關的人來贖免。由政府赦免奴隸的事，如前奴隸來源節所擧的三通詔書，令被賣良人還歸本家，是就實例。此外景明二年，又有『免壽春營戶爲楊州民[58]』的命令。永熙二年，齊獻武王又有『建義之家，枉爲爾朱氏所籍沒者，悉皆蠲免[59]』的請求。這是奴隸可由政府赦免的例證。由奴主自動赦免的呢？如高謙之傳所說：『〔謙之〕居家，僮隸對兒不撻其父母，生三子，便免其一世，無髡黔奴婢，常稱：「俱禀人體，如何殘害[60]」』。不過這是要在『生三子』的條件下面才能赦免的。而且只限于一部份有仁心的奴隸主，如高謙之這類的人的奴隸才可能，不是普遍的。然而奴隸可由奴隸主赦免的事實，于此可證明其存在了。這是奴隸得解放的第一個途徑。至于贖免的例呢？如崔光傳所記：『皇興初，有同郡二人，並被掠爲奴婢，後詣光求哀，光乃以二口贖免[61]』。又張讜傳說：『初，讜妻皇甫氏被掠，賜中官爲婢。……后讜爲劉駿冀州刺史，因貨千餘，贖求皇甫[62]』。這是奴隸可以贖免的證明。贖免是奴隸解放的第二個途徑。奴隸處境，既如此的悲慘：而解放的機會，又如此的稀少。則奴隸對于當時社會制度之表示不滿，乃是必然的。所以張求等，可以利用他們都不滿的心理，而『招結奴隸，謀爲大逆[63]』了。

註一　文獻通考卷一一葉三〇上。
註二　魏書卷七下葉一二上。
註三　仝上卷八葉一二上。
註四　仝上卷一二葉一〇上。
註五　宋書頁二三三宋書傳。
註六　仝上頁二三六宋書傳。
註七　通鑑卷一二五葉二〇上。
註八　仝上卷一五〇葉一〇下。
註九　魏書卷九四葉四上。
註一〇　仝上卷九四葉五上。
註一一　仝上卷一一一葉八下。
註一二　仝上卷七下葉一二上。
註一三　仝上卷一六葉一〇下。
註一四　仝上卷六五葉五上，又葉七下。
註一五　通鑑卷一五一葉一一上。
註一六　魏書卷五二葉一四上。
註一七　通鑑卷一四〇葉一上注內。
註一八　魏書卷五九葉五下。
註一九　仝上卷一一一葉三上。
註二〇　仝上卷八三上葉六上。
註二一　仝上卷八三上葉七上。
註二二　仝上卷九四葉七上。

註二三　魏書卷九四葉八上。
註二四　仝上卷五葉二下。
註二五　仝上卷四六葉五下。
註二六　仝上卷四下葉三下至四上。
註二七　仝上卷七上葉一上。
註二八　仝上卷七上葉二上。
註二九　仝上卷八葉三上。
註三〇　文獻通考卷一一葉二五上。
註三一　漢書頁一〇〇食貨志。
註三二　魏書卷五葉七下至八上。
註三三　仝上卷七上葉一五下至一六上。
註三四　仝上卷九葉二上。
註三五　仝上卷四四葉八下。
註三六　仝上卷三〇葉一四下。
註三七　仝上卷八九葉七上。
註三八　仝上卷一二葉八上。
註三九　仝上卷一一四葉九下至十上。
註四〇　仝上卷七七葉一六上。
註四一　仝上卷二一上葉四上。
註四二　仝上卷一一〇葉四上至五上。
註四三　仝上卷一一〇葉五上至五下。
註四四　仝上卷九七葉一八，『慶之日，「治國如治家、耕當問奴，織當問緯」』。仝上卷六五葉七下，『耕則問田奴，絹則問織婢』。

註四五　魏書卷一一葉一一上。

註四六　仝上卷二葉三上。

註四七　仝上卷三〇葉三下。

註四八　仝上卷三三葉一一下。

註四九　仝上卷七七葉一四下。

註五〇　仝上卷九三葉四下。

註五一　仝上卷二一上葉二上。

註五二　仝上卷七下葉九下。

註五三　仝上卷二一上葉一八上。

註五四　仝上卷一一四葉一四上。

註五五　仝註十五。

註五六　魏書卷八五葉五上。

註五七　仝上卷二葉五下。

註五八　仝註二九。

註五九　魏書卷一一葉七下。

註六〇　仝上卷七七葉一六下。

註六一　仝上卷六七葉一下。

註六二　仝上卷六一葉一二下至一三上。

註六三　仝上卷七上葉一二上。

V　幾種變動中的少數階級

前三章所說的國人，編民，和奴隸，是元魏社會的三個中堅階級。他們的人數都很多，社會地位也比較確定，是元魏階級制度的主幹。此外，在元魏社會中，還有幾種人數較少，社會地位又比較游移的階級。雖然他們在當時社會制度中的地位，沒有前舉三種階級那樣的重要，但是因了他們的存在，與他們及各階級間的關係，可以暗示我們在元魏時代社會組織變動的方向。現在只根據這一點極有限的材料，來證實他們的存在，確定他們與別階級間的關係，以理解他們在這社會制度轉變期間的作用。

A　雜戶

在魏書裡，常常看見『百雜之戶』，『雜戶濫門』等名詞。究竟這些人是做甚麼的呢？食貨志說：『先是禁網疏闊，民多逃隱。天興中，詔採諸漏戶，令輸綸綿，自后諸逃戶占爲細繭羅縠者甚衆，于是雜營戶帥遍于天下，不隸守宰，賦役不同，戶口錯亂[1]』。是雜營戶就是這些爲細繭羅縠的手工業者。所以有時『工商雜役』連在一塊，變成一個名詞。如『天興二年，『詔工商雜役，盡聽赴農[2]』，就是顯例。因此我們可以知道，所謂『雜戶』，就是這些手工業者而兼帶有商賈性質的人家，也就是元魏所慣稱的『百工技巧』了。

這些雜戶之中，當然有一部份是北方社會所固有的。因為從漢魏以來，中國的工商業已經有相當的發展，從事手工兼營商賈的人，想來不少，這是北魏雜戶的基本來源。另有一部份，是從外面遷徙來的；如食貨志說：『既定中山，分徙吏民及徙河種人工技巧十萬餘家，以充京師[3]』。又如世祖紀：『徙長安城工巧二千家于京師』[4]。這是雜戶的第二個來源。再有一部份，即如前段所舉，是由『漏戶』『逃戶』等組成的。也許他們是感覺編民之苦，才自占為雜戶吧。

這些雜戶，是估在元魏社會階級中的甚麼層呢？在中國這重農輕工商的傳統政策之下，尤其是在元魏專以耕戰為務的社會之中，雜戶的地位，是絕不會很高的吧！一方面我們可以看出雜戶的地位是在編民之下的：第一，根據食貨志所說，雜戶是由漏戶逃戶變來，是『不隸守宰[5]』的，則雜戶是不編戶的了。第二，從普泰元年『詔百雜之戶，貸賜民名，官任仍舊[6]』的命令來看，「民」名是賜與的，當然他們是在編民之下了。另一方面，我們又可以看出雜戶是在奴隸之上的：第一，從普泰元年的詔裡，有『官任仍舊[7]』的一句話，我們知道雜戶是可以做官的，這當然不是奴隸所能希冀的了。第二，節閔帝紀說：『詔……募伎作及雜戶從征者，正入出身，皆授實官，私馬者優一大階[8]』。則雜戶是能應募從軍的了。奴隸是失却主權的人，那能自由應募呢。所以我們可以斷然的說，雜戶是在編民之下奴隸之上的一個階級[9]。

此外還有幾種關于雜戶社會地位的具體規定，我們可以由此看出他們地位的全豹。第一，是婚姻的限制。和平四年的詔說：『今制皇族師傅，王公侯伯，及士民之家，不得與百工技巧卑姓為婚，犯者加罪[10]』。又孝昌二年的詔說：『頃舊京淪覆，中原喪亂，宗室子女，屬籍在七廟之內，為雜戶濫門所拘辱者，悉聽離絕[11]』。則雜戶是不能與在上各級的人們結婚媾的了。第二，是仕進的限制。雜戶雖然可以為官吏，可不是任何種的官吏都可以做。太和元年的詔說，『工商皂隸，各有厥分，而有司縱濫，或染清流，自今戶內有工役者，推上【通鑑作唯止】本部丞以下，準次而授[12]』。是雜戶作官吏，不能超過本部丞了。而神龜元年，竟下詔說：『雜役之戶，或冒入清流，所在職人，皆五人相保，無人任保者，奪官還役[13]』。則是把雜戶做官吏的權利都完全否認了 第三，是擇業及教育的限制。太平真君五年的詔說：『今制，自王公以下至于卿士，其子息皆詣太學。其百工技巧騶卒【通鑑作百工商賈】子息，當習其文兄所業，不聽私立學校，違者師身死，主人門誅[14]』。則是雜戶沒有擇業的自由，也沒有受教育的權利了。第四，是居住的限制。韓麒麟傳說：『仰惟太祖道武皇帝，…分別士庶，不令雜居，伎作屠沽，各有攸處[15]』。則雜戶也是沒有擇居自由的。根據上面種種限制，我們可以大概的看出雜戶的社會地位的全形了。

B　蔭附之戶

蔭附是編民逃避賦役的一種方法。食貨志說：『魏初不立三長，故民多蔭附，蔭附者，皆無官役。豪彊徵斂，倍于公賦[16]』。胡三省說：『蔭附者，自附于豪強之家，以求蔭庇[17]』。則是蔭附之戶，在豪強之家的包蔽之下，就不對國家負賦役的責任了。在人口缺少的元魏，這是多麼大的一項損失呢？所以政府才用檢括的方法來對付：韓茂傳說：『以五州〔冀定相青東冀〕民戶殷多，編籍不實，以均忠直不阿，詔均檢括，出十萬餘戶[18]』（事在獻文帝時）。延興五年，又『遣使者十人，循行州郡，檢括戶口，其有仍隱不出者，州郡縣戶主並論如律[19]』。但是這種辦法，還是不能制止蔭附之風。所以太和十年，才用李沖的話，『初立黨里鄰三長，定民戶籍[20]』。欲求『課有常準，賦有恆分，苞蔭之戶可出，僥倖之人可止[21]』。然實際還是不能如願。所以太和十四年，又下詔：『依準丘井之式，遣使與州郡宜行條制，隱口漏丁，卽聽附實，若朋附豪勢，陵抑孤弱，罪有常刑[22]』。及至東魏宜武二年，『太保孫騰，大司馬高隆之，各爲括戶大使，凡獲逃戶六十餘萬[23]』。可見在三長制下，仍有大量的苞蔭之戶。這是當時社會制度下的必然結果，不是法制所能禁止的。

這種蔭附之戶的社會地位如何呢？沒有材料可以做確定的證明。不過我們可以推想：他們因得了豪強的蔭庇，豪強對于他們又有徵斂的權利，他們就已經不是編民，而是編民中豪強的附屬者了。但是他們的地位，也絕不致同于奴隸。不然，誰肯自動去作蔭附之戶呢？因此我們可以假定：苞蔭之戶的地位是與歐洲封建制初期的農奴的地位相當。

C　客

在春秋戰國時候，各國的國君和大臣們，往往畜養大量的食客或賓客。這些作客的人大半都是些有能力的人，知道富國強兵的道理的，至少也有一藝之長，可以在危急時爲主人効力。他們都是想借了君卿們的提携，來施展他們的經綸。所以君卿階級中人，也樂于收養他們，用來爲自己擴張勢力，鞏固地位。他們都是保有獨立的權利，是被君卿們另眼相看的。但是到了後來，就有不少的人借此糊口，或者以此爲逋逃之數；因此他們的地位遂日益降低，主人們也要苛責以種種工作了。到了元魏的時候，雖然『客』這一名辭依舊存在，而客的地位是與私奴相差無幾了。他們是常同僮隸並稱的：如張烈傳說：『烈家產畜殖，僮客甚多[24]』。有時在客的上面，加上一個「賤」字：如溫子昇傳說：『「子昇」爲廣陽王淵賤客[25]』。客之中，有的是在馬坊教奴隸的，如溫子昇傳說子昇『在馬坊教諸奴子書[26]』。有的是被派充兵的；如高謙之上疏，說當時邊將，『身不赴陣，惟遣奴客充數而已[27]』。根據這幾條有限的材料，我們可以推測：客的地位，頂高不過同于莅陰之戶。不過后者是全戶求蔭疵而爲蔭疵者服役，前者是個人求附託而爲收養主服役罷了。

D　僧祇戶

釋老志說：『曇曜奏，平齊戶及諸民，有能歲輸穀六十斛入僧曹者，即爲僧祇戶，粟爲僧祇粟，至于儉歲，賑給飢民，……高宗幷許之，于是僧祇戶粟及寺戶遍于州鎮矣[28]』。這是僧祇戶的來源。這也是魏書中關于僧祇戶的惟一的記載。我們就根據這一段話來推測：僧祇戶每歲須輸穀六十斛入僧曹，他當然不會再有能力向國家納粟，所以僧祇戶就是國家交與寺廟，而變成寺廟所私有的人民。但是他們是從平齊戶及諸民中分來的。換句話說，他們是從編民中分來的。他們的地位，當然也不會很低。因此我們可以假定：僧祇戶的社會地位，也是在編民之下奴隸之上的。

註一　魏書卷一一零葉二上。

註二　仝上卷七上葉二上。

註三　仝上卷一一零葉一下。

註四　仝上卷四下葉六上。

註五　仝注一。

註六　魏書卷一一葉二上。

註七　仝注六。

註八　魏書卷一一葉三上。

註九　文獻通考卷一一葉三零下說，『唐制，凡反逆相坐，沒其家爲官奴婢，一免爲番戶，再免爲雜戶，三免爲良人』。在唐制中，雜戶的社會等第是顯然在奴婢與良人之間的，這雖是唐制，但隋唐制度，往往是沿習北朝來的，或者北魏時雜戶的地位還未十分確定，到唐時才確定的吧。

註一〇　魏書卷五葉八上。

註一一　仝上卷九葉一八上至下。

註一二　仝上卷七上葉七下。

註一三　仝上卷九葉五下。

註一四　仝上卷四下葉三下。

註一五　仝上卷六零葉七下。

註一六　魏書卷一一〇葉五上。
註一七　通鑑卷一三六葉七下注內。
註一八　魏書卷五一葉二下。
註一九　仝上卷七上葉四上。
註二〇　仝上卷七下葉一上。
註二一　仝上卷五三葉一零下。
註二二　仝上卷七下葉五上。
註二三　仝上卷一二葉七下至八上。
註二四　仝上卷七六葉四下。
註二五　仝上卷八五葉五上。
註二六　仝注二五。
註二七　魏書卷七七葉一六上。
註二八　仝上卷一一四葉九下至十上。

VI 結論

根據以上的敘述，我們看清了在元魏社會中有三個主要階級：

（一）是新與統治者的國人階級。他們掌握着一切的政權，因而在經濟上也佔着絕大優勢。

（二）是作元魏社會中堅的編民階級。他們以耕種為專業，逐漸的與土地緊接，由自由人而變為半自由的人。

（三）是當日社會最下層的奴隸階級。但他們在均田令下，漸次脫離了貨品的地位，而走向解放的路。

此外就是幾個正在變動中的階級。除了『雜戶』與當日社會轉變不發生多大作用外。其餘的『客』『僧祇戶』『蔭之戶』，都是從自由的地位正在向下降落的。

元魏時代，是由古代社會轉向中古社會的一個樞紐，是不成問題的。因此我們可以大膽的假定：元魏是從一個奴隸社會過渡到一個封建社會的時期。

一方面是國人階級中的大部份，編民階級中收容了大量的客及蔭附戶和奴隸牛馬的豪強，以及有僧祇戶及佛圖戶的寺院；逐漸的都成了廣大田園的所有者。預備作未來的封建社會的領主階級。

另一方面：是大部份的編民，在定居的條例及專事農耕的規定下，由自由民變成了半自由的耕農；及自動脫離自由民地位的客與蔭附之家；與那在均田令下間接的做了中央政府統轄下的人民而脫離從前那毫無獨立地位的奴隸，結合成一級；預備作新社會制度下的半自由的農奴階級。

這農奴與領主兩階級的逐漸形成，很顯然的是當時社會轉變的動向。究竟這種動向是繼續進展而創設了一個完整的封建制度呢？抑或因了別項影響而中途改變方向或停頓了呢？這就要從繼元魏之后的隋唐社會史中去探求解答了。

參考書目

漢書 漢班固著 開明書店二十五史本

魏書 北齊魏收著 同治十一年金陵書局刊廿四史本

宋書 梁沈約撰 開明書店二十五史本

北齊書 隋李百藥撰 開明書店二十五史本

隋書 唐長孫無忌等撰 開明書店二十五史本

資治通鑑 宋司馬光編集 商務印書館本

文獻通考 元馬端臨著 咸豐九年崇仁謝氏刊本

顏氏家訓 北齊顏之推著 蘇州坊刻漢魏叢書本

十六國春秋輯補 清湯球撰 廣雅書局刊本

三國郡守攷

貝琪

目錄

魏

司州

魏受漢禪，都洛陽，陳留王奐以漢司隸所部三河弘農四郡，及分河東所立之平陽分河南所立之滎陽置司州，凡得漢舊郡四，增置郡二。

〔河南郡〕本秦三川郡，漢改今名，魏領縣十三。

郡尹可考者十六人

董昭　本傳。建安三年領，四年，轉冀州牧。

夏侯惇　本傳。建安中領。

龐迪　邴原傳。建安中領。

謹案龐迪何焯校本作龐廸。

夏侯和　夏侯淵傳。

司馬芝　本傳。黃初中領，在郡十一年，坐免。

劉靖　劉馥傳。太和中領。母喪去官。

謹案劉靖傳子作劉靜。

裴潛 本傳。 青龍中領。遷大尉軍師。

王觀 本傳。 黃初中領，遷少府。

李勝 曹眞傳。 正始八年領，歲餘，遷荊州刺史。

王基 本傳。 嘉平元年署，未拜而罷。

傅嘏 本傳。 嘉平元年領，代李勝。三年，徙拜尙書。

王肅 王朗傳。 嘉平中領，遷中領軍。

李允 晉書文苑傳。 景元末領。

王恂 晉書外戚傳。 咸熙中領。

阮炳 杜氏新書。

袁亮 袁渙傳。

〔滎陽郡〕 魏正始三年，分河南置尋罷，領縣八。

太守可考者三人

李勝 魏略。 正始中領，轉河南尹。

傅嘏 本傳。 正始末拜，未之郡。

魏舒 晉書本傳。

〔河東郡〕 秦置，魏領縣十。

太守可考者七人

援郭 張既傳。 建安中領，袁尙所署，旋被殺。

王邑 杜畿傳。 建安中領，十年被徵。

杜畿 本傳。 建安十年領，在郡八年，遷尙書平更。

謹案畿本傳載畿在河東十六年，治績爲天下最，今考畿之爲任郡守，在高幹叛後，而其入爲尙書事平更，則在魏國初建時，高幹之叛，當建安十年，則畿至早以是年領郡，魏國之建，在建安十八年，前後僅八年耳，烏得云在郡十六年耶？蓋傳文誤也。

趙儼 本傳。 黃初初領，三年，徙爲軍師。

任昭 任嘏別傳。 黃初中領。

杜恕 杜畿傳。 正始元年領，歲餘，遷淮北都督護軍。

賈穆 魏略。 嘉平中領。

〔平陽郡〕 魏正始八年，分河東置，先屬冀州，後屬司州，領縣十二。

太守可考者四人

徐邈 本傳。 黃初中領，轉安平太守。

司馬望 晉書安平獻王孚傳。 嘉平中領。

杜恕 晉書，杜預傳。

謹案杜預伯未嘗任平陽郡守，此杜恕疑別一人也。

劉毅 晉書劉毅傳。

〔河內郡〕 漢置，魏領縣十。

太守可考者十二人

李敏 公孫度傳。

劉勳 華佗別傳。

王匡 武帝紀。 中平末領，初平元年，起兵討董卓。

張楊　本傳。初平中領，董卓所署。

繆尙　武帝紀。建安初領，袁紹所署。

謹案繆尙文選作憀尙。

魏种　武帝紀。建安四年領。

劉靖　劉馥傳。黃初中領，徵拜尙書。

何曾　晉書本傳。景初二年領，徵拜侍中。

王經　晉書向雄傳。

劉毅　晉書向雄傳。

吳奮　晉書向雄傳。

辛敞　辛毗傳。咸熙中領。

【弘農郡】　漢置，魏領縣七。

太守可考者八人

賈逵　本傳。建安十六年領，遷丞相主簿。

嚴幹　魏略。建安中領。十六年，轉漢陽太守。

杜恕　杜畿傳。青龍中領，數歲，轉趙相。

何楨　管寧傳。正始中領。

孟康　魏略。正始中領，嘉平末，轉渤海太守。

楊儀　蜀志本傳。章武中遙署。

劉類　魏略苛吏傳。嘉平中領。咸熙元年，遷五官中郎將。

令狐邵　倉慈傳。

豫州　漢建安元年，魏武迎漢帝都許，及平黃巾，地遂入魏。得漢舊郡六，增置郡六。

【潁川郡】　秦置，魏領縣八。

太守可考者七人

陰修　謝承後漢書。

呂布　英雄記。初平末領，李傕郭汜表署。

夏侯淵　本傳。建安中領。五年，遷督軍校尉。

高柔　本傳。建安末領，遷法曹掾。

鄧颺　魏略。正始初領，遷大將軍長史。

劉子元　晉書何曾傳。

劉智　晉書劉寔傳。

【襄城郡】　魏分潁川置，尋罷還，領縣七。

太守無考

【汝南郡】　漢置，魏領縣十三。

太守可考者七人

孫香　江表傳。興平中領，袁術所署。

荀攸　本傳。建安元年領，徵拜尙書。

滿寵　本傳。建安初領。十三年，從武帝南征。後復領。

李通　本傳。建安中領。

田豫　本傳。太和中領。正始初，轉并州刺史。

鄧艾 本傳。嘉平四年領，轉兗州刺史。

程曉 程昱傳。

〔汝陰郡〕魏黃初三年，分汝南置，景初二年，以沛郡十縣來屬，尋罷還。共領縣十八。

太守無考

〔陽安郡〕魏分汝南置，尋罷還，領縣二。

太守可考者一人

李通 魏略。建安初領。

〔弋陽郡〕魏分江夏汝南置，領縣五。

太守可考者一人

田豫 本傳。建安中領，從鄢陵侯彰北征，轉南陽太守。

護案晉志宋書，俱謂弋陽為文帝時所置，今據田豫之任郡守，在建安世，可證其說未必然也。

〔梁國〕漢置，魏領縣六。

太守可考者一人

盧毓 本傳。黃初中領，轉譙郡太守。

〔陳郡〕漢置，魏改作國，旋復作郡，領縣五。

太守可考者二人

胡軫 英雄記，初平中領。

孫該 劉劭傳。

〔沛國〕秦泗水郡，漢改今名，魏黃初二年作國，領縣五。

太守可考者二人

司馬芝 本傳。建安末轉陽平太守。

鄭渾 本傳。黃初中領，轉山陽太守。

〔譙郡〕魏武分沛郡置，領縣五。

太守可考者一人

盧毓 本傳。黃初中領，轉睢陽典農校尉。

〔安豐郡〕魏文帝分廬江置，尋罷還，領縣五。

太守可考者三人

王基 本傳。正始中領，以疾徵還。

張特 魏略。嘉平末領。

李胤 晉書本傳。

〔魯郡〕秦薛郡，漢改今名，魏領縣六。

太守無考

冀州

漢建安十年，平袁氏，地入魏，領漢舊郡十二，增置郡四。

〔魏郡〕漢置，魏領縣十。黃初二年，以魏郡廣平陽平為三國。

太守可考者十九人

栗攀 董昭傳。中平末領，初平二年，被殺。

董昭 本傳。初平二年領，袁紹所署，旋卸任，建安五年又領，十年，遷諫議大夫。

梁成　英雄記。建安初領，初年，被賊所害。

袁春卿　董昭傳。建安中領，袁紹所署。

高蕃　李典傳。建安中領，袁尚所署。

陳矯　本傳。建安中領，十九年，入爲丞相長史，旋復領郡，還西曹屬。

薛悌　陳矯傳。建安中領，代陳矯。

吳瓘　倉慈傳。

謹案吳瓘太平御覽作吳瓘。

涼茂　本傳。建安中領，遷甘陵相。

徐奕　本傳。建安十六年領，十七年，還留府長史。

國淵　本傳。建安中領，遷太僕。

王脩　本傳。建安中領，十八年，遷大司農郎中令。

王朗　本傳。建安十八年領，遷少府。

徐宣　本傳。建安末領，延康元年，遷御史中丞。

賈逵　本傳。黃初元年領，旋遷丞相主簿。

溫恢　本傳。黃初元年領，數年，轉涼州刺史。

鄭渾　本傳。太和中領，遷將作大匠。

鍾毓　鍾繇傳。正始中領，嘉平元年，入爲御史中丞。

馮紞　晉書本傳。

〔廣平郡〕魏黃初二年，以魏郡西部置，領縣十五。

太守可考者三人

盧毓　本傳。太和中領，青龍二年，入爲侍中。

王肅　王朗傳。正始元年領，公事徵還。

鄭袤　晉書本傳。

〔陽平郡〕魏黃初二年，以魏郡東部置，領縣八。

太守可考者五人

李孚　魏略。黃初中領，卒官。

司馬芝　本傳。黃初中領，轉河南尹。

鄭渾　本傳。黃初中領，轉沛郡太守。

孫禮　本傳。太和中領，入爲尚書。

盧欽　晉書本傳。

〔朝歌郡〕魏黃初中，分河內郡置，後屬冀州，尋罷，領縣六。

太守無考

〔鉅鹿郡〕沿漢，魏領縣二。

太守可考者五人

李邵　袁紹傳。初平中領。

董昭　本傳。初平中領，袁紹所所。

龐林　龐統傳。

李休　魏略。黃初中領，年老還拜侍郎。

[illegible]叔禕　晉書[illegible]傳。

【趙國】漢置，魏太和中改國，領縣九。

太守可考者三人

桓階 本傳。建安中領，十八年，遷虎賁中郎將。

張承 張範傳。建安十八年領，二十四年，徵參軍事。

任嘏 任嘏別傳。黃初中領，轉河東太守。

【常山郡】漢置，魏領縣九。

太守可考者二人

胡質 本傳。黃初中領，轉東莞太守。

華周 華嶠譜叙。

【中山國】漢置，魏太和中改國，領縣九。

太守可考者二人

王淩 本傳。建安中領，遷丞相掾。

陳騫 晉書本傳。

【安平郡】漢置國，魏除作郡，領縣十。

太守可考者四人

徐邈 本傳。黃初中領，轉潁川典農中郎將。

盧毓 本傳。黃初中領，轉廣平太守。

王基 本傳。正始初領，公事去官。

陳騫 晉書本傳。明帝時。

【平原郡】漢置，魏黃初二年作國，七年，除爲郡，領縣八。

太守可考者七人

常林 本傳。建安中領，轉魏郡東部都尉。

楊俊 本傳。建安末領，黃初元年，復轉南陽太守。

孫禮 本傳。黃初中領，轉平昌太守。

顏斐 魏略。景初中領。

劉邠 管輅傳。嘉平中領。

劉陶 劉曄傳。正元二年領，旋被殺。

潘滿 文章志。

【樂陵郡】魏武分平原置，領縣五。

太守可考者三人

陳矯 本傳。建安中領，轉魏郡西部都尉。

韓暨 本傳。建安中領，在郡就加司金都尉。

王沖 蜀志費詩傳。太和中。

【博陵郡】漢置，魏領縣四。

太守可考者一人

常林 本傳。建安中領，轉幽州刺史。

【渤海郡】漢置，魏領縣十。

太守可考者五人

袁紹 本傳。中平末領，董卓所署，初平元年起兵討卓。

公孫範 後漢書公孫瓚傳。初平中領，袁紹所署，旋背紹。

王弘直 管輅傳。

孫太守 晉任城太守孫夫人碑。

孟康 魏略。 嘉平末領，遷中書令。

〔章武郡〕 魏武分河間渤海置，領縣四。

太守無考

〔河間郡〕 漢置，魏領縣十。

太守可考者二人

崔林 本傳。 黃初中領，遷大鴻臚。

虞聳 虞翻傳。

〔清河郡〕 漢置，桓帝建和二年，改曰甘陵，魏復舊名，領縣七。

太守可考者六人

司馬芝 本傳。 建安中領，轉沛郡太守。

韓宣 魏略。 黃初中領，轉東郡太守。

阮武 杜畿傳。 景初中領，正始元年被徵。

華表 管輅傳。 正始中領。

倪太守 管輅傳。 嘉平中領。

謹案輅傳叙，輅過清河倪太守云云，未詳太守名字，姑錄之以俟考。

任燠 倉慈傳。

兗州 漢舊，興平二年，魏武爲兗州牧，地遂入魏，得漢舊郡八，增置郡二。旋增置郡均廢。

〔陳留國〕 漢置，魏太和中爲國，領縣十四。

太守可考者十人

張邈 本傳。 中平中領，初平元年，起兵討董卓。

夏侯淵 本傳。 初平中領，轉潁川太守。

棗祗 魏武故事。

謹案任峻傳注引魏武故事載令曰：「故陳留太守棗祗，天性忠能，……不幸早沒，追贈以郡，猶未副之」云云，據此則陳留太守當即追贈者也。

夏侯惇 本傳。 建安初領，轉濟陰太守。

孫邕 鮑勛傳。 黃初中領。

劉劭 本傳。 太和元年領，遷騎都尉。

高堂隆 本傳。 太和中領，徙拜散騎常侍。

司馬岐 司馬芝傳。 爲陳留相。

劉阜 劉氏譜。

鄭沖 晉書本傳。

〔東郡〕 秦置，魏領縣八。

太守可考者十人

橋瑁 武帝紀。 中平末領，初平元年被殺。

王肱 武帝紀。 初平元年領，爲劉岱表署，二年被逐。

武帝 本紀。初平二年領，袁紹表署。

夏侯惇 本傳。初平三年領，轉陳留太守。

臧洪 本傳。興平二年領，袁紹所署，旋為紹所殺。

劉延 武帝紀。建安初領。

任昭 任嘏別傳。黃初中領，轉趙郡太守。

韓宣 魏略。黃初中領，太和中，遷尚書大鴻臚。

荀俁 杜氏新書。太和中領。

王機 晉書王沉傳。黃初六年。

〔濟陰郡〕漢置，魏領縣九。

太守可考者八人

吳資 武帝紀。興平初領。

夏侯惇 本傳。興平中領，建安中轉河南尹。

程昱 本傳。建安元年領。

袁敘 獻帝起居注。建安初領。

荀衍 荀氏家傳。建安中領。

沐並 魏略清介傳。嘉平中領，遷議郎。

鄭袤 晉書本傳。

虞詡 虞翻傳。

〔離狐郡〕漢舊縣，建安時升作郡，後廢，領縣無考。

太守可考者一人

李典 本傳。建安九年領，旋遷裨將軍。

〔泰山郡〕漢置，魏領縣十一。

太守可考者八人

應劭 後漢書應奉傳。中平六年領，興平元年，委郡走。

薛悌 陳矯傳。建安初領。

涼茂 本傳。建安初領，轉樂浪太守。

呂虔 本傳。建安中領，在郡十數年，黃初元年，轉徐州刺史。

諸葛緒 鄧艾傳。嘉平中領。

胡烈 吳志孫綝傳。甘露中領。

盧廷 盧毓傳。咸熙中領。

常肯 常林傳。坐法誅。

〔嬴郡〕漢舊縣，建安時，魏氏以泰山郡界曠遠，權時之宜，因置此郡，領縣五。

太守可考者一人

糜竺 蜀志本傳。建安中領，旋去官，從先主周旋。

〔山陽郡〕漢置，魏領縣七。

太守可考者四人

袁遺 武帝紀。中平中領，初平元年，起兵討董卓。

孫禮 本傳。黃初中領，轉平原太守。

鄭渾 本傳。太和中領。

劉興宗　華佗別傳。　青龍中領。

〔任城國〕漢置，魏黃初三年改作國，領縣三。

太守無考

〔東平國〕漢置，魏黃初中改作國，領縣七。

太守可考者二人

楊沛　魏略。　建安中領轉，樂安太守。

阮籍　晉書本傳。　爲東平相。

〔濟北國〕漢置，魏後改作國，領縣五。

太守無考

青州

漢建安十年，破袁譚，地入魏，凡得漢舊郡五。復舊郡一，並置郡二，共并置之郡旋廢。

〔齊郡〕秦置，魏領縣十。

太守可考者二人

徐宣　本傳。　建安中領，遷門下督。

刁攸　晉書刁協傳。

〔濟南郡〕漢置，魏領縣七。

太守可考者二人

郝光　司馬芝傳。

溫恢　晉書溫嶠傳。

〔樂安郡〕漢置，魏領縣九。

太守可攷者五人

管統　王脩傳。　建安八年領，袁譚所署。

何夔　本傳。　建安中領，到郡數月，還丞相理曹掾。

楊沛　魏略。　建安中領。

桓嘉　桓階傳。　嘉平中領，與吳戰歿。

夏侯惠　夏侯淵傳。

〔北海國〕漢置，魏太和六年改國，領縣四。

太守可考者一人

孫觀　臧霸傳。　建安三年領。

〔城陽郡〕漢置國，後省入北海。魏復分北海置，領縣十二。

太守可考者二人

孫康　臧霸傳。　建安三年領。

鄧艾　本傳。　嘉平中領，四年，轉汝南太守。

〔平昌郡〕魏文帝分城陽置，領縣無考。

太守可考者一人

孫禮　本傳。　黃初中領，轉琅邪太守。

〔東萊郡〕漢領，魏置縣六。

太守可考者三人

管統　王脩傳。　建安初領。

石苞　晉書本傳。

王忠 王脩傳。

〔長廣郡〕魏分東萊北海置，旋廢，領縣六。

太守可考者二人

何夔 本傳。建安中領，徵還叅丞相軍事。

陳承祜 管輅傳注。

徐州

漢建安三年，破呂布，地入魏，凡得漢舊郡五，增置郡四，其利城昌慮東安三郡旋廢。

〔彭城國〕漢置，魏太和中改國，領縣六。

太守可考者二人

陳矯 本傳。建安中領，遷樂陵太守。

向韶 晉書向雄傳。

〔下邳郡〕漢置，魏領縣十五。

太守可考者二人

關羽 蜀志本傳。建安初，行太守事，先主所署。五年，為魏武所擒。

武陔 晉書本傳。

〔東海國〕漢置，魏太和中改國，領縣十一。

太守無考

〔利城郡〕漢舊縣，建安三年升作郡，領縣無考。

太守可考者三人

吳敦 臧霸傳。建安三年領。

徐箕 諸葛誕傳。黃初中領，被殺。

徐質 文帝紀。黃初中領，六年，為叛兵所殺。又按諸葛誕傳云，黃初中，利城郡反，殺太守徐箕，文帝遣諸軍討破之，今考文帝紀僅於黃初六年下云，利成郡兵蔡方以郡反，殺太守徐質，徐箕豈徐質之誤耶？疑莫能明，姑兩錄之以俟考。

諸案利城文帝紀作利成。

〔昌慮郡〕漢舊縣，建安三年，升作郡。十一年、復廢、領縣無考。

太守無考

〔琅邪國〕秦置，魏太和中作國，領縣八。

太守可考者六人

臧霸 本傳。建安三年為琅邪相。

單子春 管輅別傳。

孫禮 本傳。黃初中領，遷陽平太守。

石苞 晉書本傳。

盧欽 晉書本傳。

解脩 晉書解系傳。

〔東莞郡〕建安三年分琅邪北海等四郡置，領縣七。

太守可考者四人

尹禮 臧霸傳。建安三年領。

胡質 本傳。黃初中領，在郡九年，轉荊州刺史。

張緝 張既傳。正始中領。

司馬晃 晉書安平獻王孚傳。

〔東安郡〕漢舊縣，建安初升作郡，後旋省，領縣無考。

太守可考者一人

郭智 傅子。

謹案洪亮吉補三國疆域志序，謂東安未立，臨郡者先推郭智。今考武帝紀建安四年下云，使臧霸入青州，破齊北海東安，則烏得云東安未立耶？

〔廣陵郡〕漢置，魏領縣九，後屬吳。

太守可考者四人

趙昱 陶謙傳。建安初領，拒賊敗績見害。

吳景 吳志孫破虜吳夫人傳。建安元年領，袁術所署，二年，委郡東歸。

陳登 張邈傳。建安二年領，魏武所署。

吳穰 吳志孫亮傳。五鳳二年領。

涼州 魏黃初元年，復分雍州置，得漢舊郡九。

〔金城郡〕漢置，魏領縣五。

太守可考者五人

楊阜 本傳，建安二十年拜，未發，轉武都太守。

蘇則 本傳。建安二十年領，黃初元年，徵拜侍中。

閻就 閻溫傳。太和中任。

楊欣 鄧艾傳。景元中領。

張就 閻溫傳。

〔西平郡〕漢末分金城置，領縣四。

太守可考者三人

杜畿 本傳。建安中領，轉河東太守。

閻行 魏略。建安中，韓約所署，未之郡。

嚴苞 魏略。黃初中領，卒官。

〔安定郡〕漢置，魏領縣五。

太守可考者六人

蘇則 本傳。建安中領，轉武都太守。

孟達 魏名臣奏。建安中領。

謹案此與蜀降人為新城太守者同名姓，實非一人。

毌丘興 武帝紀。建安十九年領。

鄒岐 張既傳。建安末領，黃初元年，轉涼州刺史。

董經 高士傳。嘉平中領。

胡威 胡質傳。咸熙中領，卒於官。

〔武威郡〕漢置，魏領縣七。

太守可考者四人

張猛　龐淯傳。建安中領，十五年，因叛被殺。

毌丘興　毌丘儉傳。黃初中領，入爲將作大匠。

條茂　晉書張軌傳。

范粲　晉書隱逸傳。宣帝輔政時。

〔張掖郡〕漢置，魏領縣三。

太守可考者二人

杜通　蘇則傳。建安中領，延康元年，爲叛將張進所殺。

張進　蘇則傳。延康元年，自署，旋被殺。

〔西郡〕建安中，分張掖郡置，領縣二。

太守無考

〔酒泉郡〕漢置，魏領縣九。

太守可考者六人

蘇則　本傳。建安中領，轉安定太守。

徐揖　龐淯傳。建安中領，被殺。

辛機　蘇則傳。建安中領，延康元年，爲叛將黃華所執。

黃華　蘇則傳。延康元年自署，旋舉郡降。

王惠陽　魏略。黃初中領。

劉班　皇甫謐烈女傳。

〔敦煌郡〕漢置，魏領縣十一。

太守可考者六人

馬艾　閻溫傳。建安中領，二十四年，卒官。

尹奉　倉慈傳。延康元年領。

倉慈　本傳。太和中領，數年卒官。

王遷　魏略。代倉慈。

趙基　魏略。代王遷。

皇甫隆　魏略。嘉平中領，代趙基。

〔西海郡〕建安末，以張掖居延屬國置，領縣一。

太守可考者二人

龐淯　本傳。黃初元年領，徵拜中散大夫。

張睦　魏名臣奏。黃初中領。

幽州

漢建安十二年，魏武平幽州，惟遼東樂浪等五郡爲公孫度所據。魏景初二年，平公孫淵，地悉入魏。凡得漢郡十，增置郡六，其遼陽一郡旋廢。

〔涿郡〕漢置，魏領縣八。

太守可考者四人

溫恢　溫恢傳。

王雄　崔林傳。建安中領。

王觀　本傳。黃初中領，太和中，遷治書侍御史。

黃朗　魏略。黃初末領，太和中卒。

〔燕國〕漢置廣陽國，後爲郡，魏太和六年改今名作國，領縣十。

太守可考者一人

曹仁　本傳。建安元年拜，時地屬袁紹遙領。

〔上谷郡〕秦置，魏領縣六。

太守可考者二人

高焉　典略。

閻志　鮮卑傳。太和中領。

〔右北平郡〕秦置，魏領縣四

太守無考

〔代郡〕秦置，魏領縣三。

太守可考者二人

裴潛　本傳。建安中領，在郡三年，遷丞相理曹掾。

郭冲　傅子。

〔遼東郡〕秦置。漢末爲公孫氏所據，分遼東爲遼西中遼郡。魏景初二年，公孫淵滅，郡復合，領縣八。

太守可考者四人

公孫度　本傳。中平中領。初平元年，自立爲遼東侯。

公孫恭　公孫度傳。建安中領，遼東人所推。

公孫淵　公孫度傳。太和元年領。景初元年，自立爲燕王。

傅容　牽招傳。

〔遼西郡〕秦置，魏領縣三。

太守無考

〔遼東屬國〕東漢置，魏領縣二。

太守無考

〔樂浪郡〕漢置，魏領縣六。

太守可考者四人

張岐　九州春秋。

涼茂　本傳。建安中領，公孫度在遼東，擅留茂，不遣之官。

鮮于輔　東夷傳。景初中領。

劉茂　東夷傳。正始中領。

〔玄菟郡〕漢置，魏領縣三。

太守可考者三人

公孫域　公孫度傳。

王贇　吳書。

王頎　毌丘儉傳。正始中領。

〔帶方郡〕漢末公孫度分樂浪置。魏景初二年，公孫淵滅，地入魏，領縣七。

太守可考者四人

劉昕　東夷傳。景初中領。

劉夏　東夷傳。景初中領。

弓遵　東夷傳。正始元年領。

王頎 東夷傳。正始八年領。

〔漁陽郡〕秦置，魏旋廢，領縣九。

太守可考者三人

鄒丹 公孫瓚傳。建安初領，公孫瓚所署，三年被殺。

鮮于輔 田豫傳。建安四年，爲郡人所推，行太守事，後歸魏武。

張平 晉書張華傳。

幷州 漢建安十一年，魏武破高幹，上黨等郡入魏。十八年，省幷州屬冀州。黃初元年，復分冀州置，得漢舊郡四，增置郡二。

〔太原郡〕秦置，魏領縣十四。

太守無考

〔上黨郡〕秦置。魏領縣十二。

太守可考者三人

鄭渾 本傳。建安中領，二十年，轉京兆尹。

李休 魏畧。黃初中領，轉鉅鹿太守。

羊衜 晉書羊祜傳。蓋衆羊衜同時有二，官始興太守者，吳之羊衜，官上黨太守者，魏之羊衜也。

〔樂平郡〕漢建安中置，領縣四。

太守可考者一人

梁德 晉書索靖傳。

〔西河郡〕漢置，靈帝末廢。魏黃初二年復置，領縣四。

太守無考

〔雁門郡〕秦置，魏領縣四。

太守可考者三人

牽招 本傳。黃初中領，在郡十二年，以病卒官。

傅容 牽招傳。代牽招。

范方 晉書范隆傳。

〔新興郡〕漢建安中，魏武集荒郡之戶以爲縣，聚之九原界，以立新興郡，領縣六。

太守可考者一人

諸葛原 管輅傳。

雍州 漢建安十八年，魏復分司隸置，得漢舊郡三，增置郡二。

〔京兆郡〕漢置尹，魏改太守，領縣十一。

郡尹太守可考者五人

張既 本傳。建安十六年領，十八年，徵拜尚書。

楊沛 魏畧。建安十八年領，代張既。

韓斐 魏畧。

鄭渾 本傳。建安二十年領，遷丞相掾。

顏斐 倉慈傳，青龍中領，轉平原太守。

〔扶風郡〕漢置，魏領縣七。

太守可考者四人

趙儼　本傳。建安中領。

張翼　蜀志本傳。青龍中領，蜀所署。

司馬泰　晉書本傳。

傅韓　晉書傅玄傳。

〔馮翊郡〕漢置，魏領縣七。

太守無考

〔漢興郡〕魏分扶風置，領縣五。

太守可考者一人

游楚　三輔決錄注。建安十六年領，轉隴西太守。

〔北地郡〕秦置，魏寄寓於馮翊舊祋祤縣，領縣二。

太守可考者一人

游楚　三輔決錄注。太和末領。

〔新平郡〕漢興平元年，分扶風安定置，領縣五。

太守可考者一人

李偉　魏畧。

〔武都郡〕漢置，魏僑在槐里。

太守可考者一人

楊阜　本傳。在任十餘年，至明帝時遷。

〔陰平郡〕漢置，魏僑置。

太守無考

〔隴西郡〕秦置，魏領縣七。

太守可考者三人

徐邈　本傳。建安中領，轉南安太守。

游楚　三輔決錄注。建安中領，太和二年，遷駙馬校尉。

牽宏　牽招傳。景元中領，咸熙中，遷振威護軍。

〔南安郡〕漢末分漢陽置，領縣三。

太守可考者三人

徐邈　本傳。建安末領，黃初中，轉寵相。

游奕　魏署。景初中領。

鄧艾　本傳。正始中領，嘉平中，轉平陽太守。

〔天水郡〕漢置天水郡，明帝永平中更名漢陽，魏復名天水，領縣七。

太守可考者六人

金旋　三輔決錄注。建安初領。

馬遵　魏畧。

嚴幹　魏畧。馬超破後。

法淵　蜀志法正傳。

　謹案漢陽郡未嘗入蜀，遙拜太守，當亦遙領之耳？

王頎　蜀志鄧艾傳。景元中領。

魯芝　晉書本傳。　宣帝時。

〔廣魏郡〕魏武分漢陽置，領縣三。

太守可考者一人

王飛　魏書。　明帝紀黃初中領，二年，將兵討賊，中流矢死。

荆州

漢建安十三年，劉琮舉州降，地盡入魏。及赤壁之敗，州遂三分，西境屬蜀，東境南境屬吳，惟北境歸魏。得漢舊郡二，增置郡六。其江夏郡魏吳俱立。

〔南陽郡〕秦置，魏領縣二十二。

太守可考者八人

張咨　吳志孫堅傳。　中平中領，初平元年，爲孫堅所殺。

袁術　後漢書本傳。　初平中領，劉表所署。

楊俊　本傳。　建安中領，遷征南軍師。

東里袞　曹爽傳。　建安中領，二十三年，爲叛將所執，明年，復領郡。

謹案東里袞通鑑作東里兗。

田豫　本傳。　建安末領，黃初中，遷護烏丸校尉。

王觀　本傳。　黃初中領，轉涿郡太守。

孫弘　孫氏譜。

韓當　吳志本傳。　黃武中領冠軍太守。

謹案冠軍爲南陽郡屬縣，三國時未嘗屬吳，韓當之拜太守、當遙立其郡而虛領之耳，故附識南陽郡下。

〔南鄉郡〕漢黃初元年，魏分南陽西界置，領縣八。

太守可考者一人

郭睦　陸遜傳。　建安中領，二十四年，爲吳所獲。

〔義陽郡〕魏黃初二年分南陽置，領縣八。

太守無考

〔江夏郡〕漢置，魏吳並立，魏領縣三。

太守可考者六人

黃祖　吳志孫權傳。　建安初領，屢爲吳所攻，十三年，被殺。

劉琦　劉表傳。　建安中領，轉荊州刺史。

文聘　本傳。　建安十三年領，在郡凡數十年。

逯式　吳志陸遜傳。　青龍中領，旋免還。

王經　夏侯玄傳。　正始中領，棄官歸。

桓禺　文聘傳。　嘉平中領。

〔襄陽郡〕漢建安十三年，魏分南郡南陽置，旋爲吳蜀所據，後又入魏，領縣七。

太守可考者三人

關羽　蜀志本傳。　建安十三年領，蜀所署。

潘璋　吳志本傳。　黃武元年領，吳所署。

胡烈　晉書。　景元初領。

〔魏興郡〕漢建安二十年，魏武分漢中置西城郡；二十四年入蜀，黃初元年還魏改名。

太守可考者二人

申儀　蜀志劉封傳。建安二十四年領，黃初中降魏，仍領郡。

劉欽　鍾會傳。景元中領。

〔新城郡〕魏黃初中分漢中置，領縣四。

太守可考者二人

孟達　蜀志劉封傳。黃初中領。

陳泰　齊王紀。嘉平中領。

謹案陳泰正始中爲幷州刺史，嘉平初代郭淮爲雍州刺史，未嘗領新城也，疑即州泰之誤，錄之俟考。

州泰　世語。王昶傳。

〔房陵郡〕漢舊縣，建安中升作郡，黃初初省，併新城郡。

太守可考者三人

蒯祺　蜀志劉封傳。建安中領，二十四年，爲孟達所殺。

鄧輔　吳志陸遜傳。建安中領，蜀所署，二十四年，爲吳所破。

向朗　蜀志本傳。章武中領，建興元年，遷步兵校尉。

〔上庸郡〕漢建安中置，後廢復置，領縣五。

太守可考者一人

申耽　蜀志劉封傳。建安中領，二十四年，降蜀，領郡如故。

揚州

漢舊領郡六，興平中，江東地悉入吳，魏惟有九江廬江郡二，其九江郡則魏吳俱立。

〔淮南郡〕本秦九江郡，魏改今名，領縣十。

太守可考者六人

陳紀　吳志孫策傳。初平中領，袁術所署。

周昂　吳志孫賁傳。初平中領，袁紹所署。

孫賁　吳志本傳。興平二年。袁術拜爲太守，未就。

楊沛　魏畧。建安中領，轉東平太守。

丁尊　毋丘儉討司馬景王表。正元中領。

夏侯莊　晉書夏侯湛傳。

〔廬江郡〕漢置。建安中地入吳，旋又屬魏，領縣九。

太守可考者十二人

陸康　吳志孫策傳。初平中領，爲孫策所破。

劉勳　吳志孫權傳。建安初領，袁術所署，四年，爲孫策所破。

李術　江表傳。建安四年領，孫策所署，五年叛，爲孫權所殺。

孫河　吳書。建安五年，破李術後領，孫權所署，九年遇害。

朱光　吳志孫權傳。建安中領，十九年，爲吳兵所獲。

呂蒙　吳志本傳。建安十九年領，孫權所署。

徐盛　吳志本傳。建安中領，孫權所署。

孫邵　吳錄。建安中領，孫權所署，遷車騎長史。

劉靖 劉馥傳。黃初中領，轉河內太守。

文欽 魏書。青龍中領。

李胤 吳志朱桓傳。青龍中領。

張休 毌丘儉討司馬景王表。正元中領。

蜀

益州

漢建安十九年，先主定益州，二十四年，進定漢中，後主建興七年後，得涼州之武都郡，改益州郡爲建寧郡，遙領交州。凡得漢舊郡十一，漢末及蜀增設郡十一，後又設庲降都督，分統越嶲等南中七郡。

〔蜀郡〕 秦置，蜀領縣七。水經注，益州舊以蜀郡犍爲廣漢爲三蜀。

太守可考者十一人

荀攸 魏志本傳。建安初求爲郡守，道絕不得至。

王商 益部耆舊傳。建安六年領，劉璋所署，在郡十年，卒於官。

許靖 本傳。建安十六年領，代王商，十九年降先主。

法正 本傳。建安十九年領，二十三年從征漢中。

楊洪 本傳。建安末領，頃之轉益州治中從事，建興元年復領，六年卒官。

射堅 三輔決錄注。建安末領。

王連 本傳。章武中領，建興元年遷丞相長史。

張翼 本傳。建興中領，九年轉庲降都督。

呂乂 本傳。延熙中領，數年入爲尚書。

張太守 華陽國志。景耀中領，六年降魏。

謹案華陽國志什邡縣條載雒令至成都，南鄉張府君不肯爲官令長遣車弘爲太守云云，此張府君當亦太守，蓋漢世稱郡國守相爲府君，魏晉猶然，非若後人之泛用也。

索弘 華陽國志。

〔犍爲郡〕 漢置，蜀領縣五。

太守可考者十八人

閻行 魏略。建安十四年領，魏武所署。

何宗 楊戲傳附贊注。建安中領，劉璋所署。

費觀 水經注。建安十九年領，旋離。

李嚴 本傳。建安十九年領，章武二年徵拜尚書令。

陳震 本傳。建安中領。

王士 楊戲傳附贊注。章武末領，建興三年轉益州太守。

李邈 華陽國志。建興中領，六年從諸葛亮西征。

陳化 吳書。黃武中拜，四年還大常。

謹案犍爲郡未嘗屬吳，陳化之拜郡守，當係遙領之耳。又按洪亮吉補三國疆域志引作張化誤。

何祗 益部耆舊傳。

王離　益部耆舊傳。　代何祗。

〔江陽郡〕漢建安十八年，劉璋分犍爲郡置，蜀領縣三。

太守可考者四人

程畿　楊戲傳附贊注。　建安十八年領，劉璋所舉。

劉邕　楊戲傳附贊注。　建安十九年領。

彭羕　本傳。　章武中拜，未之郡。

謹案彭羕以狂悖得罪，即紬左遷江陽，故其後下獄誅死，則羕因未之郡任也。

王士　王連傳。

〔汶山郡〕漢置，後廢，靈帝復分蜀郡北部都尉置，領縣八。

太守可考者四人

陳震　本傳。　建安十九年領，轉犍爲太守。

何祗　益部耆舊傳。　延熙中領。

何太守　益部耆舊傳。　延熙十年領。

謹案益部耆舊傳雜記云：汶山夷不安，以祗爲汶山太守，民夷服信，遷廣漢後，夷反叛，辭令得前何府君乃能安吾耳，時難屈祗拔族人爲汶山，復得安，此族人名字，史無明文，姑錄之以俟考。

王嗣　楊戲傳。　延熙中領，從姜維北征，卒於軍。

〔漢中郡〕秦置，漢建安中，張魯改名漢寧，二十年魏武平漢中，復舊名，後入蜀，領縣八。

太守可考者六人

張魯　魏志本傳。　據漢中垂三十年，漢末力不能征，就寵爲太守，建安二十年降魏。

魏延　本傳。　建安二十四年領。

周泰　吳志本傳。　建安二十五年拜。

謹案吳未嘗得漢中，周泰之拜太守，亦爲遙領。

呂乂　本傳。　建興中領，轉廣漢太守。

王平　本傳。　建興十二年領，十五年督漢中軍事。

常閎　華陽國志。

〔漢嘉郡〕靈帝以蜀郡屬國置，領縣四。

太守可考者一人

黃元　先主傳。　章武元年領，二年舉郡叛，三年兵敗被殺。

〔廣漢郡〕漢置，蜀領縣九。華陽國志，後主延熙中復分四縣爲東廣漢。

太守可考者十六人

許靖　本傳。　建安中領，劉璋署，十六年轉蜀郡太守。

張肅　二牧傳。　建安十六年領，魏武表署。

張存　楊戲傳附贊注。　建安十八年領，旋免官。

射堅　三輔決錄注。　建安十九年領，轉蜀郡太守。

夏侯纂　秦宓傳。　建安中領。

羅蒙　襄陽記。

習禎　楊戲傳附贊注。廣漢太守。

謹案華陽國志後主延熙中，皆分四縣爲東廣漢郡，南世東之誤耶？然習禎仕宦較早，襄陽記謂其名亞龐統，則決不能在後主朝官郡守也。

鄧芝　本傳。章武中領徵拜尚書。

姚伷　楊戲傳附贊注。建興元年領，五年，還丞相掾。

張翼　本傳。建興中領，轉蜀郡太守。

馬齊　楊戲傳附贊注。建興中領，旋爲張飛參軍。

呂乂　本傳。建興末領，轉蜀郡太守。

何祗　益部耆舊傳。延熙中領，轉犍爲太守。

常閎　華陽國志。

張微　華陽國志。

李驤　楊戲傳附贊注。

【梓潼郡】　漢建安十九年蜀分廣漢置，領縣五。

太守可考者三人

霍峻　本傳。建安二十二年領，在郡三年卒官。

張翼　本傳。章武中領，轉廣漢太守。

楊戲　本傳。延熙中領，入爲射聲校尉。

【巴郡】　秦置，蜀領縣五。

太守可攷者十一人

許靖　本傳。建安中領，劉璋所署，轉廣漢太守。

王謀　楊戲傳附贊注。建安中領，劉璋所署，還爲州治中從事。

嚴顏　張飛傳。建安中領，劉璋所署，十八年爲張飛所執。

張裔　本傳。建安十九年領，還爲司金中郎將。

輔匡　楊戲傳附贊注。建安中領。

謹案楊戲傳附贊注作巴郡太守，巴郡當即巴郡也。

廖立　本傳。建安中領，二十四年徵拜尚書。

董恢　襄陽記。

費觀　楊戲傳附贊注。章武中領，轉江州都督。

楊顒　襄陽記。

柳隱　華陽國志。景耀中領，還騎都尉。

王彭　華陽國志。

【巴西郡】　漢建安六年，劉璋分巴郡置；蜀領縣五。

太守可考者八人

龐羲　鄧芝傳。建安初領。

謹案後漢書作巴郡太守誤。

杜濩　魏志武帝紀。建安二十年領，魏武所署，遙領。

張嶷　本傳。建安十九年領，章武元年還司隸校尉。

向朗　本傳。建安十九年領，轉牂牁太守。

閻芝　馬忠傳。章武中領。

李福　楊戲傳附贊注。建興元年領，轉江州督。

呂乂　本傳。建興中領，轉漢中太守。

劉幹　呂乂傳。

【巴東郡】漢末爲永寧郡，建安六年，劉璋改今名，二十一年，先主改名固陵，章武元年復舊，領縣四。

太守可考者四人

顧徵　吳書。

朴胡　魏志武帝紀。建安二十年魏武所署，遙領。

劉琰　本傳。建安二十一年領，章武中遷衛尉中軍師。

羅憲　晉書本傳。吳孫皓所拜。

謹案巴東郡未嘗入吳，羅憲之拜太守，亦遙領也。

【涪陵郡】漢建安六年，劉璋分巴郡置，蜀領縣六。

太守可考者二人

龐弘　龐統傳。

劉威石　本傳。

【宕渠郡】蜀分巴郡置，領縣三。

太守可考者一人

王士　楊戲傳中附贊注。延熙中領，轉犍爲太守。

【武都郡】漢置，本隸涼州，先屬魏，蜀建興七年地入蜀，領縣五。

太守可考者三人

蘇則　魏志本傳。建安中領，魏武所署，二十年轉金城太守。

楊阜　魏志本傳。建安二十年魏武所署，在郡十餘年，遷城門校尉。

韋誕　文章敘錄。魏太和中拜留補侍中，未之郡。

【陰平郡】漢末以廣漢屬國置，蜀建興七年，地入蜀，領縣二。

太守可考者二人

廖惇　魏書。魏景初中領，二年叛魏。

廖化　魏志郭淮傳。延熙中領。

庲降都督

漢建安二十四年，蜀分益州置，統南中郡七。

【越巂郡】漢置，蜀領縣六。

太守可考者四人

馬謖　馬良傳。章武中領，建興初從諸葛亮爲參軍。

龔祿　張嶷傳。建興中領，爲叟夷所殺。

焦璜　張嶷傳。建興中領，爲叟夷所殺。

張嶷　本傳。延熙三年領，在郡十五年，徵還成都。

【朱提郡】漢建安二十年，蜀以犍爲屬國置，領縣五。

太守可考者三人

鄧方　楊戲傳附贊注。建安二十年領，轉庲降都督。

謹案晉書地理志謂建安二十年始置朱提郡，則何以繫於鄧方之任郡守耶？

李光 華陽國志。

李豐 李嚴傳。

〔牂牁郡〕 漢置，蜀領縣七。

太守可考者六人

費詩 本傳。建安末領。還爲州前部司馬。

向朗 本傳。章武初領，轉房陵太守。

朱褒 後主傳。章武中領，建興元年擁郡叛，三年爲諸葛亮所平。

馬忠 本傳。建興三年領，在郡八年，召爲丞相參軍副史長。

常員 華陽國志。

閻璞 晉書閻纘傳。吳遙署。

〔建寧郡〕 本漢益州郡，蜀建興三年改今名，領縣十五。

太守可考者八人

董和 本傳。建安中領，劉璋所署，十九年遷掌軍中郎將。

高頤 漢益州太守高頤碑。建安中領，十四年卒於官。

正昂 馬忠傳。章武中領，被殺。

張裔 本傳。建興元年領，被縛之吳。

王士 楊戲傳附贊注。建興三年拜，將南行，爲蠻夷所害。

李恢 本傳。建興中領。

舊案蜀志李恢傳云：「建興七年以交州屬吳，解恢刺史，更領建寧太守以還居本郡」，是李恢以建興七年領郡守也。而華陽國志云：「三年秋，諸葛亮遂平四郡，改益州爲建寧，以李恢爲太守」，以恢於建興三年已領郡守矣。疑莫能辨，姑錄之俟考。

楊戲 本傳。建興末領，以疾徵還成都。

霍弋 霍峻傳。景耀中領，還統南郡事。

〔興古郡〕 蜀建興三年分建寧牂牁置，領縣十。

太守可考者一人

馬忠 華陽國志。建興三年領。

〔永昌郡〕 漢置，蜀領縣八。

太守可考者五人

韓當 吳志本傳。建安中拜，孫權所署，黃武二年轉冠軍太守。

舊案吳未嘗得永昌，韓當之拜太守，當爲遙領。

雍闓 呂凱傳。抗命南中十餘年，建興中降吳，吳遙署之，爲永昌郡守，吏民閉境拒闓，未得入，後被殺。

王伉 呂凱傳。建興中領。

霍弋 霍峻傳。延熙中領，遷監軍翊軍將軍。

常員 華陽國志。

〔雲南郡〕 蜀建興三年分建寧永昌置，領縣八。

太守可考者一人

呂凱 本傳。建興三年拜，會爲叛夷所害。

吳

揚州

漢興平中，揚州所屬江東諸郡，地悉入吳，凡得漢舊郡五，增置郡十二，共鄱陽彭澤二郡旋廢。

【丹陽郡】本秦鄣郡，漢改今名，領縣十六。

太守可考者十五人

周昕　魏志武帝紀。初平中領，爲吳景所奪。

吳景　孫破虜吳夫人傳。初平中領，後從孫策，建安初，策復表之領郡守，八年卒官。

周尚　周瑜傳。初平中領，建安初免歸。

袁胤　周瑜傳。建安初領，袁術所署，代周尚，爲徐琨所逐。

徐琨　吳主權徐夫人傳。討平袁胤，代爲郡守，會吳景還，乃召琨還。

太史慈　本傳。建安初，自稱郡守，爲孫策所擒。

孫翊　本傳。建安八年領，九年，爲左右所害。

孫瑜　孫靜傳。建安九年領，代孫翊，二十年，卒於官。

蔣濟　魏志本傳。建安中領，魏武所署，遷揚州刺史別駕。

呂範　本傳。建安二十五年領，遷前將軍。

諸葛恪　本傳。嘉禾三年領。

滕胤　本傳。赤烏中領，轉吳郡太守。

聶友　諸葛恪傳。赤烏末領，太元二年，轉鬱林太守，發病死。

李衡　孫休傳。太元中領，永安元年，以罪自拘有司，仍遣還郡。

沈瑩　孫皓傳。天紀中領，四年，爲晉兵所殺。

【新都郡】漢建安十三年，吳分丹陽置，領縣六。

太守可考者一人

賀齊　本傳。建安十三年領，十八年，遷奮武將軍。

【蘄春郡】吳置，後屬魏，又入吳，領縣二。

太守可考者一人

晉宗　孫權傳。建安中領，魏所署，黃武二年，爲吳所獲。

【會稽郡】秦置，吳領縣十。

太守可考者十一人

王朗　魏志本傳。初平中領，在郡四年，爲孫策所敗。

孫策　本傳。建安元年領，五年，爲刺客所殺。

儋強　賀齊傳。建安初自稱郡守，旋降孫策。

孫權　本傳。建安五年領，魏武表署。

吾粲　本傳。黃武二年領，遷昭義中郎將。

淳于式　陸遜傳。黃武中領。

滕胤　本傳。赤烏末領，太元元年，遷太常。

濮陽興　本傳。太平中領，永安元年，遷太常。

樓玄　本傳。領郡未幾，入爲大司農。

郭誕 孫皓傳。鳳皇中領。

車浚 孫皓傳。鳳皇中領，天璽元年被斬。

〔臨海郡〕吳太平二年，以會稽東部置，領縣七。

太守可考者一人

奚熙 孫皓傳。鳳皇中領，三年，以非國論政，送付建安作船。

〔建安郡〕吳永安三年，以會稽南部置，領縣九。

太守可考者一人

鄭冑 文士傳。

〔九江郡〕秦置郡，漢改淮南國，魏立淮南郡，吳復故，領縣十。

太守可考者三人

芮祉 吳書。轉吳郡太守。

全琮 本傳。黃武四年領，五年，轉東安太守。

馬茂 孫權傳。赤烏中領，八年，圖叛被殺。

〔東陽郡〕吳寶鼎元年，以會稽西部置，領縣九。

太守無考

〔吳郡〕漢置，吳領縣十。

太守可考者九人

芮祉 吳書。

盛憲 孫韶傳。初平中領，後為孫權所殺。

陳瑀 呂範傳。初平中，自稱郡守，為孫策所敗。

許貢 朱治傳。興平中領，建安初，為孫策所殺。

朱治 本傳。建安二年領，在郡三十一年，卒於官。

滕胤 本傳。赤烏中領，轉會稽太守。

賀邵 本傳。永安中領，入為左典軍。

太史享 吳書。

謝勗 會稽典錄。

〔雲陽郡〕秦置縣，吳升作郡，後旋廢。

太守可考者一人

張秉 顧雍傳。

〔吳興郡〕吳寶鼎元年，分丹陽吳兩郡置，領縣九。

太守無考

〔豫章郡〕漢置，吳領縣十六。

太守可考者十四人

周術 獻帝春秋。

諸葛玄 蜀志諸葛亮傳。初平中領，袁術所署，代周術。

朱皓 蜀志諸葛亮傳。漢朝聞周術死，遣皓代術，因擊退諸葛玄，領郡。

笮融 劉繇傳。殺朱皓，自領郡事，為劉繇所破。

華歆 江表傳。興平元年領，二年，為孫策所併。

孫賁 本傳。建安二年領，在郡十一年，卒官。

孫鄰　孫賁傳。建安十三年領，代父賁，在郡垂二十年，召還武昌，遷繞帳督。

顧邵　顧雍傳。建安中領，卒於官。

蔡遺　呂蒙傳。建安中領，代顧邵。

謝景　孫登傳。赤烏中領，四年，以太子登卒，棄官奔赴，仍被遣還郡。

謝斐　吳錄。建安中領。

紀陟　吳錄。永安中領。

張俊　孫晧傳。建衡中領，以罪被斬。

孔竺　晉書孔愉傳。

【彭澤郡】漢彭澤縣，吳升作郡，旋廢。

太守可考者一人

呂範　本傳。建安十三年領，遷平南將軍。

【廬陵郡】漢興平元年，吳分豫章置，領縣十。

太守可考者三人

僮芝　江表傳。建安初，自稱郡守，爲孫賁所敗。

孫輔　本傳。建安二年領，遷平南將軍。

呂岱　本傳。建安末領，轉交州刺史。

【鄱陽郡】漢建安十五年，吳分豫章置，領縣九。

太守可考者四人

步騭　本傳。建安十五年領，歲中轉交州刺史。

王靖　周魴傳。

周魴　本傳。黃武中領，代王靖，在郡十三年，卒於官。

謹案陸遜傳周魴作孫魴，誤。

魏滕　會稽典錄。

【臨川郡】漢建安中，吳分丹陽置，郡尋罷。太平二年，又分豫章東部都尉置，領縣十。

太守可考者二人

朱然　本傳。建安中領。

蔡機　吳錄。

【安城郡】吳寶鼎二年，分豫章廬陵長沙三郡置，領縣六。

太守無考

【東海郡】

太守可考者一人

留略　吳志孫亮傳　五鳳二年領。

謹案東海入吳，史無明文。而吳志孫亮傳五鳳二年下云：「拜將軍吳穰爲廣陵太守，留略爲東海太守」，則當實授而非遙領，豈亦如廣陵之後屬吳耶？

荊州

漢建安十三年，劉琮降魏，魏盡有荊州之地。及敗於赤壁，南郡以南入吳。十九年，與蜀分荊州，復得長沙江夏桂陽三郡地。黃武中，蜀先主沒，武陵零陵南郡宜都四郡地悉入吳。凡得漢荊郡六，增置郡十二，其固陵西陵二郡旋廢。

【南郡】秦置，吳領縣九。

太守可考者十八

郭承 魏志文德郭皇后傳。

周瑜 本傳。建安十四年領，十五年，卒官。

程普 本傳。建安十五年領，代周瑜，二十年，轉江夏太守。

張飛 蜀志本傳。建安中領，蜀先主所署，十六年入蜀。

糜芳 孫權傳。建安中領，蜀先主所署，二十四年降吳。

呂蒙 本傳。建安二十四年領，旋病卒。

諸葛瑾 本傳。建安末領，代呂蒙，黃武元年，遷左將軍。

史郃 魏書。黃武中領，三年降魏。

楊儁 晉書宣帝紀。

張玄 張紘傳。

【宜都郡】漢建安十三年，魏平荊州，分南郡枝江以西為臨江郡。十五年，蜀改今名。二十四年，移屬吳，領縣三。

太守可考者十人

張飛 蜀志本傳。建安十三年領，蜀先生所署，轉南郡太守。

孟達 蜀志劉封傳。建安十九年領，蜀所署，二十四年，統兵北征。

樊友 陸遜傳。建安中領，蜀所署，二十四年，吳兵至，委郡走。

陸遜 本傳。建安二十四年領，代樊友，遷右護軍。

廖化 蜀志本傳。蜀章武元年領，建興元年，遷丞相參軍。

王岐 會稽典錄。

虞忠 虞翻傳，代王岐。

顧穆 晉書顧榮傳。

顧裕 吳錄。

雷譚 陸遜傳。建衡中領，鳳皇元年，從陸抗抗闡。

【建平郡】吳永安三年，分宜都西部置，領縣六。

太守可考者二人

盛曼 孫休傳。永安中領，七年，從陸抗西征。

吾彥 晉書本傳。天紀中領，吳亡降晉。

【固陵郡】漢建安二十四年，吳置，旋廢，領縣二。

太守可考者一人

潘璋 本傳。建安二十四年領，轉襄陽太守。

【江夏郡】漢置，吳領縣三。

太守可考者七人

劉琦 建安十三年，孫權破黃祖後表所署。

蔡遺 呂蒙傳。

周瑜 本傳。建安初領。

程普　本傳。建安十四年領，十五年，轉南郡太守，二十年，復領郡，遷盪寇將軍。

孫奐　孫靜傳。建安二十四年領，嘉禾三年，卒於官。

孫承　孫靜傳。嘉禾三年領，代奐，赤烏六年卒。

刁嘉　是儀傳。

【武昌郡】漢建安二十五年，吳分江夏置，領縣五。

太守可考者一人

士廞　士燮傳。建安二十五年領。

【西陵郡】漢建安中，吳置西陵郡，後旋廢，領縣二。

太守可考者一人

甘寧　本傳。建安十九年領。

【武陵郡】漢置，吳領縣十一。

太守可考者九人

曹寅　吳錄。

金旋　蜀先主傳。建安中領，十三年降先主。

黃蓋　本傳。建安中領，病卒於官。

吉茂　魏略清介傳。青龍中拜，未之官。

衞旍　江表傳。赤烏中領。

謝承　吳主權謝夫人傳。

鍾離牧　本傳。永安六年領，轉公安督，後又領郡，卒於官。

郭純　鍾離牧傳。魏咸熙中拜，爲吳所敗，未之郡。

孫恢　孫韶傳。

【天門郡】吳永安六年，分武陵置，領縣三。

太守無考

【長沙郡】秦置，吳領縣十。

太守可考者七人

孫堅　本傳。中平中領。

蘇代　司馬彪戰畧。漢末據郡作亂，爲劉表所平。

謹案孫堅自中平中爲長沙太守，迄初平間，猶未離郡任。故其殺南陽太守張咨時，袁術傳等咸稱之爲長沙太守孫堅也。乃裴松之注於劉表傳山東兵起下，引司馬彪戰畧曰，「劉表之初爲荊州也，吳人蘇代，領長沙太守，阻兵作亂」云云，則長沙郡同時有兩太守矣，姑並誌之以俟考。

張羨　魏志桓階傳。建安初領，五年降魏，爲劉表所攻，連年不下，旋病卒。

張懌　魏志劉表傳。建安六年，張羨死，長沙郡人復立羨子懌，爲劉表所併。

韓玄　蜀志先主傳。建安中領，十三年降先主。

廖立　蜀志本傳。建安十四年領，二十年，爲呂蒙所襲，委郡奔蜀。

濮陽逸　濮陽興傳。

〔衡陽郡〕吳太平二年，分長沙西部都尉置，領縣十。

太守可考者三人

繆禕　薛綜傳。天紀中領，以罪徙桂陽。

葛祚　法苑珠林。

葛太守　葛府君碑額。

謹案葛府君碑額稱，「吳故衡陽郡太守葛府君之碑」，此葛府君或即葛祚，惟無確證，故附列之。

〔湘東郡〕吳太平二年，分長沙東部都尉置，領縣六。

太守可考者二人

虞聳　虞翻傳。

張詠　孫皓傳。鳳皇中領，天冊元年被斬。

〔零陵郡〕漢置，吳領縣十。

太守可考者七人

韓嵩　傅子。建安五年拜，爲劉表所囚，未之郡。

程普　本傳。建安初領。

劉度　蜀志先主傳。建安中領，十三年降先主。

郝普　孫權傳。建安中領，蜀所署，十九年，抗吳不服。

劉略　嚴畯傳。黃武中領，卒於官。

殷禮　顧雍傳。赤烏中領。

謹案殷禮漢晉春秋作殷札，當誤。

徐陵　會稽典錄。

〔永昌郡〕漢永昌縣，吳升作郡，旋廢。

太守可考者一人

韓當　本傳。

〔始安郡〕吳甘露元年，分零陵南部都尉置，領縣七。

太守無考

〔邵陵郡〕吳寶鼎元年，分零陵北部都尉置，領縣五。

太守無考

〔桂陽郡〕漢置，吳領縣六。

太守可考者四人

呂範　吳錄。建安初領。

趙範　蜀志先主傳。建安中領，十三年，降先主。

全柔　全琮傳。建安十五年領。

羊衜　江表傳。

〔始興郡〕吳甘露元年、分桂陽南部都尉置，領縣七。

太守可考者一人

羊衜　會稽典錄。

謹案始興郡之立，在甘露元年，而會稽典錄載羊衜之任郡守，當赤烏時，故洪亮吉補三國疆域志序，謂始興未建，作守者已有羊君，史文抵牾，無可諱也。

【臨賀郡】吳黃武五年，分蒼梧置，領縣六。

太守可考者二人

嚴綱　孫權傳。　赤烏中領，二年，爲叛將所殺。

費楊　呂岱傳。　赤烏二年叛，自領郡守，歲餘被殺。

廣州

吳黃武五年，分交州之南海蒼梧等四郡，立廣州，俄復舊。永安七年復置，凡得漢舊郡三　增置郡三。

【南海郡】秦置，吳領縣六。

太守可考者五人

士武　士燮傳。　初平中領，士燮表署，旋病卒於官。

謹案士燮傳作海南太守，當是南海誤倒。或是日南。，茲從通鑑，列南海太守中。

鍾離牧　本傳。　赤烏中領，在郡四年，還丞相長史。

任訪　晉書任旭傳。

劉略　孫皓傳。　天紀中領，三年被殺。

吳述　孫皓傳。　天紀三年，自稱郡守叛矣。

【蒼梧郡】漢置，吳領縣郡十一。

太守可考者四人

史璜　士燮傳。

吳巨　薛綜傳。　建安中領，劉表所署，代史璜十五年，爲步騭所斬。

謹案吳巨江表傳作吳臣。

陶璜　孫皓傳。　寶鼎中領，建衡元年，統兵擊交阯。

王毅　晉書滕脩傳。　吳亡降晉。

【鬱林郡】秦置，吳領縣九。

太守可考者二人

陸績　本傳。　建安中領，受命南征，病卒。

聶友　諸葛恪傳。　太元二年拜，以憂病死，未之郡。

【桂林郡】吳鳳皇三年，分鬱林郡置，領縣六。

太守可考者一人

修允　孫皓傳。　天紀中拜，病住廣州，未之郡而卒。

【高涼郡】漢建安二十三年，吳分合浦置，領縣三。

太守無考

【高興郡】吳又分合浦置，領縣五。

太守無考

交州

漢建安八年，改交阯刺史爲交州，吳黃武五年，分置廣州，凡得漢舊郡四，復舊郡一，增置郡三。

【合浦郡】漢置，吳黃武七年，更名珠官，後復舊，領縣五。

太守可考者三人

士壹　士燮傳。　初平中領，士燮表署。

薛綜 本傳。黃武中領，轉交阯太守。

修允 孫晧傳。天紀中領，轉桂林太守。

〔交阯郡〕漢置，吳領縣十四。

太守可考者六人

士燮 本傳。中平中領，在郡四十餘歲，黃武五年，卒於官。

陳時 士燮傳。黃武五年領，代士燮。

士徽 士燮傳。黃武五年，自稱郡守，旋伏誅。

薛綜 本傳。黃武末領，黃龍三年，召爲建昌侯慮長史。

孫諝 孫休傳。永安中領，六年，爲郡吏呂興等所殺。

呂興 晉書陶璜傳。永安六年領，魏所署。

〔新興郡〕吳建衡二年，分交阯置，領縣四。

太守可考者一人

諸葛原 魏志管輅傳。

〔武平郡〕吳建衡三年置，領縣七。

太守無考

〔九真郡〕漢置，吳領縣六。

太守可考者五人

士䵋 士燮傳。初平中領，士燮表署。

儋萌 薛綜傳。

朱治 本傳。建安七年拜。

謹案朱治始終爲吳郡太守，未嘗遷轉，疑治爲九真太守，當係虛授遙領。

士徽 呂岱傳。黃武五年拜，不奉命而叛。

谷朗 吳九真太守谷朗碑。建衡中領，鳳皇元年，卒於官。

〔九德郡〕吳末分九真置，領縣六。

太守無考

〔日南郡〕本秦象郡，漢改今名，吳領縣五。

太守可考者二人

黃蓋 薛綜傳。

謹案薛綜傳載，「南海黃蓋，爲日南太守」云云，黃公覆非南海人，此黃蓋當別一人。

劉熙 釋名。安南太守劉熙。

謹案釋名畢本，題安南太守劉熙撰，漢末無安南郡，劉熙嘗僑交州，或曾任日南太守，惟無確証，姑附識日南郡下以俟考。

〔珠崖郡〕漢置，吳赤烏二年復立，領縣二。

太守無考

陸凱 本傳。赤烏中，除儋耳太守。

謹案吳未嘗復儋耳郡，陸凱之除太守，蓋因討珠崖郡，使兼領其名耳，故附著珠崖郡下。

汪梅村年譜稿

趙宗復

先生初諱鑾，易名士鐸，字振庵，改字晉侯。——晉，搢也。搢鐸見國語侯，維也，振則用搢則藏也。年四十九始改曰悔翁。（緣學道齋日錄）洪楊陷江寧，先生避地績溪，又號曰無不悔翁。（水經注圖胡林翼序）以好吳祭酒吳偉業字梅村詩故，人比司馬相如慕藺之匹，稱梅村，非其字也。然以此行，故人率以此呼之。（日錄）姓汪氏，先世家歙縣，載世綿遠。宗祀小軸記（汪梅村先生集）康熙中，曾祖楨，字以學，始遷江寧，以貲雄於時。祖照字蒼臨，家中落；又牽家產涉訟事，至十七年乃結案，中間爲訟師吏役所欺詐，店友所乾沒，追繳庫本各款，賠累遂不能支。父均字治平，好儒書，平生不爲詞章，不應試；儉以持己，恕以御物，雖至窮約，而嘗怡然自得，無喜慍之色。先考妣述（汪集）母蘇氏，剛嚴方直，不苟言笑，御先生尤嚴，生子二，長殤，次即先生。宗祀小軸記（汪集）先生早歲艱辛，無多書籍；年十五後，常食外家，外大父榕庵先生好藏書，多詞章說部類書等；又時贈以青蚨，使市零星詩卷；四舅氏字振聲亦奇愛先生，亦時贈錢刀使購書，先生因得以讀諸故籍。（日錄）壯年宦途多舛，屢試不中，館士大夫家，多受敬禮。性好讀書，館魏默深源所時，嘗取所假魏君書而各摘錄。開有益齋讀書志（汪集）館方仲堅灝所，則更頗資涉獵，逢人借讀，不下二萬餘卷，以是見聞頗廣。（日錄）

先生性恬退，外默內剛，狷狹自遂，不諧于俗，俗亦不能諧之；于人少可多否，故交殊落落。（日錄）平生師友知己，九十九人；感知己贊（汪集）共晨夕講藝文者，八十一人。（日錄）先生于舊雨則爲總招以懷之，于生存知己則作贊以感之，所遺者更附家乘而記之，擇交雖嚴，情殊深摯。

始爲學尚博，既乃精研三禮，以及列史職官氏族天文曆算輿地山川沿革形勢小學訓詁通假之遺，駢文古今體詩詩餘，皆能辨其出入門徑堂奧曲折之數。惟中年喪妻殤子，誤娶悍婦，飢驅奔走，又復大病，哀怨所鬱，戚戚無歡。

自謂不能專思撰著成一家言。（日錄）更遭遂冦亂，倉慌出走，著書七十餘種盡行散失。（瑣記）避地績溪，作水經注圖二卷。後入武昌節幕，輯成讀史兵略注六十卷。胡林翼並爲刊之。胡命晏圭齋爲刻水經注圖。又恐壽堂書目第五期有先生晚年手校本，圖三十幅，附錄一卷，未知落于何人之手。所著大清一統輿圖，同治三年刻成于鄂。亂平東歸，以無子孫，心境日惡，不願有所著作。（日錄）同治十年，方濬頤爲刊南北史補志殘稿十四卷；同治十三年參修上江兩縣志，同年刊。光緒六年，總纂續江寧府志，刻成。光緒七年有洪汝奎爲刊文集十二卷外集一卷。十年張士珩爲刊詩鈔十五卷補遺一卷，又詞鈔五卷，筆記六卷，非全豹也。先生自言亂後致力筆記爲上，詩次之，詞又次之，文爲最下。（瑣記）民十江寧鄧之誠先生遊太原，得先生手書乙卯隨筆，丙辰備遺錄，是自圍城中攜出者。憶安塵語錄健忘偶識，則同光間所筆。其中論政論學及未刊詩文，皆卓然可傳，紀述洪楊破城及圍城中事尤詳賅。鄧之誠跋（汪悔翁詩續鈔）先後輯出行世者有汪悔翁詩續鈔，乙丙日記三卷。翁書刻成者，只此而已。鈔本存世者，則緣學道齋日錄；書藏東方圖書館，胡文忠公撫鄂記四卷稿在清華圖書館。悔翁自著記謂事有六卷，蕭穆敬孚類稿又謂有二十卷，則四卷恐是定本。此稿由悔翁交閻文介，閻撫山西，稿入山西官書局，余曾詢之山西官書局經理趙淦溟君，趙君年來致力搜輯稿本，翻刻張本刊成者有張穆父偑芳陸宣公翰苑集注，傅青主晰漢書姓名韻，惟此稿則官書局並存目而無之，不知其何緣散落。悔翁三女適上元吳榮雯，吳官山西，遂未歸，故翁手稿皆寄落太原間，鄧之誠先生所購特其一部，餘則不知下落矣。又悔翁曾從事校刻乾城志，當時曾付排印，今竟不可得。見汪集4/9，日記13/4。

先生論學無門戶之見，曰：『天下學術五，所以行之者三：曰經濟；曰漢學之典章制度朝章掌故；曰宋學修已明理養德；曰詞章；曰俗學；邀功令也。上哲一以貫之，下愚一無所得，中人隨其性之所近，各得其一二』。（日錄）其長久治安之策謂：「世亂之由人多　女人多故人多　人多則窮，地不足養　商於外則奢靡苦樂不均。盜賊之日記見如此，故主弛溺女之禁，推廣溺女之法，施送斷胎藥，家有兩女者倍其賦，生三子者倍其賦，定三十而娶二十五而嫁，違者斬決，嚴再嫁再娶之律，廣女尼寺，立童貞女院，廣僧道寺觀，惟不塑像，皆實額刺腕爲記」。雖非探本之論，失之偏宕，亦自有其見地，蓋悔翁生長江南人口繁行之區，更有二女殉洪楊之難，激刺之餘，發而主此，依時依人而論，未可厚非，且不患寡而患不均，仲尼亦僅知之耳。其論當時局勢，則謂土匪遙起洪楊叛亂，皆由生齒過繁，政治窳敗，遂成大亂。治策應歸崇尚申韓。

其於科舉，則主張禁用時文而講農田水利。翰詹宜責以史學，不宜試以詩賦。其于用人則曰：「凡百官有一定之職，不稱者斬決。為之三年而自陳者革職，家產一半入官；為之二年自陳者家產一半入官，降一級；為之一年自陳者家產入官三之一，不降級；皆永不敘用。為之未三月而自陳者家產追四分之一；衣頂榮身，永不敘用。內外大小官員考課，以保舉人才為上上；保舉多而稱職者升，不拘流品資格。惟不許巧佞姦詐，有若此者，併保舉官同時斬決。除律例，只斬絞凌遲車裂族五刑。如此行之三十年再議寬典可也」。（日記）其論商賈則主導之航海而至域外四洲，工人則兼習泰西之法，軍士則分平原山林海外江湖四營。人才須合德行武技政事文學而鄉舉里選。直　贊太平楊秀清韋昌輝石達開之才，非當時翰詹及方面大臣所及，且稱洪楊之年，在去鬼神諂祀無卜筮術數，禁煙及慉，朝起夕眠，眠不解衣，殺之外無他刑，以多殺為貴。（日記）

先生文章樸學，為江寧一大儒宗，數百年來罕有倫比。其為議論，切中時勢，第生逢亂世，性復倔強，所言遂似偏激。然必也狂狷，其誠不可及也。先生生於嘉慶七年，公曆一千八百零二年，卒於光緒十五年，公曆一千八百八十九年，享年八十有八，幾與十九世紀相始終。百年之間，正值中國千古未有之變局方作，即先生所謂『三代一例也春秋為樞，漢至北宋一例也南宋為樞，元明以來一例，後又將為樞焉』。今總其生平，繫年為譜，其人其行，固足風茲末世，特其時未遠，其所謂樞者今猶為樞，竊欲由翁一生略窺此樞也。

清仁宗嘉慶七年壬戌　一千八百零二年　先生一歲。

六月十五日子時先生生于江寧縣城金沙井舊宅之樓。時治平先生及母蘇太夫人皆三十八歲。據悔翁筆記 4/15 汪悔翁自書紀事及續學道齋日錄先生自訂年譜。按顧雲盋山文錄 4/17 汪梅村先生行狀謂先生生于嘉慶十九年六月十五日卒于光緒十五年七月七日，年八十有八。生年誤。又續碑傳集 74/20 清史儒林傳稿汪士鐸傳引行述謂先生享壽八十有六，亦誤。

三省教匪漸息。

嘉慶八年癸亥　一千八百零三年　先生二歲。

三省教匪平。

嘉慶九年甲子　一千八百零四年　先生三歲。

祖父禎卒。宗祀小補記（汪集23/6）

嘉慶十年乙丑　一千八百零五年　先生四歲。

嘉慶十一年丙寅　一千八百零六年　先生五歲。

是歲，先生始就塾。丁丑正月紀事自注（悔翁詩鈔15/6b）

嘉慶十二年丁卯 一千八百零七年 先生六歲。

是歲先生從潘先生遊，命名曰鎣，字曰味道。(陔學道齋日錄)

嘉慶十三年戊辰 一千八百零八年 先生七歲。

是歲從姚芝田遊。(日錄)

嘉慶十四年己巳 一千八百零九年 先生八歲。

是歲仍從姚先生遊。(日錄)

嘉慶十五年庚午 一千八百一十年 先生九歲。

是歲從里中趙處士游。(日錄)

嘉慶十六年辛未 一千八百十一年 先生十歲。

是歲從趙先生遊。(日錄)

是年曾國藩生。

嘉慶十七年壬申 一千八百十二年 先生十一歲。

是歲從里中徐鎔遊，始覩考試帖括之書。自述(汪集12/2a)

是年胡林翼生。

嘉慶十八年癸酉 一千八百十三年 先生十二歲。

是歲從徐先生遊學屬對，好私爲七言絕句。(日錄)

九月天理教匪大起，尋平。十月，賊林清橫行。十二月山東教匪首朱成貴伏誅。

嘉慶十九年甲戌 一千八百十四年 先生十三歲。

是歲讀四子書詩書易春秋及八家古文而已(日錄)

朱毛里假託明裔謀叛，江西巡撫阮元討平之。

嘉慶二十年乙亥 一千八百十五年 先生十四歲。

爲破承題才三四課，館燬于火，以家貧遂不能從師。

七八月間自以爲己意爲時文，鄉人皆笑之。(日錄)

嘉慶二十一年丙子 一千八百十六年 先生十五歲。

家益貧，不能從師。其夏學故衣於焦氏，才六月，其肆歇業。自述(汪集12/2a)

嘉慶二十二年丁丑 一千八百十七年 先生十六歲。

復學故衣業於朱惠泉姑丈宅，亦只五月，其肆再閉而歸。歸則無聊賴之甚。治平先生館孝陵衛，月一歸，定省先生祖母，暇則煮茗與先生母蘇太夫人奕棋。而助先生以習楷書而已。未嘗一語憂飢寒及詬戚黨也。自述(汪集12/2a)

嘉慶二十三年戊寅 一千八百十八年 先生十七歲。

改習糕餅業 按先生習糕餅業日錄載在六月，瑣記在五月。於長千里。店曰祥和，其東人萬姓，燕人也，謂先生曰：『子非商賈中人也，奚不歸讀書也』。遂於八月又歸。歸則剌義之言揶揄之狀殆鄉里，族黨周徧以爲不才矣。於是取四子書溫習之。中表吳春卿茂才杰爲略解說，乃習爲制藝。自述(汪集12/2b)

嘉慶二十四年己卯　一千八百十九年　先生十八歲。

七月求考鳳池書院，邑令某極賞之。題爲從義崇德也。舅氏聿文先生習綴業不好書，外祖榕庵先生所藏書束之高閣，四舅氏振聲先生者綸事，存其二十之一於齋中，先生時時竊觀之，大母姈倪太儒人賢之，或舉以贈。自述（汪集12/2b）

是年七月學爲時文，十月從陳松雲遊，始粗解時文法度。（日錄）

嘉慶二十五年庚辰　一千八百二十年　先生十九歲。

五月及陳松雲夫子之門受業焉，始學律賦。（日錄）

八月以能讀書入泮第六名，督學使者姚文僖公文田深加嘆賞，然亦惜其文法未合。首題爲未信則以爲謗己也，次題爲河漢　先生首斷用韓非屈原作正面，伯夷賈誼作陪面，以陳東，歐陽澈，李綱，趙鼎作反面。次斷力言嘉陵江非漢，西域非河源，嶓冢昆侖，班酈之言非是。人由是爭覓先生文矣。外舅宗錦城先生嘉之，以其女繼蘭字楚卿字先生，即先生集中稱南陽君者是也。自述（汪集12/2b）亡室宗孺人畫像記（汪集2/26b）

清宣宗道光元年辛巳　一千八百二十一年　先生二十歲。

是年鄉試荐卷，館于家。仍從陳松雲遊，始學古文及古近體詩焉。（日錄）

道光二年壬午　一千八百二十二年　先生二十一歲。

是年鄉試荐，館大福地張朝楹之宅。始學史，讀綱鑑漢書。（日錄）

此二年先生屢屆房薦。湯文端公金釗謂先生有大醇，亦多小疵，由洗伐之功未至。徐堡齋侍郎士芬謂先生亦自拔弦拂節，惜詞旨尚簿耳。自述（汪集12/2b）

道光三年癸未　一千八百二十三年　先生二十二歲。

是年仍館張宅，始讀各家詩集及諸駢文一切麗體文賦。（日錄）

道光四年甲戌　一千八百二十四年　先生二十三歲。

是年館聚寶門外板橋浦盛家店盛氏二房處。繼祖妣余氏卒。始續注疏。（日錄）

道光五年乙酉　一千八百二十五年　先生二十四歲。

辛筠谷侍郎從益試江寧。（日錄）

是歲始食廩餼。自述（汪集12/3a）以經文草率，房師擯之。自述（汪集2/3a）

是年館望鶴岡方仲堅凝家。始讀全經及史記兩漢三國志。（日錄）食餼以後，館方氏凡九年。（瑣記4/14）

道光六年丙戌　一千八百二十六年　先生二十五歲。

是年有內戍問集詩三卷，皆爲沈博絕麗之辭。（日錄）

道光七年丁亥 一千八百二十七年 先生二十六歲。

是年十二月宗夫人來歸。夫人生于嘉慶六年辛酉，年二十七始來歸，以先生貧不能娶也。（瑣記4/14）夫人性木強，鮮言笑，不加修飾，治平先生喜之，蘇太夫人雖惜其太朴素，然亦喜其能聽教也。（汪集12/3a）江甯之俗，新婦人入門有所謂暖門者用魚肉將之。中表朱鄴水茂才桿，知先生意，皆以書代之，如墨池編，廣輿記之屬，皆是也。時見作書，則私典宗夫人嫁衣釵鈿之屬以市之，而屬其勿言。宗夫人亦喜先生讀，嘗冬夜一鐙瀏矮几作針黹於牀前，先生無絮裀坐牀上牛衣中，類而觀書，率夜漏三下始寢。先生去歲始食廩餼，宗夫人勸先生勿爭泉刀，貽上人不美名，故先生不與人爭利，治平先生聞而喜之，曰是能守吾道者。（自述）（汪集12/3a）

仍館方氏，于是不爲時文者六年。（日錄）

道光八年戊子 一千八百二十八年 先生二十七歲。

是年鄉試荐卷。始讀說氏及戴文書孫氏書及畢氏經訓堂叢書。（日錄）

道光九年己丑 一千八百二十九年 先生二十八歲。

是年六月十四日，長女淑遊生（瑣記4/15）十月，先生病瘍。始讀梅氏叢書，學算法，西術，逐日布算立表。（日錄）

道光十年庚寅 一千八百三十年 先生二十九歲。

從程春海先生遊，益肆力于奇博之文。學作篆書及諸家經說。（日錄）

道光十一年辛卯 一千八百三十一年 先生三十歲。

是年鄉試未荐。始學繪山水，覃精輿地，旁求輿圖水道諸書。（日錄）

道光十二年壬辰 一千八百三十二年 先生三十一歲。

六月二十四日次女淑賓生。仲女賓銘（汪集12/13a）

六月二十五日治平先生卒。春秋六十有八。治平先生好儒書，於五經近思錄尤篤，能背誦其文。又好楊園先生集。平生不爲詞章，不應試。儉以持己，恕以御物，雖至窮而嘗怡然自得，無喜慍之色。客授四郊，束脩之入才三萬。又迎先生祖母來居，益困苦，然自館內定省外，輒與蘇太夫人瀹茗著棋，逌然忘其厨之無米也。嘗訓先生曰：窮而在下，須記餓死事小四字，惡衣食乃分內事，何恥之有。故忍饑誦經，除束脩外不貸一子錢。雖口無充食，身無完衣，親族之溫飽者，元旦外不履其門，或敂扉而假以泉刀，怡然卻之，而果毅之氣，人不能強。先考述略（汪集12/1）丁艱，未鄉試，從胡竹邨遊。（日錄）

道光十三年癸巳 一千八百三十三年 先生三十二歲。

二月四川匪徒起。

是年以前皆館望鶴岡方仲堅宅，仍從胡竹邨遊。（日錄）

道光十四年甲午 一千八百三十四年 先生三十三歲。

是年移館望鶴樓熊氏。丁艱，未鄉試。十一月四日三女淑荅生。（日錄）

道光十五年乙未 一千八百三十五年 先生三十四歲。

是年從荊溪任階平先生遊，專爲時文。鄉試未薦。（日錄）

道光十六年丙申 一千八百三十六年 先生三十五歲。

以後從階平先生游者凡六年。（日錄）

道光十七年丁酉 一千八百三十七年 先生三十六歲。

正月，林則徐任湖廣總督。

四女淑芸生。（日錄）鄉試荐卷。（日錄）

道光十八年戊戌 一千八百三十八年 先生三十七歲。

閏四月黃爵滋上言，鴉片流入以來漏銀巨額。七月，林則徐奏鴉片之害。

祁寯藻試江寧，欲拔先生爲優行生，先生不願就，去而捐爲廩監生。（日錄）

道光十九年己亥 一千八百三十九年 先生三十八歲。

是年鴉片戰爭起。

四月遷居油坊巷，以前皆館望鶴岡熊氏翠雪山房，自是遷焉。（日錄）

五女淑葶生（日錄）

道光二十年庚子 一千八百四十年 先生三十九歲。

是年九月鄉試，中式第二十名。主試爲滿州文慶、益陽胡林翼，十二月仍遷金沙井館方氏（日錄）（雜記 4/14）五女淑葶卒。（日錄）

道光二十一年辛丑 一千八百四十一年 先生四十歲。

是歲生一子，不踰月殤。（日錄）宗夫人連舉五女無服殤子，坐是病，日以婞直，家雖漸裕於昔，而念遺嫁諸女，遂不能市藥醫之。亡室宗孺人畫像記作于道光二十七年，有句「君之病七年矣」。知宗夫人病始是年。（汪集 6/25）

道光二十二年壬寅 一千八百四十二年 先生四十一歲。

是年館何心甫太史家。（日錄）四女淑芸卒。（日錄）

先生作武不可弛亦不可黷說曰，「舉世不必有大病，天下不可無良醫。兵猶醫也，一人之命繫于醫，千里之命繫于兵，三軍之命繫于將。故將者不可不擇也。不智則闇，不信則欺，不仁則戕，不勇則怯，不廉則貪，完此五者良醫也。經之以良方，緯之以上藥，而沉痾可起矣。是故擁鋒陷陣，班貓大黃也，持重愛士，人葠黃芪也，聲罪致罰，仲景方也，應變出奇，東垣劑也。然因醫之良而諱疾則弛，無病食之則斃矣。春秋左氏傳曰：『作三軍謀元帥』。帥者軸也，士者輪也，軸則甚良而輪之敝，何以行遠。故士不可不教也，刼之以威，以鼓其膽，懸之以利，以教其勇，殿之以法，以教其進。且夫平原廣野之陣，非可行於山林陂澤也，馳馬試劒之夫，非可用於重洋絕島也，故可分可合，莫良於撒星陣矣，可水可陸，莫良於泉漳人矣。赦其罪以簡其人，糜以祿以繫其志，寬以法以展其才，推以誠以重其任。同其甘若，勤其簡閱，信其號令，重其賞罰，則山澤皆可行矣。小戴記曰：『選士厲兵，簡練桀俊』。然黷而用之，師之正者老矣。師之老與無師同。吳人之畜貍也，不以無鼠之室而畜不捕之貍。貍之捕鼠也，不以無人之室，而不伺鼠之出。海之爲邊，非無鼠之室可比也，爲省七，爲口岸數十，爲里數千，悉備之則力分，少備之則示以瑕，故拒之岸不若截之海也。嚴洋禁以絕其餉道，斬內奸以杜其導行，招外夷以樹之敵，赦海盜以撓其師，張犄角以益吾之勢，爲疊陣以逸吾之軍，多巡哨以偵彼之踪。肆譎詐以疑彼之心。書曰：『旁行天下，至於海表』，行海之舟非直其身之固，乃其桅柁者亦良材也，器械者軍之桅柁也，百金之工必有百金之器，屠者之刀必非屠時始具也。乃行軍則不然從，素不涉波濤之士，操不可戰陣之舟，演滑重無準之礮，其餘弓矢刀槍之屬，率頑鈍如其人，是以桅柁不具之舟，輕涉蛟龍之深淵也。敝者新之，鈍者利之，聘良工，破成例，出重金，雖艱阻不之惜也。詩曰：『王于興師，修我戈矛』。然以士之壯器之精而黷武則開邊釁矣，守險可也。家必有門，階必有阼，堂必有廉，室必有戶，邊之險，若是而已。是故陰平失而後主降，大峴過而劉裕喜，淮陰之出井陘也，吳人之屯肥水也，周齊之爭玉壁也，梁魏之守壽春也，攻者挾一國之力，拒者出萬死之勇，非不知其彈丸也，必如是而後保其千里，棄此而遁，是由開門揖盜而又齎糧以餽之，迨其入室而懷寶以求獨免也，易曰『王公設險，以守其國』」。——先生又曰「黷武者少，弛武者多。三代上無論矣，即三代以下，亦漢武之開邊，隋煬之征遼，謂之黷武爾；自餘以兵力定天下，慮其爭之無已也，於是老成宿將釋兵柄以列侯就第，甚者日以誅戮，而一二庸懦畏葸之徒以文見幸，竊世主之意遂爲黷武佳兵之說，以爲守在四夷，而武備遂弛而日甚。夫天生五材不可廢一，所以安不忘危也。干羽之舞，因壘之降，在古璺誠間有之，而後世則戎服講老子，臨河北誦孝經之流爾。而世之任封圻者則曰：『吾非不操行陣屬士卒督巡哨簡軍實也』，而不知此正式之所以弛也。一營之卒其額幾何，而百夫長以上僕媼皆占籍，則實授甲者十之三四耳。其弛一。居平無事，相與爲賣漿販脂，其上番者則服役如奴隸，壯武之氣，消磨已盡。其弛二。三時安居，至冬而大閱，則舉所謂陣法者按圖演之，即投石超距亦皆習爲一定之矩，而不移之他所，此直棘門霸上之兒戲也，而美其名曰大操。其弛三。天時地利人和，皆爲將者所宜知也，孤虛王相，誠屬妄誕，然測量比例之算，演大器者所必講也。山林川澤之險，嚴守禦者所必爭也。勇怯剛柔之分，司委任者所必辨也。今或一礮之放，其去無準，鉛鐵石之分，先不能辨，何以命中而摧敵。其弛四。孫子九地該括無遺，然就中原平原言之耳；江海之交，山澤之阻，所謂天險，尤所必爭，白而書生以之詒敵，尙爲有備乎。其弛五。今之學者相率爲無用之文，取科第，備顧問，列侍從，大者任兼封圻，次亦專城而居，不知武備爲何物，而遇武夫健兒率以粗官目之，略不加存恤，一旦有事，彼此若秦越人不相顧，任用顛倒，無不解體。其弛六。今之軍將率慕雅歌投壺之風，習聲律，明繪事，勤趨蹌，工書翰，是以得上官意，動發美遷，即一二能者不過解彎弧命中而已，而韜略孫吳之說，棄如弁髦。其弛七。軍器應用，首重精明，今所發之帑已非過豐，而有司胥吏監造之人遞有減扣，工師所得十纔五六，不得不以僞物上供，而其器實不足用。其弛八。巡哨之法非不精嚴，而弓兵驕惰，互相隱飾，其將帥耽逸樂，高堂深居，醉飽呼梟，亦懼其出邊生事，相率爲粉飾之詞以欺人，而寇盜之行止，一無所知。其弛九。信賞必罰，韓白之所以申威也，今則有賞而無罰，慈悲好生福田報應禍福之說，交積於中，若常有一鬼伺其旁者。潰兵失地，一無所問。甚者於內地奸民引敵深入者，恐人指斥，加以反坐，雖曰安反側子，然愚民之無知者，以爲殺人不誅，且不容良民指目，則誰樂爲良民而不爲奸民者。官則逃矣，兵則潰矣，民則樂爲奸而不良矣，人心一搖，勢且瓦解，倘得爲有備乎。其弛十。向戍弭兵之議，誤國既深，秦檜悔過之誠，報稱未晚。所賴留心當世者，不爲指鹿之詞而講亡羊之計斯善耳」。（汪集 3/5-9）

是年鴉片戰爭停，江寧條約成。先生此作蓋有爲也。

道光二十三年癸卯　一千八百四十三年　先生四十二歲。

是年二月館開歸道楊至堂處，遂遊汴寧。五月楊至堂升

任甘肅，先生歸。(日錄)

道光二十四年甲辰 一千八百四十四年 先生四十三歲。

胡林翼薦先生於王植，信未達而王已乘節皖江。先生亦挾策北上矣。上皖撫王濟堯師 (胡文忠遺集 52/1a) 禮闈下第無館。(日錄)

道光二十五年乙巳 一千八百四十五年 先生四十四歲。

是年胡竹邨農部召主績溪東山書院。長女淑芹許字上元庠生吳榮曾字菱舟，三女許字吳弟榮寬字立生。亦作粟生

道光二十六年丙午 一千八百四十六年 先生四十五歲。

上元李映棻，江甯范仕義思修上江兩縣志，謀於湯貞愍公，而延邑人金鰲，楊大堉及先生等，於鳳池書院，將開局矣，惜爲邑子某索修金未遂，阻撓於上憲而罷。同治上江兩縣志 (汪集 5/9) 館績溪東山書院。六月歸，游揚州，不久歸。(日錄)

此三數年，先生館於外，漸能置衣衾市棺槥，爲諸女謀籢具。宗孺人畫像記 (汪集 6/25)

道光二十七年丁未 一千八百四十七年 先生四十六歲。

正月，先生赴禮部試。亡室宗孺人畫像記 (汪集 6/25) 下第。(日錄)

六月，先生館揚州，時宗夫人病已亟，先生游不半月而宗夫人於十五日卒。年四十七。先生辭館歸。殯槥薄，葬不成禮。故老爲宗夫人畫像立主，先生撰亡室宗孺人畫像記，哀感動人。亡室宗孺人畫像記 (汪集 6/25) (現已 4/15)

八月，母蘇太夫人亦卒，年八十有六。太夫人剛嚴方直，不苟言笑，不戚戚於貧富，私居無惰容，羣居無苟言，以是忤物，而御先生尤嚴。教先生讀書，嚴立賞罰，或使跪於側誦，必使背誦如流水，始使就傳。先生鄉舉後，譴訶尤備曰：「人處順境則心放，心不可放也」。鈎稽出入甚密，曰「人有錢何事不可爲」。謂婦人之德，以教子爲第一，曰「是使夫家百世祀，以光大其門庭而不圮其族，敗其產，辱其先，斬其澤者也」。宗祠小軸記 (汪集 6/23)

館但雲湖都轉署，未久歸。(日錄)

道光二十八年戊申 一千八百四十八年 先生四十七歲。

是年五月館江夏童石塘濂太守處。童延儀徵劉孟瞻文淇暨楊君季子亮吳君熙載廷颺王君勾生翼鳳注南北史，設局揚州福因菴。先生以家累不克作遠游，乃分任補兩史志表，而席草里門，兩女子淑遜淑賢助先生檢討，成爲志三十卷，表一卷，就正於桐城姚石甫瑩，涇包慎伯世臣，吳陳碩甫奐。草稿既具，而童公即世，稿因存兩江節署。南北史補志表後序 (汪集 8/10) 又在舍爲但雲湖都轉輯成通鑑地理沔

正，亦賴女檢點書籍圖史，其地形考草本則長女淑蓮鈔也。殉烈兩女傳（汪集 11/5）

七月辭陳廉訪脊婢，二女許字范。（日錄）

道光二十九年己酉 一千八百四十九年 先生四十八歲。

四月十五日繼室吳興沈氏來歸，少先生二十一歲。是年始役一老嫗。（瑣記 4/14）

七月病環跳癰百二十日。（日錄）

十二月長女淑蓮，三女淑荅皆歸于吳。（瑣記 4/14）

道光三十年庚戌 一千八百五十年 先生四十九歲。

先生南宮報罷，歸而長壻吳榮曾卒於鄴，婚後纔數月耳。聞凶耗先生痛甚。淑蓮奉姑，垂泣守志。長女哀辭（汪集 12/11） 仲女哀辭（汪集 12/13）。張穆卒，先生為詩哭之。（汪集 10/6b）

六月，洪秀全起兵。

十月，林則徐卒，先生輓以詩。（汪詩集 10/4）

文宗咸豐元年辛亥 一千八百五十一年 先生五十歲。

正月洪秀全稱太平天王。

春，先生寓彭城，館左淸石仁署，索居閒暇，因取平日師恩友誼凡九十九人舉其大端以為之贊，或採逸事，或抒積感。汪集 4/15 感知己贊。按九十九人皆一時通彥碩儒，影響先生者實多。九月歸里。（日錄）

冬，太平軍初熾，先生謁唐鏡海鑑於金陵私第詢以賊情，以公常守柳州也，公秋然曰：「非星周不能平」。再詢不答。他日謂先生曰：「今人皆言堅壁淸野矣，不知我堅壁，賊能任我之堅否，即能堅，如賊知我無能為，越我壁而過，而我為所包，又如何堅法。然此猶兵事也，吾不敢言，若淸野則今徧地皆村，徧地皆人，如魚鱗然，如何淸法。吾言星周者，十二年中不知兵者，宜略知兵，而人死者多，屋燒者多，庶乎可以堅壁淸野爾」。（日錄）

咸豐二年壬子 一千八百五十二年 先生五十一歲。

是年先生與新化鄒叔績漢勳同館揚州魏默深源所。先生喜輿地，皆取所假魏君書而各摘錄。開有益齋讀書志（汪集 8/12）

九月，十五日，男棄疾生。（瑣記 4/15）

冬，偕返金陵為魏刊所著海國圖志。有新化二三少年，王夫之先生後裔也，載書兩大舫並夫之遺書，因湘中寇警，故來江東。尋聞太平軍志在金陵，因匆匆他去。先生往訪不遇，悵甚，步行回，竟不能正履。開有益齋讀書志，（汪集 8/12） 按先生古者農即為兵，兵寓於農解（汪集 2/15）與王夫之黃書引義貴齊讀通鑑論卷五論三代兵農合一，戰爭與城關同，郡縣既分，兵民部難復合，求富强，必重將帥，如出一轍。先生似頗熟于船山書者。

是冬，太平軍蹂躪楚北。臘月江寧戒嚴，先生嘗以三事上當路：一，勤探問，二十里設一局，自省至安慶，自安慶至湖北，日十二時，動靜迅聞。一，求人才，不拘資格，惟不取江以南人。一，易置衝要，沿途文武官令，能保此方者授之，不拘何項人。將此殘巧官勸令酌納銀若干，乞休即以此銀貼來者辦公。其餘盡斬待報重囚，及以軍威勒毀城外附近房舍公私船隻，上新河木植南門米穀于城內，出老弱婦女子他郡，召定遠合肥懷遠鳳陽亳州蒙州穎州徐州海州洪澤太湖諸劇盜爲用，而不召江以南鄉勇。當路不以爲然，而好言謂『吾此格于例不能行也』。

（乙丙日記 1/6）

咸豐三年癸丑　一千八百五十三年　先生五十二歲。

鄒叔績邀先生同赴禮部試，將以正月二月放行，而太平軍於正月二十七日抵城，不果行。（悔翁詩鈔頁九）初胡邦華勸先生避寇績溪，先生以書籍繁重，山路不能致，因辭之。（仲女哀辭汪集 12/13）二月初十，太平軍以火藥轟城，江寧陷。先生被擄置城外，後因三婿與栗生爲謀於賊目，先生乃得邀鄉人結老民館於家中。先生婿家與宅亦陷城中，長女淑逬被脅爲東王楊秀淸寫記。（乙丙日記 3/6）次女淑頻，方城破時，自盡未死，弟誕數月，勸以程嬰故事，於是繼母沈氏匿。淑頻，持護其弟，代母受責，賊虐之甚殘。無何母病，弟失乳於六月三十日卒。淑頻自傷無親，不堪後母暴，立志自伐，不食亦亡，時九月十日也。（仲女哀辭，汪集 12/13）（乙丙日記 1/10）（碑傳集補 60/12）

九月初二，先生辭周軍師之聘。（乙丙日記 1/10）

十一月十七日先生因采薪館人，僞爲樵史，更衣剃頭出城，始脫難。（乙丙日記1/10）

二十四日，夫人沈氏賄油坊巷女百長得逃出至蔡村。

（乙丙日記 1/11-12）

咸豐四年甲寅　一千八百五十四年　先生五十三歲。

初居蔡邨。正月二十七日遷陶巷。閏七月遷績溪嶺鄉鋪。九月望實沉生。（日錄）先生授徒自給，號曰無不悔翁。（胡林翼水經注圖序）

咸豐五年乙卯　一千八百五十五年先生五十四歲。

館八都宅坦胡寶中處。四月夫人沈氏亦到績溪，九月三日實沉卒。十月先生大病，婦自炊爨。（雜記4/15）是年先生婿家與宅始出江寧。長女淑逬亦逃出。（日錄）

先生是年日記曰乙卯隨筆除記太平軍章制習俗及當時將帥怯儒無能之狀，可正他書之誤補記載之缺外，先生議論尤能洞見時獘。先生論亂之起曰：「武備不修，賞罰不明，不破格以召擢英豪，不核實而崇重州縣，因循日甚，畏葸遂多，正供困于刁民，財賦竭于鄉勇，豪強通于猾吏，小民累于家口，生計迫于舖戶之多，糧餉蹙于田土之少，不必有權相藩封之跋扈，不必有宦官宮妾之擅權，不必有敵國外患之侵凌，不必有饑饉流亡之驅迫，休養而生齒繁：文物盛而風俗敝，盜賊重而有司不能捕，遂畏例而蔽於上聞，處分繁而吏議日以苛，遂拘泥而不能破格，雖上無昏庸，下無凶年，而事遂有不可爲者矣」。(乙丙日記2/5)對當時則例官僚深罷痛惡，曰：「誤今日者則例也，用翰林也，文官宦氣重也，近城多寺塔也，監中重犯：猶循例不誅也，官多無地之官委員多：耗餽糧也，不實選堪爲某官之人猶循例用人，而豪傑失志也。取士以虛文：不廣其途以取人才也。不學漢宣之信賞必罰綜核名實政事文學法理之士咸精其能也。姑息有賞無罰託于仁慈以養姦釀亂也優柔也」。(乙丙日記2/14)又曰「督撫缺則用久次之藩臬，藩臬缺則用久次之道府，道府缺則用編檢，州縣缺則吏部取選人，什什伍伍而遣之，如羊豕然，不問其勝任否也。此平時所謂循例，乃第一弊政也。乃斯時仍復如此，天下安得不壞。故壞天下者例也。咸豐紀元，或清廷試之策勿循虛文，勿拘書法以拔眞才，而當國者謂祖宗之法不可變，宋人有病傷寒者，醫戒以勿食梁肉，曰梁肉所以養生，非毒也，卒食梁肉，食梁肉而死，其後病傷寒者仍守其說不悟，何以異于是。」先生嫉空談性理者之僞，曰：「由今思之王弼何晏罪浮桀紂一倍，釋者罪浮十倍，周程張朱罪浮百倍，彌近理，彌無用，徒美談以惑世誣民，不似桀紂亂，只其身數十年也。周孔賢於堯舜一倍，申韓賢于十倍，韓白賢于百倍。蓋堯舜以德不如周孔之立言，失于仁柔，故申韓以懲小奸，韓白以定大亂，又以立功勝也。……士大夫當權有用，若只主敬主靜克己復禮，就令欲淨理存，亦一溫飽不求人之儒生，作成佛菩薩形狀，鄉里之自好者稱爲善人而已，無益于世也」。(乙丙日記2/22)

咸豐六年丙辰 一千八百五十六年先生五十五歲。

五月向榮營失事，淑遴五月二十一日投潭內，殉難勾容許村。先生在績溪不知也。(璜記4/15)(日記4/6)長女哀辭(汪集12/12)夫人沈氏得喘疾。(璜記4/15)。

先生是年言論記錄曰丙辰儒遺錄。評當時局面曰：「捐至八折推廣指省指，缺錢至行大鈔鐵錢，民間至捐市屋租息，行旅捐每百二文：擔負每擔百文，稅至各縣皆立卡房，開礦及於邊外，省俸遍於城中，其後不知仍有何法，此非幾祖宗之法乎？何以求人才則不變祖宗之法！」（乙丙日記3/12）又曰：「今以用翰林爲用才，不知翰林之才何才，與時事比附否，內聖外王有文事即有武備文章之架子話否，古今如此有幾人，今人果十倍古人否，今日何以多難也，不由此輩空言無用否。時文楷書詩賦，上所以取之者也，性理今所重也，平時以之爲吏，百姓不能言，敢怒爾。賊匪受其欺詐否？平心思之，能無噴飯，以此爲才，宜其及也」。（乙丙日記3/12）

咸豐七年丁巳一千八百五十七年先生五十六歲。

王邑令欲代人謀先生館，以縣考也。得淑遊殉難勾容許村信，始稍稍無憂。以存洋交胡實中。（瑣記4/15）是年仍館宅坦。（日錄）

咸豐八年戊午一千八百五十八年先生五十七歲。

是年仍館宅坦。（日錄）冬得鄂銀信邀赴鄂，胡林翼召也。

三婿吳榮寬寄靴及婦裙。（瑣記4/15）

咸豐九年己未一千八百五十九年先生五十八歲。

正月八日赴鄂入撫署五福堂，（瑣記4/15）先生初至，即與胡林翼堅約不受辟署，故林翼別開儒館，俾之校理圖書，因與洪琴西汝奎訂交。（洪序汪集）林翼使同長沙丁取忠諸人輯讀史兵略而以先生爲總裁。先生輿地之學極爲精博，刪繁就簡體例均是。林翼甚稱之，對人曰；「梅村所著極佳，此編成，必敬授賭君子各一部，精而熟之，可爲帝者師矣」。（胡文忠公遺集致牙釐文案諸君64/2）林翼知先生深，待坐燕間，輒與咨商政務。洪序（汪集）

會時屬有裁兵意，先生上書曰：「…咸豐以來，戰皆楚勇，皆桀驁強健有力，非編入營伍，亦必揭竿斬木而爲亂。故能所向有功，然亦稍稍物故矣。今新集之兵，秀民之貪惰者爾，彼安將帥之持重以肥其身，焉有先登致果之氣哉。今言兵者動曰楚勇，毋亦循向之虛名，而未深旣其實乎。帥兵者將也，非書生也，說禮樂敦詩書今非其時矣，粵若稽古惟宋人喜言儒將，而宋之兵政爲最弱。嘗以爲得百韓范不如得一韓岳。史册所載文人戰績，如核其實，非其師武臣之力而誰之力邪？今以羅李之故而統領必用文人，則未思間世之英，即其兄弟父子有不能繼其軌者，而欲概求之佔畢之士，不亦拘乎。而重臨事而懼之人，而不慕暴虎憑河之勇，彼豪傑之士烏肯低首下心於詞章儒雅之前哉。烏烏鵠鵠，亦其一也。好謀而成者，美言之可市爾。今營務處之所謀若何，無亦以爲靜以待而老其師乎？此主以待客之言，而今則我爲客也，無論自挫其銳，而我之餉安能源源可繼乎。夫攻一城，動二三年，而十餘城失于匝月，天下安有如是之年，如是之餉乎。且楚之餉何自來，毋亦錢糧釐金鹽課捐輸所出乎。天固嘗予以屢豐年矣，商旅又嘗出于塗矣，而日復一日天時人事安能常恃而無變哉。且北有捻匪，腹內有教匪，此皆覬覦而動，俟我之隙也，乃兵貴神速而反主遲滯，師老餉匱，不蹈江南徽甯之覆轍乎。疑信不兩立之勢也，今不信人則不若無受降，既受其降，則推赤心以待之，使爲吾盡力而收其用，醫工之用烏附，非貴其參苓之補也，烏之矢，馬之勃，田夫孺子見之而不顧，及用之得宜，收效更速，無他，察病機之審也。良賈之懋遷也，必擇市所寡有者預儲之，以博其利，雖不中度量猶以備不時之需，而常能得者則姑置之。今所乏者飯糈屠狗之雄，而汗牛充棟者文人也，亦願急收剛決爪牙之用斯可矣。彼此者，勢之可知者也，成敗者，機之難決者也，我與賊不兩立，我能滅賊善矣，不滅賊而又不能召之降，是驅使爲賊也。彼爲賊能宴然置我度外乎。吾之戰能必勝乎。是皆不能。而慮逆揣其後日之叛，是以樹目前之敵，是一蔽也。且從逆之黨羽非有致死於我之心也，貪擄掠之富爾，既償其願，亦欲懷寶歸故里爲富家翁矣，而赦脅從者未聞赦其貨以返，則其徒烏能散哉。賞罰者鼓勵英雄之具，而非樹私之具也。戰國秦俗上首功，始立武功爵，故士務于外，犯鋒鏑而不顧，今兵弁力而戰于陣，文士坐而享其福，水晶孔翠者以千計；前史都督職方之誚，不是過也。是啟不肖僥幸之心，墮武夫殺敵之志也，是使名器苟敗而志士羞與爲伍也，是以愛憎爲賞罰而非循乎大公也，是使得者不知榮而夤緣請託者日衆也，是必且濫加於僕隸輿皂而同縉紳于厮役下賤也，是使人不務于忠義廉潔而惟求寵於節下也，是使朝廷所以奔走賢才者而吾得以苟私所愛也，此皆不可之甚者也。今楚北之員，率以敝車羸服之大營，而華鮮怒馬以見他帥，或貌爲質樸無文而心實黠甚，或託于寬大市恩而無所節制，攘奪吾君，掊克吾民，以飽其傔僕，或視爲承平之區，而仍蹈往時泄沓之積習，一加濫保，其欲無厭，州縣而道府，道府而兩司，兩司而開府，稍不如意，則怨懟誹憤不可終日，才得志則恣睢妄誕，自以爲簡在帝心。不反而噬人則幸矣。尾大者不掉，花繁者實稀，此亦祈于豆羹簞食中徵察其齷齪之吏也。皮之不存毛將焉傅，外間紛傳稅及間架煙竈，此未知然否，如果有之，豈不以餉絀乎，夫民力只有此數，剝其皮毛以養兵可也，剜其脂膏以養兵，兵且未已時，民心甘乎。脫有奸民假名滋事，將何以待之乎。且錢糧正供也，釐金朘商賈爾，捐輸朘富戶爾，若是則貪富貴賤皆不免，能不亂乎。言利者不務進戰而惟言剝民。賊方在近而使兵或往道，雖有餉何所用之乎。甚至有司假以掊克，家丁胥吏上下其手，得以中飽，所得者微，所失者巨，爲是說者將何以解，參之肉其足食乎。誹謗之木，敢諫之鼓，古人往事也，今自京員以至文士布衣庇宇下者數以百計，度皆有見聞計議而非往以容悅爲事也，若使人進其說以待采，未必無芻蕘之一得也，而乃月需奉錢手鉗口結，或只効斗筲之勞吏役之事，求賢之心未必如是也。羣居妄談，不及公事，苟且偸惰積爲風俗，人心之痾，而不計及，所入雖微，皆楚民之膏血也，此淸談廢務之流亞矣，賢者而果若是，即謂之不賢也可。官司者効用之實事，而非徇情之具也。循善者平時之良吏而非撥亂之用也。如以爲不才，去之可也，重則罪之可也。若知其不可而又姑試之於事，是愛國家之事，不如其私人矣。去戰而言從軍，士偶能之，去戰而言謀略，士偶尤能之。去戰守而言保民，士偶能之，縱恣睢而言治民，士偶且樂之矣。親兵者兵之尤勇健者也，營務處者官之足智略者也，統帶者才智勇力出于衆人之上者也，昔人選士陳以三百斤之石一丈之穽五尺之距苟傚其法而一一吹竽，則濫竽者少矣。設之以疑，臨之以威，餂之以利，置之以危，則其才技勇怯機變見矣。夫大將者無情之人，如農之芸草非稱必鋤，烏以說稗自妨嘉穀哉」。書上，林賀深納之。（上胡宮保書）（見汪集10/2）

汪士鐸傳（碑傳集74/20）

先先故有水經注圖，鈎稽羣籍，以爲學者讀唐以前古書之資，遭亂喪失之，避地績溪時略有追補。林賀惘先生窮老，平生著作多燬兵燹。先生著書有禮服記，儀禮鄭注今制疏證，衍顧雅南顧擊組表，梁東州郡志水經注疏證，東漢朝圖考，（汪集序）爲刊此書。並叙先生學行大略曰：『江甯汪梅村士鐸，余道光庚子典試江南所取士也，耆山水，無進士志，四上春官，特借以瀏覽山川風土，不謁一人，不待榜而歸，其視富貴利祿泊如也。雅性好學，藏書二萬六千餘卷，閉戶絕慶弔，蒔花木讀書爲樂。國朝學人，率自經史秦漢諸子外，天官曆算輿地職官書雅典禮之屬，靡不綜覈，君承吳越諸耆宿緒論，又金陵爲南北津要，通人名士過者之彥多遊寓其地，故平生師友講說頗不狹陋。家至貧，借書河沛江淮間，皆以府主意不能自有以發攄，而其自爲說半札記，其書上下左右方，朱墨狡遺，陸離不可辨，嘗據注疏通典及宋楊氏敖氏本朝盛百二吳東壁程易疇張泉文張鼎甫諸家說爲禮服記三篇曰：『本仁以親親，率義以戚戚，準禮以貴貴』，而加降不降於本服之後。又取後漢諸書爲儀禮鄭注今制疏証，續溪胡竹村農部甚稱之。又據仁和趙氏本水經注爲之疏櫛，釋以今地，及列史諸家文集有可附屬連綴者補輯，不盡酈亭意也。然于山川阨塞陂池水利特詳，蓋可施之政治。又取說文玉篇而下諸小學書及史鑑注爲廣韻雅，疋正其文字雅俗，而旁及於訓詁姓氏郡縣。並爲廣韻聲紐表一卷。又以宋齊隋有志，而梁陳北齊周皆無之，爲補梁陳州郡志，於梁之百七州，皆爲確証其沿革，壽陽祁相國亟賞之。其北齊周志惜未成，又據續志四分術衍東漢朔閏考以正范史及洪氏王氏書而注其甲子異同於下，據太平廣記所引鄭君生日爲布算其月日於七月五日，偕同志祀之。又爲佚存書目，蒐討至廣。及韓詩外傳疏証皆未成。其爲散文喜秦漢駢文，喜齊梁而亦不廢魏晉。爲詩喜唐人及有明七子。爲詞喜南宋人，則皆無草稿，以爲不必存也。粵逆之亂，一切燬於賊，遂避地績邑北山深谷中，客授自給，號曰無不悔翁。咸豐九年余召來楚北，詢其舊作，無一存者。惟授徒之暇，曾補爲水經注圖二卷，蓋爲班志而作，非其前書之指矣，余重憫其學行，又經喪亂，年已衰病，無子息，致可悲歎，故爲刊其水經注圖，以補黃子鴻氏之所逸而牽連及其爲人如此云』。水經注圖胡林翼序。

及林翼督師皖北，與先生簡牘往復無虛日，於時局裨益爲多。汪集序。用是徧識曾國藩，朝邑合肥相國諸人。

汪梅村先生行狀（蜜山文錄 4/15）

咸豐十年庚申　一千八百六十年先生五十九歲。

本年，英法聯軍，破天津，入北京。咸豐出狩熱河。十月和議成。

曾國藩督兩江，駐軍祁門，先生皆爲畫策。（曾文正書牘（庚申）覆汪梅邨書云：『來示所舉條第一第四當于本月內行之第二條業經僧俟議蘇日行之，第五條乃弟近年行軍之微旨，第六條亦今世必變之惡俗，唯第三條和夷情形有人，第九條修築砲卞，事有未逮，第十條疾趨入吳力實不逮，負閣下殷殷期望之心』。（書札第六）又云所示四事江淮運米一條，鄙人本有此志，以皖南軍事無利未遑遂圖，新歲稍得便宜，即當投袂東行，治軍淮浦以副厚期。（書札卷七）又覆胡宮保書云『梅邨兄兩信，前信祇速進蘇州一條難行，餘九條皆可行，無一迂闊語，兩月內必一一行之…』（書札卷二十二）

作讀史兵略注明年刊成。（項記 4/15）

咸豐十一年辛酉　一千八百六十一年先生六十歲。

四月，清師克安慶，先生致國藩書云：『夫兵以常戰爲強，用以不濫而足，人以博觀而知，事以綜覈而理。聞貴敵軍幕經營伊始，恐有進繁縟鴻闕之規，以啓其門戶辟徇之私者，願遠燭艱難慎持于權輿之際，簡而核，提綱不飾，介而易通，閻公之治楚北致有可採也』。（日錄）又致胡林翼書云：『兵事度益艱，南北兩岸除多鮑二軍以外，唯水師及韋軍可用，他皆丹鉛文士，成又器局褊狹不能與人共功名，一旦得志，必有尾大不掉之慮。倘源日甦，不深維民不可下之義，騷擾掊克以朘其生，誠恐教匪扇之，變生肘腋，得不償失，可為寒心。張仲遠觀察，李香雪都轉通知時變，若延之左右商度事件，而丹初星槎交相贊助，多拔偏裨勇敢之士，廣募椎埋亡命暴虎馮河之徒，以資爪牙，楚其猶有豸乎』。又云：『楚軍今日之勢在無戰將，非無統領，若推赤心于韋志俊陳大福以為統帶，合之多都護李成謀可得四將，邀楊彭同力並進，以神速行之，以奇軍參之，庶其有濟。不然恐蹈江南之覆轍也。閻丹初精明洞察，吳木翁質樸忠厚，李香雪通曉時變，李午山清恪溫恭，羅仙舸篤敬和平，終必不負吾師。處士若丁果臣，胡東谷，張廉卿，洪琴西皆忠信明辨足資諮訪，他人則如地師羅盤，內層所差不過一線，而引而伸之，遂至秦越。緣其本心，亦豈欲大負吾師，而其性所親近者忍于負伊，伊遂不得已而負吾師。甚或外愚內黠，巧趨涼熱，漫無見解，有同和鼓，雖有機械之才斗筲之用，豈足贊襄大猷哉』。又云：『犬馬留戀之意則願進瞽言，曰召稚埋亡命之徒而不重用文人也。曰收召淮北及秦甘邊境湖南苗匪之勇而不專用長沙岳州寶慶也。曰推赤心以待韋志俊等降人以為將率也。曰召降以術散其黨羽也。曰用人不拘一格而貪詐使為吾用也。曰兵以奇變致勝，不必專于堂堂正正也。曰所召徠賢才當使進言以弼大政，不必徒豢之如豕羊也。曰理財宜勿過朘削脂膏，恐腹內教匪滋事藉為口實也。曰選士宜以膽力，非來投者皆錄用也。曰保舉不宜過濫，使豪傑慕功名也。而其大要則有二：曰機密，曰神速，今欲舉一事前數日民間皆知之，而盜賊為備，非密也。用兵以靜待動，賊知吾此謀而任以數千人羈絆我軍而專力四掠，我不能救，因以重困，綿延歲月財殫民瘠，必有土崩之勢，教匪乘之以通于賊，病遂不瘳，可為寒心。張觀察仲遠李都轉香雪，閻農部丹初皆瞻智宏才，願下議論，俾各抒所見，吾師斷之以施之政，則士鐸雖面侍誨言亦不是過也』。（日錄）

六月之湖南又同湖北。六月十五日六十歲宴客。（瑣記4/15）

八月安慶復。文宗卒穆宗南旋。水經注刊成。（瑣記 4/15）

九月胡林翼卒于武昌節署，先生為刪定遺集□卷刊行。

汪別傳（敬孚類稿 12/17）

先生輯讀史兵略既成，林翼復囑為大清中外一統輿圖，

垂成以林翼卒，楚督官文繼胡撫軍，嚴樹森復延先生續成之。汪別傳（敬孚類稿 12/17）

穆宗同治元年壬戌 一千八百六十二年 先生六十一歲。

先生搜集文忠在武昌數年政績公牘稿本等編，删繁舉要，撰爲胡文忠公撫鄂記（頂記汪悔翁自著記事詩六卷、蕭穆敬孚類稿汪別傳謂二十卷）。因文忠歷年於不職之員多所參劾，其人子孫仍多貴顯，書出慮有所忌，鈔本僅存不輕出以示人。汪別傳（敬孚類稿 12/17）交自閻丹初敬銘，未刊。

吳榮寬代先生謀得橫渠書院，華清舊址也。（頂記4/15）

冬，桐城蕭敬孚穆由河南至武昌，見先生于廡舍，往還數日，先生期望爲學之道甚切，陳義甚高。汪別傳（敬孚類稿 12/17）

同治二年，癸亥 一千八百六十三年 先生六十二歲。

春，蕭穆致書先生復申爲學大旨。先生答之曰：『士鐸以謂學者學至於聖賢而已。聖賢至衆，而以孔子爲集大成。學孔子如飲巨海登泰山，各有所得，而不必其相同，比而一之，陋矣。漢魏儒者自博入，惜其未知約也。宋元儒者自約入，惜其未知博也。然人情既各有所近，不能強同，且爲博爲約，皆須竭其畢生精力，如飢者求食，寒者求衣，孳孳日加勉焉，而後各有所得。既得之後，而互相非詆，不知交相資益，則門戶之積習，爭勝之客氣耳。學者未得其致切自得之真，徒撥拾其妄自尊大之說，此不善學者也。然既博約，既交相取益，而士鐸猶未敢以爲合乎聖人之道者，則以服鄭程朱雖殊途同歸，而皆得乎道之全體，其於大用，猶有未逮，是具聖門四科之一爾，管商申韓孫吳後人所唾罵，而儒者尤不屑置齒頰，要而論之，百世不能廢，儒者亦陰用其術，而陽斥其人爾。蓋二叔之時，已不能純用道德，而謂方今之世，欲儒林道學兩傳中人，遂能登三成五撥亂世而返之治也，不亦夢寐之囈言乎。然則管商申韓孫吳與吾儒交相濟，亦如服鄭程朱之爲博爲約，宜相資助而後可以窺見洙泗體用之全也。蓋自孔子生於古時，其地狹人寡，俗樸事簡，一切欺詐奢侈未開，不見今之火器鐵騎大舶之害，不知有英法美俄佳兵強市邪教之事，不計有回回苗猺與吾民爲仇之孽，故其言如彼。設生於今，其必有所感喟，而爲世儒設之鵠矣。然則吾儒爲學之次第，亦先原其性之所近，而後自權於出處用舍之間，以定其讀書尚友之志，此非他人所能代謀也。如士鐸者少嘗服膺許鄭，既乃歸約程朱，於經世之用瞢如也。而自涉寇難間關吳楚，所遇不一人，如漢宋之言皆鑿枘也。又況外無應門之童，內有交謫之婦，日處失意中，則又取

黃老之言以自放，益不足與於學人之數已明矣』。汪別傳（敬孚類稿 12/17a 18a）

嚴樹森又請鈔胡文忠公撫鄂記，先生秘不肯與。汪別傳（敬孚類稿 12/19）

同治三年甲子 一千八百六十四年 先生六十三歲。

二月大清一統輿圖刊成進呈。（瑣記4/15）

五月嚴樹森被議。（瑣記 4/15）

六月十六日金陵復，洪秀全自殺。

曾軍之進取金陵也，先生上曾文正公書曰：「…金陵城大而堅，攻守皆難，他日向和諸帥未能得手，追原其故，豈不以築壘浚塹以力不以略乎。夫賊積穀儲財，深壕增埤已非一載。青溪發原城中，潮溝暗通元武，除秦淮運瀆可堨而斷外，井泉塘澳星羅棋布，以漑以飲。清涼四望諸山薪蒸足用傳。石城清涼儀鳳金川太平朝陽諸門內有田有圃，稻麥蔬果瓜蓏之屬，不假外求。悍賊精卒分地防禦，攻勞守逸賊所不畏，然則金陵未易力爭也。顧向軍只駐城東，誠爲非計。和帥塹城環攻，亦似而仍非。蓋無迎勦之軍，無犄角之軍，故孤軍難久立也。竊謂今日之勢在先分布攻守，如南岸之廣信，爲浙閩入江西之要，請以左京堂軍守之。先取寧國，而以張廉訪軍守之以蔽徽池。舊將江長貴使佐舒都護軍往來應援，則江南庶可守矣。北岸請以沅帥守安慶，而移韋志俊使守廬江，以李中丞守英霍，而以成大吉往來應援，則江北庶可守矣。明公以鮑爲右翼，多爲左翼，以金逸亭爲後繼，左翼軍責其取天長六合諸地，既通揚州，即渡江而南；右翼軍隨公東邁，與金軍分取城外諸壘。水軍專禦南北之渡，防南碕石臼諸湖，及儀鳳三山石城諸門外之壘。城外肅清，然後浚濠塹以困之。移齊薛中丞使取蘇常，以牽賊援。迨外援既無，中心內潰，然後此賊始可徐圖也。籌餉之道，必合兩湖江西安徽而爲一糧臺，移駐安池之間，始與金陵各處相近。浙省有舊將張玉良，有新軍李廉訪，亦宜屬其互相策制，使無攙吾之左右者，而後吾軍得專取賊巢，無發旁顧。特今日將材足爲干城之選者不敷調遣，斯難收功反掌爾。南岸青陽石埭等，北岸桐城舒城等，既無兵守，不若墮之，無貽敵爲壘。上曾文正公書（汪集10/5）

是年冬，十月自鄂旋里，十一月到城。（瑣記 4/15）先生東歸，葺金沙井老屋，杜門卻埽，頤情墳典，庭階雜植桐竹花卉之屬，翳映扶疏，名曰甄邸，日徜徉其中，寓公流過金陵必詣談，至以一識面爲幸，苦茗一甌，凝塵滿席，泊如也。（碑傳集補 74/22）當道仰先生名，月致餼廩。制府曾國藩尤禮異之，自是先生即不復出。汪別傳（敬孚類稿）而督兩江者自文正逮劉坤一，政暇輒造先生廬。汪梅村先生行狀（程山文錄 4/15）

同治四年乙丑 一千八百六十五年 先生六十四歲。

三月歸舊宅。（項記 4/15）

五月曾國藩征捻匪。

同治五年丙寅 一千八百六十六年 先生六十五歲。

四月十五日吳立生歸。（項記 4/15）

孫文生。

同治六年丁卯 一千八百六十七年 先生六十六歲。

是年曾國藩回。

十一月先生移家。（項記 4/15）

同治七年戊辰 一千八百六十八年 先生六十七歲。

九月曾國藩移節直隸。馬新貽督兩江。

先生外孫吳崧慶（申甫）月江入泮。（項記 4/14）

同治八年己巳 一千八百六十九年 先生六十八歲。

十一月立生自桂林歸。置井二村新塋。十二月買秫莊房。（項記 4/15）

同治九年庚午 一千八百七十年 先生六十九歲。

置西宅屋，五月圍牆成。閏六月作壽衣成。（項記 4/15）

七月馬新貽被刺，將軍魁玉署。曾國藩三督兩江。（項記 4/15）

同治十年辛未，一千八百七十一年 先生七十歲。

吳崧慶定婚。（項記 4/15）

同治十一年壬申 一千八百七十二年 先生七十一歲。

二月四日二更曾文正公卒，先生爲文祭之。是年曾文正公靈輛同湘。（項記 4/15）（汪集 12/15）

三月，何小宋來。（按何璟是年署兩江總督）

十月，張振軒樹聲來。（項記 4/15）

二月墁後園後門一帶碎磚地。買壽板作雙棺。及杜同春房及本宅契。吳崧慶取婦邵。（項記4/15）

先生于道光二十八九兩年成補南史志表三十一卷。東南兵燹，不知所終，是年兩淮運使定遠方濬頤購得，且將刊出。先生聞之，喜甚，自謂如獲亡子。（汪集7/12）

同治十二年癸酉 一千八百七十三年 先生七十二歲。

二月，李雨亭來。李宗羲亦字雨亭，是年署兩江總督兼辦通商事務大臣。（項記 4/15）

同治十三年甲戌 一千八百七十四年 先生七十三歲。

上元令莫善徵江寧令甘愚亭倡議修上江兩縣志，籌款千金，開志館，先生被邀參修。同治上江兩縣志序（汪集 8/2）（項治上江州縣志敘錄（汪集 5/9）期年而成。同修纂有甘建侯名元煥者，深服先生之爲人，先生有答甘建侯書，論學曰：「天地之內，陰陽五行而已，天化以氣，地成以質，自大賢以下，各有清濁偏駁有餘不足之數，聖人於是範之以學，使幾于道。然學與而塗岐，支港紛雜，此涘彼塞，葑菼蕪穢，人各就其性習所近，而遊泳其閒，至於朔淵既久，亦皆可以至於江河。其不至者，沙水間之也。是故潛見視其位，用舍視其時，鹽酷雜其酸鹹，裘葛各適於冬夏。愚者之見，以爲窮居蓬蓽無益于世，莫若治經；乖緒於後，莫若讀史。經有十四，則三禮毛詩爲上，書左氏次之。史二十四，則宋明爲要，史漢三國暨五代次之。禮垂大法，詩養性情，務在博稽異說，以備采擇。三通史志蕭選樂府，詩禮之航也。堯舜三代爲一類，秦漢至唐一類，五代至明一類，時勢變幻，取法後王，禮樂久闕具文，刑政亦同小補。惟山海之險易，兵家之權謀，經國難泥以陳言，致用必酌其通變，固不能擿埴而索塗，尤不容削趾以就屨。儲其學以待世，莫若廣訪輿圖，勤求敵勢，語言文字物異人情測爲通軌，此則管樂之所長，而淵雲班馬許鄭程朱所不能以爲非者也。然則書法考異，集評發明，皆無關于實際也。非沙石行潦之間阻乎。是故好學難，聚書難，身心閒暇難，無漢宋之意見難，求友難，無是五難則莫若擇一以自精。惡其紛而力不給也，莫若副紙以別記。惡其雜而不貫也，莫若以己意爲之圖表。使其專而易識也，莫若鈔錄以删繁複。使其多而不漏也，不若先條其綱目。此航上篙打槳搖櫓之助也。手口之議論，門戶之褒貶，朋黨之同讙，此又暗礁碎石横阻其道者，尤不可不知。其爲蘇張之辨士宜與少正卯同誅者也。於稽其別，厥有四科：曰，簡以提挈其綱領，曰實以詳其器數，曰備以載其利鈍，佛經西洋之書皆約一事若干之利害曰一二三四等科目欵則曰分析其源流，此則經史所同，讀一卷即得一卷之益者矣。無我見人見世俗見，精進而不止，其至於古人也必矣，至於江河，斯得道矣。其淺深優劣，則熟不熟之仁，而實二月日夕之功所判爾。然言之甚易，若士鐸則安能若是哉。念自勝衣就傅，先慈輒口授以幼學，日取日記故事告以數條，故志學以前，所聞見不依塾師所責課。自是以後，喜考輿地，二十外間，治算法詞章。既至立年，從胡竹邨先生游，乃專經術，不惑之外，奔走客授，遂不能竟所學之緒。知命後，罹于禍亂，間關乞活，求文字不一得，此事遂廢。耳順後，寄居鄂渚，崎嶇歸里，人事蝟集，舊學益荒，七十以來，以無子孫，心境日惡，益與學問隔絕矣。年來，耳目不用，四支解墮，左聞右忘，陰陽微知，受于天地者澌滅無有，尙何足與言學問之萬一哉』。又曰：『胡文忠教人十書：通鑑皇朝經世文編農政全書五禮通考紀效新書行水金鑑，日知錄集釋，近思錄，方輿紀要，張太岳集。按公案頭猶有武備志籌海圖編孫子十家注。蓋公方經武備也。士鐸議學術十書曰：宋元明儒學案，學案小識，漢學師承，宋學淵源二記，洛浙關閩四學編，先正事略，此學人之綱領也。擬以五代十國宋遼金元明六代爲通紀，分國政財賦文事及禮武備及雜事，國政及職官輿地及水利河防交鄰注以詞令儀注道里六項，年經月緯，而略其餘，加以輿圖小注，此前人所未爲也。小戴廣注集，及宋元周官采廿四史志，欽定職官表，會典則爲有用之書，邵爾雅趙水經國策說文廣韻算書上方皆有所謂，然皆不成篇幅耳。近喜老莊荀子列子之文，如陸王及律門，省讀書省用心也。內經王注作，馬元臺次之，吳鶴皋張蜩庵又次之。廣訪輿圖，詩俊彥之曾游列邦者，詢其政事地理物產，邦用之出入，選舉之取舍，武備之強弱，言語文字，性情風俗：勒爲一書，補瀛寰志略四裔年表之簡，亦非海國圖志之繁複，惟椎物及算三學不必載，以非中士所用也。按此二書不知作於何時姑繫於此。（汪集 10/13）

李尙齋告病。按即李宗羲（瑣記4/15）

清德宗光緒元年乙亥 一千八百七十五年 先生七十四歲。

太后垂簾。

二月，李尙齋歸。劉峴莊來。十月沈幼丹來。李宗羲病免，劉坤一署兩江總督，十月又以沈葆楨爲兩江總督。（瑣記4/15）

是年十月上江兩縣志刊成。（瑣記 4/15）

光緒二年丙子 一千八百七十六年 先生七十五歲。

甘建侯刪禮卿鈔先生詩文稿去。（瑣記 4/16）

光緒三年丁丑 一千八百八十七年 先生七十六歲

正月裁忠義局員一切局裁，春吳立生之晉。

莫送乾脩。（瑣記 4/15）

光緒四年戊寅 一千八百七十八年 先生七十七歲。

朱桂模持其父朱述之金陵詩徵問序於先生。先生序中論文曰：「文以聞道釋惑，記事記言記人者爲上，攷經史議政事模山水辨堅白者次之，若夫附序壽言，乃其貢諛媚以希恩寵之實証，必當去之。惟夫人之善言篤行，足以樹風聲而振頑儒，宜詳載以爲後進之圭臬」。（汪集 8/10b）

莫又送乾修。李送潤筆。八月孫文恭全書成，未印。先生友人莫友芝輯明人孫應鰲山甫著作，恐先生亦參與編定。（瑣記 4/16）

光緒五年己卯 一千八百七十九年 先生七十八歲。

沈葆楨卒，劉坤一繼任兩江總督。

光緒六年庚辰 一千八百八十年 先生七十九歲。

先生纂續江寧府志。（續江寧府志序）

蕭穆至江寧，省先生於家，先生扶杖出見，尚善談論，且屬蕭為覓書帖數種聊以自遣。自述平生著作多不能自信，且半為他人代作，惟所為水經注疏証，以古証今，工力頗久，以為經世之資，惜燬于兵燹不能追記。然北方水道時有變遷，今又閱數十年，與前所記不免又有參差矣。汪別傳（敬孚類稿 12/18）

是歲為侯杏樓江浦備徵錄，陳雨生金陵通紀及朱述之遺著開有益齋讀書志作序。（汪集 8/14）

光緒七年辛巳 一千八百八十一年 先生八十歲。

夏，先生故人六安涂朗軒宗瀛，涇縣洪琴西汝奎，及諸故人生徒裒為先生校刊文集十二卷，外集一卷。汪別傳（敬孚類稿 12/16）

劉坤一罷，左宗棠署兩江總督。

光緒八年壬午 一千八百八十二年 先生八十一歲。

光緒九年癸未 一千八百八十三年 先生八十二歲。

秋，先生門人合肥張士珩為先生校刊悔翁筆記六卷，詩鈔十五卷，補遺一卷，詩餘五卷。先生自品其亂後之作，筆記為上，詩次之，詞又次，而文最下。汪別傳（敬孚類稿 12/18）悔翁自識（汪集目錄9）

光緒十年甲申 一千八百八十四年 先生八十三歲。

顧雲（子鵬）撰盋山志，先生為文序之。（顧雲盋山志 1/4）

左宗棠病開缺，曾國荃署兩江總督。

光緒十一年乙酉 一千八百八十五年 先生八十四歲。

左宗棠卒。

侍郎黃體芳漱蘭以先生聞於朝，且臚所撰著，授官國子監助教，先生拜恩于家。汪行狀（盋山文錄 4/18）（骨董瑣記 4/16）

光緒十二年丙戌 一千八百八十六年 先生八十五歲。

光緒十三年丁亥 一千八百八十七年 先生八十六歲。

光緒十四年戊子 一千八百八十八年 先生八十七歲。

光緒十五年己丑 一千八百八十九年 先生八十八歲。

春，蕭穆以先生年已八十有八，復致書先生欲為傳胡文忠公撫鄂記，先生時目眵不能復書，僅于為蕭穆手致書之人，傳言此書現已在山西書局云。汪別傳（敬孚類稿 12/19）

秋七月間，蕭穆至江寧欲見先生親索之時，先生已於七日卒矣。汪別傳（敬孚類稿 12/19）年八十有八。前室生五女一子，繼室生三子，唯適吳立生一女存，餘皆殤亡，竟無後。（瑣記 4/16）生前以墳地屬吳焌慶，蓋外孫主祭也。外孫

主榮說（汪集 3/11）

是稿草成，蒙鄧文如師借讀鈔本綠道學齋日錄及指示參攷書及引用書。滿家昇先生於盛暑中爲修正補充多處，敬致謝意。悔翁師友多有著述，若鄧彌藻觀欽亭集，張穆𣶏齋詩文集，何紹基東洲草堂詩文鈔，此外他人詩文集尚多，然有關悔翁之作，竟幾不見。作者見聞有限，只得留待異日再補耳。

參考及引用書目

汪梅村先生集（簡稱汪集。）光緒七年刻本
乙丙日記　鄧之誠輯（簡稱日記）明齋叢刻本
綠學道齋日錄　鄧之誠先生鈔本（簡稱日錄）
悔翁詩續鈔　鄧氏雙寶堂手鈔本，民十五北平和濟精印本
骨董瑣記　鄧之誠著（簡稱瑣記）
敬孚類稿　蕭穆著　光緒三十二年刻本
盋山文錄　顧雲著　光緒十五年刻本
盋山志　顧雲撰　光緒九年金陵盋山精舍本
曾文正公全集　光緒二年傳忠書局刊本
胡文忠公全集　光緒戊子上海著易堂校印本
碑傳集補　閔爾昌輯　燕京大學國學研究所印本
續碑傳集　繆荃孫纂　江楚編譯書局刊本
續江寧府志　光緒六年金陵刊本

*D148(1)-25:7

補鄒漪明季遺聞

姚家積

鄒氏明季遺聞一書，於南明三朝本末，紀載甚悉，惟於永曆庚寅以後事，闕而未載，積前曾爲考補，遂亦斷至庚寅。暇時頗檢舊史，續成此篇，始自辛卯，迄於壬寅，都四十則，凡所考訂，皆鄒書所未及者。略倣前例，補設數字於各條之首，以當綱目，而以所考所補，低格分附於後，俾前後一貫，覽者得合之而觀焉。著者並識。

永曆五年辛卯五月，孫可望殺大學士楊畏知於貴陽。

行在陽秋云，永曆五年辛卯（按原作辛亥　考永曆元年丁亥，五年則辛卯也，辛亥爲辛卯之誤），孫可望殺大學士楊畏知。又云，畏知故衛滄道也。永曆改元，擢部院，是年入覲安隆，晉大學士，還滇，可望忌而殺之。是以爲畏知死於五年歲暮，則與明史諸書之稱其死於是年二月者不符。然按陽秋叙畏知履歷，語多不經，則其說殆未可從，茲特爲辨正之。按陽秋所稱衛滄道，顯爲僉滄道（畏知官僉事）之誤，毋容贅辭。其所稱永曆改元擢部院，不知何指，若謂其指畏知入朝爲可望請封因得加兵部尚書，則事在永曆三年己丑，非元年事也；且桂王以壬辰二月始至安隆，（此據小腆紀年稱王以二月戊申至安隆，因改名安龍府，按西南紀事又稱遂安隆所爲安龍府事在壬辰正月，是王以正月至安龍，與紀年稍異，然諸書無稱王辛卯至安隆者）辛卯九月尚在南寧，畏知何從入覲于安隆耶？即可望立殺畏知，亦在貴陽，（見明史卷二百七十九楊畏知傳）非在滇也。又按可望以嚴起恒等阻秦封，遂於辛卯二月遣賀九儀（三藩紀事本末又作九義）等至南寧殺起恒。畏知入朝，疏其擅殺大臣之罪，並請誅之，可望乃使鄭國執歸殺之。是畏知之死，縱非即在二月，亦斷無延至歲暮之理也。西南紀事以可望殺起恒在三月，殺畏知在五月。（卷一）兩事相距二月，較爲合理，或得實也。

永曆五年辛卯八月，（或云九月或云十月）慶國公陳邦傳及其子文水伯曾禹遣將降於清孔有德，邦傅執宣國公焦璉殺之，或云璉自刎。

寧國公陳邦傅與其子文水伯陳曾禹遣將至梧州降于孔有德，以及邦傅殺宣國公焦璉兩事，行在陽秋皆系之辛卯八月；小腆紀年作九月；西南紀事作十月；蔣氏東華錄更作壬辰四月，且誤邦傅爲邦溥。前三說相去尚近，末一說失之過遠，即令其據孔有德奏到之日，亦無相隔六七月之理，不知蔣氏何據。又按紀年叙事多本陽秋，惟其稱璉係自刎，而非邦傅所殺，與陽秋小異，亦未知徐氏何據而更作九月也。待考。

永曆六年壬辰八月，撫南將軍劉文秀由永寧趨敘州，白文選於同日取重慶。文秀以功封南康王。復追及清吳三桂墨勒根蝦，戰於保寧，敗績。都督王復臣死之，蜀地復失。孫可望奏削文秀王爵，文秀還雲南。

行在陽秋云：辛卯冬十月，撫南王劉文秀率兵五萬攻保寧不克。又云：文秀自滇入蜀，與文（按當作袁）韜武大定等相拒數月。予按文秀於辛卯前後曾三入蜀地：順治七年庚寅（永曆四年）九月，攻王祥於遵義，敗之，因略地至蜀，此初次也。八年辛卯十月，自遵義再入蜀，擒袁韜，降武大定，（西南紀事稱王自奇劉文秀取西川，走袁韜，獲武大定，與蜀難叙畧云稍異，今從蜀畧）總督李乾德死之，（以上並見蜀難叙畧西南紀事小腆紀年）此二次也。九年壬辰十月，與王復臣攻吳三桂於保寧，文秀兵敗，復臣死之，此三次也。（以上見蜀難叙畧西南紀事吳耿孔尚四王合傳小腆紀年）陽秋殆以三事同在秋冬之際，偶失考覈，遂以攻保寧事誤隸之先一年矣。至其所謂與袁武相距數月，當即蜀難叙略所云文秀以八月引兵自建昌（據小腆紀年，建昌，衛也）入川，與大定將相持於榮經，至十月而功成之事也。

又按文秀攻保寧事，行在陽秋于九年又重載之，更可明其八年之誤系。而陽秋此條，仍稱文秀爲撫南王，亦不可信。按蜀難叙略稱文秀破李乾德等時爲撫南將軍，簡稱南府，荀氏並稱見其符印稱「南府令」三字。撫南則其入滇時之號也。陽秋或見孫可望是時已封秦王，（可望以八年二月封）遂以爲文秀亦應封王，此與其九年壬辰七月條稱安西王李定國平東王孫可望乖謬正同。蓋即以將軍之號爲爵號。考有明一代無此制度，而定國又自爲西寧王，其誤可知也。且據行朝錄小腆紀年文秀以九年壬辰七月封南康王，與定國同時得封，蓋酬其敘州重慶之捷。（事並在七月）西南紀事九年壬辰八月始稱南康王文秀下四川，及清吳三桂李墨根瑕（按東華錄卷六作墨勒根蝦）戰於保寧敗績，都督王復臣死之，蜀地復陷，可望奏削文秀王爵，返雲南。是文秀先此不得稱王，而後此亦無撫南之號也明矣。

又按文秀攻保寧諸書及小腆紀年皆作十月，惟西南紀事作八月。（見前條引）據蜀難叙略稱文秀以八月由永寧趨叙府，又云是日文選（按白文選也）亦取重慶，（蓋指叙州重慶同日下也）遂圍保寧。而小腆紀年謂叙渝皆於七月攻下，已與此不合。四王合傳云：文秀善撫士卒，多樂爲死，蜀人聞其至，所在響應；重慶叙州諸郡邑爲三桂所克者，次第失陷。三桂迎戰輒不利，乃斂軍退守保寧。文秀躡其後，惟恐失敵。可以想見其戰勝軍驕情景。若文秀以七月下叙渝，又豈容至十月始攻保寧。八月之說，實可據信。此即其所以見敗于三桂之主因也。

永曆五年辛卯十月十四日，于大海率兵至荆州降清。李占春僞降，即爲僧遁去，尋復被執。

行在陽秋云，辛卯十月十四日，靖南侯于大海（西南紀事作余大海）率兵于荆州降清，大海初據夔州之巫陽，（據蜀難叙畧及明史樊一蘅傳巫陽當作雲陽）爲孫可望所敗，故降。又云，定川侯李占春僞降，即爲僧遁去，尋復被執。諸書於兩人事所系年月皆同，惟陽秋所稱靖南定川等爵則僅見。據蜀難叙略五年戊子袁韜稱定口（原闕按當是虜字因避忌而刊去者）侯，武大定稱靖鹵（鹵當作虜此當係因避忌而改易者）將軍，皆附楊展。或陽秋因傳聞未眞，而誤袁武之號以加之大海占春耶？又考王祥據遵義，其下總兵三十六人，兵三十餘萬，（見蜀界）然僅封綦江伯，則大海占春亦不應得侯也。

明史樊一蘅傳（卷二百七十九）紀川事系年多誤。楊展死在順治六年己丑（永曆三年），而劉文秀攻王祥則七年庚寅事：緣孫可望聞楊展死，始有圖蜀之心，上書明廷爲展訟冤，（見小腆紀年卷十七）然猶蓄志一年，得間始發。以可望於六年己丑已通表朝廷，而王祥其時亦奉明室，故不得不寃委出之，未敢遽相圖也。明傳以爲此事即在六年己丑九月，其誤一也。明傳又以大定韜之降，文秀乾德之死，占春大海之降清，并系七年庚寅。此乃因據攻祥之事以推後事，因而先系一年，遂致誤也。至三藩紀事本末以楊展之死迄乾德赴水中間諸事，皆系之六年己丑，則尤爲荒謬矣。

永曆六年壬辰二月，杜永和降清。八月，張月降清。

西南紀事云，壬辰（永曆六年，順治九年）九月，清耿繼茂下連州，杜永和張月以城降。然考行在陽秋三藩紀事本末小腆紀年杜永和之降早在是年二月，而張月之降又在八月。則知西南紀事所紀九月之事，即因陽秋所云九月杜永和張月執提督李明忠降于清事而誤紀者也。按李元胤死于是年四五月間，陽秋稱李元胤聞杜永和降，慟哭三日夜，遂見殺。可知永和之降，在四五月之前。陽秋又以耿繼茂入欽州係元胤死事前，欽瓊相去不遠，自無數月始下之理。則又知永和之降，實遠在張月之前也。今更考蔣氏東華錄順治九年十月尚可喜耿繼茂奏報恢復海南；言臣于五月中南下，遣兵攻克欽靈，擒偽總兵袁騰，偽侯李元蔭，偽伯周朝等。偽侯張月（余按月封博興侯）等同偽平西王朱聿鐭縛賊渠李明忠來降云云。袁騰周朝朱聿鐭等人雖不可考；然奏報中不及永和，亦可明永和之先降也。

永曆六年壬辰十一月十三日，李定國復衡。十九日清兵至湘潭。二十三日清再陷衡州。躡敵永州，敬謹親王尼堪死之。

行在陽秋云，永曆六年壬辰（順治九年）十一月十三日，官軍復衡州；十九日清兵至湘潭，馬進忠退守寶慶；二十三日清再陷衡州。據西南紀事則云十一月三日李定國復衡州，陣殺清定遠大將軍敬謹親王尼堪，遂收兵屯武岡，所紀稍異。按蔣氏東華錄順治十年正月尼堪捷奏（予按是時尼堪已死，蔣氏當俟奏到之日而書之也。又蔣氏于九年十一月云敬謹親王尼堪歿于陣，追封莊親王。此出追記，或亦因報凶之使遲於捷書，亦未可知，與十年正月條不相抵觸也。至追封之典，當在十一月，史官特因其死事實而書之耳）云：九年十一月十九日，大兵抵湘潭縣，偽將軍馬進忠等遁寶慶，臣率兵向衡州進發，屢敗賊兵。二十三日抵衡州，大敗賊兵。所云與陽秋無間。則尼堪之死，不得先於二十三日，且在定國既得衡州旋又亡失之後也。西南紀事所紀失之簡略，所云三日又當脫一十字。

永曆七年癸巳三月十五日，孫可望禦清軍于周家堡岔路口，敗績。可望歸，遂殺明宗室之在黔者。

行在陽秋稱癸己（永曆七年，順治十年）二月十七日孫可望禦清兵于周家堡，敗回寶慶。西南紀事以此為正月事，行朝錄又以此為四月事，惟小腆紀年與陽秋相合。今按蔣氏東華錄順治十年癸己六月定遠大將軍多羅貝勒屯齊（按即代尼堪者）奏：二月二十八日大軍抵永州，偽安西王（按當作安西將軍，定國時乃西寧王，此當是傳聞之誤）李定國遁走龍虎關去。三月初十日我軍向寶慶進發。十五日宿岔路口，偽秦王孫可望自靖州來，與馮雙禮白文選馬進忠諸賊合，我軍分擊大敗之，斬獲無算。清國史貳臣傳南一魁傳亦云，順治十年三月可望犯寶慶府，我兵敗之岔路口。（予按當時清兵乃由衡南永而寶，蓋路日周家舖當在永寶之間，則此處所云犯寶慶辭義殊嫌不明）可明陽秋所紀不誤也。又按三藩紀事本末稱可望敗歸貴州，遂殺明宗室之在黔者。是當因兵敗還兇以洩憤威衆也。小腆紀年紀此事在壬辰歲末，疑非是。

永曆七年癸巳四月，李定國攻肇慶，敗績，退駐柳州。六月，定國出師向廣州，道出肇慶，因便復攻之。

小腆紀年（卷十八頁二十一）載李定國於癸巳閏六月（從清曆也，明曆是年閏七月）攻肇慶敗績，退駐柳州。按之行在陽秋，則定國於是年曾兩攻肇慶：一在三月，即紀年所謂退駐柳州之事也；一於閏六月初九日又出師廣州，攻肇慶。原文辭義不明，意當謂定國欲攻廣州，道過肇慶，因便攻之也，紀年乃誤併兩次為一次事矣。（系月從第二次，事跡從第一次也）又按西南紀事復載定國帥馬寶等圍攻肇慶事，系於同年四月，清國史逆臣傳馬寶傳亦謂順治十年（即癸巳）四月寶攻肇慶兵敗，隨可望走貴州，是紀事所紀不誣。然定國固止兩攻肇慶，詳考史文，則知此次即陽秋所稱三月之事，而紀事所紀，更較得實。蓋定國被清兵追擊，由永州出龍虎關，時當已在三月初：（見前條所引屯齊奏二月二十八日清兵始抵永州）而是時粵西州縣，又已為清兵所陷。（九年壬辰七月定國下桂林，孔有德死之，粵西州縣多附明。十年正月復陷於清，見清國史逆臣傳卷三線國安傳）定國欲道此以攻肇慶，自當稍需時日也。

永曆四年庚寅七月，清招潮州總兵郝尚文，未即從。五年辛卯三月後，尚文始降。七年癸巳四月，尚文復以潮州歸明。九月，清兵入潮，尚文死之。

行在陽秋稱郝尚文（按陽秋作尚文，所知錄又作尚六，惟諸書多作尚久，然尚文於義較順）於永曆三年己丑（順治六年）十一月後降清；職又稱其于五年辛卯（順治八年）三月後降清。而清國史貳臣傳尚可喜傳又稱於順治七年庚寅（永曆四年）招降其總兵郝尚文黃應傑于潮州惠州。綜上所紀，是尚文曾于三年內三次降清，此事之不無可疑者也。今按清兵於順治七年庚寅正月下韶州，二月至廣州。時粵東尚未全下，似尚文不必於己丑十一月先降。又按小腆紀年（卷十七頁十一）朱成功討蘇利於碣石衛不克，旋師圍潮州條，稱成功討蘇利失利，反師圍潮州，陳斌燒斷廣濟橋，晝夜攻擊，郝尚文死守不下，乞救於漳州總兵王邦俊。事在庚寅七月。予意貳臣傳所稱招降事，必在此事先後：蓋清必因其窘迫而招之也。而尚文又見成功敗於雲霄，解詔安之圍，圖事於潮陽，因復依違其間。時清方有事於粵西，未暇東顧，故得偸安一時，及辛卯三月桂林已下，兩粵漸定，桂王奔竄南寧：尚文知不降實無以圖存，乃與潮州道沈時知府王朝鼎附清。蓋至此時始眞出降。則上引三說，幷皆不誤，第未辨其虛實耳。尚文反覆之徒，其後又於永曆七年癸巳（順治十年）四月復以潮州歸明，終取滅亡，蓋可見其於己酉之時，已啟乘危邀利之心矣。至尚文之死，諸書皆係之永曆七年癸巳（順治十年）九月，惟西南紀事云：八月，清耿繼茂哈哈木入潮，尚文死之。然考東華錄稱耿繼茂哈哈木克潮州乃九月事，則知紀事之說爲不足信。紀事所系年月，每有差異，皆此類也。

永曆六年壬辰春，升安隆所爲安龍府。八年甲午十一月，改都康萬全安平龍州諸州爲府。

行在陽秋云，永曆八年甲午十一月，詔改安隆州爲府，改都康萬承安平龍安諸州爲府。今按都康等四州改府年月，諸書無異辭。惟安隆改府，明史吳貞毓傳，南疆繹史，小腆紀年皆以爲在六年二月。故諸書於八年十一月只紀都康等州改府事，西南紀事亦謂安隆改府在六年正月，雖與明傳等所紀稍異，然要皆言事在桂王至安隆之初，未有謂遲至兩年後始改者也。且陽秋之稱安隆爲州，其六年七年八年又三稱駕在安隆州，亦有未當。按明史地理志（卷四十五）元致和元年三月置安隆州，屬雲南行省，後廢爲寨，屬泗城州。明洪武三十五年十二月改置安隆長官司，仍屬泗城州，後直隸於布政司。（泗城州即今廣西淩雲縣）終明之世，安隆未嘗爲州，不知陽秋何據而云然也。豈安隆曾于六年升州，（先名安隆所）而於八年更升府耶？抑陽秋因都康等四州（都康直隸布政司，萬承安平并屬太平府，清皆爲土司，都康改設鎭安府，萬承安平仍舊，今萬承則爲縣矣，龍安州擬爲龍州之訛，明史地理志廣西惟有龍州直隸布政司，即今龍州地也。四川有龍安府，即今平武縣，僻處川北，地近甘肅之文階，疑非是，且本爲府亦不煩陞置也。四州皆在南寧以西，猶爲明政所及，清國史逆臣傳卷三線國安傳稱粵西州縣至順治十一年甲午十二月始陷，猶在陽秋所稱改州爲府之事以後一月，則陽秋所紀當不誤也）升府而誤及之耶？是則尚有待於異日之考證也。至於安隆升府，自因桂王駐蹕而然，隆之改龍，當亦緣此故。三藩紀事本末作陸，當因隆陸形近而譌。而四州升府，或又因其時國土日蹙，遂多置郡縣以相粉飾：此等事前史固多有之也。

永曆八年甲午十月初三日，李定國圍攻廣州：十二月初六日，定國圍攻新會縣：十四日清兵援廣州，新會圍解。

蔣氏東華錄云，順治十一年甲午十月，尙可喜耿繼茂奏報逆賊李定國猝陷高明，復圍新會，請速發禁旅，下兵部。又云，十二月尙可喜等奏與靖南將軍朱（一作珠）瑪喇合兵屢敗賊兵，李定國遁走，新會圍解。據此則新會之圍，兩月始解。然尙耿請兵，淸命都統朱瑪喇為將軍，率江寧駐防兵赴之，（見小腆紀年卷十八頁三十三）江廣相去甚遠，新會小縣，若于十月被圍，又焉能固守兩月以待數千里之援兵耶？是則不無可疑。今按行在陽秋云，永曆八年甲午（即順治十一年）十月初三日官軍攻圍廣州，十二月初六日李定國攻新會縣，十四日淸援廣州，官軍圍解。淸國史貳臣傳尙可喜傳及小腆紀年（卷十八頁三十三）所紀略同，皆以定國圍攻新會在十二月。可喜傳且稱可喜統兵至三水縣，聞定國圍新會，結營山巔，設伏沿江要隘，自率精銳合靖南將軍珠瑪喇所部禁旅涉險進攻。尤可明定國之圍新會，去淸援廣州事不遠。是東華錄尙耿十月之奏，稱定國圍新會而不言廣州者，殆蔣氏之誤記也。

永曆八年甲午三月，孫可望殺大學士吳貞毓等十八人，同死者尙有林靑陽陳麟瑞劉議新三人。

永曆八年甲午（順治十一年）三月，十八先生之獄，朱希祖氏已為文考訂之。（見國立北京大學國學季刊第二卷第二號民國十八年十二月出版）其所徵引書籍，有天南紀事（紹興胡欽華撰）淸史稿等，多至三十三種。更據永曆詔書（見行在陽秋小腆紀年小腆紀傳）及十八先生墓道碑記（見紘齋黔書乾隆貴州通志）以考十八人之姓名曰吳貞毓，張鐫，張福祿，全為國，徐極，鄭允元，蔡縯，趙賡禹，周允吉，易士佳，楊鍾，（紹書作鐘，碑記又作忠）任斗墟，朱東旦，李頎，蔣乾昌，朱議泥，李元開，胡士瑞，可一掃諸書葛藤之誤。惟朱氏於十八先生官職加銜贈官贈謚，（按除吳貞毓鄭允元張福祿全為國四人外，餘皆有原官及臨軒親試加官，與死後贈官）雖據安龍紀事明末忠烈紀實小腆紀年勝朝殉節諸臣錄詳為疏辨，予意猶覺其去取未盡允當，因再為之條辨於左：

鄭允元謚，朱氏從明末忠烈紀實（下簡稱紀實）作文節，按小腆紀傳（下簡稱紀傳）吳貞毓傳（卷三十一）稱其謚武節。予意允元歷官錦衣衛都督僉事，贈官又為中軍都督府左都督，實係武職，頗覺武節之謚為當。

蔣乾昌，朱氏謂小腆紀年（下簡稱紀年）所稱之翰林院簡討為其加官，而安龍紀事（下簡稱紀事）所稱之祠祭司員外為原官。紀事有臨軒親試選翰林院簡討之語，殆即朱氏之說之所本。然予據明史職官志翰林院檢討從七品，而六部員外郞皆從五品；則既云加官，豈有貶秩之理？紀傳（永曆紀中甲午二月）稱翰林院檢討蔣乾昌，當是原官；（然紀年卷十八頁二十三亦不免有誤，兩書皆出徐氏手，不應疏略如此也）其加官或即祠祭司員外郎；則與後贈少詹事（正四品）兼翰林院侍讀學士（從五品）之銜皆可吻合矣。

張鶴，朱氏據紀事紀年稱其原官爲職方司主事，加官爲刑科給事中。予按六科左右給事中從七品，都給事中亦止正七品，而六部主事皆正六品。亦疑朱氏有所倒溷。

楊鍾，朱氏謂紀年之大理寺丞爲其原官，紀事之大理寺少卿爲其加官。又謂紀實之河南道御史亦爲加官。予按十三道監察御史俱正七品，則河南道御史必鍾陞爲大理寺丞（正五品）之前官，而非加官也，朱氏當誤。至據紀實稱其贈官爲工部右侍郎，與紀傳吳貞毓傳稱其贈大理寺卿者同爲正三品，不知朱氏何以獨取紀實之說？予意若以鍾前官大理寺丞加官大理少卿二銜測之，則猶不若從紀傳之說爲可信也。

李元開，朱氏以紀事紀年所紀之翰林院檢討爲其加官，其誤與蔣乾昌條同。朱氏又據紀實稱元開官編修，并謂後即加官檢討。然編修正七品，檢討從七品，則編修自是加官，而原官乃檢討也。

餘爲周允吉胡士瑞朱議滘，朱氏據紀實謂其皆贈右僉都御史，（正四品）而紀傳則稱皆贈副都御史。（正三品）易士佳，朱氏據紀實稱其贈太僕寺卿，（從三品）而紀傳稱其贈太常少卿。（正四品）任斗墟，朱氏據紀實稱其贈太常寺卿，（正三品）而紀傳稱其亦贈太常少卿。孰得孰失，雖不可考，然朱氏必以紀實爲是，亦不知其何所據而云然也。其不在十八人之列而亦死此難者，尚有林青陽陳麟瑞劉議新三人。朱氏謂青陽加官即紀年所稱之給事中，而原官爲紀事所稱之兵部武選司員外。予按給事中從七品，員外郎從五品，則朱氏恐亦先後失序矣。青陽或稱不死，朱氏引冬青館集安龍逸史安龍紀事粵滇紀聞見聞隨筆劫灰錄西南紀事明末五小史五藩實錄明末紀事補遺（此中多有名異而實即一書者）諸書以實是說。然紀實所紀贈官即足明其誣枉，更無待好辭矣。

永曆九年乙未五月二十三日，劉文秀攻常德，遣盧名臣馮雙禮攻岳州武昌；名臣雙禮，爲清都統陳泰所扼，不得進，回師攻常德。清護軍統領蘇克薩哈，伏兵邀擊敗之。名臣赴水死，文秀等遁回貴陽。

行在陽秋云，永曆九年乙未五月二十三日劉文秀馬進忠與武大定等攻常德不克。小腆紀年所紀月日亦同。惟西南紀事稱是年七月秦王遣將攻常德不克，而偏考諸書明兵於是年僅一攻常德，則紀年所紀實與陽秋爲一事。今按蔣氏東華錄云，順治十二年乙未（按即永曆九年）六月寧南靖寇大將軍陳泰疏報偽將軍盧明臣偽興國侯馮雙禮攻岳州武昌，偽安南王劉文秀攻常德，護軍統領蘇克薩哈伏兵邀擊，賊大敗：明臣赴水死，雙禮被重創，文秀遁走貴州。則事自在六月前。清國史逆臣傳李本深傳略及此事，亦謂在五六月之間。則紀事所云七月不足信也。惟東華錄紀事亦有未盡得實，貳臣傳孫可望傳所紀與東華錄同。按小腆紀年云，遣盧名臣（即東華錄之盧明臣）馮雙禮分犯岳州武昌，爲清都統陳泰（即東華錄之陳泰）所扼，不得進，同舟攻常德，清荊州長沙之師設伏夾擊，大敗之，名臣赴水死，文秀及雙禮遁回貴陽。所紀較詳。可知名臣之死雙禮之創皆在常德而不在武昌也。

永曆十年丙申三月，封李定國爲晉王，劉文秀爲蜀王，白文選爲鞏國公，以迎駕功也。十一年丁酉九月，以交水戰功進文選爲鞏昌王。

小腆紀年云，永曆十年丙申三月，明進封李定國爲晉王，劉文秀爲蜀王，白文選爲鞏國公，王尙禮爲保國公，王自奇爲夔國公，賀九儀爲保康侯，張虎爲淳化伯，餘進職有差。是蓋因定國於三月（行在陽秋作四月，今從諸書）敗孫可望迎駕至滇都，故以功晉爵也。惟行在陽秋謂定國進封晉王在十一年丁酉正月，而文秀封蜀王更在十一年九月敗可望於交水後，（陽秋幷謂文秀以撫南王進封）幷謂文選亦與文秀同時得封鞏昌王，而不言其封國公事。考文選之封王，誠在交水戰後，清國史貳臣傳白文選傳所紀亦同，然其先已於十年三月封公，有諸書可按也。文選既以迎駕功得封，則定國文秀，其時班行，實在文選之右，又何得後文選而封爵，而況定國之功，又在諸人之上耶。且陽秋於十一年九月交水戰前，已稱文秀爲蜀王，所紀亦自相矛盾。則是陽秋所紀未可據信也。至於西南紀事謂諸人封爵事在十年正月，則又言之過早。蓋其時孫李之釁已成，而桂王尙在可望卵翼之下，身陷虎口，又焉敢進封定國等已激可望之怒耶。

永曆十一年丁酉八月，孫可望稱兵犯闕。

孫可望犯闕事據小腆紀年在永曆十一年丁酉八月。徐氏致曰，紀略諸書皆云七月事，而楊在孫可望犯闕始末則云八月初一日可望誓師。是知紀年即據犯闕始末，在時在朝，事當可信。至於行在陽秋云，九月秦王孫可望謀叛，移師犯滇，晉王李定國蜀王劉文秀奉命討之，師次曲靖，十九日（本末紀年紀日皆同）戰於交水，可望奔潰。所係九月，誠因交水之戰而幷及其叛亂始末，未必即是誤紀。惟可望九月已經削爵，(見紀年)則不當尚稱秦王耳。又求野錄稱白文選之叛可望，以范曠程源錢邦芑之力為多，故源雖黨可望，永曆十二年戊戌復得用為禮部尚書，而邦芑(先為都御史)亦得兼掌院事，曠亦得貽郵，蓋以酬其勞也。今按紀年亦云三人見馬寶定約，源因說可望用文選雙禮。惟三藩紀事本末僅稱馬寶與文秀文選善，因說可望云云。是楊氏尚未詳其中委曲也。

永曆十一年丁酉十月，孫可望降於清洪承疇。

行在陽秋稱孫可望于永曆十一年丁酉(順治十四年)十一月十五日降清。蔣氏東華錄(卷八)亦作十一月，惟西南紀事清國史貳臣傳孫可望傳及小腆紀年幷作十月。按紀年云，可望狼狽過鎮遠平溪沅州靖州，道逢吳逢聖，率所部迎之，奔長沙降。貳臣傳孫可望傳所紀尤詳，其言云，定國遣文秀文選及將軍楊武等窮追，雙禮為可望殿後，截其子女玉帛，降于文秀：可望倉皇走河南，(按河南當是湖南之誤)遣其將程萬里赴經略洪承疇軍前納款，而楊武追至沙子嶺，劫掠殆盡，承疇遣兵馳援，可望乃得脫。是知可望之一蹶不振，實去交水會戰之期不遠，決無延至十一月十五日之理，陽秋當誤無疑。東華錄所據必與貳臣傳同，然其所以亦誤稱十一月者，殆又據因奏到之日而未及細核也。

永曆十二年戊戌四月，李定國克橫州，尋復失之。

行在陽秋云，永曆十二年戊戌四月，官軍克橫州。蔣氏東華錄云，順治十五年(戊戌即永曆十二年)三月，李定國黨闖維龍曹延生等攻陷廣西橫州，總兵馬雄尋復之。惟小腆紀年則謂橫州陷於是年正月十五日，明知州鄭雲錦不屈死之，幷與上兩說異。按紀年於是條下引李世熊寒支集，載鄭氏被執後所作馬上吟及從西山義士遊南詩，今考其中所云「北風拂面任欺凌，」「古樹棲禽驚振翮」等句，殊不類三四月時情景；且是年四月，貴陽瀕危，定國當亦不暇遠務粵西：陽秋所紀，當不足信。惟東華錄所紀，縱據奏到之日，亦不應遲至三月，則未知其何據也。

永曆十二年戊戌七月，清師取貴陽。

求野錄云，永曆十二年戊戌二月清師取湖南，入武靖沅辰，遂至貴陽，安順巡撫冷孟飪死之。小腆紀年孟飪作孟銋，又謂清兵下貴陽在是年四月，所紀不合。今按蔣氏東華錄(卷八)順治十五年(戊戌)五月羅託等報克復湖南沅靖等處，進取貴州省城，及平越鎮遠等府。若五月前已下貴陽，奏中何不及之？是知南書所紀皆未得實也。且李定國後以七月出師拒敵，而據求野錄謂定國因聽妖人賈自明之惑，屢展師期，當時危急之情，可以想見：則豈有敵兵二月壓境，貴陽已陷，而定國乃能按兵不動，至七月始出戰耶？以此又益知貴陽之下必在五月後矣。

永曆十三年己亥閏正月二十日，李定國與清師戰於保昌之磨盤山。

李定國磨盤山之戰，行在陽秋求野錄係之永曆十三年己亥正月，誤矣。據也是錄桂王以閏正月十五日始自永昌府（即保山縣）啟行，磨盤山密邇保山，則閏正月十五日前必無爭戰可知也。今按西南紀事小腆紀年并以此事系之二月，紀年且稱在辛巳日，則不誤矣。紀年所紀蓋從清曆，是年明閏正月而清閏三月，清曆二月即明曆之閏正月，其朔日皆爲壬戌，而辛巳則十二日也。（按三藩紀事本末作二十一日與此小異）是知陽秋求野錄遺一閏字。

磨盤山，求野錄原注云，「即古羅泯山，舊云高麗貢」，予按羅泯山當即明史地理志（卷四十六雲南永昌府條）之羅岷山。考明志稱羅岷在保山東北，瀾滄江經其麓，而保山縣南更有潞江，亦名怒江。今按蔣氏東華錄（卷八）順治十八年己亥四月吳三桂等奏云：文選燒瀾滄江之鐵鎖橋遁走，臣等發兵克永昌府，永曆及定國竄騰越，我兵渡潞江，（按當指潞江）定國伏兵磨盤山。清國史逆臣傳吳三桂傳亦言其渡瀾滄江，下永昌，渡潞江，偵定國設伏磨盤山。小腆紀年所紀略同，且謂過江二十里有磨盤山。而求野錄亦自謂定國聞文選敗，遂渡潞江，至盤磨下。則盤磨在保昌，且在潞江之西，非即羅岷山明矣，求野錄注蓋誤也。

永曆十三年己亥閏正月二十八日，桂王出鐵壁關，二十九日至蠻莫，三十日過札定，二月一日至大金沙江岸。

求野錄也是錄行在陽秋三藩紀事本末皆稱桂王於永曆十三年己亥閏正月（即順治十六年二月也）二十八日出鐵壁關，（按三藩紀事本末小腆紀年又作銅壁關，惟紀年前已云丁亥王到鐵壁關。則當作鐵壁關爲是）二十九日至蠻莫。也是錄紀事本末云，即日次蠻漠。小腆紀年又稱桂王以二十六日（紀年從清曆作二月丁亥，即明閏正月二十六日也）至關。二十九日（紀年原作二月庚寅）出關。至蠻漠。（按蠻漠求野錄也是錄又作芒漠，行在陽秋又作蠻莫，皆一地也，即明史地理志所稱之蠻莫安撫司也）今按諸書桂王以二十八日出關，二十九日至蠻莫，疑不誤。蓋由鐵壁關至蠻莫尚有一日之程；（見陽秋）即以今道里計之，亦相去不遠也，則紀年稱出關與至蠻莫在同日，也是錄紀事本末稱至蠻莫即在出關之日，不無小誤矣。蠻莫即今緬甸之八莫也。又按紀事本末稱二十九日王駐扎定，則亦稍誤。因諸書既稱王於二十九日駐蠻莫，次日始行，以二月一日(即清曆三月一日)至大金沙岸，則二十九日自不能更駐扎定，或扎定爲三十所過地也。

永曆十三年己亥二月朔，緬酋以四舟來迎。桂王與從者六百四十六人以舟行，餘從陸行。

西南紀事云，順治十六年己亥三月朔，(即明永曆十三年二月朔)緬酋以四舟來迎，得從者六百四十六人。求野錄亦云：至蠻漠，止一千四百五十餘人，至是僅六百四十六人，與紀事所紀相合。然據諸書皆云蹕越起行衆尚四千，而也是錄稱此時簡閱止一千四百七十八人，從舟行者六百四十六人。三藩紀事本末又謂餘人因無舟改從陸行，則知紀事求野錄所紀僅及舟行諸人，而遺陸行諸人未計矣。

永曆十三年己亥二月二十日，桂王遣總兵鄧凱行人任國璽敕止各營兵。

行在陽秋謂永歷十三年己亥二月十八日駕幸井梗。議遣總兵鄧凱行人任國璽使緬，馬吉翔止之。小腆紀年據也是錄已辨明陽秋之誤：謂明遣使乃爲敕止各營兵，非爲使緬，而使緬在後二十四日，其說甚當。然也是錄稱遣使止兵事在二十日，而紀年又從陽秋作己酉，(即陽秋之十八日也)獨不從其月日，未知何故。豈徐氏亦知陽秋之誤，然因王於十八日駐井梗，故即以是事實而書之耶？

永曆十三年己亥二月二十四日，桂王至阿瓦。

三藩紀事本末小腆紀年所紀之阿瓦，也是錄之亞哇，行在陽秋之啞哇，皆是一地，即緬酋之所都也。紀年考曰：「阿瓦諸書作啞哇，音轉字異」。(卷十九頁二十七)然按明史地理志緬甸軍民宣慰使司條下云：東有阿瓦河，自孟養流入境，下流入大金沙。則知城以河名。當作阿瓦爲是。

永曆十三年己亥三月，狄三品執慶陽王馮雙禮降于清，六月，清封三品爲抒誠侯。

小腆紀年云：順治十六年己亥閏三月，(即明永曆十三年三月)明德安侯(按東華錄亦作德安侯，行在陽秋作安德侯當誤)狄三品執慶陽王馮雙禮以叛降於清。西南紀事稱事在二月，(紀事從清曆二月即明閏正月)行在陽秋又作六月；并稱三品得授抒誠侯。(按陽秋原作抒城侯，地名無作抒城，東華錄作抒誠侯，於義較順，今據以改正)按桂王是年閏正月(即清二月)末始入緬甸，而三品之降，當在清兵下姚安大理後：(據清國史逆臣傳吳三桂傳)蓋以勢窮無所歸屬，而不得不降也。紀事之說，自屬不經。又考蔣氏東華錄云，順治十六年己亥六月，吳三桂奏僞慶陽王馮雙禮遁走四川，僞德安侯狄三品執之以獻，上命押解來京安置，尋授狄三品抒誠侯，係月與陽秋合。似紀年所紀有誤。然細覈所紀，淸廷得三桂奏報，始命解三品入京，三品至京，始得封侯，其間凡三往返，南北路遙，可以斷其必非一月之事無疑。紀年稱淸兵於閏三月（明曆三月）下姚安，滇北皆定，可以推知雙禮之欲遁川因而被禽，要在此時，而三品封侯，則在六月。東華錄與陽秋殆皆因紀三品封侯事而幷及其擒雙禮之始末也。惟三桂奏報，當必載明月日，若雙禮已於閏三月被禽，奏報何能遲至六月，是則尙有待於考証者也。

永曆十三年己亥三月十七日，陸行諸臣先至阿瓦，緬人發兵攻之；通政朱蘊金中軍姜成德等自縊死，餘殺傷甚衆。

諸書皆謂永曆十三年己亥三月（即淸順治十六年閏三月）十七日陸行諸臣先至阿瓦，緬人因疑其圖己，發兵攻之；通政朱蘊金中軍姜成德等自縊死，餘死傷甚衆。惟三藩紀事本末（卷四）稱朱蘊金姜承德等途中遭刼，死於難。其後又紀三月十七日緬兵圍攻事，與求野錄所紀略同。予按時桂王從者千餘人，除舟行之六百四十六人外，餘皆陸行尙有五六百人之多，結隊就道，何致遭刼，紀事本末當誤以一事爲兩事矣。

永曆十三年己亥六月，咸寧侯高承恩爲其義弟郝承裔所殺。

小腆紀年云，順治十六年己亥六月，明雅州伯高承恩爲其弟承裔所殺。予按蜀難敍略紀承恩承裔始末甚悉，沈氏時在蜀中，所紀當較爲信，其言云：承裔本郝姓，父某爲賊帥，戰死，承裔應襲官，領其衆，以其年幼，先付養子承恩代領；承恩爲劉文秀將，丙申（永曆十年順治十三年）春以咸寧侯守雅州。則知承裔之殺承恩，殆因忿其據奪己權，久假不歸也。然沈氏書中不言承恩封雅州，且謂其丙申已封咸寧侯，與紀年異。徐氏所紀，未知何據。豈因承恩守雅州而誤以爲雅州伯耶？抑雅州伯乃承恩前爵耶？二者皆有未當，宜從敍略書咸寧侯爲是。

永曆十三年己亥八月中秋，李吉翔李國泰呼梨園演戲。

也是錄云，永曆十三年己亥八月蒲纓大開博肆，叫呼無忌，上聞而怒，令毀其居，纓仍如故。以此觀之，纓實一無賴子也。然予檢閱各書，惟三藩紀事本末小腆紀年載有此事，系於翌年庚子歲末，與此書年月不同。纓之身世，雖不可詳，而諸書稱其曾得封綏寧伯，且曾於是年三月與黔國公沐天波總兵王啟隆謀挈桂王往護撤孟良，以就李定國，因馬吉翔不從而止。其節槪略爲可見。則亦不類賭博呼呵之入。紀年於是年八月中秋紀馬吉翔李國泰呼梨園黎應祥等演戲事，(卷十九頁四十)即與也是錄前段所紀相同。其節去纓事甚當：惟以之移系庚子歲末，則更不知其何據矣(若據三藩紀事本末則紀事本末紀亦多不可信也)。

永曆十三年己亥九月(或云十月)，明元江土知府那嵩及其子燾叛清，降將高應鳳延長伯朱養恩應之。

明元江土知府那嵩之叛清，清國史逆臣傳吳三桂傳稱在順治十六年己亥九月。小腆紀年稱在十月。雖稍有差異，幷無大誤。惟行在陽秋稱在是年正月，又稱那燾(嵩子)而不及嵩，則非矣。考是年正月桂王尙未入緬，雲南未爲淸有，那氏又何須叛？且三桂傳紀年又稱與那氏同起兵者有降將高應鳳與延長伯朱養恩。(養恩事獨見紀年)養恩之降淸在是年三月，紀年已明言之；應鳳之降，史無明文，要亦必與狄三品等相先後：則亦可明那氏之叛淸，至少應在三月後也。

永曆十四年庚子七月，白文選入緬關，遣使迎駕。緬人後招黔國公沐天波渡河乞王退兵。

諸書皆稱永曆十四年庚子(即順治十七年)七月緬人後招黔國公沐天波渡河，天波力辭，緬使曰，此行不似從前，可冠帶而行，至則遇之有加禮。(事見也是錄，行在陽秋，三藩紀事本末，小腆紀年，惟陽秋云天波終以前次受辱不允去，予按以當時情勢度之，天波不容不去，陽秋必誤)考天波此行目的，即三藩紀事本末所謂緬王以各營逼緬，乞桂王敕諭兵無得入關，(卷四永明入緬篇)故欲天波一行，以通意也。惟其時叩關迎王者，諸書或謂爲白文選，或謂爲李定國，莫衷一是。按求野錄云，七月文選復至江滸，諭緬人假道迎帝。小腆紀年云，文選由木邦薄阿瓦，緬人謀敕止之，乃招天波過河，至則遇之有加禮。始知諸將臨緬迎駕，疏前後三十餘道，是皆主文選者也。也是錄云，天波使緬後，始知各營將臨緬城，晉王李定國率兵迎駕，有疏云，前後具本三十餘道，未知曾達御覽否，是主定國者也。行在陽秋云，十四年庚子九月，晉王李定國出孟艮，與白文選入緬關，次日同具疏迎駕，不果，且云定國迎駕疏內言前後三十餘章，不知曾到，(按曾到疑有闕文)是主兩人會迎者也。今考三說皆有三十餘章之語，可明其實即一事，而桂王入緬後，定國居孟艮，(求野錄作孟良，紀年卷十九頁四十三稱定國移營孟遮，後破孟艮居之，孟遮與孟良音近，當即一地，然求野錄之孟良又是與孟艮形近而誤書者也，孟遮明史地理志作孟璉，大清會典作孟連，紀年所書蓋據會典)文選居木邦之南甸，相去甚遠，各不相聞，至永曆十五年辛丑二月乃始會師。(見

(求野錄與紀年)則陽秋之說，追論其月日有無謬誤，即其紀事亦殊不足信矣。至於前舉二說之中，予又以為求野錄之說較為可信，因求野錄實出鄒凱之手，而也是錄為後人託名之作。凱其時從行在緬，見聞自較真確。再考清國史貳臣傳白文選傳亦稱文選由木邦至錫箔，所至縱掠，進攻阿瓦，索還由榔。雖事系九月，不無小異，要可明文選於永曆十四年庚子實有迎駕之事，亦足為求野錄之旁証也。審爾，則也是錄後稱十五年二月二十八日鞏昌王白文選密遣緬人賫疏至而不及定國者，蓋將前後二事倒置矣。

永曆十三年己亥八月，禮部郎中兼翰林院侍講學士楊在，行人任國璽疏劾沐天波奉使辱國事。

諸書皆載永曆十三年己亥八月禮部楊在行人任國璽疏劾沐天波辱國事，而也是錄永曆十四年庚子七月條下稱馬吉翔楊在以潘璜能通緬語，囑其扶鸞曰：仙告我矣，某處有兵來迎，當以某日至關上，以邀賞取悅。又恐定國至，衆將疾其惡，不得自恣，故矯旨令勿入緬。行在陽秋小腆紀年稱十四年九月太常寺博士鄧居詔疏陳時事，因劾國璽貪緣謀轉江西道，而國璽乃得馬吉翔李國泰之廻護，似楊在任國璽皆為馬吉翔之黨人：而劾天波，又因吉翔與天波有隙，二人承其意旨，假公濟私以諂奉之者也。予按行在陽秋稱五年(辛丑)五月禮部楊在講齊賜坐，一日東宮問在袁公何名，在不能對，則其人之進身本末可知，是其黨附吉翔，事容有之。然考國璽生平，殊有異於在之為人：按明史吳貞毓傳國璽附傳與也是錄小腆紀年皆稱國璽曾集宋末大臣賢奸事為書進王，且曾疏劾吉翔國泰，(此事亦見陽秋明紀稱國璽進御史，乃進書并劾吉翔國泰，諸書於二事所系年月多有差異，予意進書當在十四年九月，而劾疏乃十五年五月國璽遷御史以後事也)吉翔國泰因責其獻出險策以難之，桂王即令其條奏，而二人者又阻扼之。以此二事觀之，則可明國璽實非有黨於吉翔，其劾天波在爭國體，原與楊在之用心有異。意者吉翔前此之廻護，或因其劾疏足釋己憾，因欲結之以恩，冀其肯為己用，而不知國璽固鐵中之錚錚者，未易以利屈也。諸書紀事似皆未嘗注意及此，故特表而出之，以別薰蕕焉。至於楊在銜，諸書多稱禮部，小腆紀年作禮部郎中，明傳作禮部侍郎，求野錄初稱學士，(十三年八月十五日疏劾天波條)後稱侍郎(咒水記雜諸臣條)。按明史職官志翰林院設學士一人，正五品，侍讀學士講學士各二人，并從五品，陽秋稱在曾講書，(見前引)則求野錄所稱之學士，或即翰林之官。又考明志禮部儀制司遇經筵日講掌頒儀制於諸司。其時車駕蒙塵在緬，官難求備，在或以禮部儀制司郎中而兼諸官，後更以黨吉翔得擬本部侍郎也。

永曆十五年辛丑二月，淸吳三桂遣總兵馬寶等攻馬龍土司龍吉兆，四月下之。

行在陽秋小腆紀年云，順治十八年辛丑（卽永曆十五年）二月，吳三桂遣馬寶等破馬乃。而淸國史逆臣傳吳三桂馬寶兩傳又皆稱是年四月遣總兵馬保（予按馬保當作馬寶，然其時尚有一人亦名馬寶者，行在陽秋云永曆十五年四月御前總兵馬寶降於三桂，五月三桂遣寶至緬爲間。也是錄又稱寶後與吉王同自縊死，疑三桂遣寶至緬後而寶卽未嘗復返，故後與吉王同死也。逆臣傳寶傳不言寶嘗爲御前總兵，且稱其降三桂在順治十六年，卽永曆十三年，是兩馬寶非一人明矣）高起隆遊擊趙良棟等勦馬乃土司龍吉兆，（按陽秋誤作龍吉兆）系月稍異。然予按逆臣傳二傳與紀年皆謂寶圍攻七十餘日始下，若寶以二月始攻，至四月而下之，恰符七十餘日之數，則知陽秋紀年之稱二月乃記其始事，而逆臣傳之稱四月乃紀其終事，實皆不誤也。又按馬乃陽秋作爲乃麻衣，爲乃當是馬乃之譌，麻衣則不知何謂。紀年考異稱有作磨芀者，而三藩紀事本末別作磨乃，實皆一音之轉耳。紀事本末又謂磨乃爲李定國命唐宗堯駐守處，乃滇緬要路。磨乃塞而雲南阿瓦消息不通。紀年亦謂定國命宗堯守此。然又稱或曰卽麻哈州，則大誤矣。按麻哈州隸貴州平越府，三桂之遣馬寶攻此，其主意當非欲勦滅龍氏，乃欲驅走宗堯，以斷滇緬交通之路，則其地非在貴州甚明。予考自滇通緬之路凡二：西出由永昌騰越，而南出卽此路也。三桂傳稱三桂以三月朔至猛卯，是卽西路；而寶以二月攻馬乃，四月克之，則寶其時不與三桂同行，是紀事本末所謂馬乃爲滇緬要道之指南路明矣。明初沐英卽嘗由此路以破緬甸，事具明史卷三百十四麓川平緬節。按之明志麓川有馬龍他郎地，而明史卷三百十三雲南臨安土司節稱黔國公沐大波擒石屏州土目龍在田征叛苗吾必奎著名聲。石屏隸臨安府，馬龍他郎甸，弘治八年改新化州，萬曆後亦屬臨安府。其地既接馬龍，而土官皆爲世襲，雲貴土司且別無姓龍者，則馬乃之龍兆吉兆佐必爲在田之族人無疑；而馬乃，或磨芀或磨乃又當是馬龍之轉呼也。

永曆十五年辛丑六月初五日，瑞昌王薨於緬甸。

行在陽秋云，永曆十五年辛丑六月初五日瑞昌王薨於緬甸州。也是錄卷末亦謂于未亂前以病卒，而皆佚其名。餘書無及之者。予按明史諸王表（卷一百二）寧獻王權孫奠墠於景泰二年封瑞昌王，其四世孫拱栟於正德十五年坐宸濠叛亂死，國除，別無有封瑞昌者；此瑞昌當是國變後所封，其世系待攷。

永曆十五年辛丑六月十日，咒水禍作。

永曆十五年咒水之禍，諸書所系月日，紛岐特甚：徐鼒氏小腆紀年攷曰，行在陽秋求野錄以爲六月十九日事，永曆紀年也是錄以爲七月十九日事，桂王紀略則云七月丁亥事。按曆法是年七月無丁亥日，而六月十九日亦非丁亥，（見卷二十頁十一）故紀年只書七月而不日，以闕疑焉。予按西南紀事南明野史又作七月十八日，徐氏攷異遺之，而求野錄僅作六月，并未系日，徐氏稱其作六月十九日，不知何據；且紀年稍後，既明稱七月十八日緬人邀盟渡河飲咒水，而於此事獨闕其日而系之七月，亦不知其何所據而去取之也。又按陽秋稱緬人邀盟在六月十八日，也是錄謂在七月十八日。其系月雖異，而皆以爲咒水之禍在邀盟之次日。然西南紀事稱邀盟在七月十八日，則即禍作之日。予意緬人既預謀盡害諸人，當不必另俟異日，則紀事所系年月，雖未必是，而此點則較諸書爲長，并足以明諸書所紀尙皆有可疑之處也。今更考諸書皆稱緬酋莽猛白弒兄自立後，遂有咒水之禍。緬酋弒兄之事，諸書或作五月二十三日，（求野錄也是錄）或作五月二十二日，（行在陽秋）雖系日微異，要皆作五月事，惟三藩紀事本末作七月二十三日，以求野錄也是錄證之，七月又當是五月之誤。按緬王旣早受吳三桂送王降清之檄，（見清國史逆臣傳吳三桂傳，檄在順治十七年，即永曆十四年）其弒兄自立，又因其兄不肯早定降清之計；則其篡弒之後，自必將一反其兄之所爲，殺戮明臣，實當然之事，又焉能遲至七月始行之耶？故予以爲事在六月，當無疑問。按曆法是年六月有丁亥，即初十日，桂王紀略所紀，或即指此，當與事實差近。因六月十日距緬酋弒兄之期最近，與當日情勢實甚相合也。惜紀略係月稍誤，是又或爲後人傳抄之僞，而徐氏未能詳核，但謂七月無丁亥，或亦因見明史之作七月，遂書七月而闕其日，謬矣。

咒水之禍松滋王以下四十二人死之。

咒水之禍，爲緬人所戕者，據明史吳貞毓傳有松滋王以下四十二人，（按求野錄所紀最少，僅二十四人，行在陽秋稱三十餘人，小腆紀年稱四十一人，惟也是錄與三藩紀事本末作四十二人，與明史同）也是錄所紀姓氏甚爲碻確，當較可信。小腆紀年稱四十一人，蓋僅稱劉廣寅而遺其弟也。也是錄載劉廣銓兄弟，廣銓與紀年之廣寅音近，行在陽秋三藩紀事本末又有劉廣鐶者，要皆即是一人。廣寅之弟佚名，故紀年失載耳。至紀事本末亦無廣寅之弟，而增一楊公，故亦得四十二人之數。然按陽秋也是錄載四十二人之中，內豎死難佚名者凡五人，曰沈周曹虞楊。（陽秋有曹無楊也是錄有楊無曹）據紀年則沈為沈由龍，楊即楊強益，合楊宗華為二楊；而紀事本末於宗華之外，別有二楊，是誤多一人，此廣寅之弟之所以不與四十二人之列也。又按曹監之名，僅見於陽秋，也是錄無之，蒲纓事跡具見諸書：今紀事本末去纓而入曹，似宜互易，則亦仍得四十二人也。至於紀年所紀之四十一人，亦當去曹而加廣寅之弟與王昇二人，以足四十二人。考王昇之名，見於諸書，也是錄且謂昇與沐天波魏豹王盛隆（按盛隆當從諸書作啟隆或起隆）各擊傷緬兵數人而死，死亦倍慘，是紀年不當遺之也。其餘諸人姓字職銜，諸書所記，或以音訛，或以形差，參合觀之，紀年所載大抵可信，其所亡佚而不可考者僅廣寅（諸書作廣益廣銀未知孰是）之弟與周某虞某三人名耳。惟紀年稱馬雄飛作總兵，與明史吳傳之稱都督者有異，或總兵其原官，而都督其加銜也。又明史稱鄧士廉為吏部侍郎，楊在為禮部侍郎，在官諸書多有紀之者，不知徐氏何以遺之，是又可補其所未及也。

永曆十五年辛丑十一月，清吳三桂遣總兵馬寧追白文選至茶山，文選降。

小腆紀年三藩紀事本末皆稱吳三桂于順治十八年辛丑十一月（即永曆十五年）追白文選至茶山，遣馬寶單騎說文選降。然按蔣氏東華錄（卷八）康熙元年正月吳三桂愛星阿奏報及清國史貳臣傳白文選傳逆臣傳吳三桂傳皆稱遣總兵馬寧等率偏師追文選，（三桂傳中曾兩及寧名）而逆臣傳馬寶傳亦不言其說文選事。則追降文選者，殆為寧而非寶也。予謂紀年紀事本末當因馬寶為右都督充中營總兵官，職與寧同，且因寶前曾與文選同隸孫可望，有同袍之誼，而寶寧二字形復相近，遂誤以寧為寶也。

永曆十五年辛卯十二月初一日，清吳三桂至舊晚坡，桂王貽三書。初三日，桂王如清營。初四日，桂王至清師大營。初九日，清班師，以王還滇。

諸書皆稱吳三桂以永曆十五年辛丑（即順治十八年）十二月初一日至舊晚坡，桂王貽書三桂。（諸書事見行在陽秋小腆紀年）初三日桂王如清營。（求野錄行在陽秋三藩紀事本末小腆紀年皆作初三日，惟也是錄作初二日，按陽秋又紀三桂檄將所云謂三桂以初二日至舊晚坡，王亦以是日三鼓至。初二日三鼓則為初三日矣，可明也是錄之誤）初四日王如清師大營。（陽秋一稱老營）初九日長發還滇。蔣氏東華錄誤以舊晚坡為蘇挽坡，并謂桂王貽書三桂在十二月前，而清軍以十二月初一日至緬城，緬酋莽應時（按諸書作莽猛白未知孰是）執朱由榔獻軍前，其下又續稱殺偽學亭侯王維恭等一百餘人。考維恭已前死于咒水之難，事見諸書，是東華錄所紀皆有誤也。然予按西南紀事亦稱十二月朔緬人請王移蹕，二鼓渡河。而行在陽秋所紀咒水死難諸人，不及維恭，且謂十二月三日緬酋殺華亭侯王維恭，皆與東華錄所記相同，則當日傳聞失異，或有是說，而蔣氏未之深考，遂誤採之也。

永曆十六年壬寅三月十三日，桂王還滇都。

也是錄稱桂王以壬寅（永曆十六年康熙元年）三月十日三還滇都，小腆紀年稱在三月丙戌，（即十三日）蓋即本也是錄也。惟行在陽秋別作正月十三日，日同而月異。今按桂王以永曆十二年戊戌十二月十五日由滇啟行入緬，至翼年五月始達阿瓦，雖中途在井梗多有滯留，然其時車駕播越，追兵在後，其行程必較平時行旅為速；而此次三桂以十二月初九日班師，大軍絡繹，速達為難；且振旅凱旋，何庸兼進？若據陽秋之說，則為期不過四旬，較之前事，十減七八，此理之所必無者。正三二字形近，若非陽秋誤書，當即為後人傳抄致訛也。

永曆十六年辛丑四月，桂王薨，六月李定國卒于交阯境上。

求野錄云，吳三桂縶帝旋滇，諜者以告，李定國聞之辟踊號哭，自表于上帝以祈死，憤懣致病，七日而殁。故求野錄以定國之死系于永曆十六年（即康熙元年壬寅）以前，小腆紀年於此事即據求野錄舊文而整齊之，亦有定國辟踊號哭表于上帝以祈死之語。然改求野錄聞帝被縶一語為聞滇中訃音，故遂謂定國之死在十六年六月，因桂王崩於是年四月故也。（予按桂王之死諸書皆系四月二十五日，惟小腆紀年據紀畧作四月戊午，則十五日也，未知孰是。又按行在陽秋卷末云東昌李君調云緬酋送殺晉曉坡在庚子十二月，而蘇馭賀天息太子過寄則辛丑三月十八日也，君調時在三作營中目擊者，此云壬寅，未知何據云云。此數語當非陽秋作者之辭，不知何人所書，其稱庚子辛丑與諸書之稱辛丑壬寅者，皆移前一歲，當是李氏誤記。至云三月十八日，則未容臆斷其是非矣）今按三藩紀事本末云，定國聞阿瓦消息，遣人入車里邏邏乞兵圖興復，會一營人馬盡死，六月十一日，定國生辰，病作，二十七日乃卒。（行在陽秋又稱定國於七月二十九日卒于景線，雖系月有異，要在王崩之後）則知定國聞桂王被縶，并未即死，且有乞兵之事，桂王既崩之後，猶復力圖興復，終於人馬盡死，匡復無望，始憤懣致疾，因而病死也。求野錄出鄧凱手，凱於桂王被縶之時，相隨還滇，或於定國之事，但憑傳聞而記之，故有此誤也。

小腆紀年於李定國死事附攷云：「紀事本末云，六月二十七日卒于交阯境上，紀略云，卒於猛臘，行在陽秋則云七月二十九日卒于景線」。予按滇國史貳臣傳白文選傳亦稱定國走死猛臘，猛臘景線皆未詳何地，疑即所謂交阯境上。然紀事本末幷無卒于交阯境上之語，徐氏所云，不知何據。惟全謝山鮚埼亭外集卷二十九題也是錄文中，則稱定國死於交阯境上。今考紀年稱帝之舟行入緬時，從官雲散，馬九功入古剌，江國泰入暹邏，暹邏以女爲定國妃，間道通慇懃，謀連兵攻緬，九功亦爲古剌招潰兵三千人，致齊定國相犄角。（按紀年所云蓋本之求野錄，求野錄是段文多脫誤，徐氏爲之整齊之如此，其間或不免有乖違之處，然謂定國求助于古剌暹邏則可信也）三藩紀事本末亦謂定國遣人入車里諸國乞兵。古剌當即大古剌軍民宣慰使司，明史地理志稱其地在孟養西南，濱南海，與暹邏鄰。則定國時當在滇南界外，待援而動，謂其卒于交阯境上，殆可信也。

五季兵禍輯錄

王伊同

目錄

引言

余甫解書，讀歐陽新史，其紀傳論序，輙以嗚呼發端，頗深怪之。比復細繹其書，乃知歐陽公之下筆三歎，蓋未嘗無深意也。夫唐自大寶以降，藩鎮交橫，內而黃門弄事，權作人主，外而四夷猖狂，侵陵中國。及至末世，寇盜蠭起，黃巢以一匹夫，嘯聚至數十萬衆，殘破州郡，官軍脆弱不能制；及李克用以沙陀入討，始得削平，而朱李相爭，頻年不絕，而唐祚亦移矣。自是之後，藩鎮之禍愈熾，京師號令，不能及於四方，各地將帥，擁衆自立，大者連州十餘，小者亦兼三四。兵驕則逐帥，帥彊則叛上，干戈相尋，爭亂靡已。馴至北方則五季疊興，南方則十國並峙。軍役無已，國用不足，則歛之於民。至於松柴不能入城，卵絮概被重稅。民生痛苦，人口散亡。此生民之困苦一也。若夫兵亂，則勝者屠城以示威，殺降以防叛。兵禍相連，干戈不解，人民顛仆，或暴卒於道塗，求生不得，欲死無從。守將或以人肉爲作餕，有司更以人命爲兒戲。重以夷戎道長，契丹肆虐，而民益不堪。此生民之困苦二也。若言刑法，亦苛酷無比；甚者特製刑具，另創極刑，微過而不能獲貸，無罪而難免誅夷。故漢有「靜獄」之名，楚有偶語之禁。此生民之困苦三也。以言官邪，則治國者惟以徒斂爲能，居官者亦貪瀆無厭。民有佳產，則罪而奪之；人有私怨，則誣而殺之。法紀蕩然，官箴掃地，此生民之困苦四也。又是時居官者以苟得爲幸，將帥藉既以酷歛成家，大抵習於奢侈，故吳有「爾仙」，南唐有「肉臺盤」；楚之王室，日進雞五十命，吳越之親倖，每宴數百器。財物有盡，則取償於民，此生民之困苦五也。兵爭不已，諸國多籍民爲兵，因戶抽卒。民有往而無歸，愁苦而無訴，此生民之困苦六也。軍役既興，當國者以馬爲利器，於是民馬悉蒐搜括，名曰抄借，實爲侵奪，此生民之困苦七也。其時錢幣亦甚濫惡，銅貨不足，則以鐵代之，民復盜鑄，與官爭利，於是益爲輕小，而物價增涌，民不聊生，此生民之困苦八也。方是時，諸國相爭，當局不恤民隱，於是災患並興：河決於青冀，蝗聚於江淮；饑殍盈路，人民愁苦，或旱或水，交相爲患，此生民之困苦九也。夫歷代相爭，多聚於關中，南北相拒，亦各爲一統之朝。然五代則朱梁吞併於沙陀，晉漢乞憐於契丹。國基未固，遑論政事。南方則十國並峙，各據一隅，但求苛歛；即南唐南蜀，號爲小康，而其政務，正無可觀。民生痛苦，國事蜩螗，彌有甚焉。此正歐陽公之所以執筆而長嘆息也。今即此九端，以新史爲本，參以他書，分條輯錄，顏曰五季兵禍輯錄。以諸國相次，先以五代，繼以十國。（次序依吳任臣十國春秋）區區微意，蓋欲與後世相較，使知禍亂之發，雖今古相隔，而斯民所離屠毒，乃有相同者焉，亦庶幾可以為鑒戒矣。唯以時間迫促，未能詳論終始，糾繆刪補，是所望於大雅君子。（本篇所錄，悉遵原書，其間有小異者，則以行文之際，不得不然，讀者諒之）。

一　聚斂

天下雲擾，干戈相尋；十國並峙，征戰靡已。國用不足，則苛捐雜斂，一時並興。正賦之外，有商筭，人丁稅，房租。並有鹽鐵牛皮之榷禁。人民搖手而觸法，就戮者相望焉。今雜志之，曰聚斂。

甲　賦稅

五代之際，民苦於兵，往往因親疾以割股，或既喪而割乳廬墓，以規免州縣賦稅。戶部歲給蠲符，不可勝數，而課州縣出紙，號為蠲紙。（五代史，卷五十六，何澤傳）

唐莊宗同光三年，秋，京師賦調不充，乃預借明年夏秋租稅，百姓愁苦，號泣於路。（五代史，十四，唐莊宗劉后傳）四年，以軍食不足，勅河南尹豫借夏秋稅，民不聊生。（文獻通考，卷三，田賦考）。孔謙更制括田竿尺，盡率州使公廨錢，由是天下皆怨苦之。（五代史，二十六，孔謙傳。）明宗長興二年，十二月，甲寅朔，除鐵禁，初稅農具錢，每畝一文五分。（通考三，田賦考。又，五代史，五，唐明宗紀。）

漢隱帝時，三司使王章聚斂刻急。舊制：田稅每斛更輸二斗，謂之「雀鼠耗」。章始令更輸二斗，謂之「省耗」。舊錢出入，皆以八十為陌，章始令入者八十，出者七十七，謂之「省陌」。（通考，四，田賦考。）劉銖請增民租，畝出錢三十，以為公用，民不堪之。（五代史，三十，劉銖傳。）

周太祖廣順二年，勅約每歲民間所收牛皮三分減二，計四十頃，稅取一皮，餘聽民自用及買賣，惟禁賣於鄰國。先是：兵興以來，禁民私賣牛皮，悉令輸國受直。唐明宗之世，有司止償以鹽。天福中，幷鹽不給。漢法，犯牛皮一寸者抵死。然民間日用實不可無。帝素知其弊，至是李穀建議，均於田畝，公私便之。（通考，四，田賦考。）世宗顯德三年，八月，乙丑，課民種禾及韭。（五代史，十二，周世宗紀。）

吳睿帝順義二年，命官與版簿，定租稅：厥田上上者，每頃稅錢二貫一百文，中田一頃，稅錢一貫八百文，下田一頃，稅錢一貫五百文，皆輸足陌見錢。若見錢不足，許依市價，折以金銀。幷計丁口課調，亦科錢以爲率。（十國春秋，卷三，吳睿帝本紀）汪台符常請括定田賦，每正苗一斛，別輸三斗，官授鹽一斤，謂之鹽米，入倉則有䴸米。太和末，徐知誥使民入米請鹽，即其法也。（仝上，十，吳汪台符傳。）

南唐烈祖昇元初，括定民賦。每正苗一斛，別輸三斗於官廩，授鹽二斤，謂之鹽米。中興初，淮甸鹽場，皆入於周，遂不支鹽，而輸米如初，以爲定式。（十國春秋，十六，南唐元帝本紀）。南唐夏賦準貢見緡，人民苦之。（馬氏南唐書，卷二十二，潘元清傳）。

前蜀王建未建國，唐昭宗天復中，兩川賦重，人多囂嘩不敢發。（十國春秋，四十，前蜀馮涓傳）

吳越當五代時，以一隅捍四方，費用無藝，其田賦市租，山林川澤之稅，悉加故額數倍。（十國春秋，八十七，吳越江景防傳）

閩惠帝天成三年，十二月，王弓抾田土，第爲三等：膏腴上等以給僧道，其次以給士著，又其次以給流寓。科取之法，大率倣唐兩稅，而加重焉。（十國春秋，九十一，閩惠宗本紀）楊思恭嘗爲僕射，錄國事，增山澤隴畝之稅，魚鹽蔬果，皆倍其算，道路側目，號「楊剝皮」。（九國志，卷十，閩楊思恭傳）。

北漢世祖乾祐四年頃，內供軍國，外奉契丹，賦役繁重，民不聊生，逃入周境者甚衆。（十國春秋，一百〇四，北漢世祖本紀）。

乙　征算

後唐莊宗時，孔謙嘗請郛塞天下山谷征路，禁止行人，以收商旅征算。（五代史，二十六，孔謙傳）

吳睿宗順義二年，計丁口課調，亦科錢以爲率。（十國春秋，三，吳睿帝本紀）

南唐烈祖昇元初，又貨鬻有征稅，舟行有力勝，皆用汪台符之言。（十國春秋，十，吳汪台符傳）時案籍編括，關司斂率尤繁，商人苦之。屬近甸亢旱，一日宴於北苑，烈祖謂侍臣曰：「畿甸雨，都城不雨，何也？得非獄市之間，違天意歟」？申漸高乘諧進曰：「雨懼抽稅，不敢入京」。烈祖大笑，即下令除一切額外稅。（馬氏南唐書，二十五，申漸高傳）

後蜀高祖天成三年，春，三月，屢與董璋爭鹽利，璋誘商旅，販東川鹽入西川。帝患之，乃於漢川置三場，重征之。歲得錢七萬緡。商旅由是不復之東川。（十國春秋，四十八，後蜀高祖本紀）

楚武穆王乾德二年，始取永道郴諸州民丁錢，絹、米、

麥。（十國春秋，六十七，楚武穆王世家）

閩康宗通文二年，六月，詔民有隱年者杖背，隱口者死，逃亡者族。（十國春秋，九十一，閩康宗本紀）三年，是時諸州各計口算錢，謂之身丁錢。民年十六至六十免放。後漳泉二州，折米五斗。凡江湖陂塘皆有賦。（仝上）國計使陳匡範增算商之法以獻。已而歲入不登其數，乃借於民以足之。（五代史，六十八，閩世家王延羲）景宗永隆三年六月，加國計使陳匡範禮部侍郎。匡範增商算之法，請日進萬金，因有是命。（十國春秋，九十二，閩景宗本紀）

丙　禁榷

唐末岐王李茂貞以地狹賦薄，下令榷油，（一作酒）因禁城門，無內松薪，以其可爲炬也。有優者誚之曰：「臣請並禁月明」。茂貞笑而不怒。（五代史，四十，李茂貞傳）

唐明宗即位，孔循留守東都，民有犯麴者，循族其家，明宗知其冤。（五代史，四十三，孔循傳）天成三年，勑三京鄴諸道州府鄉村人戶，自今年七月後，於夏秋田苗上，每畝納麴錢五文足陌，一任百姓造麴醞酒供家。其錢隨夏秋徵納，並不折色。其京師及諸道州府縣鎮坊界及關城草市內，應逐年買官麴酒戶，便許自造麴醞酒。（通考，十七，榷酤。）

唐晉之間，慕容彥超歷磁單濮棣四州，坐濮州造麴受賕，法當死。（五代史，五十三，慕容彥超傳）

周太祖廣順二年，九月十八日，勅條流禁私鹽麴法如後：一，諸色犯鹽麴，所犯一斤已下至一兩，杖八十，配役。五斤已下，一斤已上，徒三年，配役。五斤已上，並決重杖，一頓處死。（五代會要，卷二十七，鹽鐵雜條下）刮鹻煎煉私鹽，所犯一斤以上，斷死；以下，科斷有差。（通考，十五，征榷考二）

漢隱帝時，王章爲相，民有犯鹽礬酒麴者，無多少皆抵死，吏緣爲姦，民莫堪命。（五代史，三十，王章傳）

後蜀後主廣政十一年，命民間納麴錢，納後聽其釀酒。（十國春秋，四十九，後蜀後主本紀）時新收征稅，多爲主吏乾沒，張業作盜稅法，犯者十倍征之，吏民不堪其命。（九國志，七，後蜀張業傳）十八年，募兵既多，用度不足，始鑄鐵錢，榷境內鐵器，以專其利。（十國春秋，四十九，後蜀後主本紀）

吳越忠懿王廣順二年，國內禁酒。（十國春秋，八十一，吳越忠懿王世家）

丁　雜歛

唐廢帝清泰元年，夏四月，丁丑，借民房課五月以賞軍

（五代史，七，唐廢帝紀）

晉高祖天福六年二月，戊申，停買宴錢。（五代史，八，晉高祖本紀）

漢高祖天福（十二年，三月，丙戌，朔，蠲河東雜稅。（五代史，十，漢高祖本紀）

南唐李主，國用不足，民間鵝生雙子，柳條結絮，皆稅之。（十國春秋，十七，南唐後主本紀注引邵諤見聞錄）周唐交兵，袁州刺史劉茂忠度不能獨奮，遂降周。將行，悉燔州縣軍興科斂文籍，所留田賦簿而已，袁人德之。（仝上，二十七，南唐中層令壁傳）

前蜀王建未建國，唐昭宗乾寧二年，春，三月，創徵雜稅。綾一疋一百文，絹一疋七十文，布一疋四十文，豬每頭一百文。（十國春秋，三十五，前蜀高祖本紀）

閩康宗時，凡江湖陂塘皆有稅。（十國春秋，九十一，閩康宗本紀）

戊 暴致

唐僖宗乾符以後，天下喪亂，國用愈空，始置租庸使。用兵無常，隨時調斂，兵罷則止。（五代史，二十六，張延朗傳）

梁太祖用兵四方，朱友文征賦聚斂，以供軍費。（五代史，十三，梁博王友文傳）

唐孔謙頗知金穀聚斂之事。晉與梁相拒河上十餘年，大小百餘戰，調發供饋，未嘗缺乏。（五代史，二十六，孔謙傳。）初，莊宗之發鳳翔也，許軍士以入洛，人賞錢百緡。既至，閱府庫實金帛，不過三萬匹兩，而賞軍之費，應用五十萬緡。乃率京城民財，數日，僅得數萬緡。執政請據屋爲率，無問士庶自居及僦者，預借五月僦直。百方斂民財，僅得六萬。帝怒，下軍巡使獄，晝夜督責，囚繫滿獄，貧者至自經死，而軍士遊市肆，皆有騷色。時竭左藏舊物，及諸道貢獻，乃至太后太妃器物簪珥皆出之，纔及二十萬緡。（通考，二十三，國用考）

晉出帝天福八年，六月，辛未，括借民粟，殺藏粟者。八月，辛亥，檢民青苗。（五代史，九，晉出帝本紀）開運元年，夏四月，辛酉，率借民財。（仝上）

漢高祖天福十二年，晉州將藥其儔殺其「括錢使」諫議大夫趙熙。（五代史十，晉出帝本紀）

周太祖用兵西方，王章供饋軍旅，未嘗乏絕。（五代史，三十，王章傳）

南唐元宗保大十年，楚地新定，其府庫空虛。宰相馮延已以克楚爲功，不欲取費於國，乃重斂其民以給軍。（五代史，六十二，南唐世家李景）

前蜀王建未建國，陳敬瑄以唐昭宗大順二年，置「徵督院」，括富民財以供軍，過以桎梏棰楚，民不聊生。（十國春秋，三十五，前蜀高祖本紀上）

後蜀孟知祥未建國，魏王及郭崇韜率蜀中富民輸犒賞錢五百萬緡，聽以金銀繒帛充納，晝夜督責，至有自殺者。給軍之餘，猶二百萬緡。（十國春秋，四十八，後蜀高祖本紀）張業以酷法厚斂蜀人，蜀人大怨。（五代史，六十四，後蜀世家孟昶）

楚文昭王營建征討無虛日，徵諸州梗柟皮鎧，動至千萬計。（十國春秋，七十三，楚石文德傳）

吳越錢氏兼有兩浙幾百年，其人比諸國號為怯弱，而俗喜淫侈，偷生工巧。自鏐世，常重斂其民，以事奢僭。下至雞魚卵殼，必家至而日取。每笞一人以責其負，則諸案吏各持其簿列於廷，凡一簿所負，唱其多少，量為笞數，已則以次唱而笞之。少者猶積數十，多者至笞百餘，人尤不堪其苦。（五代史，六十七，吳越世家錢鏐）

閩薛文傑為國計使，多伺民間陰事，致富人罪，而籍其貲以佐用。（十國春秋，九十八，閩薛文傑傳）

荊南末年，年穀雖登，而民困於暴斂。（十國春秋，一百一，荊南侍中繼沖世家）

二　兵亂

五季前後五十三年，軍興無寧歲，人民不得其死者眾矣。兵革亂離之象，今悉志之，曰兵亂。

唐末黃巢亂天下，勢甚盛；悉其衆圍趙犨，置「舂磨寨」，糜人之肉以為食。陳人大恐。（五代史，四十二，趙犨傳）時秦宗權破黃巢軍於汝城，遂為節度使。滿目荊榛，強名曰瀋府，粒食價踰金璧，通衢有飯肆，偶開榜諸門曰：「貨剝皮丹，每服只賣三千服」；以婉言也。（清異錄，卷下，葉五十五）自唐末幽薊割據，戍兵廢散，契丹因得出陷平營，而幽薊之人，歲苦寇鈔。自涿州至幽州百里，人跡斷絕。（五代史，七十二，契丹傳）

梁攻定州，張存敬與王處直戰懷德驛，大敗之，枕屍十餘里。（五代史，二十一，張存敬傳）劉仁恭走，梁軍追擊之，自魏至長河，橫尸數百里。梁軍自是連歲攻之。（五代史，三十九，劉守光傳）劉守光圍城百餘日，城中食盡，米斛直錢三萬，人相殺而食；或食墐土。馬相食其騣尾。呂兗等率城中饑民，食以麴，號「宰殺務」；日殺以餉軍。久之延祚（劉守文子）力窮，遂降。（仝上）河南遭黃巢孫儒兵火之後，城邑殘破，戶不滿百。（仝上，四十五，張全義傳）是時所在殘破，獨滄州戶二萬。（仝上，四十三，王敬蕘傳）梁太祖以兵至河中，遣寇彥卿奉表迫請遷都，彥卿因悉驅徙長安居人，皆拆屋爲栰，浮渭而下，道路號哭，仰天大罵曰：「國賊崔胤朱溫，使我至此」。（仝上，二十一，寇彥卿傳）及梁晉兵爭山東，群盜充斥，道路行者，必以兵衞。（仝上，四十七，李周傳）孟方立以邢洺磁三州自爲昭義軍，晉數遣李存孝等出兵以窺山東，三州之人，俘掠殆盡，赤地數千里，無復耕桑者累年。方立以孤城自守，求救於梁。（仝上，四十二，孟方立傳）李罕之留其子頎事晉，乃之澤州，日以兵鈔懷孟間，啖人爲食。居民屯聚摩雲山，罕之攻殺之，立柵其上，時人號曰「李摩雲」。（仝上，四十二，李罕之傳）昭宗天復二年，岐兵屢敗而圍久，城中食盡，自天子至後宮，皆凍餒。（仝上，一，梁太祖本紀）岐人追梁軍，梁兵隨馬坑後以進，殺其九千餘人。（仝上，六十九，南平世家高季興）梁軍圍城逾年，李茂貞每戰輒敗，閉壁不敢出。城中薪食俱盡，自冬涉春，雨雪不止，民凍餓死者，日以千數，米斗直錢七千，至燒人屎煮尸而食。父自食其子，人有爭其肉者，曰：「此吾子也，汝安得而食之」！人肉斤直錢百，狗肉斤直錢五百。父甘食其子，而人肉賤於狗。天子于宮中，設小磨，遣宮人自屑豆麥以供御用，自後宮諸王十六宅，凍餒而死者，日三四。（仝上，四十，李茂貞傳）李彥威等弒唐昭宗，諸王宗屬數百人，皆遇害，而同爲一坑。（仝上，四十三，李彥威傳）後唐莊宗攻梁，梁陣地動不可復整，乃皆走，遂大敗；自鄆追至於柏鄉，橫尸數十里。（五代史，二十五，周德威傳）

唐僖宗中和元年，以詔書召李克用於達靼，承制，以爲代州刺史、鴈門以北、行營節度使。率蕃漢萬人，出石嶺關，過太原，求發軍餞。節度使鄭從讜與之錢千緡，米千石。克用怒，縱兵大掠而還。（五代史，四，唐莊宗紀）三年，三月，克用軍敗黃巢將趙璋尚讓於良田坡，橫屍三十里。（仝上）昭宗大順元年十一月，克用兵大掠晉絳，至于河中，赤地千里。（仝上）天祐八年，正月，莊宗敗梁軍於柏鄉，斬首二萬級。（仝上，五，唐莊宗紀）後唐莊宗同光三年，大雪，軍士寒凍，金槍衞兵萬騎，所至責民供給，壞什器，徹廬舍而焚之，縣吏畏恐，亡竄山谷。（仝上，十四，唐莊宗劉后傳）莊宗召郭崇韜問計。崇韜對曰：「陛下興兵仗義，將士疲戰爭，生民苦轉餉者，十餘年矣」。（仝上，二十四，郭崇韜傳）定州王都反，唐以王晏球爲招討使。都軍大敗，自曲陽至定州，橫尸棄甲，六十餘里。（仝上，四十六，王晏球傳）明宗以後，寺關土橋之間，氐羌剽掠道路，商旅行必以兵。（仝上，四十九、爲暉傳）皇甫暉擁甲士數百騎，大掠魏城。至一民家，問其姓，曰：「姓劉」。暉曰：「吾當破劉」，遂盡殺之。又至一家，問其姓，曰：「姓萬」。暉曰，「吾殺萬家足矣」，又盡殺之。（仝上，四十九，皇甫暉傳）盧文進既奔契丹，數引之攻掠幽薊，虜其人民。同光中，契丹數以輕騎出入塞上，攻掠幽趙，人無寧歲。唐兵屯涿州，歲時餽運，自瓦橋關至幽州，嚴斥堠，常苦抄奪，爲唐患者十餘年。（馬氏南唐書，十二，盧文進傳）房知溫仕唐，嘗躍馬登舟，渡河，入西寨，以騎軍盡殺亂者。明宗下詔，悉誅其家屬，凡九指揮，三千餘家，數萬口，驅至漳水上殺之；漳水爲之變色。魏之驕兵，於是而盡。（仝上，四十六，房知溫傳）

晉高祖天福初，楊光遠以不得志，大怨望。陰以寶貨奉厥丹，詐已爲晉疎斥，所養部曲千人，撓法犯禁，河洛之間，苦於寇盜。（五代史，五十一，楊光遠傳）初，光遠嘗佐張敬達爲太原四面招討副使，爲厥丹所敗，退守晉安寨。契丹圍之數月，人馬食盡，殺馬而食；馬盡，乃殺敬達出降。（仝上）出帝開運二年，正月，契丹主耶律德光復傾國入寇。南掠邢洺磁，至於安陽河，千里之內，焚剽殆盡。（仝上，七十二，契丹傳）李守貞杜重威爲將，皆無節制，行營所至，居民豢圉一空，至於草木皆盡。嘗攻下棗州，破滿城，殺二千餘人。（仝上，五十二，李守貞傳）契丹連歲入寇，重威閉城自守，屬州城邑，多所屠戮，胡騎驅其人民千萬，過其城下，重威登城望之，未嘗出救。（仝上，五十二，杜重威傳）重威食貪，所斂面食，民多逾城出降，皆無人色。（仝上）時張彥澤爲將，縱軍士大掠京師。（仝上，五十二，張彥澤傳）契丹既滅晉，遣其部族酋豪及其通事爲諸州鎮刺史節度使，括借天下錢帛以賞軍。胡兵人馬，不給糧草，日遣數千騎，分出四野，劫掠人民，號爲「打草穀」；東西二三千里之間，民被其毒，遠近怨嗟。（仝上，七十二，契丹傳）時相州梁暉，殺契丹守將，閉城距守。德光（契丹主）引兵攻破之，城中男子無少長皆屠之，婦女悉驅以北。（仝上）契丹兀欲時，麻答入寇，尤酷虐。多略中國人，剝面抉目，拔髮斷腕而殺之。出入常以鉗鑿挑割之具自隨，寢處前後，掛人肝脛手足，言笑自若。鎮定之人，不勝其毒。（仝上，七十三，契丹傳）

周師以廣順三年（按原作北漢乾祐六年。據十國春秋，百〇九，各國紀年表，是年卽爲周廣順三年。）入北漢境，百姓爭言我國賦役過重，願供軍須，助攻太原；周主始有兼幷之意。既而周師軍數十萬，剽掠不已，百姓失望，更保聚山谷。（十國春秋，一百四，北漢世祖本紀）

吳楊行密以唐僖宗乾符中起事。初，行密將行，過軍吏舍，軍吏陽爲好言，問行密何所欲。密奮然曰：「但少公頭其一一即斬其首，攜之而出。因起兵爲亂。（五代史，六十一，吳世家楊行密）光啟二年，行密統諸軍，合萬五千人，入揚州。是時道民裁數百家，饑羸非復人狀。（十國春秋，一，吳太祖世家）時城中倉廩空虛，饑民相殺而食。其夫婦父子，自相牽就屠賣之。屠者刲剔如羊豕。（五代史，六十一，吳世家楊行密）同年十一月，丙戌，孫儒屠高郵。（十國春秋，一，吳太祖世家）戊子，高郵殘卒七百人，潰圍來奔。行密慮其變也，一夕分隸諸將，盡阬之。（仝上）閏月，巳酉，因犒軍，伏軍，擒高霸余繞山丁從實殺之，併掩殺其黨於寺，死者數千人。是日大雪，寺外地數里皆赤。（仝上）昭宗龍紀元年，夏六月，宣州城食盡，人相啗。（仝上）景福元年，取楚州。孫儒自逐行密入廣陵，久之，亦不能守；乃焚其城，殺民老疾以餉軍。驅其衆渡江，號五十萬以攻行密。（五代史，六十一，吳世家楊行密）乾寧二年，是時連歲交兵，兗州四郊無耕織。（九國志，二，吳朱瑾傳）四年，十一月，汴軍大敗，凡四日不食，會大雪，汴卒緣道餓死，還者不盈千人。（十國春秋，一，吳太祖世家）睿帝太和二年，[illegible]月，巳亥，海州都指揮使王傳拯 ，焚掠城郭，帥其衆五千出奔。（仝上，三，吳睿帝本紀）時四郊多壘，井邑蕭然。（十[illegible]秋、五，吳劉威傳）危全諷嘗奉命爲撫州刺史，而郡署及郛 焚蕩略盡。（九國志，二，吳危全諷傳）

南唐元宗保大二年，諸將下建州，兵無節制，剽掠旨衆，閩人失望。（馬氏南唐書，三，嗣主書）閩之亂，士民幾殲焉。（陸氏南唐書，傳九，陳誨傳）十四年，天長制置使耿謙以城降於周，遣閣苑使尹廷範護遷讓皇之族于潤州，廷範殺其男子六十餘。（仝上，紀二，元帝本紀）十五年，帝知東都必不守，遣使焚其官私廬舍，徙其民於江南。周師入揚州。（仝上）十五年，三月，周主抵壽州城下，與戰不勝，喪士卒殆四萬人。（十國春秋，卷十六，南唐元宗本紀）十六年，周師攻楚州，守將張彥能鄭昭業城守益堅。城壞，彥能昭業戰死，周人屠其城而戍之。（馬氏南唐書，四，嗣主書）周世宗親攻滁州城，焚戰艦數百艘，殺二千人，進攻羊馬城，又殺數百人。（十國春秋，三十，南唐郭廷渭傳）初，周侵淮南，命武安節度使王逵領所部州師入江南境。逵奉周詔行，且遣部將潘叔嗣爲先鋒，取鄂州長山寨 ，殺三千人。（仝上，二十二，南唐何敬洙傳）周師之出也，畝無棲糧，廩無留藏，卷地以往，視人如土芥，墳墓圮毀，老幼係縲，墟落之地，齒腐骨填，里鼓聲絕響，殆無炊煙。於是自邗溝以北，皆羣聚而成團，糊紙以爲甲，壞鋤耰以爲器，因廢壘以爲固，官軍與之對，則往往折北。（釣磯立談，葉十）劉彥貞大敗於周師，沒於陣，伏尸三十餘里，亡戈甲三十萬。（陸氏南唐書，傳十，劉仁贍傳）時復與吳越交兵，元帝使龍武都虞侯柴克宏，右衛將軍陸孟俊救常州。克宏馳至常州，大破吳越兵，斬首萬級。（仝上，傳十三，元宗長子弘冀傳）吳越兵至岸，鼓噪奮躍，與城中夾擊我而前。馮延魯敗走，諸軍遂大潰，死者萬計，委軍實、戎器數十萬，國帑為之虛耗。（陸氏南唐書，傳八，馮延魯傳）南唐有昇元寺，閣高可十丈，士大夫暨豪民富商之家，美女少婦，避難於其上，迨數百人。吳越兵舉火焚之，哭聲動天。（十國春秋，十七，南唐後主本紀）南唐末，宋右補闕張洎被命知江州，與曹翰偕行，既入城，翰軍士掠民家，民訴于洎，洎按法誅軍士。翰因發怒屠城，死者數萬人，取屍投江流及井坎皆滿。（十國春秋，二十七，南唐胡則保傳）初，宋既代周，揚州節度使李重進叛，伏誅。宋捕重進叛卒，日戮數十人。（陸氏南唐書，傳八，馮延魯傳）

前蜀王建當唐昭宗大順三年，三月，庚子，陰令東川將唐友通等，擒韋昭度親吏駱保脊頭保祿於軍門，臠而食之。入白曰：「軍士饑，須此為食耳」！（十國春秋，三十五，前蜀高祖本紀。按五代史，此事在僖宗文德元年）。高祖永平四年，十一月，長和驃信鄭仁旻入寇黎州。十二月，破其武侯嶺十三寨。辛巳，又敗之於大渡河，俘斬數萬級。興州刺史兼北路制置指揮使王宗鐸攻岐階州及固鎮，破細砂等十一寨，斬首四千級。指揮使王宗儼破岐長等關四寨，斬首二千級。（仝上）方高祖之入西川，圍彭川也，時諸寨日出俘掠，謂之「淘虜」。王先成心切閔之，度諸將惟北寨王宗侃最賢，乃叩門說之，略曰：「今軍至累日，未聞招安之命，軍士復從而奪其貲財，驅其畜產，分其老弱婦女以為奴婢，使父子兄弟流離愁怨；其在山中者，暴露於暑雨，殘傷於蛇虎，孤危饑渴，無所歸訴。」（十國春秋，四十二，前蜀王先成傳）

後蜀末年，宋師入境，而其主帥王全斌不恤軍務，晝夜酣飲，且部曲漁奪無厭，蜀人不堪其苦。（十國春秋，五十五，後蜀全師雄傳）所在盜起，彝人張忠樂殺曹光實族三百口，又發塚墓。（仝上，五十五，後蜀曹光實傳）

南漢中宗乾和十年，十二月，湖南王逵將兵及洞蠻五萬寇郴州，內侍省丞潘崇徹帥師往救，遇於蠔石，縱擊大破之，伏尸八十里。（十國春秋，五十九，南漢中宗本紀）

楚馬殷以唐昭宗天復三年，假救杜洪之名，遣許德勳將舟師，同澧朗兵承虛襲江陵。庚戌，陷之，大掠而回。（十國春秋，六十七，楚武穆王世家）武穆王時，彭玕舍洪州，退保朱川，盡徙百姓戶口千餘家，奔郴衡。王拜玕郴州刺史。（仝上，七十三，楚彭玕傳）劉士政至境上，陳可璠閉關不內。武穆王怒，令李瓊與秦彥暉將兵七千攻之。會可璠掠縣民耕牛以犒軍，縣民怨甚，願爲前鋒；璟因勒兵進擊，鹵可璠及其將士三千人，悉阬之。(仝上，七十二，楚李瓊傳)廢帝乾祐三年，遣指揮使朱進忠等急攻益陽。進忠知城中無主，急擊之，士卒九千餘人皆死。(仝上，七十九，楚廢王世家)

吳越錢鏐當唐昭宗乾寧五年，春，正月，命師救蘇州，生擒淮南將李近思，斬首一千餘級。(十國春秋，七十七，吳越武肅王世家上)天寶六年，(原作乾化三年，據十國春秋各國紀年表，梁乾化三年，即吳越是年)六月，己卯，宣州廣德縣城陷，守湖州刺史錢元璙手刃二百餘人，藉葉而行。(吳越備史，卷二，文穆王)十二年，夏四月，大戰吳人於狼山，鹵獲無算。自江及岸，數千里皆殷焉。(十國春秋，七十八，吳越武肅王世家下)

閩景宗永隆二年，三月，戊辰，潘師逵分兵三千，遣都軍使蔡宏裔將之出戰。王延政遣其將林漢徹敗我兵於茶山，斬首千餘級。(十國春秋，九十二，閩景宗本紀)時國內多難，民不聊生。(仝上，九十九，閩建州僧傳)初，陳后與惠宗葬蓮花山，後南唐師敗李仁達於古城，亂兵發諸陵，劉取寶玉。(仝上，九十四，閩康宗元妃傳)

荊南武信王當梁太祖開平二年，加同中書門下平章事。荊南節度十州，當唐之末，爲諸道所侵，王始至，江陵一城而已，兵火之後，井邑凋零。(五代史，六十九，南平世家高季興)王築江陵城壘，郊外五十里墳冢，皆令發掘，取磚以甃之。(三楚新錄，葉十二)畢工之後，數聞鬼泣，及見燐火焉。(十國春秋，一百，荊南武信王世家)四年，夏六月，楚將入寇，武信王擊破於油口，斬首五千級，逐北至白田而還。(仝上)乾化四年，興兵攻蜀，我兵大敗，俘斬五千級。(仝上)荊南前遭孫儒之亂，斗米四十千錢，持金寶換易，纔得一合一撮，謂之「通腸米」。(仝上，一一五，拾遺，荊南)

北漢睿宗天會三年，五月，庚戌，周李重進將兵出土門入寇。己巳，敗我兵於百井，斬首二千餘級。(十國春秋，一〇五，北漢睿宗本紀)英武帝天會十二年，宋李繼勳等聞契丹兵來，皆引去，我兵因大掠晉絳二州。(仝上，英武帝本紀)廣運六年，宋師縱火焚太原廬舍，老幼趨城門不及，焚死者甚衆。(仝上)

三　刑殺

中唐以降，藩鎮之亂，大抵雄據一隅，威福自用，刑罰暴酷，至末世而尤甚。人民病於苛賦，苦於兵革，其幸存者，則又死於嚴酷之刑。民生痛苦，至斯而極。志刑殺。

唐末劉仁恭父子據幽薊，守光(即仁恭子也)破滄州，收呂兗黨親屬，盡戮之。（十國春秋，一〇八，北漢趙宏傳）孔鶴進骨諫守光，守光怒，推之伏鑕，令軍士剮而啖之，又命窒其口而醢之。（五代史，三十九，劉守光傳）守光驕僭益甚，嘗爲鐵籠鐵刷，人有過者，坐之籠中，外燎以火，或刷剔其皮膚以死，燕之士多逃禍於他境。（仝上）

梁太祖剛暴多殺戮，后每諫之，多賴以全活。（五代史，十三，梁太祖張后傳。又，梁太祖母傳）太祖在軍中，一日大風，揚沙蔽天，太祖曰：「天怒我殺人少邪」？即盡殺降卒三千人。（仝上，二十三，梁賀瓌傳）張令義嘗在黃巢賊中，聞人言賊，以爲譏已，大怒，奏笞殺監軍者，天下寃之。（仝上，四十五，張全義傳）全義聽訟，以先訴者爲直，民頗以爲苦。（仝上）

唐太祖性暴怒，多殺人，左右無敢言者；惟曹氏從容諫諍，往往見聽。（五代史，十四，唐太祖正室劉氏傳）魏王破蜀，王衍朝京師。行至秦川，而明宗軍變於魏。莊宗東征，慮衍有變，遣人馳詔魏王殺之。詔書已印畫，而張居翰發視之。詔書言誅衍一行，居翰以謂殺降不祥，乃以詔傳柱，揩去行字，改爲一家。時蜀降人，與衍俱東者千餘人，皆獲免。（仝上，三十八，張居翰傳）姚洪將千人戍閬州，董璋反，攻破閬州，執洪。璋然鑊於前，令壯士十人，刲其肉而食。（仝上，三十三，姚洪傳）王建立好殺人，其晚節始惑浮圖法，戒殺生，所至人稍安之。（仝上，四十六，王建立傳）莊宗令夏魯奇族朱友謙家屬於河中，魯奇至其家，友謙妻張氏，率其宗族二百餘口，見魯奇曰：「朱氏宗族，當死，願無濫及平人」。乃別其婢僕百人，以其族百口就刑。（仝上，四十五，朱友謙傳）康延孝部下皆朱友謙舊將，知友謙被族，皆號泣訴於軍門曰：「朱公無罪，二百口被誅，舊將往往從死，我等死必矣」。（仝上，四十四，康延孝傳）莊宗皇太后崩，築坤陵，陵在壽安，莊宗幸陵作所，而道路泥塗，橋壞。莊宗止與問誰主者。宦官曰：「屬河南」，因亟召羅貫。貫至，即下之獄，獄吏拷掠，體無完膚，明日傳詔殺之。（仝上，二十四，郭崇韜傳）明宗爲人雖寬厚，然其性夷狄，果於殺人。（仝上，二十四，安重誨傳）時皇甫遇所至苛暴，以誅斂爲務，賓佐多解官逃去，以避其禍。（仝上，四十七，皇甫遇傳）萇從簡好食人肉，所至多潛捕民間小兒以食。（仝上，四十七，萇從簡傳）

晉張彥澤爲將，軍士逕獲罪人，彥澤醉不能問，瞋目視之，出三手指，軍士即驅出斷其頸腰。（五代史，五十二，張彥澤傳）

漢高祖時，天下多盜，蘇逢吉自草詔書，下州縣，凡盜所居本家及鄰保，皆族誅。於是鄆州捕賊使者張令柔盡殺平陰縣十七村民數百人。衛州刺史葉仁魯聞部有盜，自帥兵捕之。時村民十數共逐盜入于山中，盜皆散走，仁魯從後至，見民捕盜者，以爲賊，悉擒之。斷其脚筋，暴之山麓；宛轉號呼，累日而死。聞者不勝其冤，而逢吉以仁魯爲能。由是天下因盜殺人滋濫。（仝上，三十，蘇逢吉傳）逢吉爲人貪詐無行，喜爲殺戮。高祖嘗以生日遣逢吉理獄囚以祈福，謂之「靜獄」。逢吉入獄中，閱囚無輕重曲直，悉殺之，以報曰：「獄靜矣」！（仝上）逢吉嘗誘人告李崧與弟嶼𡸫等，下獄，欵自誣服，與家僮二十人，謀因高祖山陵爲亂。獄中上書，逢吉改二十人爲五十人，遂族崧家。（仝上）漢法素嚴，楊邠史弘肇多濫刑法。（五代史，五十七，李崧傳）弘肇尤殘忍，寵任孔目官解暉，凡入軍獄者，使之隨意鍛鍊，無不自誣。及三叛連兵，民間震動驚訛，弘肇掌部禁兵，巡邏京城，得罪人，不問情輕重，於法如何，皆專殺不請。或決口、斷舌、斮筋、折脛、無虛日。雖姦盜屏息，而冤死者甚衆。（通考，一六六，刑考五）弘肇爲將，嚴毅寡言。麾下嘗少忤意，立撾殺之，軍中爲之股慄。（五代史，三十，史弘肇傳）是時太白晝見，民有仰觀者，輙腰斬於市。市有醉者，忤一軍卒，軍卒誣其訛言，坐棄市。凡民抵罪，吏以白弘肇，弘肇但以三指示之，吏即腰斬之。又爲斷舌、決口、斮筋、折足之刑。（仝上）劉銖當政，用法深刻。民有過者，問其年幾何，對曰若干，即隨其數杖之，謂之「隨年杖」。每杖一人，必兩杖俱下，謂之「合歡杖」。（五代史，三十，劉銖傳）是時民有犯鹽、礬、酒、麴者，無多少皆抵死。吏緣爲姦，民莫堪命。（仝上，三十，王章傳）

周世宗時，南唐孫晟爲世宗所留，辭意不屈。世宗怒，亟召侍衛軍虞候韓通收晟下獄，及其從者二百餘人，皆殺之。（馬氏南唐書，十六，孫晟傳。按陸氏南唐書傳八孫晟作孫忌）

吳常唐末，軍中多盜。烈祖方務寬恕，求得士伍心，知朱延壽好殺，每捕至者，并所盜物，遺而貫之。仍誡之曰：「愼勿使延壽知」。既而密報延壽，俱復擒殺之。（九國志，三，吳朱延壽傳）先是，江都多盜，令雖嚴莫能止。及昭宗乾寧二年，爲李簡獲者，必詢其部分、姓名、所盜之物，盡黥於面，於是寇竊皆息。（仝上，一，吳李簡傳）初，張顥用事，刑獄酷濫，縱親兵剽掠市里。（十國春秋，二，吳高祖世家）

南唐昇元格，盜物直三緡者，處極刑。（十國春秋，二十五，南唐盧郢傳）元宗立，張易以水部員外郎通判歙州刺史，朱匡業平居甚謹，然醉則使酒陵人，果於誅殺，無敢犯者。（陸氏南唐書，傳十，張易傳）匡業好以寡擊衆，不勝而返者，必盡戮之。嘗與梁戰，遣二百人持大劍斫陣，將行，指一卒留之。

卒請行，延壽以遽命，立斬之。（仝上，五，朱匡業傳）李德柔累遷大理卿，持法苛峻，獄有未成，則以蘆蓆卷囚而倒置之，死者甚衆。（馬氏南唐書，十八，李德柔傳）何敬洙幼爲吳將軍李簡厮養，簡性殘忍，左右過惓，鮮獲全活。（仝上，十一，何敬洙傳）張宣以嚴酷爲理，及鎮鄂州，置地室以鞫罪人，罪無問大小，入之則無全活。（仝上，十八，張宣傳）南唐晚年，國家少事，諸仁規掊克不已，多入私門，刑罰滋暴，加以奢侈。（仝上，十九，諸仁規傳）初，建州平，鄭氏有殊色，爲亂兵略取，裨將王建逼之。建嗜人肉，而略婦女百許人，日殺一人以食。引鄭示之曰：「汝懼乎」？鄭曰：「願早充庖，爲幸多矣」！（仝上，卷六，女憲傳仝洪妻鄭氏傳）南唐與吳越相爭。先是：有吳以來，戰獲將士皆不殺，至是李翼盡殺之，越人不敢西嚮者二十年。（仝上，七，太子翼傳）

前蜀王建初入蜀，爲清道斬斫使；成都既下，署張劼爲馬步斬斫使，先入城。士卒犯令者，劼執百餘人，皆捶其胸而殺之，積尸於市，衆莫敢犯。時謂劼爲「張打胸」。（十國春秋，一一五，拾遺，前蜀）唐昭宗二年，陳敬瑄時據蜀。軍民彊弱相陵，將吏斬之勿能禁。乃更爲斷腰、邪劈酷法。（仝上，三十五，前蜀高祖本紀上）

後蜀孟知祥初叛唐，凡唐戍兵東歸者，皆遮留之。獲其逃者，覆以鐵籠火炙之，或刲肉釘面，割心而啖。（五代史，五十一，董璋傳）李匡遠爲人卞急，一日不斷刑，則慘然不樂。常聞捶楚之聲，曰：「此一部肉鼓吹」。（十國春秋，五十三，後蜀李匡遠傳）趙彥韜性兇率，所爲多不法，部民有訴被盜劫財物，鞫之不實，彥韜手殺之，探取心肝。（仝上，五十七，後蜀趙彥韜傳）

南漢高祖大有十年，剖侯融棺，暴其尸。初，融爲著作郎，嘗勸帝弭兵息民，至是以兵不振，追咎之。（十國春秋，五十八，南漢高祖本紀）帝天性聰悟而奇酷，果於殺戮，設湯鑊、鐵牀、諸具，有灌鼻、割舌、支解、刳剔、炮炙、烹蒸之法。間聚毒蛇水中，以罪人投之，謂之「水獄」。或投湯鑊之後，更加日曝，沃以鹽酢，股體腐爛，尚能行立，久之乃死。至若鎚鋸互作，血肉交飛，冤痛之聲，充沸庭廡，必垂簾便殿視之，垂涎呀呷，不覺朵頤，人以爲眞蛟蜃也。（仝上）十二年，建南薰殿。雕沈香爲龍柱，務極工巧。少不如意，輒誅匠者，前後十餘人。（南漢紀，二，高祖紀）中宗旣弒兄立，不順，懼衆不服，乃益峻刑法以威衆。（五代史，六十五，南漢世家劉晟）乃造生「地獄」。凡湯鑊、鐵牀之類，無不備嵩。人有小過，咸被其苦。陰遣巨艦指揮使暨彥贇入海掠商人金帛。（南漢紀，卷四，中宗紀）後主大寶十一年，帝及二

子，各範銅爲象。少不肖似，即殺冶工，凡再三乃成。（仝上，卷五，後主紀）

楚周行逢性勇敢，果于殺戮，麾下將吏，素持功驕慢者，一以法繩之。大將十餘人，謀爲亂，行逢召宴諸將，酒半，以壯士擒下斬之，一境皆畏服。民過無大小皆死。（五代史，六十六，楚世家周行逢）

吳越錢鏐以唐僖宗文德元年正月，赴潤州，生擒薛朗而返。鏐命剖心以祭周寶。（吳越備史，一，武肅王）昭宗乾寧二年，越州董昌反。昌素愚，不能決事，臨民訟，以骰子擲之而勝者爲直。（五代史，六十七，吳越世家錢鏐）既而鏐恣爲誅戮，越州白櫓門外，故行刑之地，守者恒聞鬼哭不絕。（十國春秋，七十七，吳越武肅王世家）天復四年（四年，原文）八月，淮人纜送徐綰歸我，鏐命剖心以祭高渭。（吳越備史，一，武肅王）文穆王長與四年，順化軍節度使檢判明州王弟元珦，驕縱不法，以鐵牀炙屬吏，臭滿城郭。（十國春秋，七十九，吳越文穆王世家）初，杜昭達與闞璠皆好貨錢，富人程昭悅以金寶結二人，得侍左右。忠獻王開運二年，昭悅治闞杜之黨，凡意所忌者，誅放百餘人。國人皆側目。（仝上，八十，吳越忠獻王世家）忠獻王子惟濟多吏才，而性苛忍，所至牽蔓滿獄，貫囚棄市，或至斷手足、探肝膽以爲常。（仝上，八十三，吳越錢惟濟傳）高澧嗣父職，恣行誅戮，好使酒殺人而飲其血，日暮每掠行人食之。將吏候晨入署，多與妻子泣別。澧每登消暑樓眺望，則州城東西，水陸行人皆絕迹。又括諸縣之三丁抽一，立都額爲「三丁軍」，凡三千餘人。會有言其怨望者，澧盡集於開元寺，紿曰：「將獎汝」。因閉三門之半而納之，入者輒殺死。將及半，而在外者始覺，遂奔逸爲亂。澧盛怒，閉城大索，戮之無遺。（仝上，八十八，吳越高澧傳）沈夏至任，以殺戮爲事。上右指令，小不稱意，即加屠害。其長子有過，輒手刃之。（吳越備史，一，武肅王）錢氏有國時，攻常州，執團練使趙仁澤以歸。見王不拜，王怒，命以刀抉其舌至耳。（十國春秋，一一五，拾遺，吳越）

閩嗣王后崔氏性妬，良家子之美者，輒出之別室，繫以大械，刻木爲人手，以擊其頰。又以鐵錐刺之，一歲中死者八十四人，（五代史，六十八，閩世家王延翰）薛文傑爲惠宗造檻車，令上下通，中以鐵芒內嚮，動輒觸之。（仝上，王鏻）文傑多致富人罪而籍其貲，被榜箠者，胸背分受，仍以銅器貯火熨其足，閩人怨之。（十國春秋，九十八，閩薛文傑傳）景宗淫刑不道，黃峻曰：「合非永隆，恐是大昏元年」。（清異錄，卷上，蘗八）帝常爲牛飲，羣臣侍酒，醉而不勝，有訴及私棄酒者，輒殺之。（五代史，六十六，閩世家王延羲）漳州司戶參軍校書郎陳光逸上書，疏帝過惡五十餘事。帝命衛士椎之，百而不死，以繩係頸，掛於木，久而乃絕。（仝上）帝常晏犖后於九龍殿，從子繼柔不勝杯勺，私減其酒，帝怒，並贊酒客將斬之。（十國春秋，九十四，閩景宗從子繼柔傳）朱文進自稱閩主，悉誅王氏宗族延喜以下五十餘人。（仝上，九十八，閩朱文進傳）

四　官邪

唐末四海大亂，竊高位者，不恤政務；據一方者，唯利是求。數十年間，法紀無存，而人民苦矣。志官邪。

甲　貪狠

廣末劉仁恭居幽，悉斂銅錢，鑿山而藏之；已而殺其工以滅口。（五代史，三十九，劉守光傳）

梁袁象先在宋州十餘年，誅斂其民，積貨千萬。（五代史，四十五，袁象先傳）

唐莊宗劉后好聚斂，分遣人爲商賈。至於市肆之間，薪芻果茹，皆稱中宮所賣。（五代史，十四，唐莊宗劉后傳）明宗天成中，李金全爲彰武軍節度使，在鎮務爲貪暴。（仝上，四十八，李金全傳）

晉房知溫在鎮，常厚斂其民，積貲鉅萬。治第青州南城，出入以聲妓遊嬉，不恤政事。天福元年卒於官；其將吏分其餘貲者，皆爲富家。（五代史，四十六，房知溫傳）天福五年，冬，拜石敬贇河陽三城節度使。敬贇性貪暴，陝人苦其暴虐。（仝上，十七，晉高祖弟敬贇傳）趙在禮在宋州，人尤苦之。已而罷去，宋人喜而相謂曰：「眼中拔釘，豈不樂哉」！既而復受詔居職，乃籍管內口率錢一千，自號「拔釘錢」。（仝上，四十六，趙在禮傳）出帝時，諸鎮爭爲聚斂。在禮所積鉅萬，爲諸侯王之最。出帝利其貲，乃以石延煦娶在禮女；在禮獻絹三千疋，前後所獻，不可勝數。閒人曰：「吾此一婚，其費千萬」。（仝上，十七，晉高祖孫延煦傳）杜重威居鎮州，重斂其民，戶口彫弊。（仝上，五十二，杜重威傳）

漢高祖時，王守恩性貪鄙，人甚苦之。（五代史，四十六，王守恩傳）蘇逢吉妻武氏卒，諷百官及州鎮，皆輸絹爲喪服。（仝上，三十，蘇逢吉傳）

周太祖時，慕容彥超背因城見圍而大括城中民貲以犒軍。又好聚斂，在鎮嘗置庫質錢。（仝上，五十三，慕容彥超傳）

吳楊行密以唐昭宗光化二年，初得駒山，以臺濛爲海州刺史。在任貪殘，爲郡民所訴。（九國志，卷一，吳臺濛傳）張崇居官，好爲不法，士庶苦之。嘗入覲廣陵，廬人意其改任，皆相幸曰：「渠伊不復來矣」！崇歸聞之，計口徵「渠伊錢。」明年，再入覲，人多鉗口不敢言，惟捋髭相慶；歸，又徵「捋髭錢」。其貪縱多此類。（十國春秋，九，吳張崇傳）李簡鎮上遊之地十餘年，忍而好殺，又非法重斂。鄂民之高貲者，無不破產。（九國志，卷一，吳李簡傳）

南唐初，江淮初定，州縣吏多武夫，務賦斂為戰守。（五代史，六十二，南唐世家李昇）。徐玠連鎮宣洪二郡，皆以貪濁為理。誅求百端，人多鄙之。（馬氏南唐書，六，徐玠傳）劉彥貞鎮壽春，務為聚斂，以奪民利，壽春有安豐塘，溉田萬頃。彥貞託以浚城隍，大興工役，決水城下，而田畝皆涸。因急其徵賦，民皆鬻田而去。彥貞取其上腴者，賤價置之，於是復濬塘水。歲積巨貲。（仝上，十七，劉彥貞傳）初，壽春望鎮，供億滋厚，而主將斂率，浮於他郡。民尤苦之。（仝上，十八，姚景傳）褚仁規為泰州刺史，聚政不可縷舉。有智民請吻備二詩，皆隱語，凡寫數千幅，詣金陵粘貼，事乃上聞。詩曰：「多求囊白昧脊脊，彙取人間第一黃」云云。白黃隱金銀事。（清異錄，卷上，禁十）楚馬氏敗，孟賓于自歸南唐，授豐城簿，遷淦陽令；坐貨當死，後主貸之。賓于好賄，為佐令，輒有贓污。（馬氏南唐書，二十三，孟賓于傳）

前蜀後主廣政四年以前，節度使多領禁兵，或以他職留成都，委僚佐知留務。專事聚斂，政事不治，民無所訴。（十國春秋，四十九，前蜀後主本紀）

後唐張虔釗未降蜀前，鎮滄州，發倉廩給民，至秋倍徵之。嘗謂人曰：「平生亦自覺負行相違，但見財不能自止」。聞者笑之。（十國春秋，一一五，拾遺，後蜀）孟元喆在貝州時，凡民輸稅者，皆令出商算，規其餘羨，以備留使之用。（仝上，二十，後蜀孟文喆傳，按文喆，後主長子也）申貴貪鄙殘虐，所在聚斂財貨，民不勝其弊。典眉州，受財鬻獄，尤恣暴橫。嘗指獄門謂左右曰：「此我家錢爐」，其不道如此。其子元寶，與州吏許延祺誣捕民運賊，枷禁以求賂。（九國志，七，後蜀申貴傳）

楚當兵革之後，郡邑官吏，以聚斂為務。（三楚新錄，載七）

閩太祖時，泉州刺史廖彥若，為政貪暴，泉人苦之。（五代史，二十六，閩世家王審知）

乙　姦非

唐末，劉知遠為軍卒，牧馬晉陽，夜入民家，劫李氏女而妻之。及知遠貴，立為后。（五代史，十八，漢高祖李后傳）

梁太祖兵敗蓚縣，道病還洛，幸張全義會節園避暑。留旬日，全義妻女，皆迫淫之。（五代史，四十五，張全義傳）

唐莊宗幸鄴，遣伶官景進等，採鄴美女千人，以充後宮。而進等緣以爲姦，軍士妻女，因而逃逸者數千人。（五代史，三十七，伶官傳）

前蜀後主乾德元年，以仗內教坊使嚴旭爲蓬州刺史。旭強取士民女子內宮中，於是得官。（十國春秋，三十七，前蜀後主本紀）二年，閬州民何康，女美而將嫁，帝取之，賜其夫家帛百疋；夫一慟而卒。（仝上）張信典眉州日，有女僧姿容明悟，劫欲逼辱之，女僧以死拒，劫命折其齒，與父同沈於蟇頤津。（仝上，四十，前蜀張信傳）

後蜀後主廣政六年，大選良家子以備後宮。限年十三以上，二十以下。州縣騷然，民多立嫁其女，謂之「驚婚」。（十國春秋，四十九，後蜀後主本紀）

楚文昭王命尼僧潛搜士庶家女，有容色者，強委禽焉。前後百人，猶有不足之色，有商人妻，美而艷，輒殺其夫妻之。（十國春秋，六十八，楚文昭王世家）

丙　侵奪

後唐民某，既補爲竟陵臺令，即持絳幡招置部曲，侵奪民田百餘頃，以謂陵園壖地。民訴於官，不能決。（五代史，五十七，李鏻傳）劉延皓以后故用事，受賕，掠人園宅。在鄴不恤軍士，軍士皆怨。（五代史，十六，唐廢帝劉后傳。按延皓即后弟。）萇從簡知許州，富人有玉帶，欲之而不可得。遣二卒夜入其家，殺而取之。（五代史，四十七，萇從簡傳）

晉李承裕謂馬全節曰：「吾掠城中，所得百萬，計將軍皆取之矣。吾見天子，必訴此而後就刑。」全節懼，因殺承裕，高祖置之不問。（五代史，四十七，馬全節傳）杜重威出於武卒，無行，而不知將略。破鎮州，悉取財庫之積，及安重榮之貲，皆沒之。高祖知而不問。（仝上，五十二，杜重威傳）李從溫嘗誣親吏薛仁嗣等爲盜，悉籍沒其家貲數千萬。仁嗣等詣闕自訴，出帝懼傷太后意，釋之而不問。（仝上，十五，明宗侄李從溫傳）

南唐元宗命內臣車延規傅宏營屯田於楚州，人不堪其苦，羣起爲盜。（十國春秋，二十八，南唐徐鉉傳）劉崇俊祖全，以功臣爲濠州刺史，有威名。全卒，子仁規繼其任，爲政苛虐。及卒，崇俊繼之，盡反仁規之政，人懷其惠。數年，漸專恣不法，多畜不逞，使過淮剽掠，獲美女良馬以自奉。（陸氏南唐書，傳十二，劉崇俊傳）宋齊丘知尚書省事。視事數月，有親吏夏昌圖者，盜官錢三百，齊丘特判貸其死。（馬氏南唐書，二十，宋齊丘傳）南唐自吳建國，保有江淮，饒山澤之利，帑藏豐盈，德昌宮其外府也，金帛泉貨多在焉。禪代之後，邦國新造，而簿籍淆亂，鈎校不明，劉承勳是由多入私家，盗用無算。（仝上，二十二，劉承勳傳）盧絳舉進士，不中，遂棄去爲吉州回運務。計吏盗庫金爭訟，當伏法。乃更儒服，亡命江湖間。（十國春秋，三十，南唐盧絳傳）

前蜀王宗翰好畜妓妾，後庭珠翠常百餘人。性殘虐吝嗇，刺彭州日，部民史氏，有胡讓莊，號爲沃饒，宗翰殺史氏而取之。（九國志，卷六，王宗翰傳）王宗裕鎭蜀城中，頗侵損民舍。有酤者齊陽家，不徙去。宗裕遣人以巨甕實其舍中，復投以污穢。（仝上，王宗裕傳）

後蜀後主年少，不親政事。而將相大臣，皆高祖故人。高祖寬厚，多優縱之。及其事後主，益驕蹇，多踰法度，務廣第宅，奪人良田，發其墳墓。（五代史，六十四，後蜀世家孟昶）廣政十一年，七月，府庫金帛，聽王昭遠取與，不復會計。（十國春秋，四十九，後蜀，後主本紀）

南漢衛士嘗掠商人金帛，商人不敢訴。（十國春秋，六十二，南漢楊洞潛傳）

楚衡陽王性惡而好貨。長興三年，海商有鬻犀帶者，直數百萬，晝夜有光，洞照一室。王殺商而取之。逾月光遂滅。（十國春秋，六十八，楚衡陽王世家）又辰州民向氏，因爇火燒起一龍，歸爲煨燼，而角不化，瑩白如玉，向氏寶而藏之。高郁以價強取之。（仝上，七十二，高郁傳）

丁　賄賂

後唐莊宗時，四方貢獻，必分爲二，一以上天子，一以入中宮，宮中貨賄山積。（五代史，十四，唐莊宗劉后傳）李鏻事莊宗爲少卿，有民詣寺自言，世爲丹陽竟陵臺令，厚賂宗正，李鏻李璵等不復詳考，遂補爲令。（仝上，五十七，李鏻傳）人有假驢夫於盧程者，程帖興唐府給之，府吏啟無例，程怒，笞吏背。（仝上，二十八，盧程傳）郭崇韜素廉，自從入洛，始受四方賂遺。崇韜曰：「今藩鎭諸侯，多梁舊將，皆主上斬祛射鈎之人也。今一切拒之，豈無反側」？明年，天子有事南郊，乃悉獻其所藏，以佐賞給。（仝上，二十四，郭崇韜傳）劉岳事明宗爲吏部侍郎，故事：吏部文武官告身，皆輸「朱膠紙軸錢」，然後給。其品高者，則賜之。貧者不能輸錢，往往但得勑牒而無告身；五代之亂，因以爲常。岳請一切賜之，由是百官皆賜告身。（仝上，五十五，劉岳傳）

晉出帝時，馮玉爲相，四方賄賂，積貨鉅萬。契丹滅晉，張彥澤先以兵入京師，兵士爭先入玉家，其貨一夕而盡。（五代史，五十六，馮玉傳）桑維翰權勢既盛，四方賂遺，歲積鉅萬。（仝上，二十九，桑維翰傳）

漢蘇逢吉尤納貨賂，市權鬻官，謗者譁然，而高祖倚信之。（五代史，三十，蘇逢吉傳）

前蜀王宗弼納賄多私，上下咨怨。（十國春秋，三十七，前蜀後主本紀）唐師至，宗弼令其子承班，賫後主玩用直百萬，獻於魏王，並賂郭崇韜，請以已爲西川節度使。魏王入城，翌日，數其不忠之罪，幷其子斬之於毬場，軍士取其尸，臠而食之。（九國志，六，前蜀王宗弼傳）初，太后太妃各出敎令賣官，自制史以下，每一官闕，必數人並爭，而入錢多者得之。（十國春秋，三十八，前蜀、宮人劉氏傳）

後蜀後主廣政七年，命王處回遙領保寧節鎭。處回既持定策勳，位降使相，遂專權貪縱，賣官鬻獄，四方有饋獻者，率先輸處回，次及內府。子德鈞，亦倚勢驕橫，多爲不法。（十國春秋，五十二，後蜀王處回傳）范禹偁性吝嗇，頗以聚貲爲急。後主令兼簡州刺史，歲令州輸數千緡於禹偁。俄掌貢舉，賄厚者登高科，而訴其直，無有媿色。（仝上，五十三，後蜀范禹偁傳）李昊前後仕蜀五十年，後主之世，位兼將相，秉利權貪貨，歲入無算。（仝上，五十二，後蜀李昊傳）

閩景宗永隆三年，黃紹頗既代陳匡範爲國計使，請令欲仕者，自非蔭補，皆聽輸錢授官，以貲望高下，及州縣戶口多寡爲差，自百緡至千緡，隨增減其直焉。（十國春秋，九十八，閩黃紹頗傳）時泉州刺史余廷英，嘗矯命掠取良家子。帝怒，詔下御史劾之。廷英進「買宴錢」十萬。帝曰：「皇后土貢何在」？廷英又獻「皇后錢」十萬，乃得不劾。（五代史，六十八，閩世家王延羲。按馬氏南唐書二十八、閩國二，兩「十萬」皆作「千萬」。）

戊　威福專擅

梁寇彥卿晨朝至天津橋，民梁現不避道，前驅捽現橋上石欄以死。（五代史，二十一，寇彥卿傳）

唐盧程奉皇太后册，自魏至太原，上下山險，所至州縣，驅役丁夫，官吏迎拜。程坐肩輿自若，少忤其意，必加笞辱。（五代史，二十八，盧程傳）。宰相任圜判三司，以其職事與安重誨爭，不能得；圜怒，辭疾退居於磁州。朱守殷以汴州反，重誨遣人矯詔馳至其家，殺圜而後白，誣與守殷通謀；明宗皆不能詰也。（仝上，二十四，安重誨傳）重誨嘗出，過御史臺門，殿直馬延誤衝其前導，重誨怒，即臺門斬延而後奏。由是御史諫官，無敢言者。（仝上）廢帝淸泰三年，徙符彥饒義成軍節度使。白奉進以侍衛兵三千屯滑州，兵士犯法，奉進捕得五人，其三人義成兵，因幷斬之。彥饒怒，其麾下大譟，追奉進殺之，彥饒不之止也。（仝上，二十五，符存審子

彥儔傳）

吳淮太初不喜儒生，多疑好察，每通衢交會之所，牆必設耳。常謂人曰：「豈聞牆有耳否」？又曰：「非牆耳，乃吾也」！由是行路之人，鮮敢偶語者。（九國志，二，吳淮太初傳）

南唐李仁達據福州，陳覺矯制，發建汀撫信之兵往討之。既而諸軍皆潰，士之戰死者無幾，國用遂爲一空。（馬氏南唐書，二十一，陳覺傳）。昇元之法，禁以良人爲賤。賣奴婢者，通官作券。至後主時，馮延魯等欲廣置妓妾，因矯遺制，許民私賣己子。（仝上，二十二，蕭儼傳）。

前蜀蕭懷武部下名「尋事團」，亦曰「中團」。「中團」百餘人，每人畜私人十餘輩，偵察動靜，以告密爲能。懷武又時時殺人以示威福。（十國春秋，四十三，前蜀蕭懷武傳）。

楚周行逢性猜忌，每遣人伺察郡縣守宰，有聚飲偶語者，必逮捕下獄，以謀反誅，麾下之人，皆重足脅息。（九國志，十一，楚周行逢傳）

己　佞佛及荒淫

後唐莊宗劉后自以出於賤微，踰次得立，以爲佛力，惟寫佛書，饋賂僧尼；而莊宗由此亦佞佛。（五代史，十四，唐莊宗劉后傳）

南唐元宗後主皆佞佛，而後主尤酷信之。莊嚴施捨，齋設持誦，月無虛日。宮中造寺十餘，都城建塔創寺幾滿。廣出金銀，募民爲僧。所供養逾萬人，悉取於縣官。不計耗竭，上下狂惑，國事日非。（十國春秋，二十五，南唐汪煥傳）後主佞佛，常對佛像燃「命燈」以決大辟。自夕至旦，火滅則誅之，不滅則貰之。由是富商大賈，遺賂內官，俾續燈，獲免者甚衆。（馬氏南唐書，十八，傳論。）徐知誨子景遊，專掌浮屠修造之事，當時言蠹政者，以二人爲首。（仝上，八，徐知誨傳）

南漢殤帝登位，時高祖在殯，召伶人作樂，飲酒宮中，裸男女以爲樂。或衣墨縗，與娼女夜行出入民家，由是山海間盜賊競起。（五代史，六十五，南漢世家劉玢）後主昏縱角出，得波斯女，年破瓜，黑腯而慧豔，善淫曲，盡其妙，帝嬖之，賜號「媚豬」。（清異錄，卷上，葉七）

楚周行逢酷信釋氏，每歲設大會齋者四，破耗國用，仍度僧建寺，所在不輟。（三楚新錄，葉十一）

庚　雜錄

後唐蕭希甫嘗建言：「自兵亂相乘，王綱大壞。侵欺凌奪，有力者勝。凡略人之妻女，占人之田宅，姦贓之吏，刑獄之寃者，何可勝紀。而甌函一出；投訴必多；至於功臣貴戚，有不得繩之以法者」。（五代史，二十八，蕭希甫傳）莊宗好畋獵，數踐民田。（五代史，五十六，何澤傳）

南唐馮延已與宋齊丘更相推唱，拜諫議大夫翰林學士。復與其弟延魯交結魏岑陳覺查文徽伎損時政，時人謂之「五鬼」。（馬氏南唐書，二十一，馮延已傳）

南漢後主大寶十四年，宋潘美率師入境。是時有宦者百餘輩，盛服請見。美曰：「是椓人多矣，吾奉詔伐罪，正爲此等」，悉斬之。（十國春秋，六十，南漢後主本紀）。後主至汴，宋太祖責之。後主曰：「臣年十六僭位。龔澄樞等皆先臣舊人，每事臣不得專。在國時，臣是臣下，澄樞等是國主」。遂伏地請罪。（仝上）

楚周行逢既得志，有矜色。謂徐仲雅曰：「吾奄有湖湘，兵強俗阜，四鄰其懼我乎」？仲雅曰：「公部內司空滿川，太保徧地，孰敢不懼」？（十國春秋，七十三，徐仲雅傳）

吳越自楊氏奄有江淮，其牧守多武夫悍人，類以威驁相高。平居齋几之間，往往以斬伐爲事。至有位居侯伯，而目不識書，手不能捉筆者。（鈞磯立談，葉一）

荊南地狹兵弱，介於吳楚爲小國。自吳稱帝，南漢閩楚皆奉中原正朔，歲時貢奉，多假道荊南。於是武信王及文獻王常邀留其使者，掠取其物；而諸道移書責誚，或發兵加討，即復還之，而無慚色。其後南漢與閩亦稱帝，惟王所嚮稱臣，利其賜予。故諸國賤之，皆目爲高賴子；又曰高無賴。俚語謂奪攘苟得無愧恥者，爲賴子也。（十國春秋，一百一，荊南文獻王世家）

五　奢靡

五代之亂，當政者奢侈淫靡，尚爲世風，而病民益甚。茲并志之，曰奢靡。

周世宗時，昝翰爲樞密承旨。性貪侈，常著錦襪，金線絲鞵。朝士有託無名子嘲之者，詩曰：「不作錦衣裳，裁爲十指倉；千金包汗脚，慚愧絡絲娘」。（清異錄，卷下，葉十二）

晉有張筠。筠居洛陽，擁其貲，以酒色聲妓自娛者十餘年，人謂之「地仙」。（五代史，四十七，張筠傳）

吳烈祖天祐四年，帝居喪作樂，然十圍之燭以擊毬，一燭費錢輒數萬。或單騎出遊，從者奔走道路，不知所之。（十國春秋，二，吳烈祖世家）。張崇帥於聚斂，從者數千人，出遇雨雪，皆頂蓮花帽，琥珀衫，所費油絹，不知紀極。（仝上，一一五，拾遺，吳）

南唐劉承勳家畜妓樂，迨百數人。每置一妓，費數百緡，而珠金服飾，亦各稱此。（馬氏南唐書，二十二，劉承勳傳）元宗保大七年，召大臣宗室赴內香宴，凡中國外域名香，以至和合煎飲佩帶粉囊，凡九十二種，皆江南所無也。（十國春秋，十六，南唐，元宗本紀）。馮延巳嘗侍宴元帝，因為諛言曰：「陛下暴師數萬，流血于野，而俳優燕樂，不輟於前，眞天下英雄主也」。（釣磯立談，葉十五）孫晟事烈祖父子二十餘年，官至司空，家益富驕，每食不設几案，使衆妓各執一器，環立而侍，號「肉臺盤」；時人多效之。（五代史，三十三，孫晟傳）江南軍使王建封，驕恣奢僭，築大第於淮南。（十國春秋，一一五，拾遺，南唐）徐知諤鎭浙西，以查文徽為其判官，或獻玉盃，知諤喜，酬以錢百萬。（陸氏南唐書，傳二，查文徽傳）皇甫繼勳拜大將軍，貲產優贍，而錫賚頗優。於是營第宅，侈車服，畜妓樂，備珍美，擇近郊之地，植花構亭，珠翠環列，擬於王室。（馬氏南唐書，十九，皇甫繼勳傳）宋齊丘所居舊里愛親坊，改為衣錦坊，大啟第宅，窮極宏壯，居坊中人，皆使修飾簷屋門巷，極備華潔，民不堪命，相率逃去，坊中為之空。（仝上，二十，宋齊丘傳）後主性尙奢侈，嘗于宮中製銷金紅羅羃壁，而以白金釘瑇瑁押之。又以綠鈿刷隔眼中，障以朱綃，植梅花於其外，每七夕延巧，必命紅白羅百餘疋以為月宮天河之狀。一夕而罷，乃散之。（十國春秋，十七，南唐後主本紀）

前蜀後主乾德二年八月，帝發成都。帝被金甲冠，珠帽，執戈而行，旌旗戈甲，連亘百餘里不絕。百姓望之，謂為「灌口祆神」。（十國春秋，三十七，前蜀後主本紀）十二月，癸亥，浮江而下。龍舟畫舸，照耀江水。所在供億，人不堪命。壬申，至閬州，舟子皆衣錦繡，帝自製水調銀漢之曲，命樂工歌之。（仝上）帝奢縱無度，日與太后太妃，遊宴貴臣之家，及遊近郡名山，所費不可勝紀。（仝上）帝竟於遊幸，乃造平底大車，下設四臥軸，每軸安五輪，凡二十輪，牽以駿馬，騎去如飛，謂之「流星輦」。（清異錄，卷下，葉二十三）

後蜀趙庭隱久居大鎭，積金帛鉅萬，窮極奢侈，不為制限，營構臺榭，役徒日數千計。（九國志，七，後蜀趙庭隱傳。）李昊奢侈尤□，□堂伎妾曳綺數百人。（十國春秋，五十二，後蜀李昊傳。）

南漢高祖大有七年，春，作昭陽殿。以金為仰陽，銀為地面，簷楹榱桷，皆飾之以銀。殿下設水渠，浸以眞珠，又琢水精琥珀為日月，列於東西玉柱之上。帝親書其牓。（南漢紀，二，高祖紀）又作南薰柱。柱皆通透刻鏤，礎石各置爐燃香，故有氣無形。（清異錄，卷下，葉七）後主踵祖父之奢縱，立萬政殿。一柱凡用銀三千兩，以銀爲殿衣，間以雲母，無名之貴，日有千萬。（南漢紀，五，後主紀）宮中有魚英托鏤椰子立壺四隻，各受三斗。嶺海人亦以爲罕有。魚英蓋魚腦骨熔治之，可以成器。（清異錄，卷下，葉十八）

楚衡陽王昔聞梁太祖好食雞，慕之，日烹五十雞以供膳。葬武穆王，不泣，頓食雞肉數器而起。（馬氏南唐書，楚國馬殷）天福七年，冬。十月，王大興土木功，建天策府於長沙城西北，作天策光政等一十六樓，天策勤政等五堂，極棟宇之盛。欄檻皆飾以金玉，塗壁率用丹砂，凡數十萬斤。（十國春秋，六十八，楚衡陽王世家）八年，置「銀槍都」八千人。楚地多產金銀茶穀，比年財貨豐殖，王奢欲無厭，遂自誇大，爲長槍大槊，鋈以白金，募富民年少者充之。（仝上）文昭王性剛愎，好以誇大爲事。乃大興土功，建天策府，中構九龍殿，以沈香爲八龍，各長百尺，抱柱相向，作趨捧勢。近古以來，諸侯王奢僭，未有如此之盛也。（三楚新錄，葉三）時湖南豪靡侈汰，上下成風。（十國春秋，七十三，楚徐仲雅傳）高郁有才而性貪，頗尚奢侈。常以所食非不潔，用銀葉護其四方，命曰「拓裹」。（仝上，七十二，楚，高郁傳）

吳越忠懿王命東府以官物充忠遜王取給，西遷之後，即臥龍山爲王置園亭於上，栽植花木，周遍高下，遇良辰美景，王被道士服，擁伎樂，旦暮登賞。每元夜張燈，徧於山谷，用油數千石。七夕結綵樓於山巔，諸節時費用稱是。（十國春秋，八十，吳越忠遜王世家）沈夏構私第於北郭，制度雄壯，侔于公府。（吳越備史，一，武肅王）孫承祐在浙日，憑藉親寵，恣爲奢侈。每一燕會，殺物命千數，家食亦數十器。方下箸，設十銀鏤燭火，以次薦之。常饌客，指其盤曰：「今日南之蚌蛤，北之紅羊，東之蝦魚，西之嘉粟，無不畢備，可云富有小四海矣」。又用龍腦煎酥，製小樣驪山，復千金市石綠一枚，治爲博山香爐，峯尖上作一暗竅，出煙，呼曰不二山。忠懿王常以大片生龍腦十斤賜承祐，承祐即對使者，索大銀爐，作一聚焚之曰：「聊以祝王壽」。其豪貴如此。（十國春秋，八十七，吳越孫承祐傳）

閩康王通文二年，作紫微宮，以水晶飾之。（十國春秋，九十一，閩康王本紀）四年，鑄寶皇大帝無始天尊太上老君像。凡用黃金數千斤，日焚龍腦薰陸諸香無算，作樂臺下，晝夜不輟。（仝上）

荊南高保勗，淫佚無度，好營造臺榭，窮極土木之工。有估客自嶺外來，得龍眼一枝，約四十圓，共千枚，獻於保勗。保勗命作琅玕檻子置之，名曰「海珠叢」。（十國春秋，一百一，荊南侍中保勗世家）

六　兵役

五代干戈相尋，役民無藝。當政者旣發興軍事，往往籍兵爲兵；又懼其逃亡，則黥面爲識。遂宦豪夫，又復役民勞作。今輒志之，曰兵役。

甲　兵

唐僖宗時，李國昌父子無所歸，因掠蔚朔間，得兵三千。（五代史，四，唐莊宗紀）劉仁恭據燕，瀛州軍亂，殺刺史。仁恭募縣中，得千人，討平之。（仝上，三十九，劉守光傳）昭宣帝天祐三年，梁攻滄州。仁恭調其境內，凡男子年十五已上，七十已下，皆黥其面，文曰「定霸都」，得二十萬人；兵糧自具。（仝上）守光悉黥燕人以爲兵。趙鳳懼，因髡爲僧，依燕王弟守奇自匿。（仝上，二十八，趙鳳傳）

梁太祖鎮宣武，選富家子之材武者，置之帳下，號「廳子都」。（五代史，四十六，王晏球傳）梁末，調民七戶出一兵。（仝上，三十，史弘肇傳）

唐李懸之籍管內丁壯，別立新軍，自將之。（五代史，三十九，王處直傳）石敬塘起兵太原，廢帝調民七戶出一卒，爲「義兵」。延州節度使楊漢章發「鄉民」赴京師。（仝上，四十七，劉景巖傳）

晉安從進反於襄陽，南方貢輸，道出襄陽者，多擄留之。邀遮商旅，皆黥以充軍。（五代史，五十一，安從進傳）

漢隱帝乾祐元年三月，河中李守貞，永興王景崇，趙思綰，鳳翔王景榮相次反。郭威至河中，自柵其城東，常思柵其南，白文珂柵其西，調五縣十（一作丁）二萬人，築連壘以護三柵。（五代史，十一，周太祖本紀）王景崇以非己兵，懼趙思綰等有二心，意欲黥其面以自隨，而難言之。乃稍微風其旨。思綰厲聲請先黥以率衆。（仝上，五十三，趙思綰傳）

周世宗南征至壽州，圍之數匝，徵丁夫數十萬備攻擊，雲梯洞屋，下臨城中，數道進攻，塡塹陷壁，晝夜不少息，如是者屢月。（十國春秋，二十七，南唐劉仁贍傳）

吳武王楊行密起合淝，勁兵數萬，號其軍爲「黑雲長劍」。（馬氏南唐書，八，徐溫傳）

南唐元宗保大十四年，春正月，丁巳，周徵宋亳陳潁徐宿許蔡等州丁夫數十萬，以攻壽州，晝夜不息。（十國春秋，十六，南唐元宗本紀）時淮南民自相結爲部伍以拒周師，謂之「義軍」。元宋命張雄爲「義軍」首領。（陸氏南唐書，傳十四，張雄傳）後主開寶八年，春，閱民爲師徒。昇元初，均量民田，以定科賦，自二緡以上，出一卒，號「義師」。中有別籍分居，又出一卒，號「新擬生軍」。民有新置物產者，亦出一卒，號「新擬軍」。又於客戶內有三丁者，抽一卒，謂之「團軍」；後改爲「拔出軍」，使物力戶爲帥以統之。保大中，許郡縣村社競渡，每歲端午，官給綵段，俾兩兩較其遲速，勝者加以銀椀，謂之「打標舟子」，皆籍其名；至是盡蒐爲卒，謂之「凌波軍」。又率民間傭奴贅壻，謂之「義勇軍」。又募豪民，皆自備繒帛兵器，招集無賴亡命，謂之「自在軍」。又括百姓，自老弱外，能被堅執銳者，謂之「排門軍」。並「屯田」「白甲」之類，凡一十三等，皆使扞敵把守。（馬氏南唐書，五，後主本紀）郭昭慶復歸禾川，邑宰覽之修謁往候，昭慶不與之見，宰銜之。會閱編戶，乃籍昭慶爲「新擬軍」。（仝上，十四，郭昭慶傳）

前蜀未建國，唐昭宗大順元年春正月，西川節度使陳敬瑄，分兵布寨於犀浦郫導江等縣，發城中民戶一丁。（十國春秋，三十五，前蜀高祖本紀上）徐瑤從高祖入蜀，勇猛善格鬬。高祖初在韋昭度幕府，其兵皆文身黛黑，衣裝詭異，衆皆謂爲「鬼兵」，稱瑤爲「鬼魁」。（蜀檮杌，葉九。）

後蜀高祖長興元年五月，董璋閱集民兵，皆剪髮黥面。（十國春秋，四十八，後蜀高祖本紀）趙崇韜率勵將士，行陣整肅，士卒有黥其額爲斧形者，號曰「破柴」。（九國志，七，後蜀趙崇韜傳）

楚衡陽王天福八年，王募富民年少者，充「銀槍都」。（十國春秋，六十六，楚衡陽王世家）

吳越錢鏐以唐僖宗文德元年，命從弟銶率兵討徐約於蘇州。約盡驅州人以守城，皆文其面，曰「願戰南都」。（吳越備史，一，武肅王）沈夏與其下謀殺徐及，及死，其衆遂分。夏性兇暴，不即來，乃以所得衆七千餘人，聚臨平山下，擇幼弱者盡殲之，遂得三千人。（十國春秋，八十五，吳越沈夏傳）天祐末，高澧召鄉丁爲「牙軍」，悉文其面，衣青衫，白袴，以緋抹額。又括諸州縣之三丁抽一，立都額，爲「三丁軍」（仝上，八十八，吳越高澧傳）天寶八年，武肅王置「都水營使」，以主水事，募卒爲都，號曰「撩淺軍」。（仝上，七十八，武肅王世家下）宗懿王顯德中，命括民丁以益軍旅。州縣長吏，因之多所殘刻，錢宏億手疏其弊，辭理切直，王感悟乃罷。（仝上，八十三，文穆王子宏億傳）周師渡淮，王乃盡括國中丁民益兵。（五代史，六十七，吳越世家錢俶）

北漢世祖既立，乃罷上供征賦，收豪傑，籍丁民以益兵。（五代史，七十，東漢世家劉旻）乾祐七年，周主徵懷孟蒲陝丁夫數萬，亟攻晉陽，會天雨，士卒皆罷病，乃議引還。（十國春秋，百〇四，北漢世祖本紀）

乙　役

後唐莊宗遣郭崇韜與毛璋將數千人夜行，所過驅掠居人，毀屋伐木，渡河築壘於博州東，晝夜督役，六日成壘。（五代史，二十四，郭崇韜傳）李彝超叛，外招黨項，抄掠安從進等饋道。自陝以西，民運斗粟束芻，其費數千，人不堪命，道路愁苦，明宗遂釋不攻。（仝上，四十，李仁福傳）明宗已後，市馬糴粟，招來部族，給賜軍士，歲用度支錢六千萬。自關以西，轉輸供給，民不堪役，而流亡甚衆。（五代史，四十九，馮暉傳）董璋等反，帝遣石敬塘討之，而川路險阻，糧道甚艱，每費一石而致一斗。自關以西，民苦輸送，往往亡聚山林為盜賊。關西之人，聞安重誨來，皆已恐動。而重誨日馳數百里，遠近驚駭，督趣糧運，日夜不絕，斃踣道路者，不可勝數。（仝上，二十四，安重誨傳）孟知祥反，長興二年，唐軍涉險，以餉道為艱，自瀘關以西，民苦轉饋，每費一石，不能致一斗，道路嗟怨。（仝上，六十四，後蜀世家孟知祥）

周世宗攻壽州，發州民濬老鸛河。（陸氏南唐書，傳十一，張彥卿傳）

南唐元宗保大十一年，十月，詔州縣陂塘堙廢者皆修復之。於是力役暴興，楚州常州為甚。帝使親吏車延規董其役，發洪饒吉筠州民牛以往，吏緣為姦，強奪民田為屯田。江淮騷然，石姓以數丈竹，去節，焚香於中，仰大訴寃者，不可勝數。（陸氏南唐書，紀二，元宗本紀）宋齊丘大啓第宅，窮極宏壯，居坊中人，皆使修飾牆屋門巷，極備華麗，民不堪命。（馬氏南唐書，二十，宋齊丘傳）

後蜀趙廷隱營構臺榭，役徒日數千計。（九國志，七，後蜀趙廷隱傳）

荊南武信王，以江陵古之重地，又當天下多事，有割據之志，乃大興力役，重築城壘，執畚者十數萬人，皆將校賓友，負土助焉。（三楚新錄，葉十一）

七　括馬

時軍役既繁，官馬不足，則掠之於民。梁唐諸朝，靡不皆然。志括馬。

梁太祖開平四年，頒禁馬令，冒禁者罪之。（五代會要，卷十二，馬。）

唐莊宗同光三年六月，下河南河北諸州，和市戰馬。官吏除一匹外，匿者坐罪。（五代會要，十二，馬。）莊宗與劉鄩相距（一作拒）於莘，召李存矩會兵擊鄩，存矩募山後勁兵數千人，課民出馬，民以十牛易一馬，山後之民皆怨。（五代史，四十八，盧文進傳）明宗天成元年，李嗣源行過鉅鹿，掠小坊馬二千匹以益軍。（仝上，六，唐明宗紀）四年，十月，勅沿邊藩鎮，或有蕃部賣馬，可擇其良壯者，給券具數以聞。（五代會要，十二，馬。）廢帝淸泰三年，十月，勅諸道州府縣鎭，賓佐至錄事參軍都押衙教練使已上，各留馬一匹乘騎，及鄉村士庶有馬者，無問形勢，馬不以牝牡，盡皆抄借。（仝上）時石敬塘犯闕，帝欲親征，而心畏之，遲疑不決。張延朗與劉延朗等勸帝必行，延朗籍諸道民爲丁，及括其馬；丁馬未至，晉兵入京師。（五代史，二十六，張延朗傳）

晉出帝天福九年正月，發使于諸道州府，括取公私之馬。（五代會要，十二，馬。）開運元年正月，甲午，劉知遠爲幽州道行營招討使，括馬。（五代史，九，晉出帝紀）二年，八月，丁丑，括馬。（仝上）

漢高祖天福十二年，九月，詔天下州府和買戰馬。（五代會要，十二，馬。）

八　錢幣

是時軍旅旣興，財用不足，則厚斂於民；復不足，則官鑄貨布，而實甚濫惡，民不樂用。其尤甚者，則鑄鉛鐵錢焉，於是民命益困矣。志錢幣。

唐末劉仁恭居幽，令燕人用堇土爲錢。（五代史，三十九，劉守光傳）

後唐莊宗同光二年，令：京師及諸道，於市行使錢內，檢點雜惡鉛錫，並宜禁斷。沿江州縣，每舟船到岸，嚴加覺察，不許將雜鉛錫惡錢往來換易好錢，如有私載，並行收納。（通考，九，錢幣考二）明宗開成二年，勅：買賣人所使見錢，舊有條流，每陌八十文，近訪聞在京及諸道市肆人戶，皆將短陌轉換長錢，今後凡有買賣，並須使八十陌錢。如有輒將短錢興販，仰所在收捉禁治。（仝上）

晉高祖天福三年，三月，禁私造銅器。（五代史，八，晉高祖紀）詔曰：國家所資，泉貨爲重，銷蠹則甚，添鑄無聞，宜令三京諸道州府，無問公私，應有銅者，並許鑄錢，仍以天福元寶爲文，左環讀之，每一錢重二銖四叅，十錢重一兩，仍禁將鉛鐵雜鑄。諸道應有久廢銅冶，許百姓取便開鍊，永遠爲主官，中不取課利。除鑄錢外，不得接便，別鑄銅器。（通考，九，錢幣考，二。）七月，辛酉，以皇業錢作受命寶，（原注作寶不必書，皇業錢者，私錢也；天子畜私錢，故書。）（五代史，八，晉高祖紀）四年，七月，丙辰，復禁鑄錢。（仝上）

周世宗顯德二年，秋，九月，丙寅，朔，頒銅禁。（五代史，十二，周世宗紀）時帝以縣官久不鑄錢，而民間多銷錢爲器皿及佛像，錢益少，乃立監采銅鑄錢，自非縣官法物，軍器，及寺觀鐘、磬、鈸、鐸、之類聽留外，自餘民間銅器佛像，五十日內，悉令輸官，給其直。過期隱匿不輸，五斤以上罪死，不及者論刑有差。（通考，九，錢幣考二）

南唐元宗困於用兵，鍾謨請鑄大錢，以一當十，文曰「永通泉貨。」（五代史，六十二，南唐世家李景）錢徑寸七分，重十八銖，字八分書，背面勻好，皆有周郭。（馬氏南唐書，五，後主書）謨竟得罪，而大錢廢。（五代史，六十二，南唐世家李景）韓延載除中書舍人，建鐵錢之議，即拜戶部侍郎，充「鑄錢使。」（十國春秋，二十六，南唐韓延載傳）錢以一當十。（五代史，六十二，南唐世家李景）行之數年，百姓盜鑄，極為輕小。（十國春秋，一一五，拾遺，南唐）後主乾德二年，春，三月，用鐵錢。每十錢，以鐵錢六權銅錢四而行，其後銅錢遂廢，民間止用鐵錢。末年銅錢一，直鐵錢十。比國亡，諸郡所積銅錢，六十七萬緡。（陸氏南唐書，紀三，後主本紀）

後蜀後主明德三年，十二月，丁亥，申嚴錢禁。（十國春秋，四十九，後蜀後主本紀）廣政十八年，募兵既多，用度不足，始鑄鐵錢，権境內鐵器，以專其利。（仝上。原注引會要隆平集云：孟昶聞世宗下秦鳳，憂不自安，多積芻粟，以鐵為錢，禁民私用鐵，而自鬻器以專利，民甚苦之。　又見十國春秋，五十四，後蜀田淳傳）二十五年，行用鐵錢。初鐵錢多於外郡邊界參用，每錢千，凡四石為銅，六石，（原作百，今依文義改。）為鐵。至是流入成都，率銅錢十分，雜鐵錢一分。大盈庫錢，往往有鐵錢相混，蓋鐵之精工，與銅錢相類也。（仝上，後主本紀）

南漢高祖乾亨二年，以國用不足，鑄鉛錢，十，當銅錢一。（南漢紀，二，高祖本紀）後主乾和後，多聚銅錢，城內用鉛，城外用銅，禁其出入，犯者抵死。俸祿非特恩不給銅錢。（仝上，卷五，後主紀）

楚武穆王同光三年，湖南地故產鉛鐵，川都軍判官高郁策鑄鉛錢，以十當銅錢一。已又鑄鐵錢，圍六寸，文曰「乾封泉寶，」用九文為貫，以一當十。（十國春秋，六十七，楚武穆王世家）天成四年，夏四月，下教國內：銅錢一，直鉛錢百。（仝上）

閩高祖貞明二年，鑄鉛錢，與銅錢並行。（十國春秋，九十，閩高祖世家）龍德二年，鑄大鐵錢，以開元通寶為文，仍以五百文為貫。（仝上）景宗改元永隆，鑄大鐵錢，以一當十。（五代史，六十八，閩世家王延羲）永隆四年，鑄「永隆通寶」大鐵錢，一當鉛錢百。（十國春秋，九十二，閩景宗本紀）

九　災患

五季雲擾，在位者以權利相爭，兵戈相結，不恤政務。於是旱、蝗、火諸災，相繼不輟。雖曰天災，亦人禍也。志災患。

甲　水災風雹

梁太祖開平四年，青宋輩亳水。（五代會要，十一，水溢）乾化元年，宋州大水。（五代史，十三，梁康王全昱傳）

唐莊宗同光二年，秋，水災。（通考，二九六，物異考二，水災）三年，六月至九月大雨，江河決壞民田。七月，洛水泛漲，壞天津橋，漂逝河廬舍，艤舟為渡，覆沒者日有之。鄴都奏：御河漲於石灰窰口，開故河道，以分水勢。鞏縣河決，沖注倉廒。（五代會要，十一，水溢）是時大水四方，地連震，流民殍死者數萬人，軍士妻子，皆採稆以食。（五代史，二十八，豆盧革傳）京師乏食尤甚。（仝上，五十四，李琪傳）四年正月勅：自京以東，幅員千里，水潦為沴，流汴漸多。（五代會要，十一，水溢）明宗長興三年七月，諸州大水，宋亳潁尤甚。（通考，二九六，異物考二，水災）

晉高祖天福四年七月，西京大水。伊洛瀍澗皆溢，壞天津橋。八月，河決博平，甘陵大水。（五代會要，十一，水溢）六年，九月，河決於滑邪，一漑東流，居平（平，原文）登邱，家為水所隔。兗州奏：河水東流，濶七十里，水勢南流，入脊河及揚州河。（仝上）出帝開運元年，六月，黃河洛河泛溢，壞堤堰。鄭州原武滎澤縣界，河決。（仝上）二年，六月，河決魚池，大饑，羣盜起。秋七月，大雨水。河決揚劉朝城武德。八月，辛酉，河溢歷亭。九月，河決澶滑懷州，大雨霖。河決臨黃。冬十月，河決衛州。丙寅，河決原武。（五代史，九，晉出帝本紀）是秋天下大水，霖雨六十餘日。饑殍盈路，居民折（一作拆）屋以供爨，剉藁席以秣馬牛。杜重威兵行泥潦中，調發供饋，遠近愁苦。（仝上，五十二，杜重威傳）

漢高祖天福中，黃河決溢，京師大風拔木，壞城門。（五代史，三十，李業傳）隱帝乾祐元年四月，河決原武。五月，河決滑州。（仝上，十，漢隱帝本紀）三年，六月，癸卯，河決原武。（仝上）

周太祖廣順二年，七月，暴風雨。京師水深二尺。壞牆屋不可勝計。諸州皆奏大雨，所在河渠泛害稼。（五代會要，十一，水溢。）三年，六月，諸州大水。襄州漢江泛溢，壞羊馬城。大城內水深一丈五尺，倉庫漂盡，居人溺者甚衆。（仝上）

南唐烈祖昇元六年，正月，都下大水。秦淮溢。（陸氏南唐書，紀一，烈祖本紀）六月，常宣歙三州大雨漲溢。（仝上）

前蜀王建未建國，唐昭宗天復二年，大水。嘉州漂蕩尤

甚。（十國春秋，三十五，前蜀高祖本紀上）

後蜀後主明德二年，秋七月，閬州大百（百，原文。）雹如鷄子，鳥雀皆死。暴風飄船上民屋。（十國春秋，四十九，後蜀後主本紀）廣政元年，八月，大水。（仝上）是歲國中大水。（仝上）十五年夏六月，大雨雹，岷江大漲，鎖塞龍處鐵柱頻撼。丁酉，大水入成都，壞延秋門，漂沒千餘家，溺死五千餘人，衝毀太廟四室，及司天監。（仝上）十二月，天雨毛。（仝上）二十六年，四月，遂州方義縣雨雹，大如斗。五十里內飛鳥六畜皆死。（仝上）

吳越錢鏐未建國，唐昭宗光化三年，八月，庚申，龍鬬於浙江，因過於郛郭，壞廬舍，或吸居人浮空而去，數里方隕，亦有死者。（吳越備史，一，武肅王）天復二年，三月，癸丑至乙卯，浙右大雪盈丈，雪氣如煙而味苦、二月，浙右又大雪，江海氷。（十國春秋，七十七，吳越武肅王世家上）四年，九月，壬戌，朔，大風，寒如仲冬。浙東西大雪。癸酉，平地雪丈餘。（仝上）寶正元年，大水，中吳軍尤甚。水中生米，大如豆，民取食之。（仝上，七十八，武肅王世家下）四年，七月，台州大水。（仝上）文穆王應順元年，正月，大雪，平地五尺。（吳越備史，二，文穆王）天福二年，二月，己酉，暴風雨自西北起，連日。（十國春秋，七十九，吳越文穆王世家）五年，姑蘇吳興嘉禾三郡大水。（吳越備史，二，文穆王世家）六年，國內水，水民就食南唐境內。（十國春秋，十五，南唐烈祖本紀）忠懿王建隆三年，七月，壬戌，大風拔木。（吳越備史，四，大元帥吳越國王）

北漢英武帝天會十六年，十二月，乙卯，大雨雪。是歲大饑。（十國春秋，一百五，北漢英武帝本紀）

乙　旱蝗

梁太祖開平元年，六月，許陳許蔡潁五州蝝生，有野禽羣飛蔽空，食之皆盡。（五代會要，卷十一，蝗）

唐莊宗同光六年，九月，鎮州奏：飛蝗害稼。（五代會要，卷十一，蝗。）

晉高祖天福六年，是歲鎮州大旱蝗。安重榮聚饑民數萬，驅以向鄴。是冬大寒，潰兵饑凍及見殺無子遺。（五代史，五十一，安重榮傳）七年，閏三月，天興蝗食麥。（仝上，八，晉高祖本紀）四月，山東河南關西諸羣（羣，原文）蝗害稼。（五代會要，十一，蝗。）出帝天福八年，四月，天下諸道州飛蝗害稼，食草木葉皆盡。詔州縣長吏捕蝗。（仝上）五月，以旱蝗大赦。（五代史，九，晉出帝本紀）是時天下旱蝗，民餓死者歲十數萬。（仝上，二十九，景延廣傳）開運二年，五月，旱。（仝上，九，晉出帝本紀）三年，是時河北用兵，天下旱蝗，民餓死者百

萬計。（仝上，十七，晉高祖孫延暉傳）

漢高祖大福中，天下旱蝗。（五代史，三十，李業傳）隱帝乾祐元年，五月，魚池旱蝗。（仝上，十，漢隱帝本紀）七月，青鄆襄齊濮沂密邢曹，皆言蝝生。（五代會要，十一，蝗。）二年，五月，博州奏：有蝝生，化爲蝶飛去。宋州奏：蝗一夕抱草而死，差官祭之。（仝上）

吳睿帝太和四年，鍾山之陽，積飛蝗尺餘厚，有數千僧，白晝聚首啗之盡。（十國春秋，三，吳睿帝本紀。）

南唐烈祖昇元六年，大蝗自淮北蔽空而至。（陸氏南唐書，烈祖本紀）元宗保大四年，九月，淮南蟲食稼，除民田稅。（十國春秋，十六，南唐元宗本紀）九年，三月，淮南飢。（仝上）十年，是歲大旱。（仝上）十一年，夏六月至秋七月不雨，井泉竭涸，淮流可涉。旱蝗，民饑，流入北境者相繼。（仝上）十二年，自前年八月不雨，至於三月，民大饑，疫死者大半。下令郡縣煮粥以食之。（馬氏南唐書，二，嗣主書）後主開寶六年，江南饑。（十國春秋，十七，南唐後主本紀）

前蜀王建未建國，唐昭宗天復四年，大旱，褒梁之境，赤地數千里，民有相食者。山中竹無巨細，皆放花結實，民采之舂米而食，賴之存活。（十國春秋，三十五，前蜀高祖本紀上）後主乾德四年，五月不雨，至九月，林木皆枯，千里赤地，所在盜起。（仝上，三十七，前蜀後主本紀）

後蜀高祖天成四年，春大饑，米斗錢四百文。（十國春秋，四十八，後蜀高祖本紀）後主廣政四年，夏四月，蝗。（仝上，四十九，後蜀後主本紀）二十四年，自春至於夏，無雨，螟蝗見。（仝上）

楚衡陽王長興三年，秋七月。湖南大旱。（十國春秋，六十八，楚衡陽王世家）恭孝王保大九年，湖南饑。（仝上，六十九，楚恭孝王世家）

吳越錢鏐未建國，自唐昭宗乾寧元年仲冬不雨，至三年五月乃雨。（吳越備史，一，武肅王）武肅王寶正三年，大旱，有飛蝗蔽日而飛，晝爲之黑，庭戶衣幌，悉充塞。（十國春秋，七十八，吳越，武肅王世家）忠懿王廣順三年，境內大旱，邊民有鬻男女者。（仝上，八十一，吳越忠懿王本紀）建隆二年，自五月不雨，至於七月。（仝上）三年，五月，東陽信安新定三郡民災。（吳越備史，四，大元帥吳越國王）

丙　火災地震

後唐明宗天成（原作誠）四年，十一月，汝州火，燒羽林軍營五百餘間。（五代會要，十一，火）長興三年，四月，汴州封禪寺門上，忽有火起，延燒近寺廬舍相次，崇福縣亦火。（仝

上）

晉高祖天福三年，十一月，襄州奏，火焚居民（居民，原文。）千餘家。（五代會要，十一，火）

吳睿帝太和四年，國中水火屢災，兵民困苦。（十國春秋，三，吳睿帝本紀）

南唐烈祖昇元六年，正月，東都火，焚數千家。（陸氏南唐書，紀一，烈祖本紀）元宗保大十一年三月，金陵火逾月，焚官寺民廬數千間（仝上，紀二，元宗本紀）十五年十二月，都城大火，一日數發。（十國春秋，十六，南唐元宗本紀）

後蜀後主明德三年，春三月，地震。（十國春秋，四十九，後蜀後主本紀）廣政元年冬，十月，地震。屋柱盡搖，凡三日。（仝上）二年夏六月，地震，洶洶有聲。（仝上）三年，冬十月，地震從西北來，聲如暴風急雨之狀。（仝上）五年，春正月，地震。（仝上）十月，地震，摧民居百數。（仝上）十四年，十月，地震。民居摧毀者百餘所。（仝上）十五年，冬十一月地震。（仝上）

吳越武肅王寶正四年，是歲所在地震，有壞廬舍者。（十國春秋，七十六，武肅王世家下）忠懿王顯德五年，夏四月，辛酉，城南火，延於內城，官府廬舍幾盡，被火燬者凡一萬七千餘家。（仝上，八十一，吳越忠懿王世家上）建隆三年九月，庚戌，本境地震，聲如雷。（吳越備史，四，大元帥吳越國王）乾德二年春正月，戊寅，朔，大雨震電。（十國春秋，八十一，吳越忠懿王世家上）

荊南武信王天成二年，冬十月癸未，地震。（十國春秋，一百，荊南武信王世家）

引用書目凡僅參考而未引用者不備列

歐陽修新五代史，四部備要本
吳任臣十國春秋，海虞錢氏澈石山房本
馬端臨文獻通考，卷三，四，九，十七，二十三，一六六，二九六。商務印書館影印乾隆二年御刻本
王溥五代會要，武英殿聚珍叢書本
路振九國志，粵雅堂叢書本
馬令南唐書，涵芬樓影印本
陸游南唐書，涵芬樓影印本
吳蘭修南漢記，嶺南遺書本
范坰林禹吳越備史，涵芬樓影印本
張唐英蜀檮杌，碎錦彙編本
周羽沖三楚新錄，碎錦彙編本
陶穀清異錄，惜陰軒叢書本
史虛白釣磯立談，知不足齋叢書本

新唐書劉晏傳箋註

陳晉

劉晏，字士安，曹州南華人。

通鑑（卷二二一頁十七注），南華本漢離狐縣，歷代不更名，天寶元年，更名南華縣，屬曹州。（按曹州在今山東曹縣西北六十里。南華在今山東濮縣西北。）

玄宗封泰山。（按開元十三年）晏始八歲，獻頌行在。帝奇其幼，命宰相張說試之。說曰：「國瑞也」。卽授太子正字。公卿邀請旁午，號神童，名震一時。

舊書（卷一二三劉晏傳頁一），年七歲，舉神童，授秘書省正字。

全唐文紀事（卷六〇頁五引開天傳信錄），開元初，上勵精理道，鏟革訛弊，不六七年，天下大治。是時劉晏年八歲，獻東封書，上覽而奇之，命宰相出題就中書試驗。張說源乾曜等咸寵薦。

鄭處誨明皇雜錄（頁一四），元宗御勤政樓，大張樂，羅列百妓，時教坊有王大娘者，喜戴百尺竿，竿上施木山，狀瀛州方丈，令小兒持絳節，出入於其間，歌舞不輟。時劉晏以神童爲秘書正字，年方十歲，形狀獰劣，而聰悟過人。元宗召於樓中簾下，貴妃置於膝上，爲施粉黛，與之巾櫛。元宗問晏曰：「卿爲正字，正得幾字」。晏曰：「天下字皆正，惟朋字未正得」。貴妃復令詠王大娘戴竿。晏應聲曰：「樓前百戲競爭新，惟有長竿妙入神，誰得綺羅翻有力，猶自嫌輕更著人」。元宗與貴妃及諸嬪御歡笑移時，聲聞於外，因命牙笏及黃文袍以賜之。

李繁李泌傳（頁一），開元十六年，元宗御樓大酺夜，於樓下置高座名三教講論……元宗方與張說觀棊，中人抱泌（按李泌）至。俶（按員俶，時年九歲）與劉晏（按如開元十三年，晏爲八歲，是時年當十一），偕在帝側。

天寶中，累調夏令（按夏卽今山西夏縣），未嘗督賦，而輪無逋期。舉賢良方正，補溫令，所至有惠利可紀，民皆刻石以傳，再遷侍御史。祿山亂，（按天寶十四載）避地襄陽。（按當今湖北襄陽）永王璘署晏右職，固辭。移書房琯論封建與古異，今諸王出深宮，一旦望桓文功，不可致。詔拜度支郎中，兼侍御史，領江淮租庸事。晏至而璘反。（按時天寶十五載、是年肅宗改元至德）乃與採訪李使希言謀拒之。希言假晏守餘杭。（按當今浙江杭縣）會戰不利，走依晏。晏為陳可守計，因發義兵堅壁。會王敗，欲轉略州縣，聞晏有備，遂自晉陵（按當今江蘇武進）西走，終不言功。召拜彭原（按當今甘肅寧縣）太守，徙隴華二州刺史。（按隴州即今陝西隴縣，華州即今陝西華縣）

舊書（卷一二三頁一），累授夏縣令，有能名。歷殿中侍御史，遷度支郎中，杭隴華三州刺史（按杭州當今浙江杭縣）。

太平廣記（卷三三六頁五，六引廣異記）岐州（按岐州在今陝西鳳翔縣南）土賊欲僭僞號，署置百官，覘（宇文覘）有名，被署中書舍人。賊尋被官兵所殺，覘等七十餘人，繫州獄，……尋而詔用劉晏為隴州刺史。翌日奏曰：「點汙名賢，皆未相見所由，但以為逆所引，悉皆繫獄。臣至三十日，請一切釋免」，上可其奏。晏至州上，畢悉召獄囚宣出放之、

遷河南尹。（按河南府當今河南洛陽）時史朝義盜東都。（按東都即今河南洛陽縣治）乃治長水。（按長水在今河南盧氏縣東南七十里）進戶部侍郎，兼御史中丞，度支鑄錢鹽鐵等使。京兆尹鄭叔清李齊物坐殘摯罷。詔晏兼京兆尹。總大體不苛，號稱職。

舊書（卷一二三頁一），時史朝義盜據東都，寄理長水，入為京兆尹。頃之，加戶部侍郎兼御史中丞判度支，委府於司錄張群杜亞，綜大體，議論號為稱職。

山堂肆考商集（卷一六頁七）唐劉晏，字士安，為京兆尹，總大體不苛細，寬猛相濟，吏民安之。

通鑑（卷二二二頁一七）上元元年五月癸丑，以京兆尹南華劉晏為戶部侍郎充度支鑄錢鹽鐵等使。（原注，鹽鐵使乾元元年以命第五琦。會要：開元二十五年監察御史羅文信充諸道鑄錢使。其後楊國忠相繼為之。）晏善治財利，故用之。

會司農卿嚴莊下獄，已而釋。誣劾晏漏禁中語。宰相蕭華亦忌之，貶通州刺史。

通鑑（卷二二二頁九）上元二年建子月壬午朔，……或告鴻臚卿康謙與史朝義通，事連司農卿嚴莊，俱下獄。京兆尹劉晏遣吏防守莊家。上尋勑出莊引見。莊怨晏，因言與臣言，常道禁中語，矜功怨上。丁亥，貶晏通州刺史。（原注，通州通川郡，漢宕渠縣地。舊志通州京師西南二千五百里）（按通州當今四川達縣）。

舊書（卷一二三頁一）無何，爲酷吏敬羽所構，貶通州刺史。

代宗立，復爲京兆尹，戶部侍郎，領度支鹽鐵轉運鑄錢租庸使。

通鑑（卷二二二頁九），上元二年建子月戊子，御史中丞元載爲戶部侍郎，充勾當度支鑄錢鹽鐵兼江淮轉運等使。……數月遂代劉晏，專掌財利。

舊書（卷一一八頁一），載以度支轉運使職務繁碎，負荷且重，慮傷名，阻大位。素與劉晏相友善，乃悉以錢穀之務委之，薦晏自代。

舊書（卷四九頁三），是時（按寶應元年）朝議以寇盜未戢，關東漕運，宜有倚辦。遂以通州刺史劉晏爲戶部侍郎京兆尹度支鹽鐵轉運使；鹽鐵兼漕運，自晏始也。（按元載已先兼此兩職）。

舊書（卷一一頁三）寶應元年六月壬申（按通鑑卷二二二頁一七作乙亥）以通州刺史劉晏爲戶部侍郎兼御史大夫京兆尹，充度支轉運鹽鐵諸道鑄錢等使。

通鑑（卷二二二頁二一），寶應元年十一月巳丑，以戶部侍郎劉晏兼河南道（按河南道占今河南山東之大部與江蘇安徽兩省之一部）水陸轉運都使。（原注，睿宗先天二年，以李傑爲陝州刺史充水陸運使，水陸運使，自此始也。至開元二年，傑除河南少尹，充水陸運使。天寶十二載，陝郡太守崔無詖充使，楊國忠充使，水陸轉運都使始此）。

晏以戶部讓顏真卿（舊書卷一二三頁一，時顏真卿以文學正直出爲利州刺史）。改國子祭酒。又以京兆讓嚴武。卽拜吏部尚書，同中書門下平章事，使如故。

舊書（卷一一頁四）寶應二年（按是年改元廣德）正月，（按新紀作癸未）國子祭酒兼御史大夫京兆尹劉晏爲吏部尚書同中書門下平章事，[illegible]諸使如故。

唐大詔令集（卷四五頁八），劉晏平章事制：「構廣厦者，審象於宏材；經萬邦者，注意於良弼。自非道符夢卜，名冠簪裾；何以永副虛求，式諧時望。銀靑光祿大夫國子監祭酒兼御史大夫京兆尹判度支句當度支等使上柱國彭城縣開國伯劉晏，應期生德，維岳降賢。文爲君子之儒，器蘊通人之量。學苞前典，志在於直方；詞蔚古風，義存於比興。自兼京劇，職總均輸，變而能通，弘適時之務；居難若易，多濟物之心。頃者，戎事方殷，軍賦惟錯；率皆倚辦，每竭推誠。寇難初夷，皇猷咨芻。周王佐國，必自於天官；漢代登台，咸由於亞相。宜膺選象之舉，用成亮采之功。可金紫光祿大夫吏部尚書同中書門下平章事，進封彭城郡開國公，食邑二千戶，勳及度支等使並如故」。(廣德元年五月？)

會要(卷二三頁一四)，寶應二年五月四日，吏部尚書劉晏奏：「諸色祠祭，委禮儀使撰禮料為常式。祭前點檢祭器及饌物明衣有不在者，所由量事料決。其行事官，若出齋宮及不到，明衣及料不得妄」。制曰可。

全唐詩(卷四頁九三)，劉晏享太廟樂章，「漢祚惟永，神功中興；夙驅氛祲，天覆黎蒸；三光再朗，庶績其凝；重熙累葉，景命是膺」。

舊書(卷一一八頁二)，廣德元年，「元載」與宰臣劉晏裴遵慶同扈從至陝(按當今河南陝縣)。

新書(卷六頁七)，廣德元年十二月辛未，劉晏宣慰上都。

坐與程元振善，罷為太子賓客。俄進御史大夫，領東都河南江淮轉運租庸鹽鐵常平使。

舊書(卷一一頁六)，廣德二年正月癸亥，吏部尚書同平章事度支轉運使劉晏為太子賓客，……能知政事。

舊書(卷一二三頁一)，坐與中官程元振交通，元振得罪，晏能相，為太子賓客。尋(按廣德二年三月己酉)授御史大夫，領東都河南江淮山南等道轉運租庸鹽鐵使如故。

通鑑(卷二二三頁一三)，廣德二年三月庚戌，又命晏與諸道節度使均節賦役，聽使宜行，畢以聞。

唐大詔令集(卷一一五頁八)，遣劉晏宣慰諸道敕：「歲之不易，征伐繁興，河洛蕭然，江外尤劇。供上都之國用，給諸道之軍須；庶物徵求，未遑少息；火耕水耨，夏葛冬裘；尤饋運而屢空，壹戎衣而不足。農人勞而轉困，編戶流而卒歸。自北之化未遠，大東之詞方切。君為心也，朕甚痛焉。今區宇漸寧，凋殘日甚；惕然在躬，姑務息人。懷惸嫠之無告，思省方以親問。時邁未可，日昃增勞，載懷鴻雁之詩，用解吾人之慍。必資循行，以周爰咨諏，皇皇者華，以申喻朕志。宜令太子賓客兼御史大夫劉晏往諸郡宣慰：應百姓有徵科煩重，人戶逃亡，及水旱所損，不能支濟者，並與本道節度使計會蠲削安全，以逐便處置。訖，具狀上奏。官吏之政，在邦必聞；知無不為，公道斯在。其租庸使刺史縣令錄事參軍，有精於政理，賦均役平，州縣之間，稱為良吏者，具名以奏，別有甄異；如或殘忍慢法，貪汚贓官，有害於人，不應時務者，具狀以聞，仍與本道節度使觀察使計會按舉。四海至廣，九重至深。思使下情上通，常令上旨下達。務於審愼，朕之意焉」。

全唐文（卷四一頁三、四），代宗遣劉晏宣慰河南淮南制：「勅，書曰：元后作人父母，又曰，一夫不獲，則曰時予之辜。政或不平，訟或不理；則人受其弊，氣生其災，嗚咻連聲，愁苦無告；州縣長吏，莫之省憂；念茲疚懷，中夜三嘆。朕以不德，託於人上。永言理道，敢不勵精。然自兵亂一紀，事殷四方；耕夫困於軍旅，織婦病於餽餉；欲求無事，豈可得乎？致令戶口減耗，十無一二，而河南淮南（按淮南道古今安徽江蘇兩省大江以北大部與河南湖北之一部，治揚州。）又甚諸道。得非萬乘補卒之數，急賦橫稅之煩，致使逭駭匪寧，流庸不復。兼亦視人之職，少有政術稱者，其於賦役，多患不均：懸室懸家，皆籍其穀；無衣無褐，亦調其庸。雖節制廉察，皆務令條理；而貪官冒法，未絕姦源。誅求無厭，鰥寡重困，永歎遐想，過實在予。巡撫之寄，資於碩德；某官某相府之傳，道在安人。自河之南，天下之半，底愼財賦，衣食京師，久於倚任，多所宏濟。因其旋南，將命攸屬，所至之處，宜示詔書；撫將校之勤勞，問黎元之疾苦，事有未便、法或不行，委之釐革，歸於允當。或假其征術，私有聚斂；或託以貢獻，公然乾沒：厚取於人，歸怨於上，虧損時化，朕實憮焉。宜委某與節度觀察，切加疏理，勿令寃濫，以副憂勞。其官吏有犯，使禁身推問，具狀聞奏；當峻刑典，以息貪殘」。（按此制之年待考，姑附于此）

時大兵後，京師米斗千錢；禁膳不兼時，甸農挼穗以輸。

舊唐書（卷一二三頁二），時新承兵戈之後，中外艱食，京師米價，斗至一千，宮廚無兼時之積，禁軍乏食，畿縣百姓，乃挼穗以供之。

晏乃自案行，浮泗（按泗水，由今山東泗水縣，經江蘇沛縣銅山縣東南流入淮河，即當下流大運河之一部）達於汴（按汴水爲隋煬帝開鑿之通濟渠，由河南河陰縣分流於黃河，由開封縣城內東南經商邱縣而至安徽泗縣南，入淮河，今漸堙廢。）入于河。右循底柱硤石，（按底柱山在今河南陝縣東南十里。硤石在今河南孟津縣西二十里）觀三門遺迹（按三門山在今河南武安縣西北八十里），至河陰鞏洛，（按河陰在今河南河陰縣東。鞏當今河南鞏縣，洛在今河南鞏縣北洛水之黃河口。）見宇文愷梁公堰（翁注困學紀聞卷一六頁二二引通典，汴口堰在河陰縣西二十里，又名梁公堰。隋開皇七年使梁睿增築漢古堰，遏河入汴。原注：會要，開元二年，李傑奏汴州東有梁公堰，堰破漕梗。發汴鄭丁夫浚之。省功速就，刻石水濱，紀其績）。厮河爲通濟渠，視李傑新陸，盡得其病利。

舊書（卷一二三頁一），晏受命後，以轉運爲己任，凡所經歷，必究利病之由。

然畏爲人牽制，乃移書於宰相元載，以爲「大抵運之利與害，各有四：京師三輔，苦稅入之重，淮湖粟至，可減徭賦半，爲一利。東都彫破，百戶無一存，若漕路流通，則聚落邑廛，漸可還定，爲二利。諸將有不廷，戎虜有侵盜，聞我貢賦輸錯，軍食豐衍，可以震耀夷夏，爲三利。若舟車既通，百貨雜集，航海梯嶠，可追貞觀永徽之盛，爲四利。起宜陽，熊耳，虎牢，成皋（按宜陽當今河南宜陽縣。熊耳山在今河南宜陽縣西百里。虎牢在今河南汜水縣西。成皋在今河南汜水縣西北。）五百里，見戶纔千餘；居無尺椽，爨無盛煙，獸游鬼器；而使轉車輓漕，功且難就，爲一病。河汴自寇難以來，不復穿治，崩岸滅木，所在廞淤；涉泗千里，如罔水行舟，爲二病。東垣，底柱，澠池，北河（按東垣在今河南新安縣東，澠池當今河南澠池縣，北河待考，底柱已見前註。）之間六百里，戍邏久絕，奪攘姦宄，夾河爲藪，爲三病。淮陰去蒲坂（按淮陰在今江蘇淮陰縣南，蒲坂在今山西永濟縣東南五里。）亘三千里。屯壁相望，中軍皆鼎司元侯。每言衣無纊，食半菽；輓漕所至，輒留以饋軍；非單車使者，折簡書所能制，爲四病」。

舊書（卷一二三頁一、二），至江淮，以書遺元載曰：「浮于淮泗，達于汴，入于河，西循底柱硤石少華（按少華山在今陝西華縣南十里）。楚帆越客，直抵建章長樂（按建章宮在今陝西長安縣上林苑中，長樂宮在今陝西長安縣西十里）。此安社稷之奇策也。晏賓于東都，猶有官謗，相公終始故舊，不信流言；賈誼復召宣室，弘羊重與功利，敢不悉力，以答所知。驅馬陝郊，見三門渠津遺迹。到河陰鞏洛，見宇文愷置梁公堰，分黃河水入通濟渠，大夫李傑新堤故事，飾像河廟，凜然如生。涉滎郊浚澤，遙瞻淮甸，步步探討，知昔人用心。則潭衡桂陽（按潭州當今湖南長沙縣，衡州當今湖南衡陽縣，桂陽當今湖南郴縣）必多積穀，關輔汲汲，只緣兵糧漕引，瀟湘洞庭萬里，幾日淪波，掛席西指長安，三秦之人，待此而飽，六軍之衆，待此而強。天子無側席之憂，都人見泛舟之役。四方旅拒者，可以破膽，三河流離者，於茲請命。相公匡戴明主，爲富人侯，此今之切務，不可失也。使僕湔洗瑕穢，率罄愚懦，當憑經義，請護河隄，宜勸在官，不辭水死。然運之利病，各有四五焉。晏自尹京，入爲計相，共五年矣。京師三輔，百姓苦稅畝傷多。若使江、湖米來，每年三二十萬，即頓減徭賦，歌舞皐澤，其利一也。東都殘毀，百無一存，若米運流通，則饑人皆附村落，邑廛從此滋多，命之曰，引海陵（按海陵當今江蘇泰縣）之倉，以食鞏洛，是計之得者二也。諸將有在邊者，諸戎有侵敗王略者，或聞三江五湖，貢輸紅粒，雲帆桂楫，輸納帝鄉。軍志曰，先聲後實，可以震耀夷夏，其利三也。自古帝王之盛，皆云書同文，車同軌，日月所照，莫不率俾。今舟車既通，商賈往來，百貨雜集，航海梯山，聖神輝光，漸近貞觀永徽之盛，其利四也。所可疑者，函陝凋殘，東周尤甚。過宜陽熊耳，至武牢（按武牢應作虎牢）成皐，五百里中，編戶千餘而已。居無尺椽，人無煙爨，蕭條悽慘，獸遊鬼哭，牛必羸角，輿必說（疑脫誤）輹，機車輓漕，亦不易求。今於無人之境，興此勞人之運，固難就矣，其病一也。河汴有初不修則毀澱，故每年正月發近縣丁男，塞長茭，決沮淤。清明桃花已後，遠水自然安流。陽侯宓妃，不復太息。頃因寇難，總不掏拓，澤滅水，岸石崩，役夫需於沙，津吏旋於濘，千里洄上，罔水舟行，其病二也。東垣底柱澠池二陵，北河運處五六百里，戍卒久絕，縣吏空拳，奪攘姦宄，窟穴囊橐，夾河爲藪，豺狼狺狺，舟行所經，寇亦能往，其病三也。東自淮陰，西臨蒲坂，亘三千里，屯戍相望，中軍亦鼎司元侯，賤卒儀同靑紫，每云食半菽，又云無挾纊，輓漕所至，船到便留，即非單車使折簡書所能制矣。其病四也。惟小子畢其慮奔走之，惟中書詳其利病裁成之。晏累年已來，事缺名毀，聖慈含育，特賜生全。月餘家居，遽即臨遣，恩榮感功，思殞百身。見一水不通，願荷鍤而先往；見一粒不運，願負米而先趨；焦心苦形，期報明主，丹誠未克，漕引多虞，屛營中流，掩泣獻狀」。

載方內擅朝權，既得書，即盡以漕事委晏，故晏得盡其才。

通鑑（卷二二三頁一三），自喪亂以來，汴水堙廢，漕運者自江漢抵梁洋，迂險勞費。（原註，自安祿山作亂，關洛路阻，漕運泝江入漢，抵梁洋，故汴渠堙廢不治。）〔廣德二年〕三月己酉，以太子賓客劉晏爲河南江淮以東轉運使，議開汴水。

舊書（卷四九頁四）、廣德二年，復以第五琦專判度支鑄錢鹽鐵事，而晏以檢校戶部尚書，爲河南及江淮已來（按來爲東之誤）轉運使，及與河南副元帥計會開決汴河。

舊書（卷一一頁七），廣德二月己未，第五琦開汴河。（按二月是命，並未果行，三月始專責劉晏；及晏請開汴時，第五琦已專判度支鑄錢鹽鐵事，故開汴事，實與第五琦無預也。）

新書（卷五三頁三），廣德二年，廢句當度支使，以劉晏頗領東都河南淮西江南東西（按江南東道爲今江蘇安徽兩省大江以南與浙江福建等地。江南西道占今江西湖南兩省地方。）轉運，租庸，鑄錢，鹽鐵，轉輸；至上都，度支所領諸道租庸觀察使，凡漕事亦皆決於晏。

歲輸始至，天子大悅，遣衛士以鼓吹迓東渭橋。馳使勞曰：「卿，朕酇侯也」。凡歲致四十萬斛。自是關中雖水旱，物不翔貴矣。

新書（卷五三頁三），肅宗末年，史朝義兵，分出宋州，（按宋州當今河南商邱縣）淮運（按淮河發源河南桐柏縣，東流經安徽鳳陽兩縣北，過江蘇淮南縣北，漣水縣南，東北流入海。）於是阻絕。租庸鹽鐵，泝漢江（按漢江卽漢水，發源陝西寧羌縣東南，入湖北襄陽縣，由漢口市注入大江）而上。河南尹劉晏爲戶部侍郎，兼句當度支轉運鹽鐵鑄錢使。江淮粟帛，繇襄漢（按襄卽襄州，在今湖北襄陽縣，漢卽漢口，在今湖北武昌縣西。）越商於（按商於城在今河南內鄉縣西。）以輸京師。及代宗出陝州，（按陝州當今河南陝縣）關中空窘，於是盛轉輸以給用。

舊書（卷四九頁四），晏掌國計，復江淮轉運之制，歲入米數十萬斛，以濟關中。（按關中卽今陝西地治長安縣）

舊書（卷四九頁三、四），「廣德二年」晏始以鹽利爲漕傭，自江淮至渭橋，率十萬斛，七千緡。（按會要卷八七頁二作傭七千緡）補綱吏督之，不發丁男，不勞郡縣，自古未之有也。

通鑑（卷二二六頁一四），先是運關東穀入長安者，以河流湍悍，率一斛得八斗，至者，則爲成勞，受優賞。晏以爲江、汴、河、渭，水力不同，各隨所宜，造運船，教漕卒。

新書（卷五三頁三），時轉運船，繇潤州（按潤州當今江蘇鎭江縣）陸運至揚子，（按揚子在今江蘇儀徵縣東南十五里。）斗米費錢十九，晏命囊米而載以舟，減錢十五。繇揚州（按揚州在今江蘇江都縣四里許。）距河陰（按河陰見前注）斗米費錢百二十，晏爲「歇艎支江船」二千艘，每船受千斛，（王讜唐語林卷一頁一二，劉晏爲諸道鹽鐵轉運使，時軍旅未寧，西蕃入寇，國用空竭，始於揚州轉運，……載江南穀麥，自淮泗入汴，抵河陰。每船載一千石。）十船爲綱。（通鑑卷二二六頁一四，使軍將領之。）每綱三百人，篙工五十八。自揚州遣將部送至河陰上三門。號「上門塡闕船」。米斗減錢九十。調巴蜀襄漢（按巴當今四川巴中縣，蜀當今四川崇慶縣，襄漢見前注。）麻枲竹篠，爲綯挽舟，以朽索腐材代薪，物無棄者。未十年，人人習河險。江船不入汴，汴船不入河，河船不入渭。江南之運積揚州，（原注：江船達揚州入汴。）汴河之運積河陰，（原注，汴船自淸口達河陰），河船之運積渭口，（原注：渭口謂渭水入河之口），（按渭水發源甘肅渭源西、東經陝西鳳翔縣南長安縣北、東至華陰縣注黃河。渭口即在陝西華陰縣。）渭船之運積太倉，（通鑑卷二二六頁一四，其間緣水置倉，轉相受給。）歲轉粟百一十萬石。（通鑑卷二二六頁一四，自是每歲運穀或至百餘萬斛。舊書卷四九頁三，自此歲運米數千萬石。按舊書疑誤）無升斗溺者。

唐語林（卷一頁一二），十運無失，即授優勞官，汴水至黃河迅急，將吏典主，數運之後，無不髮白者。

舊書（卷四九頁四），自淮北列置巡院，搜擇能吏以主之。廣牢盆以來商賈，凡所制置，皆自晏始。

新書（卷五三頁三），輕貨自揚子至汴州，每馱費錢二千二百，減九百，歲省十餘萬緡。又分官吏主丹陽湖，（按丹陽湖在今江蘇高淳縣西南三十里。）禁引溉。（全唐文卷三七〇頁八、九，劉晏奏隔斷練湖狀：「東都、河南、江淮轉運使檢校戶部尚書兼御史大夫劉晏狀：得刺史韋損丹陽耆老等狀上作湖圖案經，周迴四十里，比被丹徒（按丹徒當今江蘇鎮江縣。）百姓築堤橫截一十四里，開瀆口洩水，取湖下地作田，其湖未被隔斷已前，每正春夏，雨水漲滿，側近百姓，引溉田苗。官河水乾淺，又得湖水灌注，租庸轉運及商旅往來，免用牛牽。若霖雨泛溢，即開瀆洩水，通流入江。自被築隄已來，湖中地窄，無處貯水，橫隄壅礙，不得北流，秋夏雨多，即向南奔注。丹陽、延陵、金壇等縣，（按丹陽即今江蘇丹陽縣。延陵當今江蘇鎮江縣。金壇即今江蘇金壇縣。）良田八九千頃，常被淹浸。稍遇亢陽，近湖田苗，無水瀝灌，所利一百十五頃田，損三縣百姓之地。今已依舊漲水爲湖，官河又得通流，邑人免憂旱澇。奏聞。中書門下牒浙西觀察使與韋損勿使吏令修築，致有妨奪」。永泰二年四月十九日。）自是河漕不涸。大曆八年，以關內豐穰，減漕十萬石，度支和糴以優農。

唐語林（卷一頁一二、一三），晏初議造船，每一船用錢百萬。（通鑑卷二二六頁一四，晏於揚子置十場造船，每艘給錢千緡）或曰：「今國用方乏，宜減其費，五十萬猶多矣」。晏曰：「不然，大國不可以小道理，凡所創置，須謀經久。船場既興，即其間執事者非一，當有贏餘及衆人，使私用無窘，即官物堅固，若始謀使臉削，（校勘記曰，殘本始作使誤）安能長久？數十年後，必有以物料大豐減之者。減半猶可也。若復減則不能用。船場既隳，國計亦圮矣」。（通鑑卷二二六頁一四，晏曰：不然，論大計者，固不可惜小費，凡事必爲永久之處。今始置船場，執事者至多，當先使之私用無窘，則官物堅牢矣。若遽與之厮厮，校計錙銖，安能久行乎？異日必有患，吾所給多而減之者，減半以下猶可也。過此則不能運矣。）乃置十場於揚子縣，專知官十人，競自營辦。後五十餘歲，果有計其餘減至五百千者，是時猶可給。至咸通末，院官杜侍御又以千石船，分造五百石船兩艘，用木廉薄。又執事人吳堯卿爲揚子縣官，變鹽鐵之制，令商人納榷，所送物料，皆計折納。勘每船板釘灰油炭多少而給之。物復騰長。（校勘記曰騰疑騰）軍將十（校勘記曰，殘本十作之，此疑誤）家，即時委弊。（校勘記曰，殘本此下有船場二字下注缺）（按文中所引校勘記俱見唐語林書後所附之校勘記劉晏條。）

通鑑（卷二二六頁一四），及咸通中，有司計費以給之，無復羨餘。（原注，羨，贏也）船益脆薄易壞，漕運遂廢矣。（原注，宋白曰，武德、永徽之後，姜行本、薛大鼎、褚朗皆言漕運未能通濟。後監察御史王師順，請運晉絳之粟于河渭之間，始設漕備倉。開元初，李傑爲水運使，始大興漕運。十八年，裴耀卿以言漕運拜江淮轉運使，以崔希逸、蕭炅爲副。轉運鹽鐵有副使自此始。肅宗初，第五琦以錢穀見，始置江淮租庸使。乾元初，加鹽鐵使，始立鹽鐵法，就山海井竈，收榷其鹽，立鹽院官吏。至劉晏始鹽鐵兼漕運。）

全唐文紀事（卷六七頁一九引澠水燕談錄），晏重修禹廟碑，崔巨文、段季展書。

李肇國史補（頁六），送丞相劉晏之巡江淮，錢起擅場。（南部新書辛項頁一，大曆來，自丞相已下，出使作牧，無錢起、郎士元詩祖送者，時論鄙之。）

文苑英華（卷二七一頁九），錢起送劉相公江淮（集作東萬）催運轉事：「國用資戎事，臣勞爲主憂。將徵任士貢，更發濟川舟。擁傳星還去，過池鳳不留；唯高飲水節，稍淺別家愁。落葉淮邊雨，孤山海上秋；遙知謝公興，微月在江樓」。

通鑑（卷二二三頁一三），唐世推漕運之能者，推晏爲首。後來者，皆遵其法度云。

再遷吏部尚書。

文苑英華（卷三八六頁二），常袞授劉晏吏部尚書制：「門下獻善宣美，職在納言，錄賢任能，必歸冢宰。若萬事之本，舉得其要；一時之才，選當其實。則致理之體，昭然可見矣。簡求碩德，俾之典崇。金紫光祿大夫檢校戶部尚書兼御史大夫，東都、河南、江淮、山東等道轉運常平鑄錢鹽鐵等使上柱國彭城郡開國公劉晏，時傑國楨，高才博學，超詣精理，澹然素懷。禮法之綱紀，人倫之模表。嘗處台弼，以弘訓範，載其清靜，濟我艱難，自勞于外，又竭心力，苟利於國，不憚其煩。頃錢穀轉輸之重，資國家經費之本，務其省約。加以躬親小大之政，必關於慮。出入農里，止舍鄉亭。先訪使安，以之均節。(一作以均節役)事積而不亂，理簡而易從。故得井賦田租，萬億及秭，方舟而下，以給中都，水旱不歉，人懷其惠，可謂盡瘁事國勤勞王家也。思有褒進，屢申退讓。然以官人之任，朝選無踰；籍其參領，用鎮風俗。所總鞏務，一以洎之。中外兼濟，固有餘力。可吏部尚書，餘如故主者施行」。

册府元龜(卷四八三頁一四)，晏…上表懇讓曰：「伏以天官之職，帥在冢卿，任當選士之權，班冠諸曹之首。至審者可以啟事，至明者可以論才。內省無能，何堪就此。且轉輸之物，國家之資，千倉萬庾，陛下之衆也；楇工機師，陛下之人也。縱萬億及秭，達於京師，邦賦獲殷，軍儲充贍，此亦常理，於臣何功。況受任以來，淹引歲月，減耗頗有，委積非多，經費所支，尚貽聖慮。在臣之責，實亦難逃。夙夜惕厲，不遑啟處。豈敢取衆人之力，已以為勞；守臣下之分，因而受遺；速其官謗，紊簡朝經。願廻景光，乞寢前命」。手詔曰：「卿蘊經國之文，懷濟時之略。軍儲是切，轉運攸難。勵以公勤，適於通變。遠疏溝漁，積顯京坻。受獎勤勞，是明賞勸。俾遷六職，彙綜九流。益為撝謙，切陳懇讓，宜從雅旨，所請者依」。

又兼湖南山南東道(按山南東道占湖北省北部與河南省之一部。)轉運常平鑄錢使，與第五琦分領天下金穀。

(按，新書此處敘述甚混淆，晏與第五琦分領錢穀事應在先，而晏再遷吏部事應在後也。)

舊書(卷一一頁一一、一二)，永泰二年正月丙戌，以戶部尚書劉晏充東都、京畿、河南、淮南、江南東西道、湖南、荊南、山南東道轉運常平鑄錢鹽鐵等使，以戶部侍郎第五琦充京畿、關內、河東、劍南西道轉運常平鑄錢鹽鐵等使，至是天下財賦始分理焉。

會要(卷八八頁八)，永泰元年正月，劉晏充東都、淮南東西、湖南、山南東道鹽鐵使。

會要(卷五九頁一〇)，永泰元年正月十三日，劉晏充東都、淮南、浙東西、湖南、山南東道鑄錢使。

玉海(卷一八〇頁二一，鑄錢使條)，永泰元年正月十三日。劉晏、第五琦[分領諸道]。

新書(卷五一頁六)，初轉運使掌外，度支使掌內，永泰二年，分天下財賦鑄錢常平轉運鹽鐵置二使。東都、畿內、河南、淮南、江東西、湖南、荊南、山南東道，以轉運使劉晏領之。京畿、關內、河南、劍南、山南西道，(按山南西道占湖北、陝西、四川各省之一部。）以京兆尹判度支第五琦領之。及琦貶，以戶部侍郎判度支韓滉與晏分治。（按時在大曆五年。）

舊書（卷一一頁一九），大曆四年二月，吏部尚書裴遵慶爲右僕射，劉晏改吏部尚書。

冊府元龜（卷四八三頁一四、一五），大曆四年，以吏部尚書兼御史大夫劉晏充東都、河南、江淮、山南東道，轉運鹽鐵鑄錢使。（按山南東道等使，永泰二年，晏即充任，此時仍繼續，非新領使。）

會要（卷五九頁一〇），大曆四年三月，劉晏除吏部尚書，充東都、河東、淮南、山南東道鑄錢使，五年三月二十六日停。

舊書（卷一二三頁三），大曆四年六月，與右僕射裴遵慶同赴本曹視事，敕尚書增置儲供，許內侍魚朝恩及宰臣已下常朝官，咸詣省送上。

舊書（卷四九頁四），大曆五年，（三月己丑）詔停關內、河東、三川轉運常平鹽鐵使，自此晏與戶部侍郎韓滉，分領關內、河東、山（南）、劍（南）租庸青苗使。至十四年，天下財賦，皆以晏掌之。

通鑑（卷二二四頁一八），大曆五年三月己丑，罷度支使及關內等道轉運常平鹽鐵使，其度支事，委宰相領之。

又知吏部三銓事，推處最殿分明，下皆慴伏。

舊書（卷一一頁二五），大曆八年正月壬申，永平軍節度使檢校右僕射滑州（按滑州即今河南省滑縣）。刺史霍國公令狐彰卒，遺表薦劉晏、李勉代己。（按舊書卷一二四頁三、四，令狐彰傳，臨終手疏辭表誡子以忠孝守節，又舉能自代，表曰：「……臣伏見吏部尚書劉晏及工部尚書李勉，知識忠貞，堪委大事。伏願陛下速令檢校，上副聖心」）。丙子，以工部尚書李勉兼御史大夫滑州刺史充永平軍節度滑亳觀察等使。……八月甲寅，詔吏部尚書劉晏知三銓選事。

載得辠，詔晏鞫之，晏畏載黨盛，（按元載結黨甚夥，其著者爲中使董秀，主書卓英倩、李待榮，陰陽人李季連，及楊炎、王昂、宋晦、韓洄、王定、包佶、徐璜、裴冀、王紀、韓會、卓英璘等。皆以載獄，或死或貶。事俱見新書元載傳。劉晏之進，元載援引之力，亦有足多者。）不敢獨訊，更敕李涵等五人，與晏雜治，王縉得免死，晏請之也。

舊書（卷一一頁三一），大曆十二年三月庚辰，宰相元載、王縉得辠下獄，命吏部尚書劉晏訊鞫之。

舊書（卷一一八頁三），大曆十二年三月庚辰，仗下後，上御延英殿，命左金吾大將軍吳湊收載（元載）、縉（王縉）于政事堂。（通鑑卷二二五頁一一，會有告載、縉有陰圖爲不軌者）……命吏部尚書劉晏訊鞫。晏以載受任樹黨，布于天下，不敢專斷，請他官共事。勅御史大夫李涵、右散騎常侍蕭昕、兵部侍郎袁傪、禮部侍郎常袞、諫議大夫杜亞，同推究其狀。辯罪問端，皆出自禁中。仍遣中使詰以陰事，載、縉皆伏罪。……初晏等承旨縉亦處極刑。晏謂涵曰：「重刑再覆，國之常典，況誅大臣，豈得不覆奏。又法有首從，二人同刑，亦宜重取進止」。涵等咸聽命。及晏等覆奏上，乃減縉罪從輕。（新書卷一四五頁二、三，下詔賜載自盡…其他與載厚善坐貶者，若楊炎…等凡數十百人。）

韋絢嘉話錄（頁一二）、王、元二相下獄。德宗（按時上爲代宗，作德宗誤也。）將用劉晏爲門下，楊炎爲中書，外皆傳說必定。（按時炎方得罪，何能起此傳說，或爲楊姓他人之誤。）……時國舅吳湊見王元事說，因賀德宗而啟之曰：「新相欲用誰」。德宗曰：「劉楊」。湊不語。上曰：「吾舅意如何，言之無妨」。吳湊乃奏常袞及某乙。翌日（按四月壬午）並命拜二人（按常袞及楊綰）爲相，以代王、元。

冊府元龜（卷五〇六頁一二），大曆十二年五月，中書門下奏得蘇州刺史兼御史大夫知臺事李涵，東都、河南、江淮、山南等道轉運使，吏部尚書兼御史大夫劉晏，戶部侍郎專判度支韓滉（按通鑑大曆五年三月己丑罷度支使……其度支事，委宰相領之。而明年韓滉判度支，是度支未幾又恢復矣。）等狀奏革諸道觀察使都團練使及判官料錢等。（下略）

常袞執政，忌晏有公望，乃言晏舊德，當師長百僚，用爲左僕射，實欲奪其權，帝以計務方治，詔以僕射領使如舊。

舊書（卷一一頁三三），大曆十三年十二月丙戌，以吏部尚書劉晏爲左僕射，判使如故。

舊書（卷一二三頁三），時宰臣常袞專政，以晏久掌銓衡，時議平允，兼司儲蓄，職舉功深。慮公望日崇，上心有屬，竊忌之。乃奏晏朝庭舊德，宜爲百吏司長。外示崇重，內實去其權。及奏上，以晏使務方理，代其任者，難其人。使務知三銓並如故。

舊書（卷一二頁二），大曆十四年閏五月丁酉，以戶部侍郎判度支韓滉爲太常卿，吏部尚書劉晏判度支鹽鐵轉運使。初晏與滉分掌天下財賦，至是晏都領之。

通鑑（卷二二五頁二二），先是晏、滉分掌天下財賦。（按時自大曆五年始）晏掌河南、山南、江、淮、嶺南，滉掌關內、河東、劍南。（按關內等道轉運常平鹽鐵使、大曆五年時曾停。其關內等道租庸青苗使，自五年始，由晏、滉分掌。是晏在此時期中，不唯獨掌江南等道轉運等使，尙與洸共掌關內等道租庸事也。）至是晏始兼之。

初晏分置諸道租庸使，愼簡臺閣士專之。時經費不充，停天下攝官，獨租庸得補署，且數百人，皆新進銳敏，盡當時之選。趣督倚辦，故能成功。雖權貴干請，欲假職仕者，晏厚以稟入奉之，然未嘗使親事。是以人人勸職，嘗言士有爵祿，則名重於利；吏無榮進，則利重於名。故檢劾出納，一委士人，吏惟奉行文書而已。所任者雖數千里外，奉敎如目前，頻伸諧戲不敢隱，惟晏能行之，它人不能也。

舊書（卷一二三頁四），凡所任使多收後進有幹能者，其所總領務乎急促，趨利者化之，遂以成風。當時權勢或以親戚爲託，晏亦應之。俸給之多少，命官之遲速，必如其志，然未嘗得親職事。其所領要務，必一時之選，……其部吏居數千里之外，奉敎如在目前，雖寢興宴語，而無欺紿，四方動靜，莫不先知。事有可賀者，必先上章奏。

代宗嘗命考所部官吏善惡，刺史有罪者，五品以上輒繫劾，六品以下，杖然後奏。李靈曜反，河南節帥，或不奉法，擅征賦，州縣益削。晏常以羨補乏，人不加調，而所入自如。

舊書（卷一二三頁三），李靈曜之亂也，（按大曆十一年五月）河東（？）節帥所據多不奉法令，征賦亦隨之。州縣雖益減，晏以羨餘相補，人不加賦。所入仍舊，議者稱其能。

第五琦始榷鹽佐軍興，晏代之，法益密，利無遺入，初歲收緡錢六十萬，末乃什之。計歲入千二百萬，而榷居太半，民不告勤。

新書（卷五四頁一、二），天寶至德間，鹽每斗十錢；乾元元年，鹽鐵鑄錢使第五琦初變鹽法，就山海井竈近利之地，置監院。遊民業鹽者爲「亭戶」，免雜徭，盜鬻者論以法。及琦爲諸州榷鹽鐵使，盡榷天下鹽。斗加時價百錢而出之。爲錢一百一十。（周慶雲鹽法通志卷六九頁七左附珍注：唐時每鹽一斗重五斤【按會要卷六六頁一三，天寶九載二月十四日勅，自今以後，皆以三斤四兩爲斗，鹽並勒斗量。】是未變法以前，斤纔二錢，至琦時，則每斤爲錢二十二文也。顏眞卿傳云眞卿爲河北招討使時，軍費困竭，乃收景城鹽，使諸郡相輸，用度不乏。第五琦方參賀蘭明軍，後得其法，以行軍用饒。惟第五琦傳云琦兼鹽鐵使，當軍興，隨事趣辦，人不益賦，而用以饒。由此觀之，琦之鹽法，蓋源於眞卿也。〔按眞卿之鹽法爲淸河行人李華所創，可參閱全唐文卷五一四殷亮之顏魯公行狀及新書顏眞卿傳。新書李華作李崿。」）自兵起，流庸未復稅賦不足供費。鹽鐵使劉晏以爲「因民所急而稅之，則國足用」。於是上鹽法輕重之宜。以鹽吏多則州縣擾，出鹽鄉因舊監置吏。亭戶糶商人，縱其所之。（通鑑卷二二六頁一三，晏以爲官多則民擾，故但於出鹽鄉置鹽官，收鹽戶所煮之鹽，轉鬻於商人，任其所之。自餘州縣，不復設官。按新食志謂亭戶糶商人，誤。）江嶺去鹽鄉遠者，有常平鹽，每商人不至，則減價以糶民。官收厚利，而人不知貴。（通鑑卷二二六頁一三，其江嶺間去鹽鄉遠者，轉官鹽於彼貯之。或商絕鹽貴，則減價鬻之，謂之常平鹽。鹽法通志卷六九頁七，引左樹珍注：去鹽鄉遠者，蓋謂山僻之處，例如江西之南安、廣東之南雄是也。若通都大邑四達之衢，自無闕鹽之慮。故去鹽鄉遠者，有常平鹽。按常平之法，亦始於管子。管子國蓄云：物多則賤，寡則貴，視物之輕重而御之以準，故貴賤可調。此其爲法濟民，兼可利國。蓋常平也。漢宣帝時，倣行其意，於邊郡築倉，穀賤時增其價而糴，以利農穀。貴時減價而糶，名曰常平倉。劉晏用之，以適於鹽法謂之常平鹽。官獲其利，而民無乏貴食淡之虞。其法密矣。）晏又以鹽生霖潦則鹵薄，暵旱則土溜墳。乃隨時爲令，遣吏曉導，倍於勸農。吳、越、揚、楚鹽廩至數千，積鹽二萬餘石。（鹽法通志卷三九頁一，周慶雲按：鹽廩即鹽倉。吳、越、揚、楚爲當日產鹽最旺之區。晏之廣建鹽倉，蓋將場鹽悉數收買，以便存儲也。積鹽爲每歲糶賣之鹽。蓋鹽之登耗無定。當其旺產，固不慮其闕，或不登則別無替代之物，故必預存，以備不虞。）有漣水、湖州、越州、杭州四場。（按漣水即今江蘇漣水縣。湖州當今浙江吳興縣。越州當今浙江紹興縣。杭州即今浙江杭縣。）嘉興、海陵、鹽城、新亭、臨平、蘭亭、永嘉、大昌、侯官、富都十監。（按嘉興在今浙江嘉興縣西南四十五里。海陵監在今江蘇泰縣東北百二十里。鹽城在今江蘇鹽城縣西。新亭在今江蘇首都南。臨平在今浙江杭縣東北。蘭亭在今浙江紹興縣西南二十七里。永嘉即今浙江永嘉縣。大昌即今四川巫山縣西北。侯官即今福建閩侯縣。富都待考。）歲得錢百餘萬緡，以當百餘州之賦。（鹽法通志卷六九頁七左樹珍注：緡謂錢貫也。凡錢千文爲貫，即一緡也。宋史食貨志云：錢以緡計，是其義矣。新唐書食貨志又云：晏之始至、鹽利纔四十萬緡，此謂第五琦治鹽時所得之數。劉晏傳云：初歲收緡錢六十萬，此謂晏初治鹽所得之數，是則晏整理之初較之琦時所收，已增二十萬緡。而此云歲得錢百餘，則其逐年遞增之也。唐自至德後，兵亂相仍，國用不足，因以重斂。故晏專注鹽利收入，以輕民賦。劉晏傳云：上元寶應間，江淮亂十餘年乃定，晏[illegible]鹽無名之斂。正鹽官法，以裨用度。是則晏行專賣法，俾無名之斂可罷，故曰以當百餘州之賦也。）自淮北置巡院十三，曰：揚州、陳許、汴州、廬壽、白沙、淮西、甬橋、浙西、宋州、泗州、嶺南、兗鄆、鄭滑，（按陳、許，陳在今河南項城縣東北。許爲今河南許昌縣治。汴州，即今河南開封縣。廬、壽，廬在今安徽合肥縣東北。壽爲今安徽壽縣治。白沙在今江西鄱陽縣西。淮西，在淮水以西之地，安徽歙鳳一帶皆是。歙在今安徽歙縣北。浙西，當今浙江北部與江蘇之大江以南地。潤州，在今安徽歙縣東南百八十里，今已被水浸沒。嶺南，爲五嶺之南，今廣東、廣西及安南地。兗、鄆，兗在今山東滋陽縣西二十五里。鄆在今山東東平縣西北十五里。鄭、滑，鄭即今河南鄭縣。滑即今河南滑縣。）捕私鹽者，姦盜爲之衰息。然諸道加榷鹽錢，商人舟所過有稅。晏奏罷州縣率稅，禁堰埭邀以利者。（鹽法通志卷六九頁七，左樹珍注：榷鹽者始於第五琦爲榷使。榷鹽法，每斗於時價外加錢而出之。定以稅率，由州縣主之。以輸司農。商人舟所過有稅者，謂商人運鹽船，經過例納稅錢。堰埭謂水道之要隘所設關津之處。食貨志江淮堰埭隸浙西者，增私路小堰之稅，是其證也。晏既行榷場官賣。寓稅於價之內。故於諸道所加榷鹽錢堰埭所稅鹽利，悉行奏罷；而禁免之。）晏之始至也，鹽利歲纔四十萬緡，至大曆末，六百餘萬緡，天下之賦鹽利居半。宮闈服御軍餉、百官祿俸，皆仰給焉。（舊唐書卷四九頁四，初年入錢六十萬，季年則十倍其初。大曆末，通天下之財，而計其所入，總一千二百萬貫。【冊府元龜作一千三百萬貫疑誤】而鹽利過半。通鑑卷二二六頁一三，晏專用榷鹽法充軍國之用。時自許、汝、鄭、鄧【按許即今河南許昌縣。汝即今河南汝臨縣。鄭即今河南鄭縣。鄧即今河南鄧縣。】之西，皆食河東池鹽。度支主之。汴、滑、唐、蔡【按汴即今河南開封縣。滑即今河南滑縣。唐即今河南泌陽縣。蔡即今河南汝南縣。】之東。【原注代宗寶應元年更豫州爲蔡州，避上名也。】皆食海鹽，晏主之。【按是爲畫地通鹽之始，已兆館岸之制也。】……其始江淮鹽利不過四十萬緡，季年乃六百萬緡。由是國用充足、而民不困弊。其河東鹽利不過八十萬緡，而價復貴於海鹽。通典卷十鹽鐵頁五九，注，自兵興上元以後，天下出鹽、各置鹽司節級榷利，每歲入九百餘萬貫文。）……

劉晏鹽法既成，商人納絹以代鹽利者，每緡加錢二百，以備將士春服。

京師鹽暴貴，詔取三萬斛以贍關中。自揚州四旬至都，人以爲神。（按此三萬斛，乃江淮間鹽倉之積鹽。）

至湖嶠荒險處，所出貨皆賤弱，不償所轉，晏悉儲淮楚間，貿銅易薪，歲鑄緡錢十餘萬，其措置纖悉如此。

玉海（卷一八〇頁一九），代宗即位，（寶應元年五月）重寶以一當二，重輪當三，凡三日（十九日）而大小錢皆以一當一，人便之。其後二錢鑄爲器，不復出矣。（按二錢指重寶與重輪，此乃葛萊興法則（Gresham's Law）必然之結果也。）劉晏以江嶺諸賤之貨，積之江淮，易鉛銅薪炭，廣鑄錢，歲得十餘萬緡，輸京師，及荊、揚二州，錢日增矣。

諸道巡院，皆募駛足，置驛相望。四方貨殖低昂，及它利害，雖甚遠，不數日即知。是能權萬貨重輕，使天下無甚貴賤而物常平。自言如見錢流地上，每朝謁，馬上以鞭算。

舊書（卷一二三頁四），自諸道巡院，距京師，重價募疾足，置遞相望。四方物價之上下，雖極遠，不四五日知。故食貨之重輕，盡權在掌握，朝廷獲美利，而天下無甚貴賤之憂，得其術矣。

質明視事，至夜分止，雖休澣不廢，事無閑劇，即日剖決無留。

舊書（卷一二三頁四），既有材力，視事敏速，乘機無滯。

所居修行里，粗樸庳陋。飲食儉狹，室無媵婢。

舊書（卷一二三頁四），晏理家以儉約稱，……善訓諸子，咸有學藝。

唐語林（卷二頁五），劉忠州晏……嘗言居取安便，不務華屋，食取飽適，不務多品，馬取穩健，不務毛色。

韋絢嘉話錄（頁一〇），劉僕射晏五鼓入朝，時寒，中路見賣蒸胡之處，勢氣騰輝，使人買之。以袍袖包裙帽底啗之，且謂同列曰：美不可言，美不可言。

然任職久，勢軋宰相。要官華使，多出其門。

自江淮茗橘珍甘，常與本道分貢，競欲先至。雖封山斷道，以禁前發，晏厚貲致之，常冠諸府。由是媢怨益多。

舊書（卷一二三頁四），江淮茶橘，晏與本道觀察使各歲貢之，皆欲其先至，有土之官，或封山斷道，禁前發者，晏厚以財力致之，常先他司，由是甚不爲藩鎮所便。

饋謝四方有名士，無不至。

舊書（卷一二三頁四），而重交敦舊，頗以財貨遺天下名士，故人多稱之。

古今合璧事類備要（後集卷八器量項頁九），陳郡殷寅，名知人。見劉迅嘆曰：「今黃叔度也」。劉晏每聞其論曰：「皇王之道盡矣」。

新書（卷一六五頁四鄭珣瑜傳）天寶亂，退耕陸渾山（按陸渾山在今河南嵩縣東北四十里。）以養母，不干州里。轉運使劉晏奏補寧陵（按寧陵即今河南寧陵縣）宋城尉。

新書（卷一九六頁一一隱逸傳張志和）大曆中劉晏薦於代宗，以太常寺協律郎召擢。

舊書（卷一八九下頁一二徐岱傳），大曆中，轉運使劉晏表薦之，授校書郎。

冊府元龜（卷八一三頁二七孔述睿）代宗廣德大曆中，轉運劉晏聯表薦述睿有顏、閔之行，游、夏之學。

其有口舌者，率以利啖之，使不得有所訾短。故議者頗言晏任數固恩。大曆時政因循，軍國皆仰晏，未嘗檢質。

通鑑（卷二二六頁一二），初安史之亂，數年間，天下戶口，什亡八九。州縣多為藩鎮所據，貢賦不入朝庭，府庫耗竭，中國多故，戎狄每多犯邊，所在宿重兵，仰給縣官，所費不貲，皆倚辦於晏。

德宗立，言者屢請罷轉運使，晏亦固辭，不許。又加關內、河東、三川轉運鹽鐵及諸道青苗使。始楊炎為吏部侍郎，晏為尚書，盛氣不相下。

舊唐書（卷一四九頁五令狐峘傳），初大曆中，劉晏為吏部尚書，楊炎為侍郎，晏用峘判吏部南曹事，峘荷晏之舉，每分闕，必擇其善者送晏，不善者送炎。炎心不平之。

晏治元載罪，而炎坐貶。及炎執政，銜宿怨，將為載報仇。

舊唐書（卷一二三頁四），炎坐元載貶，晏快之，昌言於朝。及炎入相，追怒前事，且以晏與元載隙憾，時人言載之得罪，晏有力焉。炎將為載復讎。

先是帝居東宮，代宗寵獨孤妃，而愛其子韓王。宦人劉清潭與嬖幸，請立妃為后。且言王數有符異，以搖東宮。時妄言晏與謀。

舊唐書（卷一二三頁四），又時人風言代宗寵獨孤妃，而又愛其子韓王迥，晏密啟請立獨孤為皇后。

通鑑（卷二二六頁七原注，考異引建中實錄），初，大曆中，上居東宮，貞懿皇后方為妃，有寵，生韓王迥，帝又鍾愛。故閹官劉清潭、京兆尹黎幹與左右嬖幸，欲立貞懿為皇后，且言韓王所居獲黃蛇以為符，動搖儲宮，而晏附其謀，冀立殊勳，圖為宰輔。時宰臣元載獨保護上，以為最長且賢，且嘗有功，義不當移。王縉亦謂人曰：「晏黠者也，今所圖，無乃過黠乎」。後其議漸定，貞懿卒不立。上憾之。至是以晏大臣而附邪為姦，不去將為亂，託陳奏不實，謫為忠州刺史。沈既濟楊炎所薦，蓋附炎說。

至是炎見帝流涕曰：「賴祖宗神靈，先帝與陛下，不為賊臣所間。不然，劉晏、黎幹，搖動社稷，凶謀果矣。今幹伏辜而晏在，臣位宰相，不能正其辠，法當死」。崔祐甫曰：「陛下已廓然大赦，不當究飛語，致人於辠」。朱，泚崔寧，力相解釋。寧尤切至。炎怒，斥寧於外。

舊書（卷一二三頁四），故斥寧，令出鎮鄜坊，以摧挫之。

通鑑（卷二二六頁七），炎乃建言尚書省，國政之本，比置諸使，分奪其權，今宜復舊。上從之。

遂罷晏使。

舊書（卷一二頁五），建中元年正月甲午，（通鑑卷二二六頁七作甲子誤）詔東都、河南、江淮、山南東道等轉運租庸青苗鹽鐵等使尚書左僕射劉晏：「頃以兵車未息，權立使名，久勤元老，集我庶務，悉心瘁力，垂二十年。朕以征稅多門，鄉邑凋耗；聽于羣議，思有變更。將置時和之理，宜復有司之制。晏所領使宜停。天下錢穀，委金部倉部。（唐時金部掌天子庫藏出納之數，京市互市和市宮市交易之事，倉部掌天下庫儲出納租稅祿糧倉廩之事）中書門下，揀兩司郎官，准格式調掌」。

舊書（卷四九頁四），詔曰：「……其江淮米，准旨轉運入京者，及諸軍糧儲，宜令庫部郎中崔河圖權領之。今年夏稅以前，諸道財賦多輸京者，及鹽鐵財貨，委江州刺史包佶權領之」。

坐新故所交簿物抗謬，貶忠州刺史。（按忠州即今四川忠縣。）中官護送。

舊書（卷一二頁五、六），建中元年二月己酉，貶尚書左僕射劉晏爲忠州刺史。……三月癸巳以諫議大夫韓洄爲戶部侍郎，判度支，時將貶劉晏，罷使名，歸尚書省本司。今又命洄判度支，令金部郎中杜佑權句當江淮水陸運使，一如劉晏韓滉之則，蓋楊炎之排晏也。

炎必欲傳其罪，知庾準與晏素憾，乃擢爲荊南節度使。（按荊南節度使，治所故荊州，今爲湖北江陵縣。）準即奏晏與朱泚書，語言怨望。又蒐卒擅取官物，脅詔使，謀作亂。炎證成之。

通鑑（卷二二六頁一二，原注）忠州，荊南巡屬也。故庾準得以誣奏劉晏。

舊書（卷一一八頁一一楊炎傳）炎旣構劉晏之罪貶官司農卿（？）庾準與晏有隙，乃用準爲荊南節度使，諷令誣晏，以忠州叛，殺之。

建中元年，七月，詔中人賜晏死，年六十五。

後十九日，賜死詔書乃下，且暴其罪。

舊書（卷一二頁五，）是月（七月）庚午，晏已受誅，使還奏報輒以忠州謀叛，下詔暴言其罪。時年六十六。

通鑑（卷二二六頁一二、）上密遣中使就忠州縊殺之。己丑，乃下詔賜死。

唐大詔令集（卷一二六頁一○）劉晏賜自盡敕：「亂常干犯，罪莫大焉。除惡去邪，刑其無舍。忠州刺史劉晏，性本姦回，志惟凶慝。頃司邦賦，歷踐朝倫，潛削爲功，毒痛黎庶，按問贓賄，不知紀極。朕將崇政本，必去儉人。猶是含垢，務全大體。俾從降黜，尚列藩侯；蹟亂之辜，掩而不問。旋乃結聚亡命，擅興師徒，罔有悛心，力行無度，播於人聽，惡跡彰聞。爰命連率，閱實其罪。而蒐乘補卒，偏於鄉閭，執銳被堅，出於郊境，拒捍朝旨，威脅使臣，人之無良，一至於此。孽由自作，法所不容。正其典型，以懲姦慝，宜賜自盡。仍令庾準差官當處置聞奏」。

家國徙嶺表，坐累數十人。

舊書（卷一二三頁五，）連累者數十八。

舊書（卷一七二頁六杜亞傳），楊炎作相，劉晏得罪，亞坐貶睦州刺史。（按睦州即今浙江建德縣。）

新書（卷一四九頁五處徵傳）晏得罪，貶珍州司戶。（按珍州即夜郎城，一說在今貴州正安縣西南四十里。）

全唐文（卷四二五頁二、三），于邵論潘炎表：「臣某言，伏見今月一日制命，以劉晏殊死之責，連及前禮部侍郎潘炎，貶授澧州（按澧州當今湖南澧縣）員外司馬。天鑒孔明，善惡懸別，比諸子婿，猶佐上藩，凡所見聞，莫不欣荷，知德刑無頗，而行於代也。但臣比見潘炎，爲性貞純，致身無過，介然特立，自爲一時之選。名不爲晏稱，官不由晏進。自晏處權掌要，未嘗以毫髮受遺，未嘗以親戚請求。頃自晏居外使（闕）安禮致書疏知（闕）寒溫通意，都不爲之開緘，凡此之類，蓋非一二，所以海內修崇名節者，莫不歎伏。以爲古人之中，罕有儔對。自晏伏誅，衆望炎免。況二年風疾，手足拘攣，氣息奄奄，藥餌未復。奉詔奔波，即日登路，籃輿臥載，生死難圖。臣愚識炎日久，知炎至行。伏恐斃一吉士，爲代所悲。冒責上聞，廣幾下達。儻蒙聖人迴聽，恤以守道不回，賜其殘生，許歸田里，免隨道殞，俯叶群心，將勸清貞之士，以勵貪浮之俗，炎之幸也。臣愚不識忌諱，干犯湯鑊，塵黷宸嚴，陷身無地，不勝知賢請命之至。謹詣東上閤門，奉表陳列以聞」。

按，劉晏女適潘炎。（錢希白南部新書戊頁一，潘炎，建中中爲翰林學士，恩遇極異，其妻，劉晏女也，又同書己頁二，潘孟陽，炎之子也，其母劉夫人，晏之女。）晏未獲罪前，曾上表請能炎職。

全唐文（卷四三九頁一一，一二），王練爲劉相請女婿潘炎能元帥判官陳情表：「臣晏言，臣實凡淺，謬典樞衡，元元未安，庶政多闕，消塵罕錄，尸素空慚。臣女婿元帥判官駕部員外郎知制誥潘炎，入侍帷幄，又司戎政，嫌疑之地，顚沛是憂。頃者累表陳閒，冀炎得歸省闥。不謂天聽未達，尙阻愚誠。內懷冰炭，若墜泉谷。臣某誠惶誠恐，臣聞統天下者，以天下舉直錯枉，不私其親；故能啟至公之門，塞郡（疑作群）邪之路。伏惟元聖文武皇帝陛下，紹休聖緒，惟新寶曆，內釐百揆，外淸四海，鴛鷺之士，允庭漸階。而臣與潘炎，俱忝近密，兵權國政，在臣二人。是使嚚炎者易爲辭，嫉臣者易爲毀。倘炎獲戾，臣無以見雪；脫臣遇謗，炎無以自明。此臣所以寢寐兢惶，罔知攸止。昔霍光爲大司馬，長女婿度遼將軍范明友，次女婿羽林監任勝爲東西宮衛尉，威勢崇重，冠於一時，不能抑退，卒見傾覆，前史所惡，書而貶之。又劉宏爲鎮南將軍事時，朝廷以其女婿夏侯陟爲襄陽太守，宏表陟親戚，舊制不得相監，有詔聽從，竟免禍敗。先賢所尙，美而書之。臣雖才謝古人，智不經遠，每覽覆餗，大懼妨賢。竊惟瓜李之嫌，實懷桑梓之許。今是以瀝肝上請，昧死聞天。必元帥精炎諸謀，則臣甘引退，如或廟堂留臣擇用，伏願終許能炎，庶遂劉宏之心，無成子孟之禍，無任懇願迫切之至」。

天下以爲冤。

全唐文（卷四七四頁一），陸贄商量處置竇參事體狀：「劉晏久掌貨財，當時亦招怨讟，及加罪責，事不分明。叛者旣得以爲辭，衆人亦爲之憤惋，用刑曖昧，損累不輕」。

全唐文（卷七〇三頁一三，一四），李德裕第三狀：「伏見貞元初【建中初之誤】宰臣劉晏緣德宗在東宮時，涉動搖之論，竟以此坐死。旋則朝廷中外，皆以爲冤」。

時炎兼刪定使，議籍沒，衆論不可，乃止。然已命簿錄其家，唯雜書兩乘，米麥數斛，人服其廉。淄靑節度使李正己表「誅晏太暴，不加驗實，先誅後詔，天下駭惋，請還其妻子」。不報。

舊書（卷一一八頁一一），李正己上表請殺晏之罪，指斥朝廷，炎懼，乃遣腹心，分往諸道，裴冀東都河陽魏博，孫成澤潞磁邢幽州，盧東美河南淄靑，李舟山南湖南，王定淮西。聲言宣慰，而意實說謗，且言晏之得罪，以昔年附會姦邪，誅立獨孤妃爲皇后，上自惡之，非他過也。咸有密奏炎遣五使往諸鎭者，恐天下以殺劉晏之罪歸己，推過於上耳。乃使中人復炎辭於正己，還報信然。自此德宗有意誅炎矣。

唐語林（卷三頁一〇），德宗在東宮，雅好楊崖州字，嘗令打李楷洛碑，釘壁以翫，及即位，徵拜炎有崖谷（校勘記曰疑當作崩岸。然國史補亦如此，殘本作岸谷。）言論持正。對見必爲之加敬，歲餘不倦（國史補不作顧），及後，以劉晏事，上不懌，（今國史補脫九字）盧杞揣知上意，因傾之。

蘇鶚杜陽雜編（卷上頁一三），楊公南（炎）盧杞執政，報恩復仇，紊亂綱紀，朝野爲之戢手。公南既殺劉晏，士庶莫不寃痛之。明年，公南得罪，賜死崖州（按崖州在今廣東瓊山縣東南。）時人謂劉相公寃報矣。（原注，建中元年七月乙丑楊殺晏。二年十月乙未貶楊爲崖州司戶，去州百里，賜死。實錄云，七月庚午，晏已受誅，使迴云，至乙丑，下詔殺之。）

興元初，帝寖寤，乃許歸葬。貞元五年，遂擢晏子執經爲太常博士，宗經秘書郎。執經還官，求追命，有詔贈鄭州刺史，又加司徒。

按劉晏之鴻猷偉業，卓絕千古，惟亦崇嗜佛道備極。通鑑不云乎，肅宗代宗皆喜陰陽鬼神，事無大小，必謀之卜祝。故王嶼黎幹以左道得進，蓋亦當時風習使之然耳。

太平廣記（卷三九頁一，二，劉晏）唐宰相劉晏，少好道術，精懇不倦，而無所遇。常聞異人多在市肆間，以其喧雜可混跡也。後遊長安，遂至一藥舖。偶問云：「常有三四老人，紗帽拄杖來取酒，飲訖即去，或象覓藥看，亦不多買，其非凡俗者」。劉公曰：「早晚當至」。曰：「明日合來」。劉公平旦往。少頃，果有道流三人到，引滿飲酒，談謔極歡，旁若無人，良久曰：「世間還有得似我輩否」？一人曰：「王十八」。遂去。自後每憶之，不可尋求。及作刺史，往南中，（按南中即今江西大庾縣？）過衡山縣時（按衡山縣當今湖南衡山縣。）春初風景和暖，喫冷淘一盤香菜茵陳之類，甚爲芳潔，劉公異之。告郵史曰：「側近莫有衣冠居否？此菜何所得」？答曰：「縣有官園子王十八能種，所以館中常有此蔬菜」。劉公忽驚記所遇道者之說。乃曰：「園近遠行去得否」？曰：「即館後」。遂往見，王十八衣犢鼻灌畦，狀貌山野。望劉公，趨拜戰栗。漸與[同坐]問其鄉里家屬。曰：「蓬飄不省，亦無親族」。劉公異疑之，命坐索酒與飲。固不肯，卻歸。晏乃蹄懸，自請同往。南中縣令都不喻當時發遣，王十八亦不甚拒。破衣草履，登舟而行。劉公漸與之熟，令妻子見拜之，同坐茶飯。形容衣服，日益穢弊。家人並穢惡之。夫人曰：「豈玆有異，何爲如此」？劉公不悔。去所詣數百里，患痢，朝夕困極，舟船隘窄，不離劉公之所，左右掩鼻罷食，不勝其苦。劉公都無厭怠之色，但憂慘而已。勸就湯粥，數日遂斃。劉公嗟嘆泣涕，送終之禮，無不精備，乃葬於路隅。後一年，官替歸朝，至衡山，縣令郊迎，既坐，曰：「使君所將園子去，尋却回，乃應是不堪驅使」。劉公驚問何時歸，曰：後月餘即歸，云奉處分放廻。劉公大駭，當時步至園中，芳屋雖存，都無所覩。鄰人云，王十八昨暮去矣，怨恨加甚，向屋再拜，注涕而返。審其到縣之日，乃途中疾卒之辰也。遣人往發其墓，空存衣服而已。數月至京城，官居朝列，偶得重疾，將至屬纊，家人妻子，圍視號叫。俄聞叩門甚急。閽者走呼曰：「有人稱王十八令報」。一家皆歡躍迎拜。王十八微笑而人其臥所，疾已不知人久矣，乃盡令去障蔽等及湯藥。自於腰間取一葫蘆，開之，瀉出藥三丸，如小豆大，用葦筒引水半甌灌而擣之。少頃，腹中如雷鳴，逡巡開眼，嘿然而起，都不似先有疾狀。夫人曰：「王十八在此」。晏乃涕泗交下，牽衣再拜，若不勝情。妻女及僕使並泣。王十八悽然曰：「奉酬舊情，故來相救。此藥一丸，可延十歲，至期某却來自取」。啜茶一椀而去。劉公固請少淹留，不可，又欲與之金帛，復大笑。後劉公拜相兼領鹽鐵，坐事貶忠州，三十年矣。一旦有疾。王十八復來曰：「要見相公」。劉公感歎頗極，延入閤中，又懇求。王十八曰：所疾即愈，且還其藥。遂以鹽一兩投水，令飲，飲訖大吐，吐中有藥三丸，顏色與三十年前服者無異。王十八索香湯洗之。劉公堂姪侍疾在側，遂擬其二丸吞之。王十八熟視笑曰：「汝有道氣，我固知爲汝掠也」。揖走而去，不復言別。劉公尋痊。復數月有詔至，乃卒。（出逸史）

段成式酉陽雜俎（卷下頁九、十），相傳云，釋道欽住徑山（按徑山在今浙江餘杭縣西北五十里。）有問道者，率爾而對，皆造宗極。劉忠州晏乞心偈令，執鑪而聽。再三稱諸惡莫作，衆善奉行。晏曰，此三尺童子皆知之。欽曰：三尺童子皆知之，百歲老人行不得。

晏歿二十年，而韓洄，元琇，裴腆，李衡，包佶，盧徵，李若初繼掌財利，皆晏所辟用，有名於時。

新書（卷一二六頁一九韓洄傳），乾元中，授睦州別駕，劉晏表爲屯田員外郎，知揚子留後，召拜諫議大夫。

新書（卷一四九頁五包佶傳），累官諫議大夫，坐善元載，貶嶺南，晏奏起爲汴東兩稅使。晏罷，以佶充諸道鹽鐵輕貨錢物使。

舊書（卷一四六頁八、九，盧徵傳）永泰中，江淮轉運使劉晏辟爲從事，委以腹心之任。累授殿中侍御史。……元琇亦晏之門人，與元中爲戶部侍郎判度支，薦徵爲京兆司錄度支員外。琇得罪，坐貶爲信州長史。（按信州當今江西上饒縣。）

新書（卷一四九頁五李若初傳）若初者，事晏爲他職，包佶稱之。……代王緯爲浙西觀察諸道鹽鐵使。

新書（卷一四三頁八戴叔倫傳），劉晏管鹽鐵，表主運湖南。（南部新書（庚項頁五）劉晏任吏部，與張繼書云：博訪羣材，指對賓客，無如戴叔倫。）

新書（卷一九六頁五忠義傳劉迺），劉晏在江西，奏使巡覆充留後。

晏既被誣，而舊史推明其功。陳諫以爲管蕭之亞，著論紀其詳。

按新書（卷五八頁一○藝文志），陳諫等彭城公故事一卷，（劉晏）想即指此。又新書（卷五八頁二○藝文志），劉晏家譜一卷。

大略以開元天寶間，天下戶千萬。至德後，殘於大兵，饑疫相仍，十耗其九，至晏充使，戶不二百萬，晏通計天下經費，謹察州縣災害，蠲除振救，不使流離死亡。

通鑑（卷二二六頁一三）晏（略）以爲戶口滋多，則賦稅自廣，故其理財，以愛民爲先。……晏始爲轉運使時，天下見戶，不過二百萬，其季年乃三百餘萬。在晏所統則增，非晏所統則不增也。其初財賦，歲入不過四百萬緡，季年乃千餘萬緡。

初州縣取富人督漕輓，謂之船頭。主郵遞，謂之捉驛。稅外橫取，謂之白著。

通鑑（卷二二二頁九、十），寶應元年建寅月，……租庸使元載以江淮雖經兵荒，其民比諸道猶有貲產，乃按籍擧八年租調之違負及逋逃者，計其大數而徵之。（原註，八年自天寶十三載至上元二年）擇豪吏爲縣令而督之。不問負之有無，貲之高下。察民有粟帛者，發徒圍之，籍其所有而中分之，甚者什取八九，謂之白著。（原註，今人猶謂無故而費散財物者爲白著。勃海高雲有白著歌，曰：上元官吏務剝削，江淮之人多白著）有不服者，嚴刑以威之。民有蓄穀十斛者，則重足以待命。

人不堪命，皆去為盜賊，上元寶應間，如袁晁，陳莊，方清，許欽等，亂江淮，十餘年乃定。晏方以官船轉，而吏主驛事，罷無名之斂，正鹽官法，以俾用度。起廣德二年，盡建中元年，黜陟使實天下戶，收三百餘萬。王者愛人，不在賜與。當使之耕耘織紝，常歲平斂之，荒年蠲救之，大率歲增十之一，而晏尤能時其緩急而先後之。每州縣荒歉有端，則計官所贏，先令曰蠲某物貸某戶，民未及困，而奏報已行矣。

舊書（卷四九頁六），播（王播）又奏：……頃者劉晏領使，皆自按置租庸，至於州縣否臧，錢穀利病之物，虛實，皆得而知。

通鑑（卷二二六頁一三），諸道各置知院官，（原註，知院官掌諸道巡院者也。）每旬月，具州縣雨雪豐歉之狀，白使司，豐則貴糴，歉則賤糶，或以穀易雜貨供官用，及於豐處賣之。知院官始見不稔之端，先申，至某月須如干蠲免，某月須如干救助。（原註，如干，猶言若干也。程大昌曰，若干者，設數之言也。干，猶箇也。若個，猶言幾何枚也）及期，晏不俟州縣申請，即奏行之。應民之急，未嘗失時，不待其困弊流亡餓殍，然後賑之也。由是民得安其居業，戶口蕃息。

議者或譏晏不直賑救，而多賤出以濟民者，則又不然。善治病者，不使至危憊，善救災者，勿使至賑給。故賑給少，則不足活人，活人多，則闕國用，國用闕，則復重斂矣。又賑給近僥倖，吏下為姦，彊得之多，弱得之少，雖刀鋸在前不可禁，以為二害。災沴之鄉，所乏糧耳，它產尚在，賤以出之，易其雜貨，因人之力，轉於豐處，或官自用，則國計不乏。多出菽粟，恣之糶運。散入村閭，下戶力農，不能詣市，轉相沾逮，自免阻飢，不待令驅，以為二勝。晏又以常平法，豐則貴取，飢則賤與，率諸州米，嘗儲三百萬斛。豈所謂有功於國者邪？

參考書目

新唐書　清同治間五局合刻本。
資治通鑑　丁巳涵芬樓本。

舊唐書　清同治間五局合刻本。
全唐文紀事　清同治十二年巴陵方氏刊本。
明皇雜錄　清嘉慶十一年序刊本唐代叢書初集。
李泌傳　清嘉慶十一年序刊本唐代叢書四集。
太平廣記　北平文友堂書坊依明談刻本影印。
山堂肆考　明萬歷二十三年家刊本。
全唐詩　清光緒十三年上海同文書局石印本。
唐大詔令集　適園叢書据明鈔本刊。
全唐文　清光緒二十七年廣雅書局重刊本。
翰林學士院舊規（翰苑羣書）

翰注困學紀聞　民國二十二年上海中華據通行本校刊本。
唐會要　武英殿聚珍本。
唐語林　民四年上海文明書局石印本說庫第十五冊。
國史補　清嘉慶十一年序刊本唐代叢書第二集。
南部新書　民四年上海文明書局石印本說庫第十一冊。
文苑英華　明隆慶元年刊本。
玉海　清嘉慶十一年康基田重刊本。
冊府元龜　清嘉慶十九年藤花榭重修本。
滋括錄　清嘉慶十一年序刊本唐代叢書初集。
讀法通志　民國十七年鴻寶齋鉛印本。
通典　商務印書館十通本。
古今合璧事類備要　明嘉靖三十五年重刊本。
杜陽雜編　清嘉慶十一年序刊本唐代叢書初集。
酉陽雜俎　清嘉慶十一年序刊本唐代叢書第五集。

英國史書目舉要

齊思和

引言

現在中國大學中之講授西洋史，例將整個西洋史分成若干時代（如上古中古近古等是，或於近古更爲較詳細之分期）而依序討論。此於上古中古史之研究或無若何困難；而於近世西洋文化之了解則殊覺不足。所以然者，西洋上古時代單位極少，而且時代互相銜接，文化前後相繼。如埃及之後，繼之以近東，近東之後，繼之以希臘羅馬，至希臘羅馬，始入真正之西洋上古史範圍。如一年講授上古史，則上學期大半時間皆費於希臘，下學年全部時間皆費於羅馬。如是則時代前後相繼，文化前後相承，在一時代僅注意一單位，雖講全洲之歷史，實係論一二國家之演變，內容比較整齊，條理比較清楚，了解尚不甚困難也。中古時代政治之割分，雖不若是之整齊，但在文化上則仍是一致。人民所信仰者同爲一天主教，所擁戴者同爲一教皇，文字同用拉丁，學術俱是經院哲學，政治雖分無數之單位，然其時正實行封建制度，近代式之國家尚未出現，自無所謂國家觀念。而在名義上，神聖羅馬皇帝，尚爲各民族之最高政治領袖也。全歐在文化上，宗教上，社會上，政治組織上既爲一整個的系統，則綜合的研究，非惟無多大困難，且有不少便利。至於近代史則不然矣；自各國學者以本國土語著書，全歐在文字上之統一遂失。自宗教革命起，而全歐在宗教上之統一遂失。自封建制度廢，近代國家起，而西歐在制度上之統一遂失。自經院哲學衰，科學思想萌動，各國學術思想統一之局亦衰。由統一而分化，此乃中古與近代文化之根本的區別，讀史者所不容忽略者也。

各國文化既因其人民之天才與其物質的環境，分道發展，歷時愈久，相差彌甚。雖列國相距非遙，風氣相激盪，思想相影響，西歐文化，就大體言之，自有其根本共同之點。然各國文化亦皆有其特點，且非將此種種特點認清，單其根本共同之點亦無從認識。況各國文化之發展，其方式既不一，其路徑旣相異，而其時間之先後，進步之遲速，亦各不同。故近代歐洲史，非惟內容複雜，且各民族之文化，亦非站在一條線上，綜和的研究，遂發生無限之困難。

世之編著近世史者，大都以國際間之大事，如三十年戰爭，維也納會議，或超越國界之大運動如宗教革命等爲綱領，以各國之內政爲背景，以求條理之整齊。雖如是，亦常嫌頭緒太繁，於列國之發達，不易得一明確之概念，甚或過求整齊，失之勉強。如吾人讀劍橋近世史，常感覺其內容太複雜，缺少系統，此則史實如是，無可如何者。成學之士，對一二國之歷史，已有專門之知識，讀之或可擴大其眼光；初學讀之，鮮不如入五里霧中矣。

惟其如是，吾人如欲研究西方政治社會之由來，比較中西文化之異同，則通史之外，須擇一二重要國家，爲一比較精深的研究，然後對西洋文化之演變，始能有明確之概念。顧西方國家亦多矣，究以何國爲最要耶？竊以爲自中國之觀點言之，蓋莫要於法英美俄之歷史矣。此四國者，不惟與中國關係最密切，且皆於近世西洋文化上有其特殊之貢獻。法國上承羅馬文化，在中古時代，居最重要之地位。當是時，巴黎爲西歐文化中心，經院哲學，宗教運動，皆以法國爲策源地，而封建制度，亦在法國最爲發達。殆至近世，列強並興，法國在西洋文化上，不能稱獨步，然其國始終在大陸上居最要之地位。且一七八九年之大革命，拿破崙之縱橫全歐，皆近世西洋史上有數之大事。吾人如欲研究西洋由中古而入於近古，其間文化之嬗遞過程，則對於法國史，應有相當之研究，非讀一二通史教本，即可侈談西方文化也。蘇俄與吾毗連，美國與中國一洋之隔，皆吾人之近鄰，且二國同爲太平洋最重要之強權，其外交政策影響於吾人者甚鉅。吾人如欲研究二國之對華政策，與夫中國之國際地位，則不可不研究二國之外交政策與其內部情形。而況蘇俄在工業社會政治上皆落後，其問題與中國相似者極多。雖其解決之法，吾人不必完全贊成，然亦不可不與以深刻之注意也。美國以物產之富饒，工業之發達，地點之適宜，大戰後一躍而爲世界第一強國。其技械的利用，高工業的組織，爲二十世紀文化之特色，爲世界其他各國所倣傚。吾人如欲了解現代文化及其將來之趨勢，對美國史須有相當之研究也。

英國史之重要，不在諸國之下；而其內容，則尤爲豐富。夫近代西洋文化最顯著之特點，爲工業之發達，科學之進步，民主政治之確立，與帝國主義之發展。此四者，除科學之進步不獨爲英國之貢獻外，其餘三者殆皆淵源於英國。近世工業之發達，源於十八世紀中葉之工業革命，此革命實發生於英國。一千七百三十三年英人開氏（Kay）發明「飛梭」，其後哈戈維(James Hargraves)發明紡機（一七六五），亞克萊(Arkwright)，高彼頓(Crompton)等人於織紡機械，研究愈精，出貨逾速，是爲現代工業革命之起始；然是時發動力，或仰人力，或仰水力，猶極簡陋，至千七百六十九年，瓦特(James Watt)發明蒸汽機，引蒸汽推輪發力，無施而不可，爲近世之最大發明。以後各種發明繼之而起，人類社會遂起空前之變動。若工廠之興起，都市之發達，人口之增加，社會之分化，勞工問題之發生，社會主義之興起，皆導源於工業革命，故論現代文化，必以工業革命爲出發點。而工業革命，先發生於英國，至十九世紀遂蔓延於歐洲各部。故欲研究工業及隨之而來之各種社會問題，亦不能不研究英國之歷史。

請再言民主政體。西洋近代民主政治淵源於日爾曼民族之部落會議（古代希臘及帝治前羅馬亦有所謂德謨克拉西，且民主一辭，亦淵源於希臘，然至羅馬帝制時代，其制已完全喪失，野蠻之日爾曼人固無由受其影響也）。大抵野蠻民族，皆有部落會議之制。原始之蒙古，與未入關前之滿人，亦有此制。及查理蠻統一西歐大陸，封建制度成立，此制經衰；及十六七世紀，近世專制國家起，此制在大陸上遂蕩毀無餘矣。獨在英國，一息相傳，餘薪未燼。至亨利八世藉民衆以解決其個人之私事，伊里沙白女王利用國會以擴張國威，國會之勢力遂大。斯託耳代（自一六〇三至一七一三）爲國會與君主爭權時代。結果國王失敗，大權皆歸於國會，而政黨制，內閣制等近代代議政治之重要組織，皆於是時成立。英人殖民美洲，其制度亦遂殖生美土。滋養發展，遂釀成一七七四年之美國革命。其後法國之大革命，思想上又受英美之影響。至十九世紀，民主政體普遍於全歐。溯其由來，皆直接間接淵源於英國。故欲了解近代西方政治制度之由來，亦不可不先從英國史入手。

工業革命在政治上之影響，對內爲民主政治之發展，對外則爲海外政治上經濟上之侵略，即所謂帝國主義也。近世歐洲之向外發展，始於十五世紀中葉葡萄牙人由菲洲尋通印度之航線，至哥崙佈發現美洲，歐洲之發展方向，遂用轉而向西，西班牙首先占領南美中美，掠土人之金銀，迫土人開鑛，國乃暴富。法人繼之，占領美洲北部及西部，搜集皮毛。英人之向美發展，較二國爲晚，然後來居上，發展最速。迨至七年戰爭之後，併呑法人之殖民地，英人遂獨有北美。美人革命成功，十三州喪失，然英人猶不灰心，更轉而經營印度等地，迨至今日，西方列強仍以英國海外領土最多，治理亦最得法。至其政治經濟勢力侵入之地，方域更廣。吾人今日呻吟於不平等條約之下，鼓慄於經濟侵略之中，即食帝國主義之賜。吾人如欲研究帝國主義之由來及其演變，對落後民族侵略之方式，亦不可不研究英國史。

以上不過就英國史之特點而論。至其對中國之關係，則猶有可言者：西人對中國之政治侵略，始於鴉片戰爭。其後中國之積弱既大暴於世，外人之侵略遂相繼而來，推源禍始，自不得不歸咎於英人。其後自英法聯軍至八國聯軍，每次殆無不以英人為急先鋒。雖庚子之後，其勢較緩，而其對於西藏方面之活動，對日之聯合，吾人皆不容忽視。且英國為現今最重要強權之一，其外交政策皆直接間接影響於吾國，故英國之外交政策，吾人亦須特別研究。

以上四者，不過為英國史之四方面。人類社會之進化為整個的，全體之未明，則各方面亦無由了解，故欲明四者之由來演變，須先於全部英國史有相當之研究也。今將關於英國史之重要著作，列舉於後，略加批評，明其緩急，以供究心英國史者之參考。

一　通史

英國史入門之書，佳著甚多。Edward P. Cheyney 之 *A Short History of England* (New edition. Boston, 1932)，以淺易之文字述英國史之基本事實。內容政治歷史與社會經濟之發展並重。其材料之選擇，篇幅之分配，皆極謹嚴勻稱。每章後附參考書目，列舉重要史料及關於各時期之重要著作。實為初學入門最佳之書。(此書已由余楠秋先生等譯成中文，名曰英國史，上海民智書局出版)。Laurence M. Larson 之 *History of England and the British Commonwealth.* (Rev. ed. New york, 1934) 性質大抵與前書相同，而敘述較詳。文字暢達雅飭，書目極切實用，亦為入門佳著，適於程度較高者之誦讀。Samael R. Gardiner 之 *A Student's History of England* (1890—91. Rev. ed., 3 vols. in 1, London, 1923)，出自英國大史家之手，為教科書中之名著。是書佳處在其條理精晰，敘述扼要，態度公允。書中隻辭片語，皆作者博考詳稽之結果，名家之筆，自不同於凡響。且插圖豐富，所選皆著名刻畫，尤可使讀者於書中所論得較深之印像。但是書成於四十年前，記事訖於一八八五，新版雖經後人續至世界大戰，然狗尾續貂，究與原作不稱。且四十年來英國史之研究，一日千里，是書內容已嫌陳舊，雖仍可供學者之參考，然已非入門佳書矣。John R. Green 之 *A Short History of the English People*(1874. Later eds.) 於政治沿革之外，兼重社會經濟之演變，學術思想之升沉，爲新史學開山之作。作者既學有根底，而文字復淸麗娟妙，引人入勝。出版以後轟動一時，翻印版本不可數計，直至最近，猶未完全失其勢力焉。但是書本爲於英國史已有根底者而作，於熟知事實多省略不言。故謂之英國史，勿寧謂英國史論爲愈。又是書成書於六十年前，內容已大都陳舊，故雖爲治英國史學者所必究，非初學者所宜讀。今人著作與格林之書性質相近者爲 George M. Trevelyan 之 *History of England* (London.1926)。作者爲當今英國史界宗師，著作等身，論史文質並重，政治與社會等觀，在英國史界中爲急進派。氏既根底雄厚，記誦博雅，而又見解新穎，文章優美。新著一出，每傳誦一時。是書爲作者在美國羅爾學社(Lowell Institute)之講稿，出版以來，風行一時。惟是書原爲對英史已有相當研究者立言，旨在陳述作者對英國史之觀念，非灌輸基本知識，雖大有裨益於治英史者之流覽，亦非初學者之所易領略也。(是書已經錢端升先生譯成中文，名曰英國史，上海商務印書館列入大學叢書。)

以上皆單本英國史中之名著。諸書俱以篇幅所限，自事多從略，語焉弗詳。初學雖可就此等書於英國史之全貌可以得一鳥瞰，然欲於英國史有相當之了解，須更進一步作較詳細之探討，如是則非讀較詳細之通史不可。現今最重要之標準英國通史有二：一爲 William Hunt and Reginald L. Poole 二人所主編之 *The Political History of England*(12 vols. London and NewYork, 1905—10)，子目如下：

Vol. I., To 1066. By T. Hodgkin.

Vol. II., 1066—1216. By George B. Adams.

Vol. III.,1216.—1377. By T. F. Tout.

Vol. IV.,1377—1485. By C. Oman.

Vol. V., 1485—1547. By H.A.L. Fisher.

Vol. VI., 1547—1603. By A.F. Pollard.

Vol. VII. 1603—1660. By F.C. Montague.

Vol. VIII. 1066—1702. By R. Lodge.

Vol. IX. 1702—1760. By I.S. Leadam.

Vol. X. 1760—1801. By W. Hunt.

Vol. XI. 1801—1837. By G.C. Brodrick and Fotheringham.

Vol. XII. 1837—1901. By S.J. Low and L. C. Sanders.

一爲 Charles Oman 主編之 *A History of England*(8 vols. London and N. Y., 1904—1934.)子目如下：

Vol. I., *England before the Norman Conquest* (Beginning—1066) By Sir Charles Oman.

Vol. II., *England under the Normans and Angevins* (1066—1272). By H. W. C. Davis.

Vol. III. *England in the Later Middle Ages*(1272–1485). By Kenneth H. Vickers

Vol. IV., *England under the Tudors* (1485–1603). By Arthur D. Innes.

Vol. V. *England under the Stuarts* (1603–1714). By G. M. Trevelyan.

Vol. VI. *England under the Hanoverians* (1713–1815). By Charles G. Robertson.

Vol. VII. *England Since Waterloo* (1815–1885). By J. A. R. Marriott.

Vol. VIII. *Modern England* (1885–1925) By J. A. R. Marriott. 1934

以上二書，俱由名家主編，權威共撰。爲百年來英國史研究之總結晶，英國史最可信据之大綜合。凡究心英國史者，常識既具，須由此二書入手。二書雖一爲十二冊，一爲八冊，然後書字小行密，故字數相差不多。至於二書之內容，則前書純爲政治史，而後書則於政治之外，略及文化社會方面，但亦以政治史爲主，惟不若前書之詳盡。學者就其性之所近，擇其一而熟讀焉，於英國史之基本知識，思過半矣。二書每冊後皆附參考書目，而前書之批評書目，尤爲詳盡扼要，最便於學者之參考。最近牛津大學教授 G. N. Clark 夏主編一部新史，名曰牛津大學英國史 *The Oxford History of England*，全書凡十四冊，子目如下：

Vol. I. *Roman Britain. To A. D. 600.* By R. G. Collingwood.

Vol. II. *Anglo-Saxon England. c. 556-1087.* By F. M. Stenton.

Vol. III. *The Twelfth Century. 1087-1216.* By Austin L. Poole.

Vol. IV *The Thirteenth Century. 1216-1307.* By. F. M. Powicke.

Vol. V. *The Fourteenth Century. 1307-99.* By G. Barraclough.

Vol. VI. *The Fifteenth Century. 1399-1485.* By E. F. Jacob.

Vol. VII. *The Earlier Tudors. 1485-1558.* By J. D. Mackie.

Vol. VIII. *The Reign of Queen Elizabeth. 1558-1603.* By J. B. Black.

Vol. IX. *The Early Strearts. 1603-1660.* By Goodfrey

Davies.

Vol. X. *The Later Stuarts. 1660-1714.* By G. N. Clark.

Vol. XI. *The Estarlishment of the Hanoverian. 1714-60.* By Basil Williams

Vol. XII. *The Reign of George III. 1760-1815.* By G. S. Veitch.

Vol. XIII. *The Age of Reform. 1815-1870.* By E. L. Woodword.

Vol. XIV. *England 1870-1914.* By. C. K. Ensor.

第八，十，十四，三册，現已出版，此書爲英國史之新綜合。西洋史學進步，一日千里。Oman 與 Hunt and Poole 二書，俱成於三十年前，內容已略嫌陳腐。此書網羅最近三十年來之新研究，可稱爲現代關於英國史知識之總匯。且此書採用現代史家體例，社會之發展與政治之演變並重，讀之尤可於英國文化得一比較完整之觀察。

二　分期史

通史既讀，學者須更進一步擇讀關於各時代之專史。蓋通史之用，在於表示全史輪廓，綜合各家研究；至於詳細之事實，精密之考證，仍須於專史中求之也。關於年來英國史前期之發現，以 Donald A. Mackenzie 之 *Ancent man in Britain* (London, 1922) 一書爲最新，且最易讀。惟是書旨在通俗，敍述非盡可據，用時宜愼。Thomas R. Holmes 之 *Ancient Britain and the Invasions of Julius Caesar* (Oxford, 1907)，起自舊石器時代，迄於開沙之第二次征服，爲極專門之著作。雖出版已逾三十年，仍爲關於是期最佳之書。E. A. Freeman, *History of the Norman Conquest of England, Its Causes and its Results* (6 vols, Oxford, 1867-9.) 爲敍述諾曼征服英國史最詳之書，爲英國史學中不朽之作。非惟此段史實，已略備於此書，且文字優美，使人忘倦。近人雖或能譏彈傅氏之書，然尙無能取而代之者也。James A. Froude, *History of England from the Fall of Wolsey to the Defeat of Armada* (1856-93. New ed. 12 vols, New York, 1899) 遍敍英國自一五二九至一五八八，六十年間之歷史，爲英國十九世紀英國史界之名著。作者爲浪漫派史家，崇拜英雄，偏重主觀。其文章之工，敍事之妙，爲史籍中所僅見。惜作者成見太深，敍事往往難得其平，且因過求文采之生動，恒犧牲事實之眞像。故爲十九世紀末葉史家所攻擊，至體無完膚。然福氏之作是書，於是時代之史料，蒐討甚精，非膚淺儉學之士可比。雖專門學者或能摘其疏失，然就其大體言之，一時固未能廢，但就文章言，亦有永久之價值也。福氏書訖於英西之戰，續之至伊利沙白女王朝之末者有美人 Edward P. Cheyney 之 *History of England from the Defeat of Armada to the Death of Elizabeth* (2 vols. New York and London, 1914-1926)。是書雖文采不足踵繼前史，然取材廣博，論斷公允，亦英史中之名著也。關於 Stuart Period (1603–1714) 之大師自推 Samuel R. Gardiner。氏以四十年之精力。成關於是時代三部偉大著作。一爲 *History of England from the Accession of James I to the Outbreak of the Civil War, 1603–1642.* (1863–82. New ed., London and N. Y. 1901)。二爲 *History of the Great Civil War, 1642–1649* (1886–1891. New ed., 4 vols. London and N. Y., 1901)。三爲 *History of the Commonwealth and Protectorate, 1649–1656* (1894–1903, New ed., 4 vols. London and N. Y., 1903)。作者殆爲十九世紀英國最偉大之史家。其考訂之細密，態度之客觀，見解之深刻，知識之廣博，皆非其他史家所可幾及。故氏之所述，皆已成定論。後有作者，雖小有增益補苴，大體固不能改作矣。戈氏未及敍 Oliver Cromwell 之死而卒，繼之者爲其友 Charles H. Firth 之 *Last years of the Protectorate, 1656–1658.* (2 vols, London and N. Y. 1919) 福氏以畢生精力研究 Cromwell. 爲當今關於此問題之大師。(福氏任牛津大學皇家近代史教授垂二十年，本年春卒。) 是書考訂之精，足可方駕戈氏，而敍事之工，或且過之，誠足踵繼前作矣。以上俱英人對其國史之貢獻，其以外人治英國史而爲英人承認其權威者爲 Leopold von Ranke 之 *History of England, Principally in the Seventeenth Century* (6 vols, Oxford, 1875. Tr. by C. W. Boase and others.) 作者爲歐洲十九世紀最偉大之史家，於各國近古史皆有不朽之名著。是書之長，在其於偉人性格之描寫、及英國之外交關係。英國十七世紀之史事不惟經英國及全歐近世最大史家之研治而已也，其末年之史事，又經英國近世最大散文家之描摹。Thomas B. Macaulay 之著 *History of England from the Accession of James II* (5 vols. 1849-61. Numerous reprints) 志在取小說之地位而代之，結果如願以償。出版以後，轟動全世。翻印至數百版，世界重要文字，大抵皆有譯本。其書所述，雖僅英國十二年間(一六八五—一六九七)之歷史，且是時期亦非英史中多事之際，本身富有興趣之時代。但一經作者以繪聲繪色之筆，寫成可歌可泣之故事，其感人之深，逾於說部。在西洋史籍中，流傳之廣，影響之距，未有逾於本書者也。惟作者雖工於敍事，然態度過偏，成見太深，於人物之描摹議論，純從 Whig Party 之眼光，多非持平之論。且氏雖工於描寫人物風景，然無深刻之分析與解釋。自今日觀之，其所論皆屬屬於表面，於其時代無深刻之了解。故今日是書已不如從前受人推崇之甚矣。

至於英國十八世紀之歷史，作者不若十七世紀之多。最重要者為 P. H. Stanhope 之 *History of England from the Peace of Utrecht to the Peace of Versailles, 1713-1783* (1836-53. 5th. ed., 7 vols., London, 1858)，與 William E. H. Lecky, *History of England in the Eighteenth Century* (8 vols, London, 1878-90)。二書各有所長，不可偏廢。前書偏狹之政治史，注重政黨，軍事，外交，殖民地等方面。雖取材極為廣博，而敍述殊嫌滯板，僅足供專家之參考，難引起一般人之興趣。後書則將英國十八世紀之文化，作一綜括的分析。省略政黨軍事之敍述，增加社會經濟宗教學術之篇幅，文字暢達，勝意層出，遠較前書為易讀。惟是書於前二喬治朝(一七一四－一七六〇)敍述甚簡，至喬治三世即位(一七六〇)始加詳述，故與前書互相補充，仍不可偏廢焉。

關於十九世紀英國史，當今最大之權威為法人 Elie Halévy，氏以畢生精力，治十九世紀英國史，至今尚未出齊，已成者為 *History of the English People* (2 vols. London and N. Y., 1924-1927. Tr, by Watkin and Barker from vol. 1-2 of *Histoire du Peuple anglais au XIXe siecle.* vol. 1-3, Paris, 1912-23). *History of the English People. Epilogue I.* 1895-1905 *Epilogue II. 1905-19.* (2 vols. London and N. Y. 1926-1932)。前書敍至一八七〇，著者鑒已屆於風燭殘年，而全書完成無期，遂就所已搜得之材料，又儘先將末二册作成。未成之部，尚需長久之工作，而作者已屆高年，故全書是否能完成，尚是問題。氏以社會學者之眼光，分析十九世紀英社會之演變。舉凡社會各種因素，皆與以適當之注意。考證精密，材料繁富，眼光新穎，最足以代表現今西洋史學之體例。惟全書尚未完成，須與他書參讀。

Spencer Walpole 之 *History of England from the Conclusion of the Great War in 1815* (Rev. ed., 6 vols. London, 1910-13)。與其 *History of Twenty Five Years, 1856-1880* (4 vols, London, 1904-1908)及 Justin MaCarthy, *History of Our Own Times from the Accession of Queen Victoria to the General Election of 1880.* (2 vols, London, 1879-1880)，*History of Our Own Times from 1880 to the Diamond Jubilee,* (N. Y. and London, 1897)，*History of Our Times from the Diamond Jubilee, 1897, to the Accession of Edward VII* (2 vols. London and N. Y. 1905)俱英人關於十九世紀史之名著。二人所敍之

時代，雖大略相同，而內容則相去甚遠。Walpole 所著爲極詳盡之政治史，但間亦涉及經濟社會方面。MaCarthy 以小說家新聞訪員之筆墨，敍述維多利亞朝之大事。內容雖不及 Walpole 之謹嚴切實，而文采之煥發，趣味之濃厚，則遠過之。故出版以來，遠較 Walpole 爲風行；蓋一爲專家而作，一供通俗瀏覽也。其繼二氏之書，續至最近者，以 Gretton, R. H., *A. Modern History of the English People, 1880–1922* (one vol ed. New York,1930) 一書爲最佳。是書內容政治之外，兼重經濟社會之發展，以及英國生活之其他方面。惜全書依年敍述，漫無組織，使讀者不易得其要領耳。

三　專史

憲法史　英國史內容複雜，通史或斷代史僅能略舉大綱，若欲詳究其某一方面，則通史，分期史之外，宜就個人性趣所在，擇讀專史。英國爲近代代議政體之策源地，學者研究其政治制度之起源發展者極衆，故英國憲法史爲英國史之一大支。入門之書最佳者爲George B. Adams之*Constitutional History of England* (Rev. ed. by Robert L. Schuyler, N. Y. 1935) 與 Thomas P. Taswell-Langmead 之 *English Constitutional History from the Teutonic Conquest to the Present Time* (8th rev. ed., by Coleman Phillpson. London, 1919)。二書性質不同，各有佳處。前書重解釋英國憲法發展之重要運動與潮流，而於其事實則極爲簡略，故易使學者於英國史演變之大勢得一概括的觀念。後書議論較少，而事實詳明，條理清晰，可使學者於是學之基本知識，澈底明瞭。若先熟讀後書之事實，再參以前書之理論，於英國憲法史之大概，庶可有良好之基礎矣。至於敍述各時代憲法發展之專著，則論其起源者有 William Stubbs, *Constitutional History of England in its Origin and Development* (3 vols. Oxford, 1874-1878. Later eds.)，是書爲英國史學中極負盛名之作，亦爲是學之開山。出版以來，已成是學經典。雖以五十年來學者研究之結果，是書第一二冊內之見解考證，已大部陳舊，但第三冊仍不可廢。是書起起自最初訖於一四八五。Henry Hallam, *Constitutional History of England from the Accession of Henry VII to the Death of George II.* (3 vols. 1827,10th rev. ed., 1861.) 成書在前書之先，而所述之時代則與之相銜接。再益之以 Thomas E. May, *Constitutional History of England since the Accession of George the Third, 1768–1860* (3rd ed., with supplementary chapter. 1861–1871; rev. ed., with continuation to 1911, by F. Halland. 3 vols., London and N. Y., 1912)

於是學之全部，可得最高之權威矣。此外關於國會史最佳之書為 Albert F. Pollard, *Evolution of Parliament* (London and N. Y. 1920)，論英國政治制度最精博者為 Abbott L. Lowell, *Government of England* (new ed., With additional chs., 2 vols., N. Y., 1912)。關於英國法律史最佳者為 William S. Holdsworth. *History of English Law* (9 vols. London, 1903–1926.)

經濟史　英國不惟為近代代議政體之發源地，現代工業技術，經濟制度，亦起源於英國。故英國經濟史，工業史，亦為英國史之一大支。入門大綱，佳著極多，但余最喜 H.B. Gibbins, *Industry in England*(6 th. ed., New York, 1910)。是書起自史前期，迄於現代。綜述英國工業技術制度之發展，文辭優美，使人怡神忘倦。至於標準著作，則以 W. Cunningham, *Growth of English Industry and Commerce* (1882. 6th. ed., 2 vols in 3, Cambridge, 1915–1921) 成書最早，為是學開山。直至今日，仍以是書為最佳，雖後來作者多家，尚無有能完全代之者。繼凱寧漢從事於大規模之英國經濟史者為 E. Lipson，氏利用新印佈之史料，將英國經濟史重寫，已成三冊，名曰 *The Economic History of England* (New York, 1915–1931)，第一冊敘中世紀經濟史，第二三冊敘重商制度，已作至十八世紀。出版以來，已成是學權威，惟全書之成，恐尚需時日。英國近世經濟史最高之權威，自推 J. H. Clapham，氏之 *A Economic History of modern Britain: The Early Railway Age, 1820–1850* (2 vols London, 1926-1931 第三冊尚未出)，其書於狹義的經濟之外，兼及社會政治情形，使讀者對此時期之社會，可得一具體之觀念。攷證詳博，解釋深入淺出，誠為是學不刊之典。至專題研究，則考證封建社會及田制最高之權威為 Paul G. Vinograloff之*Villianage in England* (Oxford, 1892)，*Growth of the Manor* (1905. 2nd rew. ed., London and N. Y., 1911), *English Society in the Eleventh Century* (Oxford. 1908)。關於農業史最簡便之書為 R. E. Protheros, *English Farming, Past and Present* (4 ed. London, 1927)。關於工業革命史，以 A. Toynbee, *Lectures on the Industrial Revolution of the 18th Century in England* (1884. New ed., London, 1908) 為開山之作。其書考證精詳，見解深刻，而文字又能動人，直至今日仍為是問題傳誦最廣之書。惟是書為未完之作，講稿論文之合集，非有系統之著作。近來關於此問題之著作，以法人 Paul Mantoux 之 *La Revolution Industriel'e aux XVIIIe siecle* (Paris, 1906) 為最佳。（此書已經 M. Vernon 譯成英文，名為 *The Industrial Revolution in* the *Eighteenth Century*, London, 1928.) 關於工人生活之演變，最重要之著作為 John L. Hammond and Barbara Hammond 夫婦所合著之 *Village Labourer, 1760–1832* (New ed. London and N. Y., 1920), *Town Labourer. 1760–1832* (London and New York, 1917) *Skill Labourer, 1760–1832* (London and New York, 1919)，作者於三書中描寫工業革命期間各種工人之生活。思想左傾，對工人極表同情，以階級鬥爭之眼光，敘述七十年間工人慘痛之歷史。取材既極廣博（作者採用從未經人利用之新史料甚多），而文字又娓娓動人，實極有價值之著作也。關於工會之歷史，自以 Sidney and Beatrice Webb 之 *History of Trade Unionism* 為最重之供献。作者為英國費賓會社首領，以畢生精力為工人而奮鬥。是書一出，立成為英國經濟史中之經典。

外交史向外發展史　英國不惟為代議政體，工業革命之策源地，且為世界重要強權，帝國主義之領袖。故其外交史，向外發展史亦其國史中一大支。關於外交政策，J. R. Seeley, *Growth of British Policy* (1895. New ed. 2 vols. in 1, Cambridge, 1922) 起自伊利沙白終於威廉第三，為推闡現代英國外交政策之起源之名著。A. W. Ward and G. P. Gooch, eds, *Cambridge History of British Foreign Policy. 1783–1919,* (3 vols, Cambridge, 1922–1923)，起自巴黎會議，訖於大戰之了結。每章皆由專家撰述，價值極高；首有緒論，綜述英國自一〇六六至一七八三年間之外交，尤便讀者。關於英國之向外發展，入門最簡便之書為 Howard Robinson, *Development of the British Empire* (Boston, 1922) 與 James A Welliamron. *Short History of British Expansion* (1922 New ed. 2vols in 1, N. Y., 1931)，後書篇幅較長，內容較詳盡可信。但是學之標準權威，為 Gooch與Ward 共為主編之 *Cambridge History of the British Empire*，已出七冊，全書之成，尚需時日。關於英國之殖民政策，最佳之著作為 H. E. Egerton 之 *Short History of English Colonial policy* (London, 1918)，闡述英國殖民政策之發展，所涉既廣，而見解又新穎深刻，文字暢曉疑鍊，誠不可多得之著作。關於殖民地之政府，及其與母國之關係，當代最高之權威為 A. B. Keith，氏著作等身，以其 *Responsible Government in the Dominions* (2nd ed, Oxford, 1928.) 與 *Imperial Unity and the Dominions* (Oxford, 1916) 為最要。關於英國之海軍，最簡明之歷史為 G. Callender, *The Naval Side of British Hisory* (Boston, 1924)。而最高之權威為 Cowes, Sir William L., ed. *The Royal Navy, A History from the Earliest Times to the Present* (7 vols. London and Boston. 1897-1903)

學術史　至於英國學術之發展，文學史則最佳之大綱爲W. V. Moody and R. M. Lovett, *History of English Literature* (Rev. ed., N. Y., 1908)，規模最大者爲 A. W. Ward and A. R. Waller, eds., *Cambridge History of English Literature* (14 vols, Cambridge, 1907-1916)此書近刊大衆本，定價美金十八元，不及原價四分之一，較易購讀。宗教史最重者爲 Stephens. W. R. Ward and William Hunt. eds., *History of the English Church* (9 vols London, 1899-1910)。思想史最要者爲：L. Stenhen *History of English Thought in the 18th Century* (3rd. ed., 2 vols. N. Y., 1902)

四　傳記

孟子曰：『頌其詩，讀其書，不知其人可乎？』吾人雖不必如加來爾 (T. Carlyle) 之以人類歷史皆少數大人物所創造，但亦不能否認大人物與史事之形式有密切之關係。故論其世，不可不知其人也。況西洋歷史體裁，以事爲主，與吾國正史體裁不同，欲知其歷史上偉人之生平性格，尤須於史籍之外，兼涉傳記。吾國正史雖以紀傳爲主，然作傳技術實甚幼稚。在西洋傳記爲文學之一大支，亦史學之小宗。傳中不僅臚舉事實，且分析人物之性格，解釋其人之言行，更注重其人之社會背景，目的在由其背景研究其人之事業，以其人代表其時代。其規模之大，技術之巧，皆非中國舊日記傳體所及。故讀西洋史，絕不可忽略傳記，同時亦以傳記爲最富有興趣也。英國史籍中，傳記文學亦甚富，就其重要者言之，傳記叢書之最著名者爲 *Twelve English Statesmen* (London, 1888)共十二小册，每册爲一英國著名政治家之傳記，執筆者皆著名權威，內容極爲精采，價値極高。子目如下：

1. *William the Conqueror.* By Edward A. Freeman.
2. *Henry II.* By Mrs. J. R. Green.
3. *Edward I.* By T. F. Tout.
4. *Henry VII.* By James Gardiner.
5. *Cardinal Wolsey.* By Creighton.
6. *Elizabeth.* By E. S. Beesly.
7. *Oliver Cromwell.* By Frederic Harrison.
8. *William III.* By H. D. Trail.
9. *Walpole.* By John Morley.
10. *Catham.* By Frederic Harrison.
11. *Pitt.* By Lord Rosebery.

12. *Peel*. By J. R. Thursfield.

此外又有 *Englishmen of Action Series* (London, 1889 Later reprints) 共十二小册(每册約二百頁左右)，爲英國民族英雄(軍人及探險家)之傳記，體例與前書相同，惟價値略低。但簡略易讀，亦便於參考。子目如下：

1. *Colin Campbell*. By Archibald Forbes.
2. *Clive*. By Charles Wilson.
3. *Captain Cook*. By Walter Besant
4. *Dampier*. By Clark Russell.
5. *Drake* By Julian Corbett.
6. *Dundonald*. By J. W. Fortesque
7. *General Gordon*. By W. Butler
8. *Warren Hastings*. By A. Lyall.
9. *Sir Henry Havelock*. By Archibald Forbes.
10. *Henry V*. By A. J. Church.
11. *Lord Lawrence*. By Sir Richard Temple.
12. *Livingstone*. By Thomas Hughes.
13. *Monk*. By Julian Corbett.
14. *Montrose*. By Mowbray Morris.
15. *Sir Charles Napier*. By W. Butler.
16. *Nelson*. By J. K. Laughton.
17. *Peterborough*. By W. Stebbing.
18. *Sir Walter Raleigh*. By Rennell Rodd.
19. *Rodney*. By David Harrny.
20. *Captain John Smith*. By A. G. Bradley.
21. *Strafford*. By H. D. Trail.
22. *Warwick, the King-Maker*. By Sir C. M. Oman.
23. *Wellingston*. By George Hooper.
24. *Wolfe*. By A. G. Bradley.

至於個人所著之傳記彙編，最重要者爲 Charles Clive Bigham 之 *Chief Ministers of England, 970–1720* (London, 1923) 及其 *Prime Ministers of England, 1721–1921* (London, 1922)。匯集英國史上總揆之生平於一編，極便參考。

至於英國史上名人之專傳，依其時代言之，亨利八世，最佳之傳記爲 Albert F. Pollard, *Henry VIII* (London, 1902. New ed., 1905)。著者爲當代研究條德時代 (Tudor Period) 最高權威。此書根据未經前人用過之資料甚多，考證精詳，文筆動人。此書一出，前人關於亨利八世之傳記皆可廢。惟作者於亨利八世往往袒護太過，亦其短也。R. B. Merriman 亦爲當今關於條德時代之著名權威，其 *Life and Letters of*

Thomas Cromwell (2 vols. Oxford, 1902) 敘述亨利八世重臣，宗教革命領袖克朗威爾之生平，並分析其動機，極爲翔實。雖文采煥發，不若前書，但可使讀者於此時代得一較正確立印像。所附克朗威爾之函件二十一通，俱爲前人所未及見者，尤爲可貴。

伊利沙白女王傳作者甚多，最著名者爲 Mandell Creighton, *Queen Elizabeth*. (1896. Popular edition, London & N. Y. 1899)。分析伊利沙白性格及政策。見解犀利，文筆工妙，已成不刋之典。初印本插圖精美，尤爲名貴。

Oliver Cromwell 之傳記，作者較伊利沙白者爲尤多。每年殆皆有新傳記出現。數年前美國哈佛大學教授艾保提先生編纂克朗威爾書目，儼然巨帙。(W. C. Abbott, *A Bibliography of Cromwell*. Cambridge 1931)足徵西人對於該氏興趣之濃厚。就中最佳者爲 Charles F. Firth, *Oliver Cromwell* (London and New York, 1900) 著者窮數十年心力，研究克朗克爾時代之歷史，爲當代是學之最高權威。是書根据多年研究之結果，細密之觀察，其結論最可信据；而文字亦流利動人，興趣饒然。書中大旨以克氏爲一極誠懇熱烈之革命家，一洗舊日以其爲虛僞奸詐人物之誣，分析事實環境，入情入理，令人首肯。

英國十八世紀最偉大之人物自推維廉•皮提父子。故二人之傳記亦作者甚多。Catham 最佳之傳記爲 B. Williams, *Life of William Pitt, Earl of Catham* (2 vols. Londond N. Y. 1913)，作本所根据之資料既爲廣博，而敘述又極生動，皮提之性格，宛如活現紙上。關於少皮提最佳之傳記爲 J. H. Rose, *Life of William Pitt* (London, 1923)，作者研究皮提之生平有年，是書根据前人未經引用之資料甚多，內容極爲翔實。至其於當時國際形勢之分析，皮提外交政策之描摹，尤爲本書生色不少。

至十九世紀，英國最偉大之政治家則爲互相對敵之格蘭斯頓與狄斯瑞利，前者爲自由黨黨魁，後者爲保守黨首領，二人對敵，迭握政權者垂三十年。格蘭斯頓之傳記自推 John Morley 之 *Life of William Ewart Gladstone* (3 vols. 1903. Reprint, 1 vol. London & New York.1921)。作者既爲極負盛名之傳記作家，又係格氏多年之親信，其最適於爲此傳自不待言，因之此傳亦爲其生平最得意之作。書中於格氏學術生活之進展，政治生活之遭遇，敘述極爲詳盡；而文字廉悍豪邁，尤使人披誦忘倦。狄氏之評傳以 W. F. Moneypenny & G. E. Buckle 二人合著之 *Life of Benjamin Disraeli, Earl of Beaconsfield* (6 vols. London & New York, 1910–1920)。此書亦爲英國傳記文學中極負盛名之作。作者所根之資料既極浩博，而敘述尤能有條不紊，活潑動人。不惟氏氏生平之事跡，大是具備，即當時人物之性格，政潮之起伏，亦剖析入微。此二書皆英國傳記中之經典，治英國史者所不可不讀者也。

英國至十九世紀，民治政體已完全成立，君主僅居虛榮，實權甚少。惟維多利亞女王自一八三七即位，至一九〇一年，始殂落，爲英國元首者凡六十餘年，於英國社會政治，亦自有其不可泯滅之影響。（參看Frank Hardie, *The Political Influence of Queen Victoria*. Oxford 1925.）是以關於女王之生平，研究者亦甚多。最著名者爲Lytton Strachey之 *Queen Victoria* (New London,1921)。作者爲新派傳記家之領袖，而是書又爲其最著名之傑作。新派傳記家之特色，在其易事實之堆積爲個性之分析與描寫。是書忽略瑣碎事蹟，注重心理描寫，使讀者如親炙其人，接其話言。文辭優美，饒有詩意。出版以來，風行一時，固其宜矣。

其他十九年世紀重要人物之傳記，如Harold W. V. Temperley 之 *Foreign Policy of Canning 1822–1827*, (London, 1905)，Charlse K. Webster, *Foreign Policy of Castlereagh, 1815–1521* (London, 1925)，爲治英國外交史者所必究。Lady G. Cecil, *Life of Robert, Marquis of Salisbury* (2 vols. London, 1921) 出自騷利士薄利之女之手，於此英國十九世紀末年大政治家之個性，生平，內政外交政策敘述極詳。且饒有趣味，引人入勝。亦治英國史者所應披閱者也。

五　參考書

語曰：『工欲善其事，必先利其器。』參考書乃研究者之器也。英國乙部中，普通參考書甚多，茲舉其尤要者言之，辭典則有Sidney J. M. Low 與 Frederick S. Pulling 二氏所合編之 *Dictionary of English History* (1884. Rev. ed., enlarged, London and New York, 1928)。此書羅列英國史上之重要人物，戰爭，條約，法律，及其他種重要名詞，加以詮釋，極便檢查，爲治英國史者所必備。

人名詞典則有Leslie Stephen 與 Sidney Lee 二氏所合編之 *Dictionary of National Biography* (22 vols. with I. Supplementary vols. Reprint, Oxfords 1921–1922) 是書所包括之傳記逾三萬，撰述者逾千人，皆著名專家。內容極爲精確，每傳後皆附參考書目，尤便作進一步之研究。英國史上著名人物之傳記，大略俱備於是。至於不甚著名之人物，此殆爲惟一之參考書。實圖書館中必備之要籍，亦世界著述之林第一流之著作也。

英國歷史地圖最簡者爲 Samuel R. Gardiner 之 *A School Atlas of English History* (1892. New impression, New York, 1934)此書雖爲中學生而作，然爲普通參考計，已儘敷應用。

研究歷史不惟須讀名家著作，且須研究原來史料。如是始可知史家之所根据，且於史實可樹立自己獨立之見解。惟英國史料浩繁，搜集匪易，微論抄本史料，如 Public Record Office 及他處政府私人所庋藏者，須就地研究，不能購置（關於此等史料，欲知其概況，參看 Charles Johnson, *The Public Record Office* [*Helps for Students of History*, No.4.] London, 1926)，即已印行之史料，以現今中國學術機關之經濟狀況，亦非一時所可搜集。此研究西洋史之普遍困難，固不獨英國史爲然也。幸英美國史家往往選輯史料，以便初學，雖一臠之嘗，難概全鼎，要可使學者就之略窺史料之性質矣。普通者以 Edward P. Cheyney 之 *Readings in English History Drawn from Original Sources* (1908. New ed., Boston, 1922) 爲最簡便。其書選輯重要史料四百餘通，代表英國自遠古至近世史料之大概，冗長者加以刪節，原文爲古文者譯成今語。極便初學參考，用爲學生課外讀物尤爲相宜。

至於憲法史，則非讀當時之法令條文，決不能有親切之了解。故選輯者甚多憲法史料，亦最精。包括全史者，以 George B. Adams and Henry M. Stephens, *Select Documents of English Constitutional History* (1901. New edition, New York, 1910. Later reprints) 爲最簡便適用。作者選輯自威廉一世至一八八五關於憲法發展之重要史料凡二百七十六通，冗長者加刪節，原文爲拉丁者譯成今語。選擇極精，頗便於初學及課堂之用。代表一時期者則有 William Stubbs, ed., *Select Charters and other Illustrations of English Constitutional History, from the Earliest Times to the Reign of Edward the First* (1870. 9th .rev. ed. by H. W. C. Davis, Oxford, 1913)。H. C. Lodge & G. A. Thornton, *English Constitutional Documents, 1307–1485.* (Cambridge University Press, 1935)。Joseph R. Tanner, ed., *Tudor Constitutional Documents, A. D. 1485–1603, with an Historical Commentary* (Cambridge, 1922)。George W. Prothero, ed., *Select Statutes and other Constitutional Documents Illustrative of reigns of Elizabeth and James, I.*, 1894. 4th ed., Oxford, 1913) Samuel R. Gardiner, ed., *Constitutional Documents of the Puritan Revolution, 1625–1660* (1889. 3rd. rev. ed., Oxford, 1906) Charles Grant Robertson, ed., *Select Statutes, cases, and Documents to Illustrate English Constitutional History, 1660-1832, With a Supplement, 1832–1894.* (2nd rev. ed., with addition to 1911. London, 1913.) 以上五種合之，包括英國憲法史之全部。每種選輯者皆著名權威，編製精湛，每種皆前有導言，綜述各時代憲法發展之大概，每史料後有小引說明其背境，細注詮釋其疑義，最便於學者之應用。為究心英國憲法史者所必備之要籍。

年代為歷史之骨幹，治史者須明曆法，西洋曆法屢經變更，不知其經過則無由計算年月；且中古文人好以宗教節令代表日月，尤須明其計算之法，及其所指之日月。關於此方面之參考書，以John J. Bond, *Handbook of Rules and Tables for varyfying Dates with the Christian Era*(1886. 4 ed., London, 1889) 最便於應用。書中於各國曆法變更之沿革，宗教日期推算之方法，解釋極為詳明。所列關於各朝代之重要年月，亦便檢查。

以上乃就英國乙部汗牛充棟之典籍中，審之又審，約之又約，擇其為治英國史所當知，大學圖書館中所必備者，略加介紹，非謂英國史之要籍，盡於是也。然學者苟就以上所列羣書，最要加以精讀，次要者廣事涉獵，則於英國史已可得一極好之基礎。至若欲由普通而進於專門，由誦習而入於研究，則上列之書，自不足應用，而有待於旁搜博討。但上列諸書，多附列參考書目，可為學者深求之良好指南。至於書目專書，初學最簡便之書為 Samuel R. Gardiner, and James B. Mullinger, ed., *English History for Students, Being the Introduction to the Study of English History, with a Critical and Bibliographical of Authorities* (1881. 4 ed., London, 1903)，本書分兩部分，前部綜論英國之發展，側重憲法方面。後部專論重要史籍書目，極為精湛。惟是書出版已逾三十年，略嫌陳舊耳。分期目錄，自最初至一四八五則有已故哈佛大學教授 Charles Gross之*Sources and Literature of English History from the Earliest Times to about 1485.* (1900. 2nd rev. ed., New York, 1915)，此書搜羅廣博，凡關於一四八五前之英國史料與著作，大略具備，為英國史學不刊之典，為研究英史者必須參考之書。近來英國皇家學會與美國史學會合組委員會續Gross 之書，已成者為 Godfrey Davis, *Bibliography of British History: Stuart Period, 1603–1714*(Oxford, 1928)體例遵Gross之舊，編製亦甚精湛。將來全史目錄若能次第告成，必成研究英國史最重要之利器矣。

禮記引得序

——兩漢禮學源流考——

洪業

兩漢學者所傳習之禮，經有三而記無算。所謂經有三者，其一曰士禮。太史公儒林傳[1]曰：

「漢興，然後諸儒始得脩其經藝，講習大射、鄉飲之禮。叔孫通作漢禮儀，因爲太常[2]。…及今上即位，…言禮自魯高堂生。…諸學者多言禮，而魯高堂生最本。禮固自孔子時，而其經不具。及至秦焚書，書散亡益多。於今獨有士禮，高堂生能言之。而魯徐生善爲容，孝文帝時，徐生以容爲禮官大夫。傳子至孫，徐延，徐襄。襄，其天姿善爲容，不能通禮經；延頗能，未善也。襄以容爲漢禮官大夫，至廣陵內史。延及徐氏弟子，公戶滿意，桓生，單次，皆常[3]爲漢禮官大夫，而瑕丘蕭奮以禮爲淮陽太守。是後能言禮爲容者由徐氏焉。」

據其言，禮經雖殘闕，尚有士禮。漢武帝時，習其經者以魯高堂生爲最得其本[4]，諸徐及其弟子，如蕭奮[5]等，皆不若也。至於士禮之篇第及高堂生與叔孫通及蕭奮等之彼此關係，則皆史記所未詳云。

漢書藝文志[6]曰：

「漢興，魯高堂生傳士禮十七篇，訖孝宣世，后倉最明。戴德、戴聖，慶普，皆其弟子，三家立於學官。」

而儒林傳[7]曰：

「孟卿，東海人也，事蕭奮，以授后倉，魯閭丘卿。倉說禮數萬言，號曰后氏曲臺記，授沛聞人通漢子方，梁戴德延君，戴聖次君，沛慶普孝公。孝公爲東平太傅。德號大戴，爲信都太傅。聖號小戴，以博士論石渠，至九江太守。由是禮有大戴，小戴，慶氏，之學。通漢以太子舍人論石渠，至中山中尉。普授魯夏侯敬，又傳族子咸，爲豫章太守。大戴授琅邪徐良斿卿，爲博士，州牧、郡守，家世傳業。小戴授梁人橋仁季卿，楊榮子孫。仁爲大鴻臚，家世傳業。榮，琅邪太守。由是大戴有徐氏，小戴有橋，楊氏之學。」

又贊[8]曰：

「武帝立五經博士，開弟子員，設科射策。…初，書，唯有歐陽；禮，后…。至孝宣世，復立…大小戴禮。」

西漢一代士禮傳授之大略已具。然尚有可疑者焉。班固時之禮經十七篇，非盡高堂生所傳者也。與固同時之王充曰：「今禮經十六。」[9]又曰：「見在十六篇，秦火之餘也。」[10]且曰：「宣帝時，河內女子壞老屋，得佚禮一篇」[11]，「奏之，宣帝下示博士，然後……禮……篇數亦始足。」[12]十六，十七，二數之離異，雖可解以傳本篇卷之分合，然其中佚禮一篇，固非高堂所傳者矣。又藝文志云，「二戴，慶氏，三家立於學官」[13]，而儒林傳贊僅舉大小戴禮；在漢書已自不同。即就東漢而論，司馬彪續漢書百官志[14]，應劭漢官儀[15]及范曄後漢書儒林傳序[16]，皆謂光武中興立十四博士；其中，禮有二戴不及慶氏。顧范氏又曰：

「曹襃字叔通，魯國薛人也。父充持慶氏禮，建武中爲博士。…顯宗即位…拜充侍中，作章句辯難，於是遂有慶氏學。襃…傳先業…初舉孝廉，再遷圉令。…免官，歸郡爲功曹，徵拜博士。…章和元年正月迺召襃詣嘉德門，令小黃門持班固所上叔孫通漢儀十二篇，敕襃曰：『此制散略，多不合經，今宜依禮條正，使可施行。於南宮東觀盡心集作。』襃既受命，迺次序禮事，依準舊典，雜以五經讖記之文，撰次天子至於庶人，冠婚吉凶終始制度，目爲百五十篇，寫以二尺四寸簡，其年十二月奏上。帝以衆論難一，故但納之，不復令有司平奏。會帝崩，和帝即位。襃迺爲作章句，遂以新禮二篇冠。擢襃監羽林左騎，永元四年遷射聲校尉。後太尉張酺、尚書張敏等奏襃擅制漢禮，破亂聖術，宜加刑誅。帝雖寢其奏，而漢禮遂不行。…七年出爲河內太守，…後坐上災害不實，免。有頃，徵，再遷，復爲侍中。襃博物識古，爲儒者宗。十四年(92)卒官。作通義十二篇，演經雜論百二十篇，又傳禮記四十九篇。教授諸生千餘人，慶氏學遂行於世。」[17]

「董鈞字文伯，犍爲資中人也。習慶氏禮…永平中爲博士。時草創五郊祭祀及宗廟禮樂，威儀，章服，輒令鈞參議，多見從用，當世稱爲通儒。累遷五官中郎將。常教授，門生百餘人。後坐事，左轉騎都尉，年七十卒於家。」[18]

然則慶氏之立在後，而史之數博士，乃沿舊目誤未改增歟？抑禮博士之數僅爲二，而家法乃有三歟？案安帝父清河孝王諱「慶」[19]，而慶純乃至改姓賀氏[20]，則繼曹董輩者雖傳慶氏學而尚以戴禮博士稱歟？

就上所引二傳及董鈞傳，可見慶氏禮學曾盛行於後漢。二戴之學反以寖微，故後漢書儒林傳曰：

「中興已後，亦有大小戴博士，雖相傳不絕，然未有顯於儒林者。」[21]

疑二戴異徒過於墨守家法，僅執士禮而推致於天子，不若曹董輩，甘蹈異端亂道之譏，雜取經讖，博通古今，以致身通顯，而教授門徒以千百計也。當時古今學之爭論未盡息。於禮：古學，則禮古經及周官，後將復敘之。今學，則二戴所傳授之士禮，鄭玄六藝論所謂：「今禮行於世者，戴德，載聖之學也。」[22]慶氏亦后倉弟子，而其學最盛於東京，鄭氏何未嘗及？殆黃曹襃所傳授者非純粹「今禮」歟？

曹襃卒之年，司空徐防上疏曰：

「伏見太學試博士弟子，皆以意說，不修家法，私相容隱，開生姦路。…不依章句，妄生穿鑿，以遵師爲非義，意說爲得理，輕侮道術，寖以成俗。…」[23]

當時雖思糾正，然後乃益壞。後漢書儒林傳序曰：

「章句漸疏，而多以浮華相尚，儒者之風蓋衰矣。…後遂至忿爭，更相言告，亦有私行金貨，定蘭臺漆書經字，以合其私文。熹平四年(175)靈帝迺詔諸儒正定五經，刊於石碑，…使天下咸取則焉。」[24]

則家法之衰乃更害及經文矣。案永初四年(110)安帝以經傳之文多不是正，已詔劉珍馬融等詣東觀整齊脫誤[25]。延熹(158-162)中復詔校書改定禮經文字[26]。至是纔數年耳。時馬融已卒，融弟子盧植

「乃上書曰：『臣少從通儒故南郡太守馬融受古學，頗知今之禮記特多回冗。臣前以周禮諸經，發起秕謬，敢率愚淺，爲之解詁，而家乏，無力供繕寫上。願得將能書生二人共詣東觀，就官財糧，專心研精，合尚書章句，考禮記失得，庶裁定聖典，刊正碑文。』」[27]

所謂「今之禮記」者，即立於學官之禮。其刊於石者，即洛陽記[28]所謂「禮記十五碑悉崩壞」，又「禮記碑上有諫議大夫馬日磾，議郎蔡邕名」者，是也。

洛陽記於禮記碑舉馬日磾及蔡邕之名，而不及盧植。其爲石之崩壞而題名有闕歟？抑其時植以出入遷轉，未竟其業歟[29]？無論如何，馬日磾爲融族子[30]亦傳融之學者也。蔡邕長於文史，不以經學名家。至其所爲明堂論[31]，徵引及周官及「禮記古大明堂之禮」，則非篤守今禮者也。夫校訂官立今禮而委之好習古學之人，則篤守二戴之經者時無聞人，而貫通今古之學已成風氣歟？

熹平石經，今無傳本。禮經殘石，僅零碎數段而已。近出一塊，首行云「鄉飲酒第十。」[32]考者據之，謂是大戴本，蓋以鄭玄三禮目錄云：劉向別錄及小戴，鄉飲酒禮皆第四，而大戴篇次第十也[33]。然近年金石古物，贋品居多，君子可欺以其方，鑑別眞僞，頗未易言。且縱認其石爲眞，亦僅孤證而已。慶氏章句，如果在學官，其經文篇第如何，後人尙不可得而考也。

鄭玄者亦馬融弟子，而與盧植相善。熹平刻經時，玄正遭禁錮。所注三禮之成，適當此時期[34]。流傳於後世之儀禮鄭注，即其一也。儀禮之稱首見於晉人文字中[35]，鄭注原書，卷首何名，今不可得而知其確。鄭六藝論既云：「今禮行於世者，戴德戴聖之學也」，則鄭以前漢之士禮爲「今禮」也。禮器

云：「曲禮三千」，鄭注之云：「曲猶事也，事禮謂今禮也。禮篇多亡，本數未聞，其中事儀三千」[36]；是鄭又以「今禮」爲事禮，爲曲禮也。此所謂「曲禮」者，是指禮篇之類別歟？抑一科之定名歟？鄭三禮目錄曰：「奔喪……實逸曲禮之正篇也；漢興後得古文，而禮家又貪其說，因合於禮記耳。」[37]又曰：「投壺……亦實[38]曲禮之正篇。」[39]鄭注奔喪又輒引逸奔喪禮，其文輒不同。然則，鄭似以曲禮名士禮，以逸曲禮名禮古經，以合於禮記之奔喪爲當是逸曲禮原篇之正讀[40]，而引後漢末別行之逸奔喪禮以爲校耳。陳時陸元朗所云：「曲禮者是儀禮之舊名」[41]，及唐初賈公彥所云：「且儀禮亦名曲禮，」[42]皆可以爲此解佐證者也。然則「儀禮鄭氏注」原爲「曲禮鄭氏注」歟？顧鄭箋毛詩在注禮之後，其箋采蘩[43]引儀禮[44]少牢饋食文：「主婦髲鬄」而云「禮記[45]」，然則鄭注原書，亦沿用當時官稱作「禮記」歟？

後漢書[46]儒林傳云：「玄本習小戴禮，後以古經校之，取其義長者，故爲鄭氏學。」所謂「本習小戴禮」者，不知何所據。案玄之學禮，先從張恭祖，後從馬融[47]，皆古學也。參合今禮與古經，當時已成風氣，玄殆集其大成耳。今有鄭注儀禮十七篇。就其篇次觀之，則二戴本與鄭所謂劉向別錄所載本，三者各不相同，而鄭乃從別錄本。就其文字之異同觀之，則鄭注輒舉古文作某，今文作某，而鄭之從古文者爲較多[48]。然則毋寧謂鄭以古文本爲本，而校以今文本耳。且鄭之今文本與熹平石經之今文本不盡相同。士虞禮篇末[49]：「某甫尚饗朞而小祥」，鄭注曰：「古文朞皆作基。」今熹平石經殘文尚存其七字[50]，曰：「某甫饗期而小」；則無「尚」字，而「朞」作「期」也。「鄉飲酒之禮」[51]，石經[52]無「之」字。「主人對賓坐取爵適洗南北面」[53]，石經[54]存自「爵」字起一段，然無「適」字。又今本自「主人如賓服以拜辱」以下至「磬階閒縮霤北面鼓之」[55]，中有二百餘字。殘存石經隔行並列，計其石之長短行格，其間僅可容七十餘字而已。[56]石經殘文存者甚少，乃輒與鄭文離異。其爲鄭於目錄雖並舉二戴，而於校經，僅用其一歟？抑鄭之校勘，亦頗疏略歟？

今即就鄭本，依注去古留今，亦未必得戴禮之舊文。王充爲論衡時[57]，在鄭注禮前不及百年。謝短篇曰：「案今禮不見六典，無三百六十官，又不見天子，天子禮廢何時？豈秦滅之哉？」[58]則充猶及見「但推士禮以及天子」之今禮，其中並無關於天子之明文也。今鄭本中「天子」乃屢見矣。[59]是殆今禮與古經參合之結果歟？涇渭之流既合，清濁不可得而分矣。

漢禮經三，其二曰「禮古經」。漢書藝文志曰：

「禮古經五十六卷…禮古經者出於淹中及孔氏學七十篇文相似多三十九篇及明堂陰陽王史氏記所見多天子諸侯卿大夫之制雖不能備猶瘉倉等推士禮而致於天子之說」60

後來學者解釋此文，不盡相同。宋劉敞擬改「學七十篇」為「與十七篇」，而以「及孔氏」連上文為讀61。淸黃以周從劉氏改七十為十七之說；而別擬改「孔氏」為「后氏」，「及后氏」乃連下文為讀也62。案漢書劉歆傳：

「…移書太常博士責讓之曰：『…及魯共王壞孔子宅，欲以為宮，而得古文於壞壁之中：逸禮有三十九，書十六篇。天漢（100—97 B.C.）之後，孔安國獻之，遭巫蠱倉卒之難，未及施行。及春秋左氏丘明所修，皆古文舊書，多者二十餘通，臧於秘府，伏而未發。孝成皇帝閔學殘文缺，稍離其眞，乃陳發秘臧，校理舊文。得此三事，以考學官所傳，經或脫簡，傳或間編。傳問民間，則有魯國桓公，趙國貫公，膠東庸生之遺學，與此同，抑而未施。此乃有識者之所惜閔，士君子之所嗟痛也。往者綴學之士，不思廢絕之闕，苟因陋就寡，分文析字，煩言碎辭，學者罷老，且不能究其一藝。信口說而背傳記，是末師而非往古。至於國家將有大事，若立辟雍，封禪，巡狩，之儀，則幽冥而莫知其原，猶欲抱殘守缺，挾恐見破之私意，而無從善服義之公心。或懷妒嫉，不考實情，雷同相從，抑此三學。…」63

魯共王傳曰：

「魯恭王餘以孝景前二年立為淮陽王。吳楚反破後，以孝景前三年徙王魯。…二十八年薨。…恭王初好治宮室，壞孔子舊宅以廣其宮，聞鐘磬琴瑟之聲，遂不敢復壞。於其壁中，得古文經傳。」64

藝文志曰：

「武帝末，魯恭王壞孔子宅，欲以廣其宮，而得古文尚書及禮記，論語，孝經凡數十篇，皆古字也。共王往入其宅，聞鼓琴瑟鐘磬之音，於是懼，乃止不壞。孔安國者，孔子後也，悉得其書，以考二十九篇，得多十六篇。安國獻之，遭巫蠱事，未列於學官。」65

王充論衡曰：

「孝武帝封弟為魯恭王。恭王壞孔子宅以為宮，得佚尚書百篇，禮三百，春秋三十篇，論語二十一篇，闓絃歌：懼，復封塗。上言武帝，武帝遣吏發取，古經，論語，此時皆出。」66

許愼說文解字敘曰：

「壁中書者，魯恭王壞孔子宅而得禮記，尚書，春秋，論語，孝經。」67

皆以為魯共王得古文禮於孔壁中。然漢書河間獻王傳又曰：

「河間獻王德以孝景前二年立。修學好古，實事求是。從民得善書，必為好寫與之，留其眞，加金帛賜，以招之。繇是，四方道術之人，不遠千里，或有先祖舊書，多奉以奏獻王者。故得書多，與漢朝等。…獻王所得書，皆古文，先秦舊書、周官，尚書，禮，禮記，孟子，老子之屬，皆經說傳記，七十子之徒所論。…立二十六年薨。」[68]

是河間獻王亦有古文禮也。故鄭玄六藝論合之云：

「後得孔氏壁中，河間獻王古文禮五十六篇。…其十七篇與高堂生所傳同，而字多異。」[69]

然皆未敘及淹中之本，而隋書經籍志乃云：

「古經出於淹中，而河間獻王好古愛學，收集餘燼，得而獻之，並威儀之事。」[70]

竊謂古經出處，爲說有三：淹中，孔壁，河間，而淹中在魯何地，僅有蘇林一注曰：「里名也」，餘不詳[71]。其出而達於漢廷，途亦有三。曰武帝遣吏發取，曰獻王所奏奉，曰孔安國家所獻。其獻進之時：曰景帝時也，曰泛指武帝時也，曰天漢之後也，曰武帝末年也。時地皆殊，人物不同，蓋傳聞異辭耳。河間獻王，魯共王，孔安國皆司馬遷同時人。安國爲武帝時博士，至臨淮太守，蚤卒[72]。二王之薨皆在元朔元年 (128 B.C.) 左右，而遷之史記迄於天漢，乃不曾述禮古經之發見，反云「於今獨有士禮」，亦可異矣！河平 (28—25 B.C.) 校書，上距元朔，時越百載。向，歆之徒發陳編而究來源，亦僅有故老傳聞耳。此其所以鏞磬絃歌，事近子虛，時地，人物，語輒矛盾歟？

劉歆之移書責太常博士，當在哀帝初年。然衆怒難犯，終哀帝之世，古經未得立於學官。至平帝時，王莽當國；莽本習禮經而素善劉歆；故

「元始四年(4)…莽奏起明堂，辟雍，靈臺。爲學者築舍萬區，作市，常滿倉。立樂經，益博士員。經各五人。徵天下通一藝，教授十一人以上，及有逸禮，古書，毛詩，周官，爾雅，天文，圖讖，鐘律，月令，兵法，史篇文字，通知其意者，皆詣公車。網羅天下異能之士。至者前後千數。皆令記說廷中。將令正乖謬，壹異說云。」[73]

「元始…五年…徵天下通知逸經，古記，天文，曆算，鐘律，小學，史篇，方術，本草，以及五經，論語，孝經，爾雅，教授者。」[74]

「平帝時又立左氏春秋，毛詩，逸禮，古文尚書。」[75]

當時所立於學之逸禮，爲禮古經之全部五十六卷歟？抑僅與十七篇相似以外之三十九篇歟？此亦史所不詳者也。

及王莽敗，光武中興，立五經十四博士。禮則大小二戴，其餘諸經亦皆今學，則莽所立各古經皆擯於學官之外也。顧自平帝以來，學者之習古經有二十餘年者矣。一旦廢棄，勢在必爭。尙書令韓歆上疏欲爲費氏易，左氏春秋立博士。詔下其議。建武四年 (28) 正月朝公卿大夫博士，見於雲臺。博士范升與歆互相辯難，日中迺罷。陳元詣闕上疏，繼與升辯難凡十餘上。「帝卒立左氏學，太常選博士四人，元爲第一。帝以元新忿爭，迺用其次；司隸從事李封。於是諸儒吕左氏之立，論議讙譁，自公卿吕下數廷爭之。會封病卒，左

氏復廢。」有賈徽者，從劉歆受左氏春秋，兼習國語，周官，又受古文尚書於塗惲，學毛詩於謝曼卿，徽子逵「悉傳父業，弱冠能誦左氏傳及五經本文。㠯大夏侯尚書教授。雖為古學，兼通五家，穀梁，之說。」章帝建初八年 (83)「迺詔諸儒各選高才生，受左氏，穀梁春秋，古文尚書，毛詩；由是四經遂行於世。皆拜逵所選弟子及門生為千乘王國郎，朝夕受業黃門署。學者皆欣欣羨焉。」[76] 執經以求利祿，別有途徑；雖不由學官，何害？

然禮古經不在此類古經之內，且迄東漢全代未聞有請立逸禮博士者。其故何哉？為其無傳習之人歟？抑「今禮」博士亦有兼授古學者，不必別立專科歟？

阮孝緒七錄曰：

「古經出魯淹中，皆書周宗伯所掌五禮威儀之事，有五十六篇，無敢傳者。後博士傳其書，得十七篇，鄭玄注今之儀禮是也；餘篇皆亡。」[77]

不知阮氏之言何據。其云無敢傳者，則當在逸禮立而復廢之後。傳其十七篇之博士，於史無考。既云博士則習今學者也。既傳其十七篇，何不敢傳其餘？奔喪，投壺，皆為逸禮之正篇，既尚存，何云「餘篇皆亡」？

竊疑逸禮未嘗盡亡於東漢，殆為「今禮」學者所分輯於所傳授之經記中耳。曹，董，之流為禮博士，而以博通今古，常預朝廷禮議，能毋習逸禮乎？假若學官之業固亦兼及逸禮：則逸禮不必別成專科，以爭博士一席矣。

賈逵弟子許愼著說文解字十四卷，書成於和帝永元十二年 (100)。許君自敘其所據經籍曰：

「其偁易，孟氏；書，孔氏；詩，毛氏；禮；周官；春秋，左氏；論語；孝經；皆古文也。」[78]

案漢書藝文志云：「劉向以中古文易經校施，孟，梁丘，經；或脫去『無咎』，『悔亡』。唯費氏經與古文同。」[79] 後漢書儒林傳云：「東萊費直傳易，授琅琊王橫，為費氏學，本㠯古字，號古文易。」[80] 是孟氏本非古文易也。今許君以易孟氏為古文；其說若不誤，則中興後數十年間，孟氏之易已有改從古文者矣。此所以費氏易雖曾爭立於學官，而不得立；不得立，而不復爭之故歟？推易之例於禮，疑其事有相似者。許君舉禮，不名何家，而號之為古文。今就說文所引者，考之。「禮謂之封」，「牛藿羊芐」，質之儀禮鄭注則皆今文也。無「訃」而有「赴」，無「醋」而有「酌」，則皆古文也。至其引禮「佩刀：天子玉琫而珧珌，諸侯璗琫而璆珌，士珕琫而珧珌」，「封諸侯以土，蒩以白茅」，「知天文者冠鷸」，「天子赤墀」，之屬，皆不見於今之十七篇中，是殆出於逸禮歟？[81] 然則，許君之所謂禮者殆合今於古，而收逸於正者歟？倘類是之禮已傳於學官，固無須別立逸禮博士矣。

凡逸禮之存而不盡存，亡而不盡亡者，職此故也。徵之鄭君三禮目錄，奔喪，投壺皆逸禮也。當鄭君時有鄭君所以為小戴之禮記四十九篇者，收此二篇矣。四十九篇者於今具存，而此二篇亦因以存也。在鄭君時尚有所謂大戴禮八十五篇者，今存不及其半，餘則并篇名而亡之[82]。就所存者觀之，投壺一篇與小戴之投壺相似而不同，而公冠，諸侯遷廟，諸侯釁廟三篇，後人亦有以為逸禮者矣。亡篇之中，逸禮如何，不可知也。記家之書不止大小戴二種[83]，想其中尚有收入逸禮者，然而今皆亡矣。夫二戴皆后倉弟子，劉歆所譏抱殘守缺之徒也。東漢末葉乃有兼收逸禮之禮記歸諸二戴名下，而時人不以為異，則禮學今古界限之分，彌久而泯也。何休在東漢之末，主今學者也。公羊解詁引證不及周官，然所引逸禮甚夥[84]，則今禮與逸禮之界限盡泯矣。及鄭玄注儀禮，禮記，周禮，則並今禮，周官，而溝通之矣。故唯玄為集通學之大成也。

漢禮經之三，曰周官，亦古文經也。案劉歆移太常博士書中，未嘗有一語及周官。元始四年王莽奏徵天下通周官者。五年，莽議郊祀事，即以周官為據[88]。其後三年，即王莽居攝三年（8）莽母功顯君死。少阿羲和劉歆與博士諸儒七十八人皆曰：「……攝皇帝遂開秘府，會羣儒，制禮作樂，卒定庶官，茂成天功，聖心周悉，卓爾獨見，發得周禮，以明因監，則天稽古，而損益焉。……周禮曰：『王為諸侯緦縗，弁而加環絰；同姓則麻，異姓則葛。』攝皇帝當為功顯君緦縗，弁而加麻環絰。……」[86]則在三年之中，周官之稱已變而為周禮矣。漢書藝文志載：「周官經六篇，周官傳四篇」[87]，殆本劉歆七略原文。「六篇」下注云：「王莽時，劉歆置博士」，殆班固所加。荀悅漢紀云：「歆以周官六篇為周禮，王莽時歆奏以為禮經，置博士。」[88]則周官之為周官經，為周禮，置博士，當在平帝元始五年，至王莽居攝三年之間也[89]。藝文志，禮家敘，頗述士禮及逸禮之源流傳授，獨於周官，默無一言，其七略輯錄曾為班固所刪削之故歟[90]？顧樂家敘乃云：

「六國之君，魏文侯最為好古。孝文時得其樂人竇公，獻其書，乃周官大宗伯之大司樂章也。武帝時，河間獻王好儒，與毛生等共采周官及諸子言樂事者，以作樂記，獻八佾之舞。……其內史丞王定傳之，以授常山王禹，禹成帝時為謁者，數言其義，獻二十四卷記。劉向校書，得樂記二十三篇，與禹不同，其道寖以益微。」[91]

則文帝時已有周官矣。禮器孔疏云：

「周官：經秦焚燒之後，至漢孝文帝時求得此書，不見冬官一篇，乃使博士作考工記，補之。」[92]

則以爲文帝時始有其書也。然孔疏於此既不舉所據，而於禮記大題下又輒異其說云：

「漢書說河間獻王開獻書之路，得周官有五篇，失其冬官一篇，乃購千金不得，取考工記以補其闕。」

今傳本漢書却無此文。獻王與禮書之關係，漢書中除上所引藝文志言及本傳舉所得先秦舊書中有周官而外，尚有禮樂志一條云：

「河間獻王采禮樂古事，稍稍增輯至五百餘篇，今學者不能昭見，但推士禮因及天子，說義又頗謬異，故君臣長幼交接之道，寖以不章。」[93]

亦未及考工記補闕之事。唯經典釋文敘錄引

「或曰河間獻王開獻書之路，時有李氏上周官五篇，失事官一篇，乃購千金不得，取考工記以補之。」[94]

陸元朗所謂「或曰」，殆與孔穎達所謂「漢書說」者同出一源[95]，非漢書也。據其說，則景，武，之世，河間獻王始得周官，而考工記之補非由博士所作。禮記正義撰自一人，而兼採二說，自相矛盾，殊可異也。案史記封禪書，記武帝元鼎中（116—111）事，曰：

「自得寶鼎，上與公卿諸生議封禪。封禪用希，曠絕，莫知其儀禮。而羣儒采封禪，尚書，周官，王制，之望祀射牛事。」[96]

而太史公述古史祀典，且引

「周官曰：冬日至，祀天於南郊，迎長日之至。夏日至，祭地祇。皆用樂舞。而神乃可得而禮也。」[97]

則周官一書，無論在孝文時已出，抑河間獻王始獻，但元鼎之後，羣儒已得見其書，而司馬遷且得引其文也。然馬融云：

「秦自孝公已下，用商君之法，其政酷烈，與周官相反。故始皇禁挾書，特疾惡、欲絕滅之，搜求焚燒之，獨悉。是以隱藏百年。孝武帝始除挾書之律，開獻書之路。既出於山巖屋壁，復入于秘府。五家之儒，莫得見焉。至孝成皇帝，達才通人劉向子歆校理秘書，始得列序、著于錄略。然亡其冬官一篇，以考工記足之。時衆儒並出，共排以爲非是。唯歆獨識。其年尚幼，務在廣覽博觀，又多銳精于春秋。末年，乃知其周公致太平之迹，迹具在斯。奈遭天下倉卒，兵革並起，疾疫喪荒，弟子死喪。徒有里人河南緱氏杜子春尚在，永平（58—75）之初，年且九十，家于南山，能通其讀，頗識其說。鄭衆，賈逵，往受業焉。衆，逵，洪雅博聞，又以經、書、記，轉相證明，爲解。逵解行于世。衆解不行。兼攬二家，爲備多所遺闕。然衆時所解說，近得其實。獨以『書序言：成王既黜殷命，還歸在豐作周官，則此周官也』，失之矣。逵以爲：六鄉大夫，則冢宰以下及六遂爲十五萬家，緪千里之地。甚謬男。…乃述平生之志，著易，尚書，詩，禮，傳，皆訖；惟念前業未畢者，唯周官；年六十有六，目瞑，意倦，自力補之，謂之周官傳也。」[98]

昔人引融此文者，或以為其述周官之隱顯源流，最為綜析，[99] 然劉歆奏七略在哀帝之時，奈何以周官著錄，歸諸孝成之世；賈公彥已指其誤。且孝惠始除挾書之律，而此云孝武。李氏河間之獻，未聞出諸山巖屋壁。羣儒采文，史澄引語，何云五家之儒，莫得見焉。其尤可異者：自王莽為宰衡，越居攝，篡位，以至滅亡，凡二十年，周禮權力，如日中天，融乃何故，絕未述及？其諱之歟？

關於周官之出現，融之說既與史漢，及或說，離異矣。至其叙傳授源流，亦復與後漢書不同。按後漢書，鄭興於天鳳(14—19)中從劉歆學，又云：「興好古學，尤明左氏，周官，長於厤數，自杜林，桓譚，衞宏之屬，莫不斟酌焉。」又云：「賈徽從劉歆受左氏，兼習國語，周官。」而興子衆，徽子逵皆傳父之學，[100] 不云於永平中往受業於杜子春。且兩部前後漢書中並無杜子春之名，不亦可異乎？

鄭玄序云：

「世祖以來，通人達士，大中大夫鄭少贛名興，及子大司農仲師名衆，故議郎衞次仲，侍中賈君景伯，南郡太守馬季長，皆作周禮解詁。」[101]

此亦不及杜子春。顧今傳本周禮鄭注中頗載「故書」[102] 異文，又輒引杜子春，鄭大夫，鄭司農三家讀法，則杜子春果傳周官，康成殆由二鄭，賈，馬，之書，轉引之耳。然即以玄書證融傳，融傳則漏鄭大夫矣。鄭衆，賈徽，皆劉歆弟子，何云：弟子死喪，徒有杜子春乎？

夫周官之如何出見於西京，及其如何傳授於東漢，說者離殊。其書中制度如封地之等，設官之名，等等，輒與博士諸經違異，故後來學者，頗有以其書為偽者；且以為劉歆背漢而事莽，當是叛經而造偽之人也。[103] 惜馬融之叙周官始出，僅云：「諸儒並出，共排以為非是」，而不詳其所謂非是者云何。謂周官乃劉歆一手偽造，以欺天下歟？謂歆竄易舊籍以亂經學歟？謂周官與諸經離異，不可尊視為周公治平之迹歟？就此三者較之，竊以為後者近是。臨碩，何休之惡周禮亦甚矣。何目之為六國陰謀之書。臨作十論，七難，以排棄之；且云：「武帝知周官末世瀆亂不驗之書。」[104] 是皆以其書為漢前書也。然則，漢人之惡周官者，不以其書為劉歆偽著，後人不必強納歆於罪也。

以上所述兩漢禮書之經三種。然經而外，尚有記。所謂記無算者，以其種類多而難計其數也。且立於學官之禮，經也，而漢人亦以「禮記」[105] 稱之，殆以其書中既有經，復有記，故混合而稱之耳。此類上巳具述，茲姑略論其他。案漢書藝文志列禮十三家，其中有「記百三十一篇」，原注云：「七十子後學者所記也。」明云記者，僅此而已。然「王史氏二十篇」，而後云：「王史氏記」；「曲臺后倉九篇」，而如淳注曰：「行禮射於曲臺，后倉為記，故名曰曲臺記」；是亦皆記也。至於「明堂陰陽三十三篇」，「中庸說二篇」，後人105或指其篇章有在今之禮記中者，是亦記之屬歟？又禮家以外，樂家有樂記二十三篇，論語家有孔子三朝七篇，亦此類之記也。略舉此數端，已見「禮記」之稱甚為廣泛矣。

然後漢鄭玄時有八十五篇之大戴禮記及小戴之四十九篇禮記。大小二戴皆為前漢人，而此八十五篇及四十九篇者，乃皆不見著錄於藝文志中。歷代學者，為說紛紜：

經典釋文序錄：「劉向別錄云：古文記二百四篇」，又云：「陳邵（字節良，下邳人，晉司空長史。）周禮論序云：戴德刪古禮二百四篇為八十五篇，謂之大戴禮；戴聖刪大戴禮為四十九篇，是為小戴禮（漢劉向別錄有四十九篇，其篇次與今禮記同。名為他家書拾撰所取，不可謂之小戴禮）。後漢馬融，盧植，考諸家同異，附戴聖篇章，去其繁重，及所叙略，而行於世，即今之禮記是也。鄭玄依盧，馬之本而注焉。」107

隋書經籍志云：「漢初河間獻王又得仲尼弟子及後學者所記一百三十一篇，獻之。時亦無傳之者。至劉向考校經籍，檢得一百三十篇。向因第而序之。而又得明堂陰陽記三十三篇，孔子三朝記七篇，王氏史氏記二十一篇，樂記二十三篇，凡五種，合二百十四篇。戴德刪其煩重，合而記之，為八十五篇，謂之大戴記，而戴聖又刪大戴之書，為四十六篇，謂之小戴記。漢末馬融遂傳小戴之學；融又足月令一篇，明堂位一篇，樂記一篇，合四十九篇。而鄭玄受業於融，又為之注。」108

初學記云：「禮記者，本孔子門徒共撰其所聞也。後通儒各有損益，子思乃作中庸，公孫尼子作緇衣，漢文時博士作王制。其餘衆篇，皆如此例。至漢宣帝世，東海后蒼善說禮於曲臺殿，撰禮一百八十篇，號曰：后氏曲臺記。后蒼傳於梁國戴德，及德從子聖。乃刪后氏記為八十五篇，名大戴禮。聖又刪大戴禮為四十六篇，名小戴禮。其後，諸儒又加月令，明堂位，樂記三篇，凡四十九篇，則今之禮記也。」109

通典云：「初，獻王又得仲尼弟子及後學所記四百十一篇。至劉向考校經籍，纔獲百三十篇。向因第而叙之。而又得明堂陰陽記二十二篇，孔子三朝記十篇，王氏史記二十篇，樂記二十三篇，總二百二篇。戴德刪其煩重，合而記之，為八十五篇，謂之大戴記。而戴聖又刪大戴之書，為四十七篇，謂之小戴記。馬融亦傳小戴之學，又定月令，明堂位，合四十九篇。鄭玄受業於融，復為之注。今周官六篇，古經十七篇，小戴記四十九篇，凡三種，唯鄭玄注立於學官，餘並散落。」110

此皆隋，唐，學者之說。其顯然錯誤者，如初學記所說后倉一百八十篇，乃與漢志所說九篇之數，相去太遠。通典文字一段，假與隋志，而其二百二篇之總數，既與隋志不同，而所謂百三十篇，二十二篇，十篇，二十篇，等，復與漢志遠異。是亦皆不可爲據也。諸家皆以爲小戴刪大戴，初學記而外，又皆以爲大戴之八十五篇皆出於劉向所敘第之古文經籍。小戴之四十九篇，釋文以爲馬，盧，之前，已有其數；隋志及初學記以爲原有四十六，後儒加月令，明堂位，樂記，三篇，而成四十九；通典則以爲原作四十七，後加之篇未有樂記。此諸家同異之大略，而有待於考證者也。今傳本禮記，鄭玄爲注，而唐孔穎達爲疏。疏輒於篇目下，引鄭所別著之三禮目錄，而其中又輒述及劉向別錄所著錄之禮記篇目。玆略表列之如下：

曲禮上第一：鄭目錄云名曰曲禮者以其篇記五禮之事…此於別錄屬制度

曲禮下第二：鄭目錄云義與前篇同簡策重多分爲上下

檀弓上第三：鄭目錄云名曰檀弓者以其記人善於禮故著姓名以顯之…此於別錄屬通論

檀弓下第四：鄭目錄云義同前篇以簡策繁多故分爲上下二卷

王制第五：鄭目錄云名曰王制者以其記先王班爵授祿祭祀養老之法度此於別錄屬制度

月令第六：鄭目錄云名曰月令者以其記十二月政之所行也本呂氏春秋十二月紀之首章也以禮家好事抄合之後人因題之名曰禮記言周公所作其中官名時事多不合周法此於別錄屬明堂陰陽記

曾子問第七：鄭目錄云名爲曾子問者以其記所問多明於禮故著姓名以顯之曾子孔子弟子曾參此於別錄屬喪服

文王世子第八：鄭目錄云名曰文王世子者以其記文王爲世子時之法此於別錄屬世子法

禮運第九：鄭目錄云名曰禮運者以其記五帝三王相變易陰陽轉旋之道此於別錄屬通論

禮器第十：鄭目錄云名爲禮器者以其記禮使人成器之義也…此於別錄屬制度

郊特牲第十一：鄭目錄云名郊特牲者以其記郊天用騂犢之義故別錄屬祭祀

內則第十二：鄭目錄云名曰內則者以其記男女居室事父母舅姑之法此於別錄屬子法

玉藻第十三：鄭目錄云名曰玉藻者以其記天子服冕之事也…此於別錄屬通論

明堂位第十四：鄭目錄云名曰明堂者以其記諸侯朝周公於明堂之時所陳列之位也在國之陽其制東西九筵南北七筵堂崇一筵五室凡室二筵此於別錄屬明堂陰陽

喪服小記第十五：鄭目錄云喪服小記者以其記喪服之小義也此於別錄屬喪服

大傳第十六：鄭目錄云名曰大傳者以其記祖宗人親之大義此於別錄屬通論

少儀第十七：鄭目錄云名曰少儀者以其記相見及薦羞之少威儀…此於別錄屬制度

學記第十八：鄭目錄云名曰學記者以其記人學教之義此於別錄屬通論

樂記第十九：鄭目錄云名曰樂記者以其記樂之義此於別錄屬樂記蓋十一篇合爲一篇謂有樂本有樂論有樂施有樂言有樂禮有樂情有樂化有樂象有賓牟賈有師乙有魏文侯今雖合此略有分焉案：劉向所校二十三篇者於別錄今樂記所斷取十一篇餘有十二篇：奏樂第十二樂器第十三樂作第十四意始第十五樂穆第十六說律第十七季札第十八樂道第十九樂義第二十昭本第二十一昭頌第二十二竇公第二十三是也案別錄禮記四十九篇樂記第十九則樂記十一篇入禮記也在劉向前矣至劉向爲別錄時更載所入樂記十一篇又載餘十二篇總爲二十三篇其二十三篇之目今總存焉

雜記上第二十：鄭目錄云名曰雜記者以其記諸侯以下至士之喪事此於別錄屬喪服分爲上下義與曲禮檀弓分別不殊也

雜記下第二十一

喪大記第二十二：鄭目錄云喪大記者以其記人君以下始死小斂大斂殯葬之事此於別錄屬喪服

祭法第二十三：鄭目錄云名曰祭法者以其記有虞氏至周天子以下所制祀羣神之數此於別錄屬祭祀

祭義第二十四：鄭目錄云名曰祭義者以其記祭祀齋戒薦羞之義也此於別錄屬祭祀

祭統第二十五：鄭目錄云名曰祭統者以其記祭祀之本也：此於別錄屬祭祀

經解第二十六：鄭目錄云名曰經解者以其記六藝政教之得失也此於別錄屬通論

哀公問第二十七：鄭目錄云名曰哀公問者善其問禮著諡顯之也此於別錄屬通論但此篇哀公所問凡有二事一者問禮二者問政問禮在前問政在後

仲尼燕居第二十八：鄭目錄云名曰仲尼燕居者善其不倦燕居猶使三子侍之言及於禮著其字言事可：退朝而處曰燕居此於別錄屬通論

孔子閒居第二十九：鄭目錄云名曰孔子閒居者善其無倦而不褻猶使一弟子侍爲之說著其氏言可法也退燕避人曰閒居此於別錄屬通論

坊記第三十：鄭目錄云名坊記者以其記六藝之義所以坊人之失者也此於別錄屬通論

中庸第三十一：鄭目錄云名曰中庸者以其記中和之爲用也庸用也孔子之孫子思伋作之以昭明聖祖之德此於別錄屬通論

表記第三十二：鄭目錄云名曰表記者以其記君子之德見於儀表此於別錄屬通論

緇衣第三十三：鄭目錄云名曰緇衣者善其好賢者厚也緇衣鄭詩也：此於別錄屬通論

奔喪第三十四：鄭目錄云名曰奔喪者以其居他國聞喪奔歸之禮此於別錄屬喪服之禮矣實逸曲禮之正篇也漢興後得古文而禮家又貪其說因合於禮記耳奔喪禮屬凶禮也

問喪第三十五：鄭目錄云名曰問喪者以其記善問居喪之禮所由也此於別錄屬喪服也

服問第三十六：鄭目錄云名曰服問者以其善問以知有服而遭喪所變易之節此於別錄屬喪服也

間傳第三十七：鄭目錄云名曰間傳者以其記喪服之間輕重所宜此於別錄屬喪服

三年問第三十八：鄭目錄云名曰三年問者善其問以知喪服年月所由此於別

錄屬喪服

深衣第三十九：鄭目錄云名曰深衣者以其記深衣之制也深衣連衣裳而純之以采者：：此於別錄屬制度

投壺第四十：鄭目錄云名曰投壺者以其記主人與客燕飲講論才藝之禮此於別錄屬吉禮亦實曲禮之正篇

儒行第四十一：鄭目錄云名曰儒行者以其記有道德者所行也儒之言優也：：此於別錄屬通論

大學第四十二：鄭目錄云名曰大學者以其記博學可以為政也此於別錄屬通論

冠義第四十三：鄭目錄云名曰冠義者以其記冠禮成人之義此於別錄屬吉事

昏義第四十四：鄭目錄云名曰昏義者以其記娶妻之義內教之所由成也此於別錄屬吉事也

鄉飲酒義第四十五：鄭目錄云名曰鄉飲酒義者以其記鄉大夫飲賓於庠序之禮尊賢養老之義此於別錄屬吉事

射義第四十六：鄭目錄云名曰射義者以其記燕射大射之禮觀德行取於士之義此於別錄屬吉事

燕義第四十七：鄭目錄云名曰燕義者以其記君臣燕飲之禮上下相尊之義此於別錄屬吉事

聘義第四十八：鄭目錄云名曰聘義者以其記諸侯之國交相聘問之禮重禮輕財之義也此於別錄屬吉事

喪服四制第四十九：鄭目錄云名曰喪服四制者以其記喪服之制取於仁義禮智也此於別錄舊說屬喪服

夫四十九篇之禮記既逐篇著錄於別錄，而孔疏且以樂記第十九一條，為樂記入禮記在劉向前之證，則不備通典之不以樂記為馬融所加，可謂有據；且月令，明堂位，二篇，為馬氏所加之說亦不可從矣。故清四庫館臣曰：

「隋志⋯⋯云云，其說不知所本。今考後漢書橋玄傳云：七世祖仁著禮記章句四十九篇，號曰橋君學。仁即班固所謂小戴授梁人橋季卿者，成帝時嘗官大鴻臚。其時已稱四十九篇，無四十六篇之說。又孔疏稱：別錄，禮記四十九篇，樂記第十九。四十九篇之首，疏皆引鄭目錄，鄭目錄之末，必云：此於劉向別錄屬某門。月令，目錄云：此於別錄屬明堂陰陽記。明堂位，目錄云：此於別錄屬明堂陰陽記。樂記，目錄云：此於別錄屬樂記，蓋十一篇，合為一篇。則三篇皆劉向別錄所有，安得以為馬融所增。疏又引玄六藝論曰：戴德傳記八十五篇，則大戴禮是也，戴聖傳禮四十九篇，則此禮記是也。玄為馬融弟子，使三篇果融所增，玄不容不知，豈有以四十九篇屬於戴聖之理？況融所傳者，乃周禮。若小戴之學，一授橋仁，一授楊榮。後傳其學者，有劉祐，高誘，鄭玄，盧植。融絕不預其授受，又何從而增三篇乎？知今四十九篇實戴聖之原書。隋志誤也。」111

至於小戴刪大戴之說，清人亦有疑者。戴震曰：

「鄭康成六藝論曰：戴德傳記八十五篇。隋書經籍志曰：大戴禮記十三卷，漢信都王太傅戴德撰。今是書傳本卷數，與隋志合，而亡者四十六篇。隋志言：戴聖刪大戴之書，爲四十六篇，謂之小戴記，殆因所亡篇數，傅合爲是言歟？其存者，哀公問及投壺，小戴記亦列此二篇。則不在刪之數矣。他如曾子大孝篇見於祭義，諸侯釁廟篇見於雜記，朝事篇自『聘禮』至『諸侯務焉』見於聘義，本事篇自『有恩有義』至『聖人因殺以制節』見於喪服四制，凡大小戴兩見者，文字多異。隋志已前，未有謂小戴刪大戴之書者，則隋志不足據也。」—112

錢大昕解漢志所謂記一百三十一篇曰：

「按：鄭康成六藝論云：戴德傳記八十五篇，戴聖傳記四十九篇；此云百三十一篇者，合大小戴所傳而言。小戴記四十九篇，曲禮，檀弓，雜記，皆以簡策重多，分爲上下，實止四十六篇。合大戴之八十五篇，正協百三十一之數。隋志謂月令，明堂位，樂記，三篇爲馬融所足，蓋以明堂陰陽三十三篇，樂記二十三篇，別見藝文志，故疑爲東漢人附益。不知劉向別錄已有四十九篇矣。月令【等】三篇，小戴入之禮記；而明堂陰陽與樂記仍各自爲書；亦猶三年問出於荀子；中庸，緇衣出於子思子；其本書無妨單行也。記本七十子之徒所作，後人通儒各有損益。河間獻王得之。大小戴各傳其學，鄭氏六藝論言之當矣。謂大戴刪古禮二百四篇爲八十五篇，小戴又刪爲四十九篇，其說始於晉司空長史陳邵，而陸德明引之，隋志又附益之。然漢書無其事，不足信也。或謂漢書不及禮記。攷河間獻王所得書，禮記居其一。而郊祀志引禮記：『燔柴於太壇，祭天也；瘞薶於太折，祭地也。』又引禮記：『天子祭天地及山川，歲徧。』又引禮記：『天子籍田千畝，以事天地。』又引禮記祀典（即祭法也，律曆志謂之祭典）：『功施於民，則祀之，天文日月星辰所昭仰也，地理山川海澤所生殖也。』又引禮記：『唯祭宗廟社稷爲越紼而行事。』梅福傳引禮記：『孔子曰：某殷人也。』韋玄成傳亦引禮記王制，禮記祀典之文。皆在四十九篇之內。志不別出記四十九篇者，統於百三十一篇也。」—113

則既不信馬融之增小戴，復不信小戴之刪大戴，而獨以漢志之百三十一篇爲合二戴之篇數而成者也。沈欽韓引隋志之言而論之，曰：

「按此俗說，不知隋志何所本。劉向校書在成帝時，戴德，戴聖，論石渠，在宣帝末年。只可二戴自刪，劉向自合，不可云：二戴承劉向之本。又大小戴並投一師，同講石渠，各自名家，聖又何暇取大戴書而刪之。現行大戴記與禮記重複甚多，則不出大戴明矣。序錄引陳邵周禮論序云：戴德刪古禮二百四篇爲八十五篇者，是也。」—114

其不信小戴曾刪大戴，與錢氏同。其異者，則沈氏仍以二百四篇之說與二戴記相牽連，殆猶以一百三十一篇之記，不足以盡賅四十九篇所有者耳。陳壽祺曰：

「經典釋文序錄引鄭君六藝論云：後得孔氏壁中，河間獻王，古文禮五十六篇，記百三十一篇，周禮六篇。又引劉向別錄云：古文記二百四篇。壽祺案：孔壁所得書，魯恭王傳僅言數十篇，知非全書。藝文志俟七畧，著錄記百三十一篇，並河間獻王所得者，故六藝論竝舉之。百三十一篇之記，合明堂陰陽三十三篇，王史氏二十一篇，樂記二十三篇，孔子三朝記七篇，凡二百十五篇，並見藝文志。而別錄言二百四篇，未知所除何篇。疑樂記二十三篇，其十一篇已具百三十一篇記中，除之，故爲二百四篇。孔子三朝記亦重出，不除者，篇名不同故也。隋志言：劉向考校經籍，檢得一百三十篇，向因第而敍之，又得明堂陰陽記，孔子三朝記，王氏史氏記，樂記，五種，合二百十四篇，與別錄，藝文志，不符，失之。然百三十一篇之記，第之者劉向，得之者獻王；而輯之者蓋叔孫通也。魏張揖上廣雅表曰：周公著爾雅一篇，爰暨帝劉，魯人叔孫通撰置禮記，文不違古。通撰輯禮記，此其微證。稚讓之言，必有所據。爾雅爲通所採，當在大戴記中。（武進臧庸曰：白虎通三綱六紀篇引禮親屬記，見爾雅釋親；孟子，『帝館甥於貳室』，趙岐注引禮記，亦釋親文；風俗通聲音篇引禮樂記乃釋樂文；公羊宣十二年注引禮，乃釋水文；則禮記中有爾雅之文矣。）通本秦博士，親見古籍，嘗作漢儀十二篇，及漢禮器制度，而禮記乃先秦舊書，聖人及七十子微言大義賴通以不墜。」115

又引錢大昕之說而論之曰：

「謹案：今二戴記有投壺，哀公問，兩篇，篇名同。大戴之曾子大孝篇見小戴祭義；諸侯釁廟篇見小戴雜記；朝事篇自『聘禮』至『諸侯務焉』見小戴聘義；本事篇自『有恩有義』至『聖人因殺以制節』，見小戴喪服四制。其它篇目尚多同者。漢書王式傳稱：驪駒之歌在曲禮；服虔注云：在大戴禮。五經異義引大戴禮器。毛詩豳譜正義引大戴禮文王世子。唐皮日休有補大戴禮祭法。又漢書韋玄成傳引祭義。白虎通耕桑篇引祭義，曾子問；性情篇引間傳；崩薨篇引檀弓，王制。蔡邕明堂月令論引檀弓。其文往往爲小戴記所無。安知非出大戴亡篇中，如投壺，釁廟，之互存而各有詳畧乎？大戴記亡篇四十七，隋人所見已然。白虎通引禮謚法，王度記，三正記，別名記，親屬記，五帝記。少牢饋食禮注引禘於太廟禮（疏云大戴禮文）。周禮注引王霸記。明堂月令論引昭穆篇。風俗通引號謚記。論衡引瑞命篇。（毛詩興發正義引政穆篇即昭穆篇。彼份正義引大戴禮辨名記即別名記。文選注引禮瑞命記即瑞命篇。）皆大戴逸篇。其他與小戴出入者，畧可舉數。豈能彼此相足？竊謂二戴於百三十一篇之記，各以意斷取。異同參差，不必此之所棄，即彼之所錄也。」116

以上略引清人之說數家，足見其議論之不一致。綜而核之：則其破隋，唐，舊說，頗有精到之處，然而欲從而返求兩漢禮記篇第之眞，疑尙不足也。四十九篇之非由八十五篇刪減而成，證據確實，不必再論矣。今尙可問者：則（一）所謂小戴記者原爲四十九篇歟？抑四十六篇歟？（二）劉向別錄曾列二戴之記否？列諸百三十一篇之內歟？抑二百四篇之內歟？

今案小戴原爲四十六篇之說有二。隋志之去月令，明堂位，樂記，三篇，一也。錢氏之合曲禮，檀弓，雜記，六篇，爲三篇，二也。錢氏之說雖巧，然其意乃欲以四十六篇與大戴八十五篇傅合而成漢志之一百三十一篇耳。其說之未可置信，正在其意之出於附會。陳氏併舉二戴之重複，不能彼此相足以爲駁，蓋舍本而逐末矣。[117]隋志之說顯然非爲附會漢志一百三十一篇而作。戴氏謂其出於傅合大戴亡篇之數。然此乃戴氏自附會大戴存篇之數，以誣隋志，非隋志之附會也。戴氏須知隋志如欲合二戴存篇而適爲八十五，則與其去小戴之月令等三篇，何如去大戴與小戴相同之三篇，——哀公問，投壺，曾子大孝——既有八十五之數，復有删而未佚之證乎？況唐時大戴亡篇之數四十七，非四十六也。竊謂隋志之說既不出於數目之附會，則殆有所本，其所本者何書，惜今不可考耳。唯說文引禮記輒冠以「禮記」二字，獨其引月令者數條，則冠以「明堂月令曰」[118]，似許君所用之禮記尚未收有月令，此可佐證月令後加之說也。

夫月令之入禮記，如果在說文成書之後，則劉向別錄中縱有小戴之記，將不能有其四十九篇矣。今案劉向四十九篇之說，首見於鄭氏目錄。然而有可疑者，四焉。漢志絕未道及，一也。喪服四制，鄭云：「此於別錄，舊說屬喪服。」「舊說」二字殊可異。孔氏解之曰：「案別錄無喪服四制之文，唯舊說稱此喪服屬喪服。」試問小戴四十九篇若逐篇著列於別錄，且樂記第十九，次序並與鄭注禮記相同，則別錄所列之第四十九篇，篇名云何，類屬云何，當一檢即得，何至以舊說爲依？可見不僅唐時尚存之別錄並無四十九篇篇名次第之紀載，而且鄭玄之所謂某篇於別錄屬某者，非據別錄而爲言也。此其二。又試細閱孔所引之鄭氏目錄，可見別錄所著錄之禮記，通論十六篇；喪服十一篇；吉禮[119]七篇；制度六篇；祭祀四篇；明堂陰陽二篇；世子法，子法，樂記，各一篇；合爲四十九篇。然奔喪，投壺，既爲逸經，何混列於記？明堂陰陽本有三十三篇，何分其二於此？且樂記既爲篇名，何復分爲十一篇，而各有一名，如樂本樂論等；既爲十一篇矣，何復爲樂記一篇？況其外復有二十三篇之樂記，又重複十一篇耶？向校理舊籍，類別而區分，何與四十九篇之外，彼此重複；而復於四十九篇之內，同類篇章之次第，乃前後離置耶？此其三。漢志記樂記之原委，謂劉向校書而得樂記二十三篇。今禮記中之樂記，鄭氏謂即二十三篇中之十一篇，合而爲一，並舉其十一篇之名。南梁皇侃就記中文句，爲分別十一篇之起訖。北齊熊安生則疑十一篇之次第已亂，不與別錄所載者相同[120]。孔氏疏中標段，一從皇氏。然樂記之文，大略又見於史記樂書；唐張守節正義[121]謂是褚少孫所補，而其段落又異。此數者之中，孰得二十三篇中前十一篇次第之真？幸而說苑亦引有與樂記大略相同之文若干段[122]，今試表列而比較之如下：

樂記從皇氏孔氏所分之篇段			鄭目錄 依孔氏分段爲篇	鄭目錄 依樂書分段	樂書	說苑
A	凡音之起…則王道備矣	樂本	A	A	A	H
B	樂者爲同…與民同也	樂論	B	B	B	d
C	王者功成作樂…曰禮樂云	樂禮	d-D	D	C	E
d-D	昔者舜…皆以禮終 樂也者聖人…著其教焉	樂施	E	E-d	D	F
E	夫民有血氣…賤之也	樂言	C	C	f	A
f-F	凡姦聲…樂爲大焉 樂也者施也…賄諸侯也	樂象	G	G-f	G	
G	樂也者情…於天下也	樂情	J'	J	d	
H	魏文侯…合之也	魏文侯	f-F	F	E	
I	賓牟賈…不亦宜乎	賓牟賈	I	I	F	
J	君子曰…可謂盛矣	樂化	K	K	J	
K	子贛見師乙…子貢問樂	師乙	H	H	H	
					I	
					K	

上表中之最堪注意者，則dEF之先後爲次，說苑，樂書，樂記，皆同；則自「樂也者聖人之所樂也」，以至「樂爲大焉」，應前後相接，中間不宜間以他文。可見皇氏之分段乖舛，而鄭氏目錄所引之篇章次第，亦顯然與此段不合。夫劉向之上說苑在鴻嘉四年(17B.C.)[123]，褚少孫仕於元成之間[124]，是與向爲同時人。說苑之所摘抄，樂書之所補錄，殆同出於一源。其篇第之互異，或由抄摘之失次，或由傳本之錯簡，不足深究。唯其相異中，而復相同者，則至可置信，不僅劉，褚，二氏如此，且其所本者亦如此也。鄭氏所注之樂記，旣於此段，亦復如此，則更無可疑者矣。顧鄭氏目錄遠及別錄中之禮記樂記篇第，孔氏乃更據以證樂記入記爲在劉向之先。孔氏之說，旣似未能符合漢志。鄭引別錄復顯與劉，褚，及本書說異，何耶？此其四。

竊疑劉向別錄中並未著錄四十九篇之戴記。漢志之「記一百三十一篇」本出於劉歆之七略，而七略殆沿別錄耳[125]。別錄於記一百三十一篇下，容或繫以敍錄，類別而區分之，爲通論若干篇，制度若干篇，祭祀若干篇，吉禮若干篇，喪服若干篇，等，耳。鄭玄沿舊說盡隸戴記四十九篇於向所著錄各書，其隸月令及明堂位於「明堂陰陽」，隸樂記於「樂記」，蓋指三十三篇之明堂陰陽及樂類二十三篇之樂記也。推求鄭及舊說之意，殆亦知此三篇者不在一百三十一篇之內：不然者，月令及明堂位當屬於制度，而樂記當屬通論也。禮古經在漢志中既與記分列，則其在別錄中當亦如此。然則奔喪，投壺二篇，不宜在一百三十一篇之內矣。鄭氏似亦曾致疑於此，故於喪服條下敍及別錄編類，稍有微辭。顧乃歸咎於禮家之好事，而不知其實出於舊說之爲祟也。喪服四制條下猶留「舊說」二字，此晉，隋，之間删削未盡之痕迹耳[126]。執此以例其餘四十八條，可也。

別錄於樂記二十三篇，殆亦有敍錄，舉其二十三篇之名稱，次第。鄭沿舊說，舉其前十一篇之名，終於賓牟賈，師乙，魏文侯，三篇；而禮記中樂記之文，既含有魏文侯問樂及賓牟賈問樂二段，且終於師乙之答子貢問樂；故遂傅會而定其爲合十一篇作一篇耳。鄭舉十一篇之名，而不冠以第一至第十一等詞；且云：「今雖合此，略有分焉。」皇氏就合篇之段落，而標十一篇之名，於是次第之離異遂顯。孔氏解之曰：「鄭目錄當是舊次未合之時，今此所列，或記家別起意，意趣不同，故也。」[127]孔之意謂二十三篇之次第，是原次，摘其十一篇而合爲一篇者，以臆更易十一篇之次第耳。顧孔又云「案別錄，禮記四十九篇，樂記第十九，則樂記十一篇入禮記也，在劉向前矣。至劉向爲別錄時，更載所入樂記十一篇，又載餘十二篇，總爲二十三篇。」則自相矛盾矣。「所入樂記十一篇」之篇次，與二十三篇原次之前十一篇，不同也。考孔氏之所以誤，殆由二端相積而成；一由於誤沿鄭氏之說，一由於誤會鄭氏之文也。謂誤沿鄭說者何？鄭以一篇樂記傅合別錄中十一篇名，有不可信者，三焉。十一篇次與一篇中之段落不能符合，一也。樂本，樂情，樂論，樂言，樂施，樂化，等名稱，皆廣泛而不實。一篇樂記各段落之意旨，輒重複而寡殊。執名以尋段，安知其必爲樂論而不爲樂言，必爲樂施而不爲樂化？且篇次既不能同，則安知此一篇者實不足以當十一篇之數，抑常之而有餘耶？此其不可信者，二也。又試觀所謂師乙篇者之末，乃有「子貢問樂」四字；褚先生所補之樂書亦然。然則此段之文屬於某書中之「子貢問樂」篇耳。抄輯者删削未盡，尚留此篇名也[128]。其篇之不名「師乙」，而其文不出於別錄所著錄之樂記明矣。此鄭之不可信者，三也。隋書音樂志引梁沈約奏答曰：

「竊以秦代滅學，樂經殘亡。至于漢武帝時，河間獻王與毛生等共採周官及諸子言樂事者，以作樂記。其內史丞王定傳授常山王禹。劉向校書得樂記二十三篇，與禹不同。向別錄有樂歌四篇，趙氏雅琴七篇，師氏雅琴八篇，龍氏雅琴百六篇；唯此而已。晉中經簿無復樂書；別錄所載，已復亡逸。案漢初典章滅絕，諸儒捃拾溝渠牆壁之間，得片簡遺文，即編次以爲禮，皆非聖人之言；月令，取呂氏春秋；中庸，表記，防記，緇衣，皆取子思子；樂記，取公孫尼子；檀弓殘雜，又非方幅典誥之書也。」[129]

此沈約所謂禮記中之樂記乃出於公孫尼子，其言當有所本。漢書藝文志儒家類有公孫尼子二十八篇；注云：「七十子之弟子。」雜家類有公孫尼一篇。[130] 隋書經籍志，儒家類，公孫尼子一卷；注云：「尼似孔子弟子。」[131] 舊唐書經籍志，唐書藝文志，儒家類，亦皆有公孫尼子一卷。[132] 似其書尚殘存於唐世。馬總意林[133]引公孫尼子[134]：「樂者，先王所以飾喜也；軍旅者，先王所以飾怒也。」徐堅初學記引公孫尼子曰：「樂者，審一以定和，比物以飾節。」[135] 所引皆在今禮記樂記[136]中，然則沈氏之言不誣，而禮記與史記中之樂記殆皆出於公孫尼子。鄭氏以別錄中樂記之前十一篇當之，誤矣。孔氏沿其說，亦誤也。

謂孔氏誤會鄭氏之言者何？案鄭氏之於四十九篇雖沿舊說逐篇傳合於別錄，然未嘗云：此四十九篇者，在別錄中已排比編訂，合成一書也。鄭氏雖云：樂記於別錄屬樂記，蓋指別錄中二十三篇之樂記爾，未嘗云：別錄中禮記之樂記也。孔氏誤會鄭氏之意，且以為鄭目錄中四十九篇之篇次，即依別錄所著錄之次第，故謂：在別錄中，樂記一篇，亦居禮記之第十九耳。

顧此端誤會似亦不始於孔冲遠。前引陸德明經典釋文序錄一段中，有注云：「漢劉向別錄有四十九篇，其篇次與今禮記同。」則陸之誤會正與孔同。陸與孔所共用之皇氏今已不可見，不知其於此端何云也。唯陸，孔之誤會別錄四十九篇雖同，而其論斷則異。孔固以為鄭玄之所注解，即劉向之所著錄，而戴聖之所編撰者也。陸之見則異乎此。陸注續云：「名為他家書拾撰所取，不可謂之小戴記。」陸殆謂別錄中之四十九篇與今禮記二者非同一書，不可均謂之小戴禮也。於此別生疑問焉。陸謂別錄所著錄者，乃「他家書」綴拾小戴篇名，而依次撰成者歟？抑謂今禮記乃「他家書」，非小戴禮歟？陸注之文，含混而難詳。今試參伍陸氏他處文句，而求其解。陸序錄言三禮次第曰：

「周，儀，二禮，並周公所著，宜次文王。禮記雖有戴聖所錄，然忘名已久，又記二禮闕遺□□相從次於詩下。」[137]

此段傳本，雖有闕略，然陸似謂小戴曾錄禮記而後世不知也。又陸引晉陳邵文之後段云：「後漢馬融，盧植考諸家同異，附戴聖篇章，去其繁重，及取敘略，而行於世，即今之禮記是也。」然則陸殆謂今禮記非小戴而乃是他家書，附別錄所載篇名，而拾撰以成者歟？

今考劉向別錄中既無小戴四十九篇之著錄，則馬，盧植，不可得依附其篇名以拾撰矣。又觀今禮記中王制自「凡養老有虞氏以燕禮」以下四百餘字，與內則中一段頗相同。樂記中自「君子曰禮樂不可斯須去身」，以下約三百字，與祭義中一段，亦幾乎相同。其餘零碎文句，諸篇中之彼此相同者，更不勝數。則所謂考諸家同異，而去其繁重者，亦不可信也。

雖然，陸氏所謂今禮記非小戴禮，則似可置信；其證即在今禮記之中，而不必以陳邵之言爲據也。案小戴所執者士禮，東漢謂之今禮，其文皆今文也。倘於士禮之外，小戴別傳有禮記以補益其所傳之經，則其記亦當皆從今文，而不從古文。今試以儀禮鄭注所舉之今文，古文，就禮記校之。其從今文者固多，然而亦不盡然[138]。其最可注意者：儀禮士冠禮末段之記，全文亦見於禮記郊特牲之中[139]。儀禮本中：「冠而字之」，鄭注云：「今文無『之』。」「章甫周道也」，鄭注云：「『甫』或爲『父』今文爲『斧』。」郊特牲所載者，全同古文，有「之」而爲「甫」。使禮記果爲戴聖所輯錄以傳者，其本豈得如此？劉歆於哀帝初年移書責太常博士，詆其抱殘守缺，抑拒逸禮。歆所爲七略又以逸禮及明堂陰陽等書傲后倉門徒。乃今禮記既收有明堂陰陽中之月令及明堂位，復有逸禮如奔喪，投壺及釁廟之禮等篇[140]，此等豈似戴聖所輯錄以傳世者哉？燕義首段百餘字[141]，實與本篇意義無甚關涉，顧乃頗與夏官諸子[142]相同。輯錄者徒以篇中有「士庶子」字眼，遂抄合之耳。射義曰：「其節，天子以騶虞爲節；諸侯以貍首爲節；卿，大夫，以采蘋爲節；士以采蘩爲節。」夏官射人曰：「王…樂以騶虞，九節五正；諸侯…樂以貍首，七節三正；孤，卿，大夫，…樂以采蘋，五節二正；士…樂以采蘩，五節二正。」[143]此二者頗相照，顧乃與儀禮不合。萬斯大曰：

「按儀禮大射：諸侯與其臣燕而射也，其終奏貍首以射，而衆耦之；大夫，士，不以采蘋，采蘩。鄉射：卿，大夫，士，飲酒于鄉而射也；其終奏騶虞以射，而記又言歌騶虞若采蘋，皆五終。若以此義文爲正，則鄉射用騶虞爲僭矣。豈儀禮亦不可信乎？」[144]

夫周官之出，衆儒共排以爲非是；小戴傳授士禮者也；何爲又傳授不合於士禮而合於周官之記乎？合以上諸點觀之，故曰後漢之小戴記者非戴聖之書也。

或問：「然則小戴禮記之名何從而起？」答曰：書以記名，其稱甚泛，溯其來源，當在漢前。禮記曾子問篇：孔子曰：「記曰：君子不奪人之親，亦不可奪親也。」[145]此如可據，則撰者固信孔子之前，已有言禮之記矣。無論如何，漢人之習禮者，亦常引記。宣帝甘露三年詔諸儒講五經同異於石渠閣。后倉弟子聞人通漢，戴聖，等亦與議[146]，其議及禮，時引經，引師傳，引曲禮，引記；如

「經云：宗子孤爲殤，言孤何也？聞人通漢曰：孤者，師傅曰：因殤而見孤也。男子二十而冠，而不爲殤，亦不爲孤，故因殤而見之。戴聖曰：凡爲宗子者，無父，乃得爲宗子；然爲人後者，父雖在，得爲宗子，故稱孤。聖又問通漢曰：因殤而見孤，冠則不爲孤者，曲禮曰：孤子當室，冠衣不純采，此孤而言冠，何也？對曰：孝子未曾忘親，有父母，無父母，衣服輒異。記曰：父母存，冠衣不純素，父母歿，冠衣不純采，故言孤；言孤者，別衣冠也。」[147]

此所謂經者，見今儀禮喪服篇[148]。所謂師傳者，無考，疑引后倉也。所謂曲禮者，見今禮記曲禮上篇[149]；所謂記云云者，殆演繹曲禮之文耳。

「又問：庶人尙有服，大夫臣食祿，反無服，何也？聞人通漢對曰：記云：仕於家，出鄉不與士齒，是庶人在官也。當從庶人之爲國君三月服。制曰：庶人服是也。」[150]

此所謂記者見今禮記王制篇[151]。

「聞人通漢問：記曰：君赴於他國之君，曰不祿，夫人，曰寡小君不祿。」[152]

此所謂記者見今禮記雜記上[153]。可見今禮記中之曲禮，王制，雜記，各篇，有與聞人通漢及戴聖所共見之記相同者。此類之記，當時共有若干篇，是否已輯合爲一書，今皆不可得而知。所可知者，石渠議禮之士殆皆有傳抄之本，而其文殆皆爲今文而已。其後劉向校理中外書，著錄有記一百三十一篇，以類區分，而編訂焉。曰「記」則禮博士所習引之今文記當在其中。顏籀文志注曰：「七十子後學者所記也」，又似指河間獻王傳中所云：七十子之徒所爲之古文經，說，傳，記。疑向乃參合今文古文而類編之耳。此一百三十一篇者，不必皆二戴所習引今文記，亦不必皆河間所獻古文之記，而陳壽祺所作叔孫通先已輯成之說，由於附會魏張揖一語，固不可爲據也。[154]

劉向校理經籍之後未久，今文古文之爭旋起。說禮之家，大約可分二派。其一：劉歆所譏抱殘守缺之徒，不能昭見古文禮籍。此輩所傳之記，殆仍聞人，二戴，等之舊，不取向，歆父子所增者也。又其一：則鄭玄所謂好事抄合之禮家。此輩殆起於劉歆之後，收輯赤眉餘燼，[155]不守家法之嚴也。然則後漢禮博士雖以二戴名家，至其收輯記文以爲解經之助者，不必仍前漢二戴之舊矣。今禮記殆屬此類之書，故其中今古雜陳也。按許愼爲五經異義間亦引證禮記，如：

異義禮戴說王制云五十不從力政十六不與服戎：[156]

異義禮戴引此郊特牲云【諸侯不敢祖天子】[157]

異義竈神今禮戴說引此【禮器】燔柴盆瓶之事[158]

五經異義曰大戴記禮器云竈者老婦之祭：[159]

異義明堂制今戴禮說盛德記曰明堂自古有之[160]
異義今禮戴說云男子陽也成於陰故二十而冠[161]
異義禮戴說天子親迎[162]
異義人君年幾而娶今大戴禮說男子三十而娶女子二十而嫁[163]
異義禮戴說刑不上大夫[164]
賢相所在：異義戴【戴】禮戴毛氏二說[165]

異義早佚，今僅有他書所偶引者，若干條[166]，引文或有譌奪；然觀其二戴之異稱，不曰戴德，戴聖；不曰大戴，小戴；而僅有「禮戴」與「大戴」之殊：頗使人疑其初先有禮戴記而後有大戴記。大之者，以其書中所收輯者，較戴記爲多耳。「大戴禮」者，猶云「增廣戴禮」歟？孔穎達引鄭玄六藝論云：「戴德傳記八十五篇，則大戴禮是也；戴聖傳禮四十九篇，則此禮記是也。可見鄭玄之時，尚無「小戴禮」之稱。疑四十九篇小戴禮之稱，殆起於東漢之後，如晉人陳邵輩所爲者耳。

或曰：鄭玄固以禮記爲小戴所傳，而大戴禮爲大戴所傳矣。豈以康成之博學精思，而亦誤乎？答曰：大戴記之不得爲大戴之傳，孔沖遠已疑之矣。詩靈臺正義云：「大戴禮遺逸之書，文多假托。」[716]今觀其書中亦收逸禮，且引周官而稱之曰禮[168]，此豈后倉門徒戴德所爲者哉？康成殆誤會「大戴禮」之稱，爲是大戴之記耳。至於禮記而有四十九篇之數，據范曄後漢書橋玄傳謂：玄「七世祖仁從同郡戴德學，著禮記章句四十九篇，號曰橋君學。成帝時爲大鴻臚。」[169]其於曹褒傳又云：褒傳禮記四十九篇。儒林傳又云：鄭玄注小戴所傳禮記四十九篇。曄所述者如皆可信，則后倉一門所出大戴，小戴，慶氏之學，皆有禮記四十九篇。無如橋玄所師者非戴德，而爲戴聖；其爲大鴻臚，不在成帝之世，而在平帝之時[170]。曄言之不足信據，有如此者，安知其所謂橋氏之四十九篇及曹氏之四十九篇，非傅會鄭玄所注四十九篇之記，而亦以其數，繫諸他家耶？竊疑二戴之後，鄭玄之前，「今禮」之界限漸寬，家法之畛域漸泯，而記文之鈔合漸多，不必爲一手之所輯，不必爲一時之所成，故經說之牴牾，不必整剔；文字之重疊，不曾剪芟；其至多而濫之大戴禮，以遍注三禮及禮緯之鄭玄，且不爲之注；顧尚信其爲大戴所傳；則其於篇幅較小之四十九篇，遂亦誤會其爲小戴所傳者耳。若謂博學通儒如玄，所言必信而有徵，則試觀其於三禮之注，輒左右牽合，勉強穿鑿焉。如注周禮天官九嬪，乃牽合禮記昏義：「天子后立六宮，三夫人，九嬪，二十七世婦，八十一御妻」之數，且爲之說曰：

「凡羣妃御見之法，月與后妃其象也。卑者宜先，尊者宜後。女御八十一人當九夕，世婦二十七人當三夕，九嬪九人當一夕，三夫人當一夕，后當一夕，亦十五日而徧。」171

夫附會穿鑿如此，且不害其爲通儒，則其偶沿舊誤，抑自誤會其所注之四十九篇，爲傳自小戴，亦何足怪。

四年前業爲儀禮引得序，未能詳述昔學者所爲對於禮記之疑議。今禮記引得既成，因復稍輯考證漢人傳授編訂禮經記之史料，列之如上；且亦輙詳業所自疑於禮記者焉。

註一 史記（日本瀧川龜太郎，史記會注考證本，昭和七至九年，1932—1934，册九）121/6，7，23—25。

註二 應從漢書（王先謙漢書補注，1916，上海同文圖書館印本）88/31b儒林傳改爲「峯常」。漢書 19a/4a 百官公卿表曰：「峯常…景帝中六年更名太常。」

註三 瀧川氏考證云：「楓山【文庫舊藏元彭寅翁本】本常作嘗。」

註四 瀧川氏點史記原文，以「本」字連下文爲句。業不從。又索隱引「謝承云：秦氏季代有魯人高堂伯，則伯是其字，云生者，自漢以來儒者皆號生。」則以高堂生爲漢初人。然就史記文氣觀之，未必然。

註五 就史記文氣觀之，蕭奮當是徐氏弟子。孔穎達禮記正義引北齊熊安生以蕭奮爲高堂生弟子，業以爲不然。參業撰儀禮引得（引得第六號，1932）序，頁v。

註六 漢書補注 30/19a。按今本漢書於此處及 30/18a，19下/30b，88/41a 等處皆作后倉，而於 88/34a，40b 作后蒼。業昔於儀禮引得序從「蒼」字，今改從「倉」字。

註七 同上，88/41。

註八 同上，88/43b。

註九 論衡（商務印書館影明程氏漢魏叢書本，12/17b）謝短篇。儀禮引得序注 89 引論衡，誤印卷十二爲卷二十。

註一〇 同上，12/16a。

註一一 同上。

註一二 同上，28/1b，3b 正說篇。

註一三 後漢書（王先謙，後漢書集解，1915 長沙刻本 79b/6b）儒林傳引前書，且云：「三家皆立博士。」

註一四 後漢志（集解）25/2a。

註一五 後漢書（集解本，44/5a）徐防傳注引。參孫星衍輯漢官儀（四部備要內漢官六種本）上/6b。

註一六 後漢書（集解）79a/1a。

註一七 同上，35/6a-9b 曹褒傳。

註一八 同上，79b/7a 儒林董鈞傳。

註一九 同上，5/1a安紀。

註二〇 同上，61/15a黃瓊傳。集解引惠棟【後漢書補注】引虞預晉書。參晉書（吳士鑑，晉書斠注 1928，劉氏刊本）68/18a。參吳志（1903 五洲同文局石印本）15/1a 賀齊傳注。

註二一 後漢書（集解）79b/7a。

註二二 禮記（1926上海錦章圖書局石印覆1815南昌府刻十三經注疏本）大題正義。

註二三　後漢書（集解）44/4b-15b 徐防傳。

註二四　同上，79a/2b。

註二五　同上，5/7b 安紀：60a/1b 馬融傳：78/4b 蔡倫傳：80a/12b 劉珍傳。

註二六　儀禮（四部叢刊本）有司徹鄭注：「古文酳皆爲酌，延熹中詔校書，定作酳。」案馬融任南郡太守爲梁冀所陷，免官，髡，徙朔方。得赦乃還，復拜議郎，重在東觀著述，當在延熹二年梁氏敗後也。融以病去官，卒於延熹九年 166。然鄭玄在其門下者三年，則其復在東觀時期最長亦不過三四年耳。改定禮經之文，疑融參與其事故玄得聞也。

註二七　後漢書（集解） 64/11b 盧植傳。

註二八　同上，60b/8a 蔡邕傳，章懷注引。洛陽記不知誰著，參王國維漢魏石經考（觀堂集林 20/1b）。

註二九　案禮記碑有蔡邕題名，則當成於熹平四年及光和元年七月之間 175-178，蓋其後邕以言罪，髡，徙朔方，雖旋赦歸，又復亡命江海，積十二年也。參王昶，金石萃編（1922 掃葉山房石印本）16/13a。盧植傳云：「會南夷反，以植嘗在九江，有恩信，拜爲廬江太守。…歲餘，復徵拜議郎，與諫議大夫馬日磾，議郎蔡邕，楊彪，韓說等並在東觀校中書五經記傳，補續漢記。帝以非急務，轉爲侍中，遷尚書。光和元年有日食之異，植上封事，諫曰…。」則熹平四年及光和元年間，植曾一度與邕共校中書也。

註三〇　後漢書（集解）60a/14b 馬融傳。

註三一　後漢志（集解） 8/1b-3a 注引。

註三二　張乾若先生（國淦），漢石經碑圖（1931 遼寧關東印書局鉛印）葉 40a：說，葉 22a。又石經殘石有一塊，共三行，行得二字：「音拜—疑首—出迎」。羅叔言先生（振玉，漢熹平石經殘字集錄，葉 44b：石下 11b）定爲儀禮校記。其石若眞，則「疑」字上當爲「大」「小」「大小」抑「二」等字。

註三三　儀禮注疏（1926 錦章圖書局石印覆南昌十三經注疏本）8/1a。

註三四　丁晏，鄭君年譜（道光癸卯刊，頤志齋四譜）葉 6b-9b。參陳漢章，經學通論（北京大學鉛印本）葉 74。

註三五　儀禮引得序，葉 xi。

註三六　儀禮注疏 23/9b。

註三七　同上，56/1a。

註三八　案疑「實」字下脫一「逸」字。然陸孔所引皆同。

註三九　禮記注疏 58/4b。

註四〇　孔疏云：「此奔喪禮對十七篇爲逸禮內錄入於記，其不逸於記者，又比此爲逸也。故二逸不同，其實蓋是一篇也。」案疑以此解「正篇」二字，未得其當。

註四一　禮記注疏 1/2a。

註四二　儀禮注疏，大題下疏。

註四三　詩（錦章圖書局石印十三經注疏本）一之三，葉 7a。參 7b，注：9b，阮氏校勘記。

註四四　儀禮（四部叢刊本）16/7b「主婦被錫」，注：「被錫讀爲髲鬄。」

註四五 參儀禮引得序文注 37。

註四六 集解 79b/7b。

註四七 見本傳。

註四八 例如儀禮（四部叢刊本）1/2a，「謁人還東面旅古」，注：「古文旅作臚」；1/3b，「爵弁服纁裳」，注：「今文纁皆作熏」；此古文本與今文本兩不相同也。1/13b「章甫，殷道也」，注：「甫或為父，今文為斧」；是古文不止一本，而皆與今文不同也。8/20a「車驂有五籔」，注：「今文籔或為逾」；是今文不止一本，或與古文同，或與古文異也。案檢胡承珙，儀禮古今文疏義（清經解續編），鄭引今古異文三百餘條。鄭或從今，或從古，而從古者多十餘條。

註四九 儀禮（四部叢刊本）14/11b-15a。

註五〇 漢石經碑圖 34a。

註五一 儀禮（四部叢刊本）4/1a。

註五二 漢石經碑圖 40a。

註五三 儀禮 4/4b。

註五四 漢石經碑圖 40a。

註五五 儀禮 4/15b-17a。

註五六 漢石經碑圖 40a；參圖說 22a。

註五七 論衡 30/13a 自紀篇作於章和二年 88 後。

註五八 同上，12/16a。

註五九 參儀禮引得，10。

註六〇 漢書補注 30/19。

註六一 同上，補注引。

註六二 禮書通故（光緒癸巳 1893 黃氏刊本），禮書，葉 8b。

註六三 漢書補注 36/18。補注引沈欽韓據漢紀，王鳴盛據文選，均謂「孔安國」下有「家」字；又云：「柏生」應作「恆生」，閩本，官本，不誤，宋本以避諱，闕「恆」字末筆，遂譌為「柏」。

註六四 漢書補注 53/32b, 33a 補注據史記表及世家云：「恭王」應作「共王」，「二十八年」應作「二十六年」。

註六五 漢書補注 30/16a。

註六六 論衡 20/7a 佚文篇。孫人和先生，論衡舉正（1924 序鉛印本）3/25b，引吳承仕先生云：「闇」當作「聞」。梁按序，春秋，論語，皆舉篇數，於禮則否；如無脫誤，則殆泛指，若孝經說，春秋說，禮說，禮器，等所謂（禮記大題疏引）經禮，禮經，正經，三百也。又案論衡 29/1b 案書篇：「春秋左氏傳者，蓋出孔子壁中，孝武皇帝時魯共王壞孔子教授堂以為宮，得佚春秋三十篇，左氏傳也」。亦以其事隸武帝時，而 28/2a，正說篇：「孝景帝時魯共王壞孔子教授堂以為殿，得百篇尚書於壞壁中。武帝使使者取視，莫能讀者。遂秘於中，外不得見。」則以發壁事屬景帝時。

註六七 丁福保，說文解字詁林 6711a。「禮記」，魏書（五洲同文本，91/19b）江式傳引作「禮」。說文段注據漢書河間獻王傳謂當作「禮，禮記」。參詁林 6731b, 6747b。

註六八 漢書補注 53/31。

註六九 經典釋文（1869 湖北崇文書局本）敘錄 17b 引。

註七〇　隋書（五洲同文本）32/19a。

註七一　參王國維，古史新證（國學月刊，二卷，八，九，十合號，31/x/1927）398。又中國古今地名大辭典（商務印書館，1931）441 奄；617 奔中；764 馬陘；各條。

註七二　史記（會注考證，冊六）47/92 孔子世家。

註七三　漢書補注 36/19b 劉歆傳；99a/35a，43b-45a。案於儀禮引得序註 60 誤引作元始三年。

註七四　漢書補注 12/38b-39a 平紀。

註七五　同上，88/43b 儒林傳贊。

註七六　後漢書集解 36/7b-16b 范升，陳元，賈逵傳；79a/2a 儒林傳。袁宏，後漢紀（光緒丁丑盱南三餘書屋補刊本）12/2a：「建初八年…冬十一月…戊申詔曰：『五經剖判，去聖彌遠，章句傳說，難以正義。恐先師道喪，微言遂絕，非所以稽古求道也。其令諸儒學古文尚書，毛詩，穀梁，左氏傳，以扶明學教，網羅聖旨。』」後漢書（集解 3/10a）亦載此詔，稍加删潤。「十一月」作「十二月」，是；蓋十一月無戊申也。後漢紀，12/2b 又云：「建武初，議立左氏學，博士范升【升】議，譏毀左氏，以爲不宜立。及【明】帝即位，左氏學廢，乃使郎中賈逵敍明左氏大義。逵又言古文尚書多與經傳爾雅相應，於是古文尚書，毛詩，周官，皆置弟子，學者益廣。」則周官亦置弟子。然何以詔中未云，而此又不及穀梁？豈周官之置弟子乃在建初八年前歟？

註七七　史記（會注考證，冊九）121/24 儒林傳，正義引。案明監本，清殿本，甚至武昌局覆刻明震澤王氏本史記，皆脫漏此處正義一大段。會注別從彼邦桃源史記抄等本也。昔人之引七錄此文者，如朱彝尊，經義考（浙局本，130/1b）；顧櫰三，補後漢書藝文志（二十五史補編本，2143）；姚振宗，漢書藝文志條理（二十五史補編，1549）等，皆轉引宋王應麟所引正義之所引者耳。王引見所撰漢藝文志考證（浙刻玉海附，2/8），及玉海（浙本，39/4b）。王所引正義：「皆書」作「其書」，「五十六篇」作「六十六篇」；「傳其書」作「傳其生」。

註七八　詁林 6712。

註七九　漢書補注 30/14b-15a。

註八〇　後漢書（集解）79a/3b。

註八一　詁林 6159b-6162b，322b-324a；續編，297b-298a；又 668b，6569b-6670a，6271a，152，419b-420b，1622，6168。參丁晏，佚禮扶微（南菁書院叢書）3/3a-4a。

註八二　案大戴禮記今本十三卷（四部叢刊影嘉靖癸巳袁氏繙宋本，袁涵劉氏玉海堂繙元至正本，商務印書館影明程氏刻漢魏叢書本，等等），存 39-42，46-60，62-81，各篇。此中各本或重其第七十二篇，或重其第七十三編，或重其第七十四篇。然禮記（31/1a 明堂位）正義嘗引許慎，鄭玄所引盛德篇中文而今見於第六十七明堂篇中，則明堂篇應合於今之第六十六盛德篇也。錢重補闕，合得三十九篇。但史記（會注考證，冊七）67/4 索隱曰：「按戴德撰禮號曰大戴禮，合八十五篇，其四十七篇亡，見今存者有三十八篇。」崇文總目（後知不足齋叢書中錢東垣輯釋本）1/11b 云：「三十五篇」。豈今之存篇不僅較宋初爲多且較唐初爲多耶？魏疑今三十九篇中或尚有妄分一篇爲二篇或數篇者，但各校家（戴震，盧文弨，雅雨堂叢書本；孔廣森，清經解本；汪紹，續經解本；王聘珍，廣州局本）尚未校出此端耳。參丁晏，佚禮扶微 2/20a-25b；陳澧，經學通論 25b-27b；黃雲眉先生，古今僞書攷補證（金陵大學中國文化研究所叢刊，1932）49-55。

註八三 「記家」二字見蔡邕，月令問答（黃氏逸書考，輯本）1a。參顧懷三，補後漢書藝文志（2290-2292），經學師承，禮類；姚振宗，後漢藝文志（2319-2321），禮記之屬。按論衡 12/4a 程材篇云：「世俗學問者不肯竟經明學，通知古今，急欲成一家章句。」此類著書者，不知凡幾。

註八四 佚禮扶微 1/6a-7b。參陳奐，公羊逸禮考徵（續經解本）。

註八五 漢書補注 25b/46a 郊祀志：「莽又頗改其祭禮，曰周官天墬之祀。」

註八六 同上，99a/52a-53a。案周禮（開明書店十三經經文，頁 33）春官司服：「王爲諸侯緦衰，…其首服皆弁經。」

註八七 漢書補注 30/18b。

註八八 荀悅漢紀（三餘書屋補刊本）25/2b。「六篇」，原文衍作「十六篇」。

註八九 參孫詒讓，周禮正義（四部備要本）1/1b, 2a。

註九〇 漢書補注 30/13a 班固藝文志序曰：「今刪其要以備篇籍。」

註九一 同上，30/20。

註九二 禮記注疏 23/9b。

註九三 漢書補注 22/4。

註九四 釋文敘錄 17b-18a。

註九五 隋書 32/19b-20a 經籍志云：「漢時有李氏得周官，周官蓋周公所制官政之法，上於河間獻王，獨闕冬官一篇。獻王購以千金不得，遂取考工記以補其處，合成六篇奏之。」蓋亦從其說也。

註九六 史記（會注考證，册四）71-72。瀧川君斷句及所引明陳仁錫句讀，棄不從。又「封禪」疑是泛論封禪書名，如漢書（補注 30/18b）藝文志之古封禪羣祀二十二篇，抑如管子封禪篇之屬。

註九七 史記 28/6。案周禮（經文，頁 35）春官大司樂，與太史公引文有相似處，而不同。又案漢書（補注，25a/16b）郊祀志引此文前後數段，而删去此段，殆以其與班固時傳本之周官不同歟？

註九八 賈公彥，序周禮廢興，引：見周禮注疏前。

註九九 孫詒讓，周禮正義 1/2b。

註一〇〇 後漢書（集解）36/1a, 4b, 5a, 12。

註一〇一 賈公彥，序周禮廢興，引。

註一〇二 參徐養原，周官故書考（續經解本）。

註一〇三 參經義考 124/6 包恢六官發揮條；方苞，周官辨（抗希堂十六種本）；廖平，今古學考（1928 北平實研社鉛印本）上/16；康有爲，僞經考（1918 重刻本）3a/23b-25a；廖平，古學考（1935 景山書社本）57-83。

註一〇四 後漢書集解 35/15；賈公彥，序周禮廢興。參皮錫瑞，三禮通論（1923 湖存叢影印本）50a-52a。

註一〇五 見上注 28 所繫。參儀禮引得序 vi-vii。

註一〇六 參補注所引。

註一〇七 經典釋文序錄 17b, 18b。

註一〇八 隋書 32/20。

註一〇九 古香齋袖珍本，21/3b。

註一一〇 圖書集成局本，41/1b。

註一一一 四庫全書總目（上海大東書局本）21/1a。原本「玄」字避清諱，作「元」。案文溯閣四庫全書原本提要（遼海叢書本）13/1a 頗簡略，與此所引者不同。

註一一二 東原集（清經解本）9b-10a。

註一一三 二十二史考異（廣雅叢書本）7/26a-27b。參漢書補注 25b/41b, 45b, 46a, 47b-48a; 67/28a; 73/10; 禮記（經文）23:2, 2:21, 24:31, 23:9, 5:29, 3:44, 5:29-30。

註一一四 漢書疏證（1900 浙局本）24/32b-33a。

註一一五 左海經辨（陳氏刻左海全集本）上/90a-91a，大小戴禮記攷。

註一一六 同上，上/92b-93b。

註一一七 其實錢氏所謂別錄著錄各書，不避其篇章彼此重複也。

註一一八 如詁林 409b, 1736a, 3521b, 3810b, 5189b, 等。

註一一九 案孔引鄭目錄，投壺屬吉禮，自冠義至聘義等六篇屬吉事。然陸引其中鄉飲酒義，射義，屬吉禮。業疑陸鄭之引目錄，皆轉引自皇氏，觀投壺題下陸釋而可知。

註一二〇 參禮記注疏 37/5b 正義。

註一二一 史記（會注考證，册四）24/71。

註一二二 說苑（商務印書館影明程刻漢魏叢書本）19/17b-21b。

註一二三 參姚振宗，漢書藝文志條理（二十五史補編，1597，）儒家類。

註一二四 參漢書補注 88/39a 王式傳，補注。

註一二五 業爲儀禮引得序（x）時尙信：古文記二百四篇嘗著錄於別錄。後見段玉裁注說文叙（詁林 6731b），旣引隋志合五種二百十四篇之說，復引「劉向別錄云古文記二百十四篇」，爲佐證。則段氏殆謂釋文所引者脫「十」字也。段氏所加，似可從。蓋釋文雖兩次道及二百四篇，殆同出於一源，其源或卽鄭周禮論序之屬，亦合別錄中五種而計其總數，計數或有誤，抑傳本有脫落也。隋志所本者，殆亦此書。然於此別生一問題。此所謂源者，必以五種中之記爲一百三十篇非若藝文志所謂一百三十一篇也。然則此所謂源者引別錄而脫「一」字歟？抑其所本之別錄本作「一百三十篇」歟？若後者爲是，則晉，唐，傳本別錄中此條脫「一」字歟？抑向所錄者本爲一百三十篇，而歆於後又增益一篇歟？

註一二六 陸德明於此條下，亦引：「鄭云以其記喪服之制取其仁義禮智四者也，別錄屬喪服。」則並此「舊說」二字亦刪落矣。

註一二七 禮記注疏 37/7b 正義。

註一二八 參欽定禮記義疏（同治十年崇文書局本）52/64a。

註一二九 隋書 13/4。案此所引別錄「樂歌四篇」，漢志作「雅歌四篇」。龍氏雅琴百六篇，漢志作九十九篇。「防記」今禮記作「坊記」。

註一三〇 漢書補注 30/28a, 39b。

註一三一 隋書 34/1a。

註一三二 舊唐書（五洲同文本）47/1b；唐書（五洲同文本）59/1b。

註一三三 意林（四部叢刊本）2/20a。

註一三四 今本作「公孫文子」；然參洪邁，容齋續筆（皖南洪氏重刊本）16/4則當作「公孫尼子」。

註一三五 初學記 15/4b。

註一三六 禮記（釋文）19:28。「軍旅」下有「鈇鉞」二字；樂書同。案二語亦見荀子（王先謙集解本）14/1b, 2a 樂論篇。

註一三七 釋文序錄 5b。

註一三八 如「儐」今文而「遵」古文，鄉飲酒禮有「遵者」（儀禮鄭注 4/14a）而少儀（17:22）有「儐爵」（參注疏 35/8b），鄉飲酒義（45:3）有「介儐」（參注疏 61/6b）。「封」今文而「窆」古文；既夕禮有「乃窆」（儀禮鄭注 13/10b）；而檀弓（3:83, 4:15）有「縣棺而封」，「殷既封而弔」（參注疏 8/6a, 9/7a）；喪大記（22B:40）有「凡封用綍」（參注疏 45:10b），等等。段玉裁（詁林 6669b）曰：「禮記多用古文」；是已。然又云（詁林 2190a）：「禮記之字於禮經皆從今文」，則不盡然。如「髺髮」爲今文（儀禮鄭注 12/10b） 而禮記乃皆從古文作「括髮」（禮記引得 521）。燕禮：「媵觚于賓」，鄭注云：「媵送也，讀或爲揚，揚舉也，…今文媵皆作騰」（儀禮鄭注 6/6a）；而鄉飲酒義（45:1）：「揚觶」，鄭注云：「揚舉也，今禮皆作騰」（注疏 61/6a）。參儀禮古今文疏義，4/5, 13/4b-6a, 12/12a, 6/2b-3b。

註一三九 儀禮鄭注 1/13a-14b；禮記（釋文）11:24。

註一四〇 郊特牲之末段又頗似爲逸中霤禮之記。逸中霤禮，參佚禮扶微 1/5b-6b。

註一四一 禮記（釋文）47:1。

註一四二 周禮（釋文）頁 47。

註一四三 禮記（釋文）46:3。周禮（釋文），頁 46。

註一四四 禮記偶箋（經解本）3/20a。參儀禮鄭注 7/34a, 5/26b, 37a。

註一四五 禮記（釋文）7:37。

註一四六 洪頤煊輯，石渠禮論（經典集林，卷三）。

註一四七 通典 73/3b 引。

註一四八 儀禮鄭注 11/25a。

註一四九 禮記（釋文）1:14。

註一五〇 通典 81/4a 引。

註一五一 禮記（釋文）5:42。

註一五二 通典 83/1a 引。

註一五三 禮記（釋文）20:3。

註一五四 參儀禮引得序 iii。

註一五五 漢書補注 99C/32 王莽傳：「赤眉遂燒長安宮室市里。…長安爲虛。城中無行人。」隋書 32/4a 經籍志：「王莽之末又被焚燒。」

註一五六 禮記注疏 13/8b 王制，正義引。

註一五七 同上 25/7b 郊特牲，正義引。

註一五八 同上 23/9a 禮器，正義引。

註一五九 太平御覽（鮑刻本）529/1b 引。

註一六〇　禮記注疏 31/1a 明堂位，正義引。

註一六一　公羊注疏（錦章圖書局十三經注疏本）1/4b 隱元年，疏引。

註一六二　禮記注疏 5/11b 曲禮下，正義引。

註一六三　詩，一之五，葉 1b，摽有梅，正義引。

註一六四　禮記注疏 3/3b 曲禮上，正義引。

註一六五　詩，六之三，葉四，駟驖，正義引。

註一六六　上所引諸條，參陳壽祺，五經異義疏證（陳氏家刻左海全集本）上/5a, 81a, 95b; 中/1a, 74a, 78b, 81a; 下/6b, 24a。

註一六七　詩，十六之五，葉 2b。

註一六八　大戴禮記（商務印書館影程氏漢魏叢書本）12/2a 朝事篇。參儀禮引得序 xiii。

註一六九　後漢書（集解）51/9b。

註一七〇　漢書補注 19b/52a。

註一七一　周禮注疏 7/10b; 參禮記注疏 61/4b; 28/4b, 5a; 禮記義疏 74/38b; 孫詒讓，周禮正義（四部備要本）14/7b, 8b; 金鶚求古錄禮說（皇清經解本）2/3b-8b 天子世婦女御考。

二十五年十一月五日

開明書店出版：史書

二十五史

開明版

布面精裝九冊　另附人名索引一冊　五十四元

坊間的二十四史，不但價錢昂貴，而且冊數太多，所以就是有錢買，也常感沒有地方擺，而且沒有索引，如欲翻檢，必須攤書盈几，非常不便。這一部二十五史，就是將二十四史（乾隆殿版本）和新元史（庚午重訂本），製成鋅版，縮印而成，清楚正確，共九大本。另附人名索引一冊，既便翻檢，藏置，價錢又廉，實為出版界空前的創舉。

新元史

柯劭忞著　十元

本書為膠縣柯劭忞氏所著。立例謹嚴，取材淵博，其價值毋待多言。此書除編入開明版二十五史外，祇有購求不易之退耕堂木刻本。本店為應文化界需求計，特將二十五史中的新元史另印單行本發售。凡購有二十四史者，再購此書，則所備之史書完備矣。

四史

布面精裝一冊　六元

「四史」是史記、漢書、後漢書、三國志的合稱。四史也是研究文史的基本讀物，本書用二十五史中之原版印行，不但印刷清楚，而且裝成精美的一冊，取藏都很便利。

清史大綱

金兆豐著　二元八角

金華金先生兆豐，詞苑名宿，潛心掌故。民元以還，即任清史館編纂，繼續其中垂二十載，實與清史稿之成相終始。平生所見實錄、秘檔及四方計書既富，晚歲乃有清史大綱之纂集。其為書也，於晚清數十年中耳目接近之事，備舉大略，藉鋤人云亦云之嫌。於初葉中葉盛衰隆替之際，則再三致意，本所見聞，折衷著錄。故珍聞絡繹，紀事獨詳。前年遽歸道山，本店得其遺稿，即付植印。讀二十五史之後，以治清代傳聞者得此，當有大快朵頤之感也。

二十五史補編

布面精裝六大冊　六十元

表志為史之筋幹，故讀史以表志為最要。惜補史都缺，或雖有而且目不備。清儒都努力於表志之補綴，成績大有可觀。本店為對文化界作進一步之貢獻，特蒐集歷來補訂表志之要籍，兼搜輯尚未刊印之稿本，先後得二百餘種。照二十五史之形式刊行，計六大冊。全書用五號字排印，由專家精校。

二十五史人名索引

精裝一冊　三元

二十五史為我國史書的總結集，所錄入名，浩如烟海，檢索匪易。清汪輝祖史姓韻編，止限於二十四史，且不載帝王后妃及外國人名，排列又以時代先後為序，隔世同名者無法彙列，而依韻編次，檢查尤難。本書所收人名，依於韻編，凡韻編所闕漏者悉為補入。每一人名之下，詳註各史卷第及開明版之頁數、欄數，一檢即得。兩人同名者既已彙列一處，一人異名者並為分別指出。編次用四角號碼，另加筆畫索引，尤便檢查。備有二十四史及新元史者，從卷第檢尋，亦極便利。

斷句春秋左傳

三角

左傳是十三經中極重要的一經，也是中國古代極有價值的一部史書。文筆精要，素為歷代學者所稱譽。本店為便利讀者購買計，特用活字排印，由專家精校，製成一冊，不獨便於翻閱攜帶，且取價低廉，購備也不困難。刻已出版，需求者請速採購。

史學與史學問題

Ernest Scott: History and Historical Problems

謝元範　之逵譯　六角

史學通論

周容著　五角

史學研究

羅元鯤著　五角

F175

史學集刊

第一期目錄

第二期目錄

每期定價　國幣八角

總發行所：國立北平研究院總辦事處出版課

文學年報 (第二期)

中華民國二十五年五月出版
每冊實價洋宣一元 報紙國幣七角
出版兼發行者 燕京大學國文學會

禹貢半月刊

第六卷 第七期
民國二十五年十二月一日出版
(總數第六十七期)

發行所:北平成府蔣家胡同三號
價目:每期零售洋貳角,全年三元。

中國地理沿革史與民族演進史的專攻刊物

禹貢半月刊

顧頡剛　譚其驤　馮家昇同編

民國廿三年三月一日始刊每月一日，十六日出版

「……這數十年中，我們受外族的壓迫真夠受了，因此，民族意識激發得非常高。在這種意識之下，大家希望有一部中國通史出來，好看看我們民族的成分究竟怎樣，到底有哪些地方是應當歸我們的。但這件工作的困難實在遠出於一般人的想像。民族與地理是不可分割的兩件事，我們的地理學既不發達，民族史的研究又怎樣可以取得根據？……」

「研究地理沿革在前清曾經盛行過一時。可是最近數十年來此風衰落已到了極點：各種文史學報上就找不到這一類的論文，就是大學歷史系裏也找不到這一類的課程；而一般學歷史的人往往不知禹貢九州，漢十三部為何物，唐十道，宋十五路又是什麼。這真是我們現代中國人的極端的恥辱！……」

「我們是一羣學歷史的人，也是對于地理很有興趣的人，為了不忍坐視這樣有悠久歷史的民族沒有一部像樣的歷史書，所以立志要從根本做起。禹貢是中國地理沿革史的第一篇，用來表現我們工作的意義最簡單而清楚，所以就借了這個題目來稱呼我們的學會和這個刊物。我們要使一般學歷史的人換一部分的注意力到地理沿革這方面去，使我們的史學逐漸建築在穩固的基礎之上。我們一不偏濫，因為故紙堆中有的是地理書，不讀書的便不能說話；二不取巧務名，因為地理是事實並且是瑣碎的事實，不能但憑一二冷僻怪書便大發議論。我們一方面要恢復清代學者治禹貢、漢志、水經等書的刻苦耐勞而謹嚴的精神，一方面要利用今日史學進步的方法——科學方法，以求博得更廣大的效果。」

「至於具體的工作計劃，大致有下列幾方面：」

「第一件工作，是想把沿革史中間的幾個重要問題研究清楚；從散漫而雜亂的故紙堆中整理出一部中國地理沿革史來。……」

「第二件工作，是要把我們研究的結果，用最新式的繪製法，繪成若干種詳備精確而又合用的地理沿革圖。……」

「第三件工作，是要廣事搜羅所有中國歷史上的地名，一一加以考證，用以編成一部可用，夠用，又精確而又詳備的中國歷史地名辭典。……」

「第四件工作，是要完成清人未竟之業，把每一代的地理志都加以一番詳密的整理。……」

「地理書籍中往往具有各種文化史料，例如：各正史地志什九皆載有州郡戶口物產，那豈不是最好的經濟史料？州郡間有詳其民戶所自來者，那豈不是最好的移民史料？所以我們的第五件工作是要把這些史料輯錄出來，作各種專題的研究。……」

——摘錄第一卷第一期的發刊詞

一卷一期

一卷二期

一卷三期

一卷四期

一卷五期

一卷六期

一卷七期

二卷十一期

二卷十二期

三卷一期

三卷二期

三卷三期

三卷四期

三卷五期

三卷六期

三卷七期

三卷八期

三卷九期

三卷十期

三卷十一期

四卷十期

四卷十一期

四卷十二期

五卷一期

五卷二期

五卷三，四合期 利瑪竇世界地圖專號

五卷五期

五卷六期

五卷七期

五卷八，九合期 西北研究專號

每期零售洋貳角。預定半年十二期，洋壹圓伍角，郵費壹角伍分；全年二十四期，洋叁圓，郵費叁角。國外全年郵費叁圓陸角。

禹貢合訂本

第一卷、定價一元二角郵，郵費一角五分
第二卷，定價一元六角，郵費一角七分
第三卷，定價二元，　郵費一角八分
第四卷，定價二元五角，郵費二角六分
第五卷，定價二元六角，郵費二角六分

北平成府　蔣家胡同三號
禹貢學會出版

禹貢學會出版地圖底本

甲種分幅圖（比例：二百萬分之一）

凡圖名下加——橫線各幅皆係已出版者

緯度＼經度	68–76	76–84	84–92	92–100	100–108	108–116	116–124	124–132	132–140
54–50			6 加達	5 烏素	4 伊爾庫次克	3 赤塔	2 漠河	1 璦琿	
50–46			13 科布多	12 烏里雅蘇台	11 庫倫	10 克魯倫	9 龍江	8 海倫	7 伯利
46–42		21 伊寧	20 迪化	<u>19 哈密</u>	<u>18 居延</u>	<u>17 烏得</u>	<u>16 赤峯</u>	<u>15 永吉</u>	<u>14 虎林</u>
42–38	29 烏魯克恰堤	28 溫宿	27 婼羌	<u>26 敦煌</u>	<u>25 寧夏</u>	<u>24 歸綏</u>	<u>23 北平</u>	<u>22 平壤</u>	
38–34	37 蒲犂	36 和闐	35 甘森	<u>34 都蘭</u>	<u>33 皋蘭</u>	<u>32 長安</u>	<u>31 歷城</u>	<u>30 京城</u>	
34–30		43 噶大克	42 西泥沙	<u>41 昌都</u>	<u>40 成都</u>	39 漢口	38 南京		
30–26		49 德里	48 拉薩	<u>47 鹽井</u>	<u>46 貴筑</u>	<u>45 長沙</u>	<u>44 閩侯</u>		
26–22				<u>53 瓦城</u>	<u>52 昆明</u>	<u>51 番禺</u>	50 廈門		
22–18				56 勃朗	55 河內	<u>54 瓊山</u>			

本圖之特色

（一）用經緯綫分幅，比例同大，這張和那張，分得開，合得攏，要大要小，得隨使用者的心意規定。

（一）每幅皆分印淺紅，淺綠，及黑版套色三種，使用者可以按着自己應加添之色而採購，免去雜色不顯之弊。凡購紅綠單色圖者，如更購黑版套色圖，以作對照，便可一目了然。

（一）每幅於四圍廓邊，將經緯度每度之分數，每十分畫一分劃。以便使用者根據此分劃，精密的計算經緯度而添繪各種事物。

（一）為免除地物繁密碍及添繪意線之情顯，及預備使用者之多量添繪起見，本圖除山天然地物及有關行政之外縣，城，市，關隘……列入外，他如道路，鐵路……概從省略。

（一）本圖對於行政區分註記，務期詳明。普通圖對於省會而兼市且為縣治所在地，或既為縣治所在地，又為省轄市，……諸地方，皆僅註一名，而不備註其行政上不同性之諸名。本圖則對於一地而兼數治之地方，或以圖式之區分，或按字體之不同，舉凡該地行政上應有之名稱，俱各備註，以備參考。

定價　一色次淺紅及淺綠二種每幅售洋　一角
　　　黑版套色每幅售洋一角二分

地圖底本丙種

暗射全中國及南洋圖　二色版定價三角　五色版定價四角

全中國及中亞細亞圖　二色版定價三角　五色版定價四角

後套區域總圖　定價二角

批發簡章　凡寄售者一律七五折，現款批發七折，現款一百張以上者六五折，現款二百張以上者六折，現款三百張以上者五五折，本會會員無論零整一律六折。

利瑪竇坤輿萬國全圖

Matteo Ricci's World-Map in Chinese, 1602

中國人之認識世界，始於利瑪竇之繪製地圖，曰山海輿地全圖、曰坤輿萬國全圖。二者，皆鈔傳本。今幸前一圖得之明本方輿勝畧，後一圖亦借得明李之藻刻本之照片。並經燕京大學教授洪煨蓮先生之探討，更得不少史料，足以知利氏製刻各圖之經過，並其曾風靡于明世。今考定此圖以李刻為最完善者，蓋從山海輿地全圖幾次修訂而成者。爰商借照片影印，以廣流傳。茲以珂羅板精印，照相精緻，絲毫無爽。共計十八片張，可以合為整幅，亦可以訂為書冊，實至便也。（每份定價大洋壹元貳角，郵費加一成。）

本會出版遊記叢書

第一種　黃山遊記　李書華著　定價二角

著者於民國廿四年四月自杭往遊黃山，歷時七日，遊程自杭州而歙州而黃山而屯溪而休寧而白嶽，復歸杭州。不獨於黃山之風景記載詳明，對於交通路線亦有詳確之指示。

第二種　兩粵記遊　謝剛主著　定價二角

著者於廿四年參與南寧六個學術團體會議，七月廿四日自平起行，九月八日回平。對於廣州梧州南寧柳州陽朔桂林等地均有詳細之記載。餘如平滬京滬道中亦皆有詳細之記錄。

第三種　房山遊記　李書華著　定價二角

著者於十九年十月及廿四年十一月兩遊房山，故對於上方山石經山西域寺等處均有極清晰之認識，即沿途村鎮亦皆証之史籍，說明其沿革，故本文不徒可為遊房山者之指南，對於西山之史地沿革亦甚有供獻也。

第四種　天台鴈蕩山遊記　李書華著　定價二角

第五種　新疆之交通　鄭偶吾著　定價三角

本會會員濰縣丁稼民先生，採集地方文獻，已有數載，近中復刊行濰縣文獻叢刊第三輯及習齋叢刊第一輯，託由本會寄售。文獻叢刊共輯三種：曰白浪河上集，濰縣竹枝詞，安福寺碑考；習齋叢刊亦輯有三種：曰經之文鈔，繡山文鈔，北史論略；均屬未刊之稿本。凡欲購閱者，函索本會即可。

價目列下

濰縣文獻叢刊第一輯　一册　四角

習齋叢刊第一輯　一册　五角

本期後套水利調查專號外印套色後套區域總圖一幅定價國幣二角凡屬本會會員及長期定戶一律隨同專號奉贈其非長年定閱者不在此例特此通告

邊疆叢書刊印緣起

求民族之自立而不先固其邊防非上策也吾國邊員遼濶人口蕃庶邊地與中土之語言習俗往往絕殊徒以道里山川之爲遠梗塞而隔閡遂益增甚自道光壬寅以來內患叢起早已籌邊不遑外人乃乘茲瑕隙肆厥陰謀國土蠶食良堪痛心自昔已然於今爲烈若長此含垢忍辱不思振拔則兇鋒一發恐將無以自存自存之道維何曰在使居中土者洞悉邊情以謀實地考查溝通其文化融洽其輿情庶隱患漸除邊圉以固矣欲究邊情必考典籍邊識者或因先儒著述之不易蒐訪遂謂講求邊事舍外人之著述無可讀不知彼亦取材吾國即或出自近今之實地探檢亦大都各有作用倘吾人取爲藍本即不免蒙蔽之虞吾國在昔殫心邊事者曾不乏人若大吏之獲譴遠戍者又類爲明達之士其于因革興復之間僉能審厥利弊故筆之于書皆成鑿鑿足資顧以輶軒之採不力致使鴻編鉅製委棄于山巖屋壁而浸失其傳後此遂無從以窺其奧茲可慨已夫居今日而言邊事實地調查固其首要而致究歷史以明嬗變亦碻屬當務之急此邊疆叢書之所以必有也用是亟求先儒遺著彙而刊之俾講邊政者資借鏡焉

凡例

一本編擬以未經付梓之稿刊爲甲集已刊而傳本絕少者爲乙集已入他種叢書者爲丙集

一本編所收以前人所著關於邊事者爲合如專著志略筆記等類俱可不斷朝代不限方域但其人存者其書不錄

一本編付刊以收得先後爲次每十種爲一集

一本編倉卒校刊譌舛難免大雅宏達幸加指正

禹貢學會邊疆叢書刊行簡章

一本會爲促進禹貢學會編纂事業起見設禹貢學會邊疆叢書刊行會

二本會爲使國民關心邊事注意史蹟爰集材料彙爲一編以便研究名曰禹貢學會邊疆叢書

三本會會員每人須捐納刊印費一股每股國幣二十元多捐者聽

四本會會員于叢書每種出版時每股得享受贈送五部之權利

五本會選印事宜推會員兩人任之

六本會會員皆有供給材料及督促選印之義務

七叢書選印凡例另訂之

八叢書刊行發册視募款多寡酌定之

九本會刊印費交由禹貢學會會計股另立帳册登記核算之

十本簡章有未盡善處得隨時修正之

禹貢學會邊疆叢書出版甲集之一

西域遺聞　清陳克繩著　借江安傅藏舊鈔本印　定價國幣六角

史學年報第五期目錄

◉本期定價大洋七角◉

本刊啓事二則

一、本期爲排版之便利計，對稿件之次第，皆以收到之先后爲準；不以己見評定甲乙，區分先后。對文字評定之全權，一以付之讀者。

二、本期原定十月出版，乃因種種關係未能如願，直至十一月始克與讀者相見。其先期來函定購諸君，未能早日奉上，特此致歉。

中華民國二十五年十一月出版

史學年報 第二卷第三期（總數第八期）

每册定價 道林紙一元 新聞紙七角
國內郵費，每册另加五分，掛號費在外。

編輯者 燕京大學歷史學會

出版兼發行者 燕京大學歷史學會 平西成府槐樹街三號

印刷者 引得校印所

代售處 開明書店
上海總店上海福州路二七八
南京分店南京太平路一〇三
廣州分店廣州惠愛東路四三二
北平分店北平楊梅竹斜街四三
漢口分店漢口中山路一三〇一
長沙分店長沙南陽街三一
開明書局全國特約經售處

全國各郵政局

HISTORICAL ANNUAL

VOL. 2. NO. 3. (THE EIGHTH YEAR)

NOVEMBER 1936

CONTENTS

PUBLISHED BY THE HISTORY SOCIETY

OF YENCHING UNIVERSITY, PEIPING, CHINA.

Special ed. $1.60, general ed. $1.30

(Postage included)

史學年報

第二卷第四期

石門山人

石門山人

中華郵局特准掛號認為新聞紙類　內政部登記證警字肆[illegible]零[illegible]號

史學年報一二三四期目錄

第一期

第二期

第三期

✽以上三期均絕版✽

第四期

✽本期定價大洋七角✽

史學年報第二卷第四期（總數九期）總目

史學年報第五期目錄

本期定價大洋七角

第二卷第一期(即第六期)目錄

本期定價道林紙本大洋一元　報紙本七角

(以上歸北平來薰閣書店代售)

第二期(即第七期)目錄

本期定價道林紙本九角　報紙本七角

(本期歸全國各開明書店代售)

第三期(總數八期)目錄

陳君彥文紀念

與鄧文如先生書

張爾田

（論清列朝后妃傳稿校記）

文如先生史席。拙編清后妃傳稿。自殺青以來。前此校記。又增補十數條。先生之益我深矣。經此蒐討。重要史料。殆已略備。所餘者不過一二册文及例行事件而已。如金從善原奏。見乾隆外紀。當時宮未采入。但從事實不錄。此類案件。雖後人補綴可也。惟故宮檔案。尚未完全整理。異日者或當更有所獲。拾遺證補。前史多有。於大體當亦不至相遠也。近日史料新出至夥。惜無人能爲一有組織之敘述。而爲偏見所得。興風作浪。可懼可歎。兹編所采。皆古人所謂表見不虛者。野史說部。去取綦嚴。諸所徵引。幾經選擇。皆有深意。或因彼以顯此。或由微以知著。史家運識。全在於此。不抹殺表面事實。而眼光時時映射其裏面。見仁見智。任人自領。此非曲筆。蓋事實微妙。本如是也。若改成死句。即不免攙入主觀。如照像者。稍肥稍殘。皆失眞相。史文敘事。自有義法。非淺人所知。間有駁正。亦必其書負有時名。或傳訛所本之最先者。非是則一切置之。如近人考清代疑案者。謂世祖遺詔。非世祖本意。此亦不過一種觀察耳。我之觀察如是。安保人之觀察盡如是。史家但重事實。觀察屬之讀者。此類皆在不辨之列。史體應然。識者當知。故於故老流傳之語。鈎黨愛憎之言。凡未經論定者。概不敢妄載。清代說部。大都流慰樂。談盛事。偶涉宮禁。多億言之。惟崇飾以爲。間有不諱者。至故老所傳。不見載籍。保無好事者增飾。既無左證。無事苟同。若近時記載。除黨仇黑讕不論外。即一二老輩依託舊聞。亦多隨然耀世。工爲影合之談。不可信者殆居八九。苟非眞確。誰不爲其所遮。尤當最辨也。生平最恨談清史者。專喜揭人內幕。實則此等內幕。何代蔑有。又豈獨清。何家蔑有。又豈獨帝王。卽以明代而論。宮嬪之逼殉。寺豎之專恣。武宗狎小。鄭妃謀儲。其見於載記者。宮闈黑暗。較之有清。殆又甚焉。文宗溺色。何如漢之成帝。孝欽穢政。何如北魏之靈太后。唐太宗英主也。私納巢剌王妻。唐寧宗明君也。減殺郭太后禮。清之諸帝。寧有是乎。至若太后下嫁。本着水之野言。天子出家。乃梅邨之妄聽。（此二事皆因張煌言詩而起。此外憑證全無。實難成信讞。）慈安病狀。詳載文恭日記。何嘗有食盒外進之疑。（二十年來。排滿思想。深入人心。其於清代詆之則不快。惲毓鼎崇陵傳信錄。即作於其時。斷不可信。）仁壽謙德。備見龍齡私抄。何嘗有鐵柱撞死之說。（此出遂色供詞。見雍正上諭。果有其事。必不敢明言。故不入正文。附見注中。慎之也。）章皇之寵董后。亦西京趙后之遺風。裕陵之選回妃。實高麗碩妃之成例。漢族早開其先。清室獨蒙其詬。作史者必先不公。如何可以勒成信史。（同族通婚。皇女改嫁。皆滿蒙舊俗。與華風本殊。史家須具世界眼光。事求其實。豈可資爲談笑。今人乃偏於此等處。津津樂道。謂之用心不公。孰曰非宜。）此區區短書所由作也。嗟乎。張儼發憤。私成嘿記之文。孫盛不平。竊撰遼東之本。先生當代史家。儻亦以爲然焉否耶。幸有以教正之。張爾田頓首。

附清列朝后妃傳稿校記

傳首

前第一行大字　獻穆孝崇順烈諸傳　改安思等后順烈諸傳

後第七行小字　蔣錄初進紅本　改蔣錄館臣初進（按太祖實錄是康熙重修）

傳上

第四頁前五行小注　均可挑入下　補（內務府現行則例乾隆三十九年奉上諭嗣後各宮挑補女子著定於二月十月朕在宮內時就便挑補至妃嬪所用女子名數較多偶缺一二名即遲挑補未爲不可其貴人以下女子額數本少有欲隨時挑補者尙屬可行然亦令各本宮照朕挑看女子例按照女子名數各賞給車價銀一兩若妃嬪中欲於家人常在挑選女子時就便挑補其本宮缺額之數者應賞車價銀亦令一例給與以示朕矜恤內府家徽來備之意又四十年奏准嗣後福晉等位下現使喚宮女子暫且使喚俟有女子缺出傳交內務府著該各家選買送內使喚）

第六頁後九行小注　俱由廣儲司支領下　補（內務府現行則例乾隆四十三年健銳營奏准京城所有同子等應選女子俱入內務府佐領下辦理舊新滿子等應選女子亦在內務府佐領下辦理道光二年奉諭停止拴吉祥踏錄莊親挑選秀女皇后及內廷主位之親姊妹皆免挑凡八旗官員兵丁閒散之女子皆備挑嘉慶十一年命漢軍自筆帖式驍騎校以上女子備選十八年命滿洲蒙古自護軍領催以上女子備選其拜唐阿馬甲以下女子不備選應選女子入神武門至順貞門外恭候有戶部司官在彼管理至時太監按班引入每班五人立而不跪當意者留名牌謂之留牌子定期覆看覆看而不留者謂之撂牌子其牌子書某官某人之女某旗滿洲人蒙古漢軍則書蒙古漢軍年若干歲）

第八頁後六行大字　顯祖宣皇后喜塔臘氏下　補諱厄墨氣

第八頁後九行小注　諡通達下　補（舊太祖實錄塔石繼夫人阿姑都督長女姓喜塔喇名厄墨氣）

第八頁後十行小注　此事國史無考下　補（宗室奕賡東華錄綴言聞之故老云舒爾哈齊按巴達烏親王也是諡號弗封號烏親一作烏金）

第九頁前四行小注　靜安公主下　補（奉天舊檔天命八年九月皇妹小福晉病故上欲前往諸貝勒勸止上曰吾父妾所生妹此妹耳遂往慟哭初修太祖實錄作御妹阿几格夫个）

第九頁前四行小注　是顯祖不祇一女　改是顯祖乃祇一女

第九頁後二行小注　道周語誤下　補　建州私志哈赤佟姓建州枝部也祖叫場父塔失並從李成梁征阿台死於陣成梁雛畜哈赤哈赤亦成梁養子則成梁弟實大祖事或有之但不得言四歲迎養也莊氏明史李成梁傳又有成梁以其幼不殺留置麾下語成梁本非純臣挾邊事以自固討逆賞貫明顯後郭殊無足異

第九頁後四行大字　繼妃哈達納喇氏下　補諱掯姐

第九頁後五行小注　族人之女下　補　按太祖實錄與石次夫人乃哈達國汗所養族女名掯姐

第九頁後八行小注　庶妃李佳氏生下　補　案陳繼儒建州考阿古之塔曰他失則奴酋父也是顯祖曾納阿太章京之女官書無見

第十頁後九行小注　此則鄰諜異聞各執其是殊無以覈其真僞也　改此則鄰諜責言各執其是殊無以覈其是非也

第十三頁前二行小注　前數月下　補　奉天舊檔癸丑春三月上幽長子阿爾哈圖土門貝勒褚英於高牆逾年遂殺

第十三頁前五行小注　和和禮下　補　按太祖實錄阿呼里東果部酋克徹孫率本部軍民歸太祖以長公主嫩姐妻之

第十三頁後七行小注　昂阿喇下　補　按太祖實錄太祖欲以女莽姑姬與孟革卜鹵爲妻故遣其歸適孟革卜鹵私通嬪御又與剛蓋通謀欲篡位事洩將孟革卜鹵剛蓋與通姦女俱伏誅辛丑年正月太祖將莽姑姬公主與孟革卜鹵子吳兒戶代爲妻

第十四頁前九行大字　妃後以罪死下　補注　奉天舊檔天命五年三月皇妃泰祿告上大福晉以酒食與大貝勒上聞言不欲以曖昧事加罪大貝勒乃假大福晉竊藏金珠爲詞遣使查抄查抄之使至界凡大福晉急以金帛三包送達爾漢侍衛所居山蒙古福晉小阿哥家藏有許存彩帛又在大福晉母家抄出緞鋪甚多上大怒遂以大福晉罪狀告衆遣令大歸又天聰五年太宗實錄莽古爾泰曰因罪弑母邀功息考命德格類致揚古收葬餘詳老檔譯文

第十六頁前三行小注　即代清譯音下　補　談遷北游錄清朝宗系奴兒哈赤太祖季弟國語爲金王蜂兒死猶英王國語把兔替王湯兔太攝政王國語墨勒根王阿古哥燧王奴兒哈赤太祖第舒爾哈齊也蜂兒他疑莽古爾泰英王阿吉哥乃英王非燧王揚兔大當是太祖第四子揚古代爾以爲攝政王皆傳聞之訛

第十七頁後六行小注　附著之下　補　又案彭孫貽客舍偶聞墨勒根王初稱攝政次稱皇父攝政王即皇太極繼嗣嚴老嚴騎虎難下邁大同堅守九王親赴行閫邁病而死因良輔宋尼森克徹哈攀合謀誅九王子孫滅其門笑王骨揚灰飯祖始克親政普土克於喀喇河屯幷征大同時笑骨揚灰亦必無其事蓋因內閣所藏吳三桂反時上聖祖書有九部親王子侍功敢恩搴流宮闈章皇帝錯愕然骨揚灰語而傳訛也幾方指斥仇者第聞不足深辨

第十八頁前二行小注　台吉固爾布錫下　補　按太祖實錄天命六年蒙古胯兒胯部內古爾布什台吉蜂古兒台吉率民六百四十五戶并牲畜叛來以聰古兒公主妻古爾布什賜名青卓里革兒

第十八頁後三行大字　妃哈達納喇氏下　補諱阿敏姐姐

第十八頁後五行小注　設宴成禮下　補　按實錄哈達國萬汗孫女阿敏姐姐其兄戴鄂送妹與太祖爲妃親迎之於洞遂納之

第十八頁後八行小注　可補史闕　改可以證史

第十九頁前七行小注　命用金寶下　補　平闕遺稿仁孝宮太祖妃進號冊文維年月皇帝冒勳坤儀以開基柔嘉維則德乾符而遡遠源本枝存非習上儀品儲姈惠皇太祖仁孝宮太妃夙秉內則慶中國宮桂綸草昧之年贊河洲而起化佐渊飪蘋蘩之敏勤夙夜四多儀敍厚固已流光源長自宜殷逸爰加隆號用顯徽號謹以金冊尊爲太妃壽考維祺協無疆以應地含章有譽膺繁錫之自天謹告

第十九頁後八行小注　國史不載下　補　烏喇滿洲語江也故明人謂之江夷卜台吉即布占泰

第二十頁前五行小注　以示寬容下　補　明樵峨山人譯語胡俗婦喪其夫其家男子即收爲妻妾父子兄弟不論也他邁則人笑其不能爵其婦

第二十九頁前十行小注　耀鴻名於有永下　補　案此與孝慈和闌晉文皆徐燾斷稿中劉遺稿壬寅秋竹太崑人

后兩太后位號例用玉册玉寶以玉工遲而慈和皇太后大漸故改用金册金寶各一顆每顆重五百兩交龍紐稿工緞錦成內院設香案具朝服拜然後鐫字清漢各半面用白金以赤金鑲上用小金砲釘鍍釘錯龍文鑄巧可觀又黃白檀香爲副寶裱褙爲副册以備皇上行禮時捧進金宅重不勝舉故也往世祖皇帝時撰册寫册官俱照例賞銀幣个漢不行予時撰册文三今止用二太皇太后用一文而以爲兩太后不宜異同故兩册用一文不知出誰意也

第三十頁後九行小注　恭呈御覽下　補　又談遷北游錄世祖御製內政輯要順治十二年三月二十日讀進

第三十二頁後八行小注　上奉太皇太后回宮下　補　高士奇松亭行紀康熙二十年三月二十日癸酉上奉太皇太后行幸溫泉徽巡塞外平明法駕出東直門太皇太后金輿早晚出入上觀視騎導辛巳太皇太后鑾至溫泉宮四月戊子上辭太皇太后巡幸塞外蒙古地方戊申上至溫泉行午奉太皇太后回鑾

第四十五頁後十行小注　亦釋之下　補　案多羅郡王阿達禮貝勒羅洛宏皆有因妃喪歌舞事事發免阿達禮罪以餘款罰其母福金銀四百兩羅洛宏亦削爵旋復之不具考

第四十七頁後三行小注　端順長公主下　補　案懿靖大貴妃又有所養蒙古女崇德八年七月嫁噶爾瑪德參濟旺子

第四十九頁前八行小注　繼妃烏拉納喇氏生下　補　案北游錄太宗文皇帝子台吉超哈宿王超哈即豪格譯音也

第五十八頁前六行小注　實錄下　補　康熙三十七年七月辛丑上奉皇太后詣盛京謁陵啓鑾以山海關秋禾未穫命取道口外八月甲子諭領侍衛內大臣索額圖等皇太后父母所葬之地在發庫山相去二百里應於道路附近處擇潔淨之地皇太后遙爲祭奠十月甲辰皇太后聖壽節上詣皇太后行宮前行禮敕封皇太后駐蹕之山爲壽山三十八年二月癸卯上南巡奉皇太后啓鑾戊辰上閱視黃河隄工來迎皇太后舟泊清河縣閘口戊戌奉皇太后回鑾

第七十頁後一行小注　錫之册寶下　補　案張宸平圃遺稿端敬皇后喪中堂命余撰祭文山陰學士曰吾儕凡再呈稿矣再不允須藉才情極哀悼之致予具稿中堂極歎賞末聯有淵蓋五夜之箴永巷之聞何日去我十臣之佐邑姜之後誰人等語上閱之亦爲隕涕命諸大臣議諡先擬四字不允至六字八字十字而止猶以無天聖二字爲歉命胡王二學士排纂后所著語錄其書總不得而傳擧殯命八旗官二三品者輪次舁櫬與舁者皆言其重梁本用藍爲白八月至十二月遂乃易朱先昇內大臣命婦哭臨不哀者議處皇太后力解乃已

第七十一頁前十行小注　不祇一人也下　補　平圃遺稿尙有擬皇上享祭孝獻皇后櫬帷文擬祭孝獻皇后册封誥成文均例行不備錄

第七十六頁後十行小注　禮部察例具奏下　補　平圃遺稿追尊貞妃册文皇帝言龍馭初升共洒攀髯之淚鸞驂遽逝式彰侍帳之誠既流彤史之輝宜闡椒房之節於惟貞妃柔嘉成性淑愼爲儀祗肅賓而侍先皇澈火輿六宮之譽雞鳴而警永巷珩璜屬四始之音裏德因其幽閑矢死愈徵皎烈誰非臣妾在天之痛徒殷惟乃聖貞實日之誠獨冏丹血殷而化碧蕙性折而蘭芬非進嘉稱曷彰淑德茲以金册尊爲貞妃嗚呼百身莫贖三良閟黃鳥之詩四德同紡口口鷹清霜之氣二南之化昭矣三錫之章貢爲

第八十八頁前七行小注　加祭一次下　補　永憲錄隆科多親兄弟八人多以貪婪獲罪鑑以弟慶復襲公爵任至川陝總督乾隆十三年大金川用兵誤報番目班滾焚斃事覺獄賜自盡旨佟國維所得孝懿皇后之一等公停其承襲

第九十頁前八行小注　通考上　補　永憲錄康熙六十一年世宗登極群臣請朝皇太后傳懿旨我自幼入宮爲妃在先帝前毫無盡力之處將我子爲皇帝不但不敢望夢中亦不思到我原欲隨先帝同去今皇帝說大后聖母若隨皇父同去我亦隨太后聖母同去哀懇勸阻未遂其志若錦繡受我子行禮實爲不合復固請從之於梓宮前拜叩謝恩仍遷往宮

第九十頁後五行小注　萬古爲昭矣下　補　案西征隨筆遂寧不通文理又不虛心廷訪遂致皇太后甍無上尊諡之詔皇太后鳥人駭然不聞有詔上皇太后尊諡而無有皇太后哀詔云云蓋尊諡擬而未上而太后遽崩輿論譏聖祖朝輕殺故議輕薄之口藉以爲談助謂其得罪也亦宜

第九十頁後八行小注　皇太后遺詔下　補　案大義覺迷錄上諭載耿六格供有太監于義何玉柱向八寶女人談論聖祖皇帝原傳十四阿哥允禵天下皇上將十字改爲于字聖祖皇帝在暢春園病重皇上就進一碗人參湯不知何如聖祖皇帝就崩了駕皇上就登了位隨將允禵調回因禁太后要見允禵皇上大怒太后於鐵柱上撞死皇上又把和妃及他妃嬪都留於宮中又達色供有阿其那之太監馬起雲向伊說皇上令寨思黑去見活佛太后說何苦如此用心皇上不理跑出來太后甚惱就撞死了寨思黑之母親亦即自縊而死此皆宮盜逆黨造爲甚之言不必盡實也

第九十四頁前二行小注　五月追封下　補　永憲錄雍正元年二月乙卯安奉先朝愨妃金棺於陵寢琉璃門內寶城上議禮部當日皇考待愨妃衙門於陵寢之琉璃門內寶城將妃母等安放只有敬妃母皇考曾下旨嗣於寶城今遵皇考原旨凡皇貴妃俱昇往安放隆行之禮爾部議奏案愨妃雍正十年始薨此當是慤妃錄誤

第九十四頁後六行小注　惠妃同下　補　案大義覺迷錄上諭現今宜妃母妃朕遵皇考遺旨著恒親王奉養於伊府中而逆賊等以爲當年自縊眞鬼魅罔談也是宜妃之薨不在宮中

第一百零二頁後一行小注　靜嬪石氏人下　補　案允祁乾隆四十五年仍封貝子晉貝勒薨照郡王例賜卹諡曰誠

第一百零三頁前五行小注　和碩誠親王　誠下補恪字

第一百零三頁前六行小注　尊封皇考貴人下　補　永憲錄雍正五年十一月庚午先朝貴人白氏薨貴人籍蘇州生皇弟二十四阿哥府辦事務宮命誠親王允祉恒親王允祺莊親王允祿鎮國公允禑辦理經辦丙子起送先朝榮妃白貴人金棺至妃衙門十二月乙酉葬榮妃白貴人案錄稱貴人白氏與王士禛不符錄又載蔡升元事云升元壬戌狀元傳第後曾進女於椒殿爲士林所不齒進女亦無致殆皆委巷傳聞也

第一百零三頁後八行小注　容考下　補　故宮檔案康熙三十六年三月初七日諭太監顧問行朕走鄂爾多斯地方蒙古富金們來的甚多爾將妃嬪們的綿衣每位一套綿紗衣每位一套穀上帶來又徐常在二位答應襯衣夾襖夾中衣紡絲布衫紡絲中衣緞靴襪都不足用傳於延禧宮妃者做完時報上帶來所稱徐常在及二位答應皆不見他官書

第一百零四頁後八行大字　旋以太后喪明年　改旋以仁壽太后喪

第一百零四頁後九行小注　雍正二年　改雍正元年

第一百十七頁前五行小注　敦肅皇貴妃下　補　永憲錄雍正三年十一月丙辰貴妃年氏薨於圓明園詔追冊爲皇貴妃辛酉葬上諭大生福慧二阿哥只於本處送殯元壽阿哥預往園陵候一例奠酒先期祭祀免諸王大臣素服穿孝諸王大臣俱送至葬所蘭敏不知誕於何族一云選齡之族女案蘭敏當作敦肅而云選齡撫女未詳

第一百十九頁後二行小注　封年容考下　補　雍正七年甘肅案內供稱有傳收密親王妃嬪等語道路傳說莽實錄也不云

傳下

第二十三頁後七行小注　淑嘉皇貴妃下　補　案淑嘉皇貴妃從葬裕陵薰修風益紀謁記高宗純皇帝裕陵在孝陵之西昌瑞山右讀孝賢純皇后孝儀純皇后同安地宮慧賢皇貴妃哲憫皇貴妃淑嘉皇貴妃祔葬

第二十四頁前十行小注　貴妃蘇氏生下　補　案永瑢乾隆五十四年晉和碩親王薨諡莊

第二十八頁後九行小注　和札賚女下　補　案和札賚同部台吉

第二十九頁前五行小注　舒妃喪禮同下　補　案乾隆間向妃宮書只一容妃今故宮有遺像一戎服一古妝相傳爲香妃既無御題又無恭繪人臣名何以知即向妃又何以知是香妃俗語不實流爲丹青不可不辨

第四十一頁後九行小注　歧異侯考下　補　禮部則例昌陵和裕皇貴妃圖位一本安和裕皇貴妃恕妃華妃莊妃信妃

第五十頁前五行小注　瑚圖理襲爵下　補　咸豐朝狩封三等公

第五十六頁後五行小注　至是始罷機務下　補　王闓運祺祥故事恭忠王母文宗慈母也故與王如親兄弟即位之日即命王入軍機恩禮有加尚冊貴妃爲太貴妃王心慊爲額以宜尊號太后爲言上嘿不應會太妃疾帝省視妃見牀前影以爲恭王即問曰汝何尚在此我所有盡與汝矣他性情不易知勿生嫌疑也帝知其誤即呼額娘太妃覺焉向面一視仍向內臥不言自此始有猜而王不知也一日上問安入恭王自內出上問病如何王跪泣言已篤意待封號以瞑上但曰哦哦王至軍機遂傳旨令具冊禮所司以禮請上不肯却奏候而上尊號遂慍王令出軍機入上書房而減殺太后喪儀皆稱遺詔省之自此遂王同諸王矣此實當日傳聞如是姑識之

第六十頁前四行小注　舉行冊封禮下　補　案昇平署檔案道光十二年啟事房傳旨十一月初八日彤貴接冊者中和樂何候作樂飲此道光十四年十一月初三日永和宮靜貴妃接冊寶二十年十二月十七日鍾粹宮皇貴妃接冊寶二十六年十二月初十日承乾宮琳貴妃接冊寶咸豐八年十二月二十四日琪嬪玫嬪接冊寶用樂皆同宮廷慶典儀據所見略注一二餘不備書

第六十九頁前一行小注 敬謹管理下 補 翁文恭日記光緒七年三月初十日慈安太后感寒偶欲仍樹遂和未見軍機戈什愛班等皆請安余等稍退入未及子初忽聞呼門蘇拉李明柱王定祥送信云聞東聖上賓十一日子正馳入東華門開乾清門拿入到奏事處則昨日五方皆在及方天麻膽星按云類風癎甚重午刻一按無藥云神識不清牙緊未刻兩方雖可灌究不妥云云則已有遺尿情形痰壅氣閉如遲酉刻一方云六脈將脫藥不能下戌刻仙逝始則莊守和一人繼有周之楨又某共三人也嗚呼奇哉傳旨惇醇惠三王額公御前大臣軍機大臣毓慶宮南書房內務府大臣同至鍾粹宮哭臨請旨入殿否曰入瞻殿西首內臣去面衣令瞻仰卽出 巳辰末矣

第七十二頁後七行小注 皇朝奏議下 補 越縵堂日記咸豐十一年八月十六日邸抄御史董元醇疏奏皇太后權聽朝政請明降諭旨贊襄政務王大臣八人以外請更派親王一二人盡上讀書請更擇一二品大員一人以爲師傅有紹切實大略謂國朝聖聖相承從無母后臨政之例大行皇帝於十六日子刻派怡親王載垣等八人贊襄政務自有深意現在凡降旨批摺一切由該王大臣擬進經朕親用圖章鈐印然後頒發此中外所共知該御史請再派親王一二人是誠何心以上兩事皆關係甚鉅非臣下所得妄議至朕之師傅大行皇帝已派編修李鴻藻亦無庸更議云云此諭旨實錄不載刑部檔案亦無存略見於此附注之

第七十九頁前四行小注 尤見剛果下 補 翁文恭日記同治十三年七月二十五日懿旨嚴飭宦寺總管太監張得喜孟忠吉頂戴太監周增錫遇事招搖暨私鑄弊均革職發往黑龍江給官兵爲奴遇赦不赦頂戴太監張吉慶王德喜一併斥革與太監任延祥薛進喜者敬事房從重板責發吳甸鍘草並著總管內務府大臣查明該衙門結交太監滿同作弊劣員指明嚴參

第九十六頁前八行小注 而恤下情下 補 案乾隆以前挑選八旗漢軍兵丁女子多有纏足者嘉慶九年道光十八年迭經奉諭申禁詳內務府則例

第一百零六頁後九行小注 封爲吉妃下 補 內務府檔案光緒三十一年十月吉妃薨逝十六日大殮十一月金棺移奉東陵園寢

第一百十頁前二行大字 毅皇后下 補注 太廟尊藏玉冊文嗣皇帝臣御名謹再拜稽首上言臣聞德合乾元衍百世無疆之慶功符坤厚啓萬年有道之長慶甞隆稱式昭彝典欽惟皇妣孝哲嘉順淑愼賢明憲天彰聖毅皇后安貞作則柔靜凝庥俔天開文定之祥徽儀正位渭水著觀型之美闔殿揚芬詩詠蘋蘩謹持誠於九廟禮隆褕翟篤問寢於兩宮求衣習聽旰之勞恪遵律度與樹掖庭之範躬示儉勤補悲隙之聲留驚馭遽升乎瑤闕淵徽音之廣被鴻名長播於瑤編追及龢躬遙蒙恩佑當不墓之初始正親本之實先追惟撫育之恩久切欽承於圖共仰編謨之序允符顯號於千秋謹奉冊寶加上尊謚曰孝哲嘉順淑愼賢明恭端憲天彰聖毅皇后伏冀靈馨式憑寶鑒啓延洪之祚永貽昌熾之庥謹言

第一百十頁後八行小注 光緒二十年正月 改光緒二十年二月

第一百十五頁後一行小注 悉如典禮下 補 案孝定無遺誥喪葬典禮詳敘崇隆裕太后大事記

第一百十九頁後五行小注 當亦停止下 補 其照看阿哥公主之嬤嬤媽媽由宮殿監督領侍太監傳知各佐領查取在京居住東三省官員妻室內會清語者挑選看守嬤嬤墳塋人等給與家口米石嘉慶二十五年奏准照乾隆元年例皇太后前親選四十歲以外五十歲以內無子嗣婦女嬤嬤里四名侍奉應得口分等項照宮女子例給嬤嬤親生女不入挑選之列凡此皆所以嚴區別篤恩誼

孟劬先生專精史學當代第一所著史微日本西京帝國大學採爲必讀之書與修清史樂志刑法志地理志江蘇篇其后妃傳尤簡而有法一掃流俗傳聞之妄庶幾不愧古作者史稿刊行時先生所撰多遭俗學刪削乃自取后妃傳稿增注單行刊於民國十八年之春後凡三次校補今春始成定本蒐羅靡遺考訂精審洵必傳之作茲援其校記增載於此俾海內僑讀初印本者有所參攷焉

編者謹識

與李滄萍及門書

張爾田

（論李義山萬里風波詩）

滄萍仁弟足下。頃由廣州寄到一專刊。閱之。有溫君李義山萬里風波詩解一篇。大駁僕與陳君寅恪之說。溫君大意謂此詩係義山大中十一年梓府罷後由江路經武昌歸鄭州之作。並將江上諸詩。皆牽入此時。而否認大中二年巴蜀游蹤。若使按之全集。一無抵觸。似亦未嘗不可自圓其說。然攷集中。在梓州時。有楊本勝說於長安見小男阿袞詩。則義山梓幕數年。其家實居長安。本不在鄭州。由梓州歸長安。自當由褒斜棧道。若由江路經武昌。再陸行至長安。豈不迂曲其途耶。義山自登第後。占數東甸。移貫上京。已無在鄭久居蹤跡。惟晚年病廢始還故鄉耳。安可於此時肊斷爲歸鄭州。況集中尙有行至金牛驛寄興元渤海尙書一詩。渤海尙書。封敖也。封敖出鎭興元。在大中四年。見舊書傳。馮譜考之已詳。其罷鎭年月。則無明文。舊傳但言歷左散騎常侍。十一年拜太常卿。新傳但云還爲太常卿。今檢舊書宣宗紀。大中十一年八月。書以散騎常侍封敖爲太常卿。九月又書以檢校司空兼太子太師盧鈞爲興元尹充山南西道節度使。十月又書以興元尹蔣係權知刑部尙書。是則封敖之後。實爲蔣係。柳仲郢於大中五年節度東川。以傳中在鎭五年推之。其罷鎭當在大中九十兩年之交。

譏於柳仲郢鎮梓年月。極爲重要。批評致謹特詳。遇君仍繫之大中十一年。蓋爲馮譜所誤也。至其所解諸詩。支離繚繞。且謂義山梓州歸途自江州至武昌。唐時江州。乃今之九江。東川安得有江州。若漢之江州縣。在唐爲巴縣江津縣諸地。豈可以漢之縣稱唐之郡耶。徐德阿鑑一聯。不過泛指蜀境。必解爲義山所歷。則王僔益州刺史。實治成都。豈其時又繞道成都耶。昇共於地理尙不知。余亦不欲多辨矣。其時封敖尙在興元。蓋不久即以散騎常侍內召。而代之者即爲蔣係。至十一年又召蔣係爲刑部尙書。以盧鈞代之。而封敖則由散騎常侍遷太常卿矣。表兄吳向之撰唐方鎮年表。據本集盧陽亭銘謂蔣係鎮興元於大中八年。此文出全蜀藝文志。乃松用修因碑本漫漶補成之者。前人已斷其僞。即使伯氏南梁重弓二矛。謂指蔣係。則年月亦恐有訛。況通志金石略又作大和八年耶。種種可疑。與其據此文。何如據義山之詩。惜當時未與辨明也。金牛驛爲由梓入京孔道。此詩必大中十年春間途次寄獻之作無疑。以詩證之。義山梓州歸途。實經褒斜。而非江路。不然一在金牛驛。一在黃鶴洲。義山能有此分身法耶。若謂此詩係大中五年義山赴蜀辟經過時作。雖亦可通。但蜀辟在秋。而詩開首何以云樓上春雲。豈詩人並時令而又忘之耶。此二詩爲集中最大關鍵。若不能融釋。而輒欲否認大中二年巴蜀游蹤。直等於無知妄作。而乃貴人不顧情理之所安。抑何可笑。生平所有撰述。雖已刊版。苟有紕繆。無不隨手修改。極望並世達者。糾余不逮。但既欲匡正吾書。必須於吾書首尾綜觀。諒人甘苦。今讀溫君此文。則殊令我壓然。實不敢援諍友之例。待此高賢也。不勝猥濊。聊爲足下一發之。以爲何如。張爾田頓首。

先師章式之先生傳

張爾田

先師式之先生。章氏。諱鈺。字堅孟。又字茗理。別署曰蟄存。曰負翁。晦翁。晚年自號霜根老人。其先出於閩太傅仔鈞。至先生三十八世。曾祖明芳。服賈於諸暨。始由越遷蘇之長洲。遂著籍爲其縣人。祖國彪。父瑞徵。隱德不仕。先生生有異禀。事母劉太夫人以孝聞。幼卽嗜書。家貧。父節衣食。爲購日知錄困學紀聞令讀之。先生自謂生平學業之基。實肇於此。年弱冠。補博士弟子員。肄業於紫陽書院學古堂。稱高才生。己丑恩科中式舉人。名聞日劭。乃益下帷攻苦。聚書二萬卷。徧讀之。尤長於金石目錄及乙部掌故之學。與人講貫。窮日夜不倦。從游者亦日衆。屢上春官。光緒癸卯。始成進士。以主事用。籤分刑部湖廣清吏司行走。方是時朝廷新罹庚子之戚。銳意變法。士夫譟說。朋黨漸起。先生曰。此豈吾仕時耶。告歸奉母。既而大吏有知先生者。奏辦吳中學務。先生爲之擘畫區處。立初等學四十所。絃歌達於四竟。士蒸蒸焉嚮風。歷南洋北洋大臣幕府。以勞保加四品銜。調外務部。母服闋。始到官。充一等祕書庶務司帮主稿。兼京師圖書館纂修。辛亥國變。棄官從好。旅食於京沽間。先生自以爲於國事無所裨。而文獻之寄。不可以無傳。故卽以讀書報三百年養士之澤。讀書不求善本。則郢書燕說。謬種流傳。爲學之大蠹。於是發憤遍校羣書。取宋尤延之飢當肉。寒當衣。孤寂當朋友。幽憂當金石琴瑟語。揭所居曰四當齋。日坐其中。丹鉛不去手。聞有孤槧異笈。不遠千里。必展轉傳錄。時流人居海上。多藏家。佐其鎡畚。見聞日富。蓋校讎之學。吳中最盛。顧黃而後。先生承其緒。益恢而大之。凡人間未見之書。經兵燹散出。及流傳海外者。比之珠船。一字千金。先生左右采獲。輔之以博學淵識。愼思詳擇。遂以發諸老先輩未發之覆。天不愛道。地不愛寶。亦其時然也。所校讎中。通鑑正文。据宋本校出脫誤七千數百條。自爲之記曰。有宋天台胡身之。身丁未造。避兵山谷。前爲資治通鑑撰著之作既燬。乃復購他本。以成今日流傳之注本。惟胡氏所謂他本之外。就注文考之。有云蜀本者。有云杭本者。有云傳寫本者。後賢之爲通鑑學者。大都爲胡注匡益。於正文則尠致力。吾鄉顧澗薲序張敦仁通鑑識誤云。興文署本。非出梅磵親刊。欲料其誤。必資於興文本之上。今兩宋大字中字小字附釋文未附釋文諸刊。即零卷殘帙。猶艱數覯。蓋舊槧之難得。而異文之待校。前人固有欲爲之而無從措手者。鈺自宣統辛亥以後。僑寄津郊。以校書遣日。江安傅沅叔得宋槧百衲本。約同用鄱陽胡氏翻刻興文署本校讀。上海涵芬樓有宋刻一種。出百衲本之外。明孔天胤刊無注本。源出宋槧。先後借校。始知張敦仁識誤及常熟張瑛校勘記。功未及半。辜較二百九十四卷中。脫誤衍倒。蓋在萬字以上。脫文五千二百餘字。關係史事尤大。桑海餘生。得見老輩所未見。爰手寫校記。編爲三十卷。讀涑水書。或有取焉。錢遵王讀書敏求記。傳錄本多舛誤。海昌管庭芬嘗有校本。未刻。先生据之。復根求原文所出。自史志及目錄家言。可以參考者。合新舊所得。又數千事。佚聞墜掌。緊然備具。名之曰校證。論者謂不獨有功管氏。且兼可以庀史。漢書郊祀志。毋令姦人有以竊朝者。傳本皆是者字。先生得景祐本。審視之。者實作昔。援穀梁傳莊七年夏四月辛卯昔恒星不見爲證。知昔夕古通。文義乃較傳本爲勝。宋史刻本疏漏。孝宗紀脫葉。盧抱經已補之。先生復從元至正六年本。校出田況傳脫葉。共四百字。南齊書則据蜀大字本。補卷七第二葉。卷十六第十葉。糾明人修補本之繆脫。皆前人屐齒所未到者。其他所校薛居正五代史。契丹國志。大金國志。三朝北盟會編。諸大部鉅帙。丹黃叢雜。多未寫定。歲甲寅。清史館開。館長趙公禮聘先生爲纂修。所修乾隆朝大臣傳。忠義傳。及藝文志。又數十百萬言。稿藏於家。先生與人和易。不爲厓岸行。而其中介然有以自守。當官則以經術潤飾吏事。侃侃焉不阿衆論。在部時。駁覆明儒湛若水及准元儒劉因從祀兩議。皆先生主稿。皆其學術命脈之所寄。生平尤惓惓於故知。黃子壽師也。身後爲輯刊其遺集。同好有以詩文相質者。雖片紙隻字必藏弆。於遺盡舊聞。故家弆俗。不辭甄表。身既隱矣。絕口不挂世事。小雅匪風之思。宗周彼稷之痛。時時於詩篇中微發之。作爲文章。不名一家。而未嘗一詭於義法。間賦小詞。含思縣眇。讀之慨然想見其爲人。書入能品。晚年猶能作細字。求者塡戶牖。徒以運阸陽九。甘自埋晦。不欲大修襮於人人。而方聞亮節。屹然爲清末一代宗匠。異日者當與遺山諸賢。同其論定。此固非爾田一人之阿言也。年七十有二。以疾考終於北都寓綀。彌留之際。口占庭誥。敎誡諸子。遺命以故國冠服斂。嗚呼。可以知先生之志矣。爾田從游最早。受知最深。同事史館。又且十年。嘗謁先生於燕座。先生從容謂曰。我弟子衆多。

然能文章者。惟子及金天翮。而知予之生平。尤莫若子。區區志行。不願供人描畫。我死當以傳相屬。斛田垂涕不敢辭。先生初娶於胡。繼配王。賢明能內助。以是得盡力於學。子四人。元善元美元羣元羲。皆材。諸子承母命。以先生遺書。歸燕京大學圖書館保存。矜式後學。成父之志。尤足紀云。丁丑十月。受業弟子錢唐張斛田謹撰。

此文結構用養一齋法敘述簡穩處亦復似之傳體與墓誌行狀不同凡先生三代考妣同產弟妹及所生女子子及孫苟於事實無大關係皆不復詳入民國後史館一節有關著述則書其他則不書而總括於旅食京沽間一句中文例宜然非排漏也閱者審諸　孟劬自記

神廟留中奏疏彙要序

鄧之誠

神廟留中奏疏彙要四十一卷。董其昌撰。蓋即自稱未敢謂有合於史。顧惟一時經畫。要當使之不泯者也。（見其昌所撰五陵注畧序。容臺集不載。）世無刊本。燕京大學圖書館以其書槧然備萬曆一朝之事。足供讀史者參證。盛意授之梓。之誠受而讀之。粗尋端委。深歎其昌不以史學立名。而成就見解。卓然如此。史稱其昌與王惟儉同負博洽之名。（見明史卷二八八王惟儉傳。）惟儉嘗重修宋史。而其昌之言曰。今宋史具在。謂宜仿唐書糾繆之意。刊其曲筆。歸之雅馴。知亦有志於斯事。（見容臺集七江右程策。）談遷謂雲間雲社。並良史材。（見國榷。）雲社蓋謂李維禎。即其昌報命疏舉以自代者。（見容臺集五。）世但知其昌文采風流。照映天下後世。而不知中所蘊蓄如此。今即事以徵驗之。有明中葉以後。野史稱盛。或述舊聞。或稽典故。顧信傳聞者。恆失之舛錯不經。及萬曆之季。實錄流傳於世。（見亭林文集五書吳潘二子事。）據爲典則者。又恆失之剿襲。故錢謙益詆爲兔園飯飣之簿錄。（見有學集補遺復吳江吳赤溟書。）顧炎武目之爲謬悠之談。（見書吳潘二子事。）而萬斯同則謂集諸家紀事之書讀之。見其牴牾疏漏。無一足滿人意者。（見萬季野遺著寄范國雯書。）斯數子者。皆號稱留心史事。有志紀載者也。然觀其昌序五陵注略之言曰。臣間嘗覩嘉靖朝有若大政編年識餘聞見諸錄。萬曆朝有若筆麈邸鈔。泰昌天啓朝有若日錄從信紀政。或出自侍臣隨事載筆。或本之通儒有故發憤。皆可爲紀述之光。愧臣力衰謝。不能筆削而統一之。無俾折衷爲憾。則諸書踳駁、各有出入。不言而意自見。又江右程策。以私史為史之惑術。稱其厚誣不根承虛淺膚諸病。而以正史之中。亦有升天按地上下其手者。見容齋集七。可謂持平之論。與錢顧諸人。所見大抵略同。特稍醞藉以出之。則倡之于先。與夫繼述之于後者。措辭容當有別也。謙益稱之曰。著作在廊廟。碑版照四裔。見有學集十六黃文敏遺集序。按此非容齋集。乃其昌沒後。其子裒集遺文而刊行者。今此本不易見。或禁書已亡佚矣。筆斷當即在此本內。蓋即推服其史學而發。特疑虞山崑山四明史學。遙遙紹自雲間。不則亦互相輝映。殆必居其一矣。之誠嘗謂有明實錄之修。其亂如繩。發凡起例。未見其人。褒貶無聞。徒侈篇翰。以視唐宋。迥然有上下牀之別。蓋實錄之作。本以編年之體。示其褒貶。見唐六典九史官。備修史削稿。猶有所憑。唐累修國史。宋有三朝四朝之史。而明以實錄為史。遂廢筆削。一也。萬曆二十二年詔修國史。二十五年罷。見明會要三十六引明實錄。及明史卷二一七陳于陛傳。唐修實錄。本於起居注。後改為宰相撰時政記。錄付起居編錄。見唐六典九起居舍人。宋則本於日曆時政記。雖取材不廣。要有所本。史通二十忤時篇云。史官編錄。唯自詢采。而左右二史。闕注起居。衣冠百家。罕通行狀。求風俗於州郡。視聽不該。討沿革於臺閣。簿籍難見。按五代會要十八。趙瑩奏求實錄、傳記、編年長曆、功勳狀、家譜、家牒、五禮儀注、及案懸、刑獄、律曆、品秩、府名、使額、寺額廢置、官名更改。皆下所司求之。必本於唐之故事。子玄所言。恐一時偶然情事。不能以概一代也。明代唯憑章奏成書。見張太岳集。一也。唐宋實錄。多出名手。韓愈之於順宗。王安石之於英宗。擅名一時。固無論矣。宋尤慎選史官。見秦觀淮海集二十六辭史官表云。竊以史臣之職。聖朝所慎。若非承父兄之教紹。世守其官。則必資師友之淵源。材充厥職。而有明宣德以後。例以修撰編檢修史。非翰林不得與一代紀載。二也。宋之秦檜。可謂專橫。而其言尚曰。實錄當以實示人。見熊克中興小曆二十八。乃明代實錄。多由大臣操縱。焦芳之於何喬新、彭韶、謝遷輩。輒肆醜詆。顛倒是非。見明史卷二十六焦芳傳。及明會要三十六引通紀。世穆兩朝實錄。皆出張居正之手。最稱嚴核。見野獲編五。然世宗實錄。於郭希顏、胡宗憲、唐順之。多有貶辭。未協輿論。見容齋集五報命疏。而穆宗實錄。特著高拱之不善。以見恩怨。四也。太祖三修。光宗再修。是非淆混。而革除復辟兩朝。竟付闕如。見野獲編五。五也。興獻王以藩封而有實錄。見明會要三十六引通紀。創從來未有之奇。六也。故錢謙益太祖實錄辨證。潘檉章國史考異。批穴導窾。歷舉忌諱之失。史官之篤下。即萬斯同篤信實錄。自謂考問往事。旁及郡志邑乘雜家傳說之文。靡不網羅參伍。而要以實錄爲歸。（見清史列傳六十八儒林傳下。）又謂觀有明歷朝實錄。始知天下之大觀。蓋在乎此。（見萬季野遺著寄范國雯書。）然其讀洪武實錄。則詆其詳於細而略於鉅。讀弘治實錄。謂其最爲顚倒。而知有明實錄之未可盡信。（皆見萬季野遺著。）此言爲後世篤信實錄者所當知也。今觀其昌報命疏。特援纂修性理大全得聘名流之例。薦李維禎與其事。此非深明史事得失者。不能出此創舉。當其昌與修兩朝實錄。正閹黨擅權之日。知不得行其志。乃出而奉使。輯錄南太常邸鈔。（明邸鈔皆寫本。崇禎十一年始有活板。見亭林文集三與公肅甥書。）此留中奏疏彙要之所由成也。既。維禎薦而不用。（見明史卷二八八本傳。）光宗實錄成而再改。（見明史卷二一六許士柔傳。）神宗實錄成於顧秉謙之手。（見五陵注畧十四天啓六年。）逮及崇禎改元。許士柔文震孟力爭改正光宗實錄。竟不得請。（見明史卷二一六許士柔傳。及卷二五一文震孟傳。）則閹黨餘勢猶橫。其昌所進。雖付史館。不蒙採錄可知。而此書所以別行。足正實錄違失。又可知也。其筆斷仿史贊之例。稱臣以贊獻替。稱職以辨是非。無所見則闕之。當黨爭最烈。而能爲持平之論。以明正義。兵事最詳。吏戶次之。要其所錄。皆有關係之作。愼所持擇。又後之侈言整理檔案者。所當取法也。間嘗論明世經術不振。而史學獨盛。著作如林。降及清初。仰其餘風。以成明史。自後大雅不作。間有儒修。專心於考補瑣碎之事而已。於是史之道始衰。然後歎如其昌者。亦何可及也。因慨然爲之序。兼以示從游諸生。俾印證於劉子玄貫穿者深。網羅者密。商略者遠。發明者多（見史通十自叙。）之義。庶乎直筆彰。是非明。舊事不墜。權奸巨慾。不得升天按地上下其手。足以弭亂而止禍焉。是或史之本義。而爲他日國史所當有事者歟。丁丑十二月五日鄧之誠

燕京大學圖書館出版書目

燕京大學圖書館叢書

萬曆三大征考　明茅瑞徵著……一冊　粉連紙一元

宋程純公年譜一卷明薛文清公年譜一卷　清楊希閔編……一冊　粉連紙一元

太平天國起義記（附韓山文英文原著）簡又文譯……一冊　粉連紙一元五角

春覺齋論畫　林紓著……一冊　毛邊紙一元

知非集　清崔述著……一冊　粉連紙一元二角

不是集　清浦起龍著……一冊　毛邊紙一元八角　粉連紙二元二角

作夢軒叢著

東華錄綴言六卷　清奕賡著……一冊　粉連紙一元

清語人名譯漢　清奕賡著……一冊　粉連紙一元

紀錄彙編選刊……一冊　（已絕版）

御製皇陵碑一卷　御製西征記一卷　御製平西蜀文一卷　御製孝慈錄一卷　御製紀夢一卷　御製廣寒殿記一卷

宣宗皇帝御製詩一卷　敕議或問一卷　正統臨戎錄一卷　皇朝本紀一卷

中國地方志備徵目　朱士嘉編……一冊　報紙四角

日本期刊三十八種東方學論文篇目附引得　于式玉編……一冊　報紙四元

燕京大學圖書館目錄初稿（類書之部）　鄧嗣禹編……一冊　道林紙四元

鄉土志叢編第一集　陝西省……十冊　十元

神廟留中奏疏彙要　四十卷　明董其昌輯……二十元

悔翁詩鈔十五卷補遺一卷　清汪士鐸著　上元吳氏重雕本館補刊本……四冊　毛邊紙四元

悔翁詞鈔五卷　清汪士鐸著　上元吳氏重雕本館補刊本……二冊　毛邊紙二元

悔翁筆記六卷　清汪士鐸著　上元吳氏重雕本館補刊本……二冊　毛邊紙二元

江上雲林閣書目　清倪模輯　據脫墨水複印本……一冊　道林紙二元五角

胡刻通鑑正文校宋記　章鈺撰　刊本……六冊　毛邊紙六元　粉連紙九元　棉連紙朱印十五元

錢遵王讀書敏求記校證　章鈺撰　刊本……六冊　粉連紙九元　棉連紙朱印十五元

四當齋集　章鈺撰……排印本……四冊　粉連紙六元

臨明徵君碑　章鈺著……石印本……一冊　非賣品

燕京大學圖書館報（半月刊）（已出一〇八期）……每期六分

燕京大學圖書館概況……非賣品

燕京大學圖書館簡明使用法……非賣品

以上各書如蒙訂購請與北京隆福寺文奎堂書肆接洽有願以書籍交換者請逕函北京燕京大學圖書館

神廟留中奏疏彙要跋

薛瀛伯

神廟留中奏疏彙要四十卷。目錄一卷。明董其昌輯。其昌字元宰。號思白。又號香光。松江華亭人。萬曆十七年進士。改庶吉士。授編修。官至禮部尚書。謚文敏。身歷神光熹毅四朝。當天啟二年。以太常少卿掌國子司業事。擢本寺卿兼侍讀學士。與修兩朝實錄。奉命往南方採輯先朝章疏及遺事。廣搜博徵。錄成三百本。殆即明史藝文志著錄之萬曆事實纂要三百卷也。又刪繁舉要。將神宗四十八年中留中奏疏。凡關於國本、藩封、人才、風俗、河渠、食貨、吏治、邊防者。別爲四十卷。仿史贊之例。每篇繫以筆斷。天啟四年。書成表進。有詔褒美。宣付史館。考之明史藝文志。竟未著錄。惟千頃堂書目載留中奏議筆斷四十卷。世稱明史藝文志根柢於千頃堂書目。不知何以特刪此書。董氏自謂所選皆議論精鑿。可爲後事師。而又本之親見親聞。加以筆斷。尤爲剴切。冀有以革奸弊而振紀綱。用心至爲深遠。蓋明自中葉以後。堂廉暌隔。百度漸隳。洎乎神宗。怠荒尤甚。朝政已極窳敗。邊禍日益蔓延。而一時臺省諸臣。公忠謀國。尚存諫諍謇諤之風操。乃卒莫起痿痺。一蹶不振者。實緣奏牘留中。未曾一見採納施行也。明史雒于仁傳載萬曆十七年入爲大理寺評事。疏獻酒色財氣四箴。明年正月。神宗以其直攻己失。將加嚴譴。申時行請毋下其章。而諷于仁爲民。自此章奏留中。遂成故事。而前乎此者。有十三年之王致祥、李棟、王繼光等。及十六年之丁懋遜、蔡夢說、李尚思等諸疏。則留中之弊。早萌於萬曆十八年以前。皆申時行仰承風旨以助成之。日積月累。留中者遂難指屈。經董氏所選者。凡二百九十有六篇。而未及雒于仁一疏。可見神宗一代奏疏之留中者多矣。惜其書從未梓行。纂輯深心。終明之世。無由表[illegible]。可爲掩卷三歎。降及清代。復以董氏著書有觸犯忌諱者。皆加禁燬。唯收畫禪室隨筆四卷入四庫雜家。其學科考略一卷、筠軒清祕錄三卷、容臺文集九卷、詩集四卷、別集四卷。僅列存目。且多貶詞。餘如南京翰林志十二卷。則全燬之。今觀留中奏疏兵部一類。多痛言奴酋反側。逆虜凶頑。及防邊擾夷等策。尤爲清人所忌。則其不欲是書之流布人間。付之禁燬。無待蓍蔡。以故隱晦歷三百餘年。不得一吐其光芒也。或云筆斷已刊入容臺集後。惜予所見崇禎三年刊之容臺集十七卷本無之。惟明史藝文志著錄容臺集十四卷。別集六卷。共二十卷。乃錢謙益作序之本。所多三卷。殆即筆斷而後來清代禁燬者也。本館近年訪得紅格抄本。每半葉八行。每行十八字。或十九字。以吏、戶、禮、兵、刑、工六部爲次。吏部八卷。六十九篇。戶部八卷。六十六篇。禮部四卷。三十八篇。兵部十二卷。七十四篇。刑部四卷。二十八篇。工部四卷。二十一篇。目錄一卷。四十四葉。首列董氏報命疏、進書表二篇。共八葉。每部每卷第一行。均題神廟留中奏疏彙要。而目錄每部第一行。則題神宗顯皇帝留中奏疏彙要目錄。其進書表題爲神廟留中奏議彙要。容臺集及千頃堂書目亦皆題爲奏議。此一疏字未知爲董氏原題。抑由後人所改。殆不可攷。戶部卷七僅有目錄。其疏七篇。已佚。乃以卷八之前三疏二十三葉。移充卷七。而卷八之首葉接記第二十四葉。且其第一行無神廟留中奏疏彙要八字。是蓋無識者擅爲割裂補苴。未能天衣無縫也。全書譌誤頗多。雖經校改。不過顯而易見者而已。至於體式不合之處。如廷臣、封疆、天下、中國、及請疏、奏牘、報告等字。均另擡一格。而於陵寢、上意等字。則反不擡。如近幾、通國、當廷、朝貢等字。均截下一字。另行擡頭。而於臨御、視朝、軍國、優卹等字。亦截下一字擡之。似皆由鈔胥任意謄寫。決非董氏當年進呈原本之舊。聞國立北平圖書館藏有崇禎朝紅格寫本。擬借一校。惜已移滬。未得如願。訪知東方文化事業總委員會圖書館曾據北平圖書館本傳鈔一部。借來參校。乃與此本無大異同。則所謂明抄本者亦可推測其大概矣。董氏少負重名。多所著述。時稱海內文人。如王弇州李京山之文學。聲價亦不能比其烜赫。所輯是書。取材徵實。於鉤玄提要之中。深寓補闕匡時之志。陳眉公所謂權然元老晚年之定論。神祖大事之權輿。洵非虛譽。本館以是書實關國家政要。凡有心一代治亂興亡之迹者。不可不讀。因亟付手民。屬顧君廷龍與予爲之校理。苦無精善校本、相與考訂。而世之索讀者。敦促出板。已即將吏、戶、禮各卷。依原本排印。見其中魚豕層出。乃復將兵、刑、工各卷顯然舛錯者。重加點定。以目錄一卷。依類分弁各部之首。另訂編年總目。以冠全書。取便檢尋也。惟工部卷四揭一題疏。闕末葉。無從鈔補。引爲缺憾。時方溽暑鬱蒸。烽燧驚城。孜孜丹鉛硯席之間。未嘗或輟。非敢追縱張然明之安坐帷中。誦書自若。亦聊以行吾素而已。讀是書者。當觀其經國遠猷。捄時忠志。而於版本字句之脫誤。曲爲體會。不予瑕疵。庶有以得董氏著書之苦心。而知本館亟亟刊傳之微意也夫。中華民國二十六年六月徒陽許瀛伯跋

春秋經傳引得序

洪業

春秋一經，今附於公羊、穀梁、左氏、三傳以行。經文大同而小異，三本孰得其眞，學者不能無疑。傳文引史釋經，更復彼此離殊，孰得春秋著者筆法之眞諦，孰傳隱、哀、間二百四十餘年實事之眞相，又成千古疑案。二千年來，學者抑揚異致，取捨不同，駁辯旣烈，轉益紛挐矣。

業幼時習此經傳而苦之。三十年來，又輒爲諸家論說所眩，左右進退，靡所適從。今引得編纂處旣編有標校經傳全文，展卷而異同畢見；又復纂成引得，翻檢而字句無遺；用遂重整宿業，冀償宿願。覺有可執筆而記者、數端：甚可信者一，甚可疑者二，尙可存疑者三。温故知新，詎云多獲；穿鑿傅會，庶幾免焉。

何謂甚可信者一？曰：春秋信史也。事實發生，當其時，有記載者，取之以爲著述之本，史所貴也；春秋有焉。日月運行，交會而蝕。自某地望之，日蝕有可見者，有不可見者，唯近代精天算者能預計於將來，能追溯於遠古。西人有著蝕經者[1]上自公曆紀元前 1208 年，下及公曆 2161 年，舉上下三千餘年共八千日蝕而表列之，細計每蝕之起訖，圖繪見蝕之地域；凡考史者取徵焉。表用儒略積日，減除而甲子可得；兼載陽曆月日，一望而時序可知。凡蝕必於實朔。積若干實朔而於某地見蝕一次，某地於蝕之紀載可漏而不可增也。蝕與蝕之間實朔之數輒不等。設某地若干年中，依算應有自甲至癸日蝕十次，而某地史籍漏記其乙、丁、己、辛、壬、五次，然其自甲至丙、至戊、至庚、至癸、各積月之數，徵諸曆算而符，則此數次日蝕之記載，必本諸史實，而非出於古人之憑虛僞撰也。今有春秋於此，計其中魯諸公之年數——隱公十一年，桓公十八年，莊公三十二年，閔公二年，僖公三十三年，文公、宣公、成公、各十八年，襄公三十一年，昭公三十二年，定公十五年；哀公於公、穀、經文，訖十四年之春；於左氏經文，訖十六年之夏——自隱公之元年至哀公之十四年，前後共爲二百四十二年。自隱公之三年二月己巳起訖哀公十四年之五月庚申朔，二百四十年間，記載有可合於蝕經之日食三十次，表[2]而列之如下

		1147	1458,496	-719/ii/22 0:38.2 t	6	...	3隱 3/2/6[朔]	
141	4,163	1176	1462,659	-708/vii/17 6:50.[illegible] t	29	...	14桓 3/7/29朔既	11/5 +4=141
176	5,198	1211	1467,857	-694/x/10 7:36.9 r	7	...	28 17/10/[7]朔	14/3 +5=176
229	6,762	1257	1474,619	-675/iv/15 8:22.0 t	49	...	47莊18/3/[49晦]	18/6 +7=229
88	2,599	1275	1477,218	-668/v/27 3:25.2 r	8	...	54 25/6/8朔	7/2 +2= 88
18	532	1278	1477,750	-667/xi/10 3:42.9 r	60	...	55 26/12/60朔	1/6 = 18
47	1,387	1288	1479,137	-663/viii/28 7:2.6 t	7	...	59 30/9/7朔	3/9 +2= 47
111	3,278	1311	1482,415	-654/viii/19 6:24.0 t	45	...	68僖 5/9/45朔	9/0 +3=111
82	2,422	1328	1484,837	-647/iv/6 8:30.0 t	7	...	75 12/3/7[晦]	6/7 +3= 82
270	7,973	1383	1492,810	-625/ii/3 4:50.3 r	60	...	97文 1/2/60[晦]	21/11+7=270
176	5,197	1419	1498,007	-611/iv/27 23:45.5 t	*38	...	111 15/6/38朔	14/3 +5=176
159	4,695	1452	1502,702	-598/iii/5 23:55.7 r	*53	...	124宣10/4/53[朔]	12/10+5=159
299	8,831	1516	1511,533	-574/v/9 5:54.1 t	3	...	148成16/6/3朔	24/2 +9=299
18	531	1519	1512,064	-573/x/22 1:29.0 t	54	...	149 17/12/54朔	1/6 = 18
176	5,198	1555	1517,262	-558/i/14 6:37.6 r	32	...	164襄14/2/32朔	14/2 +6=176
82	2,421	1572	1519,683	-552/viii/31 6:29.5 r	53	...	170 20/10/53朔	6/8 +2= 82
12	354	1574	1520,037	-551/viii/20 6:30.2 r	47	...	171 21/9/47朔	0/11+1= 12
17	305	1579	1520,540	-549/i/5 2:39.7 r	10	...	173 23/2/10朔	1/5 = 17
18	531	1582	1521,071	-548/vi/19 5:27.3 t	1	...	174 24/7/1朔既	1/5 +1= 18
41	1,211	1590	1522,282	-545/x/13 1:4.1 t	12	...	177 27/11/12朔	3/4 +1= 41
129	3,809	1616	1526,091	-534/iii/18 5:40.4 t	41	...	188昭 7/4/41朔	10/5 +4=129
100	2,953	1636	1529,044	-526/iv/18 4:15.7 r	54	...	196 15/6/54朔	8/2 +2=100
76	2,245	1652	1531,289	-500/vi/10 3:14.0 t	19	...	202 21/7/19朔	6/1 +3= 76
18	531	1655	1531,820	-519/xi/23 4:9.3 t	10	...	203 22/12/10朔	1/5 +1= 18
17	502	1659	1532,322	-517/iv/9 1:32.9 r	32	...	205 24/5/32朔	1/5 = 17
94	2,776	1678	1535,098	-510/xi/14 3:3.7 t	48	...	212 31/12/48朔	7/7 +3= 94
65	1,920	1690	1537,018	-504/ii/16 6:34.3 r	48	...	218定 5/3/48朔	5/3 +2= 65
94	2,775	1709	1539,793	-497/ix/22 4:38.2 r	3	...	225 12/11/3朔	7/8 +2= 94
35	1,034	1717	1540,827	-494/vii/22 4:14.3 t	17	...	228 15/8/17朔	2/9 +2= 35
170	5,020	1751	1545,847	-480/iv/19 4:32.4 t	57	...	242哀14/5/57朔	13/9 +5=170

2,958 實朔＝87,351日3小時54.2分(＝陽曆239年2月餘＝中曆239年3月)＝226×12月＋159月＋87閏月＝2,958月

夫古時記載，今人推算，不謀而合；算得其法，記得其實，交相證也。不僅三十次日蝕紀事可藉此而無疑，且魯十二公之世次年代亦確乎不可移矣。[3] 然則春秋有與史以為根據，無捏造事實之嫌，[4] 此其可信者也。

何謂甚可疑者二？曰：春秋雖甚可信，而其傳本之完整則甚可疑：此其一。相傳春秋成書出於孔子筆削，片辭隻字皆有微言大義；其說亦甚可疑：此其二也。

謂傳本之完整可疑者何？曰：殘缺譌誤，甚可疑也。簡篇散亂，甚可疑也。增竄之迹，甚可疑也。

二百四十年間日蝕之可見於魯地者，據蝕經，其數在六十以上；今春秋所載之日蝕，可合於蝕經者三十，不可合者七；然其餘二十餘次何為不載？其為適逢冥霾陰雨蝕不可見，遂不及載歟？抑原所載者實不止三十七次，而傳本或闕落歟？夫桓十七年十月朔之蝕則闕「庚午」二字矣。莊十八年三月之蝕則闕「壬子」二字矣。「夏五鄭伯使其弟語來盟，」[5] 則闕「月」字矣。仲孫何忌而誤為「仲孫忌」[6] 矣。魏曼多而誤為「魏多」[7] 矣。「冬……壬申公朝於王所，」[8] 無月，而日失所繫矣。「正月甲戌己丑陳侯鮑卒，」[9] 甲戌之下必有闕文矣。「冬十月丙戌鄭伯髠卒葬鄭釐公，」[10] 卒葬之間必有闕文矣。若此諸條，[11] 皆一望而可知其必有闕誤者也。

春秋所記日蝕有不可合於蝕經者，僖十五年五月，宣八年七月、十七年六月，襄十五年八月、二十一年十月、二十四年八月，昭十七年六月：共七次之蝕是也。就此七者察之其中有三者倘移易其月次，亦尚可合。[12]

1449　1502.171　-600/ix/20　7: 14.4 t　1 … 122宣8/[9]/1[經]

1559　1517.763　-557/v/30　22: 10.6 p　*54 … 165襄15/[7]/54[經]

1642　1529.900　-524/viii/21　8: 56.5 r　*11 … 198昭17/[10]/11[經]

至於其餘四次，則或移易其年，或並改其月，而遂可合。移年者，無論矣。即就其改月者觀之，如宣八年之改七月為九月，襄十五年之改八月為七月，尚可云僅改一畫与直已。但若昭十七年六月之改十月，則非獨夏冬變易，且將簡次移越矣。又查成十七年，「九月辛丑[38]用郊……十有一月公至自伐鄭壬申[9]公孫嬰齊卒……十有二月丁巳[54]朔日有食之；」十一月不得有壬申，此段殆有一簡錯竄自他處者歟？襄二十八年，「十有二月甲寅[51]天王崩乙未[32]楚子昭卒；」乙未不得從甲寅之後同處一月之中；二簡殆原不連續而此或有錯越者歟？又如文十二年，「二月庚子子叔姬卒。」文十四年，冬「齊人執子叔姬。」文十五年，「十有二月齊人來歸子叔姬。」宣五年，「秋九月齊高固來逆子叔姬。」「冬齊高固及子叔姬來。」今按自文十二年至宣五年，共十一年而已；經書「子叔姬」者五條。豈所指者數人耶？否，則何爲先卒而後執耶？何爲先執而後逆耶？諸如此類，皆簡篇錯亂之甚可疑者也。

穀梁傳曰：「春秋三十有四戰。」[13] 今檢經文書戰者，[14] 僅得其二十三。[15] 戰國策[16] 謂春秋記臣弒君者以百數，或有過甚其辭之病。然董仲舒、[17] 淮南子、[18] 司馬遷、[19] 劉向、[20] 皆云：「弒君三十六，亡國五十二。」是春秋家殆傳說有此數目耳。今就春秋經文考之，其數皆不足。此又簡篇脫落之甚可疑者也。

昔人以春秋與尚書相比，謂古史書月不冠以時，而春秋中春、夏、秋、冬、等字之冠於月上者，皆編纂者所加，非原來史料如此。[21] 近時金石之學大盛；兩周彝器銘文已經釋讀者甚多，其載有年月日辰者，無慮百計。[22] 記時之器，僅得其一。[23] 秦商鞅量[24] 有「十八年……冬十二月乙酉」之辭，是已。此爲秦孝公十八年，約當公曆前344，已在春秋之後一百三十餘年矣。豈春秋創其例於前，而商鞅倣之於百三十餘年之後耶？抑二者相去之距離尚爲較近者耶？且三正時月之爭，千餘年來聚訟紛紜。或曰：含有冬至之月爲子，其後以次爲丑、寅、卯、辰；夏建正月於寅，殷建正月於丑，周建正月於子；考之於詩，[25]「四月維夏，六月徂暑，」「秋日淒淒，百卉具腓，」「冬日烈烈，飄風發發，」則春者當寅、卯、辰、之月；春秋乃以子、丑、寅、之月爲春，是論語所謂「行夏之時」[26] 之意也。或曰：周正改月，且亦改時；證之於孟子，不曰「夏陽」而曰「秋陽以暴之，」[27] 是周人自以子、丑、寅、之月爲春，而春秋實以周時冠周月也。[28] 今按春秋三十日蝕之記載，既可執以爲據，從其月次上推，則其正月起處約略可知。從其儒略積日計算，則其去冬至之遠近可得。試表[27]之如下：

		正月朔約當	而冬至約當	則正月朔約在冬至	正月建
3隱 3/2/6[朔]	1458,496	1458,465.47	1458,441.51	後24.96	丑
14桓 3/7/29朔	1462,659	1462,481 82	1462,459.17	後22.65	丑
28 17/10/[7]朔	1467,857	1467,591.23	1467,572.55	後18.68	丑
47莊18/3/[49晦]	1474,619	1474,531.41	1474,512.14	後19.27	丑
54 25/6/8朔	1477,218	1477,070.35	1477,068.83	後 1.52	丑
55 26/12/60朔	1477,750	1477,425.17	1477,434.07	前 8.90	子
59 30/9/7朔	1479,137	1478,900.67	1478,895.03	後 5.64	丑
68僖 5/9/45朔	1482,415	1482,178.76	1482,182.20	前 3.44	子
75 12/3/7[晦]	1484,837	1484,749 41	1484,738.89	後10.52	丑
97文 1/2/60[晦]	1492,810	1492,751.94	1492,774.21	前22.27	子
111 15/6/38朔	1498,008	1497,860.35	1497,887.59	前27.24	子
124宣10/4/53[朔]	1502,703	1502,614.41	1502,635.78	前21.37	子
148成16/6/3朔	1511,533	1511,385.35	1511,401.58	前16.23	子
149 17/12/54朔	1512,064	1511,739.17	1511,766.82	前27.65	子
164襄14/2/32朔	1517,262	1517,232.47	1517,245.45	前12.98	子
170 20/10/53朔	1519,683	1519,417.23	1519,436.90	前19.67	子
171 21/9/47朔	1520,037	1519,800.76	1519,802.14	前 1.38	子
173 23/2/10朔	1520,540	1520,510.47	1520,532.42	前21.95	子
174 24/7/1朔	1521,071	1520,893.82	1520,897.66	前 3.84	子
177 27/11/12朔	1522,282	1521,986.70	1521,993.58	前 6.88	子
188昭 7/4/41朔	1526,091	1526,002.41	1526,011.26	前 8.85	子
196 15/6/54朔	1529,044	1528,896.35	1528,933.20	前36.85	亥
202 21/7/19朔	1531,289	1531,111.82	1531,124.65	前12.83	子
203 22/12/10朔	1531,820	1531,495.17	1531,489.89	後 5.28	丑
205 24/5/32朔	1232,322	1532,203.88	1532,220.37	前17.49	子
212 31/12/48朔	1535,098	1534,773.17	1534,777.06	前 3.89	子
218定 5/3/48朔	1537,018	1536,958.94	1536,968.51	前 9.57	子
225 12/11/3朔	1539,793	1538,497.70	1539,525.21	前27.51	子
228 15/8/17朔	1540,827	1540,620.29	1540,620.93	前 .64	子
242哀14/5/57朔	1545,847	1545,728.88	1545,734.31	前 5.43	子

就表觀之，則周之正月建於所謂子者、固多；然亦有建於丑者，甚至有建於亥者。正月之朔有在冬至之前約三十七日者，有在冬至之後約二十五日者。後者立春尚可在正月之內。前者立冬之後不及十日，便謂之春可乎？然則三正之說，不攻自破；而舊史書月不冠以時，誠以曆算之術在當時尚未能以十二月配繫於四時歟？今書名春秋，雖或無事可記，而每年必舉四時，既不符於時令，復非出於舊史，故曰：增竄之迹，甚可疑也。

謂微言大義，孔子所筆，可疑在何？曰：「春秋」一辭，意指之變亦數矣。詩[30]閟宮曰：「春秋匪解，享祀不忒。」周語[31]曰：「諸侯春秋受職於王，以臨其民。」楚語[32]曰：「不穀不德……若得保其首領以歿，惟是春秋所以從先君者，請爲靈若厲。」又[33]曰：「春秋相事以還軫於諸侯。」左傳[34]曰：「寡君有社稷之事，是以不獲春秋時見。」禮記[35]王制曰：「春秋教以禮樂，冬夏教以詩書。」孔子閒居[36]曰：「天有四時，春、秋、冬、夏、風、雨、霜、露，無非教也。」中庸[37]曰：「武王，周公其達孝矣乎！……春秋脩其祖廟，陳其宗器，設其裳衣，薦其時食。」凡此之屬，或泛指時令，或錯舉二季，以賅歲年[38]也。其所以特舉此二季者，殆因廟廷大事多行於此二時中歟？

晉語[39]曰：

悼公與司馬侯升臺而望曰：「樂夫！」對曰：「臨下之樂，則樂矣；德義之樂則未也。」公曰：「何謂德義？」對曰：「諸侯之爲日在君側，以其善行，以其惡戒，可謂德義矣。」公曰：「孰能？」對曰：「羊舌肸習於春秋。」乃召叔向使傅太子彪。

楚語[40]曰：

申叔時……曰：「教之春秋，而爲之聳善而抑惡焉，以戒勸其心。」

墨子[41]明鬼曰：

周宣王殺其臣杜伯而不辜。杜伯曰：「吾君殺我而不辜。若以死者爲無知，則止矣。若死而有知，不出三年，必使吾君知之。」其三年，周宣王合諸侯而田於圃；田車數百乘，從、數千人，滿野。日中，杜伯乘白馬，素車，朱衣冠，執朱弓，挾朱矢；追周宣王，射之車上；中心，折脊，殪車中，伏弢而死。當是之時，周人從者莫不見，遠者莫不聞；著在周之春秋；爲君者以教其臣、爲父者以警其子、曰：「戒之，愼之，凡殺不辜者，其得不祥鬼神之誅，若此之憯遬也！」……昔者燕簡公殺其臣莊子儀而不辜。莊子儀曰：「吾君王殺我而不辜。死人毋知亦已。死人有知，不出三年，必使吾君知之。」期年，燕將馳祖。燕之有祖，當齊之有社稷，宋之有桑林，楚之有雲夢也。此男女之所屬而觀也。日中，燕簡公方將馳於祖塗，莊子儀荷朱杖而擊之，殪之車上。當是時，燕人從者莫不見，遠者莫不聞；著在燕之春秋。……昔者宋文君鮑之時，有臣曰祏觀辜，固嘗從事於厲。祩子杖揖出與言曰：「觀辜是何珪璧之不滿度量，酒醴粢盛之不淨潔也！犧牲之不全肥；春、秋、冬、夏、選失時。豈女爲之歟？鮑爲之歟？」觀辜曰：「鮑幼弱，在荷繈之中，鮑何與識焉！官臣觀辜特爲之。」祩子舉揖而槀之，殪之壇上。當是時，宋人從者莫不見，遠者莫不聞；著在宋之春秋。……昔者齊莊君之臣有所謂王里國，中里徼者。此二子者訟三年，而獄不斷。齊君猶謙殺之，恐不辜；猶謙釋之，恐失有罪。乃使之［二］人共一羊，盟齊之神社。二子許諾。於是泏洫，搰羊而漉其血，讀王里國之辭，既已終矣；讀中里徼之辭，未半也，羊起而觸之，折其腳；祧神之［？］而槀之，殪之盟所。當是時，齊人從者莫不見，遠者莫不聞；著在齊之春秋。

墨子佚文[42]曰：

吾見百國春秋史。

汲冢瑣語[43]記大丁時事目爲「夏殷春秋。」左傳[44]曰：

晉侯使韓宣子來聘……觀書於大史氏。見易象與魯春秋。曰周禮盡在魯矣。

孟子[45]曰：

王者之迹熄而詩亡。詩亡然後春秋作。晉之乘，楚之檮杌，魯之春秋，一也。其事則齊桓、晉文，其文則史。孔子曰：「其義則丘竊取之矣。」

禮記[46]坊記曰：

子云：……「未沒喪，不稱君；示民不爭也。故魯春秋記晉喪曰：『殺其君之子奚齊及其君卓。』……取妻不取同姓，以厚別也。故買妾不知其姓，則卜之。以此坊民，魯春秋猶去夫人之姓，曰：『吳』；其死，曰：『孟子卒。』」

凡此之屬，所謂春秋者，史書之通稱也。蓋「春秋」二字原指廟廷大事之時季，此乃引申而爲紀事之書矣。紀事之意，在勸懲也。尙有可疑問者：墨子所謂周之春秋，燕之春秋，宋之春秋，齊之春秋者，是各爲一書歟？抑是「百國春秋」一書中之數部分歟？晉叔向所習之春秋，楚申叔時所舉之春秋，其名爲晉春秋、[47]楚春秋歟？抑晉乘、楚檮杌歟？凡此書籍，是否以編年紀事者歟？其文體是若燕、齊、春秋之寓勸戒於敍述歟？抑若魯春秋之以隻字去取爲褒貶歟？此類問題皆未易遽答者也。

孟子[48]又曰：

世衰道微，邪說暴行有作。臣弑其君者有之。子弑其父者有之。孔子懼作春秋。春秋，天子之事也。是故孔子曰：「知我者，其惟春秋乎！罪我者，其惟春秋乎！」……孔子成春秋，而亂臣賊子懼。

董仲舒春秋繁露[49]兪序曰：

仲尼之作春秋也，上探正天端，王公之位，萬民之所欲；下明得失，起賢才，以得［待？］後聖。故引史記，理往事，正是非，序王公。史記十二公之間，皆衰世之事；故門人惑。孔子曰：「吾因其行事，而加乎王心焉。」以爲見之空言，不如行事，博深切明。故子貢，閔子，公肩子，[50]言其切而爲國家賢也。其爲切而至於殺君、亡國，奔走不得保社稷，其所以然，是皆不明於道，不覽於春秋也。

司馬遷[51]曰：

孔子因史文，次春秋，紀元年，正時日月，蓋其詳哉。

又[52]曰：

孔子明王道，干七十餘君，莫能用。故西觀周室，論史記舊聞，魯，而次春秋；上記隱，下至哀之獲麟。約其辭文，去其煩，以制義法；王道備，人事浹，七十子之徒口受其傳指，爲有所刺譏、褒諱、挹損、之文辭，不可以書見也。

又[53]曰：

魯哀公十四年，春，狩大野，叔孫氏車子鉏商獲獸，以為不祥。仲尼視之，曰：「麟也。取之。」曰：「河不出圖，洛不出書，吾已矣夫！」顏淵死，孔子曰：「天喪予！」及西狩見麟，曰：「吾道窮矣！……君子病沒世而名不稱焉。吾道不行矣；吾何以自見於後世哉！」乃因史記，作春秋，上至隱公下訖哀公十四年，十二公；據魯，親周，故殷，運之三代。約其文辭，而指博。故吳、楚、之君自稱王，而春秋貶之，曰：「子。」踐土之會，實召周天子；而春秋諱之，曰：「天王狩於河陽。」推此類，以繩當世貶損之義。後有王者，舉而開之；春秋之義行，則天下亂臣賊子懼焉。孔子在位，聽訟，文辭，有可與人共者，弗獨有也。至於為春秋，筆則筆，削則削，子夏之徒不能贊一辭。弟子受春秋，孔子曰：「後世知丘者以春秋，而罪丘者亦以春秋。」

又[54]曰：

余聞董生曰：「周道衰廢，孔子為魯司寇，諸侯害之，大夫壅之；孔子知言之不用，道之不行也；是非二百四十二年之中，以為天下儀表，貶天子，退諸侯，討大夫，以達王事而已矣。子曰：『我欲載之空言，不如見之於行事之深切著明也。』夫春秋上明三王之道，下辨人事之紀，別嫌疑，明是非，定猶豫，善善，惡惡，賢賢，賤不肖，存亡國，繼絕世，補敝，起廢，王道之大者也。……撥亂世，反之正，莫近於春秋。春秋文成數萬。[55]其指數千。萬物之聚散，皆在春秋。春秋之中，弒君三十六，亡國五十二，諸侯奔走不得保其社稷者，不可勝數；察其所以，皆失其本已。」

桓寬鹽鐵論[56]相刺篇云：

孔子曰：「詩人疾之，不能默；丘疾之，不能伏。是以東西南北七十說而不用。然後退而修王道，作春秋，垂之萬載之後；天下折中焉。豈與匹夫匹婦耕織同哉！」

閔因敘[57]云：

昔孔子受端門之命，制春秋之義；使子夏等十四人，求周史記，得百二十國寶書。九月經立。感精符，考異郵，說題辭具有其文。

春秋說[58]曰：

孔子作春秋，一萬八千字，九月而書成；以授游、夏、之徒；游、夏、之徒，不能改一字。

又[59]曰：

哀十四年，春，西狩獲麟，作春秋，九月書成。以其春作，秋成，故云「春秋」也。

凡此之屬，皆指孔子所作之春秋也。由是，紀事書籍之通稱，更一變而專指孔氏傳經之一種矣。既以予諸此，遂不得不奪諸彼；故言及孔子所因之書籍，特改稱之曰「史文」曰「史記」；其實彼固以「春秋」名也。緯書中「春作秋成」之解，殆不知故實者望文生義之辭歟？自餘諸說：如

得麟之後，天下血，書魯端門曰：「趨作法，孔聖沒，周姬亡，彗東出，秦政起，胡術破，書紀散，孔不絕。」子夏明日往視之；血書飛為赤烏，化為白書，署曰演孔圖；中有作圖制法之狀。[60]

孔子曰：「丘作春秋，天授演孔圖中有大玉刻一版，曰：『璇璣』；一低，一昂，是七期驗敗、毀、滅、之徵也。」[61]

孔子曰：「丘覽史記，援引古圖，推集天變，為漢帝制法，陳叙圖錄。」[62]

孔子作春秋，陳天人之際，記異，考符。[63]

等等怪誕妄說，更自鄶而下矣。

按董仲舒、司馬遷、緯書、閔因、諸說，皆漢人之言也。漢人之言：有似本諸孟子者，亦有似本諸公羊、穀梁、左氏、三傳者。今試選錄三傳所述春秋編纂、書法、若干條而細察之。

公羊經傳

正月甲戌己丑陳侯鮑卒　甲戌之日亡己丑之日死而得君子疑焉故以二日卒之也64

星霣如雨　不脩春秋曰雨星不及地尺而復君子脩之曰星霣如雨何以書記異也65

曹羈出奔陳　曹無大夫此何以書賢也……三諫不從遂去之故君子以為得君臣之義也66

滅項　曷為不言齊滅之為桓公諱也春秋為賢者諱此滅人之國何賢爾君子之惡惡也疾始善善也樂終桓公嘗有繼絕存亡之功故君子為之諱也67

冬十有一月己巳朔宋公及楚人戰于泓宋師敗績　偏戰者日爾此其言朔何春秋辭繁而不殺者正也何正爾……宋公曰……吾聞之也君子不鼓不成列已陳然後襄公鼓之宋師大敗故君子大其不鼓不成列臨大事而不忘大禮有君而無臣以為雖文王之戰亦不過此也68

晉人納接菑于邾婁弗克納　郤缺曰非吾力不能納也義實不爾克也引師而去之故君子大其弗克納也69

晉放其大夫胥甲父于衛　放之者何猶曰無去是云爾然則何言爾近正也…古者臣有大喪則君三年不呼其門已練可以弁冕服金革之事君使之非也臣行之禮也閔子要絰而服事既而曰若此乎古之道不即人心退而致仕孔子蓋善之也70

晉師滅赤狄潞氏以潞子嬰兒歸　潞何以稱子潞子之為善也躬足以亡爾雖然君子不可不記也離于夷狄而未能合于中國晉師伐之中國不救狄人不有是以亡也71

吳子使札來聘　吳無君無大夫此何以有君有大夫賢季子也……故君子以其不受為義以其不殺為仁賢季子則吳何以有君有大夫以季子為臣則宜有君者也札者何吳季子之名也春秋賢者不名此何以名許夷狄者不壹而足也72

秦伯之弟鍼出奔晉　秦無大夫此何以書仕諸晉也曷為仕諸晉有千乘之國而不能容其母弟故君子謂之出奔也73

楚子虔誘蔡侯般殺之于申　楚子虔何以名絕曷為絕之為其誘討也懷惡而討不義君子不予也74

齊高偃帥師納北燕伯于陽　伯于陽者何公子陽生也子曰我乃知之矣在側者曰子苟知之何以不革曰如爾所不知何春秋之信史也其序則齊桓晉文其會則主會者為之也其詞則丘有罪焉爾75

晉人執季孫隱如以歸　公至自晉　公不見與盟大夫執何以致會不恥也曷為不恥諸侯遂亂反陳蔡君子不恥不與焉76

楚子誘戎曼子殺之　楚子何以不名夷狄相誘君子不疾也曷為不疾若不疾乃疾之也77

葬許悼公　止進藥而藥殺則曷為加弒焉爾譏子道之不盡也其譏子道之不盡奈何曰樂正子春之視疾也復加一飯則脫然愈復損一飯則脫然愈復加一衣則脫然愈復損一衣則脫然愈止進藥而藥殺是以君子加弒焉爾曰許世子止弒其君買是君子之聽止也葬許悼公是君子之赦止也赦止者免止之罪辭也78

曹公孫會自鄸出奔宋　奔未有言自者此其言自何畔也畔則曷為不言其畔為公子喜時之後諱也春秋為賢者諱……賢公子喜時則曷為為會諱君子

之著者也其過惡也短過惡止其身著者及子孫實者子孫故君子爲之諱也79

齊侯唁公于野井　孔子曰其禮與其辭足觀矣80

元年春王　定何以無正月正月者正卽位也定無正月者卽位後也卽位何以後昭公在外得入不得入未可知也在季氏也定哀多微辭主人習其讀而問其傳則未知己之有罪焉爾81

春西狩獲麟　何以書記異也何異爾非中國之獸也然則孰狩之薪采者也薪采者則微者也曷爲以狩言之大之也曷爲大之爲獲麟大之也曷爲爲獲麟大之麟者仁獸也有王者則至無王者則不至有以告者曰有麕而角者孔子曰孰爲來哉孰爲來哉反袂拭面涕沾袍顏淵死子「一上有孔字」曰噫天喪予子路死子曰噫天祝予西狩獲麟孔子曰吾道窮矣春秋何以始乎隱祖之所逮聞也所見異辭所聞異辭所傳聞異辭何以終乎哀十四年曰備矣君子曷爲爲春秋撥亂世反諸正莫近諸春秋則未知其爲是與其諸君子樂道堯舜之道與末不亦樂乎堯舜之知君子也制春秋之義以俟後聖以君子之爲亦有樂乎此也82

穀梁經傳

天王使宰咺來歸惠公仲子之賵　仲子者何惠公之母孝公之妾也禮賵人之母則可賵人之妾則不可君子以其可辭受之其志不及事也83

紀履緰來逆女　逆女親者也使大夫非正也以國氏者爲其來接於我故君子進之也84

宋督弑其君與夷及其大夫孔父　子旣死父不忍稱其名臣旣死君不忍稱其名孔氏父字諡也或曰其不稱名蓋爲祖諱也孔子故宋也85

公會齊侯陳侯鄭伯于稷以成宋亂　於內之惡君子無遺焉爾86

取郜大鼎于宋　孔子曰名從主人物從中國故曰郜大鼎也87

夫人姜氏至自齊　公親受之于齊侯也子貢曰冕而親迎不已重乎孔子曰合二姓之好以繼萬世之後何謂已重乎88

夏五鄭伯使其弟禦來盟　孔子曰聽遠音者聞其疾而不聞其舒望遠者察其貌而不察其形89立乎定哀以指隱桓隱桓之日遠矣夏五傳疑也90

臧孫辰告糴于齊　一年不艾而百姓饑君子非之不言如爲內諱也91

築臺于秦　不正罷民三時……力盡則怨君子危之故謹而志之也92

楚人滅黃　楚伐江滅黃桓公不能救故君子閔之也93

正月戊申朔隕石于宋五是月六鷁退飛過宋都　子曰石無知之物鷁微有知之物石無知故日之鷁微有知故月之君子之於物無所苟而已石鷁猶且盡其辭而況於人乎故五石六鷁之辭不設則王道不亢矣94

梁亡　梁亡鄭棄其師95我無加損焉正名而已矣96

大事於大廟躋僖公　躋升也先親而後祖也逆祀也逆祀則是無昭穆也無昭穆則是無祖也無祖則無天也故曰文無天無天者是無天而行也君子不以親親害尊尊此春秋之義也97

公弟叔肸卒　其曰公弟叔肸賢之也……君子以是爲通恩也以取貴乎春秋98

七月齊侯使國佐如師己酉及國佐盟于袁婁　軍去國五百里退舍去國五十里壹戰綿地五百里焚雍門之茨侵車東至海君子聞之曰夫甚甚之辭焉齊有以取之也99

梁山崩　不日何也高者有崩道也有崩道則何以書也曰梁山崩壅遏河三日不流晉君召伯尊而問焉伯尊來遇輦者……輦者曰君親素縞帥羣臣而哭之旣而祠焉斯流矣伯尊至君問之曰……爲之奈何伯尊曰君親素縞帥羣臣而哭之旣而祠焉斯流矣孔子聞之曰伯尊其無績乎攘善也100

齊高止出奔北燕　其曰北燕從史文也101

楚子蔡侯陳侯許男頓子胡子沈子淮夷伐吳執齊慶封殺之　慶封弒其君而不以弒君之罪罪之者慶封不爲靈王服也不與楚討也春秋之義用貴治賤用賢治不肖不以亂治亂也孔子曰懷惡而討雖死不服其斯之謂與102

衞侯惡卒　穀曰衞齊惡今曰衞侯惡此何爲君臣同名也君子不奪人名不奪人親之所名重其所以來也王父名子也103

許世子止弒其君買　不弒而曰弒責止也止曰我與夫弒者不立乎其位以與其弟虺哭泣歠飦粥嗌不容粒未踰年而死故君子即止自責而責之也104

公至自頰谷　離會不致何爲致也危之也……頰谷之會孔子相焉兩君就壇兩相相揖齊人鼓譟而起欲以執魯君孔子歷階而上不盡一等而視歸乎齊侯曰兩君合好夷狄之民何爲來爲命司馬止之齊侯逡巡而謝曰寡人之過也退而屬其二三大夫曰夫人率其君與之行古人之道二三子獨率我而入夷狄之俗何爲罷會齊人使優施舞於魯君之幕下孔子曰笑君者罪當死使司馬行法焉首足異門而出……因是以見雖有文事必有武備孔子於頰谷之會見之矣105

左氏經傳

夏四月費伯帥師城郎不書非公命也106

八月紀人伐夷夷不告故不書有蜚不爲災亦不書107

冬十月鄭伯以虢師伐宋壬戌大敗宋師以報其入鄭也宋不告命故不書凡諸侯有命告則書不然則否師出臧否亦如之雖及滅國滅不告敗勝不告克不書于策108

宋督弒其君與夷及其大夫孔父　君子以督爲有無君之心而後動於惡故先書弒其君109

五年春王正月辛亥朔日南至公既視朔遂登觀臺以望而書禮也凡分至啟閉必書雲物爲備故也110

夏五月日有食之　不書朔與日官失之也111

天王狩于河陽　晉侯召王以諸侯見且使王狩仲尼曰以臣召君不可以訓故書曰天王狩于河陽言非其地也且明德也112

十四年春頃王崩周公閱與王孫蘇爭政故不赴凡崩薨不赴則不書禍福不告亦不書懲不敬也113

晉趙盾弒其君夷皋　大史書曰趙盾弒其君以示於朝……孔子曰董狐古之良史也書法不隱趙宣子古之良大夫也爲法受惡惜也越竟乃免114

陳殺其大夫洩冶　孔子曰詩云民之多辟無自立辟其洩冶之謂乎115

僑如以夫人姜氏至自齊　舍族尊夫人也故君子曰春秋之稱微而顯志而晦婉而成章盡而不汙懲惡而勸善非聖人誰能修之116

許世子止弒其君買　許悼公瘧五月戊辰飲大子止之藥卒大子奔晉書曰弒其君君子曰盡心力以事君舍藥物可也117

冬邾黑肱以濫來奔　冬邾黑肱以濫來奔賤而書名重地故也君子曰名之不可不愼也如是夫有所有名而不如其已以地叛雖賤必書地以名其人終爲不義弗可滅已是故君子動則思禮行則思義不爲利回不爲義疚或求名而不得或欲蓋而名章懲不義也齊豹爲衞司寇守嗣大夫作而不義其書爲盜邾庶其莒牟夷邾黑肱以土地出求食而已不求其名賤而必書此二物者所以懲肆而去貪也若艱難其身以險危大人而有名章徹攻難之士將奔走之若竊邑叛君以徼大利而無名貪冒之民將寘力焉是以春秋書齊豹曰盜三叛人名以懲不義數惡無禮其善志也故曰春秋之稱微而顯婉而辨上之人能使昭明善人勸焉淫人懼焉是以君子貴之118

壬申公薨于高寢　夏五月壬申公薨于高寢仲尼曰賜不幸而言中是使賜多言者也119

桓宮僖宮災　孔子在陳聞火曰其桓僖乎120

齊國書帥師伐我　公爲與其嬖僮汪錡乘皆死皆殯孔子曰能執干戈以衞社

義可能勝也冉有用矛於齊師故能入其軍孔子曰義也121

冬十有二月螽　季孫問諸仲尼仲尼曰丘聞之火伏而後蟄者畢今火猶西流司歷過也122

齊人弑其君壬于舒州　甲午齊陳恒弑其君壬于舒州孔丘三日齊而請伐齊三公曰魯爲齊弱久矣子之伐之將若之何對曰陳恒弑其君民之不與者半以魯之衆加齊之半可克也公曰子告季孫孔子辭退而告人曰以吾從大夫之後也故不敢不言123

三傳之中，左氏最爲特別。旣申明書法，復有不書之解。旣云君子所書，復謂聖人所修。其稱孔子，則有仲尼、孔丘、孔子、三者之別。然而傳中未嘗有孔子作春秋抑修春秋之明言也。天王狩于河陽一條：驟觀之，頗似舊史有晉侯召王之文，仲尼改書，易爲狩于河陽。顧倘句讀稍移，意指遂變。「是會也，晉侯召王；以諸侯見，且使王狩。仲尼曰：『以臣召君，不可以訓，故書曰；「天王狩于河陽，」言非其地也，且明德也。』」124安知作傳者之意非引仲尼以釋史之不作「狩于溫」而作「狩于河陽」乎？夫左傳旣於昭二年述韓起之得見魯春秋於大史氏，計其時孔子尚在童稚之年，則作傳者不以魯春秋爲孔子所著者也。傳所本之經文，於哀十六年有「夏四月孔丘卒，」則作傳者之意不以其所釋之春秋爲孔子所修者也。且觀其所謂：「不赴則不書，」「不告故不書，」「不書於策，」「官失之也，」等等：殆解釋魯春秋之所以不書耳。非謂孔子所删削者也。以其所不書，例其所書，書者，殆指魯春秋所書者耳。書之者，傳謂之君子，謂之聖人125，意謂賢智者耳。非指孔子也。傳引孔子，則多解釋舊史，或泛論時事，臧否人物，頗似掇拾而得，故稱謂靡不一致；未有可執以證孔子之因魯史修春秋，或筆、或削、之義也。

公、穀、二傳，則頗異於此。其曰：「定、哀、多微辭，」其曰：「立乎定、哀，以指隱、桓，」殆皆指孔子歟？然二傳之遂，亦微有不同。穀梁未述舊史新書之闕文辭有別。經、傳、雖止於獲麟，而未解春秋絕筆之義。其曰：「從史文也，」「我無加損焉，」作傳者之意殆謂此春秋固因魯春秋之文歟？其曰：「君子以其可辭受之，」「君子進之也，」「君子危之，故譏而志之也，」殆亦指編纂魯春秋之君子歟？孔父一條：有孔子故宋，爲祖諱、之言；似可解謂孔子修春秋而更易舊史文字矣。顧傳置其言於「或曰」之下；存疑而已，未之信也。其引孔子云云，亦類解釋舊史文義，抑或借題發揮議論，亦皆未可執以證筆削之義也。

唯公羊乃一舉「不脩春秋」之文，以別於君子所脩者。且於獲麟具傳，以孔子所云：「吾道窮矣，」及春秋之終於哀十四年，曰：「備矣」，及君子爲春秋「以俟後聖」之意，謂後述之。更於「伯于陽」條下，前云：「子曰」，後云：「其詞則丘有罪焉爾。」合而觀之，傳之意殆謂孔子從「不脩春秋」以脩春秋；其文，或因、或革、歟？顧此數條之間，頗相矛盾，疑其淵源不一，而公羊俱收並蓄，殆未細察歟？「伯于陽」者何？公子陽生也。雖知之而不革，且曰：「如爾所不知何？」誠信史而闕疑矣。然此條之事與齊桓、晉文、之序無關，與會及主會者無關。且既從舊史之詞而不革，何云：「其詞則丘有罪焉爾」？孟子126云：「其事則齊桓、晉文，其文則史，孔子曰：『其義，則丘竊取之矣；』」有文本舊史，義歸孔子之意；殆與此條後文爲傳聞異辭者歟？公羊不此之引，而彼之云，遂致一條之中前後文意相反；故疑其未細察也。127又不脩春秋曰：「雨星不及地尺而復，」事在莊公之世，去獲麟之時已二百餘年，君子何以知其不然，而脩改其文曰「星霣如雨」？且「如爾所不知何？」夫知其誤，宜革而不革；不知而妄革；不亦矛盾之甚乎？獲麟後段忽以堯、舜、之道爲言，「堯舜」二字未見於經文，亦未前見於傳文，文詞閃爍，意指難明。前云孔子，後云君子。揣傳之意，本指一人。何爲不一其稱？其摭拾而來，不出於一處歟？

竊謂從三傳所傳述之書法，可得孔子與春秋經文之關係，有三說焉。一曰：此出魯春秋舊文，非孔子所脩者也。二曰：孔子依舊史以脩春秋，有因而無改。三曰：孔子脩春秋，有因，亦有革。左氏從其一者也。穀梁取其二而疑其三者也。公羊用其三，偶不檢而兼取其二，未之細察，而不覺其矛盾歟？

今按：

孔子曰：「入其其國敎可知也。其爲人也，溫柔敦厚，詩敎也。疏通知遠，書敎也。廣博易良，樂敎也。絜靜精微，易敎也。恭儉莊敬，禮敎也。屬辭比事，春秋敎也。故詩之失愚。書之失誣。樂之失奢。易之失賊。禮之失煩。春秋之失亂。其爲人也，溫柔敦厚而不愚，則深於詩者也。疏通知遠而不誣，則深於書者也。廣博易良而不奢，則深於樂者也。絜靜精微而不賊，則深於易者也。恭儉莊敬而不煩，則深於禮者也。屬辭比事而不亂，則深於春秋者也。」（經解）128

仲尼讀春秋，老聃踞竈觚而聽之，曰：「是何書也？」曰：「春秋也。」（莊子）129

孔子謂老聃曰：「丘治詩、書、禮、樂、易、春秋、六經，自以爲久矣。孰知其故矣。」（莊子）130

魯哀公問於仲尼曰：「春秋之記曰：『冬十二月，霣霜不殺菽，』何爲記此？」仲尼對曰：「此言可殺而不殺也。」（韓非子）131

孔子謂子夏曰：「鸜鵒至，非中國之禽也。」（禮稽命徵）132

子夏曰：「春秋之記：臣殺君、子殺父、者，以十數矣。皆非一日之積也。有漸而以至矣。」……故子夏曰：「善持勢者，蚤絕姦之萌。」（韓非子）133

畢之可除，在子夏之說春秋也，「善持勢者，早絕其姦萌。」（韓非子）134

故衞子夏言：「有國家者不可不學春秋；不學春秋，則無以見前後旁側之危，則不知國之大柄，君之重任也。故或脅窮失國，掩殺於位，一朝至爾。」（春秋繁露）135

諸條如大略可信，則孔門設教，當有春秋一科，136 仲尼之所讀，哀公之所問，子夏之所聞、所引、所說者，皆指此科書歟？孟子云：「晉之乘，楚之檮杌，魯之春秋，一也。其事則齊桓、晉文，其文則史，孔子曰：『其義則丘竊取之矣。』」又云：「孔子懼作春秋，」「孔子成春秋，而亂臣賊子懼。」然則孔門春秋之教，有文，有義，文則舊史之陳篇，義則孔子之新義；文則屬辭比事，有時而失之亂，學者習之深，然後可免；義則君人者將持勢除患，蚤絕姦萌，雖亂臣賊子聞之而亦懼也。孟子謂孔子作春秋、成春秋者，其意在此而不在彼歟？古者削簡操觚，無後代楮墨之便。師資口授，第恃强記，故雖舊史之載籍可稽，而春秋之新著不傳。迨哲人既萎，弟子四散，昔所習於東魯者，遂亦以教於西河。言及「春秋」，殆猶指魯、宋、晉、楚、之史，「己亥」「三豕」137，傳抄雖或譌誤，固學者所可得而讀。至於春秋之學，則正是非，道名分，經世先王之志，雖安意失眞，或未能全免，猶自謂得先師之義也。子夏如此，其他諸賢，或亦有爲之者。是否曾有著作？其書各何若？今不可得而知矣。闕代再傳之後而迨孟子之世。當時孔門春秋之義，恐已散在諸家儒書之內。晉之乘，楚之檮杌，魯之春秋，雖猶傳於世，儒者已或不重其書。蓋猶魚兔既獲，遂棄筌蹄也。故

齊宣王問曰：「齊桓、晉文、之事，可得聞乎？」孟子對曰：「仲尼之徒無道桓、文、之事者，是以後世無傳焉，臣未之聞也。」138

然則孟子並未曾見「其事則齊桓、晉文，其文則史」而孔子所脩之春秋歟？

孟子所舉「楚之檮杌」，其書何若，今已無考。至於其所謂「晉之乘」者，似尚可得其髣髴。按

晉杜預春秋經傳集解後序云：「大康元年三月，吳寇始平。余自江陵還襄陽，解甲休兵。乃申杼舊意，脩成春秋釋例及經傳集解。始訖，會汲郡汲縣有發其界內舊冢者，大得古書，皆簡編科斗文字。發冢者不以為意，往往散亂。科斗書久廢，推尋不能盡通。始者藏在祕府，余晚得見之。所記大凡七十五卷。多雜碎怪妄，不可訓知。周易及紀年最爲分了。……其紀年篇起自夏、殷、周，皆三代王事，無諸國別也。唯特記晉國，起自殤叔，次文侯、昭侯以至曲沃莊伯。莊伯之十一年十一月，魯隱公之元年正月也。皆用夏正建寅之月爲歲首，編年相次。晉國滅，獨記魏事，下至魏哀王之二十年。蓋魏國之史記也。推校哀王二十年，上去孔丘卒，百八十一歲。下去今大康三年，五百八十一歲。……哀王二十三年乃卒，故特不稱謚，謂之今王。其著書文意，大似春秋經。推此，足見古者國史策書之常也。文稱魯隱公及邾莊公盟于姑蔑，即春秋所書邾儀父，未王命故不書爵，曰：儀父，貴之也。又稱晉獻公會虞師

伐虢，滅下陽，卽春秋所書虞師、晉師、滅下陽，先書虞，賄故也。又稱周襄王會諸侯于河陽，卽春秋所書天王狩于河陽，以臣召君，不可以訓也。諸若此輩甚多。略舉數條，以明國史皆承告據實而書時事。仲尼脩春秋，以義而制異文也。又稱衞懿公及赤翟戰于洞澤；疑「洞」，當爲「泂」，卽左傳所謂熒澤也。齊國佐來獻玉磬，紀公之甗；卽左傳所謂賓媚人也。諸所記多與左傳符同，異於公羊、穀梁。知二書，近世穿鑿，非春秋本意，審矣。……又別有一卷純集疏左氏傳卜筮事。上下次第，及其文義，皆與左氏傳同。名曰師春。『師春』似是抄集者人名也。」139

晉書束晳傳曰：「初太康二年，汲郡人不準盜發魏襄王墓，或言安釐王冢；得竹書數十車。其紀年十三篇，140 記夏以來，至周幽王爲犬戎所滅；以「晉」事接之，三家分「晉」，仍述魏事，至安釐王之二十年；蓋魏國之史書。大略與春秋皆多相應。……易經二篇。……公孫段二篇；公孫段與邵陟論易。國語三篇，言楚，晉，事。「國?」名三篇，似禮記又似爾雅、論語。師春一篇，書左傳諸卜筮，『師春』似是造書者姓名也。瑣語十一篇，諸國卜，夢，妖怪相書也。梁丘藏一篇，先叙魏之世數，次言丘藏金玉事。繳書二篇，論弋射法。生封一篇，帝王所封。大曆二篇，鄒子談天類也。穆天子傳五篇。……圖詩一篇，畫贊之屬也。又雜書十九篇，周食田法，周書論楚事，周穆王美人盛姬死事。大凡七十五篇。七篇，簡書折壞，不識名題。……漆書，皆科斗字，初發冢者燒策照取寶物，及官收之，多燼簡斷札。文旣殘缺，不復詮次。武帝以其書付祕書，校綴次第，尋考指歸，而以今文寫之。晳在著作，得觀竹書，隨疑分釋，皆有義證。141

唐劉子玄，史通曰：「璅語又有晉春秋記獻公十七年。……又案竹書紀年，其所紀事，皆與魯春秋同。孟子曰：晉謂之乘，楚謂之檮杌，而魯謂之春秋；其實一也。然則乘與紀年、檮杌，其皆春秋之別名乎？」142「汲冢竹書；晉春秋及紀年之載事也，如重耳出奔，惠公見獲，書其本國，皆無所隱。」143 瑣語春秋載魯國閔公時事，言之甚詳；斯則聞事必書，無假相赴者也。」144「案古者國有史官具列時事；觀汲冢出記，皆與魯史符同；至如周之東遷，其說稍備；隱、桓、已上，難得而詳。此之煩省，皆與春秋不別。又獲君曰止，誅臣曰刺，殺其大夫曰殺。『執我行人，』『鄭棄其師，』『隕石于宋五，』(〔原註〕其事並出竹書紀年，唯『鄭棄師』出瑣語晉春秋也) 諸如此句，多是古史全文；則知夫子之所脩者，但因其成事，就加雕飾，仍舊而已，有何力哉！」145 孟子曰：晉謂春秋爲乘，尋汲冢瑣語即乘之流耶？其晉春秋篇云：平公疾，夢朱熊窺屏。左氏亦載斯事，而云：夢黃熊入門。必欲捨傳聞，而取所見，則左傳非，而晉文實矣。」146

陸淳，春秋啖趙纂例曰：「彭城劉貺撰者書云：『紀年序諸侯列會，皆舉其諡，知是後人追修，非當世正史也。至如「齊人殲于遂，」「鄭棄其師，」皆夫子褒貶之意，而竹書之文亦然。其書：「鄭殺其君某，」因釋曰：「是子亹。」「楚囊瓦奔鄭，」因曰：「是子常。」率多此類。別有春秋一卷，全錄左氏傳卜筮事，無一字之異。故知此書按春秋經傳而爲之也。』劉之此論，當矣。且經書『紀子伯莒子盟于密，』左氏經改爲紀子帛，傳釋云：『魯故也，』以爲是紀大夫裂繻之字，緣爲魯結好，故褒而書字，同之內大夫，序在莒子上。此則魯國褒貶之意，而竹書自是晉史，亦依此文而書，何哉？此最明驗。其中有『鄭莊公殺公子聖，』『魯桓公，紀侯，莒子盟于區蛇，』如此等數事，又與公羊同。其稱今王者，魏惠成也。此則魏惠成王時，史官約諸家書，追修此紀，理甚明矣。觀其所記，多詭異、鄙淺，殊無條例，不足憑據而定邪正也。」147

竹書紀年之「今王」即孟子在梁所猶及見之襄王，148 則編纂紀年者殆與孟子爲同時人也。其書中：殤叔、文侯、之後，三家分國以前，殆由改修晉史舊錄以成。此晉史者疑即孟子所

舉之晉乘，以其記事僅具綱目，頗似魯之春秋也。紀年早佚。今僅有輯文149可用。雖殘缺不全，然尚有記年月者若干條，如

（獻公）二十五年正月翟人代晉周有白兎舞于市150

（昭公）六年十二月桃杏華151

（出公）十年十一月於粵子句踐卒是爲菼執152

（幽公）十年九月桃杏實153

殆出於晉乘者也。而其記月皆不冠以時。推其例，似亦可以證魯春秋舊文不宜有時則年月之間矣。然則考之於孟子，孔子既未嘗改修魯春秋爲春秋以傳於世；質之以晉乘，今春秋復有寖易魯春秋之迹。自來以今春秋歸諸孔子筆削，求其微言大義於字裏行間者，殆未得其實矣。故舉之以爲甚可疑者之二也。

何謂尚可存疑者三？曰：公、穀、二傳，同源而異流，成書於六國之末，殘散於秦火，復編訂於漢景、武、之世也。此其一。曰：左氏出於張蒼之門，參合春秋殘篇、他家春秋傳、及國語等籍，而自成一家書也。此其二。曰：今三家經文出於漢儒補輯，或剌取經文於各家之傳，或別得春秋殘篇，而皆彼此參照借補以成者也。此其三。

曷爲云其一？曰：二傳源流，古人說者，頗相矛盾。先輯錄而觀之如下：

仲尼干七十餘君，無所遇。……西狩獲麟，曰：「吾道窮矣。」故因史記作春秋以當王法，其辭微而指博，後世學者多錄154焉。自孔子卒後，七十子之徒散游諸侯，大者爲師傅卿相，小者友敎士大夫，或隱而不見。故子路居衞，子張居陳，澹臺子羽居楚，子夏居西河，子貢終於齊。如田子方、段干木、吳起、禽滑釐、之屬，皆受業於子夏之倫，爲王者師。是時獨魏文侯好學。後陵遲以至於始皇。天下並爭於戰國，儒術既絀焉，然齊、魯、之間學者獨不廢也。於威、宣、之際，孟子、荀卿、之列，咸遵夫子之業，而潤色之，以學顯於當世。及至秦之季世，焚詩書，阬術士，六藝從此缺焉。陳涉之王也，而魯諸儒持孔氏之禮器，往歸陳王；於是孔甲爲陳涉博士，卒與涉俱死。……漢興，然後諸儒始得修其經藝。……然尚有干戈，平定四海。孝惠、呂后、時，亦未暇庠序之事也。……孝文時，頗徵用。……及至孝景，不任儒者。……故諸博士具官待問，未有進者。及今上即位，趙綰、王臧、之屬，明儒學，而上亦鄉之。於是招方正賢良文學之士。……言春秋：於齊，魯，自胡毋生；於趙，自董仲舒。……而公孫弘以春秋，白衣爲天子三公。……董仲舒，廣川人也。以治春秋，孝景時，爲博士。……今上即位，爲江都相。以春秋災異之變，推陰陽所以錯行，故求雨，閉諸陽，縱諸陰，其止雨，反是，行之一國，未嘗不得所欲。……公孫弘治春秋，不如董仲舒，而弘希世用事，位至公卿。董仲舒以弘爲從諛。弘疾之。乃言上曰：「獨董仲舒可使相膠西王。」膠西王素聞董仲舒有行，亦善待之。……故漢興至于五世之間，唯董仲舒名爲明於春秋，其傳公羊氏也。胡毋生，齊人也。孝景時，爲博士，以老，歸，敎授，齊之言春秋者多受胡毋生，公孫弘亦頗受焉。瑕丘江生爲穀梁春秋。自公孫弘得用，嘗集比其義，卒用董仲舒。仲舒弟子遂者：蘭陵褚大，廣川殷忠155，溫呂步舒。褚大至梁相。步舒至長史，持節使決淮南獄，於諸侯擅專斷不報，以春秋之義正之，天子皆以爲是。弟子通者至於命大夫，爲郎，謁者，掌故

者，以百數。而董仲舒子及孫皆以學至大官。（史記）[156]

春秋……經十一卷（公羊、穀梁，二家）。公羊傳十一卷（公羊子，齊人。師古曰：名高）。穀梁傳十一卷（穀梁子，魯人。師古曰：名喜）。鄒氏傳十一卷。夾氏傳十一卷（有錄無書）。……春秋所貶損大人，當世君臣，有威權勢力。其事實皆形於傳[謂左傳]：是以隱其書而不宣，所以免時難也。及末世口說流行，故有公羊、穀梁、鄒、夾、之傳。公羊、穀梁、立於學官。鄒氏無師，夾氏未有書。（漢書）[157]

胡母生字子都，齊人也。治公羊春秋，為景帝博士；與董仲舒同業。仲舒著書稱其德。年老，歸教於齊。……董生……弟子……唯嬴公守學，不失師法；為昭帝諫大夫；授東海孟卿，魯眭孟。……嚴彭祖……與顏安樂俱事眭孟。……孟曰：「春秋之意在二子矣。」孟死，彭祖，安樂，各顓門教授。由是公羊春秋有嚴、顏、之學。……瑕丘江公受穀梁春秋及詩於魯申公，傳子至孫，為博士。武帝時，江公與董仲舒並；仲舒通五經，能持論，善屬文；江公吶於口。上使與仲舒議，不如仲舒；而丞相公孫弘本為公羊學，比輯其議，卒用董生。於是上因尊公羊家；詔太子受公羊春秋；由是公羊大興。太子既通，復私問穀梁，而善之。其後浸微。唯魯榮廣王孫，皓星公，二人受焉。廣……與公羊大師眭孟等論，數困之，故好學者頗復受穀梁。沛蔡千秋少君，梁周慶幼君，丁姓子孫，皆從廣受。千秋又事皓星公，為學最篤。宣帝即位，聞衛太子好穀梁春秋，以問丞相韋賢，長信少府夏侯勝，及侍中樂陵侯史高，皆魯人也；言：穀梁本魯學，公羊氏迺齊學也；宜興穀梁。時，千秋為郎，召見，與公羊家並說。上善穀梁說。……復求能為穀梁者，莫及千秋。上愍其學且絕，迺以千秋為郎中戶將，選郎十人，從受。汝南尹更始翁君本自事千秋，能說矣，會千秋病死，徵江公孫為博士。劉向以故諫大夫通達，待詔，受穀梁，欲令助之；江博士復死；迺徵周慶，丁姓待詔保宮，使卒授十人。自元康中始講，至甘露元年，積十餘歲，皆明習。迺召五經名儒，太子太傅蕭望之等大議殿中，平公羊、穀梁、同異；各以經處是非。時公羊博士嚴彭祖，侍郎申輓，伊推，宋顯，穀梁議郎尹更始，待詔劉向，周慶，丁姓，並論。公羊家多不見從；願請內侍郎許廣。使者亦並內穀梁家中郎王亥。各五人議三十餘事。望之等十一人，各以經誼對，多從穀梁，由是穀梁之學大盛。慶，姓，皆為博士。姓至中山太傅，授楚申章昌曼君，為博士，至長沙太傅，徒眾尤盛。尹更始為諫議大夫，長樂戶將；又受左氏傳，取其變理合者，以為章句。傳子咸及翟方進，瑯邪房鳳。……鳳，九江太守，至青州牧。始江博士授胡常，常授梁蕭秉君房，王莽時，為講學大夫。由是穀梁春秋有尹、胡、申章、房氏之學。（漢書）[158]

傳我書者，公羊高也。（春秋緯說題辭）[159]

子夏傳與公羊高，高傳與其子平，平傳與其子地，地傳與其子敢，敢傳與其子壽；至漢景帝時，壽乃共弟子齊人胡毋子都著於竹帛。（戴宏解疑論序）[160]

左氏傳遭戰國寢廢，後百餘年，魯人穀梁赤作春秋，殘略，多有遺文。又有齊人公羊高，緣經文作傳。彌離本事。（桓譚新論）[161]

公羊高、穀梁寘、胡毋氏、皆傳春秋，各門異戶。猶[獨]左氏傳為近得實。何以驗之？禮記造於孔子之堂；太史公、漢之通人也；左氏之言與二書合。公羊高、穀梁寘、胡毋氏、不相合。又諸家去孔子遠，遠不如近，聞不如見。（王充論衡）[162]

春秋有改周受命之制。孔子畏時遠害，又知秦將燔詩書，其說口授相傳；至漢公羊氏及弟子胡毋生等，乃始記於竹帛。故有所失也。（何休公羊傳解詁）[163]

四時皆田，夏、殷、之禮。詩云：「之子于苗，選徒囂囂。」夏田明矣。孔子雖有聖德，不敢顯然改先王之法，以教授於世。若其所欲改、其陰書於竹，獻之以傳後王。穀梁四時田者，近孔子故也。公羊正當六國之亡，讖緯見，故渾爲三時田。作傳有先後，雖異，不足以斷穀梁也。（鄭玄，釋穀梁廢疾）164

公羊者，子夏口授公羊高，高五世相授，至漢景帝時，公羊壽共弟子胡母生乃著竹帛。胡母生題親師，故曰公羊，不說卜氏矣。穀梁者，亦是著竹帛者題其親師，故曰穀梁也。（徐彥，公羊傳疏）165

穀梁名赤，魯人。糜信云：「與秦孝公同時。」七錄云：「名淑字元始。」風俗通云：「子夏門人。」（陸元朗，經典釋文）166

穀梁子名淑，字元始，魯人，一名赤，受經于子夏，爲經作傳，故曰穀梁；傳孫卿；孫卿傳魯人申公；申公傳博士江翁。（楊士勛，穀梁傳疏）167

此漢至唐諸儒之說也。然一覈而可異者，司馬遷之述二傳傳授，僅始於景、武、世之經師。班固乃上推瑕丘江公以受諸高帝時之申公。168 而公羊、穀梁、二子，亦尙有姓而無名。東漢以來而公羊有高、平、地、敢、四代之家傳。其解經之義受諸子夏歟？抑當六國之亡歟？戴宏與鄭玄之見未合也。李唐以往，而穀梁有赤、寘、淑、喜、四名之異說。169 其人爲子夏弟子歟？抑與秦孝公同時歟？應劭、糜信、之意，亦相違也。古人之說離殊如此，將誰適從歟？

今按二傳之文，輒引經儒舊說，其稱「傳曰」、170「其傳曰」、「或曰」、「或說曰」者，171 不計，外，

公羊有　子沈子曰，172 子公羊子曰，173 魯子曰，174 子司馬子曰，175 子女子曰，176 高子曰，177 公扈子：曰，178 子北宮子曰。179

穀梁有　穀梁子曰，180 尸子曰，181 沈子曰。182

就其徵引之語氣觀之，公羊之引子公羊子，穀梁之引穀梁子，猶其引其他諸子也；並無主客之分。然則此二傳者，乃不知主名之著作耳。至於公羊、穀梁、皆爲希姓，是否雙聲、疊韵，共切一字，同隱一人，宋來學者闕或爲說。顧既爲漢、唐、諸儒所未道，復徵之本書而莫考，疑傷穿鑿，無關弘指，置而不論，可也。183

二傳所徵引，皆有沈子：

公羊：正棺於兩楹之間然後即位子沈子曰定公乎國然後即位

穀梁：正君乎國然後即位也沈子曰正棺乎兩楹之間然後即位也

公羊：柔者何吾大夫之未命者也

穀梁：柔者何吾大夫之未命者也184

公羊：此未適人何以卒許嫁矣婦人許嫁字而笄之死則以成人之喪治之

穀梁：內女也未適人不卒此何以卒也許嫁笄而字之死則以成人之喪治之185

公羊：夏滅項　孰滅之齊滅之曷爲不言齊滅之爲桓公諱也春秋爲賢者諱此滅人之國何賢爾君子之惡惡也疾始善善也樂終桓公嘗有繼絕存亡之功故君子爲之諱也

穀梁：夏滅項　孰滅之桓公也何以不言桓公也爲賢者諱也項國也不可滅而滅之乎桓公知項之可滅也而不知己之不可以滅也既滅人之國矣

雖文句、次序、有不同，皆源出於沈子者也。至若

何賢乎君子惡惡疾其始善善樂其終桓公嘗有存亡繼絕之功故君子為之諱也[186]

凡此之屬，亦可以證二傳之有相同淵源也。昔陳澧[187]舉滅項條，謂穀梁錄取公羊之說。劉師培[188]反之，謂乃公羊用穀梁說。竊謂：二傳相同文字如此者，未可遽斷其為彼此因襲也。蓋

公羊：晉人及姜戎敗秦于殽　其謂之秦何夷狄之也……其言及姜戎何姜戎微也稱人亦微也何言乎姜戎之微先軫也或曰襄公親之襄公親之則其稱人何貶曷為貶君在乎殯而用師危不得葬也……

穀梁：晉人及姜戎敗秦于殽　不言戰而言敗何也狄秦也……晉人者晉子也其曰人何也微之也何為微之不正其釋殯而主乎戰也[189]

頗似公之「或曰」即指穀說；[190]而

公羊：焚咸丘　焚之者何樵之也樵之者何以火攻也何言乎以火攻疾始以火攻也咸丘者何邾婁之邑也曷為不繫乎邾婁國之也曷為國之君存焉爾

穀梁：焚咸丘　其不言邾咸丘何也疾其以火攻也[191]

亦頗似公采穀之說而補充之。然反之，

公羊：子叔姬卒　此未適人何以卒許嫁矣婦人許嫁字而笄之死則以成人之喪治之其稱子何貴也其貴奈何母弟也

穀梁：子叔姬卒　其曰子叔姬貴也公之母姊妹也其一傳曰許嫁以卒之也男子二十而冠冠而列丈夫三十而娶女子十五而許嫁二十而嫁[192]

則頗似穀之「其一傳曰」即指公說；[193]而

公羊：莒人伐我東鄙圍台　邑不言圍此其言圍何伐而言圍者取邑之辭也

穀梁：伐國不言圍邑舉重也取邑不書圍安足書也[194]

又頗似穀知公之說而故駁之。且如

公羊：杞伯姬來朝其子　其言來朝其子何內辭也與其子俱來也

穀梁：杞伯姬來朝其子　婦人既嫁不踰竟踰竟非正也諸侯相見曰朝伯姬為志乎朝其子也伯姬為志乎朝其子則是杞伯失夫之道矣諸侯相見曰朝以待人父之道待人之子非正也故曰杞伯姬來朝其子參譏也[195]

可見公、穀、有甚不同之說矣。而

公羊：六月乙卯晉荀林父帥師及楚子戰于邲晉師敗績　大夫不敵君此其稱名氏以敵楚子何不與晉而與楚子為禮也曷為不與晉而與楚子為禮也莊王伐鄭勝乎皇門放乎路衢鄭伯肉袒左執茅旌右執鸞刀以逆莊王曰寡人無良邊陲之臣以干天禍是以使君王沛焉辱到敝邑君如矜此喪人錫之不毛之地使帥一二耋老而綏焉請唯君王之命莊王曰君之不令臣交易為言是以使寡人得見君之玉面而微至乎此莊王親自手旌左右撝軍退舍七里將軍子重諫曰南郢之與鄭相去數千里諸大夫死者數人廝役扈養死者數百人今君勝鄭而不有無乃失民臣之力乎莊王曰古者杅不穿皮不蠹則不出於四方是以君子篤於禮而薄於利要其人而不要其土告從不赦不詳吾以不詳道民災及吾身何日之有既則晉師之救鄭者至曰請戰莊王許諾將軍子重諫曰晉大國也王師淹病矣君請勿許也莊王曰弱者吾威之強者吾辟之是以使寡人無以立乎天下令之還師而逆晉寇莊王鼓之晉師大敗晉衆之走者舟中之指可掬矣莊王曰嘻吾兩君不相好百姓何罪令之還師而佚晉寇

穀梁：六月乙卯晉荀林父帥師及楚子戰于邲晉師敗績　績功也功事也日其事敗也[196]

穀梁僅詁文字，不述史事，不釋經義，何其略也。其未見公

羊傳乎？但

公羊：紀子伯莒子盟于密　紀子伯者何無聞焉爾

穀梁：紀子伯莒子盟于密　或曰紀子伯莒子而與之盟或曰年同爵同故紀子以伯先也[197]

又似公未得見穀也。夫今有二書於此：各引舊師，或自爲說，以釋經義。取而較之，大同而小異。就其同者觀之，甲似乙，乙亦似甲。就其異者觀之，甲似未嘗見乙，乙亦似未嘗見甲。此何爲也者？曰：二傳不相爲謀，不相非薄不相師，其所依用之典籍有相同者，有不同者耳。且此二者，既皆博引或說以成書；而彼此不及相見，則彼此時代之前後相距爲頗近者歟？

此爲何時代耶？孟子：

孟子曰愛人不親反其仁，人不治反其智禮人不答反其敬[198]

白圭曰吾欲二十而取一何如孟子曰子之道貉道也……欲輕之於堯舜之道者大貉小貉也欲重之於堯舜之道者大桀小桀也[199]

而

穀梁：故曰禮人而不答則反其敬愛人而不親則反其仁治人而不治則反其知[200]

公羊：什一者天下之中正也多乎什一大桀小桀寡乎什一大貉小貉[201]

昔陳澧[202]舉此以證公、穀、皆在孟子之後。按孟子以王道說齊宣王。所謂王道者「以德行仁」[203]之謂也。宣王不能用，孟子辭而去。[204]此時下去六國之亡，不及百年耳。齊，東方強國也。宣王之志在「辟土地，朝秦、楚，莅中國，而撫四夷。」[205]其以齊桓、晉文爲問者，意在「以力假仁」[206]之霸道也。孟子雖不欲爲王道此；稷下之士以千百計，世無爲之者乎？

王斗[207]曰：「昔先君桓公所好者五。九合諸侯，一匡天下，天子受籍，立爲大伯；今王有四焉。」宣王說曰：「寡人愚陋，守齊國，惟恐失抎之，焉能有四焉？」王斗曰：「否；先君好馬，王亦好馬；先君好狗，王亦好狗；先君好酒，王亦好酒；先君好色，王亦好色；先君好士，王不好士。」[208]……

夫以士比狗、馬、酒、色、之間，以諷說人君，其志亦可悲矣。然其君方欲效法桓、文，其臣從而說之，亦言語之方也。八家之儒，取舍不同。[209]安知無人删易魯春秋而爲之傳，稱繫孔門之教，[210]以表其經世之心耶？其斷魯史於獲麟，遂不及陳恒之弒君；其歸弒罪於陽生，抑備以「殺」責乞，遂顯違經文；[211]殆爲田氏先祖諱歟？竊疑宣、湣、之世，齊、魯、之士或多說春秋者，其言不必皆醇，其書不必皆同。公、穀、鄒、夾、北宮、司馬、公扈、尸、沈、女、高、魯、之屬，僅傳名於後世。其不傳者疑尚夥。就今可見之二傳考之，敘史、解經、之意見抵觸，已不一而足。至其望文生義，穿鑿，附會，有甚可笑者。如公羊：

沙鹿崩何以書記異也外異不書此何以書爲天下記異也[212]

自相矛盾也。

季孫斯仲孫忌帥師圍運　此仲孫何忌也曷爲謂之仲孫忌譏二名二名非禮也[213]

不知經闕一字而妄爲說也。穀梁：

九月……螽　螽蟲災也甚則月不甚則時[214]

蟲災甚否，何必隱于時月之例，且一季災不甚於一月災乎？

元年春王　不言正月定無正也定之無正何也昭公之終非正終也定之始非正始也昭無正終故定無正始不言即位喪在外也[215]

經文爲「元年春王三月晉人執宋仲幾于京師，」強斷首四字，解之，已不可爲訓，況「六月戊辰公即位，」此非「不言即位，」乃未即耳。二傳中不可通之文、甚多，不暇枚舉。不知其爲編著二傳者之過歟？抑先二傳而爲傳者之責歟？

然就大體而論，其道孝弟，[216] 重禮義，[217] 猶傳統孔門之教也。至於其賢齊桓、[218] 張伯討、[219] 攘夷狄、親諸夏、[220] 存亡國、繼絕世、[221] 尊周室、[222] 大一統、[223] 諸意，今雖不知子夏輩所傳春秋之義是否皆即如此；然當戰國末造，以此勸強大之齊者，亦深具撥亂反正、保持名教、之苦心矣。

據史記楚世家：齊湣王欲爲從長，乃遺楚懷王書曰：

寡人患楚之不察於尊名也。……四國爭事秦，則楚爲郡縣矣。王何不與寡人并力收韓、魏、燕、趙，與爲從，而尊周室，以案兵息民，令於天下；莫敢不樂聽，則王名成矣。[224]

夫以湣王猶倡尊周，蓋假仁者也。彼甘一度稱帝，且欲并周室，而臣鄒、魯、矣。[225] 其後數十年，魯仲連說魏新垣衍勿帝秦，追叙湣王事以譬之，曰：

齊湣王將之魯，夷維子爲執策而從，謂魯人曰：「子將何以待吾君？」魯人曰：「吾將以十太牢待子之君。」夷維子曰：「子安取禮而來吾君！彼吾君者，天子也。天子巡狩，諸侯辟舍，納筦籥，攝衽，抱机，視膳於堂下；天子已食，乃退而聽朝也。」魯人投其籥，不果納。不得入於魯，將之薛，假途於鄒。當是時，鄒君死，湣王欲入弔。夷維子謂鄒之孤曰：「天子弔，主人必將倍殯棺，設北面於南方，然後天子南面弔也。」鄒之羣臣曰：「必若此，吾將伏劍而死。」固不敢入於鄒。鄒、魯之臣，生則不得事養，死則不得賻襚；然且欲行天子之禮於鄒、魯；鄒、魯、之臣不果納。今秦萬乘之國也，梁亦萬乘之國也，俱據萬乘之國，各有稱王之名，睹其一戰而勝，欲從而帝之，是使三晉之大臣，不如鄒、魯、之僕妾也。[226]

然則堅持正名、守禮、之義者，蓋鄒、魯、之士耳。楚頃襄王欲與齊、韓、連和伐秦，因欲圖周：

周王赧使武公謂楚相昭子曰：「……弒共主，臣世君，大國不親。以衆脅寡，小國不附。大國不親，小國不附，不可以致名實。名實不得，不足以傷民。夫有圖周之聲，非所以爲號也。」昭子曰：「乃圖周，則無之。雖然，周何故不可圖也？」對曰：「……結怨於兩周，以塞鄒、魯、之心，交絕於齊，聲失天下，其爲事危矣。……西周之地，絕長補短，不過百里，名爲天下共主。裂其地，不足以肥國；得其衆，之足以勁兵。雖無［考證云：通鑑作「然」］攻之，名爲弒君。」[227]

夫周之弱小若此，猶得爲天下共主；若虎若獱踞大國，猶重違鄒、魯、儒士之心，不敢冒篡弒之不韙，則盛道二伯之春秋傳記，尙有聳厲人心之力歟？

今公、穀、二傳者，疑孟子之後，周亡之前，此類書籍中之二種耳。二傳所引諸子，多於載籍無考。班固古今人表[228]第四等，中上人物中，有公羊子，穀梁子，處秦武王之後，燕昭王之前，與蔿章、告子、薛居州、商子、同時。第五等，中中人物中，有沈子、北宮子、魯子、公扈子、尸子；同等中，則在蘇代、蘇厲、之後，鄒衍、田駢、之前；以異等比擬，則上與公羊子，穀梁子，而下與周赧王，楚懷王，頃襄王，齊愍王，襄王，大略同時。班氏於諸子之名字、且不知，而覺評判其智愚之高下，排比其時代之後先；其以臆爲之歟？抑東漢初年，別有傳說，以爲依據歟？然以今所考，則彼所爲者，大略可取也。魯子，元郝經謂：是「曾子」字誤。[229]近學者[230]亦有以其說爲是者。然魯子之見引者六次，不宜六次皆字誤。且

> 公羊：五月乙巳西宮災　西宮者何小寢也小寢則曷爲謂之西宮有西宮則有東宮矣魯子曰以有西宮亦知諸侯之有三宮也西宮災何以書記異也[231]

魯子之言頗似考據經文，以求禮制，以其爲六國末之人則宜，以當春秋末之曾子則不宜也。尸子，或以爲即漢書藝文志雜家：「尸子二十篇」之尸子，注以爲「名佼，魯人，商鞅師。」[232]如此，則與孟子、商鞅、同時人也。然爾雅釋詁疏引尸子廣澤篇有「田子貴均，」[233]之言，則尸子當與田駢同時，或在田駢之後，而其在古今人表中時代之位置，可毋移也。[234]

今二傳既引用諸子，則其成書之時代當更在後。唯其尙道尊周之義，故疑其出於六國之末，周尙未亡時也。逮秦統一天下，焚詩書，尊周、狄秦、[235]之春秋傳自在禁燬之列。其以竊匿幸免者，當於漢孝惠四年[236]除挾書律之後，復出於山巖屋壁，而流傳人間；然恐非完本矣。今公羊無傳者：桓十七年，莊十五年、二十一年，僖十一年、十二年、十三年、三十二年，文十年，宣二年、七年、十三年、十四年、十七年，成七年、十一年、十四年，襄十三年、十四年、十七年、二十年、二十二年、二十四年、二十八年、三十一年，昭三年、六年、七年、十年、十四年、二十四年、三十年，定三年、七年、十一年，哀元年、十年、十一年；穀梁無傳者：僖三十二年，文十七年，宣十三年，成十一年，襄四年、十四年、十七年、二十二年、二十八年，昭六年、十年、十六年，定三年，哀十年、十一年；殆殘闕者歟？據史記：漢景帝時，治公羊者有董仲舒，胡母生；武帝時，治穀梁者有瑕丘江公。其前師傳不詳。是否有書？抑僅以口說相傳授？亦未詳。迨漢書藝文志乃以公羊、穀梁爲末世口說之傳。後漢學者更進而謂公羊由胡母生始著竹帛。後徐邈倣其例，遂謂穀梁之名亦由著竹

帛者題其親師而起；其於穀梁題竹帛之時，尙未詳也。往者廖平[237]舉史記云：伏氏有壁中藏書，[238]而後漢人乃云：伏生無書口授，[239]則後漢人之說尙書傳授爲不可信。以尙書爲例則後漢人所爲公羊口授之說，亦誣也。今按：二傳雖具問答體裁，未必僅以口說相傳。且司馬遷云：秦焚詩書而六藝缺。必有竹帛，然後可焚，口說非烈火所能及。觀二傳之殘缺狀態，更似非口授遺忘之缺也。陸賈新語[240]辨惑篇，述齊、魯、夾谷之會，大略與穀梁相同而文微異；至德篇引「春秋穀」而下文缺不可考；道基篇引「穀梁傳曰：『仁者以治親，義者以利尊。』」而今本穀梁無其文。賈爲高帝、惠帝、文帝、時人，彼所見之穀梁殘篇有爲瑕丘江公輩編訂所未及者與？[241]

韓詩外傳[242]曰：

宋萬與莊公戰獲乎莊公莊公敗〔散？〕舍諸宮中數月然後歸之反爲大夫于宋宋萬與閔公博婦人皆在側萬曰甚矣魯侯之淑魯侯之美也天下諸侯宜爲君者惟魯侯耳閔公矜此婦妬其言顧曰爾虜爲知魯侯之美惡乎宋萬怒搏閔公絕脰仇牧聞君弒趨而至遇之于門手劍而叱之萬臂擊仇牧碎其首齒著乎門闔仇牧可謂不畏強禦矣

其文頗似公羊：

萬嘗與莊公戰獲乎莊公莊公歸散舍諸宮中數月然後歸之歸反爲大夫於宋與閔公博婦人皆在側萬曰甚矣魯侯之淑魯侯之美也天下諸侯宜爲君者唯魯侯爾閔公矜此婦人妬其言顧曰此虜也爾虜焉故〔知〕魯侯之美惡乎至萬怒搏閔公絕其脰仇牧聞君弒趨而至遇之于門手劍而叱之萬臂摋仇牧碎其首齒著乎門闔仇牧可謂不畏彊禦矣[243]

外傳[244]又曰：

楚莊王圍宋有七日之糧曰盡此而不克將去而歸於是使司馬子反乘闉而窺宋城宋使華元乘闉而應之子反曰子之國何若矣華元曰憊矣易子而食之析骸而爨之子反曰嘻甚矣憊雖然吾聞圍者之國箝馬而秣之使肥者應客今何吾子之情也華元曰吾聞君子見人之困則矜之小人見人之困則幸之吾望見吾子似於君子是以情也子反曰諾子其勉之矣吾軍有七日糧爾揖而去子反告莊王莊王曰若何子反曰憊矣易子而食之析骸而爨之莊王曰嘻甚矣憊今得此而歸爾子反曰不可吾已告之矣曰軍亦有七日糧爾莊王怒曰吾使子視之子曷爲而告之子反曰區區之宋猶有不欺之臣何以楚國而無乎吾是以告之也莊王曰雖然吾子今得此而歸爾子反曰王請處此臣請歸耳王曰子去我而歸吾孰與處乎此吾將從子而歸遂師而歸君子善其平己也

此則更似公羊：

莊王圍宋軍有七日之糧爾盡此不勝將去而歸爾於是使司馬子反乘堙而闚宋城宋華元亦乘堙而出見之司馬子反曰子之國何如華元曰憊矣曰何如曰易子而食之析骸而炊之司馬子反曰嘻甚矣憊雖然吾聞之也圍者柑馬而秣之使肥者應客是何子之情也華元曰吾聞之君子見人之厄則矜之小人見人之厄則幸之吾見子之君子也是以告情於子也司馬子反曰諾勉之矣吾軍亦有七日之糧爾盡此不勝將去而歸爾揖而去之反于莊王莊王曰何如司馬子反曰憊矣曰何如曰易子而食之析骸而炊之莊王曰嘻甚矣憊雖然吾今取此然後而歸爾司馬子反曰不可臣已告之矣軍有七日之糧爾莊王怒曰吾使子往視之子曷爲告之司馬子反曰以區區之宋猶有不欺人之臣可以楚而無乎是以告之也莊王曰諾舍而止雖然吾猶取此然後歸爾司馬子反曰然則君請處于此臣請歸爾莊王曰子去我而歸吾孰與處于此吾亦從此而歸爾引師而去之故君子大其平乎己也[245]

就其文字之微不同處、觀之，公羊較爲整劃。據史記，[246]韓生於孝文時爲博士，景帝時爲常山王大傅。疑彼所引用之公羊傳本較董仲舒、胡毋生、輩所傳授於景、武、之世者爲舊。而二子所傳授之本，乃是又經編訂、而删潤者歟？

以爲云其二？曰古今之說左氏源流者多矣。今先選錄其要者：

魯君子左丘明懼弟子人人異端，各安其意，失其眞，故因孔子史記具論其語，成左氏春秋。鐸椒爲楚威王傅，爲王不能盡觀春秋，采取成敗，卒四十章，爲鐸氏微。趙武成王時，其上相虞卿上采春秋，下觀近世，亦著八篇，爲虞氏春秋。呂不韋者，秦莊襄王相，亦上觀尚古，删拾春秋，集六國時事，以爲八覽、六論、十二紀，爲呂氏春秋。及如荀卿、孟子、公孫固、韓非、之徒，各往往捃摭春秋之文、以著書，不可勝紀。漢相張蒼厤譜五德，上大夫董仲舒推春秋義，頗著文焉。（史記）[247]

左丘失明，厥有國語。（史記）[248]

孔子因魯史記而作春秋；而左丘明論輯其本事以爲之傳。又纂異同爲國語。……故司馬遷據左氏國語。（漢書）[249]

孔子將脩春秋，與左丘明乘如周；觀書於周史；歸而脩春秋之經。丘明爲之傳，共爲表裏。（孔穎達引沈氏云：嚴氏春秋引觀周篇）[250]

左丘明授曾申，申授吳起，起授其子期，期授楚人鐸椒，鐸椒作抄撮八卷、授虞卿，虞卿作抄撮九卷、授荀卿，荀卿、授張蒼。（孔穎達引劉向別錄）[251]

宣帝時，詔向授穀梁春秋；十餘年，大明習。及歆校秘書，見古文春秋，左氏傳，歆大好之。時丞相史尹咸以能治左氏與歆共校經傳。歆略從咸及丞相翟方進受，質問大義。初左氏傳多古字古言，學者傳訓故而已。及歆治左氏，引傳文以解經，轉相發明，由是章句義理備焉。……歆以爲左丘明好惡與聖人同，親見夫子，而公羊、穀梁、在七十子後，傳聞之與親見之其詳略不同。歆數以難向，向不能非間也。然猶自持其穀梁義。及歆親近，欲建立左氏春秋及毛詩，逸禮，古文尚書，皆列於學官。哀帝令歆與五經博士講論其義。諸博士或不肯置對。歆因移書太常博士，責讓之曰：「……魯恭王壞孔子宅，欲以爲宮，而得古文於壞壁之中：逸禮有三十九，書十六篇；天漢之後，孔安國獻之，遭巫蠱倉卒之難，未及施行；及春秋左氏丘明所修，皆古文舊書，多者二十餘通；藏於祕府，伏而未發。孝成皇帝閔學殘文缺，稍離其眞；乃陳發祕臧，校理舊文，得此三事；以考學官所傳，經或脫簡，傳或間編。傳問民間，則有魯國柏[王先謙云：當作「桓」]公、趙國貫公、膠東庸生、之遺學，與此同。抑而未施，此乃有識者之所惜閔，士君子之所嗟痛也。往者綴學之士，……信口說而背傳記，是末師而非往古。……隨聲是非，抑此三學。以尚書爲備，謂左氏爲不傳春秋，豈不哀哉！今聖上德通神明。……故下明詔，試左氏可立不，遣近臣奉指銜命，將以輔弱扶微，與二三君子比意同力，冀得廢遺。今則不然，深閉固距，而不肯試；猥以不誦絕之，欲以杜塞餘道，絕滅微學。夫可與樂成，難與慮始，此乃衆庶之所爲耳，非所望士君子也。且此數家之事，皆先帝所親論，今上所考視，其古文舊書，皆有徵驗，內外相應，豈苟而已哉！夫禮失，求之於野；古文不猶愈於野乎？往者博士書有歐陽，春秋、公羊，易則施、孟，然孝宣皇帝猶復廣立穀梁春秋，梁丘易，大小夏侯尚書。義雖相反，猶並置之。何則？與其過而廢之也，寧過而立之。傳曰：『文、武、之道，未墜於地。在人，賢者志其大者，不賢者志其小者。』今此數家之言，所以兼包大小之義，豈可偏絕哉！」（漢書劉歆傳）[252]

成帝時，議立三傳博士，巴郡胥君安獨駁左傳不祖聖人。（華陽國志

引春秋經傳首敍）253

春秋古經十二篇。……左氏傳三十卷（左丘明，魯太史）。……國語二十一篇（左丘明著）。新國語五十四篇（劉向分國語）。……周室既微，載籍殘缺。仲尼思存前聖之業，乃稱曰：「夏禮吾能言之，杞不足徵也。殷禮吾能言之，宋不足徵也。文獻不足，故也。足，則吾能徵之矣。」以魯，周公之國，禮文備物，史官有法，故與左丘明觀其史記，據行事，仍人道，因興以立功，就敗以成罰，假日月以定曆數，藉朝聘以正禮樂；有所褒諱貶損，不可書見，口授弟子。弟子退而異言，丘明恐弟子各安其意，以失其真，故論本事、而作傳，明夫子不以空言說經也。春秋所貶損大人，當世君臣，有威權勢力，其事實皆形於傳，是以隱其書而不宣，所以免時難也。（漢書藝文志）254

河間獻王德以孝景前二年立。修學好古。……所得書，皆古文先秦舊書：周官、尚書、禮、禮記、孟子、老子、之屬，皆經、傳、說、記、七十子之徒所論。其學舉六藝，立毛氏詩、左氏春秋、博士。修禮樂，被服，造次必於儒者。……立二十六年薨。（漢書河間獻王傳）255

漢興，北平侯張蒼及梁太傅賈誼，京兆尹張敞，太中大夫劉公子，皆修春秋左氏傳；誼為左氏傳訓故，授趙人貫公，為河間獻王博士，子長卿為蕩陰令，授清河張禹長子。禹與蕭望之同時為御史，數為望之言左氏。望之善之，上書數以稱說。後望之為太子太傅，薦禹於宣帝，徵禹待詔，未及問，會疾死，授尹更始。更始傳子咸及翟方進，胡常。常授黎陽賈護季君，哀帝時，待詔為郎，授蒼梧陳欽子佚，以左氏授王莽，至將軍；而劉歆從尹咸及翟方進受。由是，言左氏者本之賈護、劉歆。（漢書儒林傳）256

自武帝立五經博士。……初，……春秋、公羊而已。至孝宣世，復立穀梁春秋……平帝時又立左氏春秋。（同上，贊）

北平侯張蒼獻春秋左氏傳。（說文序）257

左氏經之與傳，猶衣之表裏，相持而成。經而無傳，使聖人閉門思之，十年不能知也。258……劉子政、子駿、伯玉、三人尤珍重左氏，下至婦女，無不讀誦。（桓譚，新論）259

春秋左氏傳者，蓋出孔子壁中，孝武皇帝時，魯共王壞孔子教授堂以為宮，得佚春秋三十篇，左氏傳也。……劉子政玩弄左氏，童僕妻子，皆呻吟之。光武皇帝之時，陳元、范叔〔升〕上書，連屬條事是非，左氏遂立。范叔〔升〕尋因罪罷。元、叔〔升〕、天下通才，論是非，有餘力矣。陳元言訥，范叔〔升〕章詘，左氏得實，明矣。言多怪，頗與孔子不語怪力相違反也。呂氏春秋亦如此焉。國語，左氏之外傳也。左氏傳經，辭語尚略，故復選錄國語之辭以實之。（王充，論衡）260

東海張霸通左氏春秋，案百篇序，以左氏訓詁，造作百二篇。成帝出祕尚書以考校之。無一字相應者。（論衡）261

時尚書令韓歆上疏，欲為費氏易、左氏春秋，立博士。詔下其議。「建武」四年正月，朝公、卿、大夫、博士，見於雲臺。帝曰：「范博士可前平說。」升起對曰：「左氏不祖孔子，而出於丘明，師徒相傳，又無其人；且非先帝所存，無因得立。」遂與韓歆及太中大夫許淑等，互相辯難，日中乃罷。升退而奏曰：「……今費、左、二學無有本師，而多反異；先帝前世有疑於此。……五經之本，自孔子始。謹奏左氏之失，凡十四事。」時難者以太史公多引左氏。升又上太史公違戾五經，謬孔子言，及左氏春秋不可錄，三十一事。詔以下博士。（後漢書）262

陳元字長孫，蒼梧廣信人也。父欽習左氏春秋，事黎陽賈護，與劉歆同時，而別自名家。王莽從欽受左氏學，以欽為厭難將軍。元少傳父業，為之訓詁。……時，議欲立左氏傳，博士范升奏以為左氏淺末不宜立。元聞之，乃詣闕上疏曰：「……臣元竊見博士范升等所議奏左氏春秋不可立、及太史公遷與，凡四十五事。案升等所言，前後相違，皆斷截小文，媟黷微辭，以年數小差，輒爲巨謬，遺脫纖微，指爲大尤，抉瑕擿釁，掩其弘美。所謂小辯破言，小言破道者也。」……書奏，下其議。范升復與元相辯難，凡十餘上。帝卒立左氏學。太常選博士四人，元爲第一。帝以元新忿爭，迺用其次，司隸從事李封。於是諸儒以左氏之立，論議讙譁，自公卿以下，數廷爭之，會封病卒，左氏復廢。（同上）263

賈逵字景伯，扶風平陵人也。……父徽從劉歆受左氏春秋，兼習國語、周官；又受古文尚書於塗惲，學毛詩於謝曼卿；作左氏條例二十一篇。逵悉傳父業，弱冠能誦左氏傳，及五經本文，以大夏侯尚書教授；雖爲古學，兼通五家穀梁之說。……尤明左氏傳、國語，爲之解詁，五十一篇。……建初元年，詔逵入講北宮白虎觀，南宮雲臺。帝善逵說，使出左氏傳大義長於二傳者，逵於是具條奏之，曰：「臣謹擿出左氏三十事尤著明者，斯皆君臣之正義，父子之紀綱，其餘同公羊者，什有七八，或文簡小異，無害大體。至如祭仲，紀季，伍子胥，叔術之屬；左氏義深於君父，公羊多任於權變，其相殊絕，固以甚遠，而寃抑積久，莫肯分明。臣以永平中上言左氏與圖讖合者。先帝不遺芻蕘，省納臣言，寫其傳詁，藏之祕書。建平中，侍中劉歆欲立左氏，不先暴論大義，而輕移太常，恃其義長，詆挫諸儒，諸儒內懷不服，相與排之。孝哀皇帝重逆眾心，故出歆爲河內太守。從是，攻擊左氏，遂爲重讎。至光武皇帝奮獨見之明，興立左氏、穀梁；會二家先師不曉圖讖，故令中道而廢。……又五經家皆無以證圖讖明劉氏爲堯後者，而左氏獨有明文。五經家皆言顓頊代黃帝，而堯不得爲火德；左傳以爲少昊代黃帝，即圖讖所謂帝宣也。如令堯不得爲火，則漢不得爲赤，其所發明，補益實多。……」書奏，帝嘉之。……八年，迺詔諸儒各選高才生，受左氏、穀梁春秋，古文尚書，毛詩；由是四經遂行於世。皆拜逵所選弟子及門生爲千乘王國郎，朝夕受業黃門署。學者皆欣欣羨慕焉。（同上）264

以上皆兩漢人之言左傳也。著者爲與孔子同時之左丘明；所著傳而外，復有國語：兩漢學者皆無異論。其稍有數次爭辯者，皆緣求立於學官而起。視爲孔子所著之春秋之傳，左氏孰若公羊？所爭者僅此而已。

然漢以後學者遂有疑及漢人所未疑者。

傅玄云：「國語非丘明所作，凡有共說一事，而二文不同，必國語虛，而左傳實。其言相反，不可強合也。」265

劉炫以爲國語非丘明所作。266

則晉、隋、間學者已有舉左傳與國語之關係，以爲疑問者矣。迨唐趙匡乃曰：

舊說以左氏爲丘明，受經於仲尼。今觀左氏解經，淺於公、穀，誣謬實繁；若丘明，才實過人，豈宜若此！推類而言，皆孔門後之門人；但公、穀，守經，左氏通史；故其體異耳。且夫子自比，皆引往人，故曰：「竊比於我老彭。」又說伯夷等六人，云：「我則異於是。」並非同時人也。丘明者，蓋夫子以前賢人，如史佚、遲任之流，見稱於當時耳。焚書之後，莫得詳知。學者各信胸臆，見傳及國語俱題「左氏」，遂引丘明爲其人。此事既無明文，唯司馬遷云：「丘明喪明，厥有國語。」劉歆以爲春秋左氏傳是丘明所爲。且遷好奇多謬，故其書多爲淮南所駁。劉歆則以私意所好，編之七略；班固因而不革，後世遂以爲真，所謂傳虛襲謬，往而不返者也。……劉歆云：「左氏親見夫子。」杜預云：「凡例皆周公之舊典，禮經。」按其傳例云：「弒君稱君，君無道也；稱臣，臣之罪也。」然則周公先設弒君之義乎？又云：「大用師曰滅，弗地曰入。」又周公先設相滅之義乎？又云：「諸侯同盟，薨，則赴以名。」又是周公令稱先君之名，以告鄰國乎？雖夷狄之人不應至此也。又云：「平地尺爲大雪。」若以爲災診乎？則尺雪，豐年之徵也。若以爲常例須書乎？不應二百四十二年，唯兩度大雪。凡此之類，不可頓言。則劉、杜之言，淺近甚矣。左氏決非夫子同時，亦已明矣。或曰：「若左氏非授經於仲尼，則其書多與汲冢紀年符同，何也？」答曰：「……[267]此則魏襄成王時史官約諸家書，追修此紀，理甚明矣。觀其所記，多詭異鄙淺，殊無條例，不足憑據，而定邪正也。（陸淳注云：「此段言左氏傳既非全實，而紀年又憑左氏而成也。」）且左傳、國語，文體不倫，序事又多乖剌，定非一人所爲也。蓋左氏廣集諸國之史，以釋春秋；傳成之後，蓋其家子弟及門人見嘉謀事跡多不入傳，或有雖入傳，而復不同，故各隨國編之，而成此書，以廣聞爾。自古豈止有一丘明姓左乎？何乃見題「左氏」，悉稱丘明？近代之儒又妄爲記錄云：『丘明以授曾申，申傳吳起，起傳其子期，期傳楚人鐸椒，椒傳虞卿，卿傳荀况，况傳張蒼，蒼傳賈誼。』此乃近世之儒欲尊崇左氏，妄爲此記。而若傳授分明如此，漢書張蒼、賈誼、及儒林、傳，何故不書？則其僞可知也。」[268]

則並左氏之爲左丘明亦可疑矣。宋人繼起，言論繁多；姑舉二家，以爲代表。葉夢得曰：

左氏，魯之史官，而世其職，或其子孫也。古者以左史書言，右史書動，故因官以命氏。傳，初但記其爲左氏而已，不言爲丘明也。自司馬遷論春秋言：「魯君子左丘明懼弟子人人異端，各安其意而失其眞，因孔子史記，具論其語。」班固從而述之，謂：「孔子思存前世之業，以魯史官有法，與左丘明觀其史記，據行事以作春秋，口授弟子；弟子退而異言；丘明恐弟子各安其意以失其眞，故論本事而作傳，明夫子不以空言說經也。」其說本于司馬遷，因以丘明爲名，則左爲氏矣。然遷復言：「左丘失明，厥有國語。」按姓氏有左氏，有左丘氏；遷以左丘爲氏，則傳安得名「左氏」耶？至劉歆附會論語，以爲親見孔子，好惡與聖人同；此則專門之家欲以獨求勝，而非其實也。據遷、固自不知爲史凡目之體，謂左氏創爲此傳，且言爲魯史官，非孔子弟子，與孔子相與共成其書。今春秋終哀十四年，而[？]孔子卒。傳終二十七年，後孔子卒十三[？]年。辭及韓、魏、智伯、趙襄子之事，而名魯悼公，楚惠王。夫以春秋爲經，而續之，知孔子者固不敢爲是矣。以年考之，楚惠王卒去孔子四十七年，魯悼公卒去孔子四十八年，趙襄子卒去孔子五十三年。察其辭，僅以哀公係于虞，蓋其一世之事，爲經終。泛及後事，趙襄子爲最遠；而非止于襄子，不知左氏後襄子復幾何時。豈有與孔子同時，非弟子，而如是其久者乎？以左氏爲丘明，自司馬遷失之也。啖趙氏雖疑之，而不能必其說。今考其書雜見秦孝公以後事甚多。……不可不辨其說，以破學者之惑。蓋有必不可誣而見之事者：官之有庶長，不更，秦孝公之所名也；祭之有臘，以易蜡，秦惠公之所名也；飲之有酎，禮之所無有，而呂不韋月令之所名也。今左氏記秦敗麻隧，獲不更女父，乃見于成之十三年；晉敗于櫟，獲鮑庶長武師，乃見于襄之十一年；虞公假道伐虢，宮之奇言虞不臘，乃見于僖之五年；鄭子產對晉官書酎，乃見於襄之二十二年；則安得遠先有是名乎？或曰：「古今制名沿習，各有自，未必創起于一時。」是或然矣。然：臘，祭也；飲酎，君臣之盛禮也；不應先于數百年之前，而不一見。此三國之史所追書爾。何以知之？麻隧之敗，春秋本不書，但言伐秦而已。此從之爲晉史者增書以自誇之辭，左氏但其聞見，皆信之而弗悟；則左氏固出於秦孝公、惠公、呂不韋之後矣。非特此也。陳敬仲入齊，至田和篡齊，去春秋九十餘年；而記周史筮敬仲之辭曰：子孫代陳有國，必在姜姓，見於莊之二十二年；晉分列爲諸侯，去春秋終百餘年，而記畢萬始筮仕之辭曰：公侯子孫，必復其始，見於閔之元年；周亡，實三十一世，七百餘年，而記成王定鼎郟鄏，言卜世三十，卜年七百。占者精於術數，類非後世所能及。然天人在昧之際，亦不應逆得其所代之姓氏，所後之子孫，與其存亡之年紀世次，若合符契。如是者，余意此乃周、秦、之間，卜筮家者流欲自神其藝，假前代之言，著書以欺後世。亦〔皆？〕左氏好奇，兼取爾載之。則左氏眞出于周亡之後，〔亦〕未可知。269

依趙匡說，則左氏書尚可置諸七十子後，至魏襄王之間。依葉氏言，則更須抑而下之，至周亡以後矣。朱熹曰：

左氏之病是以成敗論是非，而不本於義理之正。嘗謂左氏是箇猾頭熟事，趨炎附勢之人。……陳君舉說左傳曰：左氏是一箇審利害之幾，善避就底人；所有〔以？〕其書有貶死節等事。其間議論，有極不是處；如周、鄭、交質之類，是何議論？其曰：「宋宣公可謂知人矣；立穆公，其子饗之，命以義夫！」只知有利害，不知有義理。……人若讀得左傳熟，直是會趨利避害。……林黃中謂：左傳「君子曰」是劉歆之辭。胡先生謂：周禮是劉歆所作。不知是如何？左傳「君子曰」最無意思。因舉「芟夷蘊崇之」一段，是關上文甚事？……左氏見識甚卑。如言趙盾弑君之事，却云：「孔子聞之曰：『惜哉！越竟乃免。』」如此，則專是回避、占便宜者，得計，聖人豈有是意！聖人作春秋而亂臣賊子懼，豈反爲之解免耶？270

此所引林黃中即與朱子論易及西銘不合，而上疏劾朱子之林栗也。271論易及西銘雖不合，論左氏則似有相合者，故朱子此處引之。且於別處曰：「左氏尤有淺陋處，如『君子曰』之類，病處甚多；林黃中嘗疑之，却見得是。」272是明許之也。栗撰有春秋經傳集解三十三卷，已不傳，據陳振孫直齋書錄解題273云：「其學專主左氏，而黜二傳，故爲左氏傳解，裒上之。」合諸朱子所引，則似栗雖從左氏而特斥其「君子曰」各段耳。栗以此各段爲劉歆所竄入於左傳者，是否具有考證，以爲根據；抑僅如朱子深惡左傳中以利害傷義理之言論；今亦不可考矣。

案昔爾劉炫已舉「處秦爲劉」之文，謂非出丘明舊策，而爲漢儒所加。274今林栗、朱熹輩所欲芟除於左氏者，當更多矣。吳萊曰：

左氏約經以作傳，下訖智伯；知伯之誅在春秋後，孔子卒已久。或曰：左氏，晉人也。或曰：左氏，非左史倚相後也。若其說，晉王接則謂：別是一書。意者，當西漢末與公、穀、二家爭立博士，故又雜立凡例，廣采他說，以附於經。是豈左氏舊哉！275

趙時春曰：

春秋著事，以經文爲止。左氏傳列國事，非丘明不能也。其雜說者，附會王莽、劉氏、之符命，求立左氏學官，以圖富貴者、爲之也。又多以類增之，期成書，故失之誣與誕；多以成敗論人，異乎恥巧言令色者矣。曰：何以知之？曰：以論語知之。名呼之，而取其行，必交友以下也。非下則不名，非同時則不傳也。紀孔子卒，至三晉之喪智伯，非漢儒之附會，而何？史記亦有之。欲以成莽之篡漢，故以漢爲堯後，非爲舜後，堯、舜、俱黃帝後，必使帝系一定，以土代火，與左傳之當論詞，皆妄也；非史遷舊文也。何以知之曰：：以堯典、孟子、知之。帝系：堯爲舜從曾祖，而以二女妻之；堯方呼爲在下之鰥，不以爲親屬之數，又外詢于四岳，又以姑妻舜；常人弗爲也，而堯、舜、爲之！舜由側微，豈曰黃帝之後；堯不知其系自黃帝，而漢儒知之，非謂其智過堯，其學亦高於堯矣！故可哂也。276

元、明、二代學人之攻駁左氏者，亦頗多。今僅舉吳、趙、二氏，以爲代表。吳謂西漢末人雜立凡例，廣采他說，以亂左氏。通弊縱王莽者以類增竄，失之諛佞，蔓延所至，兼及遷史。上可以爲宋人惡左氏者之承繼，而下可以爲清及晚近人劉、廖、康、崔、錢之先驅矣。

劉逢祿有左氏春秋考證二卷。上卷摘出左傳段落，而箋證其爲後人附益之迹。下卷選錄史、漢、以下迄孔穎達疏，277諸家之述及左氏者，具證，或取，或駁之，以實己說。其說之大略，則如：

證曰：夫子之經，書於竹帛，微言大義，不可以書見，則游、夏、之徒傳之。丘明蓋生魯悼之後，徒見夫子之經，及史記晉乘之類，而未聞口受微指；當時口說多異，因具論其事實，不具者闕之。〔史記十二諸侯年表叙〕曰：魯君子，則弟子也；曰：「左氏春秋，」與鐸氏、虞氏、呂氏、並列，則非傳春秋也。故曰：「左氏春秋」舊名也；曰：「春秋左氏傳，」則劉歆所改也。278

證曰：但以春秋論，則博士所見左氏春秋，即太史公所見古文春秋國語；東萊與鄭亦見之，是其本也。歆欲立其附益之本，乃託之祕府舊文。279

證曰：左氏後於聖人，未能盡見列國寶書，又未聞口授微言大義，唯所見載籍，如晉乘、楚檮杌、等，相錯，編年爲之。本不必比附夫子之經，故往往比年闕事。劉歆強以爲傳春秋，或緣經飾說，或緣左氏本文前後事，或采他書，以實其年。如此年〔莊26〕之文，或即用左氏文，而增春、夏、秋、冬、之時，遂不暇比附經文，更綴數語。要之，皆出點竄，文采便陋，不足亂眞也。然歆雖略改經文，顚倒左氏，二書猶不相合，漢志所列「春秋古經十二篇，經十一卷，左氏傳三十卷，」是也。自賈逵以後，分經附傳，又非劉歆之舊，而附益改竄之跡，益明矣。280

又如崔適子承宣爲崔適作行述，中云：

又嘗謂漢志有公羊外傳五十篇，今佚不存，左氏正可補其闕；而當復其舊名，曰：左氏春秋，而盡刊去劉歆所私改之經文，與所增竄之書法、凡例；庶幾以春秋還之春秋，以左氏還之左氏；謂之兩美，俾攻左者不得藉爲口實。人知府君爲公羊之功臣，不知其尤爲左氏之功臣也。281

可知劉氏之意，頗與吳萊相近；唯其謂史遷所見原書名左氏春秋，劉歆增竄，而改爲春秋左氏傳，則較吳氏說爲稍新穎耳。

廖平於光緒丙戌1886出今古學攷，左傳古義凡例，何氏公羊春秋再續十論，等書。其關於左氏者，大意謂：

古學爲周禮派，皆爲周末史學之文，古文易，古文尚書，毛詩，周禮，左傳，皆其學也。今學爲王制派，皆孔子改制之作，漢京博士所傳，今文易，今文尚書，三家詩，儀禮，公，穀，春秋，是也。故許君五經異義所列異同，皆今學與古學相異，未有古學與今學同者，蓋經中分，各爲一派，此古今學術之分，治經之大綱也。282

二傳今學，左傳古學；二傳經學，左傳史學；二傳實家，左傳文家；二傳受業，今傳不受業；二傳主孔子，左傳主周公；二傳主王制，左傳主周禮；二傳主經傳，左傳主史冊；二傳帝、霸、人，左傳帝、道、人：學派異端，未可偏廢。283

孔子所修經，左史文也。國語所記言，則右史文也。二史各異，同自爲書，非如以傳釋經之比。左傳採用國語，多本右史之文，而又參以國見，編年爲此。凡左史有，而右史不記者，皆緣經例以解之，故上事多於國語。然所採雖博，但不立異於二傳者，事迹皆同，於此足見傳文率由史書抄錄者。[284]

左傳於今學事實，有國語可徵者，皆不能變。唯所無顯事，乃立異；其立異之意，則又以不信孔子修春秋之說，皆今學之不安者：如叔服、王子虎、祝白、鄭季姬、齊仲孫、滅郭之類，是也。[285]

史公不見左傳，則天漢以前尚無其書。然則前漢儒林傳謂：張蒼、賈誼、傳左傳學，爲作訓解；藝文志無其書，則其說亦謬爲古學家言也。按國語晚出，而左傳晚興，張、賈、所見，皆爲國語，因其爲左氏所輯，皆記事，與虞氏、呂氏、同有春秋之名，其稱左氏春秋者，即謂國語，不謂左傳。左傳既出之後，因其全襲國語，遂冒左氏名爲左氏傳；又以其傳春秋遂揭左氏春秋之名；後人聞傳左氏春秋，不以爲國語，而以爲左傳；遂謂張、賈、皆習左傳。此其冒名提實之所由也。使當時有左傳以傳經，又有師說，張、賈、貫顧，何不求立學官？縱不立學官，何以劉子駿之前無一人見之？太史公博極羣書，只據國語。劉子駿移太常書，只云：「臧［？］」生事與同，不云：其書先見。後書又云：歆校書，見左傳而好之；是歆未校書以前不見左傳也。觀此，則張、賈、不習左傳，明矣。[286]

劉申受［逢祿］左傳考證以傳釋經爲劉氏所加，備列考證。案其說非也。無論劉說恒不得傳意，何爲補傳？左傳蓋成於戰國之時，漢初未顯耳。[287]

廖氏爲學勇於立說，[288] 而數有改變。[289] 丙戌時，尚是深貴鴻溝，平分今古；繼以周禮與王制不可兩立，[290]「於是考究古文家淵源，則皆出許、鄭、以後之僞撰；所有古文家師說，則全出劉歆以後據周禮、左氏、之推衍；又考西漢以前言經學者，皆主孔子，並無周公；六藝皆爲新經，幷非舊史；於是以尊經者，作爲知聖篇；闢古者，作爲闢劉篇。」[291] 此二書殆皆成於戊子1888。[292] 知聖篇，後刻於辛丑1901，自跋云：其中多所修改。闢劉篇，終未刻；其中於左傳云何，不可得知。唯廖氏於甲午1894出古學考，多更易其今古學攷中之說。今古學攷未嘗從劉逢祿言：「劉歆增加左氏之說，而古學攷乃云：「初用劉申受說，以左氏傳劉例，即本傳所謂章句，出於劉歆。」[293] 不知其所指者，謂今古學攷未成以前，曾從逢祿之說，抑闢劉篇中亦曾以古學左傳爲歆、莽、羼耶？張之洞者，廖氏之房師，而有廢二傳，用左氏之意者也。[294] 戊子中，張在粵，電召廖氏，命纂左傳以配十三經義疏。[295] 廖既受命將事，乃稍更易己說，以左傳全部而周禮之大部分提歸今學；所謂：「及細考之，乃知左、國、全爲今學，其書早行，未經劉歆羼亂，周禮亦惟專條乃爲劉語，其與戴記同者，皆爲今學」[296] 也。於是作刪劉篇，[297] 從周禮中刪出廖氏所以爲是劉歆竄增者也。庚寅1890 而春秋左氏古經說十二卷成書。其凡例中可尋廖氏於左氏源流之見解。

據五行志于左傳後，劉歆之前，引「說曰」有二條，[298] 言凡，謂不專爲解經明文。考說經皆有大傳。後遂條章句皆晚師說。今與服大傳，于夏作。後師乃有服問。服問之後，乃有今儒國中逐章解釋之本。今定左氏爲大傳。說爲後師引傳推例以解經文之書。今據此以解經之師爲說，為先秦左氏弟子引傳解經之本。今將解經之文摘附經下，仍五行志舊目，曰：春秋古經說。299

近儒據史記稱左氏為國語，漢書言歆引傳解經，博士以左氏［為］不傳春秋；祇左傳解經出於劉氏。劉氏甚尊傳。五行志引劉氏左氏說，與杜氏所引者，數十條，傳皆無其語；而解經明文，史記已多。300 傳本成於先秦，漢師始於司馬。范升、王充、爭辨左氏，皆以史記為說，是也。蓋漢儒習傳，不習說。傳、說，301 藏在秘府，唯史公見之；後劉氏校書，乃得大顯。今以傳本成於先秦，司馬為始師。302

先師303 引傳解經，改分國為編年，時有差誤；如僖公葬，傳在僖公篇，齊桓遷邢、封衛，說在閔二年之類；惟為舊文，故誤跳在此；使本編年，則當增經矣。304

莊公篇，七年，傳不及經事。十二公傳，前後詳略迥殊。劉申綬據此，以為竄羼之證。按解經果出劉氏，何以七年不立一說。305 蓋□傳本出於屋壁，不免殘佚；劉氏不敢補羼，正見謹嚴。今晉語，一君，一篇；可知原文甚備。國語，史記，莊以上事，詳于傳；可知左氏原本甚詳。考五行志引傳文，與今傳本有詳略不同者，是劉氏後亦有脫佚。故左氏有逸文，為今本所無者。306

春秋，子夏所傳之傳，以喪服例之，當名「春秋大傳」。公、穀、當名「問」。故服問、喪服傳、引大傳之文，稱「傳曰」。今左氏說，繁，所引大例，皆出大傳。三傳同祖一本，故多相同。307

五經異義有引左氏說。左氏無其文，文見國語者二條。308 是漢師以國語、左傳、為一，合而不分。今合考其例。蓋傳本為國語。所有異同，特條以前異本耳。309

傳說、義例、與二傳同者，皆本舊傳以外，多從傳文推考。傳為舊文，禮例乃其新得。如莊三十一年，齊侯獻捷，凡，義例本成二年單襄公語，莊二十五年，日食，凡，惟正月之朔未作，本昭七年季平子語；隱元年，葬公會不書，公弗臨，故不書，本莊二十四年，君舉必書，與王命勿籍、之語，僖二年，送女禮，本少姜逆遠其班，與卑聘卑逆、之語；啓蟄而郊之凡，本孟獻子語、之類；是也。故除大傳之外，皆從傳文推考而得者。非如俗說：傳文全出左氏之手也。310

自來，皆以傳文為出國史。不知：左傳本七十子之徒特為六經作傳，語無泛設，而於春秋尤切。故二傳說，時可以移易，而左氏本文、則不能。此不以空言說經之效也。311

傳本意，不專為春秋，故所說禮制、經意、多不在見經之條，而附于無經之傳。312

測廖氏之意，蓋期於今古學考之舊說、少所割棄，而於張之洞之見、多所遷就。其委曲立論，亦費煞苦心矣。然所說，輒與古經說不合。313 且古經說十二卷，期月成書，亦殊草率。武斷之辭，不一而足。314 無怪張之洞閱之，不以為然。乃出三十六題，命更作左氏春秋說長編：315

1 左氏親見魯人受命作傳（受命二字與受命為素臣相混可否據史記刪易二字）316

2 左氏多見諸國史

3 左氏綴經文有筆削（原注317 不如舊說舊文直書）

4 左傳考證駁正（駁劉子駿竄亂之說）

5 三科九旨大例三傳所同（時月日　本國諸夏夷狄　三世）

6 五十凡有經例有禮制（已有分類審定鈔本）

7 據傳補例（亦有表近百條）

8 經與二傳異文（除地名人名音同字異外有意義者不過十數條）
9 傳義長於二傳
10 傳中新例足以補正二傳（近得十餘條當再從傳中推考）
11 經傳小異說
12 國語補正傳義
13 論孟與左氏合
14 禮記與左氏合（案此以解經說例之文爲主所有尊卑儀制爲舊說所略者亦當表出之）
15 毛詩與左氏合（案近人以經說出於[illegible]至於傳文則自春秋以至哀平皆通行於世毛公無論在漢與先秦皆用左傳此似當論解經者）
16 諸子與左氏合（莊子　呂覽　新序　說苑之類　案專同不足言必求合經例者乃列之管子一條言凡例屬史似注文）
17 史記與左氏合（案此專論經例）
18 賈太傅書證（西漢以上左氏通行證似可爲一篇）
19 漢書五行志證（案漢志所引說曰劉歆說文全不見於今傳且與傳文小異劉說似當推而遠之因其不見傳與傳異又傳多闕條足見劉歆無竄改）
20 東漢師說多失左氏意
21 杜氏解不盡得傳意（已有辨正）
22 左氏釋例（案此例最宜詳之因舊略說則全不明晰似可別爲一書此門與杜解合并）
23 申鄭箴[318]
24 申異義本傳說（案此條數不多許鄭多從古文說可申者少）
25 微而顯疏證
26 志而晦疏證（案此即前門之反宜減歸併一篇乃互相起之義）
27 婉而成章疏證
28 盡而不汙疏證（同上）
29 懲惡而勸善（即孟子亂臣懼意）
30 傳引仲尼曰皆春秋大義（引證許傳再論之似有小異者）
31 傳稱君子曰即孔子多就一端立義（同上）
32 傳言神怪卜筮是非善惡不背經義（案卜筮二字似可删）
33 無傳爲闕文（案此舊爲古文入秘府中久而有闕不以通行本補之）
34 續經爲左氏作傳是經說非史體之據（案漢人云左氏不見孔子此總孔子本亦可無此疑）
35 左氏說易書詩禮可補羣經（案此已有鈔本未詳說之）
35[319] 三傳述異同疑（案此即傳疑表中所例當折中經義）
36 斥杜篇（案師論別作一篇詳論傳文所疑誤以昔人所指摘之條皆杜誤說今歸罪杜不敢斥言攻傳也傳疑皆已改正矣）

可知張、廖二人之意，相距尚遠也。[320]

據廖氏言：[321]康有爲於戊子、己丑，間，得今古學考，讀而善之。己丑、庚寅，間，廖、康二氏在廣州相會者，二次。康且得讀知聖篇而知闢劉之議。在第二次相會時，廖之左氏古經說雖未成書，而大端已定。康專從舊說，而不用新義，遂致意見相左。越年，辛卯 1891，康氏之僞經考十四卷出，廖所謂祖述今古學考及闢劉篇而多誤者也。康氏之說曰：

始作僞，亂聖制者，自劉歆布行僞經。篡孔統者，成於鄭玄。……於是奪孔子之經，以與周公，而抑孔子爲傳。322

經學紛如亂絲，於今，有漢學、宋學，之爭；在昔，有今學、古學，之辨。不知：古學者，皆劉歆之竄亂，僞撰也。凡今所爭之漢學、宋學者，又皆歆之緒餘支派也。323

史遷所傳孔子六藝之源流，至足信者：凡詩三百五篇，……無所謂毛詩者；其書……但有伏生今文二十八篇，……無所謂壁中古文尚書者；其禮唯有高堂生所傳十七篇，而無逸禮三十九篇，周官五篇，及明堂陰陽，王氏史記也；其易……無所謂古文費氏也；其春秋唯有公羊、穀梁、二家，無所謂左氏傳也。……今據之，以攻古學，若數贓焉。知毛詩，古文尚書，逸禮，周官，費氏易，左氏春秋，皆僞經也。324

左丘明所作，史遷所據，國語而已；無所謂春秋傳也。歆以其非博之學，欲奪孔子之經，而自立新說，以惑天下；知孔子制作之學，首在春秋，春秋之傳在公、穀，公、穀，之注，與六經通，於是思所以奪公、穀，者。以公、穀，多虛言，可以實事奪之，人必聽實事，而不聽虛言也。求之古書，得國語與春秋同時，可以改易竄附；於是毅然削去平王以前事，依春秋以編年，比附經文；分國語以釋經，而爲左氏傳（歆本傳稱歆始引傳解經，得其實矣）。作左氏傳微，以爲書法。依公、穀，日月例，而作日月例。託之古文，以黜今學。託之河間，張蒼，賈誼，張敞，名臣，通學，以張其名。亂之史記，以實其書。改爲十二篇，以新其目。變改「紀子帛」「君氏卒」諸文，以易其說。續爲經文，盡孔子卒，以實其事。僞爲纂經，以證其說。……今以史記、劉向新序、說苑、列女傳，所述春秋時事較之：如少昊嗣黃帝之妄；后羿、寒浞、篡統，少康中興，之誤；宣公夫人之爲齊姜，而非烝；宣姜之未嘗通公子頑；宋桓夫人，許穆夫人，戴公，文公，非宣姜通昭伯所生；陳佗非五父；隱母聲子爲媵妾，而非繼室；仲子非桓母：是皆歆僞古，悖父，實爲鑿謬，而證成其說者（劉逢祿，左氏春秋考證，甚詳）。且國語行文舊體，如還之二十四年，則在春秋前；悼之四年，則在獲麟後，皆與春秋不相比附。雖經歆改竄爲傳，遺迹可考。史記五帝本紀，及十二諸侯年表，326 皆云：春秋，國語，蓋史公僅採此二書，無左氏傳也。……歆編造僞經，而其本原莫重於僞周官及僞左氏春秋，而僞周官顯背古義，難於自鳴，故先爲僞左氏春秋。……於是，尊丘明爲魯君子，竄之史記十二諸侯年表中；又稱與孔子同觀史記，竄古論語又稱孔子與丘明同恥，並歆彌縫周密者也。……歆古經十二篇，或析閔公爲一篇，或附續經爲一篇，俱不可知。要皆歆之僞本也。……歆既爲左氏微以作書法，又錄鐸氏微，張氏微，在虞氏微傳之上，皆以爲春秋說，而西漢人未嘗稱之，蓋亦鐸、夾、之類，皆歆所僞作，以助證左氏微者。其意謂中秘之春秋說尙多，不止左氏春秋，爲人間所未見；聞見寡陋未窺中秘者，僅以妄改也。其稱自謂巧密矣。然考儒家別有鐸氏春秋，與虞氏微傳，豈有兩書邪？則左氏傳之與國語，分爲二書，亦其狡獪之同例，尤無可疑。……國語僅一書，而志以爲二種，可異一也。其一，二十一篇，即今傳本也。其一，劉向所分之新國語五十四篇。同一國語，何篇數相去數倍，可異二也。劉向之書皆傳於後漢，而五十四篇之新國語，後漢人無及之者，可異三也。蓋五十四篇者，左丘明之原本也。歆既分其大半，凡三十篇，以爲春秋傳，於是留其殘賸，掇拾雜書，加以附益，而爲今之國語，故僅得二十一篇也。考今本國語：周語、晉語、鄭語，多春秋前事；魯語則大半敬姜一婦人語，齊語則全取管子小匡篇，吳語、越語，筆墨不同，不知掇自何書。然其爲左傳之殘餘，而歆補綴爲之，至明。歆以國語原本五十四篇，天下人或有知之者，故仍分一書以當之，又託之劉向所分非原本，以滅其迹。其作僞之情，可見。史遷於五帝本紀，十二諸侯年表，皆云：春秋，國語，若如今國語之寡寥，又言少皞與本紀不同，史遷不應並引

> 矣。……或者惑於史記十二諸侯年表左氏春秋之說，及左氏微，信左氏之傳經，且以史遷引左傳書法，左傳多與今學之禮相合，爲證。史記之文，多歆竄入。……左丘明著書在獲麟後五十餘年，習聞孔門之說，不稱今學之禮，則何稱焉？但中多異說，爲歆所竄入，故今古禮錯雜其中。要之，左氏即國語，本分國之書，上起幽王，本不釋經，與春秋不相涉。不必因其有劉歆僞古禮，而盡斥爲僞書。亦不能因其偶合於儀禮、禮記、而信其傳經也。[327]

康氏文中屢稱劉逢祿，然而不曾一次徵引廖氏。殆爲彼所取於廖氏者，廖氏已多所捨棄，稱之轉滋疑議歟？文中所舉「或者」之惑，殆即指廖氏庚寅新解。康之反駁，要在「史記之文，多歆竄入。」一端。古學與劉歆之存亡，或攻或守，此點最爲要塞者也。

崔適之史記探源八卷，出於宣統庚戌1910。[328]其大意即爲「史記之文，多歆竄入」：

> 劉歆破散國語並自造妄誕之辭，與釋經之語，編入春秋逐年之下，託之出自中秘書，命曰：春秋古文，亦曰：春秋左氏傳。今案其體有四：一曰無經之傳。……二曰有經而不釋經之傳；……以上錄自國語居多，亦有劉歆竄入者。……三曰釋不書於經之傳；……四曰釋經之傳，務與公羊氏、董氏、司馬氏、劉向、之說，相反而已。……此皆爲劉歆所改竄，故公孫祿劾其顚倒五經，毀師法；班固曰：「歆治左氏傳，其春秋意已乖」[329]也。史記之文凡與左傳同，有眞出自左丘明者，列國世系，及政事輿衆之屬，是也。出自劉歆者，詳下五節。
>
> 終始五德：劉歆欲明新之代漢，……乃造爲終始五德之說，託始於鄒衍。……增少昊爲五帝，而分配五德。……歆所以爲此說者，由顓頊水德而下，帝嚳木，堯火，舜土，夏金，殷水，周木，漢復爲火，新復爲土；則新之當受漢禪，如舜之當受堯禪也。……於史記則竄入黃帝、秦始、漢高、本紀，十二諸侯年表，張耳傳也。詳各篇下。通篇皆然者，[330]不在此例；以下稱是。
>
> 十二分野：春秋所記災異，劉向以爲某事之應者，劉歆多指無事可致之國以當之。……又託爲裨竈他事之應，入之左傳。如昭十七年「冬有星孛于大辰，」董仲舒、劉向以爲王室亂，吳入郢之應，左傳則爲宋、衞、陳、鄭、火作之象，而分野之名以立。……五德，劉歆所創，則分野可知。……於史記則竄入十二諸侯年表，齊、宋、鄭、世家，張耳傳也。
>
> 變象互體：諸台爲易，王弼作注，皆無互體。左，莊二十二年傳：「並得觀之否，」……是此年之傳，於易之變象、互體、實發之矣。豈周太史已通漢學乎。此必劉歆竄入。又竄入史記十二諸侯年表，陳、晉、魏、田齊、世家也。
>
> 告則書：經書列國君卒之日，傳輒以爲赴之日，别記卒日於前。……左氏解經之傳，歆始爲之。……創爲赴告則書之說。……示人以春秋非孔子作，不過雜錄各國赴告之文；則其褒貶、是非，皆不足據；不如古文學說爲足據也。於史記則竄入十二諸侯年表，齊、魏、鄭、世家也。
>
> 官失之：……劉歆欲奪春秋於孔子，而歸之魯史，故於隱十七年「冬十月朔日有食之，」竄其說入左傳曰：「不書日，官失之也。」又竄入史記十二諸侯年表也。[331]

崔氏書中，有一條[332]引南海康氏而駁其「文王惟演重卦而無卦辭，經文皆孔子所作」之說。此外，徵引不及有爲。稍以僞經考自甲午、戊戌、庚子、三度奉旨燬板後，當時尚在禁網中歟？其實，崔氏全書見解，大略得自康氏。其所欲刪除於史記者，與僞經考卷二中所條舉者，亦用意相同。以康、崔相較，則崔之倚傍者多，發明者少；雖行文之放縱微遜，而其證之條理較顯，[333] 倘不足自成家法，附庸於康氏以傳，可耳。

夫史記中有褚少孫輩增竄之文，早爲歷代學者所公認，康氏引趙翼二十二史劄記[334]一段，言之尤詳。即以左氏、史記、並爲媚莽者所竄改，趙時春亦已發其論。然至康氏大放厥辭，遂詰難蠭起。朱一新曰：

當史公時，儒術始興，其言闊略；河間傳不言獻書；魯共傳不言壞壁；正與楚元傳不言受詩浮丘伯一例。若史記言古文者，皆爲劉歆所竄，則此二傳乃作僞之本，歆當彌縫之不暇，豈肯留此罅隙，以待後人之攻？足下謂歆僞周官、僞左傳、僞毛詩、僞爾雅，互相證明，并點竄史記以就己說；則歆之於古文，爲計固甚密矣，何於此，獨疏之甚乎？史公自敍年十歲則誦古文；儒林傳有古文尚書；其他涉古文者，尚夥；足下悉以爲歆之竄入；夫同一書也，合己說者，則取之；不合者，則僞之；此宋、元、儒者開其端，而近時漢學家爲尤甚；雖未嘗無精深之言，要非僕之所敢言也。[335]

洪良品與梁啟超書曰：

足下謂：史記楚元王世家有地節二年，齊悼惠王世家有建始三年，司馬相如傳之稱揚雄，張蒼申屠嘉傳之稱韋賢，魏相，丙吉，韋元成，匡衡，不能不謂之竄入；特其竄入之有後事者，今得指而明之；其渾渾淪淪，無可稽考者，又何可勝數？信如尊言，則史記爲竄亂不可辨之書矣。何以貴師必尊據此書，但於其中有合己意者，則曰：鐵案不可動搖；有不合己意者，則以爲劉歆所竄入？如十二諸侯年表之論左傳，儒林傳之敍古文尚書，弟取史記再三釋之，不知貴師旣爲劉歆竄入者，實有何據。[336]

梁啟超者，康氏之高足弟子，曾助其師編纂僞經考一部分，而列名於勘校者也。其後，啟超論僞經考，乃曰：

實則此書大體皆精當，其可議處乃在小節目。乃至謂史記、楚辭、經劉歆羼入者數十條；出土之鐘鼎彝器，皆劉歆私鑄埋藏，以欺後世：此實爲事理之萬不可通者。[337]

則其意之搖動，可知也。

自僞經考出，至今四十餘年矣。駁辨攻守，文字繁多。約而分之，可得三派。崔適之徒，歸獄歆、莽，祖述康說，鮮越規模；一派也。背道而馳，守舊說之極端，如章炳麟、劉師培、孫德謙、[338]等，又爲一派。大略勤搜舊籍，漢儒自劉向以上至張蒼，皆頗用左氏；戰國諸子，如虞卿、[339]荀子、[340]韓非、[341]皆曾引左氏而稱之爲春秋；可證左傳之流傳有自，無妨其出於丘明。實則，其立論意旨，考證方法，未出於張之洞三十六題目之範圍也。折衷於二派之間者，務置左傳撰者於戰國期間，上不逮孔子，下不及秦、漢，猶若趙匡所謂孔門後之門人，廖平所謂先秦左氏弟子也。近學者或謂左氏出於吳起：起，衛左氏人，左氏春秋者，殆以地而得名云。[342]此亦可歸諸折衷派也。

國外之考左傳源流者，就業所知，亦可以此左、右、折衷、三派賅之。右派：如日本之安井衡，竹添光鴻，[343]英國之理雅各，[344]大略從從說謂左傳成於丘明，其文中顯然不似定、哀、時代人所能言者，殆爲後人所加而已。左派，則大略受劉逢祿、康有爲輩所著書之影響。如德國佛朗克，則仍謂劉歆增竄左氏而成左傳。[345]如日本津田左右吉，則竟謂左傳中之言語、故事、多與西漢末之思想相映照，亦出尹咸、翟方進、劉歆、等之改飾，抑搆造。[346]至於日本飯島忠夫則結論雖略同康、崔，而考證專重曆法，頗爲新穎。據謂左傳中之歲星及冬至，皆與推算不符，而與劉歆之三統曆相合，益可證左傳中有歆僞竄之迹云。[347]此則康、崔、翟所未發者也。

國外之折衷派，如日本狩野直喜，就左傳所載卜筮預言，分其應驗與否，斷爲秦孝公時代以前則驗，其後則否，知左氏成於戰國之時」也。[348]瑞典高本漢以論語、孟子、代表當于魯地方語言之書，求其中虛字用法，以與左傳相比。斷謂「若」與「如」、「于」與「於」、「及」與「與」、等字之用或不用，魯語與左傳不同，則著左傳者非用魯語之人，非魯人也。推廣其法，更以左傳與書、詩、語、孟、莊子、國語、各書相比，斷謂左傳與國語文法相近，而不盡同；左傳用「如」以表相似之意，而國語中「如」「若」並用，則左傳者，非抄襲國語以成書也。左傳與其他各書文法之離異甚多，則非後人模倣古書文法以僞著左傳也。高氏以史記與左傳相比，而知左傳已出於史遷之前。以左傳與漢初書相比，見其文法不同，因知左傳當成於漢前。以莊子、呂氏春秋、戰國策、荀子、韓非子、各書相比，得公曆前三世紀文法一致之大略，而此很與左傳文法不同，故疑左傳成書於前三世紀之前。又以左傳訖於哀二十七年，故斷其書當成於公曆前 468 與 300 之間。[349]高氏考證之結論，又當別觀，至其所取之方法，則頗爲中外學者所盛讚焉。[350]

日本新城新藏亦以曆算考左傳。其意不僅在攻駁飯島忠夫之說而已；且欲進而求左傳著者實用何時曆象，以推算春秋年月也。夫漢書律曆志以劉歆之三統曆爲本，乃輒引左傳中歲星及冬至之紀事以爲證。徵之今日之天算，左傳所記者、既誤矣，是必春秋時代以後之人所推算而誤者也。然則此爲誤算者，即劉歆歟？抑誤算者實在劉歆之前，本依某種曆法以爲推算，而劉歆之三統曆乃參酌舊法，及左傳，及西漢末之天象，而成者歟？飯島以前者爲然。新城以後者爲是。[351]先後因果之爭也。而爭論要點，厥在歲星超辰一端。

歲星者，木星也。以歲沿行周天之(0)星紀、(1)玄枵、(2)娵訾、(3)降婁、(4)大梁、(5)實沈、(6)鶉首、(7)鶉火、(8)鶉尾、(9)壽星、

(10)大火、(11)析木、十二次而行。漢人自詡與惡以上，皆以爲歲行一次，十二歲而周。劉歆之三統厤乃爲超辰之算，一百四十四年而超越一次，其意謂歲星一歲所行者一次而強，積一百四十四年而行一百四十五次也。其實，據今之算，歲星八十三歲又數日而周行者七，八十六歲而行八十七次耳。左傳中自襄二十八 B.C. 545「歲在星紀，而淫於玄枵，」襄三十 543「歲在娵訾之口，」至哀十七 478 楚滅陳應昭八年，九年，晉史趙，鄭裨竈，所爲陳亡歲在鶉火之預言，前後六十三年中，言及歲星所在者、六七條。參合此數條而考之，有超辰之痕迹乎？有之，則是劉歆所爲，蓋劉歆以前，史無超辰之厤算也。按三統厤算歲星之法：

> 置上元目來，外所求年，盈歲數除去之，不盈者［A］，以百四十五乘之。以百四十四爲法。如法得一，名曰積次。不盈者，名曰次餘。積次盈十二，除去之。不盈者，名曰定次。數從星紀起。算盡之外，則所在次也。[352]

此所謂「歲數」者，即 1728，三統厤以爲歲星環行一百四十五周之年數也。[353]所謂上元以來者，三統厤以爲自上元至太初元年 B.C. 104 之前十一月甲子（B.C. 105），共得 143,127 年，從其數或加或減所求年距太初元年之年數也。更從其數減一，則所謂「外所求年」也。如其法，則襄二十八年之歲星所在，可得而算：

$$\frac{(143,127-(545-105)-1)-A}{1728} = M\ 積實\ A = 143,231 - 545 - 1728M$$
$$= 143,231-(1728\times 82)-545 = 143,231-141,696-545 = 1535-545 = 990$$

$$\frac{A\times 145-次餘}{144} - 12M' = 定次 = \frac{990\times 145-126}{144} - 996 = 0 \quad 0 = 星紀$$

果當星紀也。從公式中觀之，可見每進一年，則定次及次餘均加一。倘次餘之加積至一百四十四，則公式中次餘之處將爲零數而定次又特增一數，超辰之年也。今當襄二十八、歲在星紀之年，次餘得 126，試推進十八年，至昭十五 B.C. 527，則次餘適盈 144，是超辰之年矣。

$$\frac{A\times 145-次餘}{144} - 12m'\ 定次 = \frac{(1535-527)\times 145-次餘}{144} - 12m'$$
$$= \frac{1008\times 145-次餘}{144} - 12m' = 7\times 145-12m' = 1015-1008 = 7 \quad 7 = 鶉火$$

夫自星紀前進十八次，應得鶉首，而乃得鶉火者，其年適超辰也。顧左傳中並無昭十五歲在鶉火之明文。惟昭三十二 B.C.510：

> 夏，吳伐越，始用師於越也。史墨曰：「不及四十年，越其有吳乎？越得歲，而吳伐之，必受其凶。」[354]

漢書律厤志曰：

> 三十二年，歲在星紀，距［僖公五年 655 正月］辛亥，百四十五歲，盈一次矣。故傳曰：「越得歲，吳伐之，必受其咎。」[355]

蓋以越之分野，爲在星紀次內，故云。此說若信，則三統昭十五超辰之算，得其證矣。蓋若昭十五 527 在鶉火，則前進十七次至昭三十二510，適得星紀也。然左傳謂陳亡於哀十七478，歲在鶉火之年。推而退之三十二年，則昭三十二510歲在析木；析木殆是越之分野耳；置越於星紀者，後說也。推而退之四十九年，則昭十五527歲在鶉首耳；未嘗超辰也。飯島忠夫執昭三十二歲在星紀之說，以證昭十五之有超辰，而左傳曆法出於劉歆。[356]新城新藏執哀十七歲在鶉火之解，以證昭十五之未有超辰，而左傳不合於劉歆之三統曆。[357]飯島執漢書之解左傳以爲攻。新城則執左傳之解左傳以爲守也。

新城氏更以德人所爲行星表[358]推算襄二十八，歲應在壽星，較左傳所記者，更進2.8次。國語[359]中晉文公奔狄之年，歲在大火，當左傳僖公五年655，[360]新城推算其當更進3.9次，而在鶉首。昭三十二，新城解左傳，置歲星於析木，依行星表爲算則當更進則2.1次，而居壽星。是國語及左傳中歲星之製定皆在春秋之後。定之者以歲星年行一次之法，算春秋紀年所當歲次，故年愈前而差愈甚。新城氏折中計之，謂其約在公曆前376[361]或其前後一二十年中，從當時歲星所在，以每十二年一周天之行，倒算春秋紀年云。又謂公曆前365爲「元始甲寅」之歲。其年歲星實在星紀之次，而太歲在寅。由是占星家倒推以歲星，前進以太歲、紀年焉。[362]占筮家所爲預言紀事，自當在365之後。左傳用其記載，則又在其後矣。顧左傳所載預言，有不驗者，如僖三十一年629：

冬，狄圍衞，衞遷于帝丘。卜曰：「三百年。」[363]

三百年，則當公曆前329，而衞之亡乃在209。[364]然則左傳編纂之時期，當在365之後，而329之前也。

左傳僖公「五年655春王正月辛亥朔日南至。」昭公「二十年522春王二月己丑日南至。」二者相去133年。以一歲之365.25日乘之，得48578.25日。以僖五正月辛亥(48)當其首，越48577(=809×60+37)日，則得戊子(25)，其次日(卽小數.25超處)，果爲己丑(26)也。三統曆以十九年爲一章，一百三十三年適得七章。漢書律曆志於僖五云：「得孟統五十三章首。」[365]於昭二十則云：「二十年春王正月，距辛亥百三十三歲，是辛亥後八章首也。正月己丑朔旦冬至；失閏，故傳曰：二月己丑日南至。」[366]試問：左傳中曆法如爲劉歆所僞，何不逕置己丑於昭二十之正月，而不必爲失閏之解乎？飯島[367]謂：此年經文中有「十有一月辛卯」，則正月不得以己丑起，故傳置之於二月云。

新城新藏力駁左傳作於劉歆之說。其重要理由，則(一)左傳已成於戰國；(二)史記已多引左傳；而(三)劉歆之曆法亦頗有與左傳不合者，如漢書五行志[368]所引：莊二十五年六月辛未朔日有食之，而劉歆以爲五月二日；文十五年六月辛丑朔日有食之，而劉歆以爲四月二日；昭二十一年七月壬午朔日有食之，而劉歆以爲五月二日；是也。[369] 至於飯島所舉二條日南至之問題，新城引孟子：

天之高也，星辰之遠也，苟求其故，千歲之日至，可坐而致也。[370]

而謂戰國時人或已知十九年七閏之法；然則僖五、昭二十之日至，如非當時紀實，寧謂是戰國時所算者耳。[371] 繼求此應當戰國時代之何期。按[372]

僖五(655)正月辛亥(48)　當儲略日 1482.178　而冬至實在 1482,181.1
是太早 3.1日

昭二十(522)二月己丑(26)　當儲略日 1530,756　而冬至實在 1530,758.4
是太早 2.4日

「顓頊曆曆元」(366)
正月甲寅(1587,781)－45.6　而冬至當儲略日 1587,735.4　而冬至實在
1587,736.4 是太早 1.0日

太初元前(104)十一月甲子(1)　當儲略日 1683.431　而冬至實在
1683,429.9 是太晚 1.1日

表中有一時期焉：由其時而前後推算冬至，後則太晚，前則太早，愈前而早愈甚。新城於是爲橫斜二線。橫線以代表年度，就各冬至所當之年而上下置點，太晚者置於下，太早者置於上，以遠近爲比例；斜線以貫諸點而割橫線。割處約當公曆前二百四五十年之所；謂若就此時某冬至之測驗，而以365.25日逐年前推，則左傳所記之二日至可得也。

然於此頓生一問題焉。新城前固以爲左傳成書在365–329之間矣。其日至之推算，何乃在此時期之後又百年乎？且二日至之相去133年，可爲顓頊曆或殷曆之七章；試二冬至之年度及干支考之，合於顓頊曆之推算乎？抑合於殷曆之推算乎？新城氏繼續研究之結果，則謂虛設之顓頊曆以立春爲標準，與左傳中之以冬至爲標準者，無與也。如以殷曆較之，則僖五、昭二十、之冬至俱當章首，然漢書律曆志云：

釐公五年正月辛亥朔旦冬至；殷曆以爲壬子。[373]

則干支又不合矣。新城於是乃假設左傳之原文爲

正月壬子朔日南至

二月庚寅日南至

至劉歆乃依其三統曆之推算，各提早一日，而改傳之壬子爲辛亥，改庚寅爲己丑云。[374] 新城所爲殷曆之考證，茲姑不論。然彼與飯島爭辯，原欲破其左傳中有三統曆法之說也。何乃一退，而至於斯！不啻授人以柄。無怪飯島執之，以重申其舊說焉。[375]

國外折衷派當復數及法國馬伯樂，[376] 馬氏長文一編，要論約分三部。一部，痛駁劉逢祿、康有爲、之說；證據多取於章炳麟；論調稍同於高本漢；翻檢爲勤；發明較少。一部，論及曆法。駁飯島歲星之說則不引新城而從戴循士，[377] 謂左傳中

之歲星，殆由公曆前375左右推算而得。至於僖五、昭二十、之日至，則略改新城之算，謂自公曆前352至238之間，取某冬至與朔合之日，以365.25日爲一年，十九年爲一章，倒推之，辛亥、己丑、之日可得也。又謂據十九年爲一章之曆法已自265用於秦，[378]則左傳中之日至，可推算自公曆前三世紀之前半，或其前云。

第三部，爲全文精華所萃，頗有新見。在昔學者，劉逢祿、廖平、輩已於左傳之文，爲述史、釋經、之別。前者，劉氏謂之左氏春秋；後者，廖氏輯爲古經說。而今新城新藏更考歲星與冬至之推算，不出於同一時代。彼此分別之指示，可合四五以爲二十乎？馬氏云：左傳者，由二書參合以成者也。其一爲史。其一爲傳。二者各有殘缺，而缺處不同，其別甚顯。[379]史者，記齊、晉、與楚爭雄之事，年月以晉爲主，始於曲沃與晉之爭，事在春秋之前，訖於知伯之死，事在春秋之後；殆因改訂爲春秋傳，而最後一段，遂以缺佚。史中所載歲星之紀事，足見其所引用書籍，有作於公曆前四世紀之中葉，或稍前至二十餘年者。又其所載預言，若僖三十一629，衛遷帝丘，卜年三百；而史記云：衛嗣侯五年320，更貶號曰君，獨有濮陽。[380]此距帝丘始卜，已三百九年。衛遷其都，當近此時，著者殆知之，故載其卜也。[381]又若王孫滿之對楚子問鼎曰：「成王定鼎于郟鄏，卜世三十，卜年七百，天所命也。」[382]據竹書紀年，[383]自成王十八年定鼎於洛，至顯王四十二年，九鼎淪泗沒于淵，以竹書紀年合公曆年數，考其相距(1027–327)，[384]正得七百年，而於周之世系，成第二，顯第三十二，亦正得三十世。[385]以帝丘及九鼎、二項預言之應驗觀之，左傳中所含之史不得成於公曆前四世紀之末段以前。然依高本漢所考證，左傳文法與三世紀之書，及漢人著作、不同；故馬氏斷謂此所謂史者，當成於前四世紀之末段以後，而三世紀之中葉以前云。

所謂傳者，馬氏謂猶如公、穀、之爲春秋傳，唯家法不同，經說殊異，而經文亦有別。其特別經文，尙殘存於傳中，與公、穀、之經，並劉歆所校訂之古文經，時有異同。其並異者：隱六，公、穀、及古文經皆爲「冬宋人取長葛」，而此傳中之經乃爲「秋宋人取長葛；」[386]隱十一，公羊經文：「公會鄭伯于祁黎」，「祁黎」于穀梁、及古文經、皆作「時來」，而此傳中之經文乃作「郲」；[387]襄二十七之日食，公、穀、及古文經皆以爲在「十有二月」，而此傳中之經文乃作「十一月」；[388]如此之屬，甚多。[389]夫此傳之經既與劉歆所取之古文經有別，則傳非劉歆所作。其經既復異於公、穀、經文，則傳非漢人所爲，蓋漢人欲爲傳，儘可依公或穀之經，或參合公、穀、而爲之，不必僞創一特別經文也。况其特異者，又多是月日、人名、地名、等項；何爲爲此無關弘旨者乎？既非漢人所作，則當作於秦火之前矣。馬氏又云：左氏中之論及日食、日至、及閏法者，皆在此所謂傳者之中。自其論閏法、及其算日至、觀之，此傳之成不能在四世紀之後半葉以前。據高本漢之考證，左傳全部既有一致之文法，而此文法又爲三世紀以前之文法，故馬氏斷其所謂傳者亦當成於四世紀之末段以後，而三世紀之中葉以前云。390

此傳與史，二書者之參合，而爲左傳，馬氏謂當在公羊前三世紀之末段以前，蓋戰國策及韓非子皆引其史之文，而以春秋稱之，391 可見當時史已合於傳，故世遂視其全書爲春秋之傳云。

嗚呼！以業所知，二千年來，古今中外、所爲左傳源流之辨論，此其大略也。以時代及問題之性質，約之，僅得三段落，而每段落中，一中心問題而已。兩漢之代，一：左傳與孔子之春秋，有何關係？晉隋之間，二：左傳與國語有何關係？自唐以來，三：左傳究成於何時？竊不揣謭陋，試依次爲答之。

（一）漢人之拒左傳於學官者，或曰：「左氏不祖聖人」，或曰：「左氏不祖孔子」，或曰：「左氏不傳春秋」；竊疑此皆言不達其意者也。左傳多引仲尼之言以爲重，又特書「孔丘卒」，豈不祖孔子者乎？左傳亦輒釋經文，屢言其書、不書、之故；且曰：「春秋之稱，微而顯，志而晦，婉而成章，盡而不汙，懲惡而勸善；非聖人孰能修之！」豈可謂之不傳春秋，不祖聖人乎？上有明旨，詔議與學，太常博士諸豈皆不稍檢閱左氏，以備置對？然猶爲其拒左傳之言者，其意蓋謂左氏不傳孔子所著之春秋耳。立於學官者，公羊春秋也，公羊傳孔子所著之春秋也。孔子因魯史而刪改之文，越數百年而猶存者，具存於經；孔門解釋春秋之義，經數十子而流傳者，具載於傳：此說在春秋博士心中，先入爲主；穀梁謂孔子錄魯史，有因而無改，其異於公羊，雖至微，猶皆拒之，况左氏乎？左氏所釋之春秋，其所謂魯春秋也，其所用全本今不可見，可見者，僅其所殘存於傳中者耳。著左氏者之意，若謂：此魯春秋即孔門歷代教授春秋經之課本；於是，述史事以詳之；引孔子及諸君子釋經、評史、之言論，以實之；羅較舊籍，以知其所不書；參比其所書與所不書，以發其凡例；雖依附其年月，亦錯雜其經文；引詩、書、徵禮，載事而記言；俾讀者知隱、哀、二百五十餘年間，列國人物、政事、之得失；且以見魯史書法、懲勸之意義，與孔門弟子評論之大略也。在其著作之始，或擬爲與魯春秋相表裏之傳。暨載事繇筆，覺宜然自成一家書；魯春秋猶糟粕，不足重輕耳。

司馬遷稱其書曰：左氏春秋，非謂其書若呂氏春秋之屬，與解經全無關係者也。遷稱穀梁傳爲穀梁春秋，故知不可以呂氏春秋例之。且曆書云：「周襄王二十六年閏三月，而春秋非之。」[392]則覺以春秋稱左氏矣。不可謂史遷意中之左氏爲不傳春秋者也。然史記謂孔子次春秋，上記隱、下至哀之獲麟，約其辭文，去其煩重；而左丘明因孔子史記，具論其語，成左氏春秋。則史遷固以爲左氏所傳者，亦孔子所著之春秋也。竊疑：史公雖嘗聞公羊傳於董生，究非春秋專家，彼所用左氏本，尚未附有古文經，故未覺自獲麟後至「孔丘卒」，左氏亦本經文；且又誤讀「天王狩于河陽」一條之傳，以爲左氏特記孔子修改魯史之文，而不知左氏載孔子解釋魯春秋書法之言耳。哀帝時，諫大夫龔勝等十四人，奏議朱博、傅晏、趙玄、獄：「昌爲春秋之義，姦臣事君，常刑不舍；魯大夫叔孫僑如欲顚公室，譖其族兄季孫行父於晉；晉執囚行父，以亂魯國；春秋重而書之。……」[393]此亦言春秋而用左氏。不知其亦識左氏之春秋與官立公羊之春秋固有別乎？當時劉歆已稱左氏爲「春秋左氏傳」矣。[394]如漢書藝文志中之叙錄，果亦出自七略，則歆固知左氏不傳孔子所著之春秋；蓋志中之春秋叙錄述及左氏者，文本史遷之十二諸侯年表序，而稍有所刪易，如刪去孔子次春秋、訖獲麟、一段，加入「夫子不以空言說經」，更易「因孔子史記」爲「論本事」；較其增減去留之間，其意甚顯也。其移書太常責諸博士，曰：「謂左氏爲不傳春秋，豈不哀哉！」事在編著七略之前。其當時尚未喻諸博士言意歟？抑彼當時已有孔子僅說魯春秋而不著春秋之見，已以爲與春秋在左氏而不在公羊歟？抑不欲使公羊、左氏、二傳之爭，一轉而爲孔子與春秋之辨，乃故含混其言歟？[395]

夫歆以爲孔子之於春秋，僅說而不作，蓋善讀左氏者也。以業上文所考，左氏此意不誤，歆從之，是已。然倘謂左氏果就魯春秋舊本而爲傳，則尚有疑焉。業疑魯春秋不以春、夏、秋、冬、等字，冠諸月上。左氏傳文所引之經，乃亦輒以時冠月、何也？「壬申公朝于王所，」公、穀、經，古文經，皆存日而闕月。左氏傳文所引之經，乃不僅亦同此闕，且所叙「丁丑諸侯圍許」[396]遂亦無月可系，何也？業疑昔於戰國時，有刪易魯春秋以爲經、而爲之傳者。經文有輾轉刪錄之本，故輒有異同。左氏著者得較舊之本以爲主，亦且參校他本，以彌縫其殘缺，其無可補者遂亦仍之歟？此端請俟於論左氏編纂之時期、及經文傳本、各段中，更詳之。

（二）漢人雖以國語爲春秋外傳，與左傳並爲丘明所著；皆、陷、之士，有疑之者；蓋以有其說一事，而左、國、二文不同者也。唐孔穎達左傳疏中巳發數例：鄢陵之戰，晉敗楚師，左氏以爲謀出於苗賁皇，楚語乃云雍子所爲；[397]黃池之盟，吳、晉、爭先，左氏謂卒先晉人，吳語乃曰：「吳公先歃，晉侯亞之；」[398]「兄弟鬩于牆，外禦其侮，」左氏以爲召公之詩，周語乃以爲周公所作。[399]若此之屬、實尚多。[400]故趙匡遂爲說，謂左氏廣集諸國史、以爲傳，而子弟門人見嘉謀事跡尚有未入傳者，抑譔入傳而復有不同者，乃隨國編之爲國語。宋司馬光曰：

> 先儒多怪左丘明旣傳春秋，又作國語，爲之說者，多矣，皆未通也。先君以爲丘明將傳春秋，乃先采集列國之史，國別分之；取其菁英者，爲春秋傳；而先所采集列國，因序事過詳，不若春秋傳之簡直精明，渾厚遒峻也。又多駁雜不粹之文，誠由列國之史，學有薄厚、才有淺深、不能醇一故也。不然，丘明作此複重之書，何爲耶？[401]

南宋李燾曰：

> 昔左丘明將傳春秋，乃先采集列國之史，國別爲語。旋獵其英華，作春秋傳。而先所采集之語，草藁具存，時人共傳習之，號曰國語：殆非丘明本意也。[402]

蓋本光說。淸趙翼辨國語非左丘明所撰、云：

> 今以其實考之，乃是左氏採以作傳之底本耳。……不忍竟棄，因删節而並存之；故其書與左傳多有不盡一者。……國語本列國史書原文，左氏特料簡而存之，非手撰也。[403]

亦大略同其意也。顧南宋葉適曰：

> 以國語、左氏、二書參較，左氏雖有全用國語文字者，然所採次僅十一而已。至齊語不復用，吳、越語、則採用絕少，蓋徒空文，非事實也。左氏合諸國記載成一家之言，工拙、煩簡、自應若此。惜他書不存，無以徧觀也。而漢、魏、相傳，乃以「爲」左氏、國語、一人所爲；左氏雅意未盡，故別著外傳。餘人爲此語，不足怪，若賈誼、司馬遷、劉向、不加訂正，乃異事爾！[404]

然則從左、國之異同，而論其關係，已得三說焉。一曰：國語亦撰左傳者所爲，顧僅輯而非撰，以爲傳之長編也。一曰：國語他人所撰，在左氏前，左氏稍採用其書爾。一曰：國語他人所輯，在左氏後，收集左氏所用史料之餘，以資補充比較也。此三者，孰最爲是，亦可覆覈乎？

今按左、國、文字，有幾同者，有雖微異而無關弘旨者。

> 左傳：使言於公曰曲沃君之宗也蒲與二屈君之疆也不可以無主宗邑無主則民不威疆埸無主則啓戎心戎之生心民慢其政國之患也若使太子主曲沃而重耳夷吾主蒲與屈則可以威民而懼戎且旌君伐使俱曰狄之廣莫於晉爲都晉之啓土不亦宜乎晉侯說之[405]

> 國語：使言於公曰夫曲沃君之宗也蒲與二屈君之疆也不可以無主宗邑無主則民不威疆埸無主則啓戎心戎之生心民慢其政國之患也若使太子主曲沃而二公子主蒲與屈乃可以威民而懼戎且旌君伐使俱曰狄之廣莫於晉爲都晉之啓土不亦宜乎公說[406]

> 左傳：晉師歸范文子後入武子曰無爲吾望爾也乎對曰師有功國人喜以逆之先入必屬耳目焉是代帥受名也故不敢武子曰吾知免矣郤伯見公曰子

之力也夫對曰君之訓也二三子之力也臣何力之有焉范叔見勞之如郤伯對曰庚所命也克之制也燮何力之有焉欒伯見公亦如之對曰燮之詔也士用命也書何力之有焉407

國語：靡笄之役郤獻子師勝而返范文子後入武子曰燮乎女亦知吾望爾也乎對曰夫師郤子之師也其事臧若先則恐國人之屬耳目於我也故不敢武子曰吾知免矣

靡笄之役郤獻子見公曰子之力也夫對曰克也以君命命三軍之士三軍之士用命克也何力之有焉范文子見公曰子之力也夫對曰燮也受命於中軍以命上軍之士上軍之士用命燮也何力之有焉欒武子見公曰子之力也夫對曰書也受命於上軍以命下軍之士下軍之士用命書也何力之有焉408

類此之屬，並存何用？後人更輯以資補足之說，可勿從矣。

上所引國語靡笄之役二條，可見其書以語爲主，稍繫之於事而已。又如鄢之役，范文子不欲戰之言論，載有數條，大略相同。409晉文公請隧，襄王不許之言，分載於周語、晉語，而詳略不同。410足見其書，乃採集自數種他書以成者也。然其書分國而次年，詳於言而略於事；與言事並重之左傳不同，左傳著者似不宜排比其史料如此。且其書中之嘉謀令訓，大略以尙德、尊天、敬神、愛民、爲歸，鮮反覆衝突之言論，似亦足自成一書，不類僅爲他書作底本者也。况各國臣工，無間晉、楚，往往說理陳辭，語勢酷肖；則似編國語者於其所採集之文字，或亦稍爲鋪揚、發揮、整齊、潤色歟？其特殊語句，往往前後疊見。如411

周語：將民之與處而離之

晉語：若之何民之與處而棄之也

楚語：夫國君者將民之與處

鄭語：黿龜魚鱉之與處

又如「無乃不可乎」一辭，屢用不懈，周、魯、晉、楚、諸語，並有之。412然則國語史料，雖不一其源，而其文字句法，編者殆自有其標準。顧取若干虛字，而比較左傳與國語之用法，相同者固多，相異者亦有焉；413則編國語者與撰左傳者，殆非同一人，而司馬光、李燾、晁說之之說，亦可放置矣。

三說者，去其二。今試覆按其餘一說。按今本國語二十一卷，而晉語得其九。左傳敘列國事，亦獨於晉事爲詳。晉語五，晉成公之立，當魯宣公之二年，郤缺之聘于齊，當宣公十七年。414中間十五年，語無文，而左傳於此十五年中，述及晉事者，亦至簡略。即此一端，可疑國語爲左氏之重要史料矣。又

晉語：陽處父如衛反過甯舍於逆旅甯嬴氏嬴謂其妻曰吾求君子久矣今乃得之舉而從之陽子道與之語及山而還其妻曰子得所求而不從之何其懷也曰吾見其貌而欲之聞其言而惡之夫貌情之華也言貌之機也身爲情成於中言身之文也言文而發之合而後行離則有釁今陽子之貌濟其言匱非其實也若中不濟而外彊之其卒將復中以外易矣若內外類而言反之瀆其信也夫言以昭信奉之如機歷時而發之胡可瀆也今陽子之情譓矣以濟盎也且剛而主能不本而犯怨之所聚也吾懼未獲其利而及其難是故去之415

伯宗朝以喜歸其妻曰子貌有喜何也曰吾言於朝諸大夫皆謂我智似陽子對曰陽子華而不實主言而無謀是以難及其身子何喜焉416

左傳：晉陽處父聘于衛反過甯甯嬴從之及溫而還其妻問之嬴曰以剛商書曰沈漸剛克高明柔克夫子壹之其不沒乎天爲剛德猶不干時況在人乎且華而不實怨之所聚也犯而聚怨不可以定身余懼不獲其利而離其難是以去之417

左傳蓋合國語二條以爲一，又徵書以文之；有天吳紫鳳，顚倒短褐之致。

周語：有神降於莘……王曰吾其若之何對曰使太宰以祝史帥狸姓奉犧牲粢盛玉帛往獻焉無有祈也王曰虢其幾何對曰昔堯臨民以五今其冑見神之見也不過其物若由是觀之不過五年418

左傳：有神降于莘……王曰若之何對曰以其物享焉其至之日亦其物也419

左氏亦本國語而刪簡其文；顧誤解「物」字，而意遂不顯。

周語：秦師將襲鄭過周北門左右皆免冑而下拜超乘者三百乘王孫滿觀之言於王曰秦師必有謫王曰何故對曰師輕而驕輕則寡謀驕則無禮無禮則脫寡謀自陷入險而脫能無敗乎420

左傳：秦師過周北門左右免冑而下超乘者三百乘王孫滿尚幼觀之言於王曰秦師輕而無禮必敗輕則寡謀無禮則脫入險而脫又不能謀能無敗乎421

國語原文意甚圓轉，險者難守之地，脫者不能固之謂，寡謀者入險之因，敗者脫之果也。左傳著者未細味原文，遽齋筆刪改，反不如其循矣。

晉語：魯襄公使叔孫穆子來聘范宣子問焉曰人有言曰死而不朽何謂也穆子未對宣子曰昔匄之祖自虞以上爲陶唐氏在夏爲御龍氏在商爲豕韋氏在周爲唐杜氏周卑晉繼之爲范氏其此之謂也對曰以豹所聞此之謂世祿非不朽也422

左傳：穆叔如晉范宣子逆之問焉曰古人有言曰死而不朽何謂也穆叔未對宣子曰昔匄之祖自虞以上爲陶唐氏在夏爲御龍氏在商爲豕韋氏在周爲唐杜氏晉主夏盟爲范氏其是之謂乎穆叔曰以豹所聞此之謂世祿非不朽也423

晉語：鄭簡公使公孫成子來聘平公有疾韓宣子贊授客館客問君疾對曰寡君之疾久矣上下神祇無不徧諭而無除今夢黃熊入於寢門不知人殺乎抑厲鬼耶子產曰以君之明子爲大政其何厲之有僑聞之昔者鯀違帝命殛之於羽山化爲黃熊以入于羽淵實爲夏郊三代舉之夫鬼神之所及非其族類則紹其同位是故天子祀上帝公侯祀百辟自卿以下不過其族今周室少卑晉實繼之其或者未舉夏郊邪宣子以告祀夏郊董伯爲尸五日公見子產賜之莒鼎424

左傳：鄭子產聘于晉晉侯有疾韓宣子逆客私焉曰寡君寢疾於今三月矣並走羣望有加而無瘳今夢黃熊入于寢門其何厲鬼也對曰以君之明子爲大政其何厲之有昔堯殛鯀于羽山其神化爲黃熊以入于羽淵實爲夏郊三代祀之晉爲盟主其或者未之祀也乎韓子祀夏郊晉侯有間賜子產莒之二方鼎425

左傳著者殆以周卑晉繼之意，不合於春秋之義，故改之歟？至於「我周之東遷，晉、鄭、是依，」在周語本爲富辰諫襄王之言，左傳則移置於周桓公之口，以諫桓王。426「是天奪之鑒，而益其疾也，」在晉語本爲虢舟之僑之言，左傳乃以歸諸晉卜偃。427類此之屬，可見國語中之名言雋語，左傳著者記之至熟，隨意移用。而全書中之布局陳辭，拈字綴句，時復酷類國語。即如「無乃不可乎」一辭，左傳中用至二十一次，428

然則左傳著者不僅以國語爲其重要史料，抑且其行文之法，亦多受國語之影響者也。

(三)夫左傳著者既多採用國語，則國語成書之時期，亦考左傳者所當一究者矣。惜今國語，顯然爲不全之本。即自吳韋昭以來，且有殘闕；如太平御覽[429]所引：

國語曰諸侯之師久於偪陽荀偃士匄請於荀罃曰水潦將降懼不能歸請班師智伯怒投之以几出於其間

又曰叢替諫曰聖王將行禮不求恥人設几而不倚爵盈而不飲禮之至也

二條不見於今本國語，而可徵於左傳[430]者也。如

國語曰齊莊公且伐莒爲車五乘之賓而杞梁華舟獨不與焉故歸而不食其母曰汝生而無義死而無名則雖非[?]五乘孰不汝笑也生而有義死而有名則五乘之賓盡汝下也趣食乃行杞梁華舟同車侍於莊公而行至莒莒人逆之杞梁華舟下鬬獲甲首三莊公止之曰子止與子同齊國杞梁華舟曰君爲五乘之賓而舟梁不與焉是少吾勇也臨敵涉難止我以利是惡吾行也深入多殺者臣之本也齊國之利非吾所知也遂進鬬壞軍陷陣三軍不敢當[431]

則未用於左傳，[432]並無徵於國語[433]者也。不知韋昭所解之本較諸撰左傳者所用之本，更闕幾何矣。然即就今存殘本，或更參照左氏載言文字之類似者，殆亦大略可知國語編纂之時期也。

按今本晉語訖於晉陽之圍，而稱無恤爲趙襄子，則其所採摭之書籍，有作於襄子卒 B. C. 425，[434]以後者矣。其引姜氏之言曰：「吾聞晉之始封也，歲在大火，閼伯之星也，實紀商人。商之享國，三十一王。瞽史之紀曰：『唐叔之世，將如商數。』今未半也。」韋昭注曰：「自唐叔至惠公十四世，故云未半。」[435]今自文公後數之，至靜公二年，三家滅晉 B. C.376，得十七世。[436]合得三十一世，瞽史之言驗也。而歲星之紀年數條，[437]參照左傳所記者爲算，則知十二次之倒推而計，殆起於公曆前 364 左右。[438]且其引「叔向謂趙文子曰：『夫霸王之勢，在德不在先歃，』」[439]「霸王」一詞亦頗似六國時語。然則編國語者所用之書籍有作於梁惠既稱王 B.C.370 以後者矣。又國語中記晉、楚、鄢之役有數條，[440]皆以「荊」字代「楚」字。按秦莊襄王諱「楚」，故改「楚」爲「荊」，[441]今本韓非子，[442]呂氏春秋，[443]尚多存以「荊」代「楚」之迹。顧國語此數條中輒有「政」字，不避始皇諱，然則此數條者殆出於莊襄王時 B.C.249—247 秦人抑撰於秦地之著作歟？

國語之編纂自當更後於其所採取之書籍。今就國語全書而觀，既多不避秦諱，亦全無改避漢諱之痕迹；則其成書之時，或在六國之末，秦未統一天下前二十餘年之間，或秦既失天下後，楚、漢之際數年間，均可也。衡此二者之間，竊疑後者較爲近是。蓋國語中尚有若干條，雖難確定其時代，而細味其言，如[444]

天六，地五，數之常也。

平之以六，成於十二，天之道也。

是與日辰之位，皆在北維，顓頊之所建也。

頗似言者已知秦之顓頊曆及五德物數。按

呂氏春秋孟冬紀：孟冬之月，日在尾，昏危中，旦七星中。其日壬，癸。其帝顓頊。其神玄冥。其蟲介。其音羽。律中應鐘。其數六。……天子居玄堂左个，乘玄輅，駕鐵驪，載玄旂，衣黑衣，服玄玉。445

呂氏春秋序意篇：維秦八年，歲在涒灘，秋甲子朔。朔之日，良人請問十二紀。文信侯曰：嘗得學黃帝之所以誨顓頊矣。446

史記秦始皇本紀：始皇推終始五德之傳，以為周德火德，秦代周，德從所不勝，方今水德之始。改年，始朝賀，皆自十月朔。衣服，旄旌，節旗，皆上黑。數以六為紀。447

史記張丞相傳贊：張蒼文學，律曆，為漢名相；而絀賈生、公孫臣、等言正朔服色事，而不遵明；用秦之顓頊曆，何哉？448

漢書曆志：顓頊曆……其實夏曆也。……其後，呂不韋得之，以為秦法。449

則顓頊曆說似得呂不韋相秦之後，而顯也。今雖不知其說之詳，然十二紀中尚可得其髣髴。若取以與國語相較，則其五德之分配，有甚相似者。如孟秋紀，450其神蓐收，其蟲毛，而色尚白。晉語：451「虢公夢在廟，有神人，面白毛，虎爪，執鉞，立於西阿；」史嚚謂是蓐收。二者相合也。又

汲冢瑣語：晉平公夢見赤熊闚屏，惡之，而有疾。使問子產。子產曰：「昔共工之卿曰浮游，既敗於顓頊，自沒沉淮之淵，其色赤，其言善笑，其行善顧，其狀如熊，常為天下祟。見之堂，則王天下者死。見堂下，則邦人駭。見門，則近臣憂。見庭，則無傷。窺君之屏，病而無傷。祭顓頊、共工，則瘳。」公如其言，而疾間。452

此公曆前三世紀以前之說法也。若按以顓頊曆說，則物色不合。顓頊特尊，則不宜與共工合祭；况據孟冬紀則顓頊尚黑乎？國語所引者，已見前文。453其中改赤熊為黃熊，去顓頊而易浮遊為鯀，鯀固亦共工氏也。國語別條云：「共工氏之伯九有也，其子曰后土，」454而季夏紀謂「中央土；其日戊，己。……其神后土。……天子居太廟，太室，乘大輅，駕黃騮，載黃旂，衣黃衣，服黃玉；」455故知如此改法，乃以合諸顓頊曆說者也。凡此諸條，雖不可執謂其必出於秦幷天下以後，固甚可疑其如此者也。且今國語所收集之言論，多不似就列國史記而抄錄者，疑其多出於星曆、卜筮、儒、法、縱橫、諸家之書。豈其僅得秦火之餘，而搜檢於其間者歟？

按楚語申叔時曰「教之語，使明其德，而知先王之務用明德於民也，」456則春秋中葉已有語矣。墨子公孟篇曰：

子亦聞乎魯語乎？魯有昆弟五人者，亓父死，亓長子嗜酒而不葬。亓四弟曰：子與我葬，當為子沽酒。勸於善言，而葬。已葬，而責酒於其四弟。四弟曰：吾未予子酒矣。子葬子父，我葬吾父，豈獨吾父哉！457

則似戰國之初已有「魯語」矣。晉書束晳傳謂汲冢所得者有國語三篇，言晉、楚、事。則似魏襄王時已有「國語」矣。顧凡此之屬，不可執以證今本國語之編輯於何時。編國語者

或亦采用此類書籍，非事之必不可能者。但就今本國語而觀其內容，其編纂時期則似甚晚，不在楚、漢之際，則居六國之末耳。

國語既晚出，則左傳更晚成，從可知矣。業於上文，疑公、穀、二傳，成書於六國之末；今按左傳似更後於公、穀；蓋公、穀、雖皆博引他家春秋傳，而皆未見左傳也。

冬十月甲午叔孫得臣敗狄于鹹

公羊：狄者何長狄也兄弟三人一者之齊一者之魯一者之晉其之齊者王子成父殺之其之魯者叔孫得臣殺之則未知其之晉者也其言敗何大之也其地何大之也何以書記異也

穀梁：不言帥師而言敗何也直敗一人之辭也一人而曰敗何也以衆焉言之也傳曰長狄也弟兄三人佚宕中國瓦石不能害叔孫得臣最善射者也射其目身橫九畝斷其首而載之眉見於軾然則何為不言獲也曰古者不重創不禽二毛故不言獲為內諱也其之齊者王子成父殺之則未知其之晉者也

左傳：狄侵齊遂伐我公卜使叔孫得臣追之吉侯叔夏御莊叔緜房甥為右富父終甥駟乘冬十月甲午敗狄于鹹獲長狄僑如富父終甥摏其喉以戈殺之埋其首於子駒之門以命宣伯初宋武公之世鄋瞞伐宋司徒皇父帥師禦之耏班御皇父充石公子穀甥為右司寇牛父駟乘以敗狄于長丘獲長狄緣斯皇父之二子死焉宋公於是以門賞耏班使食其征謂之耏門晉之滅潞也獲僑如之弟焚如齊襄公之二年鄋瞞伐齊齊王子成父獲其弟榮如埋其首於周首之北門衛人獲其弟簡如鄋瞞由是遂亡[458]

左傳述長狄兄弟四人，如此其詳；使公、穀、得見其書，何至遺其一，且明云：不知其之晉者如何耶？

宋子哀來奔

公羊：宋子哀者何無聞焉爾

穀梁：其曰子哀失之也

左傳：宋高哀為蕭封人以為卿不義宋公而出遂來奔書曰宋子哀來奔貴之也[459]

此亦公、穀、未見左傳之證也。反之，以此二條參

秋叔孫僑如率〔左氏作帥〕師圍棘

公羊：棘者何汶陽之不服邑也其言圍之何不聽也

左傳：秋叔孫僑如圍棘取汶陽之田棘不服故圍之[460]

季子來歸

公羊：其稱季子何賢也其言來歸何喜之也

穀梁：其曰季子貴之也其曰來歸喜之也

左傳：季子來歸嘉之也[461]

則似撰左傳者曾見公、穀、二傳，抑頗似公、穀、之傳也。

竊疑左傳著者所用之史料，當有數種，語、傳、而外，尚有春秋及他書。彼所用之春秋，頗異於公、穀，經文，及今本左氏傳中所附之經文。法國馬伯樂已舉其離異者數端。實則其異點之重要者，不僅在名稱、文字、之殊而已。昔葉適曰：

哀之十七年，楚滅陳，晉〔齊？〕伐衛，十二月齊伐衛；十八年，巴伐楚，衛石圃逐君；十九年，越侵楚，叔青如京師；二十年，齊、魯、會廩丘，越圍吳；二十一年，盟於〔于〕顧；二十二年，越滅吳；二十

三年，叔青如越，越諸鞅來聘；二十四年，晉乞師，公如越；二十五年，衛侯奔宋，公至自越；二十六年，叔孫舒會納衛侯；二十七年，越后庸來聘；與獲麟以前有傳有經者，不爲其異也。462

葉氏所舉例實未盡，463所引文亦輒簡節。若就左傳察之，其說是已，左氏於哀十七年以後之文體，仍是引經而爲傳也。然則左氏所用之春秋不止於獲麟，不止於「孔丘卒」也。此爲其特殊之至重要者矣。其次：哀十四，經：「夏四月齊陳桓執其君寘于舒州」而傳敘其事於五月；經：「齊人弒其君壬于舒州，」而傳所引之經則作「齊陳恆弒其君壬于舒州；」十六年，經：「春王正月己卯衛世子蒯聵自戚入于衛衛侯輒來奔，」而傳敘其事於十五年之閏月；464則左傳所本之經文與所謂「左氏續經」者亦違異也。至其獲麟以前，三種經文之與左傳離殊者，若年月之移次、465干支之易序、466人物之出入、467地點之不同、468正月之有無、469等等，指不勝屈。其較爲重要者，若趙翼所舉

莊二十六年，經文：春，公伐戎。夏，[公至自伐戎]曹殺其大夫。秋，公會宋人，齊人，伐徐。冬十[有]二月癸卯[亥]朔，日有食之。而是年之傳：春，晉士蔿爲大司空。夏，士蔿城絳[以深其宮]。秋，虢人侵晉。冬，虢人又侵晉。一年之內，經自經，而傳自傳，若各不相涉者470

則左氏所用之春秋經有闕耳，故輯晉事以補之也。莊十九、二十、兩年、亦大略如是。其他處之零散闕遺者疑尚多。但左氏所用春秋亦頗有專條，爲三種經文所並無者。其最斷然者。莫如「僖公五年春王正月辛亥朔日南至」一條，蓋傳明云：「公既視朔遂登觀臺以望。而書，禮也。」471

此條與昭二十之「春王二月己丑日南至，」472皆與朔至有不合者。僖五 655，朔壬子而至甲寅；昭二十 522，朔己丑而至辛卯。春秋經中之日食既多與推算相合，而此二次日至乃不合何耶？業疑左傳著者所用之春秋，既多殘缺，則其簡編殆亦散亂，著左氏者參照他家春秋傳而整理焉，其尚闕者，如莊十九、二十、二十六，哀二十七後至悼二、之類，則無可奈何者也。當其排比董理之時，凡於他家傳、及國語、等書，無可參照之條，彼殆商酌經中上下文，或稍加推算，而插入焉。此二日至者殆因錯簡473而誤置。二者相去適合七章之數，殆因彼固曾推算而後插置，不幸而推算有誤耳。今取其推算所差而計之，大略可知其推算以何時爲標準。疑其以公曆前 237 年乙酉朔冬至或 218 年乙丑朔冬至爲始者也。474然則左傳撰者殆用秦時曆書者歟？

且有用漢初傳說之疑者焉。按

左傳：楚子伐陸渾之戎，遂至於雒，觀兵于周疆。定王使王孫滿勞楚子。楚子問鼎之大小輕重焉。對曰：「在德不在鼎。昔夏之方有德也，遠方圖物貢金，九牧鑄鼎象物，百物而爲之備，使民知神姦，故民入川澤山林，不逢不若，螭魅罔兩莫能逢之，用能協于上下，以承天休。桀

有昏德，鼎遷于商，載祀六百。商紂暴虐，鼎遷于周。德之休明，雖小，重也。其姦回昏亂，雖大，輕也。天祚明德，有所底止。成王定鼎于郟鄏，卜世三十，卜年七百，天所命也。周德雖衰，天命未改；鼎之輕重，未可問也」。[475]

史記：八年，伐陸渾戎，遂至洛，觀兵於周郊。周定王使王孫滿勞楚王。楚王問鼎小大輕重。對曰：「在德不在鼎」。莊王曰：「子無阻九鼎，楚國折鉤之喙，足以為九鼎。」王孫滿曰：「嗚呼，君王其忘之乎！昔虞夏之盛，遠方皆至，貢金。九牧鑄鼎象物，百物而為之備；使民知神姦。桀有亂德，鼎遷於殷，載祀六百。殷紂暴虐，鼎遷於周。德之休明，雖小，必重。其姦回昏亂，雖大，必輕。昔成王定鼎于郟鄏，卜世三十，卜年七百，天所命也。周德雖衰，天命未改，鼎之輕重，未可問也。」[476]

二者相似而不盡同，疑其同出於一源，刪改去留，彼此微異也。九鼎在雒，世三十，而年七百，自為一種傳說。竹添光鴻、馬伯樂、等，謂指顯王時九鼎沒于泗之說，尚為可取，蓋自成王至顯王之末，適世三十，而年約七百也。[477] 然九鼎之下落，秦、漢、之間實有二說焉。按史記[478]

封禪書：周之九鼎入于秦。或曰：宋太丘社亡，而鼎沒於泗水彭城下。

六國年表：顯王三十三年〔336〕宋太丘社亡。

周本紀：秦取九鼎寶器，而遷西周公於𢾊狐。後七歲，秦莊襄王滅東西周。

秦本紀：〔昭襄王〕五十二年〔255〕周民東亡，九鼎入秦。

始皇本紀：二十八年，欲出周鼎泗水，使千人沒水，求之，弗得。

可知史遷以前，已有二種傳說：一謂九鼎沒于泗淵，一謂九鼎入秦。其後水經注[479]云：

周顯王四十二年〔327〕，九鼎淪沒泗淵。秦始皇時，而鼎見於斯水。始皇自以為德合三代，大喜，使數千人沒水，求之，不得。所謂鼎伏也。亦云：系而行之，未出，龍齒齧斷其系。故語曰：稱樂太早，絕鼎系。當是孟浪之傳耳。

不知其何所本，[480] 然附屬於沒泗之說者也。試問：此二說者，孰先、孰後？一望而可知：入秦之說必在先，淪泗之說必在後。俞樾曰：

周鼎自在秦；而後世不見者，毀於咸陽三月之火矣。封禪書云：周之九鼎入於秦。又云：或曰：宋大丘社亡，而鼎沒於泗水彭城下；乃方士新垣平[481]輩之妄說也。夫周鼎自在雒邑，何緣而入泗水乎？宋之社亡，又與周鼎何涉乎？且年表載宋太丘社亡於周顯王之三十三年，則秦惠文王之二年也。後此二十年，為惠文王之後九年，張儀欲伐韓，尚有周自知不救，九鼎，寶器，必出之言；[482] 安得已亡於周顯王之三十三年也！即如漢書郊祀志之說，謂社亡於顯王四十二年，至惠文王後九年，亦十有二年矣！漢郊祀志又曰：[483] 周德衰，鼎遷於秦；秦德衰，宋之社亡，鼎乃淪伏而不見；尤為無據。當秦之世，豈復有宋哉？故知九鼎入秦，史公之實錄；九鼎沒泗，方士之空談。[484]

其謂新垣平猶首造淪泗之說，尚難證實。惟鼎沒於泗、秦求不起、諸說，必出於秦既亡後。蓋以入秦有說在先，而咸陽無鼎可尋，故為此也。今左傳所引王孫滿之言乃能影附此說，則左傳之編纂豈不在漢興以後乎？

今本左傳中頗有「邦」、「盈」、「恒」、「啓」、「徹」、「弗」、等字。初觀之頗似其不諱漢諸帝之名，抑雖諱之而後代皆已為改復矣。然後人改諱字，以復原文者，往往僅依通行代諱之字，如「國」、「滿」、「常」、「開」、「通」、「不」、等字，以為指導；而文人臨文避諱，往往出於代字之外，為改復者所不能及，則仍留痕迹可尋也。今依此法以求，則見著左傳者似曾諱「邦」，「盈」，二字。「周書數文王之德曰：大國畏其力，」[485]「詩曰：唯此文王，……王此大國，」[486] 此以「國」代「邦」字，而後人改復所偶漏者也。「周有常刑，」[487]「文王所以造周，」[488] 此以「周」代「邦」而改復者所未能及也。此避高帝之諱也。昭四年，司馬侯曰：「楚王方侈，天或者欲逞其心，以厚其毒，而降之罰，」[489] 新序亦引司馬侯言論，與左傳微有出入，不知其何所本，而於此語作「楚王方侈，天其或者欲盈其心，以厚其毒，而降之罰，」[490] 晉語：「以城來盈願，」[491] 而左氏傳中有「若逞吾願」、「以逞其願」、[492] 諸文。春秋：「沈子盈[493]滅，」而左傳乃作「沈子逞滅。」殆皆以「逞」代「盈」。[494] 此避惠帝諱也。然則左傳之成書，殆在漢惠帝 B.C. 194–188 時歟?

漢書儒林傳云：「漢興，北平侯張蒼及梁太傅賈誼，京兆尹張敞，太中大夫劉公子，皆修春秋左氏傳。」許慎說文序有「北平侯張蒼獻春秋左氏傳」之言。不知其是否別有所本。隋書經籍志[495]云：「左氏，漢初出於張蒼之家，」似即本自說文序者也。按司馬遷十二諸侯年表序曰：「漢相張蒼曆譜五德，上大夫董仲舒推春秋義，頗著文焉。」察遷上下文氣，頗似蒼之「曆譜五德」或與春秋有關。漢書蒼傳云：蒼「著書十八篇，言陰陽律曆事，」而藝文志，陰陽家，有「張蒼十六篇」，[496] 不知是否即史遷所謂「曆譜五德」者。其書早佚，無從考核矣。顧十二諸侯年表之年世，紀事，多同左傳；而以事繫年，有較左傳為詳備者、若干條。章炳麟謂：此因史遷表本「曆譜五德」而「曆譜五德」又專釋左氏故也。[497] 章氏之言尚乏碻證，然亦足以備一說。業疑史表不必專依「曆譜五德」，而「曆譜五德」，相名思義，亦不必為專釋左傳之書。唯左傳一書，業疑其或出於張蒼，或出於蒼之門客耳。按史記[498]張丞相傳謂：蒼本好書，無所不觀，無所不通，而尤善律曆。自秦時為柱下史，明習天下圖書、計籍。有罪，亡歸陽武。旋從高祖入關。漢初為常山守，繼相代、趙；六年中 B.C. 201，封北平侯，食邑千二百戶[499]，遷為計相；旋以列侯居相府，領主郡國上計者。惠帝、高后、時，為淮南國相。呂氏既亡，蒼入為御史大夫。孝文四年 B.C. 175，遂繼灌嬰為丞相。為丞相十五歲而免。孝景前五年 B.C. 152，年百有餘歲而卒。傳又云：「蒼為計相時，緒正律曆；以高祖十月始至霸上，因故秦時本以十月為歲首，弗革；推五德之運，以為漢當水德之時，尙黑如故；吹律調樂，入之音聲；及以比定律令；若百工，天下作程品。至於為丞相，卒就之。」封禪書[500]更云：「魯人公孫臣上書曰：『始秦得水德，今漢受之，推終始傳，則漢當土德；土德之應，黃龍見；宜改正朔，易服色，色上黃。』是時，丞相張蒼好律曆，以為漢乃水德之始，[501]故河決金隄，其符也；年始冬十月；色，外黑，內赤，與德相應；如公孫臣言，非也。罷之。後三歲，[502]黃龍見成紀；文帝乃召公孫臣，拜為博士，與諸生草改曆服色事。」蒼事略如此，則孝惠四年除挾書禁時，蒼方以列侯相淮南。收書聚士，從事著作，成而獻之，非事之不可能者也。今於左傳知其殆成於孝惠之時，則其時代與蒼相當也。知其有簡編闕散之春秋以為本；有某種抑若干種之春秋傳[503]以資參校；有國語及他書[504]以備採摭；則在秦火之後，必善於收書之家，能備焉；此亦蒼家足當之也。知撰左傳者曾排比春秋長曆，雖論曆而常有誤，[505]殆是得用秦時曆書，而好律曆之人；此在漢初，唯蒼足擬之也。左傳中又頗有涉及五德終始之說者，如「子水位也，……水勝火」，[506]如國語原文為「叔父其懋昭明德，物將自至」，[507]而左傳改作「未有代德，而有二王，」[508]尤如「漢，水祥也」[509]一語，更似其書之出於蒼或其門客矣。惜夫！蒼之曆譜不傳於今，而班固、許愼、賈，皆漢人之言猶嫌太晚，無以證此說而實之也。

曷為云其三？曰：元馬端臨云：

> 按春秋古經雖漢藝文志有之，然夫子所修之春秋其本文世所不見；而自漢以來所編古經，則俱自三傳中取出經文，名之曰正經耳。然三傳所載經文多有異同，則學者何所折衷？……三子者以當時口耳所傳授者，各自為傳，又以其意之所欲增益者，攙之。……元未嘗有其事，而以意增入者，孔子生，孔丘卒，是也。然則自三傳中所取出之經文，旣有乖異，復有增益，遽指以為夫子所修之春秋，可乎？然擇其差可信者，而言之，則左氏為優。何也？蓋公羊、穀梁，直以其所作傳文，攙入正經，不曾別出；而左氏則經自經，而傳自傳。又杜元凱經傳集解序文以為分經之年，與傳之年相附，則是左氏作傳之時，經文本自為一書，至元凱始以左氏傳附之經文各年之後。是左氏傳中之經文可以言古經矣。然獲麟以後，引經以至仲尼卒，則分明增入。杜注亦自以為春秋本終於獲麟，弟子欲記聖師之卒，故採魯史記以續夫子之經，而終於此。然則旣續之於獲麟之後，寧保其不增益之於獲麟之前，如公、穀、所書孔子生之類乎？是亦未可盡信也。[510]

學者多不信此說。皮錫瑞云：

> 案漢熹平石經，公羊隱公一段，直載傳文，而無經文。是公羊經傳亦自別行，不如鄭氏之言。孔疏云：「丘明作傳，與經別行，公羊、穀梁、集不皆然。」是公羊、穀梁、左氏、之經傳，皆自別行。左氏經傳，至杜預始合之。公、穀、經傳，不知何人始合之也。[511]

業按後漢熹平石經，公羊傳文接續而書，每歲冠以某年，其上空一格，加點；至每事之傳文，每兩條間加點，而不空格；中間無經文；此近學者就新出土殘石，而考察之結論也。[512] 其春秋經殘石，據云：近亦有出土者；每易一年，空格加點。[513] 然則在熹平碑上，春秋經與公羊傳別行，是已。然此未足以駁馬氏之說也。馬氏之意殆謂西漢人曾剩取經文於傳中耳。若如此，竊疑其說近是。蓋公、穀、二傳原本殆先具經文，其有傳者，迺綴傳文於經文下，體裁頗如今本。倘不如此，將有有傳而不知所釋之經矣。如

經：三年春王正月不雨夏四月不雨徐人取舒
公羊：三年何以書記異也其言取之何易也[514]

試問作傳者之意，以正月不雨爲異乎？以四月不雨爲異乎？以正月不雨、四月又不雨、爲異乎？

經：二十有三年春齊侯伐宋圍緡夏五月庚寅宋公茲父卒秋楚人伐陳冬十有一月杞子卒
公羊：二十三年何以不書葬盈乎諱也[515]

諱宋公之不書葬乎？抑諱杞子之不書葬乎？公羊如此，試擬其例於穀梁，其難正同。

經：十有五年春王正月鄫子來朝鼷鼠食郊牛改卜牛二月辛丑楚子滅胡以胡子豹歸夏五月辛亥郊壬申公薨于高寢
穀梁：十五年不敬莫大焉稱牛正也[516]

鄫子不敬乎？鼷鼠不敬乎？楚子不敬乎？以改牛爲不敬乎？卜爲不敬乎？夏五月辛亥郊爲不敬乎？

經：八年春王正月宋公入曹以曹伯陽歸吳伐我夏齊人取讙及闡歸邾子益于邾
穀梁：八年惡內也益之名失國也[517]

惡內者何指乎？吳伐我乎？齊人取讙及闡乎？凡此之屬，可知傳必綴於所繫經文後，乃可免混淆之患也。

公、穀、二家有全年闕傳者，業於上文已具舉之。今按傳若條繫於經，則闕傳諸年，殆亦有並經而闕之者矣。竊疑西京之代，公、穀、鄒、夾、諸家之儒，各抱殘篇，欲傳絕學；傳闕之文，以家法有殊，不便彼此互補；經既大略相同，殆或取人所存，補我之闕。於是重輯經文，與傳相別，更復引傳釋經，而「章句」之學興焉。漢志載公羊章句三十八篇，穀梁章句三十三篇。[518] 惜皆早亡佚，無以知其詳也。然試就今公、穀、經傳細察之，其間、有可訝者，殆其我傳彼經之痕迹，倘留存者歟？如

襄二十八公穀左經：夏衞石惡出奔晉[519]
昭元公羊經傳：叔孫豹會晉趙武楚公子圍齊國弱宋向戌衞石惡陳公子招蔡公孫歸生鄭軒虎許人曹人于漷此陳侯之弟招也何以不稱弟貶曷爲貶爲殺世子偃師貶……[520]

昭元年之「衞石惡」，今穀、左、二經文皆作「衞齊惡」，與公羊異。孰是孰非，未可窮究。然就公羊而論公羊，石惡既

於襄二十八年出奔矣。未聞其復歸仕於衞，何能於三年後爲衞代表以與於澶之會乎？今按襄二十八年，公羊無傳；竊疑其亦闕此年經文，後就他家輯補，偶未檢而不覺其與自有經文有抵牾處也。又如

經：秋七月

公羊：此無事何以書春秋雖無事首時過則書

經：冬宋人取長葛

公羊：外取邑不書此何以書久也

穀梁：外取邑不志此其志何也久之也

左氏：秋宋人取長葛[521]

此見於隱六年者也；穀梁未解「秋七月」之意；而於隱九年：

經：秋七月

穀梁：無事焉何以書不遺時也[522]

然則穀梁隱六之經，未補輯前，本無「秋七月」，而僅如左傳撰者所用之經文作「秋宋人取長葛歟」？

經：冬螽生

公羊：未有言螽生者此其言螽生何螽生不書此何以書幸之也幸之者何猶曰受之云爾受之云爾者何上變古易常應是而有天災其諸則宜於此焉變矣

穀梁：螽蝝非災也其曰蝝非稅畝之災也

經：饑

左氏：冬蝝生饑幸之也[523]

夫蝝生而未饑，乃可以爲幸，乃可云非災。左傳中「幸之也」三字，殆襲公羊傳或類似公羊之傳。如著左傳者所用之經原有「饑」字，則其抄襲「幸之也」，可謂不檢矣。今公、穀、左、三家經文皆有「饑」一條；竊疑公、穀、經文原無此條。今俱有之者，殆左氏經[524]既出以後，亦稍被二家師所輯取歟？

左氏經者，今本左傳各年前所附之經也。此經與撰左傳者所用之經、不同，上文已具論。今稱後者爲左傳經，以爲分別。劉歆、賈逵、杜預、猶未悟及此，遂漸使張冠李戴，久假不歸。按左氏經之來歷，頗不明瞭。劉歆致太常博士書中，論及逸經，先舉孔壁所得：逸禮三十九，書十六篇，獻於天漢之後，未及施行。繼云：「及春秋，左氏丘明所修，皆古文舊書，多者二十餘通。臧於秘府，伏而未發。」蓋謂秘府中有古文春秋，歆斷是左丘明所修，[525]以較通行春秋，多出二十餘條，猶逸禮之得三十九，逸書之得十六篇也。」歆舉此古文春秋，與孔壁之逸禮及書、分別而言，則歆不以古文春秋爲出於孔壁者也。王充論衡謂：「得共王壞孔子教授堂以爲宮，得佚春秋三十篇，左氏傳也。」許愼說文序亦云：「得恭王壞孔子宅，而得禮記、尚書、春秋、論語、孝經。」[526]

然漢書魯共王傳僅云：於壁中得古文經傳，[527]不詳其目。而藝文志亦僅云：「得古文尙書、及禮記、論語、孝經、凡數十篇，」[528]不及春秋。充、愼、之言，殆爲無稽，抑誤讀歆移書文而得之者歟？

漢志所載之春秋古經十二篇，殆即此古文春秋；劉歆既以爲是左氏丘明所修，而漢志中復有左氏傳三十卷，則歆傳中所謂：「及歆校秘書見古文春秋，左氏傳，歆大好之，」又云：「及歆治左氏，引傳文以解經，轉相發明，由是章句義理備」者，殆謂歆於所著章句中引三十卷之左氏傳，以解十二篇之春秋古經也。歆之章句，不傳於今，[529]無以知歆說之詳。後漢賈逵治左氏，並注經傳，[530]而逵受左氏於其父徽，徽受之於劉歆；然則逵之春秋經出於春秋古經者也。晉杜預治左氏爲春秋經傳集解，分經之年，與傳相附。預又爲春秋釋例，書中輒引劉、賈，則預之春秋經出於歆之春秋經也。今杜氏集解經唐孔穎達加疏，宋人合刻，清儒校勘，而傳於今，雖晉、唐、之間傳鈔或微有譌異，而今本中之左氏經，同出杜氏所用經，而沿流溯源，可至漢志之古經十二篇者也。此左氏經較公、穀、二家之經，多出獲麟後二十八條，合共二百十一字。[531]服虔注襄二十五年「太史執簡」云：「古文篆書，一簡八字。」[532]其說若可取以例十二篇之古文春秋，則二百十一字者爲條二十八，爲簡二十七；此即劉歆所謂多者二十餘通歟？

然而左氏經與春秋古經有大異者焉。鄭衆者，亦受左氏於其父，而其父受之於劉歆者也。[533]衆云：「古文春秋經，『公即位』爲『公即立。』」[534]而今左氏經不作「立」而皆作「位」矣。劉歆七略曰：「春秋，兩家文，或具四時或不；於古文，无[无]事不必具四時。」[535]今左氏經無事之具首時者、五十餘條，乃盡同公、穀、二經；[536]甚至如桓四，桓七，不書秋冬；昭十不書冬；桓十四以夏五，莊二十二以夏五月、首時；左氏經與二家經亦同。竊疑東京之代，經術風尙，以通爲貴，抱殘者少；執古文春秋者亦漸就公、穀、二家借補，故如此也。至其所借補者僅此而已耶？抑秘府之春秋古經十二篇本亦多殘缺耶？此則今所不易考者也。

劉歆僅云：秘府有古文春秋，未詳其所從來。昔人以爲得自孔壁者固誤。清段玉裁以爲亦張蒼所獻。[537]其說之誤，今亦顯而易見；蓋張蒼如果獻左氏傳，並獻其經，則其經當爲左傳經，非左氏經也。況漢志之左氏傳及春秋古經如並爲蒼所獻者，則何爲傳爲卷、而經爲篇，經十二、而傳三十，使就經檢傳者多覺其煩耶？然則謂左氏傳爲蒼所獻，尙足存疑；謂春秋古經亦蒼所獻，殆不然矣。唐賈公彥曰：「古文春秋者，藝文志云：「春秋古經十二卷。……文帝除挾書之律，此本然後行於世。」[538]此殆臆想之辭而已；且引漢志有誤；而除挾書律者，惠帝，非文帝也。竊疑春秋古經不知何時出於漢，既出，即入秘府，未嘗行於世；故劉歆得云「伏而未發」，至以傳問民間，然後聞昔有趙國貫公，遺學相同。此貫公者，即儒林傳所稱之趙人貫公，爲河間獻王博士者也；在歆前百數十年矣。且貫公所習者，左氏傳及左氏傳訓故。[539]未聞其別有古文經。且歆傳云：「初左氏傳多古字、古言，學者傳訓故而已。」儒林傳謂歆從尹咸及翟方進受者，亦左氏傳耳，非經也。[540]歆殆見左氏傳中之古字，多與秘府所發見之古文春秋相同；而古文春秋所多者二十餘通，左氏傳中又稍有其解；故斷左氏即爲古文春秋之傳。有經、有傳，故進而爲求立於學官也。

漢書云：左氏傳多古字；未云其盡爲古字。[541]竊疑撰左傳者殆用其所得春秋殘簡上之字形。且其著作在漢初之時，彼所採攟秦火餘燼之書籍，或多未經傳抄，改篆爲隸，故字多近古也。彼董理其所得春秋殘簡，參照別家經傳，以資排比輯補之事。必補輯經文既訖，然後採攟國語各書以爲傳。今傳文中尚有數處，可見彼意中殆欲經文傳文相附而行。如

秋盟于貫服江黃也[542]

倘無經文可檢，則不可知誰與誰盟矣。

齊曰某人某人會于澶淵宋災故尤之也不書魯大夫諱之也[543]

蓋簡約經文而舉之耳。倘無經文可檢，將不可知其詳矣。又如「於是閏三月」一傳，殆因彼經文有「二月癸亥朔日有食之」耳。[544]顧此條無傳，可見彼不必於逐條經文皆有傳，而今之左傳經非彼所用經文之全也。

然彼所輯經文何爲又不傳於後世乎？竊疑其經文雖補輯既訖，尚有逐年闕者，不便遽勒爲定本。挾書之禁，解除未久，山巖屋壁中之殘篇遺簡，尚未盡出，姑留經文輯叢以待補足，勿使他人之經較我爲備而相形見拙歟？傳文固彼一人之作，已足成家，可先出以問世；經文久留未定，後竟如鄒、夾、各家之書，亡佚而不傳歟？至於其傳，原名爲何？是否有「左氏」之稱？如有之，則其撰者是否姓左？抑彼所得之春秋殘篇已有「左氏」之稱，而此「左氏」之稱是指人名抑指地名耶？此皆不可考者也。無論如何，細讀左傳全文，了無冒充左丘明之痕迹。司馬遷、劉歆、輩殆信無稽之誤傳以爲眞耳。

左傳經，左氏經，公羊經，穀梁經，皆遠出於稱春秋者也。孔子以稱春秋教其門人。其門人亦以教其門人，數代相傳焉。左傳經之原本，業竊疑其間數次之變易，而遠出於孔門

某師所爲魯史之節本(A本)，以教其門徒者也。既所重者、在義而不在文，則所錄魯史，無妨竟至哀公以後，而史所書常事，無關教義者，疑可從刪汰也。後師傳授，更復比擬文字，而義例滋生，疑其或至增減竄改經文以就焉。春、夏、秋、冬、等字之竄入(B本)，殆後師所爲者歟？後之更復傳抄而編訂者，疑或以爲遠行至魯，補抄至彼當世、則爲事太煩；任其僅至哀、悼、而止，又無甚意義；不如斷之於孔子卒時(C本)，以表其爲孔門教科之書歟？凡執此諸本以教授生徒者，殆無人以爲是孔子筆削之書。其傳抄以教於齊地者，爲避田齊諱忌，更刪削獲麟以後諸條(D本)。於是麟爲奇瑞，應孔子而至；孔子著春秋，絕筆於獲麟：諸說；直似齊東野人之語者，後遂漸起歟？「孔丘卒」之條，既經刪去，於是竄入「孔子生」一條、以代之歟？更事抄錄編訂者，或因其欲得講讀口授之便，遂以方言改易原文，「郳」之變爲「郳婁」，[545]「夷儀」之變爲「陳儀」，[546]類是異文(E本)，多爲此歟？學者爲春秋作傳之風，殆起於六國中葉以後。採擷前師講解春秋之義，於諸家儒書之內；或就經文而綴傳文，於是經合於傳；其傳之用問答體裁者，殆欲藉是以別於經文者歟？其用孔子筆削春秋，有因亦有革之說者，如所謂公羊傳者，是也。其信孔子抄錄魯春秋，有因而未必有革之說者，如所謂穀梁傳者，是也。鄒、夾、之屬，及不知名諸家(F-N)，各體裁如何，所採用之春秋說如何，今不得而知。有用孔子之於春秋、僅教授而未肯著作、之說者乎？其說未嘗不可得於經解、莊子、韓非、諸書也。祖龍一炬，典籍多亡。經傳之復出於漢者，類多殘缺矣。前斷於「孔丘卒」本(C本)之殘簡，不知何時入於秘府，待劉歆而後發。孝惠時，著左傳者得後師傳授未剪斷本(B本)之殘簡，就他家傳文輯取遺經以補；更自爲傳，懲他家春秋說之迂泥，乃特從孔子教而未作春秋之說；故多考魯春秋書法之義例，且留意於其所不書者焉。經文雖補而未全，稿未刊定，後竟亡佚；今所可見者，僅其所引於傳中者耳。景、武、之世，遺籍之發見者，較惠、文、時爲多。經師輩出，雖各守傳例之殊途，固皆認經文之同歸；於是出經於傳，而各多方借補其闕。故公、穀、二家之經，漸趨一致，互異者鮮；而後來石渠爭辨，得以經處傳義之是非；而天府所藏二家之傳，分別著錄，各爲十一卷；二家之經，則合錄亦爲十一卷；殆僅具異文校勘以附各卷後者歟？鄒、夾、等各家之書，其爲僅供他家借補之用，而無學者勤爲補輯完成，後遂失傳歟？古文春秋既發見，校理秘書者，房鳳、王龔、劉歆、輩，亦稍從公、穀、二家經文，以爲排比輯補之事歟？彼等既以其所發見者，爲即左氏傳之經文，其亦稍用左氏傳以資校理歟？東漢經儒，學尚貫通。白虎之議，547事類石渠，如亦以經處三傳之是非，則賈逵翟之編訂春秋古經以為左氏經者，將欲使左氏經與公、穀、更趨一致，548其獲麟以前，僅留其所謂「文簡小異無害大體」者歟？執二家經者，亦有就左氏經更選補其獲麟前所尚闕者歟？「冬蝝生饑」之屬，即緣此補入者歟？三傳中四經文字之互相影響，且有發生於漢、唐、之間者歟？今就此段假說，試為圖以顯一經衆本，同源異流，分合之大略：

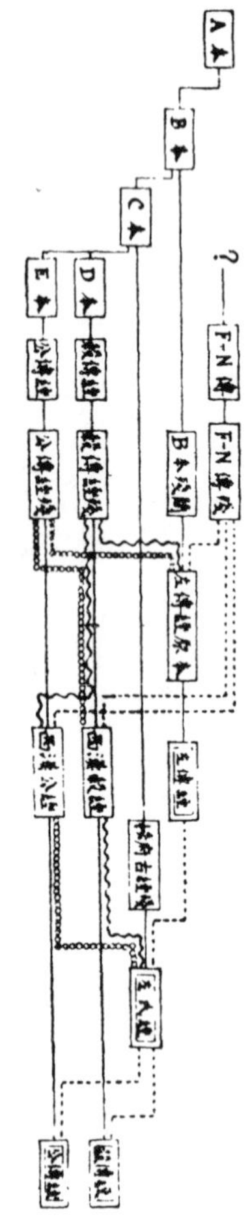

A本
B本
C本
D本
E本
?
F-N本

雖然，此僅假說而已，秦火以前諸本之源流演變，未必即如此。即或大略如此，其曲折未必不較此為多。此雖可略解今傳三種而經四本大同小異之由來，然未敢謂是定論也。

春秋經傳引得者，為春秋經傳全文五百有二頁，為引得二千六百六十三頁。經傳全文依民國十五年1926上海錦章書局所景印嘉慶二十年1815南昌本之三傳注疏。先取經文為綱，注明三本異同；繼排比三家傳文，鱗列逐條經下；復採阮元校勘記中經傳異文，具錄頁底。經傳句讀，條目次序，皆聶君筱珊所定者也。全文校印既就，乃逐句剪貼片上。一字為句者，得一片；數字為句者，片如其字之數；合得二十餘萬片。既逐片細注全文某頁、某公、某年、某節、某家經抑傳；然後依引得法排列焉；連二字以上而為專辭者，宜合而不宜分，則合之；仍於其首字後各字具「見」片，謂其字亦見某專辭中也。一人而有數名，一地而或殊稱，則彼此具「參」片；謂宜參檢，庶史實無漏失也。見、參、二項之條理，為事甚煩，時亦頗費考察斟酌焉。此亦筱珊所為者也。近數年來，春秋及三傳，已有依每句首字而排列之索引；549法過簡略，其用不弘，勝於無耳。左氏經傳有綜合索引一種，550而左傳復有人名地名索引一種，551及逐字鈎致之引得552一種。後者雖詳，而難為用；有目而無注，則翻檢之勞過甚；卷葉、行格、盡依理雅各本，而理本久已絕版，非易得者也。至於專名分合，謬誤之多，皆為三種之患，而尤以前者為甚。嚮者，筱珊常用此三種書、而苦之。553今自編春秋經傳引得，既已費煞苦心，庶可少減賴是之患乎？

剪貼抄錄之勞，皆引得編纂處助理諸君任之。校印成書，則引得校印所所為者也。然自全文之排錄，迄引得之成編，筱珊皆逐步自校二三過，以期錯誤之盡量減少；此又筱珊之功也。業於編纂經始，稍亦參與商訂條例，迨四冊印就，乃坐享其成，中間鮮所貢獻。自慚疎懶，用應筱珊請，草此編序文，試探春秋經傳之源流關係；凡考證所需，史料所有，輯錄其要；而前宿所疑，時賢所辨，亦選述其略；且復妄抒私見，未藏其拙；姑備學者參考。可乎？

一九三七，十一月，十一。洪業

1 Th. Ritter V. OPPOLZER, *Canon der Finsternisse* (*Denkschr. d. Wiener Akad. d. Wiss.*, math. Kl., Bd. 52, 1887).

2 試先舉表中橫第二行爲釋。直第三行「1176」者，蝕經中該次日蝕編號之數也。其後「1462,659」者，儒略積日 Julian day 之數，而其日當公曆紀元前 709 年（蝕經用算家公曆，凡紀元前之年較史家公曆短一數，故 708 即史曆前 709）七月十七日（史家於 1582 年十月前皆用儒略曆 Julian calendar），而合朔之時當公時（英格林維基 Greenwich 天文臺所用之時）6 點 50.7 分也。「t」者，謂該次日蝕爲全蝕，如其爲環蝕，則以「r」代表之（見橫第三行）。「29」者，代表壬辰；1 爲甲子而 60 爲癸亥，餘可推算。按民國二十六年七月二十八日，爲丙辰日，其日之儒略積日爲 2428,743，遞減去 60，餘數再減 10，得 53，即丙辰也。依法推算 1462,659 則得 29，壬辰矣。自 1147 次之日蝕至 1176 次之日蝕，從其儒略積日算之，得二者相距 4,163 日，而 (÷29.53) 即 141 實朔也。「桓 3/7/29 朔既」者，謂「桓三年秋七月壬辰朔日有食之既」也。春秋共 242 年而桓 3 當其第十四，故云「14 桓 3」也。「11/5+1=141」者，謂自隱三年二月朔至桓三年七月朔，得 11 年又 5 月，而據十九年七閏大略斟酌之，當加閏月者 4，而共得 141 月也。儒略積日之干支既符記載，蝕與蝕間之月數，表兩端之推算亦相合也。方括弧內之文字，春秋所無，可從表對照兩補之也。橫第十一行之「*38」者，謂推算儒略積日爲 37，而合時 23:45.2 較齊、魯、之時約差八時，加之，則越一日，得 38，適與春秋合也。文元年之蝕，從穀梁經文，無「朔」字（參下注 505）。襄 27 年經三本皆作「十二月」，而左傳作「十一月」，與推算合，殆經文傳本誤「一」爲「二」耳。定 5 之日蝕，公羊經作「正月」，左氏經作「三月」，穀梁經傳本有作「正月」者，有作「三月」者，依推算，「三月」是也。昭 22 經有四月乙丑，若無誤，則「十二月癸酉」上脫一「閏」字。如加此「閏」字，則合前蝕爲 1/6=18，合後蝕爲 1/4+1=17。參新城新藏，東洋天文學史研究（東京，弘文堂，昭和三年 1928），頁 296 後表。

3 如戰國時之世次年代，其亂如麻。參葉撰讀史年表附引得序（引得，特刊 1，1931）；錢穆，先秦諸子繫年（商務印書館，1936）自序，3-18。竊謂考戰國之世次年代，今之唯一史料爲史記，餘皆殘闕不全，且竟有僞者。史記已自亂、自誤，今僅能以意爲選擇補綴而已。惜夫其無日蝕之記載若春秋者也！春秋日蝕三十七，而史記（兼用瀧川資言史記會注考證本，東京，東方文化學院，昭和七年 1932）iii. 14/44-159 十二諸侯年表僅載其十三，餘概不記月日。

4 廖平，經話（六譯館叢書）1/70a 云：「說公羊者以經人事全由孔子所虛造；竊取曾文正，『漢高祖不知有是人否？』之言，以爲：『十二公不知有是人否？』予笑應之曰：『名諡由孔子筆削，即年歲亦孔子派定。何以言之？隱、桓，與定、哀，對比，而年恰同（隱十一，桓十八，共二十九年；定十五，哀十四，亦二十九年）；文、宣、成、在中，均十八年；莊、僖，與昭、襄，對比，四君[公？]皆三十二年（惟一三十三年）。大下豈有如是巧合之事！』」

5 40/桓14/3經（本引得所附春秋經傳全文）。

6 449/定6/7經.

7 487/哀13/7經.

8 135/僖28/18經.

29/桓5/1經.

183/宣3/9,10經.

11 參陸淳，春秋纂例（古經解彙函，1888石印本）9/4b-5a.，桂含章，春秋纂例（光緒六年1880五世孫桂正華刻）16/55a-59b.，顧棟高，春秋大事表（1748萬卷樓本）43/1a-15b.

12 1559次之蝕爲偏蝕，蝕觸以p代表之．1642次之蝕，計儒略積日，得癸酉．然其蝕起於－122而訖於＋133經度，則其過＋118度時，當在8:56.5之後又16點.，是越一日也，故似可合於甲戌．又計宣8之蝕上去文15之蝕爲11/5+4=141月，下去宣10之蝕爲1/5+1=18月．襄15之蝕上去襄14之蝕爲1/5=17月，下去襄20之蝕爲5/3+2=65月．昭17之蝕上去昭15之蝕爲2/4+1=29月，下去昭21之蝕爲3/9+2=47月．皆可合於從各積日計實朔之數．

13 119/僖22/4穀.

14 本引得 2456-2469.

15 參柯劭忞，春秋穀梁傳補注，（1927序，北京大學排印）7/5b.

16 戰國策（吳曾祺補注本，商務印書館，1930^{24}）1/2b.

17 春秋繁露（古經解彙函）5/1a,3b.

18 淮南子（四部叢刊本）9/21a 主術訓.

19 史記 x. 130/23. 參梁玉繩，史記志疑（廣雅叢書）36/5a,7a.

20 漢書（景用王先謙漢書補注本，1916，上海，同文圖書館石印）36/7. 按說苑（商務印書館景印程刻漢魏叢書本）3/8a 引公扈子曰：「春秋國之鑑也．春秋之中弒君三十六，亡國五十二.」此即董、劉、蒙所本者歟？

參下注 50.

王應麟，困學紀聞（翁元圻注，上海，文瑞樓石印本）6/1b-2a.

22 參新城新藏，上代金文の研究（支那學，1929）V/335-354.

23 郭沫若，金文叢攷（東京，昭和七年1932）1/28b.

24 容庚，金文編（民國二十年1931中央研究院出版）1/30b.

25 毛詩引得附標校經文（引得特刊9,1934）49/204/1,2,3.

26 論語（森本角藏，四書索引，本文之部，東京，昭和八年1933^{2}）389.

27 孟子 50:13.

28 參皇朝五經彙解（1888，上海，鴻文書局石印）169/1b-8a 所輯諸家論辨.

29 表中計算之法：隱三年二月己巳朔當儒略積日1458,496，減去29.53 1實朔之數，則知其年正月朔約當1458,466.47．據1646,176爲冬至之日（見高平子，史日長編，中央研究院天文研究所專刊1，1922，x．羅手旁無 P.V. NEUGEBAUER, *Astronomische Chronologie* (Berlin, 1929).，故未得此日之小數）減去514個歲實（365.2422）之數，故得1458,441.51．又此表中未計齒遊小數，故可有一二日之差．僅以見大略而已．

30 毛詩引得 80/300/2.

31 吳曾祺，國語韋解補正（商務印書館，1926）1/8a.

32 同上 17/2a. 參本引得經傳全文277，襄13/3左.

33 國語 17/3b.

34 352/昭4/左附1.

35 禮記（十三經經文，開明書店，1934），頁25，節24.

36 同上，頁104，節5.

37 同上，頁108，節13.

38 莊子（圖書集成局本，1897）6/34a，「莊子之春秋，故及此乎？..」戰國策17/4a，「虞卿謂春申君曰：..……今楚王之春秋高矣.」

39 國語 13/4a.

40 國語 17/1a.

41 墨子（孫詒讓，墨子閒詁，孫氏家刻本）8/3a-9a 明鬼.

42 隋書（五洲同文局石印廿四史，1903）42/5a 李德林傳，答魏收書。

43 劉子玄，史通（浦起龍，通釋本，1752）1/4a。

44 346/昭2/1左。

45 孟子 110。

46 [illegible]，頁 105，節 13-18。

47 劉子玄云：汲冢瑣語中有「晉春秋篇。」參下注 146 所繫。

48 孟子 60: 7, 10。

49 春秋繁露 6/2a。

50 疑當作「公扈子。」淩曙注引說苑 3/8a「公扈子曰：『有國者不可以不學春秋，生而尊者驕，生而富者傲。生而富貴，又無鑑，而自得者，鮮矣。春秋，國之鑑也。春秋之中弑君三十六，亡國五十二。諸侯奔走，不得保其社稷者甚衆。未有不先見而後從之者也。』」可見董曾用公扈子說。參上注 20，下注 178。

51 史記 iii. 13/3，三代世表序。

52 史記 iii. 14/6，十二諸侯年表序。

53 史記 vi. 47/81-85，孔子世家。

54 史記 x. 130/21-24，太史公自序。

55 裴駰集解曰：「張晏曰：『春秋萬八千字。……』駰謂太史公此辭是述董生之言；董仲舒自治公羊春秋；公羊經傳凡有四萬四千餘字。」瀧川資言考證引王觀國〔學林（蕭山陳氏湖海樓刻本，1809）2/31a〕曰：「今世所傳春秋經，一萬六千五百餘字。」案按翁元圻注困學紀聞 6/1a 云：「李氏燾作謝疇春秋古經序曰：『張晏云：春秋才萬八千字；誤也。今細數之更缺一千四百二十八字。』春秋說題辭曰：『孔子作春秋，一萬八千字。』是張晏所本。」又 6/16a 云：「鄭樵若〔王應麟，小學紺珠，玉海附刊本，4/3a 引〕曰：『春秋左氏傳，一十九萬六千八百四十五字。』此合經文計之。」又 7/1a 引閻若璩曰：「公羊傳，四萬四千七十五字。」又 7/5a 引閻氏曰：「穀梁傳，四萬一千五百十二字。」汪份，十三經紀字（乾隆甲寅 1734 [illegible]序刻本）中所舉春秋經、傳、字數如下：春秋經 16,561，[illegible] 220，公羊傳 27,590，穀梁傳 23,293，左傳 194,955。參下注 331。

56 鹽鐵論（四部叢刊本）5/1b。

57 徐彥，春秋公羊傳注疏（案此文引經傳之注疏皆用 1887 脈望仙館十三經注疏本）1/1a，隱元，疏引。按朱彝尊，經義考（浙局本）171/11a，疑閔敘出於緯書前。案疑其出於緯書後，故疏文與朱異。

58 公羊傳疏 24/18b，昭 12，引。

59 同上，1/1a，隱元，引。

60 春秋緯演孔圖（玉函山房輯佚書，濟南皇華書局補刻本，1870）5a。參春秋說題辭 3a。

61 演孔圖 5b。

62 春秋緯漢含孳 2a。參演孔圖。

63 春秋緯握誠圖 1a。

64 29/桓 5/1。

65 53/莊 7/3。

66 71/莊 24/8。

67 112/僖 17/2。

68 119/僖 22/4。

69 167/文 14/8。

70 178/宣 1/5。

71 204/宣 15/3。

72 326/襄 29/8。

73 342/昭 1/4。

74 373/昭 11/3。

75 376/昭 12/1。

76 388/昭 13/5.
77 390/昭 16/2.
78 398/昭 19/5.
79 399/昭 20/2.
80 416/昭 25/7.
81 436/定 1/1.
82 487/哀 14/1.
83 3/隱 1/4.
84 6/隱 2/5.
85 24/桓 2/2.
86 25/桓 2/4.
87 25/桓 2/5.
88 28/桓 3/8.
89 柯劭忞，春秋穀梁傳補注 2/15a 云：「疑當作『[illegible]』，察其形而不察其貌。」傳寫誤倒。」
90 40/桓 14/3.
91 75/莊 28/7.
92 78/莊 31/5.
93 105/僖 12/2.
94 111/僖 16/1.
95 「鄭棄其師。」見 84/閔 2/8.
96 115/僖 19/7.
97 148/文 2/6.
98 209/宣 17/8.
99 211/成 2/4.
100 221/成 5/4.
101 328/僖 29/10.
102 354/昭 4/3.
103 365/昭 7/5.
104 397/昭 19/2.
105 455/定 10/3.
106 2/隱 1/附 ii.
107 4/隱 1/附 iii, iv.
108 22/隱 11/附 iv.
109 25/桓 2/5.
110 94/僖 5/附 i.
111 108/僖 15/6.
112 135/僖 28/17.
113 166/文 14/1.
114 181/宣 2/4.
115 191/宣 9/14.
116 237/成 14/5.
117 397/昭 19/2.
118 433/昭 31/6.
119 464/定 15/5.
120 470/哀 3/3.
121 482/哀 11/1.
122 485/哀 12/6.
123 490/哀 14/11.
124 章炳麟，春秋左氏疑義答問（章氏叢書續編，1933，北平刻本）1/19a；毛起，春秋總論初稿（杭州，自社，1935），頁 10. 然二書引史記 v.39/61 晉世家：「孔子讀史記，至文公，曰：『諸侯無召王，王狩河陽者，春秋諱之也；』」以證史遷亦如此讀法；則業疑其不然．史公既於此處以史記與春秋分別爲言，而於孔子世家（叅上注 53 所擧）復擧此條，以說孔子作春秋之義；則晉世家條所引孔子言當以「召王」爲止．

125 叅本引得 1539，「聖」及「聖人」各條，足見左傳稱聖人之泛．295/襄22/附i 則臧武仲有聖人之稱矣．496/哀18/附ii 則以聖人擬楚惠王矣．

126 孟子 110:3．

127 叅陳立，公羊義疏（四部備要本）62/14f．何休以下諸儒彌縫之辭，業不從．

128 禮記，頁 99, 26: 1，經解．

129 藝文類聚（華陽宏達堂重刻本 1879）80/19b 引莊子．按此是莊子佚文．

130 莊子 5/24b 天運．

131 韓非子（王先愼，集解，萬有文庫本）2/82 內儲說上，七術．按 144/僖33/10-11 經有「十有二月……隕霜不殺草．」439/定1/8 經有「冬十月隕霜殺菽．」皆與此不同．

132 太平御覽（鮑刻本）923/1b引禮緯稽命徵：「鸜」原作「鸛」，殆誤，蓋所引在「鸜鵒」類中．

133 韓非子 3/53 外儲說右上．

134 韓非子 3/50．

135 春秋繁露 6/1a 兪序．

136 章炳麟（左氏疑義答問 1/5a）謂：晉、楚、之教國子則以春秋；孔子教庶士，故未嘗及春秋．業謂：庶士初未習春秋，其後爲卿、大夫，將何以教國子乎？

137 呂氏春秋（四部叢刊本）22/11b 察傳，「子夏之晉過衛．有讀史記者，曰：『晉師三豕涉河．』子夏曰：『非也．是己亥也．夫「己」與「三」相近，「豕」與「亥」相似．』至於晉而問之，則曰：『晉師己亥涉河也．』」

138 孟子 7: 1, 2．

139 竹添光鴻，左氏會箋（漢文大系本）30/64-66．

140 杜預春秋經傳集解後序，孔穎達正義（阮元校勘記 60/29a）引王隱晉書作十二卷．然業疑應作十三；蓋彼亦云「六十八卷皆有名題也．」

141 吳士鑑，晉書斠注（1928 劉氏刊）51/24-33．叅 3/30 武帝本紀．

142 史通 1/4b．按「其所紀事，」「紀」於蜀藩司本，陸深翻刻本，張之象本，皆作「記」．

143 史通 14/5b．按「晉作秋」上，陸本，張之象本，皆有「其」字．張鼎思本，郭孔延本，誤作「與」字．浦本去之．

144 史通 14/7a．業按「春秋」上應有「晉」字；子玄指瑣語中之晉春秋篇也．

145 史通 14/8．按「汲塚出記，」陸本，張之象本，皆作「汲塚所記．」「殺其大夫巨殺，」陸本，張之象本，無下「殺」字．

146 史通 16/4b．按「晉文」，陸本，張之象本，作「晉史」．

147 春秋啖趙集傳纂例（古經解彙函）1/4b．叅唐書（五洲同文局石印本，1903）132/4b 劉貺傳．

148 孟子 6: 1．叅崔述，孟子事實錄（崔東壁遺書，顧頡剛編訂，1936 上海亞東圖書館排印，IV）上/11-12；黃式三，周季編略（浙江書局 1873刻）6 上/46b, 7/4a；錢穆（前引書）332．

149 王國維，古本竹書紀年輯校（海寧王忠愨公遺書）．業按王氏所輯校會頗有闕誤．闕者，如上注 147 所擧「鄭莊公殺公子聖，」「紀子帛莒子盟于密，」「魯桓公紀侯莒子盟于區蛇，」三條，未輯入也．誤者，如「鄭棄其師」條，不宜從劉貺傳謂出紀年，而宜從史通（叅上注 145 所擧）謂不見紀年乃見瑣語耳．其三晉起後，宜叅錢穆，古本竹書紀年輯校補正（史學與地學，1928 第三期；又載錢君著先秦諸子繫年 373ff.）

150 水經注（王先謙合校本，1892 思賢講舍刻）6/24b．

151 太平御覽 968/1a 引［竹］書紀年．

152 史記 v. 41/16，越世家，索隱引．

153 太平御覽 968/1a 引［竹］書紀年．

154 「綆」原作「錄」．集解引徐廣曰：「錄一作綆．」臧庸，拜經日記（拜經堂叢書，東方文化學院京都研究所，昭和十年 1935 影印，6/7b）曰：「作綆是．」業按十二諸侯年表叙云：「左丘明懼弟子人人各異端，安其意，失其眞，」是此「綆」字所本歟？

155 「殷忠」之「殷，」集解引徐廣曰：「一作段，又作瑕．」業按漢書（王先謙補注本）88/41b 作段仲．」

156 史記 ix. 121/2-29.

157 漢書 30/20b-23a 藝文志．

158 漢書 88/41b-43b 儒林傳．

159 何休，公羊解詁序，徐彥疏引．

160 同上，徐疏引．

161 陸元朗，經典釋文叙錄（湖北局本，1882），葉 20b 注引．按太平御覽 610/7b 引新論，「遺文」作「遺失」．

162 論衡（商務印書館景印程刻漢魏叢書本）29/1b-2a 案書篇．

163 公羊注疏 2/8a 隱二年．

164 禮記 12/10b 王制疏引．

165 公羊注疏 1/1b 疏．

166 釋文叙錄，葉 20b．按孝經，唐玄宗序 1b，宋邢昺疏引此文，「淑」作「叔」．

167 穀梁傳注，范甯序 1a，疏．

168 按漢書儒林申公傳多從史記；且 88/38b 亦云：「申公獨以詩經爲訓故，以教．」然後又云：「申公卒以詩、春秋、授，」則史記所未云也．

169 或云：鐵孫四人之名（皮錫瑞，春秋通論，商務印書館，1923，排印本，18a；陳漢章，經學通論，北京大學排印本，31a）．或云：一字之音轉形譌（武內義雄，孟子與春秋論，支那學（1928）iv/171；吳承仕，經典釋文序錄疏證，北平，中國學院，1933，排印，89b）．竊疑：昔本妄說，今無須爲之强解也．

170 四庫全書總目（上海大東書局本 1930）26/2 提要謂「傳曰」乃范甯所加，以別傳於經文之稱；後人刪除未盡，所留者也．近法國馬伯樂君 (H. MASPERO, 'La composition et la date du tso tchuan', *Mélanges chinois et bouddhiques*, Bruxelles, Vol. I, 1931-1932, p.183) 曾從其說．提要之誤，柳興恩，穀梁大義述（清經解續編，南菁書院刻本）10/2b,15/2b-已言之．業按法國伯希和君 Paul Pelliot 嘗於敦煌石室得「春秋穀梁經傳解釋僖公上第五」殘卷，羅振玉君以其影片付珂羅版印於鳴沙石室古佚書（1913）中，加跋，考訂爲魏糜信書；蓋僖十四年「冬蔡侯肸卒」條，楊士勛疏中引糜信言，而殘卷注適與大略相同也．觀此卷中，已具傳遞條經綴文後；則昔之謂穀梁經、傳，相合，始於范甯者，亦誤也．

171 參本引得 774-775, 2586.

172 22/隱 1/4, 57/莊10/4, 437/定 1/4.

173 33/桓 6/5, 185/宣 5/5.

174 49/莊 3/4, 69/莊 23/10, 95/僖 5/6, 116/僖 20/3, 125/僖 24/4, 135/僖 28/17.

175 77/莊 30/7.

176 81/閔 1/6.

177 150/文 4/2.

178 433/昭 31/6．參上注 50.

179 471/哀 4/6.

180 13/隱 5/5.

181 13/隱 5/5, 36/桓 9/4.

182 437/定 1/4.

183 董豐垣識遺（晉琳琅館叢書本）3/4b-5a；四庫總目 26/2a 公羊提要；廖平，何氏公羊春秋再續十論）六譯館叢書）6b；皮錫瑞，春秋通論 19a；

錢玄同，重論經今古文學問題（國學季刊，卷三，號二，1932）289；杜鋼百，公羊穀梁爲卜商或孔商訛傳異名考（武漢大學文哲季刊，卷三，號1，1933）155-171；毛起，春秋總論初稿 77-89.

184 38/桓 11/7.

185 100/僖 9/3.

186 112/僖 17/2.

187 陳澧，東塾讀書記（掃葉山房石印本 1928）10/8a.

188 劉師培，左盦集（1928 北京刻本）2/6b，春秋三傳先後考.

189 142/僖 33/3.

190 劉師培（前引文）謂：公之「或曰」指左傳，「子墨衰絰.」業謂：細察三傳字句，與其謂公引左，不如謂是引穀也．其實皆非.

191 33/桓 7/1.

192 163/文 12/3.

193 陳澧（前引書），10/7b.

194 275/襄 12/1.

195 94/僖 5/2.

196 195/宣 12/3.

197 6/隱 2/7.

198 孟子 65:1.

199 孟子 170:1-7.

200 119/僖 22/4.

201 205/宣 15/8.

202 陳澧（前引書），10/7b.

203 孟子 26:1.

204 孟子 41-46.

205 孟子 7:16.

206 孟子 26:1.

207 錢大昕廿二史攷異（潛研堂全集，1884，長沙刻本）6/32b，謂前漢書20/96a 古今人表之王升．業按說苑 8/11 引淳于髡言與此條頗相似.

208 戰國策 11/3b-4a.

209 韓非子 4/63 顯學篇.

210 竊疑：孔門相傳春秋之義，如不予懷惡而討，公則繫之於楚子殺蔡侯般373/昭 11/3，穀則繫之於楚子殺慶封 354/昭 4/3，各尋相當之經文而繫之也．如譏父老子代從政，既皆繫於「天王使仍（穀作任）叔之子來聘」29/桓 5/3 矣，而公復於「曹伯使其世子射姑來朝」35/桓 9/4 下云：「春秋有譏父老子代從政者，則未知其在齊與？曹與？」是於應繫之處有所疑也．至若孟子 224:1 云：「春秋無義戰，」當亦是相傳春秋之義．然公羊119/僖 22/4 於泓之役「以爲雖文王之戰亦不過此.」穀梁云：「倍則攻，敵則戰，少則守.」皆不僅未繫「無義戰」之義於經，且反之矣．董仲舒（春秋繁露 2/1b）亦見及此點；然爲之強解而已.

211 475/哀 6/8.

212 107/僖 14/3.

213 449/定 6/7.

214 13/隱 5/7.

215 436/定 1/1.

216 1/隱 1/1 穀，135/僖 28/19 公，159/文 9/1 公.

217 3/隱 1/4 公，穀，1/隱 1/1 穀，79/莊 32/3 公.

218 112/僖 17/2 公，穀.

219 436/定 1/2 公，穀.

220 239/成 15/12 公，380/昭 12/10 穀.

221 112/僖 17/2 公，穀.

222 72/莊 27/2 穀，165/文 13/5 公.

223 1/隱 1/1 公、476/哀 7/4 穀.
224 史記 v. 40/60-61.
225 史記 vi. 46/37-41 田敬仲完世家.
226 史記 viii. 83/8-10 魯仲連傳.
227 史記 v.40/74-76 楚世家.
228 漢書 20/98b-99b. 參梁玉繩、人表考（二十五史補編）0290, 0308-0309.
229 郝文忠陵川集（祠堂刻本）28/9b-10a 春秋三傳折衷序.
230 錢穆（前引書）257、錢謂說出於郝敬，疑是字誤.
231 116/僖 20/3.
232 漢書 30/39a.
233 爾雅注疏 2/2b 疏引.
234 參鍾文烝、穀梁補注（清經解續編、南菁書院刻本）2/3a 隱五年.；錢穆（前引書）255-256.；張西堂、穀梁眞僞考（1931 北平排印）163-175.
235 141-142/僖 33/3 公、穀.
236 漢書 2/38a 惠紀.
237 廖平、何氏公羊春秋再續十論 8b.
238 史記 ix.121/20 儒林傳.
239 謹按：伏生無書口授之說始見於僞孔安國、尚書序（尚書注疏、序-3a）、殆皆人言耳.
240 唐晏、陸子新語校注（龍谿精舍叢書、1917）上/12b-13a(參 455/定 10/3 穀)、下/5b、上/5a.
241 參姚振宗、漢書藝文志條理（二十五史補編）1591-1592.；胡適、與顧頡剛論觀象制器的學說書（古史辨、3/85）.；張西堂（前引書）97-100.
242 韓詩外傳（古經解彙函本）8/1b.
243 59/莊 12/4 公.
244 韓詩外傳 2/1a.
245 202/宣 15/2 公.
246 史記 ix. 121/19 儒林傳.
247 史記 iii. 14/7-9 十二諸侯年表序.
248 史記 x. 130/28 自序.
249 漢書 62/14a 司馬遷傳贊. 補注引王念孫謂「左氏」下，據漢紀［1877 嶺南三餘書屋補刊本、14/15b］孝武紀引此贊，有「春秋」二字.
250 左傳注疏、杜預序 3b 孔疏.
251 同上、1a.
252 漢書 36/17a-19a.
253 常璩、華陽國志（龍谿精舍叢書本）10 下/20b-21a.
254 漢書 30/20b-23a.
255 漢書 53/31.
256 漢書 88/43b.
257 許愼、說文解字敍（丁福保、說文解字詁林、1928）6711.
258 太平御覽 610/7b 引桓譚新論. 參嚴可均、全後漢文（全上古三代秦漢三國六朝文、上海醫學書局 1930 重印本）14/9b.
259 北堂書鈔（南海孔氏校刊本、1889）98/7b 引桓子新論. 參嚴可均、全後漢文 14/10a.
260 論衡 29/1b-2a 案書篇. 按漢書 21B/26a 律曆志引國語已稱之爲「春秋外傳.」
261 論衡 20/7b 佚文篇.
262 後漢書（王先謙、集解、1915、長沙刻本）36/7b-9a 范升傳.
263 同上、36/9a-11a、陳元傳.
264 同上、36/12a.16a、賈逵傳. 參洪業撰禮記引得（引得、第 27 號、1937）序、頁 xiii、注 76.
265 左傳注疏 59/21a 哀 13、正義引.

266 左傳注疏 37/9b，襄 36，正義．

267 此處所删略者，見於上注 147 所製．

268 隨淳（前引書）1/4．

269 春秋考（江西翻武英殿聚珍板書）3/19a-21b．

270 朱子語類（呂留良刻本？）83 5b-7b．

271 宋史 394/4a-10b．

272 朱子語類 83/12a．

273 江蘇書局 1883 刻本，3/14a．

274 左傳 35/28a 襄 24 正義云：「[劉]炫於『處秦爲劉，』謂非丘明之筆；『豕韋，』『唐杜，』不信元凱之言；己之遠祖，數自譏訐．」19/28a 文 13 正義云：「討尋上下，其文不類，深疑此句，或非本旨；蓋以爲漢室初興，損[捐？]棄古學，左氏不顯於世，先儒無以自申；劉氏從秦，從魏，其源本出劉累；插注此辭將以媚於世．」蕭通，廣川書跋（行素艸堂金石叢書）5/10b 跋慶都碑云：「劉焯嘗謂：左氏稱在夏爲陶唐氏，其處爲劉氏，非魯史本文，漢儒欲其傳，特爲此語，以漢出堯後，獨堯[衍？]左氏爲有明文．」按董氏又云：「孔穎達特信其說．」似即指劉炫說；不知其是否誤記劉炫爲劉焯也．

275 淵穎吳先生文集（四部叢刊本）11/11 春秋舉傳論序．朱彝尊，經義攷（浙局本）194/14b 謂序黃景昌，春秋公穀舉傳；又謂黃氏書已佚．

276 逸漢谷文集（明嘉靖間刻，隆慶間補刻）9/1a-3a 史論．

277 劉下卷實訖於經典釋文敘錄．然陸書當居孔疏之前；劉誤也．參業撰尚書釋文敦煌殘卷與郭忠恕之關係（燕京學報，第十四期，1933）191．

278 左氏春秋考證（業用顧頡剛校點，北平樸社 1933 排印本）46．

279 同上，55．

280 左氏春秋考證 18-19．

281 劉禮部集（1830 思誤齋刊）卷十一後附，7b．

282 何氏公羊春秋再續十論 10a．

283 左傳古義凡例（六譯館叢書）1．

284 同上，9b-10a．

285 同上，5a．

286 今古學攷（六譯館叢書）下/35．

287 左傳古義凡例 6．

288 參四譯館雜著（六譯館叢書）內，四譯宬經學穿鑿記．

289 廖氏有經學四變記，五變記（六譯館叢書）．

290 四變記序．

291 四變記 3b．

292 經話 2/30a．然其云：「丁亥作今古學攷，」亦有自譏記之病．

293 古學攷（業用張西堂校點，1935 北平景山書社排印本）37．

294 廖平，四益館文集（六譯館叢書）8a 與宋芸子書．參張文襄全集（1928 家刻本）211/30a-33b．

295 四譯館雜著內，左氏春秋說長編三十六門目錄跋．

296 古學攷 21．

297 此書殆成於己丑 1889，而後續有所增．今附於古學攷之末．廖師政，家學樹坊（六譯館叢書）37 謂廖氏作闢劉篇時以十二證劉設周禮與今學違反諸條，殆有誤；蓋己丑闢劉僅得八證，甲午 1894 乃增至十二也．

298 按此似指漢書 27 中之上/9a「左氏說曰：『太廟，周公之廟，饗有禮義者也．……』」及 27 中之下/24b「左氏傳曰：『聖人在上，無災；雖有，不爲災．』」說曰：「凡物不爲災，不書；書大，言爲災也．……」但未見原引在劉歆之前．

299 春秋古經左氏說後[漢？]義補證凡例（此注後簡稱「左經例」）3a．

300 漢祖陰爲廢書作序云：「魯世家：『魯人共令息姑攝位，不言即位，』正用隱元年傳，衞世家：『桓公病而亂作，國人分散，故再赴，』正用桓五年傳文．如此者，數十條．」業按近儒向奎君列史記從左傳義者，幾四十條，見所著論左傳之性質及其與國語之關係（北平研究院史學集刊，第二期，1936）48-54．

301 潘序云：「傳與說、微、藏在秘府．」則廖意謂不只一種書歟？

302 左經例 3b．

303 潘序云：「今傳事說雜陳，乃先秦左氏弟子依經編年．」

304 左經例 5．

305 按劉氏考證 17 稱莊元年至七年，中閒史遷所得見之左氏春秋也．其中並不闕解釋之文．廖查誤會．

306 左經例 5b-6a．

307 同上，6．

308 廖氏別有國語義疏凡例（六譯館叢書）4b 云：「異義引左氏說：蕭伯爲尸，日祭月享，之類，亦見今國語．」

309 左經例 7a．

310 同上，7．

311 左經例，8b．

312 同上，9a．

313 如既誤會劉逢祿意，而謂莊篇七年不立一說矣，古經說中，莊篇僅十九年，廿六年，無說．又凡例中擬辨者，亦多不見於古經說中．此其例與書所以不合而分訂之故也．

314 如 1/1b「鄭伯克段于鄢，」注云：「史本書：『鄭伯之弟出奔衛．』」1/5a「宋宣公可謂知人矣，立穆公，其子饗之，命以義夫，」注云：「此爲魯隱發也．宋宣以兄讓弟，其子得立．魯隱以兄讓弟，爲弟所弑．但以知人許之，不論其事之得失．公羊大居正，又別是一義，不可據以相難．」

315 三十六題在四益館雜著內．

316 括弧內皆注文．據第 36 題下注，知爲廖氏所加．

317 據此二字，可見此三十六題，或他人代張氏擬之，而張有所刪審．

318 謂申鄭玄之箴左氏膏肓也．

319 按此數原重出．

320 按甲午 1894 六月廖刪合此三十六題爲三十題（尊經題目 30b-32a），命尊經書院諸生作之．中刪去「左氏多見國史」條，而有「傳經出於先師說」「編年出於先師，」二條．可知廖君未改其古經說凡例中之意也．

321 經話 1/55b-56b；四益館文集 10a-11a，與某人書；經學四變記 3b；家學樹坊 上/1a, 37a；古學考，丁酉 1897 自敘（業按「康長素因古學改而別撰僞經考，」句中，必於「古」字上脫「今」字．張西堂君殆未覺此脫字，故作案語，於廖有微辭）．翼教叢編（1898 石印本）6/31b，葉德輝答友人書；梁啓超，清代學術概論（商務印書館 1921 排印）126-127；錢玄同，重論經今古文學問題（國學季刊 III/ii）242-243；錢穆，康有爲學術述評（清華學報 XI/iii）592-603；趙豐田評錢著，史地周刊，第 122 期（大公報 29/i/1937）．

322 僞經考（1918 北京重刊本）1/1b．

323 同上，2/1a．

324 同上，2/10b-11a．

325 史記 i. 1/67「予觀春秋國語其發明五帝德帝繫姓章矣」．

326 史記 iii. 14/9「於是譜十二諸侯自共和訖孔子表見春秋國語學者所譏盛衰大指著于篇」．

327 僞經考 3 上/29b-35b．

328 民國七年 1918 崔君復出春秋復始三十八卷，蓋與史記探源相爲表裏者也．探源 8/13a 云「別詳愚所撰春秋復始，」則復始於宣統中亦大略已成．

329 業按此語見漢書 27 上/36a 五行志．

330 崔君謂如封禪書也．

331 史記探源（北京大學排印，1924[3]）1/2a-6b．

332 同上，6/13b．

333 康氏於僞經考卷二中，所删於史記者，未及告則書，官失之，二項．分野及五帝，二項，康巳道及．少昊之於五帝，康亦道及，惜未推廣至五德終始亦歆所造．顧頡剛君有五德終始說下的政治和歷史一文（清華學報 VI/i, 1930），結論雖以增竄左氏及史記歸罪劉歆，說同康、崔、二氏；然不從崔氏：歆創五德，托始鄒衍，之說；且作表解述五德說之變遷，仍以為說始於鄒衍．又崔之五節，實不足以盡賅彼所删除於史記者．大約尚應加左氏中「君子曰」若干段言論，不為康、崔、崇所取而史記亦載之者；參史記探源 5/9a, 16a，等等．

334 趙翼，二十二史劄記（廣雅叢書本）1/7b-11a．康引見僞經考 2/23b-25b．

335 答康有為第一書（翼教叢編 1/2）．

336 翼教叢編 1/22a．

337 清代學術概論 128．

338 章炳麟，劉子政左氏說，春秋左傳讀叙錄（章氏叢書，業用上海右文社排印本）；劉師培，左盦集 2/7b-15b 內有左氏不傳春秋辨，周季諸子述左傳攷，左氏學行於西漢攷．案章、劉、二君文多先見於二君所編國粹學報 1907-1908 各卷中．孫德謙，左傳漢初出張蒼家說（學衡，期 30, 1924）亦考吳起、荀卿，張蒼，等，皆習左氏．章君又有春秋左氏疑義答問（章氏叢書續編，1933 北平刻）．

339 戰國策 17/4b-5a「虞卿謂春申君曰：『臣聞之春秋：於安思危，危則慮安．今楚王之春秋高矣，而君之封地不可不早定也．』」參 275/襄 11/10 左「書曰居［一作於］安思危思則有備有備無患敢以此規」．

340 戰國策 17/3a「孫［荀］子為書謝曰：『……春秋戒之曰「楚王子圍聘於鄭，未出竟，聞王病，反，問疾，遂以冠纓絞王殺之；因自立也．齊崔杼之妻美，莊公通之．崔杼帥其君黨而攻．莊公請與分國，崔杼不許．欲自刃於廟，崔杼不許．莊公走出，踰於外牆；射中其股，遂殺之，而立其弟景公．」』……」韓詩外傳 4/4a「孫子……謝之……曰春秋之志曰楚王之子圍聘於鄭未出境聞王疾返問疾遂以冠纓絞王而殺之因自立齊崔杼之妻美莊公通之［案此處顯然有脫文］崔杼不許欲自刃於廟莊公走出踰於外牆射中其股遂殺而立其弟景公」．參 345/昭 1/11 左，305/襄 25/2 左．

341 韓非子 4/72 姦劫弒臣，「故春秋記之曰楚王子圍將聘於鄭未出境聞王病而返因入問病以其冠纓絞王而殺之遂自立也齊崔杼其妻美而莊公通之數如崔氏之室及公往崔子之徒賈舉率崔子之徒而攻公公入室請與之分國崔子不許公請自刃於廟崔子又不聽公乃走踰於北牆賈舉射公中其股公墜崔子之徒以戈斫公而死之而立其弟景公」．

342 錢穆，先秦諸子繫年 上/177-180．參衛聚賢左傳之研究（國學論叢 I/i, 1927）189-235，又古史研究（新月書店 1928 排印）72-160．按錢君引章炳麟春秋左氏傳讀一段，中云：「因有以韓非之文證左傳為吳起作者，發此二義正之，」則似前已有人先衛君而為左氏人吳起傳左氏春秋之說．然業未得見章氏之春秋左傳讀，並不知其書是否已刻．至於春秋左傳讀叙錄，業檢國粹學報（丁未 1907，當時太炎先生以「章絳」名）原本，及後來上海右文社、浙江圖書館、二種章氏叢書本，雖見其中頗持左丘明、曾申、吳起、吳期、傳授左氏之說，迄未見有似錢君所引之文．不知錢君所引者，章君是否指衛君之文而論之．若然，則似 1927 以前，未有人先衛君而為其說也．又衛君文大略有三要段．前段謂子夏始著左傳；錢君已評其論證未確．後段復持劉歆增竄經義之說（國學論叢 I/ii, 262）引漢書五行志及漢魏遺書鈔中左氏膏肓以為證，尤傷穿鑿．其實，所引漢志文，正如廖平所謂轉足以證劉歆未竄己說於左傳．至於所引左氏膏肓，乃出於周禮 10/11b 大司徒，疏所引鍼膏肓．引膏肓卽無誤，亦不得必以說左氏傳歸劉歆，况原文為「說左氏傳者」乎？

343 安井衡有左傳輯釋，出於明治四年 1877．其書業未見，其說多為竹添氏所採入左氏會箋（明治二十六年 1893 序．業用漢文大系本）．

344 James LEGGE, *The Ch'un Ts'ew with The Tso Chuen* (*The Chinese Classics*, Vol. V. in 2 parts, Hongkong, 1872), Pt. I, *Prolegomena*, pp. 35, 100.

345 O. FRANKE, *Studien zur Geschichte des konfuzianischen Dogmas und der chinesischen Staatsreligion* (*Hamburgische Universitat Abhandl. a. d. Gebiet d. Auslandskunde*, Reihe B., Bd. 1), 1920, pp. 85-86.

346 津田左右吉，左傳の思想史的研究（東洋文庫論叢，第二十二，昭和十年 1935）57-62, 470-471, 712-749。

347 飯島忠夫，支那曆法起原考（東京岡書院，昭和五年 1930）135-146, 152-154, 361-362。案飯島君之考左傳曆法論文首出於「漢代の曆法より見たる左傳の僞作」，東洋學報，卷二，明治四十五年 1912, 181-210。其後復有「再び左傳著作の時代を論ず」，東洋學報，卷九，大正八年 1919；支那古代史論（東洋文庫論叢，第五，大正十四年 1925）395-418；「左傳國語の著作年代について」，斯文，卷八，大正十五年 1926。各文。

348 狩野直喜，左氏辨（高瀨博士還曆記念支那學論叢，昭和三年 1928, 664-665）。

349 Bernhard KARLGREN, *On the nature and authenticity of the Tso chuan* (*Göteborgs Högskolas Årsskrift*, XXXII, 1926, 3). 高君又有 *The early history of the Chou li and Tso chuan texts* (The Museum of Far Eastern Antiquities, Stockholm, *Bulletin No. 3*, 1931). 文中以爾雅，毛詩傳，等，證左傳之早出。

350 陸侃如譯高氏文爲一小册，名：珂羅倔倫，左傳眞僞攷（新月書店，1927），前後附有胡適，衞聚賢，評語。法國馬伯樂 Henri Maspero 亦有評文（*Journal Asiatique*, Tome CCXII, 1928, pp. 159-165）頗可觀。衞，馬，二君均指出左傳旣道及趙襄子，則其成書當在 B.C. 425 之後。胡君謂設左傳於三世紀前，有感情作用。「孟子在三世紀可以用魯語著書，何以見得左傳的作者就不能在三世紀仍用他自己的方言著書呢？」又以虛字用法別古時方言，不可盡信。衞，馬，二君皆論及。衞舉「于」，「於」，有時而無地之別。馬舉春秋用「及」近於左傳而遠於魯語，然則豈著春秋者不用魯語乎？

351 新城新藏，東洋天文學史研究（東京弘文堂，昭和三年 1928）329-428, 442-445, 457-465, 506-511。

352 漢書 21下/20a 律曆志。

353 同上，21下/4a。

354 434/昭 12/3 左。

355 漢書 21下/39a。

356 飯島忠夫，「漢代の曆法より見たる左傳の僞作」，東洋學報 II/192。

357 新城新藏，東洋天文史研究 407-412。

358 P. V. NEUGEBAUER, *Abgekürzte Tafeln der Sonne und der grossen Planeten*, Berlin, 1904. 據未見此書。

359 國語 10/7a 晉語。

360 94/僖 5/1 左。

361 新城君算式(355)：655−82.6×(3.9−0.5)=374. 510−82.6×(2.1−0.5)=378. 平均，得 376. 然業不解其必減去超辰後位置 0.5 之理（參東洋天文學史研究 340, 354, 400）。且疑 82.6 之數爲稍小。

362 歲星行星紀，玄枵，等十二次，自西而東，玄枵當子位，星紀當丑位；以子，丑，等計太歲十二次，自東而西，適相反。新城君因爾雅釋天：「太歲在甲曰閼逢……大歲在寅曰攝提格」，知太歲紀年以甲寅爲始。呂氏春秋：「維秦八年歲在涒灘」，涒灘，申也，新城君解謂當 239 庚申（三統曆以 239 當超辰之年爲辛酉，故以 104 當丙子而不當乙亥，以 95 又當超辰之年，不爲甲申，不爲乙酉，而爲丙戌。後漢以來，三統超辰之法廢，於是上推 95 爲丙戌，104 爲丁丑，239 爲壬戌，是今各年表中所載者也）。自歲申 239 上推與 376 相近之甲寅，故得 365．

363 140/僖 31/7 左．

364 史記 iii. 15/124 六國年表；v. 37/30 衞世家．

365 漢書 21 下/36b．

366 漢書 21下/39a．

367 飯島忠夫，「漢代の暦法より見たる左傳の僞作」，東洋學報，卷二，頁182．參看此文下注 472．

368 漢書 27 下之下/2b, 3b, 6a．參 71/莊25/3 左，170/文15/5左，405/昭21/5 左．

369 業按新城君所舉此等之例，實尙未足以駁飯島君之說，蓋飯島君固謂劉歆雖僞竄左氏，但未敢妄改春秋原文；而此三次日食皆亦明見經文者也．馬伯樂君 (La Composition, etc., 77-78) 亦見及此，故特舉襄 27 之日食，經以爲在十有二月乙亥朔，傳以爲在十一月乙亥朔 (319/襄 27/6)，而五行志 (漢書 27 下之下/5a) 引劉歆「以爲九月周楚分」；且特駁飯島君 (東洋學報，II, 195) 對此條之見解．馬君謂劉歆不至旣暗竄「辰在申」以證其九月之說，乃復明改「十二月」爲「十一月」，以多啓疑竇也．其實，即此條亦尙未足以駁飯島君．飯島君意謂劉歆三統曆於襄 27 正月朔在己卯，月大小相間，而九月朔當乙亥；改經之「十二月」爲「十一月」者經顯然有譌文［經，七月有辛巳18，則十二月不得乙亥 12 朔］改之轉足以見傳之長；竄入「辰在申」者，以見三統曆之合於天文，而春秋曆失閏二月耳．此非多啓疑竇，乃轉以塞之也．又飯島君引五行志而斷謂左傳中之記事，與昔之說春秋者違異，至劉歆而始合，馬君誤會飯島君意，誤譯其文，從而譏焉，非飯島君之過也．

370 孟子 115: 3．

371 新城新藏，東洋天文學史研究 380-385．按新城君書內此篇文原登於藝文，大正七年 1918．

372 表中冬至實在之日，新城君殆按西人曆表而算得者．業未有其表，故未暇考．其某干支日冬至當僖昭日四項，爲業所加．大初元前項，得自高平子，史日長編．僖 5 項，參本文前段所附論首冬至比較表中所具之略數，減其一以合於辛亥，昭 20 項，亦參該表昭 21 項，減去一爲實之數，更減一數有奇以合於己丑．至於顓頊曆項，新城君 (264) 本自說明由眞冬至加 45.6 以得立春，而當甲寅．若如此，則當爲 1587,781；更由此甲寅之數減去 45.6 以得假冬至之數；惟如此，故眞假冬至之差，依新城君所算者適爲 1.0 (馬伯樂君，La composition, etc., 175, n. 2，謂新城君之算法必是 1587781.07－45.75＝1587735.32, 1587736.40－1587735.32＝1.08，更去 .08 而得 1.0．馬君代新城君爲算雖勤，然新城君不如是之煩也．新城君明云：「隔 45.6 日」，馬君殆未注意耳）也．顓頊曆者，新城君在作此篇春秋長曆時，尙以爲是自公曆前三百五六十年頃下至漢太初元年所行於世之曆法，故用以入算．然此顓頊曆曆元前之冬至在何干支，史無記載．由推算而假設之冬至不可與史籍所記之冬至並爲入算以與眞冬至較等差，馬伯樂君 (同上) 謂其法誤，是也．

373 漢書 21 下/36a．

374 東洋天文學史研究 311-312, 560-565．業按唐書一行推魯曆爲壬子，戊寅，見唐書 (五洲同文局石印本) 27 上/6a 曆志．淸[illegible]謂劉歆改壬子爲辛亥，見王韜，春秋朔閏至日考 (1889 上海排印) 16b-17a, 22a．

375 支那曆法起原考 512-513．

376 Henri MASPERO, 'La composition et la date du tso tchouan.' *Mélanges chinois et bouddhiques*, Bruxelles. Vol. I, 1931-1932, pp. 137-208．文後附 (pp. 209-215) 漢字名詞表，共 314 條，便於讀者，其意甚善．惜頗有譌誤，姑就所見，爲改正，如下：— 40 [illegible]．57 東觀漢記．68 王先謙．72 光祿勳．110 皇淸經解續編．119 顓頊．137 十二諸侯年表．150 孔穎達．152 杜預．156 四部叢刊．189 [illegible]．207 王先

謀［班上68］· 222 劉德· 223 五經博士· 250［B, 須去］楚簽· 259 孔子改制攷· 此外，字寫不成體者，如 11, 12, 67, 173 等，一望而可知，故不必爲改正·

377 Leopole de SAUSSURE. *Les origines de l'astronomie chinoise* (ed. photomécanique, Paris, 1930), pp. 403-410. 按書中此篇文先登於 *T'oung Pao* (vol. XIV, 1913) 中，在昔，英國湛約翰 (John CHALMER, in LEGGE, *Chinese classics*, Vol. V, Pt. I, 1872, p. 100) 算謂左傳中之歲星，乃由算曆前 304 (卽公曆前 305) 左右起算者· 戴氏爲改算，得公曆前 380 左右· 業不知馬君何故改其數爲 375· 又按戴文出於前，新城文出於後，引戴而不引新城，固似合史法· 然飯島歲星之說，要點在左傳中有超辰之迹· 戴君文中未嘗攻此，故當並引新城，爲是·

378 馬君 (176, n.2) 謂據史記卷五，及沙畹譯本 (Ed. CHAVANNES, *Les mémoires historiques de Se-ma Ts'ien*) II/90· 業今手旁無沙氏書，不得一檢· 但史記卷五，秦本紀，無其證也· 馬君於頁 190 又云：章鄒之法，至遲在 B. C. 259 已用於秦；注引出處略同·

379 馬君 (188-189) 舉例：傳缺者，桓 12,13，莊4，等；史缺者，莊 1, 2, 3, 5, 7, 15,17, 28, 31 等· 業按馬君所舉缺傳者，似皆不缺· 且如 40/桓 13/1 左有「不書所戰· 後也·」可云缺傳乎？馬君宜舉莊 19,20,26，則庶幾可謂缺傳矣· 馬君所舉缺史之年，皆從劉逢祿，左氏春秋考證，上卷，但減去劉所亦舉之莊 4, 6, 13，而誤其莊 29 爲莊 28·

380 史記 v. 37/27a·

381 業按若顧炎武日知錄（掃葉山房 1924 石印本）4/23b 已云：衛至秦二世始亡，而帝丘之卜不驗· 飯島忠夫君（秦支那曆法起原考 370）以「獨有濮陽」一語，徵卜辭之驗· 衛聚賢君（古史研究 94,95）引漢書［28下2/68a］地理志：「成公遷於帝丘……今之濮陽是也，」駁之· 今馬君之意又似謂衛自帝丘遷濮陽約在 320 前數年，故可無衍卜· 如僅以「獨有濮陽」爲證，尚不足以敵衛君之說· 馬君譯「獨有濮陽」爲 'réduit à une seule ville, celle de P'ou-yang,' 謂嗣君僅有一濮陽城，則誠可謂嗣君五年以前，衛候已去其舊都城帝丘矣· 顧此譯法實誤，史記謂獨有濮陽之地，非僅濮陽一城而已也· 然馬君取證之法雖未安善，業頗表同意於其結論焉· 按水經注（1892 王先謙合校本）24/11「濮陽城東北，故衛也，……或謂之帝丘……衛成公自楚丘遷此·」趙一清注引寰宇記云：「衛南縣東北七十里土山村卽古帝丘·」則帝丘西南去濮陽城尚數十里· 在衛嗣君時是否如此，不可知；但如帝丘與濮陽城已非一所，則衛又遷都之說，固足以存疑也·

382 182/宣 3/5 左·

383 王國維，今本竹書紀年疏證（王忠慤公遺書）下/4a, 25a·

384 參黃伯祿 (P. HOANG), *Prolégomènes à la concordance néoménique* (*Mélanges sur la chronologie chinoise, Variétés Sinologiques*, no. 52, 1920), 156·

385 按此段考證之法，亦尚未安；蓋從王國維，今本竹書紀年疏證，可知今本竹書紀年乃後人蒐輯遺佚，而妄加年月，杜撰多端，眞僞雜糅之作，不可以爲依據也· 古本竹書紀年（王國維輯校本，9）云：自武王滅殷以至幽王凡 257 年· 備平王元年果當公曆前 770，則武王滅殷當公曆前 1027，而成王定鼎當在此年後若干年也· 古本竹書紀年無定鼎，亦無鼎沒，之紀載，今本有之者，殆後人雜合漢書 25 上/19b 郊祀志，水經注 25/18b，及左傳而僞錄之也· 故不可爲據· 曹竹逐光鴻，左氏會箋 10/20 云：「九鼎之定爲成王之二十年甲寅，九鼎之淪於泗爲顯王之四十二年甲午；自定至淪凡七百有一年，正合七百年之數，」不知何所據，恐亦襲轉來自僞本竹書紀年耳·

386 14-15/隱 6/4·

387 21/隱 11/2·

388 319/襄 27/6.

389 按此所謂傳中之經與公、穀、及古文經並異者，馬君舉例共四條．業於此四者，還述其三，竊以爲尚可存疑．實則，其中頗有問題．如襄 27 條，馬君文中（187）堅持「十一月」必非作傳者所改．夫疑作傳者之經文原作「十一月」，未嘗不可．但如謂其經文縱誤作「十二月」，而作傳者因其經文前後有閏，誤不顯，故必不能改爲「十一月」，則過矣．何以知彼作傳時此處經文必前後有閏乎？且經上文「秋七月辛巳豹及諸侯之大夫盟于宋」，此所謂傳者既有「故不書其族言違命也」之解，豈作傳者不見此條經文乎？如見之，則七月有辛巳而下文「十二月乙亥朔」之有誤，豈可云不顯乎？此外，馬君所舉例中尚有一條，其謬．據云：隱三年，古文經「三月癸酉大雨震」，公、穀、經於「震」字下皆有「電」字，所謂傳者中之經乃作「大雨霖以震」；馬君從而謂古文經所缺之字，傳中經存其痕迹，顧有誤，不如公、穀、經文；更從而譏顧棟高不知傳中之經與古文經有別，故謂「左氏所傳授之本，與公、穀、互異」（春秋大事表萬卷樓本，43/14＝小字清經解續編本，19下/45a）也．夫其證立論必證確而論精，然後爲可取．今姑不問其論如何．且問其證．「大雨霖」之文見於何本乎？業檢阮氏校勘本，及左氏會箋本之經文，皆未能得．不知馬君得之於不可據之譌本耶？抑自誤讀而得之耶？

390 按馬君文於此處（190）似不與其前相應（參上注 378，及所繫）．且其論曆法一段中云：「余已於上言其可造成於 354 與 220 之間．」業檢其文前部，乃不能得其說，故不爲具述．又馬君云：所謂傳者有一長段引於荀子大略篇中，此亦可證傳之時代當在其前．馬君未舉大略篇所引者何文，惟其注云：「王先謙，荀子集解（民國十四年上海重印本）19/7 大略篇＝左傳隱元1/13b．」業既不知馬君所用之左傳爲何本，復無民國十四年上海本之荀子集解，只得取 1891 思賢講舍本之荀子集解，細檢其大略篇，只見得 19/5b 有「送死不及柩尸弔生不及悲哀非禮也」一語，頗似 4/隱1/4 左「贈死不及尸弔生不及哀豫凶事非禮也」．不知馬君所指者，是否即此．如其然，則竊謂此兩段文雖相似而不同，而其前後文彼此大異；且既皆不云引自何書，未可遽斷其孰引孰也．

391 參上注 340, 341．又參下注 504．

392 史記 iv. 26/8．參145/文1/左附i．

393 漢書 83/14a 朱博傳．參 245/成 16/12 左，309/襄 26/附，418/昭 25.9 左．參章炳麟，春秋左傳讀叙錄 29.，錢穆，劉向歆父子年譜（燕京學報，第七期，1930）1245, 1249.，馬伯樂，*La Composition, etc.*, 159-160．按漢書 36/19a 劉歆等移書責太常博士後，「諸儒皆怨恨．是時名儒光祿大夫龔勝以歆移書，上疏，深自罪責，願乞骸骨罷．及儒者師丹爲大司空，亦大怒，奏歆改亂舊章，非毀先帝所立．」劉逢祿（左氏春秋考證 57）遂謂龔勝、師丹、皆不肯以左氏爲傳春秋．章君引勝等以爲駁，且云：「勝固當治左氏者，其自罪責，意正與丹相反．」錢君考勝傳（漢書 72/36b-39b），謂此時勝爲諫大夫，非光祿大夫，上疏自罪責事，疑誤．馬君謂詆左氏者並不疑其爲春秋傳，引勝事以爲證．業按此數說中惟章君說爲是．勝非詆左氏者也；僅以歆之輕率移書爲非耳．非歆而自罪責，正以重左氏歟？光祿大夫之稱，殆史料有誤，班固偶不檢耳．

394 漢書 73/10b 韋玄成傳．

395 參下注 525 所繫．

396 136/僖 28/23 左．

397 313/襄 26/6 左，國語 17/3a，左傳注疏 37/9．

398 485/哀 13/5 左，國語 19/5b，左傳注疏 59/21a．

399 124/僖 24/2 左，國語 2/1a，左傳注疏 15/28b．

400 參馮沅君，論左傳與國語的異點（新月，I/vii, 1928）1-12．

401 溫國文正公文集（四部叢刊本）78/6a 議國語．

402 通考（九通，圖書集成局 1901）183/7a 引．

403 陔餘叢考（湛貽堂刻本 1790）2/25．

440 習學記言序目（敬鄉樓叢書）12/7a．

405 74/莊 28/左附．

406 國語 7/4b-5a．

407 216/成 2/左附 ii．

408 國語 11/3a．

409 同上，12/1b-3a．

410 同上，2/2b-3b, 10/9a．

411 國語，3/7a, 7/5b, 17/4a, 21/4b．

412 同上，2/1b, 4a; 3/4b,7a; 5/1b; 10/4a; 15/5a; 18/4a．

413 高本漢君 (*On the nature*, etc. 59-60) 舉虛字例九，謂左、國、同用者八．馮沅君女士（前引文，15-35）就國語逬爲統計；乃謂「於」與「于」之比例，左、國、有相反者；「與」與「及」之比例，左、國、之大小不同；高君言左、國、俱無「耶」，而國語中乃有「抑䮿姬之不存側耶」等三條；是相同之八例宜去其三也．馮女士更謂左傳無「奈」而國語有「奈何」、「奈吾君何」，等四條，可益證左、國、文法之有異．且因戰國策作於秦幷天下後，而書中多「奈」字；故以「奈」之有無，爲國語較左傳晚出之一證．業按左傳有「河魚腹疾奈何」(200/宣 12/5 左)，「不然奈何」(358/昭 5/附 i)；馮女士偶未檢及耳．左傳有「不知天之棄魯耶」(420/昭 26/2 左)，高君偶未檢及耳．

414 國語 11/2b．

415 國語，11/1．

416 同上，11/3b．

417 152/文 5/附 ii．

418 國語 1/6b-7a．

419 79/莊 32/附．

420 國語 2/4a．

421 141/僖 33/1 左．

422 國語 14/2．

423 301/襄 24/1 左．

424 國語 14/7．

425 364/昭 7/左附 iv．

426 國語 2/1a, 15/隱 6/左附 iv．

427 國語 8/3b, 89/僖 2/左附 ii．

428 參本引得，1793．

429 太平御覽 710/1b．按御覽引國語頗多，可參太平御覽引得（引得，第 23，1935）98，春秋外傳 106，國語．惟就中檢之，如 146/2b 叔譽如周見太子晉條，蓋引周書太子晉篇，而誤云周語．如 347/7a 吏益射屬條，383/9a 齊宣王見閭丘先生條，又如 305/2b, 305/3a, 325 2a 之引楚語、趙語、韓語，等等，殆皆引孔衍之春秋後國語而已．

430 269/襄 10/1 左，358/昭 5/左附 i，晉者皆作遭晉讀．

431 御覽 311/7a．

432 301/襄 23/13 左 偶道及杞梁，華周，耳．

433 按御覽所引此條國語之文，頗同於說苑 4/7a．不知御覽所沿用之舊書，是否引劉向之新國語也．

434 史記 iii. 15/34 六國年表．

435 國語 10/2a．

436 史記 v. 39/94 晉世家．參衞聚賢，古史研究 218-219，所具晉世系表．業按據以上殆沿曲沃一支以達晉叔．嘉、文、之間，僅僅數月，且爲文從子，殆不計也．

437 國語 10/1a, 7a．參新城新藏，東洋天文學史研究 329-333．

438 按度二十八宿以爲十二次，左傳與太初時不同．太初歷紀起於斗之十二度而訖於女之七度（表見漢書 21 下/21a-22b 律曆志）．左傳 319/襄 28/1 左，371/昭 10/左附：梓愼稱玄枵虛中，裨竈謂婺女居維首．錢大昕，三統術衍（潛研堂全書）2/61b 云：「然則虛五度當爲玄枵之中，婺女一度當爲玄枵之初；傳文固有明徵；推之十二次，皆可定．」其說殆可取．律曆志（漢書 21下/41a）云：太初元年前十一月甲子朔旦冬至，歲在星紀婺女六度。今由 B. C. 104 以八十三年周天者七，八十六年行八十七次之算上推，求襄二十八 545 歲應在何次。歲星每年行 $\frac{87\times365度}{86\times12}=30.77$度。$545-5\times83=26$。$26\times30.77$ 度 $=800$ 度。800 度 -2×365 度 $=70$ 度。由婺女六度起，倒推七十度（越婺女 6，牛 8，斗 26，箕 11，尾 18，心之後 1）至大火之心第五度，是也。然左傳云：歲在星紀而淫於玄枵；則當由星紀之末，牛第八度，倒推至大火之心第五度，得六十四度，是左傳所少推者也。以每年少算之數 $\frac{365}{86\times12}$ 除此，則 $\frac{64\times82\times12}{365}=180.95$；是積一百八十一年而共少推六十四度也。由 B.C. 545 前數 181 年，故得 B. C. 364。業未得見飯備士、新城新藏、諸君所用之行星表，且不知其算法如何，故以此法算之。

439 國語 14/5a。

440 同上，12/2b-3b。

441 詩 15之3/11 漸漸之石序，正義引春秋經賈氏訓詁云：「秦始皇父諱楚而改爲荊州。」漢書 1下/25b 高紀五年，注：「如淳曰：荊亦楚也。賈逵曰：秦莊襄王名楚，故改諱，『荊』遂行於世。晉灼曰：詩曰：奮伐荊楚，自秦之先故以［已？］稱荊也。師古曰：晉說是也。左傳又云荊尸而舉，亦已久矣。」業按春秋於莊 10、14、28 皆稱荊，其後皆稱楚。論語、孟子、皆稱楚而不稱荊。

442 韓非子 1/3。

443 呂氏春秋 2/8a；

444 淮南 3/2b, 9b, 10b。參新城新藏，東洋天文學史研究 56-57。

445 呂氏春秋 10/1。

446 同上，12/10a。

447 史記 ii. 6/23-24。

448 同上，viii. 96/17。

449 晉書 27上/17。

450 呂氏春秋 7/1。

451 國語 8/3a。

452 太平御覽 908/2b-3a 引瑣語。

453 參上注 424 所擧。

454 國語 4/4a。

455 呂氏春秋 6/3。

456 國語 17/1b。

457 墨子 12/16b。參章炳麟，春秋左傳讀叙錄 10b。

458 162/文 11/6。

459 168/文 14/11。

460 218/成 3/9。

461 81/閔 1/5。

462 習學記言序目11/11b-12a。參495/哀17/左附iv; 496/哀17/左附vi; 496/哀18/左附ii, iii; 497/哀19/左附i; 497/哀20/左附i, iii; 497/哀21/左附iii; 498/哀22/左附ii; 498/哀23/左附iii; 498/哀24/左附i; 499/哀24/左附iv; 499/哀25/左附i; 500/哀25/左附ii; 500/哀26/左附i; 501/哀27/左附i。

463 即如左傳之最末一條，悼四年之「晉荀瑤帥師圍鄭」，其體裁亦與 456/定10/4 經「晉趙鞅帥師圍衞」不殊也。

464 488/哀14/3, 490/哀14/11, 491/哀15/左附iii, 492/哀16/1, 2。

465 98/僖7/左附，99/僖8/5, 121/僖23/左附i, 125/僖24/5。

466 147/文2/3, 290/襄19/7。

467 159/文9/7, 249/成17/左附iv。

468 440/定3/5。

469 389/昭16/左附i, 390/昭16/1。

470 陔餘叢攷2/19b。

471 94/僖5/左附i。

472 398/昭 20/左附 i：業疑著左傳者所用之春秋殘節中原有此文，惟其上之「二十年」未必在簡端耳。飯島君謂劉歆依三統曆法，竄入此條，其不作正月己丑而作二月己丑者，因其下經文有十一月辛卯也。參上注 367。業按此乃飯島君偶不檢之誤。惟正月己丑朔，然後十一月有辛卯。今傳中即因二月己丑朔而十一月有辛卯，故留閏八月。若使劉歆依三統曆以僞傳，正不必如此也。

473 按飯島忠夫，支那古代史論 277 所具諸章冬至合朔表：宣十一 598，朔辛亥而冬至壬子；悼三 465，朔己丑而冬至庚寅。業疑古時測量日至之法，差誤一日亦事之可能者。此二條或自宣十一，悼三，錯簡而出者歟？

474 按參前注 372 所繫，知僖五 655 之辛亥冬至爲 1482.178 而昭二十 522 之己丑冬至爲 1530.756。二者相距 48576 日。除以 133 年，得 365.2481，知著者殆以 365.25 日爲歲實。然眞歲實爲 365.2422 日，則每歲多算 0.0078 日也。依新城君所計，僖五之冬至太早 3.1 日，而昭二十之冬至太早 2.4 日，求積若干年之多算而得各太早之數。3.1+0.0078=397·2.4+0.0078=307。求大略起算之年。655−397=258。522−307=215。然1年之差僅爲 0.0078 日，則每 130 年然後差一日。折中計之，(215+130)—(258−130)=217。然則 B.C. 217 前後各約六十年中，如有朔與冬至同日者，從其干支以 365.25 日爲1年，倒推之，當有可得僖五之辛亥及昭二十之己丑者也。檢飯島君，支那古代史論 277，冬至合朔表，惟 B.C. 237 及 218 兩年之朔至爲合。

475 182/宣3/左5。

476 史記 v.40/10-20。斷句，業不從。

477 參衞聚賢，左傳之研究（國學論叢 I/1）194—195。所爲周世系表，成王第二，顯王第三十三。然應去共第十一之共和，故得三十世。又就古本竹書紀年而計武王滅殷當 B.C. 1027 由此下數至顯王之末 321，得 706 年。成王立在武王滅殷後數年，故爲卜鼎之說者約其數而云七百年歟？參上注 385。

478 史記 iv. 28/18; iii. 15/73; I. 4/95, 5/79; ii. 6/41。

479 水經注 25/18b-19a。

480 按漢書 25 上/19b 郊祀志錄封禪書文，而云：「或曰：周顯王之四十二年，宋太丘社亡，而鼎淪沒於泗水彭城下，」則與六國年表遠異。水經注之「顯王四十二年」或即出於漢書；至其下文，注已云「當是孟浪之傳」，不必深究也。

481 參史記 iv. 28/44 封禪書。

482 按此見戰國策 3/5b，史記 vii. 70/7 張儀傳。又按史記 I. 4/91 周本紀，當赧王四十二年時，馬犯尚言以九鼎路梁。

483 漢書 25 上/31a。

484 俞樾，湖樓筆談（春在堂叢書）3/1b。

485 337/襄31/左附ix，參顧頡剛，尚書通檢（哈佛燕京學社，1936），頁 11，23/0150。

486 427/昭28/左附ii，參毛詩引得 61/241/4。

487 61/莊14/左附1, 432/昭31/2左，參尚書通檢，頁 5, 09/0090。

488 204/宣15/4左，參尚書通檢，頁 18, 36/0330。

489 351/昭 4/左附i。

490 新序（商務印書館影印程刻漢魏叢書本）9/5a 善謀。

491 國語 15/1a。

492 240/成16/7左，320/襄28/左附iii。

493 410/昭23/7：公羊「楹」，穀梁「盈」。

494 按今左傳，國語屢見；然史記 iii. 14/122-123 十二諸侯年表，v. 32/42齊世家，vi. 46/5 田敬仲世家，等處，皆作闞湛，疑史公所見左氏本本作闞湛也。

495 隋書 32/25b。

496 漢書 30/34b。姚振宗漢書藝文志條理（二十五史補編，頁 1615）謂陰陽十六篇，律曆二篇，疑在曆譜家律曆數法三卷中。其說亦殊勉強，安知

「十八」、「十六」之中非有譌字？又安知十六篇者非十八篇之殘餘乎？

497 春秋左傳讀叙錄 5a-6b.

498 史記 viii. 96/2-13.

499 瀧川君考證引沈家本曰：「[高祖功臣侯者年] 表 [iii.18/65] 千三百戶.

500 史記 iv. 28/40.

501 瀧川君考證云：「漢 [書 25 上/25b 郊祀] 志，『始』作『時』. 梁玉繩曰：「德『始』字誤.」瀧按「始」字不誤. 史記 ii. 6/25 始皇本紀：「更名河曰『德水』，以為水德之始.」河決金隄，則漢水當為水德之始耳. 河決事，考證云：見史記 iv. 29/8 河渠書. 考證又引陳子龍曰：「殷為金德，而河何以屢決耶？以何[河] 決為水德，誣甚矣.」蓋亦不解舊意者也.

502 考證引梁玉繩云：「後三歲，當依漢 [書 25上/25b 郊祀] 志，作明年.」

503 參前注 460, 461，所聚. 按撰左傳者 [illegible] 春秋傳，此外尚有一重要之證；蓋其傳與撰者所本之春秋異也. [illegible] 上注 118 所聚)，撰者殆從某傳謂：春秋書三叛人以名；此 [illegible] 8/哀14/2「小邾射以句繹來奔」，可見此某傳亦經終於獲麟而已. 漢初，公、穀、之外，殆尚有鄒、夾. 漢書 72/32a 王吉傳云：吉能為鄒氏春秋. 夾氏傳十一卷，見於藝文志，僅於後漢時無書耳. 此外，說苑稱引春秋傳如 19/5b「傳曰高寢者何正寢也……」，19/8b「傳曰……苗者毛也」之屬，今並不知其出於何傳也.

504 九鼎淪泗一條，殆不出於國語，蓋國語必為漢興以前書；如其中 3/12「若劉氏則必子孫實有禍」不當於漢時作此犯忌語也. 業又疑撰左傳者或亦用及韓非子、呂氏春秋、各書；故叙高渠彌弒鄭昭公 44/桓 11/左附，甚似韓非子 4/11 說難四；楚商臣享江芊 146/文1/10 左，甚似韓非子 3/12 內儲說下六微；宋華元之敗 180/宣 2/1 左，甚似呂氏 16/15b 察微；晉靈公彈人 180/宣 2/4 左，甚似呂氏 23/8a 過理. 此類甚多，不勝枚舉. 業疑章炳麟、劉師培、諸君以先秦諸家文有似左氏者，因以證左氏之早，業疑其誤也. 即如韓非中之引「春秋記之曰」一段（參上注 341），馬伯樂君（前引文，頁 200，注 4）亦以為必出左氏且駁佛郎克君（前引書，頁 66，注）之疑. 業以為佛君近是而馬君誤. 韓非文中有以冠縫鈒王之說，而左傳無之；韓非何能得之於左傳乎？韓非自得之於戰國末多種流行之春秋傳中耳. 彼且有所謂桃左春秋（2/6 備內）者，今並不知其為何書也.

505 左傳中曆算之誤除上文中所舉者外，尚有甚顯者二條. 一為 145/文 1/左附 i「於是閏三月非禮也.」此殆因撰者所得或所參照之經文於「二月癸亥日有食之」條誤衍「朔」字耳. 此年經有「四月丁巳」，二月癸亥朔，則必閏三月矣. 其實日食在二月癸亥晦，核之前後經文及推算皆無誤. 參王引之，經義述聞（四部備要本）24/10a-11a；王韜，春秋朔閏至日考上/9b-10b；新城新藏，東洋天文學史研究 250-253. 又 392/昭 17/2 左「六月甲戌朔日有食之. ……太史曰：在此月也，日過分而未至.」其實（參上注 12 所聚）此年六月無日蝕；如有之，乃在十月，過至久矣.

506 480/哀 9/左附 iii.

507 國語 2/3b.

508 126/僖 25/左附 i.

509 393/昭 17/5 左.

510 通考 182/2b-3a.

511 春秋通論 35. 馬伯樂君（前引文 182-183）更從四庫總目 26/1b-2a 之誤，謂何休解詁但釋傳而不釋經，亦為公羊經傳別行之證. 今試檢公羊無傳諸年，即可見何注照舊，烏可云其不釋經乎？

512 張國淦，漢石經碑圖（1931 遼寧關東印書局鉛印）叙例 2 引羅振玉說. 參圖 24a, 28b.

513 同上，叙例 2a. 參圖 20a-22b.

514 90/僖 3/1-3.

515 120/僖23/1-4.

516 463-464/定 15/1-5.

517 477-479/哀 8/1-4.

518 漢書 30/21a.

519 319/襄 28/2.

520 338/昭 1/2.
521 14-15/隱 6/3, 4.
522 9/隱 9/6.
523 205-206/宣 15/9, 10.
524 左氏傳所有此條;故漢書 27 中之下/27a 五行志,劉歆謂蠓食穀爲災,與董仲舒、劉向之解不同.
525 歆不以春秋爲孔子所修,參上注 395 所襲. 疑因注藝文志謂左丘明爲魯太史,其說殆亦出於歆歟?
526 說文解字詁林 6711a.
527 漢書 53/33a.
528 同上,30/16a.
529 玉函山房輯佚書內有輯本,約二十條而已. 而皆劉、賈、穎、許、並引. 殆釋文、正義,等引劉者,得之間接又間接者也. 參姚振宗,漢書藝文志拾補(二十五史補編)1452.
530 重澤俊郎,左傳賈服注攟逸(京都東方文化學院,昭和十一年 1936).
531 汪俊,十三經紀字,謂讀經 220 字,殆誤合穀梁數之耳.
532 儀禮 24/20b 聘禮,疏引.
533 後漢書集解 36/1a, 6a 鄭興傳.
534 周禮 19/13a 小宗伯,鄭注引. 參說文解字詁林 4627b-4628b, 3527b-3528b.
535 初學記(古香齋袖珍本)21/6b 引.
536 參春秋比事參義 16/46a, 49a. 僖 231/成 10/7 公羊經無「冬十月」.
537 段玉裁,說文解字注(詁林 6731b):「春秋經傳,疑志不言出誰氏;據許下云北平侯張蒼獻春秋左氏傳,意經、傳,皆其所獻,古經與傳別,然則漢志云春秋古經十二篇,左氏傳三十卷,皆謂蒼所獻也. 而許以經系之孔壁,以傳系之北平侯,恐非事實.」
538 周禮 19/13a 小宗伯,疏.

539 卽河間獻王傳所謂立毛氏詩,左氏春秋,博士,亦未可斷謂當時別有左氏經得左傳經也. 顧頡古,以謂正俗(古經解彙函本)8/3b:「漢書河間,北平侯始獻左氏傳,北平侯從誰得之?蓋勵帝日:諸奇書,左傳,周禮,之屬,恐從河間王所得也.」亦猶據之誤耳.
540 尹、顏、之經,殿漢經耳. 參上注 158 所襲.
541 說文(詁林 6709)叙云:「孔子書六經,左丘明述春秋傳,皆以古文.」句未可據. 今說文中所引「春秋傳」之古文亦無幾. 參錢玄同,說文中所引春秋(民國叢書)11/3a-4a. 陳嘉藏(詁林 306);錢大昕,潛研堂文集(全書本)11/3a-4a;陳壽祺(詁林 306);俞樾(詁林 307). 所考者,蓋謂獻許君當見有字字古文之左氏傳,則其古文必多臆造者也.
542 89/僖 2/4 左.
543 332/襄 30/9 左.
544 參上注 505.
545 1/隱 1/2 經. 參陳立,公羊義疏(四部備要本)2/1.
546 86/僖 1/3 經. 參朱駿聲,春秋三家異文覈(聚學軒叢書)4a. 此外,公羊經文地名與左、穀、異者,參趙坦,春秋三傳異同考(昭代叢書)4b-5b.
547 參陳壽祺白虎通引得(引得,第二,1931)序十.
548 375/昭 11/8 經今「國弱」與公羊異. 然賈逵本作「國酌」與公羊同. 參公羊注疏阮氏校勘記 22/13b.
549 葉紹鈞,十三經索引(開明書店 1934).
550 安井小太郎,諸橋轍次,綜合春秋左氏傳索引(東京大東文化協會,昭和十年 1935).
551 重澤俊郎,佐藤匡玄,左傳人名地名索引(東京弘文堂,昭和十年 1935).
552 Sir Everard D. H. FRASER and Sir James Haldane Stewart LOCKHART, *Index to the tso chuan* (Oxford University Press, 1930).
553 參桑弘敦,三種左傳索引正誤(國書副刊,第 182, 183 期,大公報 20/v/1937, 27/v/1937).

前蜀疆域考

王伊同

（節錄前蜀考略）

前蜀考略序

前蜀高祖王建以光啓三年入閬州，大順二年克成都，至後主咸康元年失國，稱霸一隅者凡卅九年。自唐之亡，僭僞遍天下，幽冀有劉仁恭稱燕，秦鳳有李茂貞稱岐，江南有楊氏稱吳，李氏稱南唐，兩浙有錢氏稱吳越，江漢之間，有馬氏稱楚，高氏稱荆南，福建有王氏稱閩，嶺南有劉氏稱南漢；或喘息一方，僅克自保，或跨兼數郡，力謀強富，於是兵役累興，不遑休息，民生政事，多不足觀。然前蜀王氏，以僻居西陲，挾長江劍閣之險，富厚優於他郡，故常不受兵，而蜀主推賢，尤好文教，故既建國，遂以武成元年大赦天下，詔曰：「國之教化，庠序爲先；民之威儀，禮樂爲本。廢之則道替，崇之則化行，其國子監正，令有司約故事，速具修之。兼諸州應有舊文宣王廟，各仰崇釋，以時釋奠。」又曰：「將中保國，只計安人，其有徭役不均，刑法不中，鄉縣凋弊，稅賦逋懸，必當分命使臣，大明黜陟。若清廉可獎，課績有聞，或就轉官資，或超加任用，並舉勸懲之命，以彰悔過之名。太倉及諸州縣受納斛斗，並仰太府寺准舊例校勘，逐年給付，所司除本分耗剩外，不得加一升一合，致百姓積累逋懸。如有鬧違，必行朝典。其有外州遠縣官吏等輒徵估價，並許百姓詣闕論訴，不計官職高卑，並正刑名處分。」三年六月，又詔勸農桑曰：「昔劉先主入蜀，武侯勸其閉關養民，十年而後舉兵，震搖關內。朕以眇躬，託居人上，爰念蒸民，久罹干戈之苦，而不暇力於農桑之業。今國家漸寧，民用休息。其郡守縣令，務在惠綏，無侵無擾；使我赤子，樂於南畝而有豳風。」大抵兩川以蠶叢蠶絲之利，稱於天下，商賈如織，士民殷實，每年歲正至三月，則有蠶市，州城屬縣，循環一十五處，連屬不斷。故唐末有揚一蜀二之諺，謂宇內殷盛，揚先而蜀次之也。重以蜀主尚賢，以求至治，獎進蠶桑，以培國本，五代之際，兩蜀之盛，雖不足比美盛世，然方之當世，南唐之外，殆無出其右者焉。自來史家，每以諸國僭偽，不詳其事，或曲筆詆訶，未可置信。如薛歐司馬，於諸國政事，僅稍稍附見，唯路振採五代吳，唐，前後蜀，南漢，北漢，閩，楚，吳越，君臣行事，撰九國志；爲世家列傳四十九卷。其孫倫，又增高氏爲十國志。張唐英有蜀檮杌一卷，勾延慶有錦里耆舊傳八卷。劉恕之十國紀年，惜其書久佚，世無完本。清吳任臣撰十國春秋百餘卷，於其事可謂詳矣，然以紀傳爲體，未能以事相從，以類相聚，坐使兩朝故事，淹漫失明，識者痛之。竊嘗欲編次其事，合爲一篇，以補諸史之闕，數載以還，課程栗頭，志未得申，茲以畢業期屆，稍多餘暇，因得竭期年之力，參考諸書，略識綱要，未得其全也。考蜀盛時，西及隴右，東抵夔門，南及長和，比其失國，猶有六十四州，不可謂弱小；因作疆域考第一，而以藩鎮考附之。蜀之開國，韋莊釐定制度。莊，見秦之後，明習故事。故其制作，猶有唐風，作官制考第二。刑法賦稅，國之大經，諸史論蜀，類無善辭，以爲蜀主亟於苛斂。然考蜀中衣冠氏族，富厚殷庶，冠絕一時，諸書云云，恐未必爾。作刑法賦稅考第三。蜀之有國，資其富裕，兵力甚勁。興師四指，每操勝算。雖以岐下之強，不能保全秦鳳，六詔之橫，不敢輕出犯邊。作兵制兵爭考第四。唐自天寶之亂，中原鼎沸，甲門望族，不能自保，不入江南，即至西川，勾費諸氏，因爲大族，人物始盛，王氏開國，多加延攬。韋莊馮涓，因以貴顯，作氏族考第五。文翁蒞蜀，乃有誦聲。名賢輩出，至唐猶盛。五代之亂，斯文幾喪，而蜀中塡詞，蔚爲大宗。工詞章者，亦復甚衆，重以後主能文，躬加倡導，太后太妃，相與酬答，風氣所趨，益臻文雅。若韋莊毛文錫王鍇杜光庭輩，或爲蜀產，或爲流寓，咸有著述。作經籍考第六，文學考第七。蜀多佳山水之勝，又以政事安寧，文學之外，雜藝浸興，而士之工書畫者遂多。唐末宋初，丹青之事，以蜀爲首。若黃筌高道興杜觀龜之儔，蓋尤著顯者也，作雜藝考第八。蜀居西鄙，阻險而富，中原多事，輒爲避幸之所。有唐一代，玄僖駐蹕，昭宗播遷，而成都之公廨廳宇，極有規模。蜀主因之，改作宮殿，嗣後叠有興修，其制益隆。又好釋道，多營寺觀，古蹟碑碣，類有可觀。作宮殿寺觀古蹟碑碣考第九。古無雕板之術，書出手寫，得之匪易，學者興嗟。及唐之季年，益州乃有刻本，然所印小學說文而已。及後唐長興，乃刻九經，而後蜀廣政中，並刻諸史。今蜀刻諸書，以載籍不完，無可詳考，然印刷之術，固出唐末益州，而王氏有國，正當其時其地，作印書始於唐末益州考第十。夫宋受周禪，以北朝爲正統，故宋臣言五代事，咸目南方諸國爲竊據，遂致文事多闕省，文失徵信。前賢撰著，烟習故事，固未可輕加詆毀。然紀事貴乎信，議論貴乎審。不有繼作，何以彰前者之美？抑余非謂前蜀之治，遽可企及漢唐。觀高祖之慈才好殺，非可謂爲稱爲寬大；後主之奢侈縱逸，亦未可謂爲英明也。然五代之世，南方諸國不論，姑以北朝言之：梁太祖用兵四方，朱友文徵賦誅斂。唐莊宗以京師賦稅不充，豫借明年夏秋稅。晉出帝括借民粟，殺藏粟者。周太祖禁私鹽麴，犯五斤以上者一頓處死。此特就賦稅禁榷言之，以與蜀較，則孰得孰失，殆可見矣。然則區區之作，或有不得已者歟？今於輕重詳略，是非得失之間，稍加留意。不敢云足與諸書互證；或不爲博雅君子所棄，斯爲甚幸矣。

疆域考第一　有序

舊五代史唐莊宗紀云：「蜀平……得節度州十，郡六十四，縣二百四十九。」通鑑唐莊宗紀所載州郡之數同。然今按歐史職方考所列前蜀州郡，僅五十有三。（金秦成階鳳歸峽益漢彭蜀綿眉嘉劍梓遂果閬普陵資榮簡邛黎雅維茂文龍黔施夔忠萬興利開通涪渝瀘梁合昌巴蓬集壁嚴戎洋共五十有三。）其隴州雖見諸表，而歸之中朝，不得入六十四之數。吳任臣十國春秋地理表增灌濟安源四州，而又以歸州入荊南，合歐史計之，亦祇五十有六州而已。考蜀鑑（卷七後唐取蜀）云：「同光三年，王承捷以鳳興文扶四州降。」又云：「安重霸遂以秦隴降。」九國志（卷六王宗鐬傳）云：「[王]建因令人監歸本管，明日盡削奪官爵，流於松州。」是扶隴松三州，皆前蜀所有，而扶隴兩州，逮失國時猶復有之；職方考地理表獨不之及者何也？按王建以光啟三年入利閬，至大順二年據成都，遂克彭州，取渝瀘以攻東川。天復中，兼有山南夔峽之地；逮開平初，建元稱帝。方其時岐下削弱，荊南不競，永平中，始出師興元，據有秦鳳階成，高季昌叠出歸峽，以爭上游，不得逞。其疆域西自隴右，東抵夔門，據劍門之險，守大江之固，最號富強，然而州郡興廢，竟莫得詳考焉，斯可慨矣。職方考曰：「唐之封疆遠矣，前史備載，而羈縻寄治虛名之州在其間。五代亂世，文字不完，而時有廢省；又或陷於夷狄，不可考究其詳；其可見者具之如譜。」又曰：「州縣凡唐故而廢於五代，若五代所置而見於今者，及縣之割隸今因之者，皆宜列以備職方之考。其餘皆置而復廢，皆改割而復舊者，皆不足書。」因知歐史不周舉六十四州者坐此。今據諸書紀傳志表，鉤稽遺闕，合而譜之，適得六十四州。併其沿革史蹟而附見焉，曰前蜀疆域考云。

（輿地碑記目卷四云：「五代僞蜀刺牒：武成三年牒漢州并鎮轄內十州五縣十都

陵飲羅元審。武成三年罷陵井兵馬使上刺史羅元楚。永平元年罷土兵馬使羅元審。按唐置鵝駱長寧等十四州五十六縣，並隸巂州都督府。唐末廢四州，存者十州。僖宗在蜀，韓秀昇之亂，陵井道梗不通，民不聊食。前蜀從陵井鎮有陵井刺史。宋置陵井監以護奘蘩。」是當別有陵榮州也，惜未能詳考其制。）

成都府

領縣十　成都　華陽　郫　新都　温江　新繁　犍流　犀浦　廣都　靈池

舊唐書卷二十昭宗紀云：龍紀元年五月壬辰朔，漢州刺史王建陷成都府，自稱西川兵馬留後。

舊五代史卷一三六王建傳云：文德元年，陳敬瑄啓關迎降，建以蜀帥讓之，建乃自稱留後。明年（龍紀元）春，授成都尹，西川節度副大使。

按新唐書新五代史九國志通鑑並作大順二年入成都，與此異，未知孰是。蜀檮杌作大順元年入成都，龍紀元年授節鉞。查龍紀在大順前，其誤必矣。

九國志卷六周博雅傳云：建開國，召拜成都尹。

通鑑卷二七四後唐莊宗紀云：同光三年十一月丁巳，大軍入成都，〔郭〕崇韜禁軍士侵掠，市不改肆。自出師至克蜀，凡七十日。

益部談資卷中云：蜀箋古已有名，至唐而後盛，至薛濤而後精，其譜有深紅等十箋。史載王衍以霞花箋五百幅，賜金堂令張蠙，霞光即深紅箋也。

漢州

領縣五　雒　什邡　綿竹　德陽　金堂

唐書卷十昭宗紀云：文德元年六月，閬州防禦使王建陷漢州，執刺史張頊，遂寇成都。

九國志卷六王宗播傳云：討王萬宏，傅其城，……萬宏降，以功奏授漢州刺史。

十國春秋卷四十三段融傳云：段融事後主爲雒縣令，在邑多惠政，漢州推廉吏第一。

舊五代史卷三十三後唐莊宗紀云：同光三年十一月丁未，康延孝李嚴至漢州，王衍遣人送牛酒請降，李嚴遂先入成都。

彭州

領縣四　九隴　歸化（舊唐昌，武成二年改（寰宇記））。濛陽　導江

唐書卷十昭宗紀云：乾寧元年五月丙子，王建陷彭州，威戎軍節度使楊晟死之。

通鑑卷二五九唐昭宗紀云：乾寧元年五月，王建攻彭州，城中人相食，彭州內外都指揮使趙章出降。

蜀鑑卷七王建據蜀云：景福元年，〔王〕先成請條例爲狀，以白王建，凡七條……七乞彭土宜麻，民未入

山，多逃竄者。宜令縣令曉諭各歸田里，出而縻之，以爲資糧，必漸復業。

通鑑卷二六一唐昭宗紀云：乾寧四年二月戊午，王建遣彭州刺史王宗祐……攻東川。

仝上卷二六五唐昭宣紀云：天祐三年八月乙酉，李茂貞遣其子侃爲質於西川，王建以侃知彭州。

九國志卷六王宗播傳云：〔王〕建即位，改金吾衛上將軍，領彭州團練使。

仝上王宗翰傳云：建入蜀，累遷彭州刺史。

成都氏族譜句氏云：句氏隸新繁，隸華陽，句龍氏隸華陽，隸郫，隸溫，溫皆祖句望。孔氏七十子曰井疆，三國蜀曰扶，其裔也。唐末有曰惟立，以扈衛僖宗爲將軍。二子弇會，王建攻彭州，弇與勇烈侯楊晟死之。會匿新繁民間，遂隸新繁。

灌州

蜀檮杌卷上云：武成二年三月，灌州奏武部郎中張道古卒。（按十國春秋作武成元年六月灌州奏云云。）

讀史方輿紀要卷六十七四川成都府灌縣云：五代時孟蜀置灌州。

按，據蜀檮杌，則王蜀初已置灌州。

蜀州

領縣四　晉原　唐安　新津　青城

通鑑卷二五八唐昭宗紀云：大順元年冬十月癸未朔，蜀州將李行周逐徐公鉥，舉城降建。

九國志卷六王宗瑤傳云：破常厚，授蜀州刺史。又王宗播傳云：宗播奔成都，〔王〕建得之甚喜，命以所部屯蜀州，賜姓名。

蜀鑑卷七王建據蜀云：建與〔顧〕彥暉五十餘戰，遂圍梓州。用蜀州刺史周德權策，遣使諭以外無救援，彥暉勢益孤。

通鑑卷二六七後梁太祖紀云：開平三年〔蜀武成二年〕十二月，蜀蜀州刺史王宗弁稱疾，罷歸成都，杜門不出。

十國春秋卷四十李師泰傳云：最後從高祖於西川，歷官蜀州刺史，節度判官，加司徒，卒。

綿州

領縣八　巴西　昌明　魏城　羅江　神泉　龍安　鹽泉　西昌

通鑑卷二五九唐昭宗紀云：乾寧元年秋七月，綿州刺史楊守厚卒，其將常再榮舉城降王建。

九國志卷六王宗播傳云：奔成都，……〔王建〕奏授綿州刺史。

成都氏族譜宋氏云：宋氏唐季有任崇文館校書郎諱

玘者，隨僖宗西幸，因家成都。玘生綿州團練副使可思，可思生太子舍人顯，顯第進士，仕唐。

舊五代史卷三十三唐莊宗紀云：同光三年十一月己酉，魏王至綿州，王衍遣使上牋歸命。

眉州

領縣五　通義　彭山　洪雅　丹稜　青神

唐書卷十昭宗紀云：龍紀元年十二月壬申，眉州刺史山行章叛附於王建。

五代史卷六十三前蜀世家云：山行章屯廣都，建擊敗之，行章走眉州，以州降建。

通鑑卷二七〇後梁均王紀云：貞明四年〔蜀光大元年〕五月丙子，貶唐文扆爲眉州刺史。

九國志卷六王宗侃傳云：遷眉州團練使。又王宗弼傳云：累遷嘉眉二州刺史。又張勍傳云：〔王〕建即位，歷眉邛二州刺史卒。又王宗翰傳云：建入蜀，累遷眉州刺史。

錦里耆舊傳卷六云：同光四年春正月戊午朔，前戎州刺史鄭懷武，眉州刺史鮮于杲作亂，擒獲與從皆伏誅。

蜀檮杌卷上云：乾德三年十月，以韓昭爲吏部侍郎，判三銓。昭受賂徇私，選人詣鼓院訴之。又嘲曰：嘉眉邛蜀，侍郎骨肉；導江青城，侍郎親情；果閬二州，侍郎自留；巴蓬集壁，侍郎不惜。

嘉州

領縣八　龍遊　夾江　犍爲　平羌　峨眉　玉津　羅目　綏山

五代史卷六十三前蜀世家云：建引兵攻成都，而資簡戎茂嘉邛諸州皆殺刺史降建。

唐書卷十昭宗紀云：大順元年四月丙寅，嘉州刺史朱實叛附於王建。

通鑑卷二五九唐昭宗紀云：景福元年二月辛丑，王建遣族子嘉州刺史宗裕〔等〕攻彭州。

九國志卷六王宗瑤傳云：昭宗幸蜀石門，詔〔王〕建赴難，以宗瑤爲北路行營都指揮使，奏授嘉州刺史。又王宗弼傳云：累遷嘉眉二州刺史。又王宗佶傳云：後從〔王〕建入閬中，隨諸將征討有功，補貔虎都指揮使，遷嘉州刺史。又周博雅傳云：遷嘉州刺史。

通鑑卷二七二後唐莊宗紀云：同光元年〔蜀乾德五年〕八月，嘉州司馬劉贊獻陳後主三閣圖，幷作歌以諷。

舊五代史卷一三六王衍傳云：宋承傑獻計，請於嘉州沿江造戰艦備唐。

仝上卷二七四後唐莊宗紀云：同光三年（蜀咸康元年）十一月，嘉州刺史顧在珣傾其家金帛妓妾，以賂〔王〕宗弼，僅得免死。

劍州

領縣八　普安　武連　陰平　劍門　梓潼　臨津　永歸　普成

通鑑卷二六三唐昭宗紀云：天復二年二月，王建以劍州刺史王宗偉爲利州制置使。

五代史卷六十三前蜀世家云：永平二年五月，劍州木連理。

九國志卷六張造傳云：子彥昭，……從〔王〕建牧巴西，破葛佐，授劍州刺史。

梓州

領縣九　郪　玄武　涪城　射洪　通泉　鹽亭　銅山　飛烏　永泰

五代史卷六十三前蜀世家云：乾寧二年，建遣王宗滌攻〔顧彥暉〕，圍梓州。三年，收兵。四年，復攻東川，十月，遂破梓州，彥暉自殺。

九國志卷六王宗弼傳云：建入梓州，宗弼束身自歸。又張造傳云：子彥昭，……建圍梓州，彥昭攻堅力戰歿於陣。

遂州

領縣五　方義　長江　蓬溪　青石　遂寧

唐書卷十昭宗紀云：乾寧四年十月壬子，遂州刺史侯紹叛附於王建。

果州

領縣五　南充　西充　相如　流溪　岳池

唐書卷十昭宗紀云：乾寧三年閏〔正〕月丁亥，果州刺史周雄（按通鑑卷二六〇昭宗紀作張雄）叛附於〔王〕建。

九國志卷六王宗壽傳云：乾寧初，〔王〕建令率所部兵平南充，遂知果州事。安輯離散，得郡牧之體。又王宗弼傳云：建征果州，宗弼掠地於飛烏，爲顧彥暉所獲。又潘在迎傳云：王宗壽鎮果州，以在迎爲都指揮知州事，旋以討平渠江賊功，授果州團練使。

通鑑卷二六七後梁太祖紀云：開平四年（蜀武成三年）三月丙午，出〔鄭〕頊爲果州刺史。

仝上卷二七四後唐莊宗紀云：同光三年十一月，果州團練使潘在迎傾其家金帛妓妾，以賂〔王〕宗弼，僅得免死。

閬州

領縣九　閬中　新井　晉安　新政　蒼溪　西水　奉國　南部　岐坪

唐書卷十昭宗紀云：乾寧二年十二月甲申，閬州防禦使李繼雍……叛附於王建。

五代史卷六十三前蜀世家云：乾德二年冬，北巡至西縣，遂自閬州，浮江而上，帆舟書舸，照耀江水。

錦里耆舊傳卷五云：光化二年秋八月，〔王建〕差發決雲軍使田師侃統押兵士三指揮收獲閬州。

通鑑卷二六六後梁太祖紀云：開平元年〔蜀天復七年〕九月辛丑，〔蜀主〕以閬州防禦使唐道襲爲內樞密使。

仝上卷二七一後梁均王紀云：貞明六年〔蜀乾德二年〕十二月庚申，閬州團練使林思諤來朝，請幸所治；從之。

普州 領縣六 安岳 安居 普康 樂至 崇龕 普慈

蜀鑑卷七王建據蜀云：乾寧四年，建攻〔東川〕，命王宗綰分兵徇昌普等州。

九國志卷六王宗鉥傳云：洎〔王〕建開國，授普州刺史。

成都氏族譜新繁彭氏云：彭氏曰景直，唐中宗時爲太常。六世孫敬先當以左拾遺，隨僖宗入蜀，家於普州。敬先孫濟民，攜二子由普徙蓥。

陵州 領縣五 仁壽 貴平 井研 始建 籍

資州 領縣八 盤石 月山 丹山 銀山 資陽 內江 淸溪 龍水

唐書卷十昭宗紀云：大順元年二月己未，資州將侯元綽執其刺史楊戡叛附於〔王〕建。

榮州 領縣六 旭川 威遠 應靈 資官 公井 和義

蜀鑑卷七王建據蜀云：昭宗大順元年，簡資嘉戎四州皆降。

十國春秋卷四十二仲延預傳云：未幾，擢授榮州錄事參軍。

簡州 領縣三 陽安 平泉 金水

唐書卷十昭宗紀云：大順元年正月壬寅，簡州將杜有遷執其刺史員虔嵩叛附於王建。

通鑑卷二六〇唐昭宗紀云：乾寧二年九月，王建遣簡州刺史王宗瑤等將兵赴難。

邛州 領縣七 臨邛 大邑 火井 蒲江 依政 安仁 臨溪

通鑑卷二五八唐昭宗紀云：大順元年九月壬戌，邛州都知兵馬使任可知斬〔刺史毛〕湘及二子，降於建。甲戌，建持永平旌節入邛州，以節度判官張琳知留後。

九國志卷六王宗裕傳云：大順二年，與王宗祐克邛州，遷青衣刺史。又李簡傳云：〔王〕建攻毛湘於邛州，以簡爲前鋒。景福中，以簡爲邛州刺史。又王宗滌傳云：景福元年，授邛州刺史，又張勍傳云：建即位，歷眉邛二州刺史卒。

通鑑卷二六一唐昭宗紀云：乾寧四年二月戊午，王建遣邛州刺史華洪……攻東川。又卷二六四唐昭宗紀云：天祐元年二月，上遣間使以御札告難於王建，建以邛州刺史王宗祐爲北路行營指揮使，將兵會鳳翔兵。

五代史卷六十三前蜀世家云：永平三年，白龍見邛州江。

黎州

領縣三　漢源　飛越　通望

蜀鑑卷七王建據蜀云：天復三年，集諸州馬，大閱於星宿山，官馬八千，私馬四千，部隊甚整。……建本騎將，故得蜀之後，於文黎維茂州市胡馬，十年之間，遂及茲數。

錦里耆舊傳卷六云：永平三年冬十二月，雲南蠻寇邊大渡河，至沈黎。四年春正月，夔王將兵討之，凱歌而還。

九國志卷六王宗範傳云：永平四年，黎州蠻入寇。以宗範爲第一招討使，宗播宗壽副之。乃以所賜金，募果敢士，出邛崍關至潘倉，大破蠻衆，斬其首領。趙嵯政追奔至山口城，與宗壽合，殺八千餘人，擒蠻王子趙龍眉等三人以歸。

通鑑卷二六九後梁均王紀云：貞明元年「蜀永平五年」春正月己亥，蜀主御得賢門受蠻俘，大赦。初，黎雅蠻酋劉昌嗣郝玄鑒楊師泰，雖內屬於唐，受爵賞，號彌金堡三王，而潛通南詔，爲之詗導。鎮蜀者多文臣，雖知其情，不敢詰。至是蜀主數以漏泄軍謀，斬於成都市，毀彌金堡。自是南詔不復犯邊。

仝上卷二七一後梁均王紀云：貞明六年「蜀乾德二年」六月……閏月庚申朔，蜀主作高祖廟於萬里橋，……用褻味作鼓吹祭之。華陽尉張士喬上疏諫，以爲非禮。蜀主怒……乃削官爵，流黎州。

仝上卷二七二後唐莊宗紀云：同光元年「蜀乾德五年」冬十月……流「右補闕」「張」雲黎州，卒於道。

雅州

領縣五　嚴道　盧山　名山　百丈　榮經

唐書卷十昭宗紀云：大順元年六月辛酉，雅州將謝從本殺其刺史張承簡叛附於王建。

新五代史卷一三六王建傳云：建爲西川節度，移陳敬瑄於雅州安置，既行，建令人殺之於路。

九國志卷六王宗侃傳云：奏授宗侃雅州刺史。

通鑑卷二六()唐昭宗紀云：乾寧二年十一月丁丑，雅州刺史王宗侃攻拔利州。

仝上卷二六九後梁均王紀云：貞明元年〔蜀永平五年〕春正月，初黎雅蠻酋劉昌嗣郝玄鑒楊師泰，雖內屬於唐，受爵賞，號金堡三王，而潛通南詔，爲之詗導。

十國春秋卷四十六潘在迎傳云：歷官內皇城使，已而貶雅州。

通鑑卷二七()後梁均王紀云：貞明四年〔蜀光大元年〕五月丁酉，削唐文扆官爵，流雅州。

維州　領縣二　保寧(故薛城，永平二年改)(寰宇記)。　通化　歸化

蜀鑑卷七王建據蜀云云(見黎州條)。

通鑑卷二六八後梁太祖紀云：乾化二年〔蜀永平二年〕夏四月，維州羌胡董琢反，蜀主遣保鑾軍使趙綽討平之。

仝上卷二七()後梁均王紀云：貞明三年〔蜀天漢元年〕八月庚寅，〔毛文錫子〕司封員外郎詢流維州，籍沒其家。

仝上卷二七()後梁均王紀云：貞明四年〔蜀光大元年〕六月〔張〕格再貶維州司戶。

茂州　領縣四　汶山　汶川　石泉　通化

九國志卷六張造傳云：龍紀初，詔授行營諸軍馬步都虞候，遷茂州刺史。

通鑑卷二五九唐昭宗紀云：景福元年二月辛丑，王建遣族子茂州刺史王宗瑤〔等〕攻彭州。

蜀鑑卷七王建據蜀云云(見黎州條)。

通鑑卷二七〇後梁均王紀云：貞明三年，〔蜀天漢元年〕八月庚寅，貶〔司徒判樞密院事毛〕文錫茂州司馬。

仝上云：貞明四年〔蜀光大元年〕六月庚午，貶〔太傅門下侍郎同平章事張〕格爲茂州刺史。

仝上卷二七一後梁均王紀云：龍德二年〔蜀乾德四年〕夏四月，蜀軍使王承綱女，將嫁蜀主，取之入宮，承綱請之，蜀主怒，流於茂州。

翼州　領縣三　衛山　翼水　峨和　(據寰宇記補)

真州　領縣四　真符　雞川　昭德　昭遠　(據寰宇記補)

二州皆在茂州之北，松州之南，維州之東，自唐至宋，相因不更，是前蜀亦當有之也。

霸州　領縣四　安信　牙利　保寧　歸化

保州　領縣四　定廉　歸順　雲山　安居

悉州　領縣二　左封　歸誠

三州在維州之西，然亦在松州南，大渡河東，疑前蜀亦或有之。

恭州　領縣三　利集　博恭　烈山

此州亦在大渡河東，直蜀州之西，惟距離稍遠，未知前蜀得有之否？

當州　領縣三　通軌　利和　谷利

此州亦在大渡河東，惟在松州之西，未知前蜀得有之否？

文州　領縣一　曲水

蜀鑑卷七王建據蜀云云（見黎州條）。

通鑑卷二六八後梁太祖紀云：乾化二年〔蜀永平二年〕十二月戊寅，蜀行營都指揮使王宗汾攻岐文州，拔之，守將李繼鑾走。

通鑑卷二七三後唐莊宗紀云：同光三年〔蜀咸康元年〕冬十月戊寅，王承捷以鳳興文扶四州印節迎降，得兵八千，糧四十萬斛。

五代史卷六十三前蜀世家云：永平二年六月，麟見文州。

九國志卷六王宗翰傳云：授文成等州招討制置使。

扶州　領縣四　同昌　帖夷　鉗川　萬全

通鑑卷二七三後唐莊宗紀云云（見文州條）。

龍州　領縣二　江油　清川

唐書卷十昭宗紀云：乾寧三年正月癸丑，王建陷龍州，刺史田昉死之。

黔州　領縣六　彭水　黔江　洪杜　洋水　信寧　都濡

施州　領縣二　清江　建始

唐書卷十昭宗紀云：天復三年十月，王建陷忠萬施三州。

五代史卷六十三前蜀世家云：天復元年，是時荊南成汭死，襄州趙匡凝遣其弟匡明襲據之，黔乘其間攻下夔施忠萬四州。

夔州　領縣四　奉節　巫山　大昌　雲安

五代史卷六十三前蜀世家云云（見施州條）。

通鑑卷二六四唐昭宗紀云：天復三年冬十月，王宗本兵至夔州，刺史侯矩以州降之，宗本遂定夔忠萬施四州。王建復以矩爲夔州刺史，更其姓名曰王宗矩。

蜀鑑卷七王建據蜀云：天復三年，王建取夔忠萬施四州，……議者以瞿唐蜀之險要，乃棄歸峽，屯軍夔州。

錦里耆舊傳卷六云：永平四年春正月，……荆南高介公發兵攻峽路，嘉王率衆且戰，艦沿流而下峽，未至，夔州刺史王先成已殺退，嘉王以王先成伐功悔慢，斬而後奏，帝甚怒之。

通鑑卷二六九後梁均王紀云：乾化四年〔蜀永平四年〕夏四月丙子，蜀主徙鎮江軍，治夔州。

舊五代史卷三十三唐莊宗紀云：同光三年十一月，高季興奏收復歸夔忠等州。

五代史卷二十八豆盧革傳云：唐兵伐蜀，〔高〕季興請以兵入三峽，莊宗許之，使季興自取夔忠萬歸峽等州爲屬郡。及破蜀，季興無功，而唐自佗將取五州。明宗初即位，季興數請五州，以謂先帝所許；朝廷不得已而與之。

安州

十國春秋卷三十六前蜀高祖本紀云：永平二年十二月，是時升雲安監爲安州。

忠州

領縣五　臨江　豐都　墊江　南賓　桂溪

唐書卷十昭宗紀云云(見施州條)。

五代史卷六十三前蜀世家云云(見施州條)。

九國志卷六王宗壽傳云：武成初，封嘉王。荆南高季昌略地三峽，〔王〕建以書爲忠州節度使兼行營招討使，以鐵絚斷夷陵江，季昌戰艦不能進，宗壽擊之，大敗荆人，季昌奔歸。

舊五代史卷三十三唐莊宗紀云云(見遂州條)。

萬州

領縣三　南浦　武寧　梁山

通鑑卷二六〇唐昭宗紀云：乾寧三年五月，荆南將萬州刺史許存降于王建。

唐書卷十昭宗紀云云(見施州條)。

五代史卷六十三前蜀世家云云(見施州條)。

通鑑卷二六五唐昭宗紀云：天祐元年五月，忠義節度使趙匡凝遣水軍上峽，攻王建夔州，知渝州王宗阮等擊敗之。萬州刺史張武作鐵絚，絕江中流，立柵於兩端，謂之鏁峽。

歸州

領縣三　秭歸　巴東　興山

唐書卷十昭宗紀云：天祐三年癸巳，王建陷歸州。

五代史卷六十三前蜀世家云：天復六年，又取歸州，於是并有三峽。

通鑑卷二六五唐昭宣紀云：天祐三年……春正月，西川將王宗阮攻歸州，獲其將韓從實。

通鑑卷二六六後梁太祖紀云：開平二年二月甲子，蜀兵入歸州，執刺史張瑭。

峽州 領縣四 夷陵 宜都 長陽 遠安

興州 領縣二 順政 長舉

通鑑卷二六三唐昭宗紀云：天復二年冬十月，王建攻拔興州，以軍使王宗浩爲興州刺史。

仝上卷二六九後梁均王紀云：乾化四年〔蜀永平四年〕十二月癸未，蜀興州刺史兼北路制置指揮使王宗鐸，攻岐階州。又貞明元年〔蜀永平五年〕十一月己巳……克階州。

仝上卷二七三後唐莊宗紀云云（見文州條）

舊五代史卷三十三唐莊宗紀云：同光三年冬十月辛巳，僞興州刺史王承鑒……棄城遁去。己丑，魏王繼岌至興州，僞東川節度使宋光葆以梓綿劍龍普五州來降，武定軍使王承肇以洋蓬壁三州來降，興元節度使王宗威以梁開通渠麟五州來降，階州刺史王承岳納符印請命，秦州節度使王承休棄城自扶州路奔於西川。

利州 領縣五 綿谷 葭萌 胤山 益昌 景谷

通鑑卷二六〇唐昭宗紀云：乾寧二年十一月丁丑，雅州刺史王宗侃攻拔利州，執刺史李繼顒斬之。

仝上卷二六三唐昭紀云：天復二年二月，西川兵至利州，昭武節度使李繼忠奔鳳翔，王建以劍州刺史王宗偉爲利州制置使。

錄異記卷一仙云：永平四年甲戌，利州刺史王承賞奏。

通鑑卷二六九後梁均王紀云：貞明元年〔蜀永平五年〕十二月丁未，蜀……置武興軍於鳳州，割文興二州隸之，以前利州團練使王宗魯爲節度使。

仝上卷二七三後唐莊宗紀云：同光二年〔蜀乾德六年〕八月乙亥，〔蜀主〕以長直馬軍使林思諤爲昭武軍節度使，戍利州以備唐。

舊五代史卷三十三唐莊宗紀云：同光三年冬十月，時王衍將幸秦州，以其軍五萬屯於利州。聞我師至，遣步騎三萬逆戰於三泉，〔康〕延孝與李嚴以勁騎三千擊之，蜀軍大敗，斬首五千級，餘衆奔潰。王衍聞敗，自利州奔歸成都，斷吉柏津浮梁而去。十一月，僞昭武軍節度使林思諤來降。

開州 領縣三 開江 萬歲 新浦

舊五代史卷三十三唐莊宗紀云：同光三年冬十月己丑，興元節度使王宗威以梁開通渠麟五州來降。

通州 領縣九 通川 永穆 石鼓 新寧 巴渠 三岡 東鄉 闞英 宣漢

通鑑卷二六〇唐昭宗紀云：乾寧二年十二月戊戌，通州刺史李彥昭將所部兵二千，降於〔王建〕。

舊五代史卷三十三唐莊宗紀云：同光三年十月己丑，武定軍使王承肇以遂蓬壁三州來降。

按，宋乾德二年，改通州為達州，此史家用後世稱名追記前事也。

仝上云云（見開州條）。

涪州

領縣五　涪陵　賓化　武龍　樂溫　溫山

通鑑卷二六四唐昭宗紀云：天復三年冬十月……建以〔王〕宗本為武泰留後。武泰軍舊治黔州，宗本以其地多瘴癘，請徙治涪州，建許之。

九國志卷六晉暉傳云：〔王〕建開國，授武泰軍節度使同平章事。黔中郡縣，多屬涪陵，比部員外郎陳凝為涪州守，以暉制衙中不帶涪州刺史，遂不納牌印。

渝州

領縣五　巴　江津　南平　璧山　萬壽

通鑑卷二六一唐昭宗紀云：乾寧四年二月庚申，王建以決雲都知兵馬使王宗侃為應援開峽都指揮使，將兵八千，趨渝州。……辛酉，宗侃取渝州。

錦里耆舊傳卷五云：光化三年春三月，〔決雲軍使〕田師侃移軍收渝州。

通鑑卷二六四唐昭宗紀云：天復三年八月，前渝州刺史王宗本言於王建，請出兵取荊南。

仝上卷二六五唐昭宗紀云：天祐元年五月，忠義節度使趙匡凝遣水軍上峽攻王建夔州，知渝州王宗阮等擊敗之。

九國志卷六周博雅傳云：成都平，奏授博雅觀察判官，後出知渝州。

舊五代史卷三十三唐莊宗紀云云（見通州條）。

溱州

領縣二　榮懿　扶歡

南州

領縣二　南川　三溪

右二州職方考缺。五代史前蜀世家：昭宗乾寧四年，詔兩川罷兵，建不奉詔，乃貶授南州刺史，徙李茂貞代建為西川節度使，茂貞拒命，乃復建官爵。時建入成都已六年，下距稱帝凡十年，中間兩屬不聞有變故，則前蜀當有南州也。溱州在渝南之間，自亦當有。

瀘州

領縣五　瀘川　合江　綿水　江安　富義

通鑑卷二六一唐昭宗紀云：乾寧四年……二月庚申，王建以決勝都知兵馬使王宗阮為開江防送進奉使，將兵七千趨瀘州。……癸酉，宗阮拔瀘州，斬刺史馬敬儒，峽路始通。

九國志卷六皆暉傳云：〔王〕建開國，授武泰軍節度使同平章事。黔中郡縣，多屬涪陵，比部員外郎陳凝爲涪州守，以暉制衡中不帶涪州刺史，遂不納牌印。暉上疏歸之，凝責授瀘州司戶。

通鑑卷二七〇後梁均王紀云：貞明四年（蜀光大元年）五月，翰林學士承旨王保晦坐附會〔唐〕文扆，……流瀘州。

舊五代史卷三十三唐莊宗紀云云（見遂州條）。

合州

領縣六　石鏡　漢初　赤水　銅梁　巴川　新明

唐書卷十昭宗紀云：乾寧四年十月乙卯，合州刺史王仁威叛附於建。

舊五代史卷三十三唐莊宗紀云云（見遂州條）。

昌州

領縣四　大足　昌元　永川　靜南

蜀鑑卷七王建據蜀云：乾寧四年，〔攻東川〕，命王宗綰分兵徇昌普等州。

五代史卷六三前蜀世家云：永平四年冬，麟見昌州。

巴州

領縣九　化城　恩陽　曾口　其章　清化　七盤　歸仁　始寧　盤道

錦里耆舊傳卷五云：光化二年秋八月，〔王〕建差發決雲軍使田師侃統押兵士三指揮使收蓬通州，次克巴蓬壁三州。

蓬州

領縣七　蓬池　良山　儀隴　伏虞　蓬山　朗池　宕渠

唐書卷十昭宗紀云：乾寧二年十二月甲申，蓬州刺史費存……叛附於王建。

錦里耆舊傳卷五云云（見巴州條）。

通鑑卷二七〇後梁均王紀云：貞明五年（蜀乾德元年）三月，伎內教坊使嚴旭強取士民女子內宮中，或得厚賂而免之。以是屢遷至蓬州刺史。

舊五代史卷三十三唐莊宗紀云云（見蓬州條）。

集州

領縣四　難江　嘉川　大牟　通平

壁州

領縣五　通江　白石　符陽　廣納　東巴

蜀檮杌卷上云：光啟二年正月，僖宗再幸興元，……至褒中，以建爲領壁州刺史。

五代史卷六十三前蜀世家云：武成三年十月，麟見壁州。

錦里耆舊傳卷五云云（見巴州條）。

舊五代史卷三十三唐莊宗紀云云（見瀘州條）。

渠州

領縣二　流江　渠江

唐書卷十昭宗紀云：乾寧二年十二月甲申，渠州刺史陳瑤叛附於王建。

舊五代史卷三十三唐莊宗紀云云（見開州條）。

潾州

領縣三 潾山 潾水 大竹

按，唐志武德元年置潾州，治潾山，潾水等縣隸焉。三年，潾水改隸渠州。八年，州廢，潾山亦屬渠州。寶歷元年，省潾水大竹入潾山。前蜀復置潾州。寰宇記於潾山外有潾水大竹二縣，當並是蜀所復置以屬潾州者也。

通鑑卷二七三後唐莊宗紀云：同光三年冬十月乙丑，注云：渠州潾山縣，唐武德元年置潾州，八年州廢，以潾山縣屬渠州；當是蜀復置潾州也。麟當作潾，音力珍翻。又唐貞觀中，置麟州以處生羌歸附者，屬松州都督府，唐至德後，淪沒久矣，當以渠潾之潾爲是。

讀史方輿紀要卷六十八四川廣安州鄰水縣潾山城云：縣東南五十里，梁鄰水縣地，唐武德初，分置潾水縣，并置潾州治焉。八年州廢，縣屬渠州。五代初，王建復置潾州。

舊五代史卷三十三唐莊宗紀云云（見開州條）。

戎州

領縣五 僰道 義賓 南溪 開邊 歸順

唐書卷十昭宗紀云：大順元年四月丙子，戎州將文武執其刺史謝承恩叛附於王建。

通鑑卷二六一唐昭宗紀云：乾寧四年二月戊午，王建……以戎州刺史王宗謹爲鳳翔西面行營先鋒使，敗鳳翔將李繼徽等於玄武。

錦里耆舊傳卷六云：天漢元年，戎州界獠胡連等反，七州捕盜使王球領兵討平之。

仝上卷六云：同光四年春正月戊午朔，前戎州刺史蕭懷武眉州刺史鮮于㬚作亂，擒獲與從者伏誅。

興元府

領縣五 南鄭 城固 褒城 西 三泉

唐書卷十昭宗紀云：天復二年八月辛丑，王建陷興元，山南西道節度使王萬弘叛附於[王]建。

蜀鑑卷七王建據蜀云：天復二年，西川軍至興元，李繼密戍三泉以拒之。王宗播遂破金牛黑水西縣褒城西寨，王宗綰破馬盤寨，繼密戰敗，奔還漢中，西川軍遂乘勝至城下。王宗滌帥衆先登，遂克之，繼密請降，遷於成都，得兵三萬，騎五千，詔以王宗滌鎭之。宗滌有勇略，得衆心，王建忌之，遂殺之；以王宗賀權興元留後。

通鑑卷二六八後梁均王紀云：乾化三年（蜀永平三

年）二月，蜀唐道襲自興元罷歸，復爲樞密使。

九國志卷六王宗翰傳云：通正初，授通義軍節度使同平章事，守興元尹。

舊五代史卷三十三唐莊宗紀云云（見開州條）。

洋州

領縣四　興道　西鄉　眞符　黃金

唐書卷十昭宗紀云：天復二年九月，武定軍節度使拓拔思恭叛附於王建。

通鑑卷二七三後唐莊宗紀云：同光二年（蜀乾德六年）八月戊辰，蜀主以右定遠軍使王宗鍔爲招討馬步使，帥二十一軍屯洋州，……以備唐。

蜀鑑卷七後唐收蜀云：同光三年，王承肇以洋蓬壁三州……降。

源州

錄異記卷三異夢云：前源州中令宗夔，光大戊寅歲夢一萬斤秤，如此者三。

讀史方輿紀要卷五十六陝西漢中府洋縣云：孟蜀改洋州曰源州。

按，據錄異記，則王蜀已有源州。

金州

領縣六　西城　平利　洵陽　漢陰　石泉　淯陽

舊五代史卷十五馮行襲傳云：李茂貞遣養子繼鑅竊據金州，行襲攻下之，因授金州防禦使。時興元楊守亮將襲京師，道出金商，行襲逆擊，大破之，詔升金州爲節鎭，以戎昭軍爲額，即以行襲爲節度使。……天祐元年，兼領洋州節度使。

唐書卷十哀帝紀云：天祐二年五月，王建陷金州，昭戎軍節度使馮行襲奔於均州。六月，行襲克金州。

蜀鑑卷七王建據蜀云：天祐二年，王建取金州，馮行襲復取之。……後數年，桑弘志又克之。

錄異記卷五龍云：蜀庚午歲，金州刺史王宗朗奏……。

秦州

領縣五　成紀　淸水　長道　上邽　伏羌

五代史卷六十三前蜀世家云：永平五年十一月，遣王宗儔等攻岐，取其秦鳳階成四州，至於大散關，岐叛將劉知俊在岐，於是以其族來。

舊五代史卷十三劉知俊傳云：令李繼崇以秦州降于蜀，知俊妻孥皆遷於成都。

按五代史卷四十四劉知俊傳云：奔於蜀；王建以爲武信軍節度使，使反攻茂貞，取秦鳳階成四州。據此，則知俊奔蜀，在蜀克四州之先矣，與前蜀世家異。考之舊史劉傳，則世家之說是也。

通鑑卷二六九後梁均王紀云：貞明元年（蜀永平五年）十一月，蜀軍至上染坊，秦州節度使李繼崇遣其子彥秀奉牌印迎降。〔王〕宗綰入秦州，表排陳使王宗傳為留後。

蜀檮杌卷上云：永平四年十二月，御大安門，受秦鳳階成之信，大赦，改元通正。

通鑑卷二七三後唐莊宗紀云：同光三年〔蜀咸康元年〕九月，……蜀主將如秦州，……前秦州節度判官蒲禹卿上表，幾二千言。

五代史卷六十三前蜀世家云：乾德六年，以王承休為天雄軍節度使，天雄軍，秦州也。承休以宦者得幸為宣徽使，承休妻嚴氏有絕色，衍通之。明年……以王承休嚴氏故，十月幸秦州。

蜀鑑卷七後唐取蜀云：同光三年，安重霸以秦隴降，王承休自文扶歸成都。

鳳州　領縣三　梁泉　兩當　河池

五代史卷六十三前蜀世家云云（見秦州條）。

通鑑卷二六九後梁均王紀云：貞明元年〔蜀永平五年〕十一月，王宗綰自河池兩當進兵，會王宗瑤攻鳳州，癸未，克之。十二月丁未，蜀……置武興軍於鳳州，割文興二州隸之。

仝上卷二七三後唐莊宗紀云云（見文州條）。

九國志卷六王宗裕傳云：永平初，〔王〕建興師取秦鳳州，再至縣谷。

階州　領縣二　將利　福津

通鑑卷二六九後梁均王紀云：貞明元年〔蜀永平五年〕十一月辛未，興州刺史王宗鐸克階州。

舊五代史卷三十三唐莊宗紀云：同光三年冬十月己丑，偽階州刺史王承岳納符印請命。

成州　領縣一　同谷

通鑑卷二六九後梁均王紀云：貞明元年〔蜀永平五年〕十一月甲戌，王宗綰克成州。

九國志卷六王宗翰傳云云（見文州條）。

舊五代史卷三十三唐莊宗紀云：同光三年十月辛巳，偽成州刺史王承朴棄城遁去。

隴州　領縣三　汧源　汧陽　吳山

五代史卷六十三前蜀世家云：通正元年，遣王宗綰等率兵十二萬，出大散關，攻岐，取隴州。

舊五代史卷十三劉知俊傳云：伐岐圍隴州，獲其帥桑弘志以歸。

九國志卷六王宗播傳云：為三招討攻隴州，降李繼岌。

蜀鑑卷七後唐取蜀云：同光三年，〔蜀將安〕重霸以秦隴來降。

松州　領縣四　嘉城　交川　平康　鹽泉

九國志卷六王宗滌傳云：建因令人監歸本營，明日，盡削官爵，流於松州。

附藩鎮考 有序

郡國交錯，疆域易淆；州郡之外，別有軍鎮。年月稍久，曰州曰鎮，遂無以分。歐史職方考曰：「五代之際，外屬之州，……益州梓州曰劍南東西川，遂州曰武信，興元府曰山南西道，洋州曰武定，黔州曰黔南，其言是也。前蜀諸鎮之見於歐史者：有天雄（秦州）武雄（即雄武，金州）武興（鳳州）成都（益州）劍南東川（梓州）武信（遂州）永平（雅州，一作邛州）武泰（黔州）鎮江（夔州）昭武（利州）山南西道（梁州）武定（洋州）凡十有二軍。」十國春秋藩鎮表增戎昭（金州）威戎（彭州）天義（興元府），而以武德代劍南東川，合得十有五軍。唐莊宗之克蜀也，得節度十：謂武德武信永平武泰鎮江山南武定天雄武興昭武，凡十節度，而西川爲蜀都不與焉。（通鑑卷二七四後唐莊宗紀注。）考九國志（卷六王宗侃傳）云：「通正初，授通義軍節度使，同平章事，守興元尹」；是蜀興元府有通義軍，其先即天義軍也。九國志（卷六王宗綰傳）又云：「踰年復令將上軍，再授嘉州刺史，封鉅鹿郡王，天貞軍節度使。」十國春秋（卷四十三馬全傳）云：「馬全從高祖父子，歷官至永興軍節度使兼侍中。」是蜀別有天貞永興兩軍也，而歐吳兩書均不載。今將諸軍興罷年月，鎮使事蹟，合諸一篇，曰前蜀藩鎮考，以附諸疆域考之後。其西川成都，則以蜀首府所在，沿例不復書云。

武德軍 治梓州 故唐劍南東川節度

通鑑卷二六八後梁太祖紀云：乾化二年【蜀永平二年】九月辛巳，蜀改劍南東川曰武德軍。

九國志卷六王宗滌傳云：梓州陷，顧彥暉降，其兵千萬餘衆，遂以宗滌爲東川留守。光化初，奏授東川知節度副大使事。

仝上王宗佶傳云：僖宗乾寧中，移鎮梓州。

仝上王宗裕傳云：東川平，爲東川留守。昭宗下詔加以真命。武成初召歸，尋再爲東川節度副大使。永平中，乃改東川爲武德軍，以宗裕爲節度使。

通鑑卷二七〇後梁均王紀云：貞明五年【蜀乾德元年】三月丙戌，蜀北路行營都招討武德節度使王宗播等自散關擊岐。

仝上卷二七三後唐莊宗紀云：同光二年【蜀乾德六年】夏四月，蜀主乃以【宣徽北院使宋】光葆爲梓州觀察使，充武德節度使留後。……十二月乙亥，蜀主以前武德節度使兼中書令徐延瓊爲京城內外馬步都指揮使。

舊五代史卷三十三唐莊宗紀云：同光三年十月己丑，僞東川節度使宋光葆以梓綿劍龍普五州來降。（全書魏王傳，綿作渝，五作等。按前蜀無渝州，當從本紀。）

武信軍 治遂州

通鑑卷二六一唐昭宗紀云：光化元年八月己丑，東川留後王宗滌言於王建，以東川封疆五千里，文移往還，動踰數月，請分遂合瀘渝昌五州，別爲一鎭，建表言之【於朝】。……二年五月甲午，置武信軍於遂州，以遂合等五州隸之。……六月，以西川大將王宗佶爲武信節度使。

九國志卷六王宗侃傳云：奏授宗侃雅州刺史，遷眉州團練使。未幾，授武信軍節度使。

舊五代史卷十三劉知俊傳云：奔蜀，建待之甚至，即授武信軍節度使。

五代史卷四十四劉知俊傳云：奔於蜀，王建以爲武信軍節度使，使反攻【李】茂貞，取秦鳳階成四州。

九國志卷六王宗瑤傳云：天復中，授武信軍節度使。

仝上王宗壽傳云：後起爲武信軍節度使，破雞子楕賊，擒其魁。

新五代史卷六十三前蜀世家云：宗壽後爲武信軍節度使。

九國志卷六王宗播傳云：以擊敗岐軍功，遷武信軍節度使。

北夢瑣言卷二〇姜誌認父云：姜誌許昌人，自小亂離，失其父母，爾後仕蜀至武信軍節度使。

舊五代史卷三十三唐莊宗紀云：同光三年十一月甲辰，魏王至劍州，僞武信軍節度使王宗壽，以遂合渝瀘忠五州來降。

永平軍 治邛州

五代史卷六十三前蜀世家云：文德元年六月，以宰相韋昭度爲西川節度使，分邛蜀黎雅爲永平軍，拜建節度使。

九國志卷六周博雅傳云：建堯……出爲永平軍節度使，雲南安撫使，依舊平章事。

通鑑卷二五八唐昭宗紀云：大順二年冬十月癸未，以永平節度使王建爲西川節度使。甲申，廢永平軍。

仝上卷二七一後梁均王紀云：貞明六年【蜀乾德二年】六月丁巳，蜀以司徒兼門下侍郎同平章事周庠同平章事，充永平節度使。

武泰軍 黔南軍初治黔州後徙涪州

太平寰宇記卷一二〇江南西道黔州云：自大順元年改爲武泰軍節度。天復三年之後，僞蜀割據，移黔南，就涪州爲行府；以道路僻遠，就便近也。……雖在大江之南，而東與施溪錦獎四州隔一高嶺，其南溱珍等三州，又與劍南瀘州接境。

五代史卷六十職方考云：五代之際，外屬之州，……黔州曰黔南。

通鑑卷二六〇唐昭宗紀云：乾寧三年五月，荊南節度使成汭……泝江略地，盡取濱江州縣，武泰節度使王建肇棄黔州，收餘衆，保豐都，……汭將……趙武數攻豐都，王建肇不能守，……降於王建。（按五代史世家建肇作肇。蓋建肇入蜀後，避建諱之建，更名肇也。當從通鑑。）

仝上卷二六四唐昭宗紀云：天復三年冬十月，建以〔王〕宗本爲武泰留後，武泰軍舊治黔州，宗本以其地多瘴癘，請徙治涪州，建許之。

九國志卷六晉暉傳云：〔王〕建開國，授武泰軍節度使，同平章事。

通鑑卷二六八後梁太祖紀云：乾化元年〔蜀永平元年〕，是歲蜀主以內樞密使潘炕爲武泰節度使。

仝上云：乾化三年〔蜀永平三年〕秋七月丁未，以前武泰節度使兼侍中潘炕爲內樞密使。

仝上卷二六九後梁均王紀云：乾化四年八月戊子，以內樞密使潘峭爲武泰節度使，同平章事。

五代史卷六十三前蜀世家云：永平四年八月，殺黔南節度使王宗訓。

通鑑卷二六九後梁均王紀云：貞明二年〔蜀通正元年〕春正月，蜀主以李繼崇爲武泰節度使，兼中書令，隴西王。

鎮江軍 初治忠州後徙夔州

十國春秋卷三十五前蜀高祖本紀云：天復六年，是時復置鎮江軍於忠州，領夔忠萬三州。一曰以夔忠萬施四州爲屬郡。

通鑑卷二六九後梁均王紀云：乾化四年〔蜀永平四年〕春正月，時鎮江節度使兼侍中嘉王宗壽鎮忠州，……夏四月丙子，蜀主徙鎮江軍治夔州。

仝上卷二七三後唐莊宗紀云：同光二年〔蜀乾德六年〕九月乙卯，蜀主以前鎮江軍節度使張武爲峽路應援招討使。

天義軍 治興元故唐山南西道節度

文獻通考卷三二一輿地考七古梁州興元府云：唐爲梁州，興元元年爲府，屬山南道山南西道節度。王蜀改天義軍，後復。

五代史卷六十職方考云：五代之際，外屬之州，……興元府曰山南西道。

五代史卷六十三前蜀世家云：天復元年，遣王宗滌將兵五萬，聲言迎駕，以攻興元，執其節度使李繼業，而武定節度使拓拔思敬遂以其地降於建，於是幷有山南西道。

通鑑卷二六三唐昭宗紀云：天復二年八月，詔以王宗滌爲山南西道節度使。

九國志卷六王宗滌傳云：逐王萬宏，據其城，授山南節度。

通鑑卷二六四唐昭宗紀云：天復三年秋七月丁卯，以山南西道留後王宗賀爲節度使。

十國春秋卷四十韋莊傳云：昭宗既遇弒，〔朱〕全忠遣告哀使司馬卿宣諭蜀土，興元節度使王宗綰馳驛上白。（據通鑑卷二六五唐昭宗紀是時宗綰爲武定節度使。）

通鑑卷二六五唐昭宣紀云：天祐二年八月，王建遣前山南西道節度使王宗賀等將兵擊昭信節度使馮行襲於金州。

五代史卷六十三前蜀世家云：唐襲，（按通鑑卷二六七後梁太祖紀作唐道襲。）建之嬖也。〔皇太子〕元膺易之，屢譏於朝，建懼其交惡，乃罷襲樞密〔使〕，出爲興元節度使。

九國志卷六王宗鐬傳云：以〔伐岐〕功，遷山南節度使，同平章事。

仝上王宗翰傳云：通正初，授通義軍節度使，同平章事，守興元尹。（按通義疑即天義之誤，異名。）

通鑑卷二七一後梁均王紀云：貞明六年〔蜀乾德二年〕十一月戊子朔，蜀主以兼侍中王宗儔爲山南節度使，西北面都招討，行營安撫使。

舊五代史卷三十三唐莊宗紀云：同光三年十月己丑，僞興元節度使王宗威以梁開通渠麟五州來降。

武定軍 治洋州

輿地廣記卷三十二利州路洋州云：唐武德元年，立洋州或洋川郡，蜀爲武定軍節度。

五代史卷六十職方考云：五代之際，外屬之州，……洋州曰武定。

通鑑卷二六三唐昭宗紀云：天復二年九月戊申，武定節度使李思敬以洋州降王建。

通鑑卷二六五唐昭宣紀云：天祐二年十一月壬申，昭宗之喪，朝廷遣告哀使司馬卿宣諭王建，至是始入蜀境。西川掌書記韋莊爲建謀，使武定節度使王宗綰諭卿曰……。

仝上卷二七一後梁均王紀云：貞明五年〔蜀乾德元年〕十二月己丙，蜀雄武節度使兼中書令王宗朗有罪，……命武定節度使兼中書令桑弘志討之。

仝上云：貞明六年「蜀乾德二年」冬十月辛酉，蜀主如武定軍數日，復還安遠。

舊五代史卷五一魏王繼岌傳云：同光三年十月己丑，至興州，僞武定軍節度使王承肇以洋蓬壁三州符印降。（按舊史莊宗紀作達蓬壁三州，當從繼岌傳。）

天雄軍 治秦州

通鑑卷二六九後梁均王紀云：貞明二年「蜀通正元年」八月丁酉，以……天雄節度使王宗儔……爲第二……招討，將兵十二萬出秦州以伐岐。

仝上卷二七〇後梁均王紀云；貞明四年「蜀光大元年」六月乙卯，命西面招討副使王全昱殺天雄節度使唐文裔於秦州。

仝上云：貞明五年「蜀乾德元年」三月戊子，天雄節度使同平章事王宗昱攻隴州，不克。

仝上卷二七一後梁均王紀云：貞明六年「蜀乾德二年」十一月戊子朔，蜀主以兼侍中王宗儔爲山南節度使，西北面都招討行營安撫使，天雄節度使同平章事王宗昱……以副之。

五代史卷六十三前蜀世家云：乾德六年，以王承休爲天雄軍節度使，天雄軍，秦州也。

通鑑卷二七三後唐莊宗紀云：同光二年「蜀乾德六年」十二月庚午，「蜀主」以「王」承休爲天雄節度使，封魯國公。

武興軍 治鳳州

太平寰宇記卷一三四山南西道鳳州云：僞蜀升爲武興軍節度使。

通鑑卷二六九後梁均王紀云：貞明元年「蜀永平五年」十二月丁未，蜀……置武興軍於鳳州，割文興二州隸之，以前利州團練使王宗鐸爲節度使。

舊五代史卷五一魏王繼岌傳云：同光三年十月戊寅，至鳳州，武興軍節度使王承捷以鳳興文扶四州降。

通鑑卷二七三後唐莊宗紀云：同光三年「蜀咸康元年」冬十月甲子，武興節度使王承捷告唐兵西上。

昭武軍 治利州

太平寰宇記卷一三五山南西道利州云：僞蜀改爲昭武節度。（按通鑑卷二六一唐昭宗紀云：乾寧四年，三月，更名感義軍曰昭武，治利州。又卷二六三唐昭宗紀云：天復二年二月，西川兵至利州，昭武節度使李繼忠棄鎭奔鳳翔。是昭武軍唐即有之，不得云前蜀始置也。）

通鑑卷二七三後唐莊宗紀云：同光二年「蜀乾德六年」八月乙亥，……「蜀主」以長直馬軍使林思諤爲昭武節度使，戍利州以備唐。

舊五代史卷三十三唐莊宗紀云：同光三年十一月戊戌，僞昭武軍節度使林思諤來降。

戎昭軍

治金州　後廢

舊五代史卷十五馮行襲傳云：李茂貞遣養子繼臻竊據金州，行襲攻下之，因授金州防禦使。時興元楊守亮將襲京師，道出金商，行襲逆擊，大破之，詔升金州爲節鎮，以戎昭軍爲額，即以行襲爲節度使。

通鑑卷二六五唐昭宣紀云：天祐二年九月丙子，〔馮〕行襲棄金州，奔均州，其將全師朗以城降王建，更師朗姓名曰王宗朗，補金州觀察使，割渠巴開三州以隸之。……冬十月……改昭信軍爲戎昭軍。……三年……五月丙子，廢戎昭軍，并均房，隸忠義軍。……六月甲申，復以忠義軍爲山南東道。

雄武軍

治金州

五代史卷六十職方考云：金〔州〕，武雄〔軍〕。

通鑑卷二七一後梁均王紀云：貞明五年〔蜀乾德元年〕十二月己酉，蜀雄武節度使兼中書令王宗朗有罪，削奪官爵，復其姓名曰全師朗，命武定節度使兼中書令桑弘志討之。……六年春正月戊辰，蜀桑弘志克金州，執全師朗，獻於成都，蜀主釋之。

永興軍

治所不詳

十國春秋卷四十三馬全傳云：全從高祖父子，歷官至永興軍節度使，兼侍中。

天貞軍

治嘉州〔?〕

九國志卷六王宗鉷傳云：〔王〕建入梓州，宗鉷束身自歸，建待之如故。逾年，復令將上軍，再授嘉州刺史，封鉅鹿郡王，天貞軍節度使。

威戎軍

治彭州

唐書卷四十二地理志劍南道彭州云：有府二，曰天水唐興；有威戎軍。

通鑑卷二五七唐僖宗紀云：文德元年十二月，初，威戎節度使楊晟既失興鳳，走據文龍成茂四州。王建攻西川，田令孜以晟己之故將，假威戎軍節度使，使守彭州。王建攻彭州，陳敬瑄，眉州刺史山行章將兵五萬壁新繁以救之。

仝上卷二五八唐昭宗紀云：龍紀元年春正月戊申，王建大破山行章於新繁，殺獲近萬人，行章僅以身免。楊晟懼，徙屯三交，行章屯濛陽，與建相持。

按威戎軍田令孜所置，後廢，今附見於此。

懷□軍

九國志卷六王宗壽傳云：〔王〕建入蜀，奏署懷□節度使，以所部鎮遏江原縣。（按原書懷下一字殘滅不可辨。考前蜀諸節鎮無名懷某者，據五代史職方考，金州於後蜀時，嘗置懷德軍，豈孟氏之制實因於王氏乎？然江原縣屬蜀州，與金州相去甚遠，金州之節度使，似亦不得以其所部遏鎮於此也。疑以待考。）

明憲宗賜朱永鐵券考

劉官諤

一　來源
二　規制
三　朱永得賜鐵券之功績

一

故宮文獻館整理內閣大庫實錄庫檔案時，得明憲宗賜朱永鐵券二：一爲撫寧侯券，（下簡稱侯券）成化五年賜；一爲保國公券，（下簡稱公券）成化二十三年賜。券背右上皆鐫「右」字。據明會典卷六云：「凡功臣鐵券，……左右各一面，右給功臣，左藏內府。」則此二券，當爲永之家藏而繳進內府者。

按洪武實錄二年九月甲寅云：「鐵券左頒功臣，右藏內府。」疑左右二字，傳鈔顛倒。蓋太祖時初尚右，後改尚左。明史太祖本紀：「時席尚右」云云，其時尚在至正十五年。職官志：「甲辰正月初置左右相國，以李善長爲右相國，徐達爲左相國。吳元年，命百官禮儀俱尚左，改右相國爲左相國，左相國爲右相國。」則改尚左在吳元年，不得至洪武改元以後，尚有尚右之事。姑誌之以待詳考。

鐵券繳進內府之制，見明史職官志。志一云：「凡券左右各一，左藏內府，右給功臣之家。襲封則徵其誥券，稽其功過，覈其宗支，以第其世流降除之等。」考永爵本皆世襲，明史朱謙附傳：永，「成化六年予世侯，……十五年進得保國公。」是侯爵以驟進而除，或此時已繳侯券。又云：「成化十七年賜襲世公，……弘治九年，永卒，子暉嗣。給事中王廷言，永功不當公，朝議止予襲一世，後皆侯。詔可。」是公爵又改世襲爲一世，後則降爲侯。或此時已繳公券。朱永兩券之皆歸內府，殆以此歟？

永券初繳進時，是否即貯今處，雖不敢必，而嘉道以來，即藏實錄庫，則可斷言。嘉慶十二年內閣滿本堂元亨利貞四櫃書籍物件庫貯檔云：「亨字第二櫃上格，著色歷代功臣像三十七頁一包。……下格，鐵券二個。」道光二十八年三月內閣滿本堂元亨利貞四櫃庫貯總檔云：「第二櫃賢臣圖像四十一頁，……鐵劵二個。」同治六年十月內閣大庫貯藏一切細物檔云：「亨字櫃古公輔遺像三十像一冊，……鐵劵二個。」此項鐵劵，至文獻館整理大庫檔案時，仍存原處。明代文物，歷四百餘年而未失，亦保存文獻者之功也。

二

此二鐵劵，狀如覆瓦，劵面及背，有金嵌文字，皆正書。侯劵（圖一）高二七・五公分，廣四四・五公分，而刻制文二十一行，行十四字，連抬頭十六字。制曰：

「維成化五年，歲次己丑，五月甲申朔，越二十四日丁未，皇帝制曰：人臣能內秉忠誠，外奮智勇，而建奇偉之功者，在國家必有高爵重祿，以褒德酬勞，而申至公於天下焉。爾撫寧侯朱永，生當勳閥，心蘊甲兵，器量恢弘，智謀通變。祇事先帝，竭股肱心膂之誠；輔翼朕躬，膺方叔召虎之寄。往者，荊襄寇擾，命爾總兵，統率漢馬步之師，涉湖廣河南之境，奮其將略，擣彼賊巢，俘逆削平，善良按堵。論功行賞，已進侯封；重念賢勞，特頒恩數。是用授爾奉天翊衛推誠宣力武臣，特進榮祿大夫柱國撫寧侯，食祿壹千壹百肆拾石，子孫世襲伯爵。仍與爾誓：除謀逆不宥外，其餘雜犯死罪，本身免二死，子免一死，以報爾功。於乎！忠孝固臣子事上之誠，爵祿實國家逮下之典。尚益勤於志慮，思益樹於勳猷。朕既不忘爾功，尚毋忘朕訓。往惟勵翼，服此休寧。」

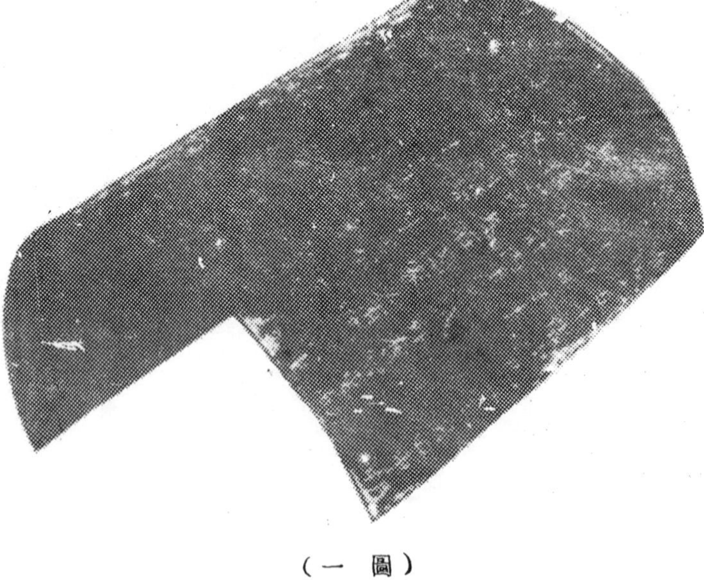

（圖一）

公劵（圖二）高二九・五公分，廣五三・五公分，面刻制文二十二行，行十二字，連抬頭十四字。制曰：

「維成化二十三年，歲次丁未，六月己巳朔，越二十五日，癸巳，皇帝制曰：德隆輔導，功著越平，則朝廷必有旌封之典以錫之，實本於至公，而非由私昵也。咨爾太子太傅奉天翊衛宣力佐理武臣，特進光祿大夫，右柱國，保國公朱永，賦資醇厚，稟性端良。明克決機，智臨敵而制勝；才堪任重，屢受命以樹勳。遏狄寇而河套以清，平遼虜而邊陲載靖。因功進爵，揆德授官，是用加爾太傅兼太子太師奉天翊衛推誠宣力佐理武臣，特進光祿大夫，右柱國，保國公，食祿二千石，子孫世襲。仍與爾誓：除謀逆不宥外，其餘雜犯死罪，本身免二死，子免一死。於戲！爵祿所以報功，固致之難而保之不易；忠誠所以奉國，必行之力而守之彌堅。爾尚悲懋，光我訓辭。欽哉！」

背鐫犯罪減祿之數，曰：

「本身一犯死罪，減祿五分；二犯死罪，祿米全不支給。子一犯死罪，祿米全不支給。」

古鐵券之流傳於世者，有唐昭宗賜彭城郡王錢鏐一券。曹昭格古要論卷十一稱：「其券如瓦，高尺餘，闊二尺許。券詞用黃金商嵌。」錢受徵吳越備史謂：「鐵券之制，……蓋銘鐵而成，又鏤金其上者。」馬叔平師中國金石學概要第三章云：「其制如瓦，以鐵爲之，詔書則以金錯之。」至券詞，則於陶宗儀輟耕錄卷十九所引忠肅王謝表中，可覘梗

（圖二）

概。其言曰：「恩主賜臣金書鐵券一道，臣恕九死，子孫三死者。出於睿眷，形此綸言，錄臣以絲髮之勞，賜臣以山河之誓，鏤金作字，指日成文。」此唐制也。明券即仿其制，鄭曉吾學篇云：「洪武二年，初製鐵券」。洪武實錄云：

「二年九月甲寅，上欲封功臣，議爲鐵券以賜之，而未有定制。有言台州民錢允一乃吳越忠懿王之裔，家藏唐昭宗所賜鐵券。遂遣使取之，準其式而加損益焉。」

又云：

「其制如瓦，……外刻履歷恩數之詳，以計其功，中鐫免罪減祿之數，以防其過，字嵌以金。」

鐵券之大小不一，各以爵位等第爲差。洪武實錄云：

「二年九月甲寅，初製鐵券，……第爲七等：公二等：其一，高一尺，廣一尺六寸五分；其一，高九寸五分，廣一尺六寸。侯三等：其一，高九寸，廣一尺五寸五分；其一，高八寸五分，廣一尺五寸；其一，高八寸，廣一尺四寸五分。伯二等：其一，高七寸五分，廣一尺三寸五分；其一，高八寸五分，廣一尺二寸五分。」

明尺暫不易得，清工部營造尺即沿用明尺。參閱中國金石學概要，第三章，度量衡欵。永券以乾隆工部營造尺度之，公券高九寸五分強，廣一尺六寸強，蓋爲二等公爵券。侯券高九寸強，廣一尺五寸強，蓋爲一等侯爵券。

三

古之功臣，多賜鐵券。漢書高帝紀：「天下既定，與功臣剖符作誓，丹書鐵契，金匱石室，藏之宗廟。」高惠高后孝文功臣表序：「封爵之誓曰：使黃河如帶，泰山若厲，國以永存，爰及苗裔。於是申以丹書之信，重以白馬之盟。」師古注：「丹書謂刑白馬歃其血以爲盟也。」放翁題拔：「唐昭宗乾寧四年，遣中使焦楚鍠，賜武越武肅王鐵券。」舊五代史朱友謙傳：「莊宗滅梁，以友謙爲尚書令，賜之鐵券，恕死罪。」是賜鐵券之制，由來舊矣。歷代相因，唯宋制無考。明會典卷六載封爵之制云：「國初封功臣，因前代之制，列爵五等。非有社稷軍功者不封。」沈德符野獲編卷五云：「公侯伯封拜，俱給鐵券」。

朱永之功績，見明史憲宗本紀及朱謙附傳，而無賜券事。功臣世表有云：「景泰二年八月辛未襲，予世券」。景泰實錄：「二年八月辛未，命故撫寧伯朱謙子永，襲封撫寧伯」。成化實錄：「三年正月壬申，進撫寧伯朱永爵撫寧侯，歲加祿米一百二十石」。考永進封撫寧侯，乃以平荊襄寇功。明史卷一七二朱謙附傳云：

「成化元年，荊襄寇劉通作亂，命永與尚書白圭往討，進師南漳，擊斬九百有奇。會疾，留南漳，而圭率大軍破賊。永往會，道遇餘賊，俘斬數百人，復進討石龍馮喜，皆捷，論功進侯。」

侯劵為進封撫寧侯後二年所賜。故制云：「往者荊襄寇擾，命爾總兵，統蕃漢馬步之師，涉湖廣河南之境，奮其將略，搗彼賊巢，論功行賞，已進侯封。重念賢勞，特頒恩數。」公劵則以平河套及建州夷功所賜（見劵面制文），而明史則闕載永平建州事。明史憲宗本紀云：

「成化三年春正月丙申，撫寧侯朱永為平胡將軍，充總兵官，會楊信討毛里孩。成化五年冬十一月乙未，毛里孩犯延綏，……阿羅出入居河套。」

朱謙附傳云：

「成化六年，阿羅出寇延綏，復拜將軍，偕都御史王越，都督劉玉，劉聚，往討，擊敗之雙家寨。寇萬騎，自雙山堡分五道至，戰於開荒川。寇少卻，乘勢馳之，皆棄輜重走，至牛寨……阿羅出中流矢，遁。時斬獲無多，然諸將力戰追敵，邊人以為數十年所未有，論功予世侯。阿羅出雖少挫，猶據河套。明年正月，寇屢入，永所部屢有斬獲。三月，復以萬餘騎分掠懷遠諸堡。永與越等，分兵為五，設伏敗之，追至山口及洸忽都河，寇敗走。」

「十四年加永太子太保。明年冬，拜靖虜將軍，東伐，以中官汪直監督軍務。還，進封保國公。又明年正月，延綏告警，命永為將軍。……由西路出榆林，不見寇，道回。」

「十七年復偕直，越，出師大同，襲亦思馬，獲首百二十，遂賜襲世公。」

「十九年秋小王子入邊，宣大告急，……以永為鎮朔大將軍，中官蔡新監其軍，督諸將周玉李興等擊敗之。」

按成化之世，建州滿族，屢侵明邊，其與阿羅出等入據河套，皆朱明邊地鉅患，明史只載永成化十五年東伐，而不詳其事蹟。成化實錄雖載之，然亦不甚詳，其言曰：

「十五年十月丁亥，命汪直監督軍務，撫寧侯朱永佩靖虜將軍印，充總兵官，討建州夷。」

「十二月辛未，錄平建州功，封太子太保撫寧侯朱永為保國公，不世襲，太子太保如故。」

黃瑜雙槐歲鈔卷九紀朱永事較詳，兼可考見建州女眞叛亂之始。其言曰：

「女直，金之後也。洪武初，降附。永樂中，設奴兒干都司，統建州等衛所二百有四，世受官賞，為不侵不叛之臣。初，建州海西兀者等衛夷人，先居斡木河，與七姓野人有讎，投奔朝鮮，復為所戕，乃復歸附。朝廷處之遼陽迤東蘇子河一帶，遞年往來朝貢。成化丙戌，背義，搶掠人畜數萬。天威震怒，將元惡董山等二百五十餘人，俱留廣寧監禁致死，乃調大軍抵巢征勦，未有成功。己亥九月，賊首剌達等，猶為邊患；巡撫都御史陳鉞，總兵歐信，從饅頭山雞口等處，攻之，斬獲賊首二百餘級，全軍而還。復分兵於遼陽迤東五堡，北接撫順城，南連鳳凰山，林木稠密處，按伏以守之。己亥，賊首伏當加糾三衛入寇。命撫寧侯朱永總兵，中官汪直監其軍，陳鉞贊畫，往討，破其營五百餘所，焚廬舍二千餘間，獲馬及軍械倍之。永由是進封保國公。然其後饗我大邦，益肆猖獗，女直自此叛矣。」

王世貞弇山堂別集卷二十八公侯伯表又云：

「保國公朱永永……成化十五年平建州夷功進封，……十八年禦西虜功，予世襲，賜號奉天翊運推誠宣力武臣，階特進光祿大夫，柱國。」

據以上所錄，可略知永平河套及建州事蹟，而其賜鐵券事，亦見成化實錄：

「二十三年六月丁丑，給太傅兼太子太保保國公朱永，世襲誥券。」

按成化以前，毛里孩，阿羅出，亦思馬，小王子入據河套，時犯西北。滿族世據建州，屢擾遼東。朱永蕩平大亂，賜鐵券，予世爵，所以報功也。

據明史功臣賜鐵券者，不僅朱永。然內府所藏者，僅此二券。因略誌之，或與徵文考獻，不無裨補云爾。

李自成叛亂史略

趙宗復

目錄

第一章　有明一代政治狀況

一　明太祖朱元璋及其子孫

農民叛亂，源自秦漢，陳涉以箕會頭斂而反秦，東京以覈田不實而致亂。二千餘年，每值改朝換代之際，多有農民叛亂爲之先驅。而近古以來則往往與民族盛衰有關，元末羣雄與晚明流賊並是。朱元璋李自成一成一敗，我民族且隨之而興而亡。若人事可不以成敗論者，則朱李之重要殆相埒焉。方正學有言，『自來慮天下者常圖其所難，而忽其所易，備其所可畏，而遺其所不疑，然而禍常發於所忽之中，而亂常起於不足疑之事。』治史與慮天下同。然則述李自成當溯及朱元璋，非爲元璋爲自成前影已也，蓋自成所資以起者，元璋貽謀之不臧，而其初因亦不足疑也。

一千三百四十四年，元順帝妥歡帖木兒至正四年，濠州地方旱蝗大饑疫。有朱元璋者，時年十七，以父母兄弟相繼歿，貧孤無所依，乃入皇覺寺為僧，游食固光汝潁諸州。歲饑民貧，所在盜起。方國珍素販鹽浮海為業，怨家告其通寇，遂殺怨家，舉兵台州。張士誠素操舟運鹽為業，以富家陵辱，負直不酬，幷滅富家，舉兵泰州。白蓮教徒劉福通奉韓林兒起潁州。販布商人徐壽輝，漁家子陳友諒起蘄州。而雙據濠州者，則元璋同鄉郭子興也。至正十二年，朱元璋已還皇覺寺，以兵故不安於寺，乃投郭子興。後見子興不足有為，乃更據滁州，別為一軍，轉戰十餘年，於一三六八年稱皇帝。自其首定金陵，西走湖湘，東兼吳會，然後遣將北伐，幷山東，收河南，追取幽燕，分軍四出，芟除秦晉，迄於嶺表，最後削平巴蜀，收復滇南，禹跡所掩，盡入版圖，中國既定，復練兵北平，控制邊疆，民族武功之盛，唐末五代以來所未有也。且善守善持，開屯田中鹽以給邊軍，軍餉不仰給於縣官。元璋生長民間，諳達情偽，其於人民，頗知愛惜，整飭吏治，不遺餘力。洪武中清查田賦，力振宿弊，實奠明基。元季喪亂，版籍無準，元璋先造黃册，以戶為主，備載丁糧之數。繼編魚鱗册，以土田為主，詳載地形地味，悉書主名，凡買賣田地，備書稅糧科則，官為籍記之，毋令產去稅存，以為民害。二册互為經緯，賦役之法定焉。故是二者，穩定農業社會，至有力焉。

然而私天下之心太重，專制氣燄太盛。削除宰相，重用御史，草芥臣下，在在擴張君主威權。結果君不英明，臣宦輙得專橫，故有明一代，政治清明時少，而制度美意因失無遺，觀其子孫之不肖，固知其必『戰敗於朝廷』也。

成祖暴虐，於建文諸臣殺戮甚慘。遷都北京，營建宮室，又極擾累。武功雖盛，而北邊防綫後縮。任用宦官，已啟後來之禍。仁宣二宗尚守祖業。而徙開平衛於獨石，宣大於是亦露，及英宗遂有土木之變，身為也先俘虜。景宗後立遭復辟之難，鴆毒以死。英宗復辟，亦無善政。憲宗立，寵萬貴妃，太監汪直。孝宗時，政治清明。及武宗政又大壞。十五年間，明室由中衰而達衰亂，荒淫不仁，曠古未有。影響所及，民變騷然。宗室諸王亦有據地叛者。其不亡者，蓋亦幾希。世宗初立，尚知檢點，中年以後，溺於神仙，享祀非經，營建繁興。賦斂日甚，流賊屢起，南倭北俺，交相搆亂。又信任嚴嵩，攬權肆虐，賄賂公行，士大夫爭趨附之，無復氣節焉。穆宗立，六年而崩。張居正高拱相繼為相。神宗初立，居正輔政，綜核名實，振衰起弊，國勢稍振。自居正卒，帝自用事，信用太監馮保，荒於酒色，不朝者二十餘年。礦稅害民，人不聊生。萬曆三征，運兵籌餉，騷動全國，滿洲既興，遂無法應付。兵不足，食不足，民不信，神宗一手並成之，謂明之亡，實在萬曆可也。光宗承神宗，而臣下黨爭不息。熹宗庸儒，任用王體乾魏忠賢等，而政事壞至不堪收拾。而魏忠賢者，摧殘士氣，尤爲明廷之致命傷。一千六百七十二年，思宗崇禎皇帝即位。然在野則大勢已去，億兆離心，在朝則積習難返，臣盡庸汚。受命十七載，與流賊相始終。

有明政治，一代不如一代，故於國家財政，人民生計，未能計劃，任其自由發展，甚少政治力作用。其間『天高皇帝遠』，人民直接受威脅者，固在經濟方面，晚明流賊叛亂之背景，當求之於此。遠因溯及洪武以後之豪強兼併，近因則起世宗嘉靖以後之賦稅加重，與天啟崇禎間之連年災荒。

二　土地兼併

明代土地兼併之弊有二：曰貴族之占奪民業，曰地主之欺隱民田，皆所以上虧國課，下困貧民也。明田制有謂官田多占奪民業，而爲民厲者，莫如皇莊及諸王勳戚中官莊田爲甚。皇莊起於憲宗沒入曹吉祥地，其後莊田遍天下，孝宗有畿內皇莊五，共地萬二千八百餘頃。武宗增皇莊至三百餘處。諸王勳戚中官莊田，於弘治二年，達三百三十二處，共地三萬三千餘頃。正德時，諸王外戚求請及奪民田者無算。潞神宗時，福王分封括河南山東湖廣爲王莊，至四萬頃。諸王田多至四萬頃。熹宗時，桂惠瑞三王及遂平寧國二公主，莊田動以萬計。而魏忠賢一門，橫賜尤甚。終明一代，莊田數量，無從確知，弘治十五年田畝調查，有四百二十二萬八千五十八頃，據云官田視民田得七之一，則官田當在六十萬頃以上。弘治後，莊田屢增，則其數當更巨。

人民失地，淪爲莊佃，其生活不如普通耕佃。食貨志云：

> 管莊官校，招集羣小，稱莊頭伴當，占地土，斂財物，汚婦女。稍與分辨，輒被誣奏，官校執縛，舉家驚慌，民心傷痛入骨。

又云：

> 王府官及閹尖地徵稅，旁午於道，扈養廝役，廩食以萬計，漁斂慘毒不忍聞，駕帖捕民，格殺莊佃，所在騷然[1]。

皇莊及諸貴莊田，對政府輸納情形若何，史未詳言，然必享有特權，莊田之多，要非國家財政之福。且莊田常沒入牧馬草場，壞及馬政，軍兵皆困於芻養。嘉靖時既馬牧馬不足，專仰秣於司農，歲費至十八萬。至萬曆時而牧場廢壞極矣[2]。

又王莊區內又盛行食鹽專賣，害及鹽法，邊餉由此缺。[3]貴族兼併，實毀軍備，不足財政已也。

民田之兼併，雖不能如皇室貴族之暢所欲爲，而別有欺隱之弊。蓋推收過割之際，奸弊叢生，明初黃册魚鱗册爲據，買賣過割，不致藏多匿少，其後政治不修，圖籍漸廢，豪強胥吏，相互勾結，包攬不輸之弊漸積。利病書曰：『豪戶猾胥，相互爲弊，有私自墾田而全不報官者，有辟地數頃而止報升合者，又有隱匿腴田而捏作陷沒者，有飛洒稅銀而幻去畝籍者，是以新額無增於前而原額日減於後。』田賦書曰：『何言乎飛洒，富人多田，患苦重役，乃以貨賂奸胥，某戶洒田若干畝，某戶洒糧若干升，其被洒之家，必其昧不諳事，或樸懦不狎官府者也。甚至家無立錐之業，而戶有田畝糧差之端。[4]』故有有田無賦者，有有賦無田者，而有田無賦蓋皆豪強。兼併之有利若此，故且侵及屯田。王羽健論衛所軍官兵及屯田曰：『屯田至於今日而又弊極矣。軍士利于屯田之無籍可以免征伍也，則私相賣。豪左利于屯田之無賦可以免徵輸也，則私相買。管軍官利于軍士之逃亡可以收屯利也，則一任其私相買賣而莫肯追補。經此三弊，屯之存者十無一二矣。[5]』不僅邊防爲壞，從此籌措軍餉，祇知就農民議加派矣。

集中土地，耕農淪爲佃農，固不待言，欺隱土地，則除下困貧民外，更上虧國課也。故嘉靖二年御史黎貫言：『國初夏秋兩稅麥四百七十餘萬石，今少九萬，米二千四百七十餘萬石，今少二百餘萬。[6]』國家財政受其威脅。於是丈量土田，清理田賦，在嘉靖八年[7]及萬曆六年[8]，皆曾舉行。而結果不過揚湯止沸，既不能不兼併，即不能無欺隱也。然自萬曆清丈之後，明政日弛，發患日急，亦此丈量整理，亦復不行。政府求收入，轉採火上加油之加派矣。

註一　明史食貨志

註二　明史兵志

註三　明史一百二十福王常洵傳

註四　天下郡國利病書九十四福建四二十三

註五　明季北略卷五（國學基本叢書本 72）

註六　明史食貨志

註七　渠惟錄土田志總論曰：『嘉靖魚鱗圖册成，而欺隱之弊甚……[illegible]項侵蝕，究不復吐，何以善後？』（志 9/1）

註八　明史食貨志利病書二十三

三　賦稅加重

明初定賦役法，依黃册爲準，有丁有田，丁有役，田有租。租曰夏稅，曰秋糧；役曰里甲，曰均徭，曰雜泛。至萬曆九年，改行一條鞭。一條鞭者，總括一州縣之賦役，量地計丁，丁糧畢輸於官。一歲之役，官爲僉募，力差則計其工食之費，量爲增減，銀差則計其交納之費，加以贈耗。凡額辦派辦京庫歲需與存留供億諸費以及土貢方物，悉併爲一條，皆計畝徵銀，折辦於官[1]。原意固欲使手續簡便，役名不繁，而行之有弊。范景文言：『民所患苦，莫如差役。錢糧有收戶解戶，驛遞有馬戶，供應有行戶，皆僉有力之家充之，名曰大戶。……自變爲條鞭法，以境內之役均於境內之糧，宜少甦矣。乃民間仍歲奔走，解貧津貼，是條鞭行而大戶未嘗革也[2]。』食貨志亦言：『諸役猝至，復僉農民[3]。』是則徒生一丁銀之名，謂之田賦暗增也可。

而最苦民者則爲加派。蓋始於嘉靖二十九年。萬曆之初，倭患方急，益行加派。曰額外提編，其後接踵三大征，頗有加派。事畢旋已。萬曆四十六年，以滿洲發難，驟增遼餉三百萬，時內帑充積，帝靳不肯發，戶部尙書李邦華乃援征倭播例，畝加三釐五毫，天下之賦增二百萬有奇。四十七年復加三釐五毫。四十八年又加二釐。通前後九釐，增賦五百二十萬，遂爲歲額。所謂遼餉也。

崇禎三年流賊起，乃於九釐外復徵三釐，共增賦百六十五萬四千有奇。八年加官戶田賦十之一，民糧十兩以上同之，旣而概徵每兩一錢，名曰助餉。十年復行均輸法，因糧輸餉，畝計米六合，石折銀八錢，又畝加徵銀一分四九絲，共加賦二百萬，所謂剿餉也。崇禎十二年，楊嗣昌督師，畝加練餉銀一分，共七百三十萬[4]。

孫承澤春明夢餘錄曰：

一加遼餉，遂有九一三萬四千八百八十餘兩之多，再加練餉，遂有七三四萬八千八百餘兩之多，視原餉額，不啻三四倍之矣。而所謂勦餉不與焉。軍前之私派不與焉。猶此人民，猶此田土，餉加而田日荒，征急而民日少，皮之不存，毛將焉附？當時司計者，肉寧足食耶[5]？

三餉之外，軍前又有私派。孫承澤有勦軍前私派書疏，述在縣令任時，『倏奉一文，取豆米幾千石，草幾千束，運至某營交納矣。倏奉一文，買健騾若干頭，布袋若干條，送至某營交納矣。倏奉一文，製銅鍋若干口，買戰馬若干匹，送至某營交納矣。並不言動支何項錢糧，後日作何銷算。惟曰遲誤則以軍法從事耳。州縣之吏，懍懍恐後，間有借支正餉以救目前之急者。然派之里下者則比比矣。是以私派多于正賦，民不堪命[6]。』且不論加派，不論私派，征收之際，不能無弊，例如陝西，則『其目日增，吏因緣爲姦[7]。』加派者原所以得欵平亂也，而火上加油，亂遂不可收拾。

註一　明史食貨志

註二　仝上

註三　仝上

註四　仝上共加賦二百萬，明史不載，此依烈皇小識平寇志。

註五　作明夢餘錄卷三十五

註六　仝上卷三十六

註七　明史流賊傳

四　連年災荒

洪武永樂時，雖有天災，而災情不至太嚴重，區域不至太廣大，且究其次數無多。嘉靖四十五年，無災者僅六年。從萬曆至崇禎七十二年間，災年凡六十有三[1]。

蓋明自中葉，政治不修，防災無力，水利失修，惡政害民，民多逃亡，田自荒蕪。文秉爲熹宗時人李永作傳曰：

年三十，挾策走四方。所過披飢之地，村莊多墟，淮流淤塞，不事修濬，反加閉塞，莊主濫伐森林，致山水挾泥帶沙而直下，時釀爲災。亦有河流乾涸，無灌溉之資者[2]。

事更有怪者，楊士楨倭情屯田議有云：

有司極力左袒奸民，阻壞屯政，其故緣拋荒地土甚多，奸民往往向有司請佃荒地，每地一頃，每歲納銀一兩。名爲一頃，實佔數頃，不行耕種，唯圖萑葦之利，……足以肥家。然不稼不穡者，公家荒蕪之田，于蕠于甕者，子孫富貴之計。此有司所以左袒奸民，寧負朝廷，略無顧計，良以此耳[3]。

明代屯田，數甚可觀，豪強併之而不樹五穀，此亦製造饑荒也。至人口逃亡，地無人種，明初已有，中葉漸多，若成化時，『荆襄寇亂，流民百萬，項忠楊璿爲湖廣巡撫，下令逐之，弗率者戍邊，死者無算[4]。』迨末葉則流民遍地，終成流賊。然則總上所述，連年災荒者，屬於天者半，屬於人者半。

若崇禎年之災情奇重，終育李自成起事，而覆滅明庭，其作用於農民者最大。

註一　明史五行志上，世宗紀，神宗紀，熹宗紀，思宗紀。

註二　中國內亂外禍歷史叢書第十三冊莊平青序引

註三　中國內亂外禍歷史叢書 8/158

註四　明史食貨志

第二章　李自成之故鄉及其同鄉

一　一切困難集中陝西

明朝陝西省領府八，屬州廿一縣九十五。東至華陰，與河南山西界。南至紫陽，與湖廣四川界。北至河套，西至甘肅，外為邊地。九邊要害，半在關中，天下形勢，莫強於秦。故民多秄力，好勇敢鬬。洪武以後，戶口屢增。萬曆六年，（一五七八）戶十九萬四千四百二十三，口四百五十萬二千六十七。較洪武二十五年（一三九二）戶多九萬八千八百九十七，口多二百一十八萬五千四百九十八。[1] 地土不肥沃，而人口且增加，故生計艱難。日知錄集釋卷十紡織之利條引陳文恭曰：『陝西為自古蠶桑之地，今日久廢弛，綢帛資於江浙，花布來自楚豫，小民食本不足，而更賣糧食以製衣，宜其家鮮蓋藏也。[2]』而陝西延安府則尤為貧乏。華陰王宏譔著，以為『延安一府布帛之價，貴於西安數倍，既不獲紡織之利，而又歲有買布之費，生計日蹙，國稅日逋[3]』。崇禎初，陝西全省荒旱，延安災情，最為慘重。馬懋才有備陳大饑疏曰：

臣陝西安塞縣人也。中天啟五年進士。備員行人，初差關外解賞，再差貴州典試，三差湖廣頒詔，奔馳數載，往返數萬里。其間如關外當撫河之敗，黔南當圍困之餘，人民奔竄，景象凋殘，皆臣所經見，然未有極苦極慘，如臣鄉所見之災異者。臣見諸臣具疏有言父棄其子，夫鬻其妻者，言掘草根以自食，採白石以充飢者，猶未詳言也。臣請悉為皇上言之。

臣鄉延安府自去歲一年無雨，草木枯焦。八九月間，民爭採山間蓬草而食，其粒類糠皮，其味苦而澀，食之僅可延以不死，至十月以後而蓬盡矣。則剝樹皮而食，諸樹惟榆皮差善，雜以他樹皮以為食，亦可以稍緩其死。迨年終而樹皮盡矣。則又掘山中石塊而食，石性冷而味腥，少食輒飽，不數日則腹脹下墜而死。民有不甘于食石而死者，始相聚為盜，而一二稍有積貯之民，遂為所劫而搶掠無遺矣。有司亦不能禁治。間有獲者，亦恬不知怪，曰死于飢死于盜等耳。與其坐而飢死，何不為盜而死，猶得為飽死鬼也。最可憫者，如安塞城西有糞城之處，每日必棄一二嬰兒于其中，有號泣者，有呼其父母者，有食其糞土者，至次晨，所棄之子已無一生，而又有棄者矣。更可異者，童稚輩及獨行者一出城外，便無蹤跡，後見門外之人，炊人骨以為薪，煮人肉以為食，始知前之人皆爲其所食。而食人之人，亦不免數日後而目赤腫，內發躁熱而死矣。于是死者枕籍，臭氣熏天，縣城外掘數坑，每坑可容數百人，用以掩其遺骸。臣來之時，已滿三坑有餘。而數里以外不及掩者，又不知其幾許矣。小縣如此，大縣可知。一處如此，他處可知。幸有撫臣岳和聲，弭盜賑饑，捐俸煮粥，而道府州縣各有所施，然粥有限而飢者無窮，杯水車薪，其何能濟乎？臣仰窺皇上宵衣旰食，無念不爲民生慮，無刻不爲安民計，若不急救此一方遺黎，恐死者死矣，爲盜者爲盜矣。見有之民，且夕莫必其命，西北疆域，幾成無人之區矣。祈敕下該部，從長計議，或發賑濟，或蠲加派，或姑減其分數，或緩待之秋成。惟在皇上急爲渙汗耳。然臣猶有說焉，國初每十戶編爲一里，十里編爲一甲。今之里甲寥落，戶口蕭條，已不復如其初矣。況當九死一生之際，即不蠲不減，民亦有呼之而不應者。官司束於功令之嚴，不得不嚴爲催科，如一二戶只有一二人，勢必合此一二人而賠一戶之錢糧。一甲止有一二戶，勢必合此一二戶而賠一甲之錢糧。等而上之，一里一縣，無不皆然。然則見在之民，止有抱恨而逃，漂流異地，棲泊無依，恆產既亡，懷資易盡，夢斷鄉關之路，魂消溝壑之塡，又安得不相率而爲盜者乎？此處逃之於彼，彼處復逃之於此，轉相逃則轉相爲盜，此盜之所以遍秦中也。總秦地而言，慶陽延安以北，飢荒至十分之極，而盜則稍次之。西安漢中以下，盜賊十分之極，而饑荒則稍次之。臣目睹此光景，心幾痛裂，知皇上亦必惻然動念，當事諸臣自有籌畫。然早一日則救數十萬生靈，遲一日則甦千萬之性命。惟皇上速加意之也。[4]

而邊軍缺餉，勢尤岌岌。九邊舊無客兵，止有主兵，或檢民屯鹽，足以自給，未嘗有兵餉也。即余子俊初開楡林衛時，增置城岩，以民運不繼，奏請江南折糧銀以備緩急，不過一時權宜之計也。自後軍政不修，屯鹽漸廢，請發帑金，歲以爲常。嘉靖四十年（一五六一）延綏一鎮，軍餉年例，費以二十七萬計。萬曆中加至三十六萬七千。天啟間至四十三萬三千七百三十九兩餘。軍費膨脹若此，地方貧瘠若此，而連年災荒又若此，故陝西戶部侍郎南居益奏請發軍餉曰：

九邊要害，半在關中，故芻餉之需，獨倍他省。邇因宇內多事，司農告匱，延綏寧固三鎮額糧缺至三十六月矣。去歲闔省荒旱，室若磬懸，野無青草，邊方斗米，貴至四錢，軍民交困，嚣然喪其樂生之心。窮極思亂，大盜蜂起，刼殺之變，在在告聞。適青黃不接，匱乏難支，狡寇逃丁，互相煽動，狂鋒愈逞，帶甲鳴鉦，馳驅控弦者，千百成群，橫行于西安境內。耀州涇陽三原富平淳化韓城蒲城之間，所過放火殺人，劫財掠畜，廬舍成墟，雞犬一空。涇富二邑被禍尤酷，屠掠淫汚，慘不忍言，即有存者，駭鶴驚風，扶老攜幼，逃竄無門，時勢至此，百二山河，危若累卵。揆厥所由，皆緣餓軍數數鼓譟，遂至不可嚮邇。為今之計，欲勦賊必先稽難伍之軍，欲查軍必先給積逋之餉，餉如不足，則士不宿飽，馬無餘芻，枵腹荷戈，即慈父不能保其子，而撫鎮又安能制此洶洶驕悍之卒哉？今惟發三十萬餉以給之，庶可弭脫巾之禍于旦夕。不然，崤函以西，且潰散不可收拾，關中一變，川蜀晉楚，唇齒俱為動搖，天下事尚忍言哉[6]？

時勢險惡如此，即賢者亦難為力。而天啟末陝西巡撫為喬應甲，延綏巡撫為朱童蒙，皆魏忠賢黨，貪黷不詰盜，盜由是起。崇禎初，陝西巡撫改任胡廷宴，老而耄。延綏巡撫改任岳和聲，亦無能。互相推諉，弭盜無策，盜於是滋。崇禎二年，清兵入塞，京師戒嚴，山西巡撫耿如杞，延綏總兵吳自勉，甘肅巡撫梅之煥，勤士兵餉缺而潰。諱歸山陝，會詔令裁驛卒，山陝游民仰驛糈者，無所得食俱從盜，盜於是強。是時秦地所征餉，曰新餉，曰均輸，曰間架，其目日增，吏因緣為奸，民大困，盜由是得衆矣。於是飢民難民叛兵逃卒驛卒響馬，並集陝西，而流賊之勢成。各立名號，而廊相聯絡，流掠山陝，山陝窮則走河南，河南窮則走湖廣，湖廣窮則復走河南陝西山西江北四川等處。掠不一村，略不留守。寄蝥倏變，叛伏無常。流竄十餘載，終集合於李自成張獻忠。而李自成勢尤浩大。

註一　明史地理志（42/92）

註二　日知錄集釋紡織之利條注（10/45）

註三　日知錄紡織之利條（10/45）

註四　此疏計六奇明季北略卷五（72）延安府志卷七十二（72/16a-17b）並載而各有刪節，此係拼補全文。

註五　參看延安府志卷四十五雜錄(45/9a-10b)引延綏鎮志與史略軍志

註六　明季北略卷五（75）

二　李自成張獻忠參加叛亂

明神宗萬曆三十四年，即公元一六〇六年，李自成與張獻忠同生於陝西延安府[1]。

李自成米脂縣李繼遷寨人。寨在縣西無定河川，距城二百里，為西夏李繼遷故里，今山古寨尚存[2]。其父名李守忠，務農頗饒。兼有里役爲馬戶[3]。自成初名鴻基，小字瞞生，有兄名鴻名。自成秋生，其兄冬死。鴻名遺子名李過，與自成同歲[4]。

叔姪二人八歲同就塾。自成讀書，頗能記憶，顧性跳踉不能制。二人酷嗜拳勇，嘗相謂曰：「吾輩須習武藝成大事，讀書何用？」於是自成乃走延安府，從退伍軍人羅教師名君彥者習單刀，儕輩莫及。時年十八，貌甚魁壯，偉軀蓬鬢，高顴深顱，聲如豺狼，走及奔馬[5]。與李過並豪浪，亡其父貲[6]。父死半載，家產悉傾。其母改適軍士，流落寧夏[7]。

熹宗天啟間，自成以里役徵稅，歲饑，逋稅者衆，稱償以償，猶不給，値催科甚迫，縣令笞之，其里豪紳艾姓又逼其債，莫償。遂偕李過並亡甘州，時在崇禎二年，自成年二十三[8]。

初至甘肅，投總兵楊肇基爲親兵，已而陞總旗，是年冬又擢爲把總。適滿淸兵入，京師戒嚴。巡撫梅之煥奉調入援，以參將王國爲前鋒，自成不服。軍行抵金縣，邑小令怯，閉署不出。兵索餉不得，有譁者，王參將笞六人，半爲自成卒，自成怒，遂殺縣令及王參將，兵多從自成叛[9]。初歸府谷大盜王嘉胤，及安塞高迎祥稱闖王，自成附之，編爲一隊，稱闖將[10]。

張獻忠，膚施縣柳樹澗人。五歲時，其父送之入塾，年餘不能記一字，其父遂使牧牛，又無賴，往往從群兒技戲，及長，漸爲狗偸[11]。長身而瘦，面微黃，剽勁果俠，人皆憚之，目爲黃虎。爲延安府捕快，因事革役，乃隸延綏爲軍，犯法當死，參將陳洪範奇其貌，爲請於總兵王威釋之，遂逃去。依王嘉胤，已而別立一營，戰輒先登，中軍稱西府八大王。時蓋崇禎三年。

崇禎四年，王嘉胤死。王自用代立，復聚衆三十六營。西府八大王張獻忠，曹操，羅汝才，老回回，馬守應皆爲之渠。李自成當時爲高迎祥偏裨，不能與張獻忠並也。七年，（一六三四）山陝河南湖廣四川總督陳奇瑜圍迎祥獻忠於興安之車箱峽，在今陝西安康縣。自成獻計賄陳奇瑜左右詐降，奇瑜許之，檄諸將按兵毋殺，命送回籍，所過州縣爲具糗傳送。迎祥等甫渡棧即復叛，勢愈張，李自成之名始著。八年（一六三五）正月，十三家七十二營大會滎陽，議拒敵，未決。自成進曰：『一夫猶奮，況十萬衆乎，官兵無能爲也。宜分兵定所向，利鈍聽之天。』衆如自成言，於是分爲兩股，一爲高迎祥及自成，一爲張獻忠，四處流竄，及是自成遂與獻忠相齟齬。九年（一六三六）秋，高迎祥爲新任陝西巡撫孫傳庭所擒殺，自成逃向甘肅。獻忠後亦爲盧象昇所敗，詣湖北僞降熊文燦。流賊勢衰挫。而滿洲兵又於此時入犯，諸將撤兵東援，流賊勢得復熾。十二年（一六三九）獻忠反穀城，群降賊一時並起，自成聞獻忠叛，出終南山聚衆投之，獻忠欲殺之，自成乃離去。獻忠入四川，自成則再攻河南。是時河南大饑，民從之者如流水，勢遂大盛。時十三年（一六四〇）冬也。十四年（一六四一）正月，自成拔洛陽，福王常洵以體肥不能逃，爲自成執殺，稱其肉重三百六十餘斤，禠分股割與鹿肉同烹，名曰福祿宴。二月，獻忠拔襄陽，縛襄王翊銘置堂下，屬之酒曰：『我欲借王頭，使楊嗣昌以陷藩誅，王其努力盡此酒！』遂殺之。其後獻忠爲左良玉敗，思依自成，自成亦欲殺之，羅汝才勸止。時自成與羅汝才合作，十五年（一六四二）自成南攻開封不克。十月，自成與孫傳庭戰於南陽，官軍乏食，採食青柿，凍餒不堪，遂大潰沒，河南人呼爲柿園之役。十二月，自成遂入襄陽。自稱奉天倡義大元帥，羅汝才爲代天撫民德威大將軍。十六年，（一六四三）獻忠拔武昌。於是二人各立名號，自成曰新順王，獻忠曰西王。自成尋返陝西，獻忠亦南下長沙。十七年，（一六四四）自成入京師，獻忠再入四川，至清順治三年，（一六四六）二人先後並已沒。

註一　李自成生年據甲申傳信錄卷六李闖始末（中國內亂外禍歷史叢書 12/101）明季北略卷五李自成起（國學基本叢書本 8/3）張獻忠生年則明史流賊傳與李自成同歲

註二　米脂縣志闖及李自成傳（米脂縣志 12/12）

註三　據甲申傳信錄卷六李闖始末及明季北略卷五李自成起

註四　明季北略卷五李自成起

註五　同上及鹿樵紀聞卷下闖獻發難（中國內亂外禍歷史叢書 17/198）

註六　罪惟錄李自成傳 31/76

註七　甲申傳信錄卷二（中國內亂外禍歷史叢書 12/31）

註八　鹿樵紀聞卷下闖獻發難明季北略卷五李自成起罪惟錄傳三十一李自成傳）

註九　明季北略卷五李自成起

註十　罪惟錄傳三十一李自成傳

註一一　李調元蜀碧忠降生記（蜀碧叢志 9/85）

註一二　明史流賊傳　罪惟錄張獻忠傳

註一三　以上均據明史流賊傳，福王死事則據鹿樵紀聞（中國內亂外禍歷史叢書 17/201）

註一四　李自成之沒，頗多異說，詳見後。獻忠之死，則各書均作三年，要之順治三年，二人均已先後亡沒，即自成未死焉，實亦已無與政局，再歷史無關矣。

第三章　李自成之政略及其戰略

一『迎闖王不納糧』

述李自成必自其崇禎十三年（一六四〇）再出河南始，蓋自是而後，合併諸營，統一軍權，得士大夫，計劃政制，而其關鍵則在李巖之來歸。

李巖初名信，河南開封杞縣人[1]，天啟七年舉人。其父李精白[2]，天啟朝爲山東巡撫，魏忠賢黨也。嘗請爲魏建祠，疏中有「廠臣仁威，彈壓乎山川，濊澤滂漉乎中外，堯天之巍蕩，帝德難名，時雨之需濡，元勳丕著。」等語[3]。迨魏敗，精白名入逆案，而其子李巖有文武才。家富而豪，好施尚義。崇禎初，頻年飢旱，邑令催科不息，百姓流離。崇禎八年，（一六三五）巖進言暫休徵比，設法賑給。而邑令以楊嗣昌飛檄雨下，若不徵比，將無以應，至於賑濟飢民，則縣中錢糧匱乏，止有分派富戶。於是巖捐米二百餘石，又作勸賑歌曰：

年來蝗旱苦頻仍，嚼嚙禾苗歲不登，米價升騰增數倍，
黎民處處不聊生，草根木葉權充腹，兒女呱呱相向哭，
釜甑塵飛爨煙絕，數日難求一餐粥。官府徵糧縱虎差，
豪家索債如狼豺，可憐殘喘存呼吸，魂魄先歸泉壤埋。
骷髏遍地積如山，業重難過飢餓關，能不教人數行淚，
淚灑還成點血斑。奉勸富家同賑濟，太倉一粒恩無已，
枯骨重教得再生，好生一念感天地。天地無私佑善人，
善人德厚福長臻，助貧救乏功勳大，德厚流光裕子孫[1]。

飢民聞之，遂糾搶富室吃大戶，引李公子爲例，不從輒焚掠。有力者促縣令禁戢，縣令即發牌傳諭云，速速解散，各圖生理，不許借名求賑，恃衆要挾，如違即係亂民，嚴拿究罪。飢民大憤，擊碎令牌，群集縣署大呼曰：『吾輩終須餓死，不如共掠。』先是李巖曾爲繩伎紅娘子擄去，強爲夫婦，巖脫歸。至是則縣令士紳，衆口一辭，謂李巖發粟市恩，誘致衆叛，遂申報按察司云：舉人李巖，謀爲不軌，私散家財，買衆心以圖大舉，打差辱官，不容比較，恐滋蔓難圖，禍生不測，乞申撫按，以戢奸宄，以靖地方。按察司據縣申文，撫按即批「密拿李巖監禁，毋得輕縱」。巖乃被捕置獄，百姓聞之，共怒曰：『爲我而累李公子，忍乎？』群赴縣，與紅娘子裏應外合，殺縣令，刦巖出，一時重犯俱釋，倉庫一空。巖遂糾衆歸自成，留爲謀士。

李巖教自成免糧，以得民心。進曰：『欲圖大事，必先尊賢禮士，除暴恤民。今朝庭雖失政，然先世恩澤，在民已久。近緣歲飢賦重，民貧吏猾，是以百姓如陷湯火，所在思亂，我等欲收民心，須托仁義。揚言大兵到處，開門納降者秋毫無犯，在任好官，仍前任事，若酷虐人民者即行斬首。一應錢糧，比原額止徵一半，則百姓自樂歸矣。』自成悉從之。巖於是遣黨作商賈，四出傳言，闖王仁義之師，不殺不

掠。又編口號『迎闖王不納糧』。使小兒歌曰：『喫他娘，穿他娘，開了大門迎闖王，闖王來時不納糧。』又曰：『朝求升，暮求合，近來貧漢難存活，早早開門拜闖王，管教大小都歡悅』[6]。陝西人民亦有謠曰：『挨肩膊，等闖王，闖王來時三年不納糧』[7]。真保間亦有民謠曰：『開了大門迎闖王，闖王來時不納糧』[8]。故自成用李巖而民信歸之，有若大旱之望雲霓，其震撼華北可謂大矣。李巖又教自成行均田[9]，惜其詳今不可知，而自成改禹州為均平州[10]。不無深意也。

明季北略著者計六奇幼時聞亂急，咸云李公子亂，而不知有自成，即自成入京師，世猶疑即李公子[11]。明史官書亦謂自成從李巖，屠戮為減，又散所掠財物振饑民，民受餉者不辨巖自成也。雜呼曰『李公子活我』[12]，其為民重蓋若此。

註一　李巖事，諸書並載，獨開封府志 40/7a 李公子辨否認其為杞縣人。且云：乙卯舉人惟劉詔一人，乃為野史諸書故誣杞人。縣志又云：杞人無任尚書者，則係不知巖父為李精白。故府志亦無載李精白事。疑杞人羅精白入逆案，李巖從自成故諱而不書乎？他書皆言之甚確，絕不至如太平天國史中洪大全其人之全屬虛妄也。

註二　虞樵紀聞卷下闖獻發難（中國內亂外禍歷史叢書 17/201）罪惟錄傳 31/77b 李自成傳

註三　三朝野紀卷三（中國內亂外禍歷史叢書 16/26）

註四　明季北略卷二十三（國學基本叢書本 495）

註五　明季北略卷十三李巖歸自成（國學基本叢書本 163）編作紅娘子事則見明史流賊傳及虞樵紀聞闖獻發難（中國內亂外禍歷史叢書 17/201）

註六　明季北略卷二十三李巖說自成假行仁義（國學基本叢書本 498）

註七　啓禎滑譜下之上

註八　明季北略卷二十自成西奔附錄（國學基本叢書本 386）

註九　罪惟錄傳 31/78 李自成傳

註一〇　明史流賊傳罪惟錄李自成傳及餘書均載

註一一　明季北略卷十三李巖歸自成附錄（國學基本叢書本 166）

註一二　明史流賊傳

二　士大夫之招納與利用

崇禎十四年，（一六四一）李巖薦其同年舉人盧氏縣人牛金星[1]。金星勸自成重用士人，故自成所至獲舉人即授以官[2]。諸野史所錄自成官吏，陝西山西河南舉人進士特多[3]。蓋明末賄賂公行，士子進身不易，朋黨相爭，遭受排擠，致沉淪市井無出路者比比皆是，自易同情叛亂，加以優禮，其不從者幾希。萬曆時，李贄已竟恭維大盜林道乾，論曰：

棄置此等輩有才有識者而不錄，又從而羈縶錮之，以爲必亂天下，則雖欲不作賊，其勢自不可耳。設國家能用之爲郡令守尹，又何止足當勝兵三十萬人已也。又設用之爲虎臣武將，則閫外之事可得專之，朝庭自然無四顧之憂矣。惟舉世顚倒，故使豪傑抱不平之恨，英雄懷罔措之威，直驅之使爲盜也4。

士心動搖，由來久矣，故自成金星得招致用之。開封府志藝文類有辭李自成書5，作者雖不附李，而自成優禮下士之情，固已顯然。而自成招致利用士大夫，決不止此。全祖望跋明崇禎十七年進士錄曰：

相傳是科館選，流賊密令山西巨商主之。凡求讀中秘者，巨商即招致之，爲納賄於宦者無不得。及城陷，牛金星大言曰：『新翰林尤宜速報名』。諸人始悟前此來招致者之爲賊也。內負疚而外畏禍，逡巡而出，盡汚僞命。第一甲三人無論矣，三十六庶常，不得免者三十四。嗚呼！是館開未有之恥也6。

間有忠貞固執之士，優禮誘致皆不可得，則又慮做宣傳，謂其歸順，以來人心。若御史李振聲者，自成同鄉，自成欲用之而不可，乃殺之。而於崇禎十七年入山西時，實榜仍揭李振聲名，同江夏賀逢聖受自成官。時賀已死，自成故爲此以動人7，世不能察。甲申傳信錄且以其爲自成工政府侍郎兼尙書也8。反宣傳之力若是之大，故持身不力氣節稍差者，皆降自成，以爲天下無復有一不從自成者矣。有請謂東林者，隸復社，顧當世小人所指爲講學門戶人也。天啟魏忠賢時，道學門戶之徒，受慘毒死者殆盡。惠世揚亦備受慘毒，獨未死，悠忽至甲申而從自成爲相9。其能忍于彼而不能忍諸此，或即自成重用士人所轉移其心乎？

牛金星又薦卜者宋獻策10，亦河南人，曾任京師海岱門外起數，身短，人呼宋矮子11。見自成上讖記云：「十八子主神器12」。則有近神道設教，所以籠絡落後群衆者至有力焉。

註一 明季北略卷十三李巖歸自成（國學基本叢書本 166）

註二 明史卷二百九十三李貞佐傳（廿五史本明史 727）

註三 見甲申傳信錄卷五槐國衣冠（中國內亂外禍歷史叢書 12/73-99）明季北略卷二十二（國學基本叢書本 456-490）

註四 李氏焚書卷五因記往事（國學珍本叢書本 176）

註五 開封府志 35/29b-36a 此書首數行版模糊不可讀，作者不知何許人，自成慕名聘之，其人不就。

註六 鮚埼亭集外編卷二十九（國學基本叢書本 1066）

註七 傅青主撰書李御史暨汾二子聽眞蹟詳敍李振聲死事、野史皆謂李振聲從自成，獨傅山云不然，青主非虛許者故錄之。

註八 甲申傳信錄卷五槐國衣冠（中國內亂外禍歷史叢書 12/85）明季北

略卷二十二從逆諸臣（國學基本叢書本 489）

註九　見傅青主撰書李御史璧汾二子傳眞蹟 13a-14b，其爲復社人，見復社紀略復社紀略（中國內亂外禍歷史叢書 10/168）

註一〇　見明亡述略上（中國內亂外禍歷史叢書 11/292）

註一一　明季北略卷二十二（國學基本叢書本 491）

註一二　明史流賊傳明亡述略罪惟錄均載

三　軍隊組織與作戰技術

流賊初起，群雄並立。勢強者雖爲盟主，若王嘉胤王自用高迎祥等皆曾爲魁要，爲一時便宜，非固定組織也。崇禎八年，十三家大會滎陽，尚採會議形式，其無絕對領袖可知。十三年而後，自成得李巖牛金星宋獻策，以政綱鮮明，故勢特盛。羅汝才袁時中馬守應賀一龍賀錦劉希堯藺養成先後歸其統率。甚至張獻忠亦思依附之[1]。及下襄陽，士大夫降者多，乃置上相左輔右弼六政府侍郎郎中從事等官，府設尹，州設州牧，縣設令，於要地則設防禦使[2]。然多模仿明制，僅易稱謂。規模既備，乃謀澈底改造軍隊，統一號令。

首曰肅軍。自成爲人，不好酒色，脫粟粗糲，與部下共甘苦。而羅汝才者，則妻妾數十，被服紈綺，帳下女樂數十部，厚自奉養，自成素惡之。及是遂執殺之，併其營，先後又殺賀一龍藺養成袁時中，皆桀傲不穩者也[3]。而馬守應牛萬才等皆回教徒[4]，聽命自成，自成終善遇之。漢回聯軍得不破裂。於是除張獻忠外，諸部營均歸自成直轄，而真正之統一告成。

次曰編軍。自成自爲大元帥，分其衆爲五標營。曰中營，左營，右營，前營，後營。營各設制將軍，威武將軍，果毅將軍三人。中營組織特大，有正副權將軍，制將軍，帥標正左右威武將軍果毅將軍，共十八人，凡五營二十二將[5]。共兵二百三十餘隊。中營一百隊，前後左右四營共一百三十餘隊。馬兵每隊五十精兵，廝養小兒三或四十有差，曰孩兒軍，即所云剪毛賊。皆年少童子，習殺掠，悶不畏死者也。攻城每用猱升先登[6]。步兵每隊一百或五十精兵，一精兵主芻掌械執爨者十人。總計馬步兵六萬。每隊立一標旗，行營望之而走。營將各制一坐纛。中營用白旗，以雜色號帶爲別，而纛皆用黑。左營則用純白旗。右營則用紅旗。前營用黑旗。後營用黃旗。而纛之色隨之。大元帥用白緞大纛而銀頂，上錐雉翎，狀如覆釜，蓋搭形也[7]。

三曰治軍。五營以序直夜，次第休息，巡邏嚴密，逃者謂之「落草」，磔之。軍令不得藏白金，過城不得室處，妻子外不得攜他婦人，犯者必死。剡箬若穹廬，用單布幕，綿甲胄數十層，矢礮不能入。其於馬兵，則尤重訓練，騎兵一人養馬三四匹。冬則以茵褥藉其蹄，剖人腹為馬槽以飼之，馬見人輒鋸齒思噬，若虎豹然。軍止即出較騎射，名曰「站隊」。

而作戰亦以馬兵為主。每出戰，夜四鼓蓐食聽令，所過崇岡峻坂，騰馬直上。水則惟憚黃河，若淮泗涇渭，則萬衆翹足馬背，或抱鬃緣尾呼風而渡，馬蹄所壅閼，水為不流。臨陣列馬三萬匹，名「三堵牆」，一紅一白一黑，前者返顧，後者殺之，戰久不勝，馬兵佯敗誘官兵，步卒長槍三萬，擊刺如飛，馬兵回擊，無不大勝。

攻城不用古梯衝法，專取瓴甋，得一甎即歸營臥，後者必斬。取甎已即穿穴，穴成初僅容一人，漸至百十，次第傳土以出，過三五步留一土柱，繫以巨絙，穿畢，萬人曳絙一呼，而柱折城崩矣。或於城壞處用火攻法，實藥甕中，火燃藥發，當者輒糜碎，名曰「放迸」。伺城頹，騎兵即擁人城。先則設銅牌四馳，降不殺，越一二日死十三四，越五六日屠。城將陷，步兵萬人環堞下，馬兵巡徼，無人得逃。殺人聚屍為燎，名曰「打亮」。既省掩埋之煩，復免屍腐釀疫。故自成軍中，未聞有瘟疫也。凡戰勝，諸營較所獲，得馬騾者上賞，弓矢鉛銃次之，衣幣又次之，珍寶無所用，金銀或散之矣。

戰前頗致力偵諜。或攜藥囊著葵，或為醫卜，或談青烏，姑布星家言，或緇流黃冠，或為乞丐妓女戲術，多以蘄黃人為之。刺事較官軍偵探更密[8]。而戰地工作，尤重宣傳。明季北略記云：

賊無他伎倆，到處先用賊黨扮作往來客商，四處傳布，說賊不殺人，不愛財，不奸淫，不搶掠，平賣平買，蠲免錢糧，且將富家銀錢，分賑窮民。頗愛斯文秀才，迎者先賞銀幣，屬得考校，一等作府，二等作縣。時復見選來府縣偽官，多山陝秀才，益信為真。于是不通秀才皆望做官，無知窮民皆望得錢，拖欠錢糧者皆望蠲免。……因此賊計得售，賊膽益張。只以三四人或五六人便來到任，詭言大兵在後即至，地方官聞風先遁，而偽官儼然南面矣[9]。

然而自成非僅以虛與委衆者，錢䫉論自成有云「號令嚴切，所過守土之吏，無敢暴民[10]」。時尚有人作七言律詠自成曰：

豈如黃虎只凶狂，甚有才能合衆強，終始稱渠不俯屈，
奈亡無地更飛揚；李巖失路為謀主，紳祖多方資盜糧。
作賊不圖聲色樂，苦心專志致明亡[11]。

註一　明史卷三〇九流賊傳（廿五史本明史 778）

註二　仝前

註三　仝前

註四　馬守應綽號老𢜜𢜜，回教徒多馬姓，則守應爲回教徒無疑。明史流賊傳說老𢜜𢜜即馬守應，而綏寇紀略作馬光玉。明史曹文詔傳稱文詔於六年七月追斬老回回於濟源。綏寇紀略云「十月四日老𢜜𢜜病死」。然馬守應於十六年固猶在。恐回回有二，一即守應，一即光玉，曹文詔所斬爲馬光玉，而非馬守應也。牛萬才者，亦回教徒。甲申傳信錄卷六謂牛萬才係𢜜𢜜頭目，（中國內亂外禍歷史叢書12/106）明季北略卷二十三群賊推自成爲王，有係昂者亦號老𢜜𢜜。（國學基本叢書本 475）是回教徒甚多，而其首領皆綽號回回。

註五　明史流賊傳（廿五史本 779）

註六　依甲申傳信錄卷六李闖始末（中國內亂外禍歷史叢書 12/108）孩兒軍則據明季北略卷二十李自成入北京內城（國學基本叢書本 345）

註七　據罪惟錄傳三十一王嘉胤高迎祥傳及甲申傳信錄卷六李闖始末

註八　以上統據明史流賊傳及罪惟錄王嘉胤高迎祥傳，罪惟錄以爲流賊諸制，在自成未爲首領前已具備，而明史則悉歸之自成。此處從明史，蓋流賊制度流賊時期容或已有，而不能整齊。如此當係自成承受流賊經驗，更加組織而始大備者。

註九　明季北略卷二十自成西奔（國學基本叢書 366）

註一〇　甲申傳信錄卷六赤眉逸略（中國內亂外禍歷史叢書 12/101）

註一一　鹿樵紀聞卷下自成兇闖（中國內亂外禍歷史叢書 17/210）

第四章　李自成以民變始以擾亂終

一　襄陽北伐

崇禎十六年，（一六四三）思宗以李自成張獻忠益熾，不時召對群臣。馬世奇對曰：『今闖獻並負滔天之逆，而治獻易，治闖難，蓋獻人之所畏，闖人之所附。非附闖也，苦兵也。一苦于楊嗣昌之兵，而人不得守其城壘；再苦于宋一鶴之兵，而人不得有其家室；三苦于左良玉之兵，而人之居者行者俱不得保其身命矣。賊知人心之所苦，特借勦兵安民爲辭，一時愚民被欺，望風投降，而賊又爲散財賑貧，發粟賑飢，以結其志，遂至視死如歸，人忘忠義。其實賊何能破州縣，各州縣自甘心從賊耳。故目前勝者，須自收拾人心始，收拾人心，自從撫鎮將約束部位，分兵不虐民，民不苦兵始』。然將驕士惰，朝廷無力，即使與從其言，而爲時已晚，人心早已不堪收拾矣。皇帝所在之京師，至此已現崩解。當時北京人有只圖今日不過明朝之意。貧富貴賤，各自爲心。每云流賊到門，我即開城請進，不獨私有其意，而且公有其言。時值滿洲兵屢入寇，都城戒嚴，皇帝發內帑數萬，命諸營千總每人領錢幾千分授城兵，每兵二十錢。兵領出以指彈錢曰：『

皇帝要性命，令我輩守城，此錢只可買五六燒餅而已。[1]既而內不發錢，使京中富豪出錢養兵，如百金之家出銀五錢，即妓家亦出五錢。以故人心益離，而事大壞[2]。京師如此，他處可知。

然當此時也，自成據襄陽，規模方具，氣象新興。其年五月，自成招集會議商行軍路線。牛金星欲先取河北，直攻京師；楊永裕請下金陵，斷漕運以坐困北都；顧君恩進曰：「金陵勢居下流，難濟大事，其策失之緩；直攻京師，萬一不勝，退無所守，其策失之急。關中漢唐故都，又大王桑梓之邦，宜先定為根本，資其兵力攻山西，後向京師，則進可以攻，退可以守[3]。」自成於是決計入秦，乃下令動員，盡發荊襄兵，會於汜水滎陽，伐竹結筏，人佩三葫蘆，將以渡黃河。至八月十日，總督孫傳庭亦出潼關謀擊自成。先是傳庭去年為自成所敗，退歸陝西，計守潼關，扼京師上游。且新集軍不利速戰，乃益募勇士開屯繕器積粟，三家出壯丁一，火車載火礮甲仗者三萬輛，戰則驅之拒馬，止則環以自衛。而督工苛急，夜以繼日，秦民不能堪。而關中頻歲饑，駐大軍，士大夫厭苦傳庭所為，不樂其陝西。流語朝廷，譏傳庭翫寇。故當自成動員入陝之時，朝廷亦下令促傳庭出關也。

自成聞傳庭兵盛，乃匿精兵，以孱弱誘之，官軍屢有斬獲，前鋒過寶豐唐縣郟縣，行且進逼襄城。傳庭以自成軍為易與，然至此則堅壘相持矣。會天大雨，七日夜不止，道路泥濘，官軍糧車不能至，傳庭還軍迎糧，自成以騎兵乘其後，追之南陽，官軍還戰，自成乃以騎兵作「三堵牆」式衝鋒，傳庭火車不能禦，脫輓輅而奔，車傾塞道，馬絓於衡不得前。自成騎兵淩而騰之，追逐一晝夜，官兵狂奔四百餘里，至於孟津，死者四萬餘，亡失兵器輜重數十萬。傳庭走死。十月十四日，自成遂入潼關[4]。

李自成孫傳庭之戰，為決定明朝存亡之關鍵。自成既入關，勢如破竹，二十日遂佔西安。改西安曰長安。乃詣米脂祭墓，改延安府為天保府，米脂縣為大保縣。十一月復還西安。時陝西郡邑多歸附，獨鳳翔榆林慶陽不降，並拔之。移軍攻甘肅，進陷西寧，陝西地悉為自成所有。

自成發民修長安城，築馳道。每三日親赴教場較射，百姓聚見，咸伏地呼萬歲。遣官考州縣生員，改八股為論。請鄉紳輸助，多三四十兩，或三五兩，惟舉人免輸[5]。至是顧君恩路線第一步已告成功，李自成既定陝西為根本，乃準備資其兵力攻山西取北京焉。

註一　明季北略卷十九馬世奇入對（國學基本叢書本 272）

註二　明季北略卷十九北都崩解情景（仝上 265）

註三　明季北畧卷十九順君思議取關中（國學基本叢書本 276）鹿樵紀聞下闖獻發難（中國內亂外禍歷史叢書 17/203）

註四　以上據明史流賊傳張獻忠傳鹿樵紀聞卷下自成犯闕明季北畧卷十九孫傳庭汝州大敗李自成入潼關

註五　仝上罪惟錄李自成傳

二　崇禎自縊

公元一六四四年，民國元年前二六八年，崇禎十七年甲申正月，滿洲建國曰清，改元順治。李自成建國曰順，紀元永昌。改其名曰自晟。追尊其曾祖以下，加謚號，以李繼遷爲太祖。設天佑殿大學士，以牛金星爲之。增置六政府尚書。設弘文館，文諭院，諫議直指使，從政統會，尚契司，驗馬寺，知政使書寫等官。大封功臣，復五等爵。精步兵四十萬，馬兵六十萬，定軍制有一馬儳行列者斬之，騰入田苗者斬之。草檄馳諭[1]，有云：

君非甚暗，孤立而煬蔽恆多；臣盡行私，比黨而公忠絕少。甚至賄通宮府，朝廷之威福日移；利入戚紳，閭左之脂膏盡竭。

又云：

公侯皆食肉紈袴，而恃爲腹心，宦官悉齕糠犬豚，而借其耳目。獄囚纍纍，士無報禮之思；征斂重重，民有偕亡之恨[2]。

聞者皆爲扼腕。自成軍遂陸續渡河入山西。

思宗聞之大駭，大學士李建泰因自請督師，帝於正月十六日告廟賜劍，親爲餞行[3]。時正元宵佳節，連夕皎月，金鼓震天，九門不閉。每門自城外入者以千百計，皆以鬧元宵爲名，守門者怪其入而不見其出，不知皆自成所遣，俱腰纏數百金，既入者大者買將，小者買兵，又陰遣人榮重貨賈販都市，又介人充部院諸掾吏，探刺機密，朝廷有謀議，千里外立馳報；諸如此類，已萬千伏城內矣。時有無錫人王季重入朝房，腰間銀帶被人割去，朝內有偸兒，時事甚可知矣[4]。

反觀自成方面，則進軍極速，自平陽陷，河津稷山榮河皆陷，他府縣多望送款，所下都邑即置官設吏。二月，自成渡河，破汾州，徇河曲，靜樂。初八陷太原，執晉王求桂，巡撫蔡懋德自縊死。十二日陷潞安，權將軍劉宗敏入故關走大名真定而北。自成北徇忻州，代州，二月，寧武總兵周遇吉力戰死。初七自成抵大同，宣府總兵姜瓖降。至是山西全陷。而李建泰仍在河北，且以病告，兵亦逃亡略盡矣。於是山東河南各州縣皆有自成所遣新官蒞往代任，每官先遺牌至州縣，民苦征輸之苦，猶恨舊官，各借勢逐之，執香迎導新官，遠近風聞若狂。[5]

初九日至宣府，破之。十二日至昌平，諸軍皆降。十三日抵居庸關，總兵唐通監軍太監杜勳降。[6]十六日昌平陷落，情報抵京師，是日皇帝召對三次，輔臣及六部科道皆曰無害，新聖天子威靈，不過坐困幾日，撥雲霧見青天耳。退朝之後，諸臣言笑自若。是日兵部有魏提塘者，遇一所識長班亟行，叩其故，於袖中出所傳單，乃中官及文武大臣公約開門迎自成，皆有知字，首名則中官曹化淳，大臣則兵部尚書張縉彥。[7]文武大臣相約迎降，公然用長班傳送知單，有如知會請酒，思宗孤立有若此者。是夜自成軍自沙河而進，直抵平則門，竟夜火光燭天。十七日城全圍矣。城外三大營悉降自成。時京營兵五月無糧，驅其守城，率多不至，又向無實籍，多為大璫隱佔，加以十六疫死者甚衆，其精銳者又為監鎮太監選去，故登城守者止老弱五六萬人。守陴不充，又無炊具，市飯為食，餉久缺人僅百錢，帝因命太監俱守城。[8]

早朝時，皇帝哭，君臣束手無策。自成遣降監杜勳縋城講和，盛言李闖人馬強衆，議割西北一帶，分國而王，并犒賞軍銀百萬兩，退守河南。當局茫無應。內官告皇帝，帝密召之，輔臣魏藻德在焉，杜勳具以事告帝，且言闖既受封，願為朝廷內遏群寇，尤能以勁兵助制遼藩，但不奉詔與覲耳。因勸帝如請為便。帝向魏藻德曰：『此事如何，今事已急，可一言決之！』藻德默然不答，鞠躬俯首而已。帝憂惑不能決，遂遣杜勳出。[9]

十八日，天色陰沈，街道蕭然，往來止有巡街官卒，大聲呼喝。下午四點左右，有常州人與友飲于酒肆，有厮年可十四五，在側獻酒，主人顧之曰：『晚餐早，須要登車守陴』。飲頃之，忽傳外城已陷，則太監曹化淳開彰儀門也。[10]

思宗聞城破，徘徊殿庭，是夕不能寐，周皇后自縊，帝手砍其年僅十五之長公主，曰：『奈何生我家！』斷臂不死。帝乃召太監王承恩與對飲酒。已後微服，偕承恩出，時已三更，帝手持三眼鎗雜太監數十，出東華門，至齊化門，守門太監疑有內變，阻不得出，乃至成國公朱純臣第問計，而純臣猶在外赴宴未歸，閽者辭焉。天將明，乃回。帝至前殿，手自鳴鐘集百官，無一至者。遂偕王承恩入登煤山之紅閣，雙雙自經樹下。[11]

十九日黎明，人馬喧嘶，城中鼎沸，張縉彥朱純臣並以門降，德勝門，齊化門，阜城門，宣武門，正陽門同時俱啟。權將軍劉宗敏部隊自宣武門先入，軍容甚整。正午李自成自德勝門入。百姓門首，皆貼『永昌元年順民』六字，各排香案，手執綠一枝，或貼『順民』二字於額上。[12]

自成逼死思宗，至二十一日始於煤山發現之，往臨而哭之曰：「我來與汝共享江山，如何尋此短見！」[13]後來評論思宗者，以寄放故君之思於故國之思，故於其人多有美辭，明末野史雖多，此點要爲大同。獨南明野史持論不同：

懷宗鑒前事之失，力翦元凶，痛懲宿謬，庶幾宵旰勤勞者矣。然無知人之哲，矜明察而愈惑，無持久之力，好更張而益亂。懲前弊矣，乃緝事廷杖，陰蹤前弊而行；通下情矣，而裁驛加派，孰非矯情而出？府臣民之怨，養勦鎮之雄，內變外患，天變人窮，政府寄寓耳，節鉞兒戲耳。國勢人情，至於爾日，與衣敗絮行荊棘也。所以難頂驪山而非緣內變，禍烈哀平而不因外戚，質異昏庸而慘於晉惠，情非晏佚而毒於宋徽。易地參觀，彼此相笑。以祖宗櫛風沐雨之天下，輕輕斷送於一人之手。紅閣之縊，偕諸婢妾賤人感慨而自殺，非能勇也，其蓋無理之至耳。究何足以謝天下哉！當時憤激者，第謂今日無論李綱難得，即求一大小人若秦檜亦不可得。其說誠然。然有是君乃有是臣，而曰朕非亡國之君，天下萬世其誰信之。[14]

語雖苛激，而當時事實，確乎如此。此論也，與自成檄文數語合而觀之，足爲明之末路之寫照也。

註一　罪惟錄傳三十一李自成傳

註二　明季北畧卷二十李自成僞檄小腆紀年卷三所載略有不同，「比篇」作「同上」，「士無報禮之思」作「士無報國之心」。明季北畧卷二十三又載李自成僞詔全文，但僅有檄中語前八句。

註三　明史流寇傳甲申傳信錄卷一（中國內亂外禍歷史叢書 12/8）

註四　明史北畧卷二十元宵賊入城（國學基本叢書本 315）

註五　以上據烈皇小識卷八（中國內亂外禍歷史叢書 13/255-227）甲申傳信錄卷一（仝上 12/6-10）

註六　甲申傳信錄卷一（仝上 12/13）

註七　見吳子修孫嬲聽錄卷五據云萬斯同曾面問魏提督此事確屬實

註八　甲申傳信錄卷一（中國內亂外禍歷史叢書 12/13-14）

註九　仝上（仝上 12/14-15）

註一〇　明季北畧卷二十李自成入北京內城（國學基本叢書本 346）

註一一　明史莊烈帝紀烈皇小識卷八甲申傳信錄卷一

註一二　啓禎記聞錄卷四國難紀記（痛史本 4/4a）烈皇小識卷八（中國內亂外禍叢書 13/233）

註一三　米脂縣志 12/19a 李自成傳

註一四　南明野史卷首南沙三餘氏序

三　拷掠明臣

自成初入城時，縉紳恐以衣冠買禍，悉毀其進賢冠，供穿極破靑衣，戴破氈帽，是時破衣破帽，重價求之不得。二十日，天祐殿大學士牛金星出示，凡在京文武俱於二十一日早赴東華門，各報先朝職名，願爲官者，量才擢用，不願者聽其回籍，隱匿不報者全家誅戮。文武官員見此示，皆變愁爲喜，倉促不得衣冠，從梨園裝具中覓之，一冠價踰三四金，得者以爲幸[1]。

二十一日昧爽，明朝成國公朱純臣，大學士魏藻德率文武百官三千餘人，至東華門報名。以擁擠故，秩序不佳。守門長班用棍打逐，自成兵競辱之，爲椎背脫帽，或舉足加頸相笑樂，各官惴惴，莫敢仰視，露坐以俟，竟日無食。日暮，自成始出，牛金星執縉紳錄唱名，嘻笑怒罵，恩威莫測。呼及周鍾，顧君恩特下揖云：「主上饑渴求賢，當不次擢用」。自成問周鍾何許人，君恩對曰：『名士善爲文』。自成笑曰：『向不做見危授命題目』。自成軍餘頗事學問，故應對便給[2]。點閱畢，用者不滿百人，送吏政府，餘者押往西華門外，俱送權將軍劉宗敏府處分。時用者皆至牛金星宋企郊顧君恩署投門生帖，且領契。其外選者乞攜妻孥，宋企郊詬之曰：「俟到任做得好官，來迎未晚」。不用者即開始拷掠追贓[3]。

初，前線告急，思宗於二月初十懸令助餉。太康伯張國紀捐銀兩萬，嘉定伯周奎一萬，其餘勳戚無有及萬者。宦官則王祚曹化淳共捐銀五萬，王之心一萬。大學士魏藻德倡捐五百，其餘百官或以衙門，或以省直，各鳩集出之。然所派不均，多有擁厚貲而不樂輸者。先後所捐僅至二十餘萬[4]。及自成於二十五日下令派餉，各官無論用否俱責。大抵點用者派少，不用者派多，下至廠衛著姓，要津權貴，四方富貴，無一不及，一言不辦，即夾，往往骨碎身死。周奎被掠數萬金，而明季北略引殉難實錄云，被三夾不死，坐贓七十萬。大學士則魏藻德被夾獻銀萬兩，陳演獻銀四萬兩，復被殺，邱瑜被夾，吐二千金，方岳貢被夾出千餘兩。其他翰林六部九卿科臣御史錦衣衛宦官等，多被拷掠，吐贓自十餘萬以下有差。有夾于各營兵者，有夾於監押健兒處者，有夾於勳戚各官家者，有夾於路旁者，有夾而後釋者，有夾而後復殺者。至四月始漸止拷掠，而亡明官僚備受凌辱矣[5]。

自成自襄陽入陝西，已設文武各官，至北京後，不過點用舊臣若干而已。三月二十三日，陳演朱純臣首先勸進，不得入。二十五日，禮政府尙齊諭各官率耆民上表勸進，二十六日，周鍾草表有云『比堯舜而多武德，邁湯武而無慚德』。四月三六九日，官民三次勸進。於是自四月十一日起，百官到午門外習郊天祭地即位頒詔等儀。牛金星請自成曰：『草詔須得一名公』，因荐楊廷鑑周鍾俱可，乃兩人互相爭草，幾至攘臂。至是各官每日碌碌習儀，不遑夾打矣[6]。而降臣楊觀光者不俟臨期，竟入太廟焚燬神主。十七日黎明，習祭天地，加袞冕，即帝位諸禮儀。是日午後，吳三桂興師入關消息至北京，次日隨令各官暫停習儀[8]。而明降臣又復惶惶然矣。

註一　國難睹記（啓禎見聞錄 4/5a-6a）
註二　仝上甲申傳信錄卷六李闖始末（中國內亂外禍歷史叢書 12/115-117）
註三　鹿樵紀聞卷下愧國人政（中國內亂外禍歷史叢書 12/213）
註四　甲申傳信錄卷一崇禎十六年（中國內亂外禍歷史叢書 12/12）
註五　鹿樵紀聞甲申傳信錄卷四踞鋪遺聞拷掠諸臣
註六　國難觀記（啓禎記聞錄 4/5b）
註七　此據烈皇小識卷八「代賊焚燬太廟神主者楊觀光也」，明季北畧卷二十勸進本末云是降臣黨崝所為。
註八　甲申傳信錄卷六云：「十七日黎明，祭天地，加袞冕，即天子位，諸臣各朝賀畢」。又云：「二十七日忽傳登極，明日郊天」，鹿樵紀聞所記亦同。國難觀紀則僅記「二十九，草草登極」，恐十七日之事為習儀，否則既即帝位郊天矣，尚何再習儀，再於二十七日登極耶？

四　一片石之戰

先是崇禎十七年三月，思宗以自成勢迫，撤寧遠鎮，調山海關守將總兵吳三桂入援，封西平伯。至山海關而京師已陷，各鎮將皆降自成。三桂猶豫不進。自成令諸降將發書招三桂，又刼其父吳襄齎諭使速降。三桂欲降，統衆入關，至灤州，聞其父為自成所執，誅求金寶，索詐甚酷[1]，又悉其愛妾陳沅為劉宗敏掠去[2]，憤甚，疾歸山海，襲破自成將。自成大怒，即與部下共議征討，諸耽樂已深，多無鬬意，但唯唯，自成大叫『昔日之言何言也[3]？』下令親征。率步馬兵四十萬，執吳襄於軍，東攻山海關，以別將從一片石越關外，三桂懼，乞降於滿清睿親王多爾袞，以白馬祭天，烏牛祭地，插血斬衣，折箭為誓，剃髮稱臣，而同時復傳檄遠近，縞素討賊。

四月二十二日，自成兵二十萬陣於關內，自北山亘海，滿州兵對而罷陣，三桂居右翼，末悉銳卒，搏戰良久，自成兵亦力鬬，圍開復合。滿州兵從三桂陣右突出，衝自成軍中堅，萬馬奔騰，飛矢墮雨，天大風，沙石飛走，滿兵追奔四十里，自成兵大潰，自相踐踏，死者無算。自成退永平，滿兵乘勝逐之，三桂先驅至永平。自成殺吳襄，奔還京師。是役也，劉宗敏負重傷，戰事之據可知，此為自成抗滿第一戰[4]。

二十六日自成狼狽抵京，二十八日悉銳西行，輜重無算，二十九日焚宮殿，三十日則自成率後隊亦去。吳三桂追至定州清水河下岸，斬自成將谷大成。自成屯兵眞定，三桂復追至，自成屢敗而憤，復勒精騎迎擊三桂，三桂張二翼以進，復斬自成將三人，首萬級，自成益兵搏戰，率諸將帥，直逼營前，大罵曰：『今日決一死戰，勿令外國來助，乃爲豪傑耳。』三桂分兵迭戰，自辰至酉，互有殺傷，會東風大作，黃沙蔽日，自成軍旌旗皆折，人馬倒退，遂復大敗，拔營西退。此爲自成抗滿第二戰[5]。時河南州縣多叛自成，李巖自請率兵往定，牛金星素忌巖，因譖巖欲自立，自成信之，遂殺李巖。於是部衆不和，有離心[6]。

五月初，滿清攝政王入北京，自成度固原，入山西。留權將軍劉永福[7]太原節度使韓文銓[8]守山西，而自還陝西。劉永福者故明將，嘗射中自成目，後降自成，不修舊怨。韓文銓者，陝西進士。十月清世祖章皇帝定都北京，恐自成阻關固守，又恐其西走甘肅，乃以英親王阿濟格爲靖遠大將軍，同吳三桂尚可喜等由大同邊外會諸蒙古兵，赴楡林延安，出陝西之背。又以豫親王多鐸爲定國大將軍，率孔有德等由河南來攻潼關，約會于西安。是冬葉臣等兵出固關，進攻太原[9]。劉永福韓文銓拒戰甚力，皆陣沒。此爲自成抗滿第三戰。

明年正月，滿清大軍進抵潼關，自成舉精兵力戰，而阿濟格吳三桂已從保德結筏渡河，逼西安之北，自成腹背受敵，關破，棄西安，由藍田出武關，走湖廣，路經七盤嶺，老弱婦女，凍死甚衆[10]，此爲自成抗滿第四戰。

自成南下，復據襄陽，時左良玉率軍亦南下，武昌虛無人，自成偕其妻高氏，侄李過，妻弟高必正，走武昌。諸將領兵尚數十萬，分爲四十八部，奄有荊州襄陽德安承天四府，守之。清兵阿濟格吳三桂躡其後，先後于江北之鄧州承天德安，江南之武昌九江破自成軍者數[11]。此爲自成抗滿第五戰。前後決戰者五，而戰無不敗，強弩之末，不足有爲。閏六月，自成以走死聞，其衆皆降何騰蛟[12]。

註一　甲申傳信錄卷八借兵復仇（中國內亂外禍歷史叢書 12/139）

註二　世人多以陳沅爲自成取去，全祖望題吳邪餘吟（鮚埼亭集外編卷二十九國學基本叢書本1081）謂據楊宛叔言與陳沅同見掠於劉宗敏，既而沅爲宗敏所挾去。按自成不好酒色，則劉宗敏取陳沅當可信。

註三　國難睹記（痛史本啓禎紀聞錄 4/6a）

註四　明史流賊傳

註五　平西王吳三桂傳（明季稗史初編 25/2a）聖武記卷一開國龍興記四（四部備要本 1/20）

註六　明亡述略卷下（中國內亂外禍歷史叢書 11/293）

註七　鹿樵紀聞下（仝上 17/2:9）

註八　甲申傳信錄卷五（仝上 12/90）

註九　聖武記 1/21
註一〇　仝上李自成傳（罪惟錄傳 31/93）
註一一　仝上聖武記 1/21
註一二　詳見下章

第五章　李自成之下落及餘衆之歸宿

一　自成出家

順治二年，（一六四五）自成自陝西南走湖廣，沿途兵敗，相傳死於九宮。明史流賊傳及王而農永曆實錄，皆云自成以略食爲村民所斃，然其事曖昧，不足徵信。

明史流賊傳，言自成死在九月，永曆實錄言自成死在五月。按自成所部李過高必正等降於何騰蛟，實錄言八月高李諸軍渡湖，是其降在八月以前，然則自成敗死，斷不得在九月。明史之誤，蓋有來由。清世祖實錄順治二年閏六月，靖遠大將軍英親王阿濟格疏報自成敗死事，而七月攝政王諭阿濟格等曰：『爾等先稱流賊已滅，李自成已死，故告祭天地太廟，今聞自成逃遁，現在江西，豈有如此欺誑之理！』明史欲言自成死於五月，則礙於攝政王七月之諭；欲言自成不死，則又有護惜寇賊之嫌，敍述之道既窮，于是移其事於九月，冀此以彌縫也。明史又言獲自成兩從父及自成妻妾二人，然按高李舉營降清，自成妻高氏在焉，而清乃於事後獲自成妻妾，明爲虛妄，此則明史據阿濟格疏而妄者也。又明史云自成之死在通城九宮山，按九宮山在武昌府通山縣南九十里，稱通城誤。顛倒錯誤，至於如此，明史不可信一也。

明史於自成之死，一云自縊，一云鉏擊，又云大兵遣人驗尸，尸朽莫辨。夫形色腐理不異，朽潰則不可知，若鉏擊之與自縊，其背有傷無傷易辨，雖閱一二年，檢驗猶能知之，清果遣人驗尸，何以縊死鉏擊尚爲兩端之辭，則知驗尸實無其事，此明史不可信二也。

自成部兵，明史稱數十萬，阿濟格疏稱二十萬，數十萬人飢疲，自成以數十騎掠食，焉能濟之？且烈皇小識記李高降何騰蛟，何諭之，末謂『但苦無糧餉何？』！答曰『餉我等所儲甚裕，毋貽軍門憂』。然則輕騎掠食，必無其事，此明史與永曆實錄皆不可信三也。

輕騎略食，必非寬衣大袑。明史稱剝衣得龍衣，此龍衣者，爲袞服乎？則非輕騎所宜；爲中衣短繻，繡爲龍文者乎？則偏裨小寇亦得服之。見龍衣眇一目者，何以定知爲自成。且驗尸之事既虛，則所云衣龍衣眇一目者亦僞，此明史不可信四也。

自成所部尚衆，縱自成爲村民掩斃，部曲報復，如洪爐燎毛髮耳，何以束手不報，聽其告於淸人，此明史不可信五也。

自成果死，高李必親言之，何以何騰蛟告捷，朝士皆以自成未死爲疑。何以阿濟格告捷，多爾袞且以自成未死致責，此明史永曆實錄不可信六也[1]。以此六疑，則自成之死，竟無實據。

按永曆實錄謂自成『諸部從賊久，頗厭剽徒，爲應大挫，心魂俱褫，聞南京立天子，欲降附』。南都之亡，正在五月，若自成部衆自成「死」後，即五月以後始思降，則不得云聞南都立天子，當是自成於南都在時，已有降志，而以負罪深重，不便歸附。至五月兵行通山九宮時遂離軍，以紓其衆。世因謂其死。由今度之，阿濟格奉命征討，則務於虜報戰功，何騰蛟撫安高李，則利於稍了舊案，高李竭誠歸明，則懼於引起猜嫌，故無肯證明未死者。乃南明隆武帝及滿清攝政王固知自成未死，故自成遁跡石門夾山爲僧之說要爲有因[2]。石門者湖南屬，夾山或云皂角，在澧水東折之處。

江昱李自成墓記載其事曰：

有孫教授爲余言，李自成實竄澧州，因詢故老，聞自成由公安奔澧，其下叛亡，至清化驛，隨十餘騎走牯牛嶺，在今安福縣境，須乘騎去，獨竄石門之夾山爲僧，覆以今其墳尚在。余訝之，特至夾山。見寺旁有石塔，覆以屋。塔面大書奉天玉和尚，前立碑，乃其徒野拂文，載和尚不知何氏子。徧問寺僧，一老僧年七十餘，尚能言夾山舊事，云：『和尚順治初入寺，事律門，不言來自何處，其聲似西人。後數年復一僧來，云是其徒，乃宗門，號野拂，江南人，事和尚甚謹。和尚卒於康熙甲寅【十三年西元一六七四】二月，約年七十。和尚臨終有遺言於野拂。』彼年幼不與聞。寺尚藏有遺像，命取視之，則高顴深頤，鴟目蝎鼻，狀貌猙獰，與明史所載相同。此禪院俗稱皂角寺，寺有自成詩集，積久霉爛，惟詠梅花詩存，舊有百首，今存五首：

松眼梅

松肥梅瘦雙堪畫，歲暮相親似弟兄。一操一妍神更爽，奇花珍木孰如君？

香雪梅

白玉花心白玉粧，枝枝倒掛舒琳瑯。敲窗嬝娜高低舞，又帶餘香上草堂。

雁來梅

邊外梅芳雁字開，隴光性帶亦能栽。奉詔天使行邊後，帶得新香馬上囘。

放鶴梅

先生深隱湖山水，愛把氷花湖上栽。一味賞花情性古，
梅妻鶴子日和諧。

夕照梅

一林涷雨新霽後，倒影纖紅射玉心。小鳥一群枝上下，
唧唧啾啾若枯吟。

章太炎謂其詩『無草澤粗獷之氣，而舉止羞澁，似學童之初爲詩者，亦舉事無就之徵也[5]』。罪惟錄記自成兵敗歸陝，尙日集詞臣爲講通鑑[6]，是自成略事文史，要爲可信。其爲僧詠梅，事固未敢云必眞必確，而亦不爲非常可怪，然而『下了野，南無阿彌陀』者，中國史上不少見也。

註一　以上六疑，皆據章太炎李自成遺詩存錄（華國月刊 1/8），而畧有補充，則據骨董瑣記 4/12）李自成烈皇小識卷八（中國內亂外禍歷史叢書 13/23b）。

註二　章太炎李自成遺詩存錄（華國月刊 1/8）

註三　仝上

註四　廣東新志 13/2-3

註五　章太炎李自成遺詩存錄

註六　李自成傳（罪惟錄傳 31/93）

二　部曲降明

順治二年五月，李自成既離軍，其部下歸李過統之，欲降明，不知所介紹，擒田野民問之，乃知何騰蛟爲總督，遂欲因騰蛟降，顧因緣無由得達。方騰蛟之秉左軍而逸也，從九江斜走瑞州，由萬載入湖南，亦不知李部渡江事，猝聞平江瀏陽間有賊野掠，意爲土寇，遣長沙知府周二南率二千人往擊之。過等旣欲降，無格鬬志，按兵徐退，二南誤以爲怯，麾兵進薄其營，刃數卒，李過乃合戰，俄頃披靡，二南墜馬死之。李軍追潰卒，呼欲與通語，皆奪喪精魄，驚走歸長沙。騰蛟知爲大敵，惴惴惟嬰城守，過等斂兵不欲進長沙，執士人縱之走，諭騰蛟所道意，士人得釋即走，亦不爲通。久之稍傳聞至騰蛟所，乃募人持白牌僞手書往，過等大喜，遂舉軍降。八月率諸部渡湖，屯公安江陵間，連營百里[1]。

李過改名錦，尋又賜名赤心，高一功賜名必正，幷封自成妻高氏爲貞淑夫人，號忠貞營[2]。赤心爲鄂國公，必正爲鄖國公。至永曆三年，赤心卒，必正黨統其軍，永曆實錄稱其雅有志義，陳邦傳欲殺金堡，勸必正爲之，必正遂惡邦傳，奪其兵糧馬仗殆盡。又嘗請身爲諸將倡，以兵歸兵部，賦歸

戶部，簡汰疲弱，分汛戰守。五年必正爲張獻忠降將孫可望所殺，餘軍推李來亨爲主，處鄖襄間十有四年，至清康熙三年始敗死。敗時部曲尚三萬人，或死或逸去，就俘降者纔百五十人。[2]

永曆帝西走永昌，赤心之子實從，復從之緬甸，二年而帝爲緬甸送致滿清兵，赤心之子得脫，遂寄居騰越，以段爲雲南大姓，遂改稱段氏，以自晦。事見松滋王後朱氏家譜，以朱段世爲婚姻故。遂定居騰衝城東南二十里洞坪鄉山後。清末，騰越有把總朱開賓，即松滋王後，貢生段爾超，即李赤心後也。[4]

註一 章太炎李自成遺詩存錄（華國月刊 1/8）引王而農永曆實錄

註二 南明野史卷中 45

註三 章太炎記李赤心後裔（華國月刊 1/9）

註四 仝上章太炎據騰衝李根源言

第六章 李自成叛亂之性質及失敗之原因

一 迎合貧民心理

李自成叛亂之性質爲貧農革命。所謂貧農者，非僅衣食維艱之農夫已，叛卒逃兵驛卒響馬，凡出身農村者均屬焉。自成之基本羣衆，蓋即此種種人物。而後來參加之士大夫及城市流氓，雖居領導地位，然其主張不外迎合此輩貧農之要求，其作用更在謀要求之實現。

貧農之要求爲何？一言以蔽之曰『均』。此樸素之均平思想，有甚深之根源。爲中國最古經典之一道德經曰：『天之道，其猶張弓與？高者抑之，下者舉之，有餘者損之，不足者補之，天之道，損有餘，補不足。人之道則不然，損不足以奉有餘。[1]』董仲舒曰：『孔子「不患貧而患不均」，故有所積重則有所空虛矣。大富則驕，大貧則憂，憂則爲盜，驕則爲暴，此衆人之情也。聖者則於衆人之情見亂之所從生，故其制人道而差上下也，使富者足以示貴而不至於驕，貧者足以養生而不至於憂，以此爲度而調均之，是以財不匱而上下易安，故易治也。今世棄其制度而從其欲，欲無所窮，而俗得自恣，其勢無極，大人不足於上，而小民羸於下，則富者愈貪利而不肯爲義，貧者且犯禁而不可得止，是世人之所以難治也。[2]』秦漢而下，中國社會由「計劃的封建」，轉入「無政府的封建」，制度既棄，聖人不作，國雖尚農，而商工漸興，豪強兼併，積重難返。是以貧相軋，富相耀，貧者阽，富者安，貧者日愈傾，而富者日愈恣，或以羨慕，或以憤怨，或以驕汰，或以嗇吝，澆漓詭異之俗，百出而不可止，至極不祥之氣，鬱於天地之間，久乃必發爲叛亂。大略計之，有餘不足之數，相差愈遠，則亂愈速，去稍近則治亦稍近。二千年來治亂興亡之數，直以是劵之矣。

而其契機則在田賦。唐楊炎曰：『夫財賦邦國之大本，生民之喉命，天下理亂輕重皆由焉[3]。』蓋地歸私有，已難言均，若再版籍不正，田稅不均，貧者無產而有稅，私家有追呼監繫之苦，富者有業而無稅，公家有歲計不足之患。及其久也，訴理紛紜，進對留滯，官吏困於稽考，人民疲於應付，姦欺百出，卒不可均，是不均之上又加不均。且田賦者雖云出諸地主，終亦及於耕佃，若遇非常時期，賦稅重徵，加派之外復有加派，中產之家且不易存，再遇水旱，則貧農終不安於饑死，勢非掠食不可也，此即所謂盜賊者是。秦觀論盜賊云：『古之盜之所以興，皆由仍歲水旱，賦歛橫出，徭役數發，故愚民爲盜，弄兵山海險阻之間，以爲假息之計。』[4]明人汪應蛟則謂：『今國家多難，經費不支；勢不可緩催科，然勿愛養民力，而徒竭其脂膏，財殫民窮，變亂必起。』[5]史多前例，代不絕書。而晚明史事，尤爲教訓，李自成之叛，即承此貧農山窮水盡時傳統之行爲以起者，而反映中國式之貧農亂動，最爲鮮明。

自成群衆及背景固無論矣，即其口號若不納糧，其田制曰均田，甚至改地名亦以均平易禹州，其旗幟之鮮明，在在流露其所憧憬者。然而不只此也，內亂外禍，輒相作用，故滿洲之侵略爲晚明加賦主因。夏允彝幸存錄曰：『嗟乎！寇之發難以何事起？天下嗷嗷，皆以加賦之故，然而加賦於何年，皆以東夷發難也。』[6]叛亂羣衆，當亦知之，而自成與思宗謀妥協，有『以勁兵助制遼藩』[7]語。是於國難所在，認識甚明。其後抗滿反吳，大戰者五，小戰數十，雖不幸敗北，而部下終歸南明。且自成部曲歸明者，視獻忠部曲戰略固未足擬，然秉心純固，亦未有如孫可望之反覆者。蓋歷經抗戰，民族意識極爲發達。故李自成叛亂於貧農革命之性質而外，兼有民族解放之意義存焉。

註一　老子道德經七十七章

註二　春秋繁露

註三　新唐書一一八楊炎傳

註四　淮海集卷十七論盜賊

註五　明史二四一汪應蛟傳

註六　幸存錄下東夷大略（中國內亂外禍歷史叢書 17/53）

註七　見本文崇禎自縊

二　一般對流寇之心理

李自成叛亂之性質既如上述，進而論其致敗之由。自陝史方面觀之，中國貧農革命，鮮有成功。第一，貧農革命常具兩種特點：一為異端之信仰，一為求本身之福利。而此二者皆為二千年來地主士大夫所深痛惡絕。同時彼輩於此長期停滯社會中根深蒂固。故貧農革命為少數野心家利用，以行改朝換代故事則可，求其始終如一目的不變之成功，則決不可能也。自成異端色彩，不甚顯明，且亦推崇孔子者。過米脂時囑縣令修文廟[1]，軍餘嘗讀孔子書，然要而言之，自成得之孔子者，曰『均平』，曰『見危授命』，而在讀性理大全做八股之明士大夫視之，則固異端也。代表貧農之自成，其思想樸素，其信念簡單，故讀孔子書易得其眞，而士大夫輩其習孔氏者也，蓋『敲門磚』耳。自成雖極力妥協士大夫以減少阻力，究不能眞誠合作，及自成之敗，武將降南明，文臣則不知下落矣。而自成於貧農要求復不放棄，此於自成軍力不逮處，所置官吏，輙為當地士紳所殺逐，可為明証。查繼佐論自成以失之『燥急』[2]。士大夫心理可以見矣。

第二，則領袖之腐化及其內訌。自成持身頗儉，而其他領袖入京師後，多得意忘形，牛金星則『大轎門棍灑金扇，上貼「內閣」二字，玉帶藍袍圓領，往來拜客，遍請同鄉。』[3]劉宗敏等將則驕橫非常，肆意耽樂，甚至士兵懷金，亦少鬬志，故抗滿第一戰即遭大敗。至牛金星讒殺李巖，則尤自壞棟梁，減損實力，以巖之聲望而言，則使部衆離心，殆為事實。

第三，則滿清及漢奸吳三桂之巧妙宣傳，最致自成之死命。吳三桂者，實降滿清，而其傍文檄文，則仍假借名義，云是借兵復仇，當時人士，多為蒙蔽。有明名賢遺翰有楊廷麟札云：

> 外間傳聞薊遼督鎮引番漢兵，已至通州，克服神京，逆寇西走，此至德之功再見今日。使人人如此，何愁闖獻之不殄乎[4]？

而南京福王政府，亦以吳三桂討賊復仇，晉封薊國公，遣使運米銀犒之，三桂弗受，且再勞之[5]。使臣陳洪範於北使紀略謂：『此由關議第知吳三桂借名逐寇，不知夷踪都僭號，猖獗如此[6]。』幸存錄曰：

> 滿洲人妥然以為得都城於李自成，非得之明，傳檄三秦，迅掃秦晉，既得河北，復取江南，一時迎降恐後者，以為李自成為先帝之仇，滿洲為我滅寇，非我仇也[7]。

故士大夫地主之流，皆不知『君臣之義固重，而更有大於此者，所謂大於此者何耶？以其攘夷狄救中國於披髮左衽也。』而滿洲人者，更肆意宣傳所謂新朝八政：一曰求賢，二曰薄稅，三曰定刑，四曰除姦，五曰銷兵，六曰隨俗，七曰逐僧，八曰均田。[8] 朱舜水曰：

逆虜乘流寇之訌而陷北京，遂布流言，倡爲均田均役之說，百姓改以貪利之心，妄欲乘機而伸其抑鬱無聊之志，于是同心協力，翹首徯后。[9]

是自成所能給與人者，滿洲亦竊作標榜。於是滿洲新興民族，挾其優強武力，乘其巧妙宣傳，而自成遂沒落矣。

然自成雖敗，其叛亂之影響，則使清人入關，不敢重斂農民。清通典卷七言：

順治元年上諭，前明厲政，莫如加派遼餉。以致民窮盜起。而後加勦餉；再爲各邊抽練，又加練餉。惟此三餉，數倍正供，民無控告，殊可閔惜。自茲以後，一切加派，盡行豁除。如有官吏朦混倍征者，殺無赦。

雖未能立時盡革，然饑者易爲食，渴者易爲飲，和緩農民情緒，削弱民族反感，固已奏效。直至十九世紀中葉，始有太平天國之革命，距自成叛亂，蓋又二百餘年矣。

註一　明史流賊傳

註二　罪惟錄傳三十一張獻忠傳論

註三　甲申傳信錄卷六（中國內亂外禍歷史叢書 12/121）

註四　有明名賢遺翰卷下頁五十九（文淵書局版）

註五　明季稗史初編 26/2南明野史卷上頁六

註六　北使紀略（中國內亂外禍歷史叢書 11/119）

註七　幸存錄

註八　江南聞見錄頁十一

註九　朱舜水集 5/4

美國史書目舉要

齊思和

引言

嘗謂西洋國別史中，就其在西洋文化史上之地位，及其與吾人之關係言之，莫要於英俄美法四國之史。英法諸國史，吾國學者尚知研習；獨美國史各大學設專科者甚少，既設矣習者亦鮮。嘗究其故，蓋一般人皆以為美國史內容太簡單枯燥也。實則此種皮相之見皆以於美國史未嘗深究所致。夫美國之有史，濫觴於新大陸之發現，而開始於英人之向美移民（一六〇六），年代甚近，方之吾國歷史，祇當有清一代。自表面視之，似極簡易。但不知歷史之難易並不繫乎年代之長短。以本國史言之，夏殷綿亙千載，有清年僅三百，然清史之難治，不啻千萬倍於夏殷也。何則？古史書簡缺略，而清史材料太繁也。美國史雖為年不過三百，但盡在近世史範圍之內。其重要史料，上自國家之公文檔案，下至私人之書札記載，大體皆完全存在。論其繁富，殆非他國之所能比擬，搜羅剔刮，初非易事。兼之美國為聯邦政府，各邦皆有其單獨之歷史（尤以建設最早之十三州為甚），其典章制度之變遷，風俗習慣之由來，條理萬千，殊難詳究。又近年以來，美國史學極形發達，關於各方面之著作，日益繁富，辨其得失，尤屬困難。昔人有云：『經學無底，史學無邊』。自昔已然，於今為甚。而一般人患其太易，殆未之深考也。

至謂美國史內容缺乏興趣，亦非盡然。自表面觀之，美國史中無震撼全世之偉大人物，無可歌可泣之大事蹟。其第一流人物如華盛頓林肯等人皆難令人感覺興趣，遠不如睥睨全世之大英雄如拿破崙俾斯麥等人之令人神往，又美國史為一繼續不斷的發展，無特殊能引人注意之事蹟。即其革命與內戰，方之英國之內戰，法國革命，論其可歌可泣，亦遠遜弗如。故謂美國史為無趣味，似非無據。不過現代史學已由歷史之變態而注重其常態。研究之對像，不在非常之人與非常之事而在普通人之日常生活。美國史中之非常人物與非常事蹟雖不足與歐洲相比擬，若舍其變而觀其常，研考西方文化在新大陸之移植與發展，其興趣絕不在人物戰爭之下，而其重要且遠過之矣。

抑尤有進者，夫吾人研究西洋史之目的，大則在比較中西文化之異同以便於吾國文化更得一深刻之了解，小之在研究列國對吾國之外交政策以求應付之方案，固不得比於閱讀小說純以興趣爲主。現代西洋文明最重要之特色爲科學的技術文明，此種文明淵源於西洋之科學思想，發皇於工業革命。然在歐洲尙以階級思想，宗教觀念，傳統習慣以及其他舊勢力之束縛，猶未得發達盡致。而在新大陸，則一切舊勢力之束縛皆不存在，物質文明遂得發揮至於極點。美國一當代著名史家至以其國文明爲商人文明 (J. T. Adams, *Our Business Civilization: Some Aspect of American Culture.* New york, 1930) 此乃工業革命之自然結果，其優劣得失固另一問題也。現歐洲諸國逐漸衰微，美國自大戰以後一躍而爲世界第一富國強國，其根本原因全在於是。故現今美國已成西洋文明之代表，此不特美國人以此自居，即歐洲人亦所承認（晉美名史家 Charles A. Beard 之 *The Rise of American Civilization* [New York.1930], G. L. Dickinson, *Letters from a Chinese Official* [American edition, New York. 1925] 荀卿有言：『欲觀聖王之跡則于其粲然者矣』。美國文明，西方文明之粲然者也。欲了解西方文明之現狀，及其將來之趨勢，固須於美國史加以充份研究矣。

復次：美國與吾人之關係極爲密切。中美兩國雖遠隔重洋，但以現今交通之便利，海洋變爲橋樑，中美成爲鄰國。在外交方面，近年來美國已成太平洋重要強權之一，其一舉一動，關係於吾國者至鉅，在經濟方面，近年來我國之出入口貿易，美國皆居第一位，其與吾人經濟生活關係之重要可以想見。在文化方面，近年來吾國維新事業，受美國之影響獨深。美國前國務卿斯蒂生 (H. L. Stimson) 於其所著遠東之危機中謂其國在華利益不僅關於商務，百年來美國在華之宣教事業，已根深蒂固，美國關於中國之情報，多得自宗教家之口。而中國留美學生歸國後於中國建設事業，貢獻甚大。此皆美國之所極注意者。故美人對於吾人之注意，非徒由於經濟關係云云。(*The Far Eastern Crisis* [New york. 1936], p.153-155) 此係實情，非徒外交辭令。是故吾人如欲了解西方文化，研究中國外交，於美國史有深切注意之必要，固不得誤以其簡短無謂而忽視之也。現今中國歷史文化之研究，在美已蔚爲一時風尙，而吾人之於美國情形，往往尙缺乏常識，思之可愧！來者可追，吾於後之學者望之矣。

雖然，美國史籍，連屋累架，翻閱難周，研討非易，初學之士，覺得門徑。余旣撰英國史書目舉要（載本刊第二卷第三期）乃更就美國史籍擇其最要而爲初學所當知者若干種，略加說明，明其緩急，以備有志美國史者參考焉。

通史第一

甲：入門書籍　治史必先治通史，所以略知全史輪廓，以便趨於專門窄狹研究也。美國以大學教育發達，大學教本佳著極多。其中最佳而最風行者爲 Arthur Mier Schlesinger 與 Homer Carey Hockett 所合著之 *Political and Social Growth of the United States* (2 Vols. New York, 1934)。是書分上下兩册，前卷起一四九二迄一八五二，Hockett 撰。後卷起 1852 迄一九三三，Schlesinger 撰。初刊於一九二五年，名 *Political and Social History of the United States*，此則其改訂本也。Schlesinger 教授爲當今美國史學最高權威。所著如 *Colonial Merchants of the American Revolution*，*The Rise of the City*（詳下）諸書，皆精深博洽，爲美國史闢一新途徑。其論史以爲史當包括人類之全部行動，尤應注意於尋常人之日常生活。在哈佛大學主講美國社會史，號爲是學大師。余於美國史之粗有所窺，亦以先生之啓迪爲多。飲水思源，彌增感念。Hockett 現任 Ohio 大學教授，專究美國西部史，爲 Turner 一派學者。是書以社會史家之眼光寫成，政治之外，兼重社會經濟、學術思想等要素。前册爲 Hockett 著，內容應有盡有，而文筆略嫌卑弱。後册爲 Schlesinger 先生著，文筆廉悍遒勁，敍述奕奕生動。至其以政治解釋社會，以社會解釋政治，將社會政治史融會貫通，冶爲一爐，以研究各種社會勢力之相互關係，尤足爲社會史之絕好模範。論其獨斷別裁，實是一專家著述，固不得以平常大學教本視之也。全書每章後皆附參考書目，後册網羅尤廣，品題尤精，足爲欲加深究者之參考。最近 Harold Underwood Faulkner 所著之 *American Political and Social History* (New York, 1937)，亦冶政治社會史於一爐，較前書體具而微，然全書一册，定價較廉，購置較便。Samuel Eliot Morison 教授與 Henry Steele Commager 合著之 *The Growth of the American Republic* (New York, 1930) 爲 Morison 教授 *The Oxford History of the United States* (2 vols. Oxford, 1927) 之改訂本。Morison 現任美國哈佛大學教授，爲美國殖民地時代史重要權威。牛津美國史爲其在英任牛津大學教授時所著，取材廣博，文章優美，風行一時。惟是書專爲英人說法，不適於他國人之用。後應出版家之請，重加編纂，並邀 Commager 爲之助，遂成今本焉。是書起自革命之始起（一七六○）迄於美國之參加歐戰（一九一七）。內容政治之外，亦兼重社會經濟、學術思想等因素。於軍事外交描寫尤多，文章極工，沁人心脾。惟其書所假定之讀者程度略高，讀者對美國須略具常識。與此書性質相類者為 David S. Muzzey 之 *American History for Colleges* (Boston, 1933)。此書亦始於革命(首章略述殖民地時代背景)而迄於最近。編製體例略同 Schlesinger 之書，而價值遠不逮。較舊之課本，應用最廣者為 John S. Bassett, *A Short History of the United States, 1492-1920* (Rev.ed., New york, 1921)。其書但注重政治軍事而忽略社會經濟，又但述事實而甚少解釋。然美國史上之重要事項，大略具在，頗便初學之翻檢。

此外又有數人合撰之簡易通史。其中編製最早而最負盛名者為前哈佛大學教授 Albert Bushnell Hart 所主編之 *Epochs of American History* (Boston, 1893-1926)，全書共分四小冊，俱由專家撰述。子目如下：

1. Marcus Wilson Jernegan. *The American Colonies 1492-1750.*
2. A. B. Hart, *Formation of the Union, 1750-1829.*
3. Woodrow Wilson, *Division and Reunion, 1829-1889*
4. John S. Bassett. *Expansion and Reform, 1889-1926*

是書風行四十餘年，各書皆已歷數十版。現第一冊已另由人改編(改為 Thwaites 氏著)，第二冊由著者完全重寫，又編第四冊，以便加入最近研究之結果與最近之事實。惟第三冊以其出自一代偉人之手，故仍保存其原來面目焉。各書皆首列參考書目(所列各書皆詳加按語，並分列重要補編，小圖書館，大圖書館關於此學應備之書，極便有志此學者及圖書館之選購。蓋是書初成時，美國各大學圖書館規模猶小，收藏不富，此等指導，極為有用。我國各圖書館所藏之西文書，其數量與吾人之理想相去猶遠，選購整套，殊有專家指導之必要，此種體例，極足取法。本文之作，除供有志是學者參考外，區區之志，亦在於是也。)每章前又列參考書目，示取材所自，末附地圖，以備考查。條理清晰，敘述詳明，極便於初學。其所以風行四十年，至今猶傳誦不衰者，非無故矣。

與此書性質相類者為 William E. Dodd 所主編之 *Riverside History of the United States* (Boston, 1915)，全書亦分四小冊，子目如下：

1. Carl L. Becker, *The Beginnings of the American People.*
2. Allen Johnson, *Union and Democracy.*
3. William E. Dodd, *Expansion and Conflict.*
4. Frederick L. Paxon, *Recent History of United States.*

第一冊起美洲之發現迄革命之終(一四九二至一七八三)，

第二册起合衆國之成立迄 John Quicy Adams 任期之終（一七八三至一八二七），第三册起 Andrew Jackson 任期之始迄內戰之完結（一八二九至一八六五），第四册起改造時代迄大戰之起（一八六五至一九一四）。是書字數略與 Hart 所主編者相同，而內容則絕異。前書為學校教本，故不厭求詳，後書為一般人說法，故以議論解釋為主。前書代表關於美國史之通常見解，而後書則依西南兩部人之眼光。條理不如前書清晰，而文章優美，創獲甚多。第一第三兩册尤佳。雖不便於初學，而極適於美國史略有根底者之誦讀也。

與此書性質相類者為英人所主編 *Home University Library* 中之美國史數册。細目如下：

1. Charles Melean Andrews, *The Colonial Period*. London and New York, 1912.
2. Theodre C. Smith, *The War between England and America*. London and New York, 1914.
3. William MacDonald, *From Jefferson to Lincoln*. London and New York, 1913.
4. Frederick L. Paxon, *The Civil War*. London and New York, 1911.
5. Paul L. Haworth, *Reconstruction and Union*. London and New York, 1913.

第一册起 Virginia 之建立迄革命之起（一六〇七至一七六六），第二册敘革命及一八一二兩戰爭，（一七六六至一八一五），第三册起一八一五迄一八六〇，第三册敘南北內戰（一八五四至一八六五），第四册敘革新至最近之事實。各書體例與此叢他種相同，以解釋議論為主，不重事實，文筆輕鬆，最適於一般人之披讀。第一册出自當代是學最高權威之手，尤為著名。

此外 *Cambridge Modern History* (Cambridge, Kngland, 1903) 第七册專述美國史事，起自英國在美殖民之初，終於一九〇二。為章二十三，由十三人分撰，體例與是書他册相同。執筆者如 Doyle, McMaster, Woodrow Wilson 皆當時著名專家，其他則未足以稱是。其各章既非盡出名家之手，而成書於三十年前，內容已嫌陳舊，故今日用之者已少。以其習見，故亦附及焉。

乙：標準著作　以上皆簡短小書，所以便初學者也。此外尚有規模較大之著作，則所以供專家之參考。皆依據史料，博考詳稽而成，西人謂此類史籍為標準著作 (Standard Works)。其在西洋史籍中之地位，猶吾國之正史。此類著作又可分為一家撰述與衆手合修兩類。一家撰述者莫要於 Edward

Channing 之 *History of the Uenild States* (New York. 1905–1925)。Channing (1856–1931) 爲美國近世史學大師，與 Hart, Turner 爲美國史學三傑，哈佛大學於美國史之著名，即以同時擁有三人之故。三人各有所長，而 Channing 尤爲淹博。氏一生精力皆萃於此書，已成六册，起於美洲之發現（一〇〇〇），終於南北內戰（一八六五）。臨終前第七册已脫稿，第八册亦成大半，但末兩册俱未及修訂而氏遂歸道山，其弟子爲愼審計，決議不發表，是書遂爲不完之作。氏治學用力極勤，而態度最嚴。一生精力除教讀外，皆用於是書。故其取材廣博，網羅繁富，舉凡公家檔册，私人文件，雜誌論文，近人著作，蓋皆已蒐其內容而辨其得失，美國史料，夙稱繁富，俱加研究者，氏一人而已。故其弟子 S. E. Morison 稱其以一人精力，貫穿全史，可謂前無古人，後無來者。(S. E. Morison. Edward "Channing. A Memoir," Massachusetts Historical Society, *Transactions*, 1931. pp. 43–47) 非徒阿其所好也。其書包括美國民族發展之全部，政治軍事之外，舉凡社會經濟之發展，學術思想之升沉，等視並重，皆詳加敘述。各頁下有細注，每章後有書目，詳示取材所自，並評其得失，皆極精湛，誠不朽之作也。有志於美國史者，略得常識後，須於是書，細加鑽究。惟氏本不工文章，而其書於材料之分配又與他書不同，故較爲乾枯難讀，久之方知其妙，而學者亦可以其於書之欣賞，測其所入之深淺。

與 Channing 同時在哈佛大學授美國史而共享史學盛名者爲 Albert Bushnell Hart。兩氏雖以學術相推許，而爲人絕異。Channing 性沈默而 Hart 好交遊。當 Channing 萃力於通史也，Hart 亦有志於是，而思以衆力成之。於是自任主編，網羅專家，分撰各册，遂成 *The American Nation: A History* (28 vols. New York and London. 1904–1918)。一爲專家著述，一爲衆手合修，異曲同工，皆不朽之業也。子目如下：

1. Edward P. Cheyney, *European Background of American History.*
2. Livingston Farrand, *Basis of American History.*
3. Edward G. Bourne, *Spain in America.*
4. Lyon G. Tyler, *England in America.*
5. Charles M. Andrews, *Colonial Self - Government.*
6. Evarts B. Greene, *Provincial America.*
7. Reuben G. Thwaites, *France in America.*
8. George E. Horvard, *Preliminaries of the Revolution.*

9. Claude H. Van Tyne, *The American Revolution.*

10. Andrew C. Melanghlin, *The Confederation and the Constitution.*

11. John S. Bassett, *The Federalist System.*

12. Edward Channing, *The Jeffersonian System.*

13. Kendric C. Babcock, *Rise of American Nationality.*

14. Frederick J. Turner, *Rise of the New West.*

15. William McDanold, *Jacksonian Demccracy.*

16. Albert B. Hart, *Slavery and Abolition.*

17. George P. Garrison, *Westward Extension.*

18. Theodre C. Smith, *Parties and Slavery.*

19. French E. Chaderick, *Causes of the Civil War.*

20. James K. Hosmer, *The Appeal to Arms.*

21. James K. Hosmer, *Outcome of the Civil War.*

22. William A. Dunning, *Reconstruction, Political, and, Economic.*

23. Edwin E. Sparks, *National Development.*

24. Davis R. Dewey, *National Problems.*

25. John H. Latané, *America as a World Power.*

26. Albert B. Hart, *National Ideals Historically Traced.*

27. Frederic A. Ogg, *National Progress.*

28. David M. Matteson, *Index to the Series.*

是書起自發現美洲之背境（一三〇〇），迄於美國參加歐戰。全書共廿八冊，執筆者凡二十五人，皆當時著名專家。內容以政治，憲法為主，兼涉社會經濟之發展。每冊末皆附有清晰之地圖及詳盡之參考書目，最為有用。美國史中之重要事蹟，大略俱在。誠最詳備之通史，學者所必須參考者也。

繼 Hart 之書而起者為耶魯大學教授 Allen Johnson 所主編之 Chronicles of America (50 vols. New Haven. 1918–1921)，全書共五十冊，執筆共三十五人。子目如下：

1. Ellsworth Huntington, The *Red Man's Continent.*

2. Trving B. Richman, *The Spanish Conquerors.*

3. william Wood, *Elizabethan Sea-Dogs.*

4. William B. Munro, *Crusaders of New France.*

5. Mary Johnston, *Pioneers of the Old South.*

6. Charles M. Andrews, *The Fathers of New England.*

7. Maud W. Goodwin, *Dutch and English on the Hudson.*

8. Sydney G. Fisher, *The Quaker Colonies.*

9. Charles M. Andrews, *Colonial Folkways.*

10. George M. Wrong, *The Conquest of New Frace.*

11 Carl Becker, *The Eve of the Revolution.*

12. George M. Wrong, *Washington and his Comrades in Arms.*

13. Max Farrand, *The Fathers of the Constitutions.*

14. Henry Jones Ford, *Washington and his Colleques.*

15. Allen Johnson, *Jefferson and his Colleques.*

16. Edward S. Corwin, *John Marshal and the Constitution.*

17. Ralph D. Paine, *The Fight for a Free Sea.*

18. Constance L. Skinner, *Pioneers of the Old Southwest.*

19. Frederic A. Ogg, *The Old Northwest.*

20. Frederic A. Ogg, *The Reign of Andrew Jackson.*

21. Archer B. Hulbert, *The Paths of Inland Commerce.*

22. Constance L. Skinner, *Adventurers of Oregon.*

23. Herbert E. Bolton, *The Spanish Borderlands.*

24. Nathaniel W. Stephenson, *Texas and the Mexican War.*

25. Stewart E. White, *The Forty-Niners.*

26. Emerson Hough, *The Passing of the Frontier.*

27. William E. Dodd, *The Cotton Kingdom.*

28. Jesse Macy, *The Anti-Slavery Crusade.*

29. Nathaniel W. Stephenson, *Abraham Lincoln and the Union.*

30. Nathaniel W. Stephenson, *The Day of the Confederacy.*

31. Willam Wood, *Captains of the Civil War.*

32. Walter L. Fleming, *The Sequel of Appomattox.*

33. Edwin E. Slosson, *The American Spirit in Education.*

34. Bliss Perry, *The American Spirit in Literature.*

35. Samuel P. Orth, *Our Foreigners.*

36. Ralph D. Paine, *The Old Merchant Marine.*

37. Holland Thompson, *The Age of Invention.*

38. John Moody, *The Railroad Builders.*

39. Burton J. Hendrick, *The Age of Big Business.*

40. Samuel P. Orth, *The Armies of Labor.*

41. John Moody, *The Masters of Capital.*

42. Holland Thompson, *The New South.*

43. Samuel P. Orth, *The Boss and the Machine.*

44. Henry J. Ford. *The Cleveland Era.*
45. Solon J. Buck. *The Agrarian Crusade.*
46. Carl R. Fish. *The Path of Empire.*
47. Harold Howland. *Theodore Roosevelt.*
48. Charles Seymour. *Woodrow Wilson and the World War.*
49. Oscar D. Skelton. *The Canadian Dominaion.*
50. William R. Shepherd. *The Hispanic Nations of the New World.*

是書編纂體例，大略與前書相同，而所涉之範圍則遠爲廣闊。非惟政治，軍事，外交，經濟，社會，教育，文學，勞工等方面，皆已論及，即與美國最有關之邦國，如加納大，南美諸國，亦皆敘入。惟前書之目的在供學者參考，而此書則以通俗爲主。故書目既遠不如前書之詳盡，撰述亦不及前書之謹嚴。執筆者造詣不一，各册之價值相去甚遠。雖文筆輕鬆，宜於一般人之披覽，語其學術上之價值，究不能與前書相提並論矣。

分期史第二

美國史之分期，學者間主張不一，大略言之，可分爲五大時期：自美洲之發現至革命之初起（一四九二至一七六〇）爲殖民地時代，自革命之初起至憲法之完成（一七六〇至一七八三）爲革命時代，自合衆國之成立迄於內戰之完結（一七八三至一八六五）爲發展時代，自內戰之完結至美西戰爭（一八六五至一八九九）爲經濟革命時期，自美西戰爭至現在（一八九九至現在）爲帝國主義時代。關於各期之史蹟，皆有重要之著作，略舉之如下：

甲：殖民地時代　殖民地時代史最佳之課本除 Jernegan, *The American Colonies*（見前）外，爲 Oliver P. Chiwood, *A History of Colonial America* (New York, 1931)。是書於殖民地時代之各方面，皆有極扼要之敘述，附列參考書目，亦頗詳盡。雖鮮創獲，然頗便初學。

當代對於殖民地時代之最高權威爲耶魯大學教授 Charles M. Andrews。氏於此時期之研究最大之貢獻在一反舊日史家如 George Bancroft 等之偏私見解，而以美國之觀點治此時之歷史，以爲最初之十三殖民地不過英國在北美殖民地之一部，非將英國海外殖民問題作一整個的觀察，於美國初期之歷史不易得公正之見解。故氏特別注意英國之殖民政策，及母國與殖民地之關係。殖民地時代之問題既置於適當背景之中，比較公正之見解乃始可得。氏著述等身，爲是學闢一新途徑，成就後學尤衆。晚年綜其一生研究所得，著成殖民地時

代通史 *The Colonial Period of American History* (2 vols. New Haven, 1935-1936. In progress) 全書預定四冊，首三冊述十三殖民地之建置，後一冊述母國與殖民地之關係。現已成兩冊，其特別注意之點爲英國之帝國政策，統制之機構，母國與殖民地之關係，與夫十三州殖民地內部政治憲法之發展，自敘所謂『自英國方面研究此問題也』(Vol. I, p. xi)。

與此書適成對比者爲已故哥崙比亞大學教授 Herbert L. Osgood 所著之 *American Colonies in the Seventeenth Century* (3 vols. New York, 1904-1907)。前兩冊述最初十三殖民地建置經過，後一冊述母國與殖民地之關係及帝國統治方法，內容以政治法律與章制度爲主。搜羅宏富，態度公允，爲一重要著作。此書成後，氏復鼓其餘勇，編述十八世紀殖民地時代史，書垂成而歿，其弟子 Dixon R. Fox 爲編訂刊佈之，命曰 *American Colonies in the Eighteenth Century* (4 vols. New York, 1924-1925)，起自一六八九，終於革命之起（一七六三），體例內容，大致與前書相同，兩冊合讀，於殖民地時代可得一完整之敘述矣。

以上皆殖民地時代之通史，以下略舉其專論此時代之一方面者，關於美洲之發現，傳誦最廣之書爲 John Fiske, *The Discovery of America* (2 vols. Boston, 1892)。Fiske 本工文章，善敘事，其書雖多憑藉前人成績，殊少創獲，且間有偏謬失實之處，然敘述美妙，引人入勝，宜其紙貴一時也。

關於哥崙布之著作多矣，然大都皆憑藉傳說，肆其穿鑿，致此大航海家之生平幾成神話。近年來懷疑派興，又往往吹求太過，致哥氏之生地，亦成問題。異說紛紛，不可董理。求其稍平允者，仍推 Henry Vignaud 之 *Étude critiques sur la Vie de Colomb avant ses descouvertes* (Paris, 1905) 與其 *Histoire Critique de La enterprise de Christophe Colombe.* (2 vols. Paris, 1911)。前書考證哥崙布之家世，幼年所受之教育，及其在葡萄牙之遭遇。後書考証哥崙布發現美洲之動機，知識之來源，及其登岸之地點。Vignaud 與 Henry Harrisse（亦法人）皆以一生精力研究哥崙布之事蹟，而 Vignaud 尤爲謹嚴，此書既出，前書俱可廢矣。

西班牙在北美之事蹟，大略已具於 Bourne 之 *Spain in America* (*American Nation Series*. 見前)。繼西班牙拓地北美與英國角逐者爲法國。法國在北美之活動爲十九世紀美國大史家 Francis Parkman (1823-1893) 一生研究之目標。其全集中之尤要者爲以下各冊 (Parkman's Works. 12 vols. Boston. 1893-centenary ed., 18 vols. Boston, 1922. 紀念版)：

1. *Pioneers of France in the New World.*

3. *La Salle and the Discovery of the Great West.*

6–7. *Half Century of Conflict.*

8–9. *Montcalm and Wolfe.*

Parkman 殆爲美國有史以來最偉大之史家。其成諸書也，不惟遍搜美國之檔案，並遨遊新大陸搜求史料，身歷所述各地以察山川形勢，咨訪父老傳說，並交結紅人，察其習俗。其所憑藉者既極廣博，而又工文章，善敍事，其著作非惟爲史學傑著，亦文學上乘。宜其書成數十年而傳誦不綴矣。

關於殖民地時代之政治機構 L. W. Labaree, *Royal Government in America* (New Haven, 1930)，敍述最精。至於殖民地時代生活之各方面，可於 Alice Morse Earle 所著 *Colonial Dames and Goodwives* (Boston, 1895), *Customs and Fashions in Old New England* (New York, 1896), *Stage Coach and Tavern Days* (New York, 1901) 等書得之。

乙：革命時代　美國革命之原因甚多，且由來已久，絕非一朝一夕之故。研究者主張不一，要皆不免有所偏。綜合衆說，加以折衷者爲 Charles H. Van Tyne 之 *Causes of the War of Independence.* (Boston, 1922)。作者以一生精力研究美國革命，誠爲是學大師，晚年擬綜合所得，撰成通史，惜僅成兩册，遽歸道山，此其首册也。其書網羅三十年來學者於此問題研究之成績，益以作者自己之探獲，搜集頗爲詳備，態度亦極公允，爲是學入門要籍。H. E. Egerton 之 *Causes and Character of the American Revolution* (Oxford, 1923) 可代表現代英國學者對此問題之態度。作者於英國殖民政策史研究最深，此書汎論美國革命之原因及其性質，於美國人之見解有所駁辨，文筆凝鍊，引人深思。美國革命最重要之原因，自爲英國對於殖民地之經濟政策，研究此問題最深者爲 George L. Beer 所著之 *Commercial Policy of England Toward the American Colonies* (Washington, 1893), *Origins of the British Colonial System* 1574–1660 (New York 1908), *Old Colonial System, 1660–1754* (2 vols. New York, 1912), British Colonial Policy, 1754–1765 (New York, 1907) 著者以一生精力研究英國之殖民地政策，結論以爲英國之政策實係以全帝國之利益爲主，而殖民地不了解此政策爲雙方利益，但享利權而不願盡義務，遂發生重大誤會，一反前人偏私之論，實爲是美國革命之研究一劃新時代。氏雖美人，實用英人之眼光，取材亦大抵以英國之檔册爲主。Arthur M. Schlesinger 更就美洲商人對於英國政策之反應作一縝密之探討，成 *Colonial Merchants and the American Revolution, 1763–1776* (New York, 1918) 一書，遂爲是學又闢一新途徑。Charles

M. Andrews 集其論文四篇，成 *Colonial Background of the American Revolution*(New Haven, 1924)亦自英帝國之觀點著論，而範圍較 Beer 爲廣。自來研究美國革命史者皆注全力於十三殖民地，自 Turner 倡邊疆重要論，西部史之研究，三十年來蔚爲一時風尚。Clarence W. Alvord 成 *Mississippi Valley in British Politics* (2 vols., Cleveland, 1917)，證明西部問題在美國革命中之重要，爲是學又闢一新塗徑。近年來研究美國革命者率注重經濟社會等因素，漸忽略當日辯難最烈之憲法問題。哈佛大學教授Charles H. Mellwain, 爲美國研究英國憲法史之最高權威，於革命之憲法問題重加研究，成 *American Constitution, a Constitutional Study*(New York, 1923)一書，依據歷史前例，證明美國革命領袖所力爭之美國在國會中無代表之說，確有根據，爲關於此問題最重要之著作。

關於革命之經過，最重要之著作爲英國十九世紀末年大史家 Sir George Otto Trevelyan 之 *American Revolution* (New ed, 6 vols. London and New York, 1912–1914)。是書搜羅宏富，而文筆娟秀清妙，沁人心脾，爲一極負盛名之作，亦治西洋史者所不可不讀之書。惜作者之政治偏見太深，於當時英政府詆毀太過，將此事件全歸罪於喬治第三及當時之守舊黨，而忽略其他因素。美國舊日之革命史，如 George Bancraft, *History of the America*(Author's last revision. 6 vols New York, 1883–1885), John Fiske, *The American Revolution* (Boston, 1891)，皆出於愛國家之筆，以此次革命爲自由與專制之戰，其罪皆在英國，亦失之偏私。今去革命已百六十年，兩國人士之態度逐漸冷靜，信史宜出矣。現今美人所作之革命史，如 Sydney G. Fisher, *Struggle For American Independence* (2 vols. Philadelphia & London, 1908)，不惟於英國當時政府，即於美國當時之守舊黨，態度亦較公允也。

革命運動既啟，各州紛紛獨立，另組政府，英國在美洲之政權逐漸消滅。至一七七六 Virginia 首先通過憲法，諸洲繼之，至一七八三聯邦憲法成立之時，各州大致已有憲法，故革命運動立憲運動，實由各州而及中央，其中經過，前人較少注意。Allan Nevins, *American States during and after the Revolution, 1775–1789*(New York, 1924)足可彌補此種缺欠。

關於憲法之成立著作多矣。成書最近而最簡要者爲 Max Ferrand, *Framing of the Constitution of the United Stetes*(New Haven, 1913), 與 Robert L. Schuyler, *Constitutino of the United States* (New York, 1923)，前書考證精詳，後書偏於詮釋，所釋較廣。Charles A. Beard, *Economic Interpretation* of the Constitution of the United States (New York, 1913)，獨闢蹊徑，以經濟史觀之眼光，應用統計方法研究美國憲法之成立。

丙：發展時代　通述發展時代最重要之著作爲 John B. McMaster, *History of the United States, From the United State Revolution to the Civil War.* (8 vols. New York, 1883-1913)。作者爲美國近世史學大師，其書以『人民』爲主，不專重政治，爲現代社會史學之開山。其重要史料爲當日之報紙，亦爲史學闢一新途徑。文筆沉酣酒勁，引人入勝。惟此書重在搜集事實而缺乏解釋，而其所搜集者亦多係虛浮表面之事，而忽略重要社會勢力。現今新書日出，讀之者遂日少矣。

Henry Adams, *History of the United States of America* (9 vols. New York, 1889-1891. New Print, 3 vols. New York, 1929, 較易得）專述 Jefferson, Madison 兩人執政時代 (1800-1816) 之歷史。著者與 McMaster 同爲美國近世史學大師，而出身華貴，見聞廣博，其學識經驗，遠在 McMaster 之上，故其聲譽較 McMaster 爲隆，影響亦較大。氏之成此書，官私文作，國外檔册，有關者大抵皆已搜羅，而文筆淒涼蒼楚，解釋幽邃玄遠，爲美國史學界一重要貢獻。

關於南北內戰時代最重要之著作爲 James F. Rhodes, *History of the United States from the Compromise of 1850 to the Final Restoration of Home Rule of the South in 1877* (9 vols. New York, 1893-1922)。此書搜羅廣博，態度公允，爲對於此時代最偉大之著作。惟近年來，於此時代研究者日多，發現其錯誤不少，其內容已略嫌陳舊，須與 Channing（見前）第六册參讀。

丁：經濟革命時代　一八六五年前美國大體約爲農業社會。自一八六五後，美國遂工業化，而奠立現代美國之基礎。以其變化之驟，影響之劇，史至目之爲經濟革命。一九〇二年美國工業委員會報告書中有云：『在許多方面，自一八六五年以來之變遷與進步直較前此整人類歷史中之變遷進步爲大。』此種過程，今日方在進展，猶未已也。關於美國自一八六五年以來之歷史，普通大學課本甚多，最近出版而內容亦最佳者爲 L. M. Hacker and B. B. Kendruck. *The United States Since 1865* (1932, rev. ed., New York, 1934)，內容較舊日之課本爲豐富。此外 Charles R. Lingley, *Since the Civil War* (Rev. by A. R. Foley, New York, 1936) 內容以政治史，簡明清晰，亦便初學。作者已故，近經 Foley 續書最近，益便讀者。

至於大規模之著作，以 Ellis P. Oberhotzer, *A History of the United States Since the Civil War* (5 vols., New York, 1917–1937) 爲最著。此書之作，蓋在續 McMaster，搜羅廣博，文采駿利，足以踵繼前史。其內容政治社會並重，取材多自報章，亦與 McMaster 相同。惟作者南方成見太深，態度每欠公允，網羅雖富，而擇別不嚴。猶未能令人完全滿意，信史之成，其尚有待乎？

戊：帝國主義時代　美國自開國以來，孤立新陸，與外界關係較少。自經濟革命以來，遂由農業而變爲工商業社會，由經濟自足而變爲大量生產。國內既已成資本主義的社會，勢必向外傾銷貨品，擴張其政治經濟勢力，孤立政策遂不能存在。美西一戰，合衆國一躍而爲世界強權，大戰既終，美國一躍而執世界之牛耳。史家稱此時代爲機器時代，又稱之爲帝國主義時代，蓋由其觀點之不同也。

史至最近而最要，然亦爲最近而最難。史料太繁，不易整理，一也。身處其中，不易論定，二也。美國史名著關於內戰後者已甚少，至於最近，除學校課本，或通俗讀物外，尚無標準之著作。其中規模最大者爲新聞記者 Mark Sullivan 之 *Our Times, 1900–1925* (6 vols. New York, 1926–1935)。此書主旨在使一般讀者對於當時之空氣得一活動的印像，而非正式著作。文字輕鬆，插圖極富，雖可取悅於一般讀者，究未免失之瑣雜。與此書性質相同而規模較小者爲F. L. Allen, *Only Yesterday* (New York, 1931)。亦以輕鬆之筆墨敘述戰後美國之社會，間雜軼聞瑣事，極饒興趣，但亦非正式史書。

至於學校課本，以 P. W. Slosson, *The Recent years: A History of America Since 1914* (New York, 1930) 爲最佳。其書以政治爲主，亦略及社會狀況。與此書同時出版者，爲 J. C. Malin, *The United States after the World War* (Boston, 1930)，則純以政治爲主。André Seigfried, *America Comes of Age* (New York, 1927)，則偏重解釋，可代表歐洲人對於現代美國文化之觀察。

自一九二九年來，世界發生空前之經濟恐慌，影響遍於全世。Franklin D. Roosevelt 總統就職於危難之際，力圖挽回頹運，遂施行所謂『新猷』New Deal，於工商企業，實行統制，美國傳統之自由主義遂受一極大之打擊。此美國最近極重要之事件也。其成效今尚難估計，其得失是非，尚在辯論之中，是以關於此問題之著作，鮮能擺脫作者之主觀。其較平允者爲 B. K. Lingley, *The Roosevelt Revolution* (New York, 1934)。

地方史第三

美國幅員廣闊，各部風土產物，彼此相去甚遠。地方間之衝突影響於政黨之離合與夫政治之發展者甚鉅。一八一二年戰爭期間 New England 之獨立運動，一八三二——一八三三年間 South Carolina 之獨立運動，以及一八六〇——一八六五年間之南北戰爭，其尤著者也。自經濟革命以來，國內各部間之交通加密，地方間之隔膜遂減。然各部經濟利益之衝突，歷史上之地方偏見，至今猶未完全破除。如南部之擁護民主黨，太平洋岸之擁護白銀政策，東北部之呼籲提高關稅，其最顯然者也。故地方間之偏見(Sectionalism)為美國歷史一重要因素，Turner 論之詳矣（參看 Frederick J. Turner, *The Significance of Sections in American History*. New Yoak, 1932）。且美國為聯邦政府，各邦在理論上，皆係有主權之國家，至少對內絕對自由。自經濟革命以來，邦間之各關係日密，中央之權漸伸。但各邦之勢力仍極大，美國重要改革往往先自各邦而起。故治美國史絕不可忽略各邦之歷史。近年來各邦慶祝成立紀念，往往延聘專家，合力修史，猶吾國昔日之修志。此外私人著述亦多。惟吾國人於美國史既少興趣，各邦之史益難引起注意。今僅就其最要者舉一二種著之於篇。

美國各邦之最先成立者為 Virginia。是州建置由來，Thomas J. Wertenbaker, *Virginia Under the Stuarts* (Princeton, 1914)一書叙述最佳。Philip A. Bruce 則研究其經濟，社會，典章制度，成 *Economic History of Virginia in the Seventeenth Century* (2 vols. New York, 1893). *Social History of Virginia in the Seventeenth Century* (Richmond.1907). *Institutional History in the 17th Century* (12 vols, New York, 1910)三書，網羅最富，為關於十七世紀南部社會最重要之參考書。

關於 New England，最重要之著作為 James T. Adams 之 *The Founding of New England* (Boston, 1921). *Revolutionary New England, 1691–1776* (Boston, 1923) *New England in the Republic, 1776–1850* (Boston, 1926)。此書為美國史學界近年一重要著作。作者以經濟史觀研究新英崙之建立與發展，解釋既極新穎，文筆亦清麗動人，遠勝 Palfrey 枯燥之舊史。惟作者既深信經濟史觀，於新英崙清徒運動又持批評態度，遂不免遭是區人之反感焉。

自來美國史籍多出自 Cambridge（哈佛大學所在地）人士之手，自 Bancraft, Parkman 以至最近 Fiske, Adams, Channing, Hart, 皆出身哈佛者也。其弊在彼等往往宥於見聞，眼光鮮出濱海區之外。自 Frederick T. Turner（氏為美國中西部 Wisconsin 人，先在其州大學任教，晚年始主講哈佛）著文論邊區在美國史上之重要（後集其論文為 *Frontier in American History* [New York, 1920]）

會）遂在美國史學界創一新運動，西向運動（Westword Movement）之研究蔚爲一時風尚。三十年關於西部史之專著與論文多矣。將其成績綜爲一書者，爲 Frederic L. Paxon, *History of the American Frontier*（Boston, 1924），此書起自革命之起，迄於一八九三，敍述美國民族自大西洋岸發展至太平洋岸之經過，並研究此種運動在美國歷史上所發生之影響。簡要明白，爲是學入門佳著。其 *The Last American Frontier*（New York, 1910）則專述自米西西比河向太平洋發展之經過，範圍略窄而事實較詳。Katharine Coman, *Economic Beginning of the Far West*（New York, 1912）則專重經濟方面，亦可參考。

專史第四

甲：文化史　自十九世紀末葉德國史家以文化史（Kulrtur Geschichte）唱導天下，學者靡然嚮風，自 James H. Robinson 以新史學倡於美國，文化史之研究在美遂蔚爲一時風氣，舊日窄狹之政治史，遂漸絕跡。關於美國文化史最負盛名之傑作爲 Charles A. and Mary R. Beard 夫婦所合著之 *The Rise of American Civilization*（2 vols. 1927. Rev. ed., 2 vols in 1, New York, 1935.）。此書以經濟史觀解釋美國文化之發展，治政治外交社會經濟學術思想於一鑪。文筆沉暢淋漓，解釋犀利銳快，誠爲美國史學一重要貢獻，學者所必究者也。

較此書規模尤大者，爲其弟子 Arthur M. Schlesinger Dixon R. Fox 二人所主編之 *A History of American Life*（to be in 12 vols. New York, 1927–. In progress）。全書共十二冊，專述政治外交各方面之發展，舉凡經濟，社會，學術，教育，婦女運動，宗教思想等方面，皆予以充分的敍述，每冊每由專家執筆，實現代美國史學之一大貢獻。全書仍在進行編纂中，其已成者爲以下各冊：

1. Herbert I Priestley, *The Coming of the White Man*（1492–1848）.
2. Thomas J. Wertenbaker, *The First Americans* 1607–1690.
3. James T. Adams, *Provincial Society*（1690–1763）.
6. Carl Russell Fish, *The Rise of the Comman Man*, 1830–1850.
7. Arthur C. Cole, *The Irrepressible Conflict, 1850–1865*
8. Allan Nevins, *The Emergence of Modern America* 1865–1878.
9、Arthur M. Schlesinger, *The Rise of the City*, 1878–1898.

11. Harold U. Faulkner, *The Quest for Social Justice, 1898-1914.*

12. Preston W. Slosson, *The Crusade and After, 1914-1928.*

乙：憲法史　美國實行係成文憲法，其變化不若英國之鉅，研究者遂不若英國之盛，無足與 Stubbs, Maitland 等人之大著作相比擬。所有者惟大學課本而已。（惟一例外爲德人 Von Holt 之憲法史，但此書已陳舊。）最佳之課本爲 Andrew C. McLaughlin, *A Constitutional History of the United States*(New York, 1935)，著者以一生精力研究美國憲法史，爲是學大師。晚年綜合一生研究，著成是書，起於一七五〇迄於一九三三，爲是學入門最佳課本。Charles Warren, *The Supreme Court in the United States*(1922. Rev. ed. 2 vols. Boston, 1922.)爲關於此方面之最高權威。至於美國現今之憲法制度，以 H.McBain, *The Living Constitution* (New York, 1928) 最爲簡明，且多創見。

關於美國之現行政治機構，最偉大之著作爲英國 James Bryce 子爵所著之 *The American Commonwealth* (2 vols. 1888. Later eds.)。作者旅美有年，其待觀察犀利，包括廣博，政治之外，兼論美國風土社會，頗多獨創見解。惟其書成於四十年前，今已嫌陳舊。研究現今美國政府之數本甚多，最佳者爲 William B. Munro, *Government of the United States, National, State, and Local* (1919. 3 rd. rev. ed. New York, 1932)。關於政黨史尚無大規模的著作，Charles A. Beard, *The American Party Battle* (New York, 1928) 爲一簡明之大綱。Charles E. Merriam, *American Party System* (New York, 1922) 則爲一分析的研究。

丙：外交史　關於美國之外交關係亦無足與英國 *Cambridge History of British Foreign Policy* 之大著作相頡抗，所有者大抵爲大學課本。其成書最近者爲 Samuel F. Bemis, *A Diplomatic History of the United States* (New York, 1936)，起一四九二迄一九三六，其書大抵綜合數十年來學者研究之結果，內容頗翔賅。John H. Latané, *History of American Policy* (1927, rev. ed. by D. W. Walghouse, New York, 1934). 亦係著名之作，近經人續書最近，亦可參考。Carl R. Fish, *American* Diplomacy (1915. Rev. ed., New York, 1934) 則成書較早，略嫌陳舊。

至於泛論美國之外交關係之書以 Archibald C. Coolidge, *United States as a World Power* (New York, 1908) 最爲著名。是書爲作者在巴黎大學之講演，泛論美國與世界重要國家（中國亦在內）之外交關係，並闡述美國之重要外交政策——如門羅主義，極爲簡明。雖以其爲在國外講演，不免以外交家之口吻，述外交政策之演進，然主張允當，爲究心美國外交政策者所必讀。此外專研究美國對某一國關係之書亦甚多。關於美與遠東外交關係史，Tyler Dennett, *Americans in Eastern Asia* (New York, 1922)。爲在英文方面關於此問題最詳盡之著作。惟作者之取材既限於美國國務部之檔案，並未應用中日方面之史料，而其評論解釋又純爲華盛頓之觀點，自難望其公允完備。如何依據中國方面資料爲之訂正補苴，則吾國學者之責也。其書迄於一九〇〇，後更撰 *Roosevelt and the Russo-Japanese War* (New York, 1925) 敍至日俄戰爭。John W. Foster, *American Diplomacy in the Orient* (Boston, 1903) 討論之範圍大抵與前書相同，而不及其精滿，且已嫌陳舊。中美關係中一重要問題爲華人向美移民問題。關於此問題 Mary R. Coolidge 女士所著之 *Chinese Immigration* (New York, 1903) 立論最爲公允。惜於中國情形亦有隔膜，甚望國人能加入中國方面資料，著成一書也。H. L. Stimson *The Far Eastern Crisis* (New York, 1936) 敍述美國對『九一八』中日衝突所採之政策，及交涉經過，爲一重要文獻。關於日美關係最重要之著作爲 Payson J. Treat, *Diplomatic Relations Between United States and Japan* (1883–18 5) (2 vols, San Francisco, 1932)，其書大抵據華盛頓國務部之檔案（多係前所未發表者），分年敍述，極爲詳盡。關於華盛頓會議，惟一詳盡之敍述爲 Leslie R. Buell, *The Washington Conference* (New York, 1922)，其書觀察深刻，爲一重要資獻。此外英美外交史最佳者爲 Robert B. Mowat, *Diplomatic Relations of Great Britain and the United States* (London, New York, 1925) 事實多據檔案，但間有錯誤處。William A. Dunning, *British Empire and the United States* (New York, 1914) 足以代表美國方面眼光。關於兩美方面，最重要之著作爲 J. H. Latané, *Diplomatic Relations of the United States and Spanish America* (Baltimore, 1900)。

美國最重要之外交政策爲門羅主義。關於此主義之著作甚多。最簡便者爲 Albert B. Hart, *Monroe Doctrine, an Interpretation* (Boston, 1915)，敍述此主義之歷史，並列舉關於此主義之重要書籍。David Y. Thomas, *One Hundred Years of the Monroe Doctrine, 1823–1923* (New York, 1923) 爲一簡要之歷史。最近關於此問題最重要之著作爲 Dexter Perkins, *The Monroe Doctrine 1823–1923* (Cambridge, U. S. A., 1927) 與其 *The Monroe Doctrine, 1826–1867* (Baltimore, 1933) 搜討廣博，討論入微，作者蓋擬作一新門羅主義史，此其前兩帙耳。全書若成，當為關於門羅主義最詳盡之歷史矣。

丁：經濟社會　美國尚無大規模之經濟史足與英國 Cunningham, Lipson 諸人所作相比擬者。所有關於此方面之著作大都為大學教本。其中最佳者為 Harold U. Faulkner, *American Economic History* (1924. Rev. ed. New York, 1935)。成書較近者，為 Edward C. Kirkland, *A History of American Life* (New York, 1932)，事實較富，然條理不及其清晰。

其中述一方面者，關於財政史 Davis R Dewey, *Financial History of the United States* (1903. 10th. rev. ed., New York, 1928) 為關於此方面惟一之佳著。關於關稅史，Frank W. Taussig. *Tariff History of the United States* (1888. 9th. rev. ed., New York, 19　) 為最高權威。關於勞工問題最著名之著作為 J. R. Commons, ed., *History of Labor in the United States* (2 vols, New York, 1918. Reprint, 1921)。關於黑人勞工問題最佳之書為 Ulrich B. Philips, *American Negro Labor* (New York, 1918)。此書於南北內戰前關於黑奴各方面之問題，討論極為詳盡，態度亦頗公允。其 *Life and Labor in the Old South* (New York, 1913)，足與是書相補充。William E. B. Du Bois, *The Negro* (*Home University Library* New York, 1904)，所涉範圍較廣，可代表黑人之態度。

戊：學術史　美國文學史最簡明之課本為 Barrett Wendell, *Literary History of Amerca* (New York, 1900)。最大之著作為英國劍橋大學所出版，*Cambridge History of American Literature* (4 vols. Cambridge, 1917–1921. Popular ed., 1930) 體例與他種體例相同，係由衆人合纂。Vernon L. Parrington, *Main Currents of American Thought* (3 vols. New York, 1930) 主旨在研究美國思想之發展，文章最工。F. L. Pattee, *A History of American Literature Since 1870* (New York, 1915)，敘一八七〇至一八九〇，二十年間文學之發展。其近著 *The New American Literature* (New York, 1930) 為前書之續。關於新聞學史最佳之著作為 W. G. Bleyer, *Main Current in the History of American Journalism* (Boston, 1927)。

關於教育史，最簡便之課本為 Edward P. Cubberley, *Public Education in the United States* (Boston, 1919)。

關於美術史，Sadakichi Hartmann, *A History of American Art* (2 vols. Boston, 1901)，繪畫之外，兼論雕刻。Suzanne La Fallette, *Art in America* (New York, 1929) 則又

論及建築。其專論音樂者則有 J.T. Horvard 之 *Our American Music* (New York, 1931)，關於戲劇則有 A. H. Quinn, *A History of American Drama From the Civil War to the Present Day* (2 vols. New York, 1927)，俱係一時名著。

關於宗教史，Henry K. Rowe, *History of Religion in the United States* (New York, 1924) 最為簡便。

傳記第五

傳記在西洋為文學之大宗，固不僅有關史學也。依其成書之體例，可分為三大類：一為傳記叢書，多數學者共同編著者也。其書之體裁長短，大致相同。二為滙傳，集多人之傳記為一書也。三為專傳，每書專致力於一人也。美國傳記文學廣矣，茲略舉其最要者如下：

美國傳記叢書最重要者為 John T. Morse, Jr. 所主編之 *American Statesmen*，初集三十二冊 (Boston, 1882–1900)，續集八冊，(Boston, 1905–1917)，共為書四十冊，為傳三十四種（其中間有兩冊一傳者），執筆皆一時之彥，價值極高。Ellis P. Oberhotzer 所主編之 *American Crisis Biographies* (20 vols, Philadelphia, 1905–1914) 包括內戰時代重要人物之傳記二十種，內容亦佳。

至於滙傳，關於殖民地時代最重要者為 Samuel E. Morison, *Builders of the Bay Colony* (Boston, 1930)，傳述盈 Massachusetts 殖民地之先烈十人，文筆工妙，趣味盎然，於當時之宗教精神有深刻之了解。關於歷任總統之略史，Herbert Agar, *The People's Choice, From Washington to Harding* (Boston, 1933)，以新聞式之筆墨，描寫美國歷任總統之略史，兼及其時代之背景，頗傳誦一時。惟作者於史學所造甚淺，故見解甚虛浮，間有錯誤處。S. F. Bemis, ed., *The American Secretaries of States and the Diplomacy* 為歷任國務卿之傳記，為治外交史者所必究。J. T. Adams, *The Adams Family* (New York, 1930) 則專述一姓家乘，文筆清麗，極有趣味。

至於專傳，關於華盛頓之傳記足以汗牛充棟，舊日之著作多附會誇飾，可信者鮮。近年來批評態度起，又往往過事毀抑，過猶不及，皆失真像。其事實較詳盡而態度較平允者，首推 Rupert Hughes, *George Washington* (3 vols. New York, 1925–1930)。此外 Paul L. Ford, *The True George Washington* (Philadelphia, 1904) 則偏於性格之描寫。Bernard Fäy, *George Washington, Republic Aristocrat* (Boston, 1031) 可代表外國人之觀察。

Benjamin Franklin 為殖民地時代最偉大之人物，其最佳之傳，為 Bernard Faÿ, *Franklin: the Apostle of Modern Times* (Boston, 1929)。美國方面之著作，最佳者為 Sydney G. Fisher, *The True Benjamin Franklin* (Philadelphia, 1903)。富蘭克林之自傳 (Varion, eds.) 為一重要文學作品，亦須誦讀。

關於 John Adams 之傳記最要者為其孫 Charles Francis Adams 所修之 *The Life of John Adams* (2 vols Pheladelphia, 1871)。關於 Jefferson 最詳盡之傳記為 H. S. Randall, *Life of Thomas Jefferson* (3 vols.)，但於其書主人往往迴護太過。*Gilbert Chinard*, Jeffferson, *Apostle of Americanism* (Boston, 1929) 為單本中之最佳者。Albert J. Beveridge, *Life of John Marshall* (4 vols. Boston, 1916-1919) 為美國傳記文學中之傑作，範圍不限於一人之傳記。

關於林肯著名之書籍較華盛頓為尤多。最詳者為 J. G. Nicolay and John Hay, *Abraham Lincoln* (10 vols. New York, 1910) 實為內戰時代之歷史，態度偏袒北方。Lord Charwood, *Abraham Lincoln* (1916. Later reprints) 為近年來最風行之作，然態度缺乏批評精神，且包括習見之事太多，大抵為英人說法。W. E. Barton, *Life of Abraham Lincohn* (2 vols New York, 1925) 為美國方面近年關於林肯最重要之著作。

至於以後人之重要傳記，Cleveland 最佳之傳記為 Allen Nevins, *Grover Cleveland: A Study in Courage* (New York, 1930)，Theodore 最佳之傳為其自著之 *Theodore Roosevelt: An Autobiography* (New York, 1913)。邇來關於 Woodrow Wilson 之著作又日漸增多，較佳者為 William Dodd, *Woodrow Wilson and His Work* (Garden City, 1920)。

參考書第六

甲：辭典 John F. Jameson, *Dictionary of the United States* (1894. Rev. ed. by McKinley, Philadelphia, 1924) 詮釋美國史上人名，地理，法律，及其他名辭，為研究美國史最簡便之參考書。*Encyclopedia Americana* (30 vols. New York, 1918) 範圍不限於歷史，亦不限於美國，然關於美國方面較其他百科全書為詳。人名大辭典存有數種，現 Allen Johnson and Dumas Malone, eds. *Dictionary of American Biography* (20 vols. New York, 1928-1936) 既已完成，餘書可廢，其中各傳皆出自專家之筆，極為謹嚴。傳後皆附參考書目，尤便作進一步之研究。惟此書體例不列生人，關於時人事蹟可以 *Who's Who in America* (Chicago, 1899 ff.) A. B. Hart and Andrew C. McLanghlin, eds., *Cyclopedia of American*

Government (3 vols, New York and London, 1914) 雖專解釋政治方面之名辭，包含歷史上之文字頗多，亦極有用。

乙：年鑑　關於目前時事，可參考年鑑。美國年鑑 *The American Year Book* (1910–1919; 1925–) 爲大史家 A. B. Hart 所主編，其體裁實係一年之史，於史家尤爲有用。The Council on Foreign Relations 所出版之 *Survey of American Foreign Relations* (Annual, 1928–1931), *The United States in World Affairs* (Annual 1931–), 則專述一年中之對外交涉。

丙：歷史地圖　美國歷史地圖規模最大者爲 C. O. Paullin, *Atlas of the Historical Geography of the United States* (Washington, 1932)，但價值較昂，平常參考，Dixon R. Fox ed., *Harpers Atlas of American History* (New York, 1920) 已儘數應用矣。

丁：史料選輯　歷史之研究須依據史料，此盡人皆知者也。然美國史料浩繁，搜集不易。微論抄本或未經發表之史料，學者須得特別允許，就地研究。即其已發表之史料，已足汗牛充棟。或以價值太昂，或以印本過少，搜集亦極困難。各大圖書館固宜就能力所及，儘量購置，以便學者之研究。至於規模較小之圖書館以及私人收藏，自不足以語此。今就學者選本，較易購置者，略舉數種，以便有志是學者之參考。

通核全史者以 Henry S. Commager, *Documents of American History* (2 vols. in one, New York, 1935) 所收較前人選本爲詳，美國史中最重要之文件，略具於是，爲治美國史者所必具。A. B. Hart, *American History Told by Contemporaries* [1492–1929] (5 vols., 1897–1929) 則政治之外，兼注意社會經濟史料。Samuel E. Morison, *Sources and Documents Illustrating the American Revolution, 1764–1788, and the Formation of the Federation Constitution* (Oxford 1923) 專收革命時代之史料，敘論及注解極佳。Guy S. Callender, *Selections From the Economic History of the United States, 1765–1860* (Boston, 1909)，則專選經濟史料，敘論尤佳。至於美國對外條約最佳之選編爲 W. M. Malloy, ed. *Treaties ... Between the United States of America and, Other Powers, 1776–1923* (2 vols., Washington, 1910–1923) 爲研究美國外交史者所必備。

戊：書目　美國史籍書目最佳者爲 Edward Channing, A. B. Hart, and F. J. Turner, *Guide to the Study and Reading of American History* (1896, Rev. ed., Boston, 1912)。修改本續至一九一二。關於此後之史籍，須參考 G. G. Griffin,

Writings on American History 年出一册(起自一九〇六)，書籍之外，並及重要雜誌論文。關於革命之史料及重要著作，Justin Windor, ed., *Narrative and Critical History of America* (8 vols. Boston, 1884-1889) 所附極詳盡之批評書目，最爲有用。F. J. Turner and F. Merk., eds. *List of References on the History of the West* (Cambridge, 1922) 則專注重西向運動。

己：史學雜誌　美國最重要之史學雜誌爲 American Historical Association 所刊行之 *The American Historical Review* (Quarterly, 1895-)，中含重要論文，新書評論及重要史料。範圍不限於美國，然於美國特詳。至於各地之史學雜誌，最重要者爲 *New England Quarterly* (1928 ff.), *The Mississippi Valley Historical Journal* (Quarterly, 1914 ff.) 及 Massachusetts Historical Society, *Proceedings* and *Transactions*.

二十六年十月十六日於平西海淀。

燕京大學引得編纂處出版書目

說苑引得　引得第一號　每册定價八角外埠酌加郵費

白虎通引得　引得第二號　每册定價八角外埠酌加郵費

考古質疑引得　引得第三號　每册定價六角外埠酌加郵費

歷代同姓名錄引得　引得第四號　每册定價九角外埠酌加郵費

儀禮引得附鄭注引書及賈疏引書引得　引得第六號　每册定價二元外埠酌加郵費

四庫全書總目及未收書目引得　引得第七號　每部定價四元外埠酌加郵費

全上古三代秦漢三國六朝文作者引得　引得第八號　每部定價四角外埠酌加郵費

三十三種清代傳記綜合引得　引得第九號　一厚册定價大洋五圓

藝文志二十種綜合引得　引得第十號　四厚册每部定價大洋二十元

佛藏子目引得　引得第十一號　三厚册每部定價大洋四十元

世說新語引得附劉注引書引得　引得第十二號　每册定價大洋一元

容齋隨筆五集綜合引得　引得第十三號　每部定價大洋二元

蘇氏演義引得　引得第十四號　定價大洋四角

太平廣記引得　引得第十五號　定價大洋三元

新唐書宰相世系表引得　引得第十六號　每部定價三元

水經注引得　引得第十七號　二厚册定價大洋拾圓

唐詩紀事著者引得　引得第十八號　定價大洋五角

宋詩紀事作者引得　引得第十九號　定價大洋叁元伍角

元詩紀事著者引得　引得第二十號　定價大洋伍角

清代書畫家字號引得　引得第廿一號　每部定價大洋叁元

刊誤引得　引得第二十二號　每册定價大洋伍角

讀史年表附引得　引得特刊第一號　每部定價三元外埠酌加郵費

諸史然疑校訂附引得　引得特刊第二號　每册定價四角外埠酌加郵費

明代勅撰書考附引得　引得特刊第三號　每册定價一元五角外埠酌加郵費

引得說　引得特刊第四號　定價大洋四角

勺園圖錄考　引得特刊第五號　每部定價大洋三元五角

日本期刊三十八種中東方學論文篇目附引得　一厚册定價西洋宣紙本五元五角報紙本四元

封氏聞見記校證　引得特刊第七號　兩厚册定價五元

清畫傳輯佚三種　引得特刊第八號　毛邊紙印華裝一册定價一元

北平隆福寺文奎堂總代售

評魏楷英譯魏書釋老志

周一良

美國魏魯男君(James R. Ware)以英文譯魏收魏書的釋老志，并加附注，但只發表了關於佛教的前半，所以改名Wei Shou on Buddhism，見通報第三十卷頁一百至一八一。譯文從原文『大人有作』起，到『識者所以嘆息也』止，佔釋老志四分之三。前面有魏氏小序，述魏收生平，還有附注的參考書目。末附引得。魏氏譯文確能簡潔明白，尤其關於佛教教義那幾段，若非譯者對佛學與梵文都有相當素養，一定不能勝任愉快的。所加附注對於西方讀者，想亦頗有帮助。但我細讀一過之後，覺得魏氏譯文尚有可商量的地方。如原文『欲云有造，立榜證公，須黎之辭，指肯背禮』，(同文書局影印本魏書卷一百十四釋老志頁二十三上，以下版本同。)和『悉令坊內行止，不聽毀坊開門，以妨里內通巷』，(釋老志頁二十三下)兩段固然很費解，魏氏自己已在附注裏提出，(頁一七四及一七五)姑且不論。此外釋老志大體都算明白，魏氏却往往誤會原文而錯譯，偶而還有脫漏。魏氏在附注裏又申明過歡迎批評，所以我不憚煩瑣，把自己所注意到的若干錯誤依次條列，以就正於讀者與魏氏，與其稱批評，不如說是校勘記。現在先舉本文的錯誤和脫漏，然後再說附注。

在指摘譯文的錯誤之前，我們先看原文怎樣。懂了原文後，譯文的錯誤就可一目了然，無庸我再譯過了。凡類似的錯誤便牽連提出，不依原文次序。(一)原文：

『以前所出經多有舛駮，乃正其乖謬』。(頁五下)

『出』即『翻譯』，是六朝習語，高僧傳中數見不鮮。但看譯文：

"Since the Previously *edited* texts contained many contradictions and differences ......"(頁一二四)

不是『翻譯』而是『編輯』，絕不能相當於釋老志的『出』。還有：

『聞羅什出新經』。(頁九上)

"hearing that Kumārajīva had *issued* a new sūtra......"(頁

一三五）

“issue”也與原文的『出』字不相符合。又原文：

『後乃以新出經論於涼土教授，辯論幽旨』。（頁八下）

譯文竟略去『新出』云云，譯為：

“He discussed the subtle meaning of the śāstras, ……”

（頁一三四）

（二）原文：

『時西域有胡沙門鳩摩羅什思通法門，道安思與講釋，每勸堅致羅什。什亦承安令問，謂之東方聖人』。（頁六上）

所謂『承安令問』者，意思是羅什亦仰道安之名，故而稱道安為『東方聖人』。譯文：

“Kumārajīva even *received a message* from [Tao-] an, …”

（頁一二五）

以“message”譯『令問』，以“receive”譯『承』，於是變成道安問候羅什，全非原文之意。

（三）原文：

『乃至青州長廣郡不其勞山南下乃出海焉』。

不其是縣名，屬於長廣郡，相當於現在的青島市。魏書卷一百六中地形志中長廣郡屬光州，但光州是北魏得青州以後皇興四年（公元四七○年）分青州設立。法顯飄抵勞山在義熙十二年，即晉安帝義熙十一年，（公元四一五年）那時青州尚屬南朝，長廣郡不其縣正隸青州。譯文：

“…… arriving at the southern extremity of the *Pu-ch'i-lao*[1] mountains of the Prefecture of Ch'ang-Kuang in the Province of Ch'ing ……”（頁一三一—一三二）

原來魏氏不知不其二字是縣名—他在附注中解釋道：

“The complete text of Fa-hsien will give us a clue to the correction of the WS text: 到長廣郡界牢山南岸,' arrived at the southern spur of Mt. Lao on the border of the Prefecture Ch'ang-Kuang.' It seems to me evident that a slightly illegible 界 > 不其。』（頁一三二）

他因為法顯傳略去不其，只說長廣郡界，於是斷定『不其』是『界』字的錯誤了。

（四）北魏的州與鎮本，是兩種區劃。州是政治上的區劃，多在內地；鎮是一種政治兼軍事上的區劃，多在邊疆，鎮將兼管軍民事務。雖然僅有州鎮並置的地方，但北魏一代凡州鎮並稱的時候，總是分別指內地與邊疆這兩種最高的不同區劃而言。猶之現在說各省市，原不可混為一談。釋老志的『州鎮』二字，譯者或譯“The provincial military posts”（頁一四七），或譯"The military post of the province"（頁一五○），或譯"A provincial military center"（頁一六五），或譯 "The provincial military centers"（頁一七三）。前後不相統一，單數複數也錯出，但意思却都是以鎮屬州。似乎魏氏根本不明白『鎮』也者是與州並立的一種區劃，所以『州鎮』都成了『州之重鎮』『各州軍事重鎮』。原文『州鎮』兩字大都是包括全魏境而言，這樣一來不知縮小了多少倍！

（五）原文：

『其在畿郡，送付本曹』。（頁十四下）

上文說地方無籍之僧送付州鎮，這裏所謂本曹自是指設於京都，專管僧尼的監福曹（後改名昭玄曹）了。譯文：

"...... in a metropolitan distirct,let them be handed over to *the official* of that place."（頁一五二）

"that place" 不知何指。

（六）原文：

『先是于恆農荊山造珉玉丈六像一』。（頁十八上）

恆農謂恆農郡，當今河南陝縣靈寶一帶地，譯者却把『恆農荊』三字認作一個山名：

"Previous to this time:on the Hêny - nung - ching mountains ......"（頁一六○）

（七）原文：

『可令刺史共加監括。尚書檢諸有僧祇穀之處，州別列其元數，出入贏息，賑給多少，並貶償歲月。見在未收，上臺錄記，若收利過本，及翻改初券，依律免之』。（頁十八下）

這一段緊接上文『自今以後不得傳委維那都尉』，所以命刺史也加入管理僧祇粟，以資監督。中央的尚書省對於有僧祇穀的各州穀數，貯藏，利息，賑給等等都有調查紀錄。如有賑出而現在尚未收回的僧祇穀，也由地方申報於臺——即尚書省，而記錄它的數目。雖然有些比較生澁名詞，但此文絕非不可解。且看魏氏譯文：

"Permission is given to have all the governors given thea dditional [title] of Chien - Kuo -Shang - Shu[1] [with powers] to inspect all the provinces where there are localities possessing Samgha - grain"（頁一六一，方括號內文字都是譯者原文。）

他竟把『監括尚書』四字認為一個官號，還在附注中解釋說：

"Secretary to examine and regulate"（頁一六一）

可謂匪夷所思。尚書兩字既沒有弄清楚，於是底下的『臺』

字亦不可解了。譯文：

"When [the loan] has not been repaid, they are to present a report to the record [department] at the capital[2]." (頁一六一)

註二說：

"I find no further reference to such a department." (頁一六一)

其實本無所謂 "record department"，『上寄錄記』止是說由州申上於尚書，記錄其數目而已。

（八）原文：

『若有不虞，以擬邊捍』。（頁十九上）

這是高歡主張放涼州軍戶趙苟子等二百家還鄉里，一邊仍作僧祇戶，一邊若有外寇還可以防禦，因爲涼州已在邊陲。但譯文：

"If there is any disobedience [in carrying out of this distribution] let [the guilty] be condemned to guard the frontier." (頁一六二)

誤解『不虞』爲『不順』，於是不得不添枝加葉，結果全失原意。

（九）原文：

『統及維那移五百里外異州爲僧』。（頁十九下）

統及維那明明是兩事，譯文却是：

"...... and the chief Karmadana[1] shall be removed ......" (頁一六四)

註裏說：

"Read 及統 for 統及. Here and in the above passage, these words ought perhaps to be translated as two different titles: The chief and the Karmadāna ......" (頁一六四)

既知統與維那不是一回事，何以毫無根據地改原文『統及』爲『及統』？而且原文：『太守縣令綱寮節級連坐，統及維那移五百里外異州爲僧』，兩句之間也決不會用『及』字來連接的。

（十）原文：

『僧尼多養親識及他人奴婢子，年大私度爲弟子』。（頁十九下）

意思是說僧尼往往養他或她們的親識的奴婢的兒女，以及不認識的人的奴婢的兒女，等年大私度爲弟子。這段原是承上文『奴婢悉不聽出家』而來，着重在『奴婢』二字。『奴婢子』彙承上文『親識』和『他人』兩項，並非說僧尼養其親識（非奴婢階級）和他人奴婢子。譯文：

"The monks and nuns in many cases are keeping relatives and the children of other persons' slaves, ……"（頁一六四）

使是把『奴婢子』三字只屬於『他人』，不屬於『親識』了。

（十一）原文：

『私度之僧皆由三長罪不及己，容多隱濫。自今有一人私度，皆以違旨論。鄰長爲首，里黨各降一等』。（頁二十上）

所謂『三長』指黨里鄰三長而言。他們是專司戶口的，若有逃避賦役者三長受其罰，但私度僧人三長却沒有罪。他們因爲罪不及己，於是不聞不問，私度之事因而增多。所以靈太后下令從此後每有一人私度即課三長以違旨之罪，這樣才能指望他們畏罪及己，去檢查防止私度僧人。『皆由三長罪不及己』原是一句話，不可分割。譯文：

"As for the monk who was ordained in private — all is the fault of the Three Heads[1] [of the monastery]; the fault is not his."（頁一六四—一六五）

附注云：

"Presumably = 維那，寺主，and 上座』（頁一六五）

誤解『三長』二字，把一句不可分割的話硬截兩段，而『容多隱濫』云云以下又硬分一節，全失原文本意。

（十二）原文：

『景明寺佛圖亦其亞也』。（頁二十下）

這裏的『亞』如云『流亞』，意思是景明寺可以和永寧寺媲美。但譯文：

"The stūpa of the Ch'ing - ming monastery was even its inferior."（頁一六七）

用一個 "even" 來譯『亦』，用一個 "inferior" 來譯『亞』，於是與原文語氣迥乎不同了。

（十三）原文：

『太和之制因法秀而杜遠』。（頁二三上）

法秀之亂在太和以前，原文意思是太和時有鑑於過去法秀的變亂，所以定制寺廟悉立於城郭之外，以杜將來。『遠』是指遙遠的將來而言，但譯文：

"The regulations of the period Tai - ho were due to Fa - hsiu, but they were preventing what was [already] past."（頁一七二）

把『遠』譯成『過去』，不但適得其反，而且沒有意義。

（十四）原文：

『且徙御以後，斷詔四行』。（頁二三上）

斷詔即禁斷的詔書，而譯文分爲兩橛：

"However, since the removal of the capital [494] decisions and decrees have circulated everywhere ......"（頁一七五）

誤『斷』爲『決斷』，於是毫無意義。

（十五）原文：

『若有違者，不問財之所出，并計所營功庸，悉以枉法論』。（頁二四下）

意思是若天下牧守令長違勅造寺，不問他的錢何從而來，總計他造寺所用的工人的工資，當作他枉法罪的數目。『功』字的解釋上面已說過，『庸』即傭賃的意思。但譯文：

"If there are cases of disobedience, without inquiring into the source of money, or the meritorious act that was held in view [by the builders], all shall be sentenced for breaking the law."（頁一七八）

竟誤會『功庸』爲『福利』了。

以上是譯的錯誤，再看譯文所遺漏的幾處（一）原文：

『微言隱義未之能究』。（頁五下）

"The words are subtle and the ideas profound to the extreme."（頁一二三）

脫去『未之能究』四字。

（二）原文：

『軍國規模頗訪之』。（頁五下）

譯文有軍而無國：

"He frequently consulted him on military matters ......"（頁一二四）

（三）原文：

『佛法之滅沙門多以餘能自効，還俗求見』。（頁十二上）

以『餘能自効』是說以佛法以外的技能自効，如師賢『假爲醫術』即其一例。譯文：

"During the extermination of Buddhism the śramaṇas, for the most part put all their energies into following one another back into the lay life."（頁一四三）

魏氏對於『餘能』兩字似不甚了了，於是這一段只有『還俗』，而沒有『以餘能自効』和『求見』了。

（四）原文：

『若有造寺者，限僧五十以上，啟聞聽造。若有輒營置者，處以違勅之罪，其僧寺僧衆擯出外州』。（頁十七下—十八上）

譯文整個脫去『其僧寺僧衆擯出外州』一句。

至於附註本與譯文無關，它的伸縮性也很大，當然我們不能責望於魏氏者太多。但有幾處很明顯的錯誤，却不能不指出。志文記法果『永興中前後授以輔國宜城子忠信侯安成公之號』。（頁七上）北魏的封爵原有兩種，一種是『開國』的，封號都實有其地，開國公或開國侯等各有食邑。一種是虛封，不冠開國字樣，只是稱號，而無食邑。授與法果的即是此種，宜成在今湖北，安成在今江西，都是地名，當時不屬於魏，魏朝不過拿它的名號來封人而已。忠信則不是地名，僅僅是個美稱。魏氏譯輔國宜城子爲"The viscount who renders himself useful to the realm and who orders well the city"（頁一二九），譯安成公爲"The peaceful and refined Duke"（同上），意譯『宜城』『安成』兩地名，以爲皆是美稱，豈不悞了。又志文的『廣宗』（頁七上）在現在河北省中部稍南，而魏氏附注以爲在山西北部。（頁一三〇）魏收是鉅鹿下曲陽人，而序裏無故剷去陽字。（頁一〇一）凡是魏書中有可與釋老志相參證的材料，魏氏即在附注中提及，但亦不能盡。如志文『時沙門道登雅有義業，爲高祖眷賞，恒侍講論。曾于禁內與帝夜談，同見一鬼』。（頁十六下）此事又見卷一一二上靈徵志上，記述較詳，魏氏附注裏沒有指出，其一例也。

廿六年五月十三日寫竟於南京

補記　這篇校勘記寫成以後，送給友人勞貞一先生看，承勞先生對於我認爲費解的兩段都與以滿意的解釋。如今記在下面，並對勞先生表示謝意！

志文：『又旨令所斷，標牓禮拜之處悉聽不禁，愚以爲樹榜無常，禮處難驗。欲云有造，立榜證公，須營之詞，指言營禮。如此則徒有禁名，實通造路』。（頁二三上）勞先生以爲任城王澄的意思是：現在旨令只禁止城內建寺，而不禁止人們在城內圈畫地界，露天禮佛。但立榜圈地是很輕易的事，號稱禮佛其實也沒有憑據。官家才說他要造寺，他就立榜證明不是；才說他要建廟，他便說這是禮拜的地方。這樣，徒有禁止造廟之名，實際却開放造廟之路。譯文："As for the posting [of building plans] in all the places of worship, as provided by decree, it is allowing, not restricting [building]. In my opinion, posting is not usual, and it would be difficult to inspect the places of worship. Therefore, if those who wanted to build should post up a notice to inform the public, this declaration about their going to build [a temple], complying with the words of the decree (?), would become an usual custom."（頁一七四）譯者在注裏說參考冊府元龜卷五十一，改志文爲『須營之詞以旨言營造』使照這意思翻

譯，但這一節却仍不甚明白，歡迎"Constructive suggestions or criticism"（頁一七四）現在拿譯文和勞先生的解釋相比較，譯文只有一兩句中肯綮，其餘都尚未着邊際。我想譯者一定歡迎我所介紹的勞先生的"Constructive suggestion"吧？至於另一段志文：『若靈像既成，不可移撤。請依令勅，如舊不禁。悉令坊內行止，不聽毀坊開門，以妨里內通巷』。（頁二三下）勞先生以爲它的意思是：如果建在城裏的寺廟，靈像已成，不能移撤時，便聽它在城內，不再禁止。但廟建在坊內，即須由坊的出口出入，不許寺廟毀壞坊的牆壁，自己開門通於坊外。因爲那樣妨礙了里內的通路，同時這坊有寺廟的門開通坊外，賊盜即不便檢攝。譯文："If a statue of a divinity has been completed, it may not be removed. It is requested that thro the present decree we conform to the very letter of the former ones. Regulate all activity in the quarters [of the city]. Do not allow quarters to be destroyed and gates to be erected. So as to block the traffic in the neighbour hood"（頁一七五）譯者誤認『不可移撤』爲一節，『請依令勅』云云下又另分一節，其實『不可移撤』是客觀的話，『如舊不禁』才是任城王主觀的請求，四句原不能分開。『悉令』以下云云，譯文照字面譯出，大致尚無不合。但魏氏對於這一段志文不甚了了，所以雖然譯出來，仍猶不免於模糊影響之感。

跋長兄天澤著中葡通商研究

張天護

吾兄著中葡通商研究（*Sino-Portuguese Trade from 1514 to 1644*, E. J. Brill, Leyden, 1934）：書出版已三年，未見國人有爲之評論者。外國學者所評，余已數見。就中：如 Earl H. Pritchard 則許爲佳作 "An excellent study" (*The crucial years of early Anglo-Chinese Relations*, Pullman, Washington, 1936, p. 427)：如聖約翰大學 D. Roberts 教授則尤多讚揚 (Journal of the North China Branch of the Royal Asiatic Society, V. LXV-1934, p. 177-178)：足見名著自有人鑑賞也。伯希和 (P. Pelliot) 教授以法文爲專評一篇（通報三十一卷 1-2 號），洋洋萬餘言，其總評之語可以白話譯之如下：

『關於從一五一四至一六四四年間葡人經商於華的史實，輯合中葡雙方史料的工作，當以此書爲最愼重將事的了。書中有很多文件是前人未曾引用過的。但張先生不願嚴限於這一時期〔指一五一四到一六四四〕，他的第一章（頁一至頁三十四）是總論海洋貿易的沿革，勢不得不短促 (forcément rapide)，而且，老實說，頗淺略的 (assez superficielle)。這一章的材料大部份出於 Hirth 與 Rockhill 的 *Chau Ju Kua* 一書。張著最精彩的部份都在其餘諸章。』

蓋伯氏以兄著之第一章與餘章分別而言，前者略有指謫，而後者多所讚許也。其於第一章凡有意見十一條：

以爲誤者四條——

（1）伯氏謂安南無 An 之一名。

（2）頁14註2，伯氏謂『大唐西行求法高僧傳』，『行』應作『域』。

（3）頁20註2，伯氏謂『市』字不必改作『布』字。

（4）頁21之 Chê-po（闍婆），伯氏謂應拼作 Shê-po。

代爲補充者四條——

（1）頁1至2，伯氏以爲可補入紀元前百年中『宦官』市珠於南海之事。

(2)頁3，伯氏為補述『秦論』兩字之來源。

(3)頁12註1云：Solaiman 稱屏為 boshān 或 Kerkeden；伯氏為補釋 boshān 一字原出梵文。

(4)頁25論元代中外通商；伯氏謂大元典章亦為重要史料。

疑及史料者三條——

(1)南方草木狀有『耶悉茗』，然伯氏謂未可據以斷三世紀末西亞人已有至廣州者。

(2)何喬遠閩書言及七世紀回教傳入中國事，伯氏謂其所述尚有討論之餘地。

(3)明史載十五世紀初年雲南曾設市舶一事，伯氏表示『一點驚訝』("un peu surpris")。

竊謂吾兄研究對象為一五一四至一六四四年中葡之通商，第一章概述該時期以前中國海外通商之經過，意在序引而已，伯氏雖謂其『淺略』，實不足為病。況如 Solaiman 所述黃巢屠殺廣州十二萬人一事，前人無疑者，吾兄乃始之；第一章非全無新見者也。

伯氏於餘章之意見，可約分四類：

(一)有表示十分滿意於書中所發見之史料及所具結論者。如通報頁60，61，謂兄指出葡文史料中之 Tamão 為屯門，實屬可貴，且謂前此 Bretschneider, Henri Cordier, D. Ferguson 諸氏雖曾研究 Tamão 之地點，而均不如吾兄之為有成功；如頁62極贊同吾兄之以葡文史料之 Nantó 為『南頭』，而 Pio 為出自『備倭都指揮』。伯氏所表揭者類此甚多。

(二)有代為補充者。如頁65，66，補述 Cordier 研究 Liampo 之經過，並略論葡人與 Liampo 及 Peregrinação 一書與 Pinto 之關係。

(三)有商討史料性質及兄之意見者。如頁67云：『關於澳門初期之歷史，張先生頗有貢獻，但雖有了他的論據，這段歷史現在還是很模糊，這是無可諱言的。』伯氏繼以十三頁討論關於澳門初期之史料，而於明史之記載頗表示懷疑焉。

(四)有以為兄書誤者，然多屬羅馬字拼音之問題。如伯氏謂『平嵐』應作 Ping-lan，不可作 Ping-nan，『蓮花莖』之『莖』字應作 heng，不可作 Ching，『殊域周咨錄』之『殊』字應作 Shu，不可作 Ch'u 是也。

竊謂拼音乃學問上之小事耳，且標準亦何易擬定！外人一以北平官話為依，吾儕生長於南方者殊覺為難矣，恐當逐字檢外人所編之漢文字典也。近燕大史學消息(第一卷第五期33面)摘譯伯氏所為評文而轉載之，頗多誤解，因復重讀吾兄書並參照伯氏法文原評而論之如上。二十六，十二，二，於燕大。

談「軍機處」

鄧文如教授講演
王鍾翰筆記

今天談一談淸代大政所從出的軍機處，近人頗多注意淸代政治機構，惜依稀彷彿，不能得其眞像。最近某人所著中國近代政治史，謂洪楊以後，督撫權力加大，軍機處權力因之減少；此等扣盤捫燭之見，皆緣有淸一代學風，不甚注意當代掌故，淸亡將及三十年，老輩漸少，無人傳述，但憑幾種紀載的書，加以推想，當然不得要領。如紀載軍機處之專書，有梁章鉅樞垣記略，光緒元年又經恭親王培補，似乎可據，然軍機處設立的年月，並無紀載。拙藏弘旺所著松月堂目下舊見稿本，確記爲雍正七年六月初十日任命怡親王鄂爾泰張廷玉辦理軍機事務，不惟可補樞垣記略及一切紀載之略，而且可以証明樞垣記略所載嘉慶四年成親王以前親王不入軍機之誤。故研究淸代掌故，不能專憑紙面，最好由家世舊聞，或老輩傳說，庶乎不致以訛傳訛。現在屈指一數，海內軍機大臣存在者，只吳郁生一人，軍機章京尚有華世奎等數人，惜俱年老，舊事恐已遺忘，倉卒間亦無從領教；至若坊間所出之書，笑柄更多。今日所談，只能本諸見聞，并根據樞垣記略、軍機故事、簷曝雜記、行素齋雜記、翁同龢日記諸書，擇其可信者而言之。相傳咸同間，有軍機章京朱修伯所作日記，其人有文學，練習掌故，且爲目錄專家，料其紀載，必較以上諸書爲詳盡；可惜未見其書，只好他日訪求。玆將所談者分爲三部分：

一軍機處與古代官制比較　世人皆稱軍機處爲樞密，而稱軍機大臣爲樞臣，章京爲樞曹，大約以軍機處比唐宋以來的樞密院。考樞密院始於唐末，以宦者爲之；五代時，始用士人，總攬軍政，其權力駕乎中書之上。宋代樞密專管軍事，與中書稱爲二府，若以比五代時之樞密，總攬軍政二端，却有相似之點。但軍機處非正式機關，光緒大淸會典只稱爲「辦理軍機處」，軍機大臣爲「內廷差使」，只有値廬，並無衙署，體制迥乎不同。鄙意若以軍機處與漢代尚書省相較，相同之點，似乎較多。緣尚書省始於漢武，總攬天下文書，宣帝以後，其權爲中書所分。後漢光武親總大政，事歸臺閣，省制尤爲隆重，尙書令官位不過千石，尙書官位不過六百石，而貴重用事無比，居於禁中，爲天子近臣。淸代軍機大臣，親王大學士而外，亦有以侍郎兼充者，與漢代尙書位卑權重者，亦頗相同。李慈銘即主此說。爲明瞭官制源流起見，故略述及此。

二軍機處規制　欲明軍機處規制，須先知康雍兩代政治之變遷。雍正時所以須設立軍機處者，時値西北用兵，淸世宗爲集中軍權起見，以摺奏須請旨者，歸於軍機處，以照例題本，歸於內閣，以後遂爲一代定制。其實淸初雖沿明制，設立內三院，有內三院大學士，後改爲殿閣大學士，但康熙初年，有輔政大臣專權，大學士等於虛設。淸聖祖親政後，取銷輔政大臣，似乎大學士權力可以恢復，但其實際，康熙一代大學士亦等虛設，而南書房實有權力，爲其能批答詔旨，親承皇帝的意指也。足徵康熙一朝皇帝集中政權，專授權於小臣，不欲柄歸宰輔。雍正初年，曾設議政處，命大學士尙書入値，後乃改設軍機處。不但因內閣距宮禁遙遠，不便朝夕召對，且非極親信之怡親王鄂張三人不用，實際上爲皇帝親理政事，軍機大臣不過供繕寫之勢而已。今分述其制度：

(1)軍機大臣之任命　軍機大臣額數，乾隆時增至四五人，皆由特簡。其名目爲軍機處行走，或軍機大臣上行走，與御前大臣及南書房之稱行走者相同，所謂「內廷差使」者也。軍機大臣之爲首者，稱爲領班，其初每日召見「承旨」者，只領班一人，後始改爲共見。照例軍機大臣有病，一二日不入値爲常事；五日以上，始具摺請假。有時諸人皆病，只餘一人「見起」，則誇爲獨對。翁同龢日記記一事極有趣：光緒十九年，軍機禮王項上生瘡，額勒和布病目，孫毓汶病足，許庚身傷鼻，同時俱請假，只餘張之萬一人獨對，張亦八十餘衰翁也。後又有軍機大臣上學習行走名目，蓋爲位卑資淺者而設，直至光緒中，始有補授軍機大臣之命，與行走及學習行走者有別。似乎若同一種實官，其實亦偶然之事，因軍機處始終不得稱爲衙門也。相傳軍機大臣至多不得過五人，多則不利，咸同光緒間用兵之際，有增多至六七人者，領班總攬一切。末一位軍機，往往爲領班親信，是否由其保舉，不得而知。却極有權，恭親王爲領班時，暗中操縱一切者，李鴻藻也；禮親王爲領班時，暗中操縱一切者，孫毓汶也。其名次有一定，在値廬坐位亦有一定，進見時所跪之跪墊亦有次序，大約以官位及行走先後爲序，亦有特旨指定者，蓋仿照殿閣之有位次也。自怡親王以後，親王入軍機者，嘉慶四年有成親王，不及一年而罷。咸豐三年有恭親王，亦不及一年，以不諳體制而罷。同治初，兩宮太后垂簾，恭親王始爲軍機大臣領班，至中法之戰而出軍機，繼之者爲禮親王。中日戰爭起時，恭親王再入爲領班。庚子以後，慶親王爲領班，直至改設內閣總理大臣爲止。辛亥以後，故宮猶保存軍機處名目，與政事毫無關係矣。(2)軍機處印信及軍機堂　軍機處有印，文曰「辦理軍機事務」六字，乾隆十四年，改爲「辦理軍機事務印信」八字，其印掌於內奏事處之奏蘭達太監。用印時，由值班章京以長二寸、寬半寸、厚一分、上鐫軍機處三字之金鑰，向內奏事處請出銀印，用畢依舊繳還。軍機處值房稱爲「軍機堂」，至今猶在隆宗門外，房屋不過五間，其南爲章京值房。其初皆爲板屋，今制大約亦乾隆初年所改建也。(3)軍機章京　軍機章京之始，據龔定庵文集補編上大學士書中，稱爲雍正七年始設軍機處時，由鄂爾泰携帶中書六人，張廷玉携帶中書四人入值，幫同繕寫，以後或由保舉，或由特簡。至乾隆時，分爲滿漢兩班各八人，每班有領班幇領班各一人，滿語呼爲「達拉密」，後增至四班三十二人。至咸同用兵時，漢章京增至二十一人，事平以後復舊。章京之選，皆由各部保送傳補，成爲定例。初只選用中書，後乃兼用郎員主事，考試其字畫端楷，筆下敏給者而用之。世人稱章京爲「小軍機」，以別於軍機大臣之稱爲「大軍機」。或擬古稱，稱爲「知制誥」，以比唐宋兩制之官位不及者。清代各書紀章京故事者甚多，因軍機大臣身負機密，本人既無紀述，而他人亦不敢稱道其事；不比章京位卑，皆于向人稱道，或自己見之筆述，如簷曝雜記行素齋雜記之類，多可依據。故談清代掌故，關於章京者甚多，關于軍機大臣者甚少，即由於此。所可異者，以軍機處的名目，事無不總，名實實不相符。嘉慶十四年，御史何元烺曾經奏請改正名目，奉旨不准，遂相沿百餘年不改，清代制度之不倫類，此亦其一端也。

三軍機處職務　軍機處職務，可分爲大臣及章京兩項：

第一軍機大臣之職務　每日皆須召見，時在寅卯之間(即午前五六時之際)，至辰初畢事(即八點鐘)，蓋緣軍機大臣「見起」後，各有本衙門應理之事務也。大約封奏直達皇帝，於「見起」前發下，交軍機大臣閱看擬旨，稱爲「早事」。其須見面請旨定奪者，每日不過數件，稱爲「見面摺」。以紙面請示者，稱爲「奏片」；其體裁爲「恭査某事應如何辦理，……是否有當，伏候訓示」。所擬辦法是兩種者，稱爲「雙請」。軍機大臣奉諭傳與某人者，稱爲「傳旨」，或「述旨」。皇帝吩示後，稱爲「承旨」。再擬旨進呈，由內奏事處交下，稱爲「事下」。傳散，然後散。每值事務殷繁，軍機大臣有召見數次者，早間稱爲「早面」。晚間稱爲「晚面」。所擬旨意，分爲「明發上諭」及「字寄」兩種，「字寄」即寄信，或稱爲「廷寄」。「明發」交由內閣發表，「字寄」則由軍機大臣鈐印後，分寄各省。乾隆時只由領班軍機大臣一人出名寄出，後始改爲軍機大臣不著姓名。其交在京各部署者，則稱爲「交片」。字寄用軍機處信封，上書軍機大臣字寄某官開拆，或傳諭某官開拆，皆由四百里或六百里文書寄出。光緒十年左右，電報初通至天津時，多由軍機處用三百里文書交電報局轉發。以後由電報發出者，稱爲「電寄」。此爲軍機大臣每日應辦之事，擬旨多出章京之手，亦有軍機親擬者，多屬極重要事件。至其權力之大，在完全操用人之權，大學士、六部、九卿、督撫、將軍、提統、都統、學差、主考、駐外使臣簡放時，皆由軍機大臣開單請旨。在軍機處寄名之提鎮道府州縣，由軍機大臣開單，更不必論；換言之，即文武大小各官之特旨簡放者，皆由軍機大臣一手操縱。此外照例由軍機大臣專任之事有五項：一頒賞蒙古王公之事，二永遠加恩之事，三新正加恩之事，四彙繳各部署年終各省所繳硃批上論之事，五秋審呈進黃册之事。此外由軍機大臣照例兼任者，則爲方略館總裁。間有大獄，亦派軍機大臣會同刑部審問。軍機大臣與皇帝之關係，頗似今之秘書廳。所至之處，若巡幸、謁陵、駐園，軍機大臣皆隨同前往，故西苑軍機處的值廬，在西苑門之北，圓明園頤和園均有值廬，與隆宗門之值廬，同稱爲「軍機堂」。（按今確定之軍機處爲軍機處公所住宿之地，而非值廬也。）此外考試命題，與夫臨時典禮，多由軍機大臣擬定。第二軍機章京之職務　一爲議旨呈由軍機大臣改定；二爲每日摺奏交內閣後，由章京鈔錄摺底歸檔，三年纂修一次，保舉最優；三爲修方略時，兼充纂修。每日輪二人值班，唯領班不值。凡值班資格較深者，稱爲「老班公」，其次稱爲「小班公」。老班公掌論摺，小班公掌檔案及金鑰，所謂「隨手檔」者，即按日分地分時，摘錄事由，彙記收發論摺，俾經過之事，一目了然。元旦日無事，則書「太平無事」四字于其日之下；有事，則書「太平有象」四字；萬壽日，書「萬壽無疆」四字，亦故事也。此外軍機章京，例派四人輪值總理各國事務衙門，因同光時外交關係重要，軍機大臣多兼總理大臣，欲使軍機處與總理衙門發生連鎖關係，故不得不以章京承值。每次派大員赴外省查案時，亦有調章京爲隨員者。乾隆時，溫福傅恆出征大小金川及緬甸，皆曾請派章京隨行。章京出軍機以後，各省督撫以其熟習政情，往往延爲上賓，如乾隆時史學家趙翼之入李侍堯的幕，即其最著者也。故論軍機處權能，章京位分雖低，旣操實權，勢燄煊赫，僅稍次于軍機大臣而已；然則謂清代政本在軍機處，而軍機處政本在章京，亦未爲不可，比之於古之「知制誥」，實非過論也。

綜論以上情形，可以看出清代政治效率有三點：一曰勤，終年皇帝和軍機大臣，除萬壽及歲終數日外，幾於無一日不辦事；二曰速，每日摺奏多者至五六十件，年終十二月二十五日爲最末之一日，摺奏有多至百餘件者，或明發上諭，或廷寄，皆於當天辦完，未有壓擱至一日者；三曰密，軍機大臣召見時，太監不得在側，例由軍機大臣末一人挑簾，故有「挑簾軍機」之號，進呈黃册時，亦例由末一人抱册進呈。軍機處値廬，不准任何人窺探，乾隆時曾命御史一人稽查。軍機處所用「蘇拉」（即雜差），照例揀選十五歲以下不識字之幼童，以防洩漏機密，故軍機處之「蘇拉」，稱爲「小么兒」。後來禁令疏闊，「蘇拉」有至五六十歲者，而「小么兒」之稱不改。從前京師士大夫的風習，達官多喜延接賓客，有往謁者，無不答拜；惟軍機大臣，例不回拜，人亦不以倨傲目之。上述三端，以視今日之庶政叢脞者，誠不可同日而語矣。

軍機大臣雖屬尊崇，在內廷行走班次，僅亞于御前大臣。（光緒時，御前第一，軍機第二，內務府第三，毓慶宮第四，南書房第五。）但亦有叫苦之事：每日召見，皆長跪白事，年老者多覺跪起不便，有初入軍機，見面一次，而病至數日者，如光緒時錢應溥是也。殘臘新正以及萬壽，軍機大臣起跪最多，每日有至百餘起跪者，蓋軍機大臣多六七十歲人，故以此爲苦事之一。每逢賜宴、賜福壽字、賜御筆書畫、賜磁器、賜蟒窩、賜綢緞、賜皮張，所費賞錢甚多，尤其進膳及聽戲，至少每次非費百餘金不可；進貢尤無從預計，而內廷太監賞號，尚不在此數，此爲苦事之二。蓋由軍機大臣本無俸給，各項費用，皆須自備，即隨扈出外，川資旅費，亦無公項可支也。若論軍機攬權納賄之事，自不能免，乾隆時和珅爲最著之一人；但今日所傳和珅鈔家清單，實不足據。恭親王革去議政王，亦由蔡壽祺參劾劉蓉夤緣，牽連及之，但亦無納賄確據。清末慶親王名爲貪黷不飭，但所收受者冰炭敬別敬及收門生之贄見而已；縱使老而務得，較之後來，似比較的尚爲廉潔也。軍機章京飯食及辦公費，每年例支萬餘金，每人所得者不過三百金，亦恃冰炭敬每年每人所得之一二千金而已；而當時人已目為優差，其實章京所圖者，是科目及保舉，故乾隆時歷科鼎甲，多半歸於章京出身者。照例章京陞遷，除入翰林及官至侍郎者始出軍機外，其餘官至九卿者，仍照常入值。有清一代，由漢章京而為軍機大臣者，凡三十三人之多。人皆視章京為捷徑；為章京者，志在陞官，不在發財；亦由其時綱紀尚存，人皆自好，不敢輕身試法，以視今日貪污，誠令人感慨系之。

丁丑十二月二十九日，下午四至六時，歷史學會於臨湖軒召開史學座談會。由文如師主講「軍機處」一題，到聽衆六十餘人，歷二時許，娓娓而談，聽之忘倦。講畢，僉以軍機處關係有清一代大政所從出，最為重要，而師所講述者多為書本所不詳，尤非傳聞所能得，會衆皆盼將此次講話發表，以供學者參考。鍾翰爰將筆記謄正，並呈師閱改後，附刊於此，以餉讀者。

鍾翰附記

本刊啓事四則

(一)本期封面承徐世昌先生題字特此致謝

(二)本期爲排版之便利計對稿件之次第皆以收到之先后爲準不以己見評定甲乙區分先後對文字評定之全權一以付之讀者

(三)本期原定十月出版乃因種種關係未能如願直至本年年底始克與讀者相見其先期來函定購諸君未能早日奉上特此致歉

(四)下年度爲本刊第十周年之期本年刊編輯委員會擬出特大號以資紀念甚盼讀者以及本系先後畢業諸君多賜佳作光我篇幅

中華民國二十六年十二月出版

史學年報 第二卷第四期(總數第九期)

每册定價 道林紙一元 新聞紙七角

國內郵費，每册另加五分，掛號費在外。

編輯者 燕京大學歷史學會

出版兼發行者 燕京大學歷史學會

印刷者 引得校印所 平西成府喜羊胡同一號

代售處 開明書店

上海總店上海福州路二七八
南京分店南京太平路一〇三
廣州分店廣州惠愛東路四三二
北平分店北平楊梅竹斜街四三
漢口分店漢口中山路一三〇一
長沙分店長沙南陽街三一
開明書局全國特約經售處

全國各郵政局

HISTORICAL ANNUAL

VOL. 2. NO. 4. (THE NINTH YEAR)
DECEMBER 1937

CONTENTS

PUBLISHED BY THE HISTORY SOCIETY OF YENCHING UNIVERSITY

Special ed. $1.60, general ed. $1.30

(Postage included)